Die essenischen Gemeinden von Qumrân und Damaskus
in der Zeit der Hasmonäer und Herodier
(130 ante - 68 post)

Arbeiten zum Neuen Testament und Judentum (ANTJ)

Herausgegeben von Prof. Dr. Otto Betz

BAND 8

Verlag Peter Lang

Frankfurt am Main · Bern · New York · Paris

Hans Burgmann

DIE ESSENISCHEN GEMEINDEN VON QUMRÂN UND DAMASKUS IN DER ZEIT DER HASMONÄER UND HERODIER (130 ANTE - 68 POST)

Verlag Peter Lang
Frankfurt am Main · Bern · New York · Paris

CIP-Titelaufnahme der Deutschen Bibliothek

Burgmann, Hans:

Die essenischen Gemeinden von Qumran und Damaskus in der
Zeit der Hasmonäer und Herodier (130 ante - 68 post) / Hans
Burgmann. - Frankfurt am Main ; Bern ; New York ; Paris :
Lang, 1988.
    (Arbeiten zum Neuen Testament und Judentum ; Bd. 8)
    ISBN 3-8204-9905-9

NE: GT

ISSN 0170-8856
ISBN 3-8204-9905-9

© Verlag Peter Lang GmbH, Frankfurt am Main 1988
Alle Rechte vorbehalten.

Druck und Bindung: Weihert-Druck GmbH, Darmstadt

Printed in Germany

Dem   Archäologen

Dem   Philologen

Dem   Historiker

J O S E F - T A D E U S Z   M I L I K

in   Verehrung

J.T. MILIK hat durch seine Unterteilung der essenischen Geschichte in vier Phasen (Strenger Essenismus – Essenertum mit
pharisäischem Einschlag – Die Essener während der Regierungszeit Herodes des Großen – Essenertum mit zelotischen Tendenzen)
den Weg geebnet für eine differenzierte Behandlung der Gemeindegeschichte von Qumrân unter Berücksichtigung der einströmen-
den Fremdeinflüsse.

Motti:

"Ohne Beihilfe der Phantasie ist weder Poesie noch Geschichte möglich"

(MOMMSEN)

"Die Skepsis, nicht die Begeisterung war die Mutter der Wissenschaft"

(JOHANN MAIER)

"Von einem Historiker sollte man vor allem verlangen, daß er keine Erfindungsgabe hat"

(STENDHAL)

INHALTSVERZEICHNIS

K A R T E N

I. Kapitel

THEORIE UND WIRKLICHKEIT IN DER QUMRANGEMEINDE: DETERMINISMUS – MONISMUS – DUALISMUS – PRÄDESTINATION

"Es ist naheliegend, zu versuchen, diese Unterschiede (der verschiedenen Qumrân-Texte in ihrer Einstellung zum Dualismus) zu historischen Situationen in Bezug zu setzen, doch haben wir dafür nur ganz wenige Anhaltspunkte".(1)

Trotzdem soll genau dies hier versucht werden!

Der jüdische Historiker Josef ben Mattathia, besser bekannt unter dem Namen Flavius Josephus oder einfach Josephus, hat über die Unterschiede der drei jüdischen Sekten Pharisäer – Sadduzäer – Essener folgendes berichtet: "Zu dieser Zeit (gemeint: Regierungszeit des makkabäischen Hochpriesters Jonatan, 152 – 143 ante) aber bestanden drei Sekten der Juden. Die eine von ihnen wurde die der Pharisäer, die andere die der Sadduzäer und die dritte die der Essener genannt. Die Pharisäer lehren nun, daß manches, aber nicht alles das Werk des Geschicks sei, manches aber hänge von sich selber ab und geschehe entweder oder unterbleibe. Der Stand der Essener hält das Geschick für die Herrin von allem (!), und nichts begegne dem Menschen, was nicht ihrem Entschluß entspricht (!). Die Sadduzäer hingegen heben das Geschick auf ..." (2)

Mit dem "Geschick", das von den drei jüdischen Sekten so ganz verschieden gewichtet wurde und dessen Bedeutung Josephus seinen römischen Lesern verständlich zu machen versucht, ist natürlich das Eingreifen Gottes in die menschlichen Verhältnisse gemeint.

Daß alles in Gott beschlossen ist und der Mensch keinerlei Freiheit des eigenen Willens besitzt, diese Behauptung des Josephus über die Essener wird in den Qumrântexten sehr weitläufig und ausführlich erörtert, ein Beweis mehr, daß die

----

1   H. LICHTENBERGER, Studien zum Menschenbild in Texten der Qumrângemeinde, 1979, S.175.

2   Josephus, Antiquitates XIII. V,9 = § 172. Übersetzung: H. BARDTKE, Die Handschriftenfunde am Toten Meer – Die Sekte von Qumrân – 1958, S.321.

Essener, die Josephus gekannt hat, als Nachfolgegemeinde der Qumrânleute zu gelten haben, eine Erkenntnis, die heute zuweilen bestritten wird!

Nach dieser Denkweise ist die menschliche Existenz eingebunden in das allumfassende Sein der Schöpfung. Die Schöpfung ist als Gottes Werk schon vor der Zeit vorgeplant und so gebildet, daß nichts außerhalb dieser göttlichen Planung zur Existenz werden konnte. So ist die gesamte Seinswirklichkeit von Gott bestimmt.

Ein Qumrântext über das "Sein":

> "Vom Gott der Erkenntnisse stammt alles Seiende und Gewordene und, bevor die geschaffenen Dinge noch Sein erlangen, richtete er alle ihre Ordnungen zurecht und, wenn sie existent geworden sind, erfüllen sie ihr Tun zu ihren Bedingungen gemäß dem Plane seiner Majestät, woran es nichts zu ändern gibt." (3)

Auch das Geschehen in der Zeit unterliegt selbstverständlich dem Willen Gottes.

Ein Qumrântext über die "Zeit":

> "Alles ist vor dir in einer Gedächtnistafel für alle ewigen Zeiten und die Perioden des Anzahl der Jahre der Welt in all den für sie festgesetzten Zeiten eingegraben." (4)

Gott ist absoluter Herr über Sein und Zeit. Nichts besteht außerhalb der göttlichen Planung, nicht die Geschichte des Gottesvolkes Israel und auch nicht die Lebensgeschichte einzelner Menschen, ihre Taten, ja nicht einmal ihr Wesen und ihr ethisches Verhalten. Danach verfügt der Mensch nicht über die Freiheit, sich zu entscheiden zwischen Gut und Böse, alle Menschen sind von vornherein festgelegt, determiniert, prädestiniert. Die Prädestination erweist sich hier als eine auf den Menschen bezogene Sonderform in dem auf Sein und Zeit bezogenen Determinismus.

----

3   Serek (Ordensregel) III,15; Übersetzung: K. SCHUBERT, in J. MAIER / K. SCHUBERT, Die Qumrân-Essener, 1973, S.55.

4   Hymnen Hodayot 1 QH I,24; Übersetzung: K. SCHUBERT, op.cit. (3), S.55.

Die Gemeinde von Qumrân wurde getragen von dem Gedanken, daß sich alle Frommen im Lande, der Heilige Rest des Volkes Israel, in ihrer einzigartigen Gemeinschaft zusammengefunden hatten. Alle Glieder lebten in der Überzeugung, daß sie allesamt "Auserwählte Gottes" waren. Gott hatte sie dazu ausersehen und sie dazu bestimmt, das Gute zu tun und das Böse zu meiden. Was eigentlich erst in der Heilszeit Gottes Wirklichkeit werden sollte, daß die Sünde endgültig aus der Welt verbannt war, diesen Zustand nahmen sie schon jetzt in ihrer Gemeinschaft vorweg. Sie waren vom Geist Gottes erfüllt, waren willens und fühlten sich von ihm festgelegt, nur auf dem rechten Weg zu wandeln. Sie fühlten sich als "Gerechte" und im Wesen und Tun prädestiniert, das Heil im Endgericht Gottes zu gewinnen.

Doch die Wirklichkeit in dieser Mönchsgemeinde sah anders aus und verdunkelte etwas dieses schöne Bild. Obwohl diese Gemeinschaft von der gegenseitigen helfenden Liebe aller Glieder getragen wurde und es an Ordnungen und Verordnungen keineswegs mangelte, die das Zusammenleben regelten, kam es immer wieder vor, daß einzelne dieser "Gerechten" eigenwillig ausscherten, die von Gott für alle Frommen vorgezeichnete Bahn verließen und sich mit Sünde befleckten.

Es waren immer nur Einzelne, eigentlich Außenseiter. Wenn dieses Übel bei der ganzen Gemeinschaft zu Tage getreten wäre, dann hätte man sicherlich diese Sünde der "Gerechten" mit der "schöpfungsmäßig bedingten Nichtigkeit alles Menschlichen" oder mit dem Sündenfall Adams oder mit dem Engelsfall in Genesis 6 erklären müssen (5). Diese Gemeinde hätte solche Erklärungsversuche weit von sich gewiesen, denn sie besaß ein sehr hohes religiöses Selbstverständnis, das von dem Gründer dieser Gemeinschaft, dem "Lehrer der Gerechtigkeit" auf sie überstrahlte.

Doch gerade dieses überhöhte religiöse Selbstbewußtsein machte das Problem der Sünde dieser einzelnen "Gerechten" nur noch dringlicher! Wie wichtig die Lösung dieses Problems für die Gemeinde war, zeigt sich an der Fülle der Lösungsvorschläge.

Die Gemeinde fühlte sich nicht mehr allein mit Gott! Es mußte noch eine andere Macht da sein, die dieser Gemeinsamkeit mit Gott entgegenarbeitete: Das Böse! Dieses Böse mußte eine ge-

----

5   Auf diesen Punkt weist besonders H. LICHTENBERGER, op. cit. (1), S.131, hin.

waltige Macht haben, daß es in diese fromme Phalanx einbrechen konnte. Das Böse mußte eine Macht eigener Art sein. Die Erfahrungen innerhalb der Gemeinde erzwangen die Preisgabe des starren monistischen Systems, als ob es in dieser Gemeinde nur Gute und Gerechte geben könne. Dabei wurde der Monotheismus, daß Gott der Schöpfer aller Dinge war, keineswegs aufgegeben. Doch so wie Gott nach Genesis 1,4 Licht und Finsternis geschaffen habe, so habe er auch das Gute und das Böse geschaffen. Der kosmische Gegensatz zwischen Licht und Finsternis wurde damit auf das Ethische übertragen: Der Dualismus war geboren!

Doch bei dem Riß, der durch die Schöpfung geht, sind die beiden Hälften keineswegs gleichwertig. Die Seite des Guten hat immer die Vorhand, steht immer um eine Stufe höher als die Seite des Bösen. Dabei wurde tiefsinnig gedacht und ein regelrechtes hierarchisches System von drei Sphären konstruiert, zu dem man noch eine vierte – allerdings eschatologische – Dimension hinzufügen konnte.

Hoch oben – auf der Seite der Guten – steht Gott. Eine Stufe tiefer – auf der Seite der Bösen – sein Widersacher Belial. Auch Belial ist ein Geschöpf Gottes, von Gott geschaffen. Nur in der auf einer makkabäischen Grundschrift beruhenden "Kriegsrolle" von dem "Kriege der Söhne des Lichts gegen die Söhne der Finsternis" (1 QM) gewinnt man manchmal den Eindruck, als ob Belial eine eigenständige gleichberechtigte Gegenmacht Gottes ist (6).

In diesem dualistischen Weltbild steht die böse Seite immer eine Stufe tiefer als die gute. Das gilt auch für die mittlere Sphäre, die Mittler-Sphäre zwischen Gott und den Menschen. Es sind Engel. Als Engel sind sie Gott untergeordnet, so daß der Monismus-Monotheismus im ganzen Gefüge erhalten bleibt. Die Engel verkörpern die beiden Prinzipien Gut und Böse, doch schon aus ihrer Bezeichnung läßt sich ablesen, daß sie nicht gleichwertig sind. Mit adligem Glanz gewissermaßen ist der "Lichterfürst" ausgestattet, während das ihm gegenüberstehende

----

6   So in 1 QM XIII, 1-6! In 1 QM XVII,4 dagegen werden als Gegner Belials sowohl Gott als auch der Engel Gottes genannt, so daß Belial hier in zwei Sphären, in der oberen und der mittleren zugleich wirksam gedacht wird. Siehe H. LICHTENBERGER, op.cit. (1), S.190!

Prinzip des Bösen einfach als "Finsternisengel" bezeichnet wird (7).

Ungeachtet dieser degradierenden Bezeichnung scheint der "Finsternisengel" für die Gemeinde von größerer Bedeutung gewesen zu sein als der "Lichterfürst". Dem "Finsternisengel" fällt nämlich die Aufgabe zu, die Scheidewand zwischen Gut und Böse zu durchbrechen. Damit ist der strenge Dualismus aufgehoben.

Im untersten, im menschlichen Bereich stehen die Guten im Schutz des "Lichterfürsten", der wohl kein anderer ist als der Erzengel Michael, der Repräsentant des Gottesvolkes Juda-Israel. Doch in diesen Bereich bricht der "Finsternisengel" ein und verursacht die Sünde der "Gerechten". Wenn der Mensch auch mit seinen Gefährten unter dem schützenden Flügel des "Lichterfürsten" sich geborgen wähnt, so kann er doch von dem Fittich des "Finsternisengels" berührt und zur Sünde verführt werden ...

So hoffnungslos für den Sünder unter den "Gerechten" ist die Lage aber nicht. Schließlich steht er auf der Seite der Guten und wurde von dem Fittich des Bösen nur gestreift. Er darf hoffen. Zuletzt wird Gott eingreifen und durch den "Lichterfürsten" dem irrenden Sünder seine Hilfe zukommen lassen. Damit wird er wieder in die Gemeinschaft der "Gerechten" als Vollmitglied aufgenommen und im Endgericht Gottes trotz seiner zeitweiligen Verfehlungen das Heil erlangen.

Dieses System hatte aber seine Mängel. Es wurde nicht konsequent durchgeführt. So wirkt nur der "Finsternisengel" auf die Gegenseite ein und verursacht die Sünde des "Gerechten". Von einer ähnlichen Grenzüberschreitung des "Lichterfürsten" wird jedoch nichts berichtet. Das muß Gründe haben. Die Gemeinde war eine geschlossene Gesellschaft. Gegen die Umwelt, gegen den Bereich des Bösen grenzte sie sich systematisch ab, nicht nur durch Mauern! Ihr Denken kreiste nur um die eigenen Probleme; die Sünde des "Gerechten" war schon schlimm genug,

---

7   Ordensregel 1 Q Serek III – IV. Dazu H. LICHTENBERGER,
    op.cit. (1), S.190!

um die Sünde der Sünder kümmerte sie sich nicht. (8) Dazu kam noch hemmend hinzu, daß diese Gemeinde sich mit einer Rivalensekte ständig auseinandersetzen mußte, der politisch-religiösen Genossenschaft der Pharisäer. Deren Aufgabe war es aber, "Volksmission" zu treiben, dafür zu sorgen, daß jeder Mensch im Lande Juda mit der Tora vertraut wurde und sich unter deren Gebote beugte. Wenn Mission eine Aufgabe der Pharisäer war, dann verbot sich naturgemäß diese Aufgabe für die Qumrângemeinde. Und der "Lichterfürst", unter dessen Schutz sie stand, wirkte nicht über die Grenze in den sündigen Bereich hinein. Sünder, Irrende und Unwissende wurden sich selbst überlassen.

Dem rationalen Denken mißfiel aber auch, daß der sündige "Gerechte" schließlich und endlich doch die Gunst Gottes erlangte und daß dadurch der Gedanke der Prädestination verschoben wurde. Hier schienen zu viele unwägbare Komponenten im Spiele zu sein.

Man suchte nach einer andern Lösung: Gott hatte das Gute und das Böse zu gleichen Teilen geschaffen. Einen Proporz von 50 : 50. Jeder Mensch hat sowohl vom Guten als auch vom Schlechten der Schöpfung einen bestimmten Prozentsatz abbekommen. Das ist seine ganz persönliche Determination, seine Prädestination. Dieser persönliche Proporz bestimmt sein Wesen und seine Taten, wirkt sich auch aus als Sünde des "Gerechten". Im Endgericht Gottes wird es entschieden werden, ob in dem ihm zugemessenen Verhältnis die Sünde oder die Rechtschaffenheit überwiegen, und danach fällt die Entscheidung über Heil oder Verdammnis. (9)

----

8   Auf diese offenkundige Inkonsequenz, daß der "Lichterfürst" keinerlei Einfluß auf die sündige Seite ausübt, siehe H. LICHTENBERGER, op.cit. (1), S.129 – Bei der Qumrângemeinde allerdings ist ein schwacher Einfluß auf die Sünde des Volkes festzustellen. Da sich alle Glieder als Priester verstanden mit allen Rechten und Pflichten, gehörte auch die Entsühnung des Volkes durch kultisches Ritual zu ihren Pflichten. Anstelle der blutigen Opfer im Tempel trat überhöhend in der Gemeinde ein kultisches Gemeinschaftsmahl mit der gleichen sühnenden Funktion! Das war die einzige – durch priesterliche Tradition vorgegebene – Einflußnahme dieser Gemeinde auf die Sünde des Volkes!

9   Siehe H. LICHTENBERGER, op.cit. (1), S.137, und K. SCHUBERT, op.cit. (3), S.58!

Doch dieses Prädestinationsdenken – das muß der Gemeinde auch klar geworden sein, konnte sehr verhängnisvolle Folgen zeitigen. Das Fatale bestand darin, daß der Fatalismus Einkehr zu halten drohte. Wenn gewisse Glieder der Gemeinde der festen Überzeugung waren, daß sie von Gott auserwählt waren, dann bestand die Gefahr, daß sie überheblich und hochmütig werden konnten und so die Gemeinschaft störten. Es bestand aber auch die andere Gefahr, daß sie sich gehen und jegliche Aktivität vermissen ließen, weil ihnen das Heil von vornherein Gewißheit war. Für die Gemeinde ergab sich die Notwendigkeit, gegen diese Stock-Prädestinierten besondere Maßnahmen zu ergreifen. Der Wirklichkeit wegen mußte die Theorie eingeschränkt werden. Man tat so, als ob es keine Prädestination gab. Ganz im Gegenteil, die Willensfreiheit, die Entscheidungsfreiheit jedes Gemeindeglieds wurde angesprochen, nein aufgerufen und zur Aktivität angespornt. Wenn der Gemeinde – allerdings im Rahmen der Zwei-Geister-Lehre – Laster- und Tugendkataloge in einprägsamer Form bewußt gemacht werden, so steckt dahinter doch der Gedanke, daß diese Forderungen den Einzelnen im Innern packen, daß er aber auch die Möglichkeit hat, zwischen Gut und Böse zu unterscheiden. Auch die jährliche Musterung war ein Appell an den Einzelnen, seine Aktivität zu entfalten. Jedes Jahr wurde eine neue Rangliste der Gemeindeglieder aufgestellt. Auch hier wurde deutlich, daß die Prädestination nicht als eine statische Gegebenheit aufgefaßt wurde, sondern eine den Veränderungen unterworfene Größe. (10)

Die Prädestination ist als kompakte Größe überall spürbar, doch sie weist Risse und Sprünge auf, hinter denen immer wieder ein Stückchen Willensfreiheit des Menschen hervorlugt. Die Realität erzwingt immer wieder Abweichungen von der Theorie. So ist es auch bei der Lehre, die man auch als Drei-Geister-Lehre bezeichnen könnte. Danach gibt es nicht nur die zwei Geister, die auf den Menschen einwirken, der Mensch besitzt auch einen eigenen Geist, dem eine stark eingeschränkte Entscheidungsmöglichkeit gegeben ist. So wird auch hier ein Restchen Willensfreiheit bewahrt. (11)

----

10 Zu den Katalogen in der Ordensregel 1 Q Serek IV, siehe H. LICHTENBERGER, op.cit. (1), S.135!

11 Siehe dazu H. LICHTENBERGER, op.cit. (1), S.134!

Eine wichtige Motivation zur Tugend mag auch die Vorstellung vom künftigen Leben gewesen sein. Mit dem Einbruch des Gottesreiches war der Dualismus ausgelöscht. Belial lag vernichtet am Boden, mit ihm alle Bösen. Die finstere Hälfte der Welt war nicht mehr vorhanden. Es gab nur noch die Guten, die "Gerechten". Sie hatten endgültig gesiegt! Diesen Triumph der guten Seite als Schlußphase könnte man als die vierte Dimension in dem dualistisch-hierarchischen System bezeichnen. Doch das war nur ein Teilaspekt dessen, was sie "an jenem Tage" erwartete. Es war ihnen beschieden, von nun an mit den Engeln in Gemeinschaft zu leben. Das war möglich in dieser neuen Welt, in der es keine Sünde mehr gab, in der keine Sünde mehr möglich war, weil alle guten Menschen auf das Gute festgelegt waren. Doch auch dies war noch nicht alles. Sie waren jetzt "Wissende" geworden. Kein Geheimnis war ihnen mehr verborgen. Sie waren in der Lage, alle Geheimnisse Gottes zu erkennen, sowohl die, welche die Schöpfung betrafen, als auch die, welche das geheimnisvolle Walten Gottes in ihrem eigenen Leben betraf: Gottes Zulassung des Bösen, das große Geheimnis würde ihnen dann offenbar werden. Was die Gnostiker im diesseitigen Leben erstrebten, das wurde den Frommen der Gemeinde im jenseitigen Leben zuteil! (12)

Die dualistische Weltansicht hat in dieser Gemeinde eine große Rolle gespielt. Das Problem, auf welche Weise die Gemeinde zu ihrem Dualismus gekommen sein könnte, hat die Gemüter der Gelehrten stark beschäftigt. Natürlich gibt es auch im Tenach, der Heiligen Schrift der Juden, Ansätze, die eine Ausgestaltung des Dualismus ermöglichen. So haben wir in Genesis 1,4 eine positive Bewertung des Lichts, daß es das Prädikat "gut" verdient. Wenn dann daraufhin Gott das Licht von der Finsternis scheidet, liegt der Gedanke nahe, daß die Finsternis nicht "gut", also böse ist. Damit ist ein Ansatz vorhanden, diesen kosmischen Gegensatz ins Ethische zu wenden. Vielleicht ist noch entscheidender die Jesaja-Stelle 45,6-7; denn der Prophet Jesaja war der Lieblingsprophet dieser Gemeinde, und sein Wirken ist in den Qumrântexten oft zu spüren. Hier heißt es: "Ich bin YHWH, und sonst ist keiner, der Licht bildet und Finsternis schafft, der Heil wirkt und Unheil schafft. Ich bin YHWH, der all dies wirkt."

----

12   H. LICHTENBERGER, op.cit. (1), S.140; K. SCHUBERT, op. cit. (3), S.64.

Bei dem Vergleich der in Qumrân gefundenen Schriftrollen zeigt sich, daß der Dualismus am schärfsten in der "Kriegsrolle" 1 QM uns entgegentritt. Dabei beruht diese Schrift auf einer makkabäischen Grundschrift. In diesem "Krieg der Söhne des Lichts gegen die Söhne der Finsternis" sind die beiden Seiten an einigen Stellen so stark auseinander gerissen, daß Belial als eine selbständige Gegenkraft Gott gegenübertreten kann. An einen Einfluß von außen ist bei der makkabäischen Grundschrift kaum zu denken. Man ist deshalb genötigt, den Dualismus aus den Bedingungen jener Zeit und jenes Raumes zu erklären. Die Makkabäer fühlten sich – ähnlich wie später die Gemeinde von Qumrân – als Partner Gottes, und sie kämpften im Auftrag Gottes, wobei lichte Engelsgestalten in glänzenden Rüstungen sie unterstützten. Trotzdem mußten sie mehrfach die bittere Erfahrung hinnehmen, daß sie dem heidnischen Kriegsvolk der Syrer unterlagen. Dieses eigentlich unsinnige Geschehen war nur dadurch möglich, daß eine Kraft, eine Macht existierte, die gegen Gott gerichtet war. Nur so war es zu erklären, daß Gott in ihrem selbstlosen Kampf gegen die Feinde Gottes ihnen den Beistand versagt hatte. Der Dualismus, die Einsicht, daß es neben der guten Kraft Gottes auch eine böse und äußerst wirksame Kraft gab, ermöglichte, den mißlichen Tatbestand der makkabäischen Niederlagen zu erklären. (13)

Der Dualismus der Qumrângemeinde kann genauso "endogen" erklärt werden wie der Dualismus der Makkabäer. Auch sie fühlte sich als "Auserwählte Gottes" und vertraute auf die Gemeinschaft mit den Engeln. Trotzdem mußte diese Gemeinde Demütigungen und Verfolgungen schwerster Art vonseiten ihrer innenpolitisch-religiösen Gegner, von seiten des unwürdigen Hochpriesters und von seiten der lügnerischen Rivalensekte hinnehmen. Auch hier half Gott nicht. Die Erklärung war die gleiche wie bei den Makkabäern. Die Gegenseite wurde von der Macht des Bösen tatkräftig unterstützt. Das Böse war eine gottfeindliche Macht. Damit war der Dualismus hinreichend erklärt.

Doch der Dualismus der Qumrângemeinde kann nicht allein "endogen" erklärt werden, es gibt eine sehr starke und überzeugende "exogene" Komponente. Schon 1950 haben völlig unabhängig voneinander zwei Gelehrte entdeckt, daß diese außergewöhnliche Lehre von den zwei Geistern gar nicht auf dem Boden Israels gewachsen, sondern vom heidnischen Ausland her eingedrungen ist. Die auffallenden Übereinstimmungen zwischen

---

13   H. LICHTENBERGER, op.cit. (1), S.194.

der Ordensregel 1 Q Serek III,18-IV,20 und einer iranisch-zoroastrischen Schrift (Yasna 30,13) zwingen zu der Erkenntnis, daß hier fremder Einfluß vorliegen müsse. Zwar ist im Iran die großartige jüdische Konzeption vom Schöpfergott nicht enthalten, doch im übrigen gibt es so viele Parallelen, daß diese sehr viel ältere iranisch-zoroastrische Schrift als Vorlage für den Qumrântext gedient haben muß. (14)

Die Abhängigkeit des Qumrântextes ist unbezweifelbar und klar. Unklar ist nur die Art und Weise der Vermittlung. Wie konnten diese heidnisch-zoroastrischen Gedankengänge in einen jüdischen Text gelangen?! Man hat dieses Problem dadurch zu lösen versucht, daß die "Lehrer"-Leute gewissermaßen die Spätheimkehrer aus dem babylonischen Exil gewesen seien. Sie seien fasziniert gewesen von dem makkabäischen Befreiungskampf, von den makkabäischen Erfolgen, von der Tempel-"Weihe" Chanukka. Dies alles habe sie in die alte Heimat gezogen, und so haben sie die Gemeinde von Qumrân gegründet und gebildet. Auf diese Weise seien auch babylonisch-iranisch-zoroastrische Gedankengänge in diese Gemeinde eingegangen und hätten sich hier stark ausgewirkt, wie eben in der Übernahme von Yasna 30,13!

Dieser Lösungsvorschlag geht aber an den Texten und an der historischen Wirklichkeit völlig vorbei! Die Texte sprechen immer nur von einer Emigration in ein Land des Nordens, es fällt oft der Name "Damaskus", doch nirgends von einer Immigration nach Israel-Juda. Das Wort "Umkehr" oder "Umkehrer" hat nichts mit der Ingangsetzung von Beinen und Füßen zu tun, sondern immer mit der inneren Bewegung von Herz und Hand, was von uns Christen fälschlich mit dem Wort "Buße" übersetzt wird. Es geht natürlich um den "Weg", aber nicht um den Weg von Babylon nach Qumrân, sondern um den Weg des rechten Lebens! Was aber diese Faszination durch die Makkabäer betrifft, so waren die wahrhaft Frommen – und die Qumrângemeinde ist dieser Gruppe zuzurechnen, keineswegs begeistert von den Makkabäern und lehnten die menschlichen Machenschaften, Gott in seinem Handeln vorzugreifen, radikal ab. Oder sie werteten diesen Kampf ab und bezeichneten ihn herablassend als "kleine Hilfe", wie der fromme Mann, der das Buch Daniel schrieb ...

14　K.G. KUHN und A. DUPONT-SOMMER, siehe H. LICHTENBERGER, op.cit. (1), S.196-198!

Das Problem ist so neu nicht. Es ist schade, daß es nicht schon früher die Gemüter der Gelehrten bewegt hat. Nicht nur die Leute von Qumrân haben aus iranisch-zoroastrischem Gedankengut geschöpft. Aus diesem Gedankengut schöpfte auch der fromme Mann, der das Danielbuch schrieb. Beide haben diese ferne Quelle zu benutzen gewußt, der Schreiber der Ordensregel Serek und der Schreiber des Danielbuchs. Denn wie D. FLUSSER überzeugend nachgewiesen hat, stammt diese Zukunftssicht von den vier Weltreichen bei "Daniel" gleichfalls aus iranisch-zoroastrischen Vorlagen (15)!

Diese Vermittlung muß auch bei dem Mann "Daniel" erklärt werden, nicht nur bei den Qumrânleuten. Daß er ein makkabäerbegeisterter Spätheimkehrer aus dem babylonischen Exil gewesen ist, ist sicherlich noch niemand eingefallen. Das schwierige Problem der Vermittlung der Zwei-Geister-Lehre ist aber leichter zu lösen, wenn wir das ebenso schwierige Problem der Vermittlung der Vier-Reiche-Lehre hinzunehmen. Bei "Daniel" bekommen wir nämlich zuverlässige historische Daten an die Hand. Bei keinem Buch der 24 Bücher der Heiligen Schrift wissen wir die Abfassungszeit so genau wie bei dem Buch Daniel. Es ist in der Zeit zwischen 168 und 164 ante verfaßt worden. In diesem Zeitraum hat auch der "Lehrer der Gerechtigkeit", der Gründer der Qumrângemeinde gelebt. Er war ein Zeitgenosse des "Frevelpriesters", der kein anderer sein kann als der makkabäische Hochpriester Jonatan (Partisan ab 166, Ethnarch ab 160, Hochpriester 152-143). Bei "Daniel" sowohl als auch bei dem "Lehrer" ist ein Aufenthalt unter Heiden wahrscheinlich, bzw. nachweisbar! "Daniel" besitzt derartige detaillierte Kenntnisse von den Vorgängen an einem heidnischen Königshof, daß unbedingt angenommen werden kann, daß er eine Zeit seines Lebens an einem solchen Königshof zugebracht hat. Der "Lehrer" hinwiederum hat seine Berufung durch Gott unter Heiden erfahren, also wahrscheinlich in einem heidnischen Land. "Daniel" und den "Lehrer" verbindet eine Reihe von merkwürdigen Einzelheiten. Beide sprechen von einer pogromartigen Unterdrückung in den Bildern von "Löwengrube" und "Feuerofen"/"Schmelzofen". Beide rechnen nicht nach dem Mondkalender, sondern nach dem Sonnen-

----

15 D. FLUSSER, The four Empires in the Fourth Sibyl and in the Book of Daniel, in Israel Oriental Studies II (1972).

kalender (16). Beide sprechen von Verführungen und Versuchungen, den Weg Gottes zu verlassen. Beide widerstanden den Versuchungen, "Daniel" sehr kraftvoll, der "Lehrer" vermutlich erst nach einer Zeit innerer Unsicherheit. Diese Merkwürdigkeiten können aber aufgelöst werden durch die Annahme, daß sie beide nicht nur zur gleichen Zeit gelebt, sondern auch Gleiches erlebt, sich gekannt haben, ja sogar in einer frommen toratreuen besonderen Gemeinschaft einander verbunden waren.

Der "Lehrer" könnte zu den "verbannten Judäern" gehört haben, von denen "Daniel" schrieb, er könnte einer der "Jünglinge" gewesen sein, zumal die autobiographischen Angaben im Danielbuch und die autobiographischen Angaben in den Lehrer-Psalmen Hodayot sich stellenweise gegenseitig ergänzen. Damit waren beide eine Zeitlang an einem heidnischen Königshof. Da der Tempelstaat – oder was davon noch übrig war – zu dieser Zeit unter der Oberhoheit Syriens stand, könnte man an den Königshof von Antiochia denken.

Gestützt wird diese Annahme durch eine von Historikern gut bezeugte Tatsache. Es gab nämlich noch einen dritten Juden, der eine Zeitlang in der Nähe eines heidnischen Königshofes leben mußte. Im gleichen Zeitraum, von 175 bis 172/71 lebte der jüdische Hochpriester Onia III. als Internierter in dem heidnischen Hain von Daphne unweit der syrischen Hauptstadt Antiochia! Onia stammte aus dem einzigen zu diesem hohen Amt legitimierten fürstlichen Priestergeschlecht der Zadoqiden. Seltsam: Auch der "Lehrer" ist nach Ansicht der Gelehrten ein Abkömmling dieser fürstlich-vornehmen Familie gewesen. Damit rundet sich das Bild. Weshalb aber Onia hierher exiliert wurde, ist bekannt. Er hatte politische proägyptische Gefühle gezeigt, war bei seinem Oberherrn, dem Syrerkönig, angeschwärzt, zur Rechtfertigung nach Antiochia befohlen worden und nie mehr zurückgekehrt. Weshalb Onia im Raum Antiochia als verbannter Judäer festgehalten wurde, ist klar und überzeugend überliefert. Weshalb "Daniel" und die "Jünglinge" – darunter der "Lehrer" – als "verbannte Judäer" an diesem heidnischen Königshof eine Zeit ihres Lebens verbringen mußten, wird nirgends gesagt ...

----

16 Siehe H. BURGMANN, Ein Schaltmonat nach 24,5 Jahren im chasidischen Sonnenkalender, Revue de Qumran, No. 29, 1972, S.66-73. - Idem, Die vier Endzeittermine im Danielbuch, Zeitschr. f. alttest. Wiss. (ZAW), Jahrgang 86, 1974, S.543-550. - Idem, Die Interkalation in den sieben Jahrwochen des Sonnenkalenders, Revue de Qumran, 1979, No. 37, S.67-81.

Doch wir haben einen Hinweis. Der "Lehrer" war Zadoqide. Wurde er deswegen hierher verbannt, weil er Zadoqide war? Möglicherweise waren auch "Daniel" und diese ganze Gruppe allesamt Zadoqiden. Einiges spricht dafür. Vor allem die Aufnahme am syrischen Königshof. Diese "judäischen Verbannten" wurden hier wie Angehörige aus fürstlichem Geschlecht, wie Prinzen behandelt, und es wurden ihnen Verwaltungs- und Regierungsaufgaben zugewiesen. Sie waren auch dazu befähigt, denn sie stammten aus einer Familie, die schon viele Jahrhunderte hindurch mit ähnlichen Aufgaben befaßt war. Hinzu kam, daß der damalige Syrerkönig, der bei den Juden so verhaßte Antiochos IV. Epiphanes sich gerne mit jungen Männern umgab, es wurden ihm ja auch homoerotische oder homosexuelle Neigungen nachgesagt. Für diese Prinzen mag ihre Führungsstellung im syrischen Großreich eine nicht geringe Versuchung gewesen sein, denn ihnen standen hier ganz andere Möglichkeiten offen denn als Priester in dem kleinräumigen Tempelstaat. Aus einer Textstelle in einem "Lehrer"-Lied könnte man diesen menschlichen Konflikt, der den Psalmisten von dem Wege Gottes abbringen konnte, herauslesen.

Immer noch wissen wir nichts darüber, aus welchem Grunde diese Männer – Abkömmlinge der zadoqidischen Familie – in Antiochia längere Zeit als "verbannte Judäer" leben mußten. Hier muß eine vierte Person eingeführt werden: Jason-Jeschua, der Bruder des Hochpriesters. Er dient hier gewissermaßen als Katalysator, ohne den eine derartige Verbindung dieser Personen in Antiochia nicht möglich gewesen wäre. Wie sein Name schon zeigt, war er Hellenist, er hatte einen griechischen Namen angenommen. Beim Syrerkönig hatte er sich beliebt gemacht, hatte diesem höhere Geldzuwendungen versprochen, falls er Hochpriester würde. Der König ging darauf ein, setzte den Hochpriester Onia III. ab und Jason-Jeschua ein. Auch die hellenistischen Vorhaben wurden selbstverständlich vom König unterstützt, wie der Bau eines Gymnasiums, in dem ohne deckende Kleidung Sport getrieben wurde, die neue Bürgerrolle, die Juden zu Griechen und damit gegen alle überkommene Tradition zum ersten Stand im Tempelstaat machte. In den Augen der Frommen waren dies revolutionäre Maßnahmen, außerdem war Onia III. immer noch rechtmäßiger Hochpriester; denn in diesem Amt amtierte man auf Lebenszeit. Jason hatte sich also außerdem der Usurpation schuldig gemacht.

Was jetzt folgt, ist meine Spekulation. Bei dieser Sachlage gab es sicherlich in der zadoqidischen Familie Widerstand gegen diesen Hochpriester, der widerrechtlich seinem Bruder das Amt genommen hatte. Auflehnung gegen den Hochpriester war Hochverrat und konnte mit dem Tode bestraft werden. Doch es handelte sich um Angehörige seiner Familie... In dieser heiklen Situation ist denkbar, daß Jason sich vom Syrerkönig die Erlaubnis erbat, diese fromme Reaktion in seiner Familie nach Syrien und der Hauptstadt Antiochia abzuschieben ... So könnten "Daniel" und der "Lehrer" und noch einige Jünglinge an den heidnischen Königshof nach Antiochia gekommen sein.

Wie es ihnen hier erging, kann man im Danielbuch nachlesen, wenn man einige Erzählstücke ihres legendenhaften Charakters entkleidet. "Daniel" und die Jünglinge mußten heidnische Götternamen tragen, das zeigt schon, daß man hier den Versuch gemacht hat, sie nicht nur mit heidnischen religiösen Vorstellungen bekannt zu machen, sondern sie auch einem Zwang zur Übernahme heidnischer Sitten und Gebräuche zu unterwerfen. Doch "Daniel" sorgte dafür, daß sie widerstanden. Trotzdem ist es natürlich möglich, daß sowohl "Daniel" als auch der "Lehrer" mit iranisch-zoroastrischen Gedankengängen in Berührung kamen, denn das syrische Reich erstreckte sich weit nach Osten und umfaßte damals auch Persien. Damit wäre das Problem, wie und auf welche Weise die zoroastrische Lehre von den vier Weltreichen ins Danielbuch kam und wie die zoroastrische Lehre von den zwei Geistern, also der Dualismus, in der Qumrânrolle Ordensregel 1 Q Serek Aufnahme fand, gelöst.

Die Vermittlung steht aber nicht nur auf den Augen dieser beiden Männer. Die Führungsstellungen der drei Jünglinge im syrischen Staat weckte den Neid der andern, und während der Abwesenheit des Königs kam es zu einem Pogrom, das vermutlich von einem syrischen Minister angeheizt wurde, damit er ungestört den jüdischen Hochpriester Onia III. umbringen konnte, was ihm auch gelang. Der zurückkehrende König bestrafte den Minister mit dem Tod und kam wohl gerade so rechtzeitig, daß "Daniel" und die Jünglinge mit dem Leben davonkamen. Der Jüngling "Lehrer der Gerechtigkeit" fühlte sich durch Gotteshand vom Tode errettet. Es muß für ihn ein unerhörtes Erlebnis gewesen sein, das ihn von dem Gedanken, im syrischen Großreich Karriere zu machen, völlig abbrachte. Er spürte die Hand Gottes, die ihn geschützt hatte, und er hatte den überwältigenden Eindruck, daß Gott ähnlich wie bei Abraham und Mose einen Bund mit ihm geschlossen und ihn zu einer hohen Aufgabe berufen hatte. Diese ganz persönliche religiöse Erfahrung war die Gründung des Bundes zwischen Gott und ihm, und dieser Zeitpunkt war auch der Beginn der Gemeindegründung, und er sagte selbst einmal in einem seiner Psalmen: "... und von da an gehört der 'Bund' denen, die ihn suchen." (Lehrerlied 1 QH V,9). Der "Bund", die Gemeindegründung, ist also im heidnischen Ausland erfolgt. Er hat also schon in Antiochia Anhänger um sich gesammelt, ein kleines Häuflein sicherlich. Doch es waren Juden, die schon lange hier ansässig waren, die schon lange auch mit heidnischen, auch zoroastrischen Ideen vertraut waren und als Vermittler dieser religiösen Gedanken sie einbringen konnten in die Texte der Gemeinde, als dieses kleine Häuflein seiner Anhänger in den Tempelstaat zurückkehrte.

Der "Lehrer" braucht also gar nicht persönlich der Vermittler dieser iranisch-zoroastrischen Gedankengänge gewesen sein. Es wird nämlich behauptet, daß in den "Lehrer"-Psalmen dualistische Gedankengänge nicht vorkommen (17). Diese Behauptung ist zwar nicht ganz richtig, denn es gibt tatsächlich ein dualistisches Lied, in dem die ipsissima vox magistri sehr deutlich diesen Gedanken vom Riß in der Welt ausspricht. Doch es ist zuzugeben, daß der Dualismus in den Psalmen des "Lehrers" kaum angesprochen wird.

Das muß Gründe haben. Das muß besonders deswegen begründet werden, weil der "Lehrer" wie kein zweiter durch seine Lebenserfahrungen auf diesen Dualismus-Gedanken kommen mußte. Alles, was er erlebt hatte, mußte ihn auf diese rettende Idee regelrecht stoßen. Wenn er wie kein zweiter durch die ganz persönliche Erwählung durch Gott voll erfüllt war und das Böse so hautnah kennengelernt hat, dann hatte er doch gar keine andere Wahl, als die dualistische Lösung anzunehmen. Es mußte doch unfaßbar für ihn gewesen sein, daß in seiner eigenen Gemeinde, in seinem "Gottesbund" ein Mann auftrat – es könnte wohl 157 ante gewesen sein – eine wirkungsvolle Rede hielt, darin die Grundlagen der Gemeinde angriff und die Anwesenden zum Abfall vom "Lehrer" aufforderte. Dieser lügnerische Mensch erzielte dabei einen solchen Erfolg, daß die Mehrheit der Gemeinde den "Lehrer" tatsächlich im Stich ließ und mit diesem aufrührerischen Menschen die Gemeinde verließ. Der Abfall der Mehrheit von dem "Lehrer", veranlaßt durch die Aktivität des "Lügenmannes", war die Geburtsstunde der Rivalensekte, der späteren politisch-religiösen Genossenschaft der Pharisäer (18). Wie konnte aber Gott zulassen, daß der "Gottesbund" auf diese Weise gesprengt wurde?! Hier mußte der Böse seine Hand im Spiele haben!

----

17   H. LICHTENBERGER, op.cit. (1), S.175 und 195.

18   H. BURGMANN, Der Gründer der Pharisäergenossenschaft: Der Makkabäer Simon, Journal for the Study of Judaism, Vol. IX, No. 2, 1978, S.153-191.

Es mußte für den "Lehrer" unfaßbar gewesen sein, daß später seine besten Leute, seine Vertrauten hinter seinem Rücken gegen ihn stichelten und allmählich eine Opposition bildeten, die immer festere Formen annahm. Sie waren mißtrauisch gegen diesen Mann, der von sich behauptete, in einem ähnlichen Bund mit Gott zu stehen wie einstmals Abraham und Mose. Sie waren konservativ und lehnten manche dieser revolutionären Neuerungen, die der "Lehrer" in seiner Gemeinde einführte, ab, sie schwiegen aber nicht darüber, sondern diskutierten über diese innergemeindlichen Geheimnisse mit Außenstehenden, mit Gliedern der Phärisäersekte. So lieferten sie Material nach außen, das später von der Staatsmacht als Anklagematerial benutzt werden konnte gegen den "Lehrer" und seine Gemeinde! Wie konnte es geschehen, daß die Treuesten der Getreuen, Männer, auf die er sich felsenfest verlassen hatte, ihn so hintergingen und den "Gottesbund" verrieten?! Es gab nur eine Erklärung. Es gab Menschen, denen man es nicht ansah, daß sie unter der Herrschaft des Bösen standen und von vornherein zum Verderben bestimmt waren ...

Nicht nur revolutionäre Maßnahmen, die nicht ganz im Einklang mit der Tora standen, wurden damals dem Hochpriester bekannt. Gefährlicher war für die Staatsspitze die Unheilspredigt des "Lehrers", es würde Unheil kommen über Volk und Land, fremde Heere, die Kittiim, würden verheerend einfallen, eine Strafe Gottes, weil der Tempel durch einen unwürdigen Hochpriester verunreinigt sei! Diese Unheilspredigt war eine staatsgefährdende Aktion, sie fiel unter den Anklagepunkt der "Wahrsagerei" und darauf stand Verbannung aus dem Land oder Tod. Der Hochpriester begnügte sich damals (etwa um 146 ante), den "Lehrer" und seine Gemeinde an die äußerste Grenze des jüdischen Landes, an das Tote Meer, nach Qumrân zu verbannen. - Die oppositionelle Gruppe muß sich in dieser Zeit vom "Lehrer" gelöst haben, sie emigrierte in das "Land des Nordens" und gründete - irgendwo im syrischen Raum den "Neuen Bund im Lande Damaskus". Sie hinterließ eine Schrift, die "Damaskusschrift" (CD), deren ältere Teile die Spannungen dieser altchasidischen Opposition zu dem "Lehrer" widerspiegeln! Es waren harte Schläge für den "Lehrer": Exil nach Qumrân, Schisma, Spaltung, erneute Spaltung und Abwanderung einer Teilgemeinde. Wie konnte Gott das zulassen?! Dualismus und Prädestination erwiesen sich hier als ausreichende Erklärmöglichkeiten.

Es kam noch schlimmer. Der "Frevelpriester" - der wohl kein anderer sein kann als der makkabäische Hochpriester Jonatan - überfiel überraschend den "Lehrer" und seine Gemeinde am Exilort Qumrân. Er wählte klug den Yom-Kippur-Tag der Gemeinde und erschien mit Gefolge und Soldaten. Den "Lehrer" unterwarf er einem Gerichtsverfahren, ließ ihn mit Geißelhieben bestrafen und in den Kerker werfen. Die Gemeinde wurde verfolgt und löste sich auf. Das war der schlimmste Schicksalsschlag! Im Jahre 144 ante mag das geschehen sein. Daß der "Frevelpriester" im folgenden Jahr ähnliche Folterungen von heidnischen Feinden erleiden mußte, wie er sie dem "Lehrer" zugedacht hatte, wird man im Volke als Gottesurteil und Vergeltungsstrafe aufgefaßt haben, und die Staatsmacht wird sich deshalb beeilt haben, dem "Lehrer" die Freiheit wiederzugeben. (19)

Doch wie konnte dies alles dem Bundespartner Gottes, den der Hochheilige in der Endzeit kurz vor dem Gericht zu einer besonderen Aufgabe berufen hatte, zustoßen, alle diese Demütigungen, Niederlagen, Mißerfolge, Folter und Kerker ... Prüfung? Läuterung? Unerforschliches Wirken Gottes? Oder Auswirkung einer zwiegeteilten Welt, in der das Böse in der letzten Zeit vor dem Ende noch einmal alle Macht entfalten konnte? Oder Auswirkung eines Gottesgesetzes, nach welchem jeder Mensch zu einem besonderen Lebensschicksal vorherbestimmt, prädestiniert war....

Es ist richtig, daß der "Lehrer" den Dualismus von Yasna 30,13 in seine Psalmen nicht eindringen ließ. Und doch gibt es einen Psalm, der unbedingt als "Lehrer"-Psalm gelten muß, der unbedingt von dem Gründer dieser Gemeinde selber stammt, und dieser Psalm weist eine deutliche dualistische Konzeption auf. Er ist deswegen als "Lehrer"-Psalm ein Unikum, und nicht nur deswegen. In keinem andern Psalm hat der "Lehrer" sich mit seinem Haupt-Widersacher, dem "Lügenmann", dem Gründer der verhaßten Rivalensekte, von Person zu Person auseinandergesetzt, nur in diesem! Wenn er von der feindlichen Gegenseite spricht, dann verwendet er die Mehrzahl, sie sind "Lügendeuter" und "Lügenpropheten". Nur hier in diesem Hodayot des "Lehrers", in 1 QH III,1-18 befaßt er sich mit seinem bittersten Feind! Nur hier, in 1 QH III,1-18, spricht der "Lehrer" eine dualistische Sprache!

Die Zwei-Geister-Lehre in der Ordensregel 1 Q Serek III,18-IV,20 schimmert zwar durch, gewissermaßen als dualistisches

----

19   H. BURGMANN, Gerichtsherr und Generalankläger: Jonathan und Simon, Revue de Qumran, 1977, No. 33, S.3-72, besonders S.66!

Grundkonzept, doch sie ist völlig verwandelt! Der "Lehrer" war eine zu starke, schöpferisch tätige Persönlichkeit, als daß er eine solche Lehre, die noch dazu heidnischen Ursprungs war, einfach übernehmen konnte. Außerdem konnte er sie nicht übernehmen, weil sie seiner eigenen Gotteserfahrung völlig widersprach. Der "Lehrer" hatte Gott erfahren wie Abraham und Mose, nämlich direkt von Mensch zur Heiligkeit! Daß der "Lehrer" über diese direkte Gottesbeziehung, auch in dem Vergleich zu Mose, gesprochen haben muß, wissen wir aus der Anklage der Gegenseite, die zu seiner Verurteilung und zur Bestrafung mit Geißelhieben geführt hat. Es ist verständlich, daß einige seiner Anhänger eine derartige Behauptung als frevelhaft empfanden und sich von dem "Lehrer" abwandten. Das waren die Alt-Chasidim, die nach dem Lande "Damaskus" emigrierten. Doch der "Lehrer" war erfüllt von dem Bewußtsein dieses engen Gottesverhältnisses. Nach Noa, Abraham, Mose war er der letzte Mensch vor dem Gericht Gottes, der einen Bund geschlossen hatte mit dem Höchsten... Dieser Bund "gehört denen, die ihn suchen". Die dem "Lehrer" von Gott zugewiesene Aufgabe besteht darin, Gott den Weg zu bereiten für sein Kommen, den Heiligen Rest im Lande Israel-Juda um sich zu versammeln, mit diesen Frommen eine reine Gemeinschaft zu bilden, so daß Gott endlich zu ihnen kommen konnte. Und seine Gemeinde würde im Endgericht vor Gott bestehen und das Heil erlangen. Der "Lehrer" war Bundespartner Gottes, für seine Gemeinde war er der einzige Bezugspunkt zu Gott. Es widerstrebt mir persönlich, eine christliche Wendung hier zu zitieren und in diesen rein-jüdischen Bereich einzuführen, doch zum vollen Verständnis halte ich dieses leicht verfremdete Zitat für notwendig: Extra congregationem magistri justitiae nulla salus! Außerhalb der "Lehrergemeinde" gab es keine Hoffnung, in dem Gericht Gottes zu bestehen!

Der "Lehrer" mußte diese Zwei-Geister-Lehre für sich persönlich ablehnen. Er hatte Gott ganz persönlich erfahren ohne einen Mittler, ohne den Erzengel Michael, den "Lichterfürsten". Er selbst, der "Lehrer", war der Mittler zwischen Gott und den Menschen, nicht der "Lichterfürst" Michael! Der "Lichterfürst", in dessen Schutz die Frommen stehen, existiert in dieser Rolle nicht für ihn, er selbst, der Bundespartner Gottes, verbürgt den Frommen das Heil!

Wenn aber der "Lehrer" selbst an die Stelle des "Lichterfürsten" tritt, dann ist die Dreistufigkeit des hierarchischen Systems erhalten. Und so ist es auch im "Lehrer"-Lied 1 QH III,1-18! Gott - Mittler - Mensch erweist sich auch hier als die Grundform!

In dem "Lehrer"-Lied 1 QH III,1-18 ist leider der Anfang nicht erhalten, doch die stereotype Form darf auch hier vorausgesetzt werden: "Ich preise Dich, Herr!" Damit ist die oberste Instanz des dreistufigen Systems, Gott, angesprochen.

Daß die Mittelinstanz wie in der Zwei-Geister-Lehre der "Lichterfürst", der Erzengel Michael, der angelogische Repräsentant des Stammesvolkes Juda und damit des Tempels ist, ist bei dem hochgespannten religiösen Selbstverständnis des "Lehrers" nicht zu erwarten. Der "Lehrer" tritt in eigener Person als diese Mittelinstanz auf. Er spricht hier in der Ich-Form. Er ist eine rettende Burg für alle Bedrängten, doch er ist realistisch genug, um auch die ganz persönlichen Schwierigkeiten, die seinen Lebensweg schwer machten, nicht zu verschweigen. In einem großartigen Bild drückt er diesen Gedanken aus. Er vergleicht sich – seine eigene Person – mit einer Schwangeren, die unter ungeheuren Schmerzen gebiert. Das ist er selbst, die Geburtswehen sind ein Bild für die Schwierigkeiten, mit denen er bei der Gründung der Gemeinde und der Fortentwicklung der Gemeinde zu kämpfen hatte. Das Kind, das unter unsäglichen Schmerzen hier das Licht der Welt erblickt, ist seine Gemeinde. Er spricht mit den Worten einer Gebärenden: "unter todbringenden Wellen gebiert sie ein Männliches ..." Das hierarchische System ist erhalten: Gott – die Gebärerin – "Lehrer" als Vermittler – die Gemeinde als Kind! (20) Die Gemeinde aber, das Kind, ist etwas Einzigartiges: "ein Wunder von einem Ratgeber mit seiner Heldenkraft"! Diese geborene Gemeinde, dieses Kind, ist eine in die Zukunft weisende Ordnungsmacht, die einzige Ordnungsmacht der Welt! Der Heilige Rest im Lande und im Volke Gottes!

Während der erste Teil des Psalms klar diese Dreistufigkeit aufweist, ist das beim zweiten Teil nicht in dieser klaren Unterscheidung der Fall! Die oberste Instanz, die Gegeninstanz zu Gott, fehlt natürlich; denn es gibt für den "Lehrer" keine Gegeninstanz zu Gott. Der andere, der Gegenspieler, der Widersacher, der "Lügenmann", der "Lügenprediger", ist genauso wie der "Lehrer" der Gründer einer Gemeinde! Er ist genauso wie der "Lehrer" die Mittelinstanz, allerdings auf der Seite des bösen Prinzips. Damit ist der Dualismus gegeben! Das Bild wird in der gleichen Weise durchgeführt wie im ersten Teil. Auch der andere ist eine Gebärerin! Diese Person ist "schwan-

---

20   O. BETZ, Die Geburt der Gemeinde durch den Lehrer, New Testament Studies 3, 1957, S.312-326.

ger mit Wahn", an anderer Stelle eine "Unheilschwangere"! Man hat den Eindruck, daß das Kind, diese protopharisäische "Lügenmann"-Gemeinde gar nicht genannt wird, es werden nur die Erschütterungen der Geburt beschrieben, und die sind entsetzlich genug! Zerstörerische Mächte treten hier in die Welt. Auf dieser Seite gibt es nichts Festes mehr, keine Sicherheit, die Elemente wüten, das Meer, schon von jeher für diese Nomadennation eine ferne furchtbare, unverständliche Feindmacht, überschäumt alle sicheren Wege, es gibt keinen Grund unter den Füßen: Das Chaos regiert! Bei der Geburt des Kindes, das allerdings nicht näher bezeichnet wird, aber die Gemeinde des "Lügenmannes" darstellen soll, werden alle chaotischen Kräfte frei. Doch alle diese "Geister des Wahns" werden im Endgericht Gottes der Vernichtung anheimfallen. Und hier bei den Menschen auf der Seite des Bösen, die nicht deutlich ins Bild treten, wird plötzlich auch die oberste Instanz des Bösen irgendwie angedeutet. Kein Name wird genannt, doch sein Ort, seine Wirkungsstätte, sein "Heim": "Unterwelt", "Abgrund", "Tore der Grube" sind die Bezeichnungen für diesen gottwidrigen Bereich! Im abschließenden Vers in dem "Lehrer"-Lied 1 QH III,18 heißt es von dem Hauptwidersacher des "Lehrers" und dessen Gefolge: "Und es werden verschlossen die 'Tore der Grube' hinter der 'Unheilsschwangeren' und die ewigen Riegel hinter allen 'Geistern des Wahns'". Es ist aus mit ihnen, in der jenseitigen, andern Welt sind sie nicht mehr vorhanden ....

Der "Lehrer" war eine kraftvolle, schöpferische Persönlichkeit, der es verstanden hat, diese iranisch-heidnisch-zoroastrische Dualismus-Vorstellung seinem eigenen Denken, seinem eigenen Erleben zu unterwerfen und damit neue Anstöße zu geben.

Der "Lehrer" wäre nicht der "Lehrer" gewesen, wenn er nicht darauf bestanden hätte, aus der eigenen jüdischen Tradition diese Probleme zu lösen. Auch Probleme, die ihn persönlich in seinem Selbstverständnis, in seiner religiösen Existenz so stark betrafen, daß ohne eine Lösung er nicht imstande gewesen wäre, seine Aufgabe, die Gemeinde des Gottesbundes, den Heiligen Rest von Israel-Juda um sich zu sammeln, mußten aus dem überlieferten altehrwürdigen Wort Gottes, also der Heiligen Schrift, gelöst werden!

Man hat den "Lehrer" und seine Gemeinde oftmals als "Sadduzäer" bezeichnet und gemeint, damit etwas Wesentliches über den "Lehrer" und seine Gemeinde ausgesagt zu haben. Der "Lehrer" war natürlich "Sadduzäer", aber nur seiner Abkunft nach, und man hat deswegen auch geglaubt, daß er in der Zeit zwischen 159 und 152 Hochpriester in Jerusalem gewesen und von dem neuen makkabäischen Hochpriester Jonatan aus Jerusalem vertrieben worden und anschließend das führende Haupt der Qumrângemeinde geworden sei. So kann die Biographie des "Lehrers" nicht ausgesehen haben! Denn gesinnungsmäßig war er kein "Sadduzäer". Die Sadduzäer dachten statisch. Alles würde so bleiben wie augenblicks, eine Veränderung würde es nie geben, die Priester würden in alle Ewigkeit ihren Tempeldienst verrichten. Für sie war die Tora, die fünf Bücher Mose, geltendes Gottesgesetz. Was hinterher noch gesagt, gepredigt und aufgeschrieben wurde, war für die Sadduzäer fragwürdig, anrüchig, es bedrohte die Grundlage ihrer Existenz, es war revolutionär! Da gab es Propheten, die von "jenem Tage" sprachen, von dem Ende dieser irdischen Welt, von einem Gericht Gottes, das möglicherweise auch die Priester einbezog, und vom kommenden Gottesreich und von der Auferweckung der Toten. Das waren bedrohliche, revolutionäre Gedanken in den Augen der priesterlichen Herrschaftsaristokratie in Jerusalem. Priester haben ja zu allen Zeiten und in allen Räumen das Recht beansprucht, das Monopol im Kultisch-Religiösen zu besitzen. Außerdem war die damalige Zeit von demokratischen Bewegungen nicht frei. So gab es chasidische Laiengruppen, Leute aus niederem – also aus nichtlevitischem und nichtpriesterlichem – Stande, die genauso fromm sein wollten wie Priester und Leviten! Die priesterlichen Sadduzäer waren konservativ, lehnten diese Neuerungen ab und nicht nur dies: Sie schotteten sich ab, sie zogen harte Grenzlinien und verhärteten die Fronten gegen diese neuen revolutionären Gedanken.

Der "Lehrer" war abstammungsmäßig ein "Sadduzäer", doch er stand gesinnungsmäßig nicht auf dieser Seite. Er hatte eine Gottesbegegnung erfahren, und dieses Erlebnis bestimmte von nun an sein Leben. Er war erfüllt von seiner Berufung durch Gott, er könnte sich sogar in das Bewußtsein gesteigert haben, der allerletzte Bündnispartner Gottes nach Noah, Abraham und Mose zu sein. Er war überzeugt, daß das Gericht Gottes und das Reich Gottes unmittelbar in seine irdische Lebenszeit hineinrage. Als letzter Bundespartner Gottes in diesem irdischen Äon war er überzeugt, daß seine Anhänger, seine Gemeinde zum Heil bestimmt war und daß auch die Toten auferweckt würden, die einen zum Heil, die andern zur Verdammnis. Für den "Lehrer" gab es nicht nur die Tora, wie für die Sadduzäer, sondern auch die Propheten. Der Lieblingsprophet seiner Gemeinde war der Prophet Jesaja. Später muß es eine Schrift in dieser Gemeinde gegeben haben, in der die beiden Gottesmänner, der Prophet Jesaja und der "Lehrer der Gerechtigkeit" zu einer

Gestalt verschmolzen (21).

Der "Lehrer" war kein Sadduzäer; denn die Aussagen der Propheten hatten für ihn volles Gewicht. Diese Prophezeiungen der Propheten waren in seiner existentiellen Not eine bessere Hilfe als die zoroastrischen Gedankengänge von Yasna 30,13! Die schweren Keulen-, Nacken- und Schicksalsschläge, die er erlitten hatte, konnte er mit den üblichen Gründen, wie Läuterung und Prüfung Gottes oder mit dessen unerforschlichem Geheimnis, nicht erklären. Zwar fehlen Zeugnisse seiner Niedrigkeit in seinen Psalmen keineswegs, doch er war so erfüllt von seiner persönlichen Gottesbeziehung, er war Gott so nahe gekommen, daß Gott kein Geheimnis mehr für ihn war. Außerdem fühlte er sich schuldlos und sündlos rein – ähnlich wie Hiob – daß es einer Prüfung und Läuterung nicht bedurfte. Der Finsternisengel hatte ihn mit seinem Fittich niemals berührt. Woher aber kam das Böse in sein Leben, in seine Gemeinde, die Abspaltungen, die Demütigungen, der Tora-Prozeß am Yom-Kippur-Tag des Jahres 144 ante, die Geißelung, die Folterungen, die Kerkerhaft? All dies war ihm beschieden, mit dem Gott einen Bund eingegangen war wie einstmals mit Noah, mit Abraham, mit Mose. Es waren nagende Gedanken, die diesen Verzweifelten beschäftigten.

In dieser Not streckten die Propheten ihre helfende Hand nach ihm aus, und er erkannte aus ihren Schriften, daß sein Leben sich so vollziehen mußte, wie es gewesen war. Die Propheten hatten sein Lebensschicksal prophezeit, vorausgesagt. Er erkannte beim Studium der Schrift, daß die Aussagen der Propheten (und der Psalmendichter) Strukturen aufwiesen, die für jede Zeit und vor allem für seine Zeit gültig waren. In diese Strukturen konnte er seine eigenen Erlebnisse, seine konkreten Erfahrungen, Erschütterungen, Demütigungen, Bestrafungen, Folterungen einfügen und die Überzeugung gewinnen, daß dies alles ihm vorherbestimmt und daß es Gottes Wille war. Die prophetischen Aussagen waren Prophetien, und er erkannte, daß sie in der jüngsten Vergangenheit, in der leidvollen Gegenwart in Erfüllung gegangen waren. Er ging noch einen Schritt weiter: Er folgerte daraus, daß diese Prophezeiungen der Propheten auch in der Zukunft in Erfüllung gehen würden. In seiner Existenznot wurden ihm diese prophetischen Schriften, die von

---

21 D. FLUSSER, The Apocryphal Book of Ascensio Jesajae and the Dead Sea Sect, in Israel Exploration Journal, 1953, S.30-47.

seinen Standesgenossen, den Sadduzäern so verfemt wurden, zu einer Quelle des Lebens, zur Lebenshilfe ...

Der "Lehrer der Gerechtigkeit" wuchs in seiner persönlichen Not über sich hinaus. Der "Lehrer" las aus den Propheten heraus, welches Unheil über Land und Volk kommen würde, weil an der Spitze des Tempelstaates ein unwürdiger Mensch als Hochpriester amtierte, ein "Frevelpriester", der für all das Unheil, das kommen würde, verantwortlich war. Das war kein anderer als der Makkabäer Jonatan (152 - 143). Grausame erbarmungslose heidnische Heerscharen werden kommen und unsagbares Unheil bringen über Land und Volk (nachzulesen im Habakukpescher über die Kittiim). Daß die Unheilspredigt des "Lehrers" von der Obrigkeit nicht gerne gehört wurde, war verständlich. Vor allem fürchtete man Folgen für die Frommen im Volke, auch für das niedere Volk, das unter Steuerdruck, Fron- und Kriegsdienst schwer zu leiden hatte. Der Hochpriester versuchte, diese Unheilspredigt unwirksam zu machen durch Exilierung der "Lehrer"-Gemeinde ans Tote Meer, an die unzugängliche Ostseite des Judäischen Gebirges, und später durch das Gerichtsverfahren, das man über den 'Lehrer' verhängte.

Wichtiger als die Auswirkung auf die Politik - denn diese Unheilspredigt war ein politikon - war die Bedeutung des "Lehrers" als Schriftgelehrter. Die Schrift, das Wort Gottes, mußte von nun an ganz anders gelesen werden als vordem. Es galt, die Strukturen aufzudecken, in die man vergangene, gegenwärtige und zukünftige historische Ereignisse einfügen konnte. So entstand eine ganz eigentümliche literarische Form, der "Pescher". Der Pescher ist kein Midrasch, der Pescher ist kein Kommentar, der Pescher ist nicht zu vergleichen, der Pescher ist ein Pescher. Man kann ihn natürlich definieren: Erfüllungstext einer biblischen Weissagung! Daß diese neuartige literarische Form vom "Lehrer der Gerechtigkeit" gefunden oder besser konzipiert worden ist, ergibt sich aus einem Text im Habakukpescher. Hier ist der "Lehrer" von Gott ausersehen und begnadet worden, die Worte der Propheten auszulegen, also zu dem Prophetentext den Pescher zu formulieren. Hier ist die Rede von den Widersachern, welche die Worte nicht glauben "aus dem Munde des 'Priesters' (gemeint: des "Lehrers"), in dessen Herz Gott Einsicht gegeben hat, um zu deuten alle Worte seiner Knechte, der Propheten, durch die Gott verkündigt hat alles, was kommen wird über sein Volk und sein Land." (1 Q p Hab II,6-10).

Dieser "Lehrer der Gerechtigkeit" war nicht nur der von der Obrigkeit gefürchtete "Lehrer" des künftigen Unheils. Dieser "Lehrer der Gerechtigkeit" war nicht nur der Finder und Erfinder einer literarischen Sonderform, des Pescher. Dieser "Lehrer der Gerechtigkeit" war auch "Lehrer"! Die Glieder seiner Gemeinde saßen in der Nacht – wobei sie sich sicher ablösten – über den Schriften der Propheten und suchten, aus diesen alten Strukturen neue Deutungen für die erlebte Vergangenheit, für die erlittene Gegenwart und für die zu erwartende Zukunft zu gewinnen. Der "Lehrer" hatte diese Gemeinde geschaffen und begründet und ihr auch die Aufgabe zugewiesen, in der Schrift, in dem Wort Gottes, nach Möglichkeiten zu suchen, Vergangenheit, Gegenwart und Zukunft zu ergründen. – Es darf dabei nicht unerwähnt bleiben, daß diese Bemühung der nächtlich über der Schrift sitzenden und argumentierenden Glieder dieser Gemeinde immer bestimmt war von dem Gedanken, den der "Lehrer" ihnen eingepflanzt hatte, dem Gedanken des Determinismus. Alles Geschehen ist determiniert von der Schrift her, für gestern, für heute, für morgen und übermorgen!

Es gibt noch einen zusätzlichen Aspekt. Der "Lehrer" hat mit seiner Konzeption des Pescher eine hochwichtige Fundgrube geschaffen für den Historiker. Wenn wir Historiker den Josef ben Mattathia nicht hätten, der unter dem Namen Flavius Josephus, oder einfach Josephus besser bekannt ist, und diesen Habakukpescher und diesen Nahumpescher und diesen Pescher über den Psalm 37 nicht hätten, dann wüßten wir herzlich wenig über die Religionsgeschichte der Juden in der Zeit zwischen den "Testamenten" ...

Das Thema dieser Abhandlung ist der Determinismus, und es ist an der Zeit, daß man zu diesem Thema wieder zurückfindet. Daß der "Lehrer" gleichfalls den Determinismus anerkannte, ist deutlich geworden. Er fand ihn in der Schrift, die alles voraussagte, was in der jüngsten Vergangenheit, in der bedrängten Gegenwart und der noch nicht einsehbaren Zukunft geschehen war, geschieht und geschehen wird. Der "Lehrer" war Schriftgelehrter, er fand die Bestätigungen in der Schrift. Mit großem Spürsinn haben er und seine "Schule" die Feinheiten einer möglichen Auslegung erforscht und entdeckt.

Der Gedanke, daß alles Geschehen determiniert sei, war in dieser Gemeinde weit verbreitet. Dieser Gedanke, daß alles determiniert war, von der Schrift her bestimmt war, hat viele Glieder dieser Gemeinde in ihren nächtlichen Auslegungen zu "Schriftgelehrten" gemacht. Ihr Vorbild war der "Lehrer der Gerechtigkeit", der auch späterhin im Geiste hinter ihren Bemühungen um die feinfühlige Auslegung von Propheten- und Psalmworten stand. Es gab aber in dieser Gemeinde nicht nur den Typus des "Schriftgelehrten".

Es gab auch andere Glieder dieser Gemeinde, die mit nicht geringerer Feinfühligkeit begabt waren. Sie sahen nicht in die Schrift, sie sahen hinaus in die Wirklichkeit. Auch sie waren erfüllt von dem Gedanken, daß alles determiniert sei. Mit ihrer Gabe der Feinfühligkeit versuchten sie die Umgebung, die Menschen ihrer Umgebung, die äußere Wirklichkeit in ihren deterministischen Zusammenhängen zu ergründen. Diese Glieder dieser Gemeinde waren keine "Schriftgelehrten", sie waren Visionäre. Sie sahen auch ohne Bemühung um Prophetenworte und Psalmentexte die Zukunft voraus. Sie waren Wahrsager, aber nicht aus der Schrift, sondern aus einer ihnen zugeflossenen Gabe, die nicht rational erklärbar ist. Der antike Schriftsteller Josef ben Mattathia, Josephus, nennt in seinen Schriften nicht weniger als drei dieser Essener, die Visionäre waren. Der berühmteste unter ihnen ist Juda, der Essener, der um 103 ante im Tempelbezirk vor seinen Schülern wahrsagte (22). Josephus, der selber Visionär war – diese Gabe hat ihm nicht nur sein Leben gerettet, sondern ihm auch seine schriftstellerische Tätigkeit als Günstling der Flavier ermöglicht – hat diese essenischen Visionäre herausgestellt und ihnen besondere Bedeutung zuerkannt. Vielleicht müssen wir hier einiges abstreichen. Doch diese Visionäre passen gut in diesen Rahmen, der von der Vorstellung des Determinismus bestimmt ist. Es ist unbedingt anzunehmen, daß es diese essenischen Visionäre gegeben hat und daß sie die Zukunft voraussehen konnten.

In der Religionsgeschichte sind diese Visionen ein Faktum, das sich über den ganzen Globus erstreckt. Die Spökenkieker in der Lüneburger Heide und die afrikanischen Medizinmänner verfügen über ähnliche Fähigkeiten, zukünftige Ereignisse vorherzusehen.

In unserem europäischen, von der Ratio bestimmten Denken lächeln wir natürlich über solche Möglichkeiten des menschlichen Geistes ...

---

22 Josephus, Bellum I, § 78-80 und Antiquitates XIII, § 311-313.

II. Kapitel

DAS ERBE DES VATERS, EINE SCHWERE BÜRDE FÜR DEN SOHN HYRKANOS

Der "Lehrer der Gerechtigkeit", der Gründer der essenischen Qumrângemeinde, war sicherlich noch am Leben, als seine Widersacher, der "Frevelpriester", der makkabäische Hochpriester Jonatan, und dessen Nachfolger, der makkabäische Hochpriester Simon, auf grausame Art zu Tode kamen. Der "Lehrer der Gerechtigkeit" war sicherlich noch am Leben, als Simons Sohn Johannes Hyrkanos I. das Hochpriesteramt übernahm.

Diesem Hochpriester wurden zwei Namen ins Leben mitgegeben. Der Vater nannte ihn Johannes nach dem ältesten Sohn des Makkabäervaters Mattathia. Dieser Johannes war ein eigenartiger Mann, er paßte gar nicht zu den vier andern militanten Makkabäerbrüdern. Er war anscheinend fromm und friedfertig gesinnt und wurde deshalb als Parlamentär des Friedens zu dem Landesfeind, dem syrischen General Lysias, geschickt, er erreichte auch mit seinem Begleiter Absalom eine günstige Vereinbarung. Ganz zuletzt hatten die Makkabäerbrüder Jonatan und Simon ihn beauftragt, ein Militärdepot im arabischen Freundesland anzulegen, bei dem Zuge dorthin wurde der Transport von räuberischen Beduinen überfallen, und der fromme Johannes fand den Tod ...

Der Beiname dieses Johannes Simonssohn ist problematisch: Hyrkanos! Wir wagen hier eine eigene Deutung, denn die bisherigen Deutungen befriedigen nicht (23). Natürlich muß der

---

23 Die Deutung, daß dieser Johannes Hyrkanos auf dem ihm aufgezwungenen Feldzug nach Persien um 129 ante Hyrkanien erobert habe und er deswegen mit diesem Beinamen ausgezeichnet worden sei, kann nicht stimmen. Der Name "Hyrkanos" tauchte schon vorher im Lande Juda auf. Die naheliegende Deutung, daß Juden, die nach Hyrkanien deportiert waren, von dort in die Heimat zurückkehrten und selbstverständlich als "ho Hyrkanos" bezeichnet wurden, befriedigt gleichfalls nicht. Denn es gibt einen Träger dieses Namens, der kein Deportierter, überhaupt kein armseliger Mann war, sondern im Gegenteil der sehr wohlhabenden und einflußreichen Familie der Tobiaden angehörte... So bleibt nur die religiöse Deutung des Namens. Anders: E. SCHÜRER – VERMES – MILLAR – BLACK, The History of the Jewish People in the Age of Jesus Christ, 1973, I, S.201 f., Anm. 2.

Name "Hyrkanos" mit "Hyrkanien" in Verbindung gebracht werden. Um diesen Zusammenhang herzustellen, ist es notwendig, die damalige religiöse "Situation" darzustellen. Daß der Hochheilige nicht mehr im Tempel zu Jerusalem "wohnhaft" war – was immer man sich darunter vorstellte – muß damals weitverbreitete Meinung der Frommen gewesen sein. Gott war "in den Himmeln" ... Doch der Glaube war fest begründet, daß er in naher Zukunft sein Reich auf Erden errichten werde. Der Höchste würde also aus den Himmeln auf die Erde kommen. Doch wo war der Erdenort, auf den er seinen Fuß setzen würde. Der Ort Jerusalem schied aus und damit auch der dortige Tempel; denn dieser war durch unwürdige hellenistische Hochpriester, wie Jason und Menelaos, und auch durch Alkimos, der sich durch besondere Reformideen die Volksgunst zu erringen trachtete, längst entweiht und entheiligt. Jerusalem und der Tempel kamen nicht in Frage. Doch wo war der irdische Punkt, der irdische Ort, der würdig war, von dem Höchsten beim Kommen betreten zu werden? In der damaligen Zeit muß bei den Frommen die Überzeugung vorgeherrscht haben, daß dieser Ort ganz im äußersten Norden liegen müsse. Und der Punkt des äußersten Nordens war kein anderes Land als eben Hyrkanien! Hyrkanien lag am "Kaspischen Meer, das als Bucht des äußeren Ozeans galt." (24) Hyrkanien lag am Südgestade des Meeres im Norden, und man wußte nicht, daß dieses "Meer" in Wirklichkeit ein Binnensee war. Für die Juden war Hyrkanien der nördlichste Punkt ihrer Welt!

Hyrkanien war für die Frommen damals von größerer Bedeutung als Jerusalem. Der Tempel hatte inzwischen seine Monopolstellung verloren. Es gab fünf gleichberechtigte Tempel neben ihm: Da gab es den Tempel der schechemitischen Samaritaner auf dem Sichem/Schechem unmittelbar benachbarten Berge Garizim. In der ägyptischen Diaspora waren zwei Tempel entstanden, der Tempel der jüdischen Militärkolonie in Elephantine am Nil und viel später den Tempel zu Leontopolis im Bezirk Heliopolis, den der Hochpriester Onia IV., aus außenpolitischen Gründen begünstigt vom Ägypterkönig, errichten durfte. Nicht nur im Norden und im Süden, auch im Osten wurde ein Konkurrenztempel zu Jerusalem gegründet: Der tobiadische Bastard Hyrkanos, der nach H. GRESSMANN "messianische Ansprüche erhoben hatte", ließ im Ostjordanland einen Tempel errichten als "Konkurrenz-

----

24   F. ALTHEIM, Gesicht vom Abend und Morgen. 1954, S.
      127.

tempel zu Jerusalem" (25). Und nicht zuletzt gab es den "Tempel" der "Lehrer"-Gemeinde, allerdings kein Gebäude aus Steinen, sondern ein Bauwerk aus lebenden Menschen. Die "Lehrer"-Gemeinde, der heilige Rest Israels, die Auserwählten Gottes, bildeten mit ihren Gliedern den Tempel in einer Zeit, als Gott den steinernen Tempel verlassen hatte. Die Fülle der heiligen Konkurrenzstätten beweist, daß der Tempel zu Jerusalem seine überragende Stellung eingebüßt und mit ihm die dort amtierende Priesterschaft an Bedeutung verloren hatte. Für das Gesamtvolk waren inzwischen andere Gruppen in diese Lücke eingetreten: die Chasidim, eine fromme, vielverzweigte Laienbewegung. Für diese Frommen war es selbstverständlich, daß das statische Weltbild der Priester mit ihrem für alle Zeiten gültigen und in alle Ewigkeiten fortwährenden Tempeldienst falsch sei, daß Gott vielmehr eines Tages kommen und seine Herrschaft aufrichten würde, wie es der Prophet Daniel vorausgesagt hatte. Damit konzentrierte sich das Denken dieser Frommen auf den Zeitpunkt des Kommens Gottes, aber auch auf den irdischen Ort, auf den er seinen Fuß setzen würde. Nach allgemeiner Überzeugung mußte dieser Ort im Norden, und zwar im äußersten Norden zu suchen sein: Das war Hyrkanien! So erscheint es nicht seltsam, daß fromme Juden ihren Söhnen den Namen "Hyrkanos" gaben, als ein äußeres Zeichen, daß sie an das nahe Gottesreich und an das Kommen Gottes von Hyrkanien her glaubten...

Ob der Vater Simon seinem Sohn zu seinem Namen Johannes auch den Beinamen "Hyrkanos" gab, ist ungewiß. Jedenfalls passen diese beiden Namen ausgezeichnet zusammen: der fromme, eschatologisch ausgerichtete Name "Hyrkanos" und der Name "Jochanan", "Gott ist gnädig", der Name, den der fromme Bruder Simons getragen hatte, der dem makkabäischen militanten Kriegswesen abgeneigte älteste Sohn des Mattathia. Was aber kann den Generalstäbler und Militärspezialisten unter den Brüdern, diesen Simon, bewogen haben, seinen (ältesten?) Sohn nach diesem frommen, friedfertigen Bruder zu benennen?! Man muß

----

25   Die Ausgrabungen in Qasr el- Abd bei Araqel - Emir im Wadi es-Sir haben eine Festungsanlage, einen Palast und einen Tempel freigelegt. "Das Wahrscheinlichste bleibt doch, daß Hyrkan mit dem Qasr einen Konkurrenztempel zu Jerusalem schaffen wollte, eine Parallele zu den Heiligtümern von Elephantine, Leontopolis und Garizim." So M. HENGEL, Judentum und Hellenismus, 1969, S.496-501, wo auch die Literatur nachzulesen ist.

hier bedenken, daß das Leben Simons sehr bewegt war, es war sicherlich noch bewegter, als die historischen Berichte preisgeben. Nach der eindeutigen Niederlage im Kesselgefecht am Jordan anno 160 ante war keine Fortsetzung des makkabäischen Partisanenkampfes mehr möglich. Die Brüder Jonatan und Simon tauchen nicht nur unter im Dunkel der Geschichtsschreibung, sie müssen auch realiter untergetaucht sein, um ihr Leben vor den Nachstellungen der Syrer zu retten...

Diese Niederlage im Sumpfdickicht des Jordan war keine gewöhnliche Niederlage. Sie war ein Zeichen Gottes und wurde auch von den Geschlagenen so aufgefaßt. Gott hatte den Makkabäern seine Hilfe versagt. Gott war nicht mehr bei den Makkabäern. Gott war nicht einverstanden mit diesen makkabäischen menschlichen Machenschaften, mit diesen kriegerischen Kraftakten. Gott hatte seine helfende Hand von ihnen abgezogen. Simon wäre nicht Simon gewesen, wenn er diese neue Lage nicht erkannt, nicht überdacht und nach einem neuen Wege Ausschau gehalten hätte. Dieser neue Weg war der Rückzug von der makkabäischen Militanz, der Rückzug nach innen. Die Depression mußte überwunden werden. Vielleicht war die Meditation, die Besinnung, die Besinnung auf die Schrift der von Gott gewiesene richtige Weg. In diesen drei Jahren, die von der Geschichtschreibung ins Dunkel gehüllt sind, in diesen drei dunklen Jahren mag dieser (älteste?) Sohn Simons zur Welt gekommen sein, und der Vater gab ihm den Namen des frommen, friedfertigen Bruders Johannes!

Der Vater griff einige Male in das Leben seines Sohnes Johannes ein. In den Knabenjahren ließ er ihn durch Pharisäer erziehen (26). Diese historische Notiz des Josephus wird erst recht verständlich, wenn wir die Qumrântexte als Quellen heranziehen. Denn der Vater Simon war nicht nur dieser pharisäischen Genossenschaft freundlich gesinnt, er hatte ja diese politisch-theologische Formation gegründet. Über die Gründung und die Anfänge dieser Genossenschaft schweigen die pharisäisch-rabbinischen Quellen. Nur aus den Qumrântexten kann man die Geburtsstunde dieser Gruppe erschließen. Im Nahum-Pescher kann man diese Genossenschaft der Pharisäer festnageln, hier erscheinen sie unter dem Decknamen "Ephraim". "Ephraim" ist

----

26 "Hyrkanos war ihr Schüler und anfangs bei ihnen sehr beliebt." Ant. XIII.X,5 = § 289 - Übersetzung: H. CLEMENTZ, Des Flavius Josephus Jüdische Altertümer (Nachdruck), II, 117.

ein symbolträchtiges Schimpfwort für Abfall von dem einzig wahren Heiligtum; denn nach Salomos Tod war der Stamm Ephraim mit den übrigen Nordstämmen vom Tempel in Jerusalem abgefallen. Andere Schimpfwörter für diese "Ephraim"-Pharisäer-Gruppe waren die Bezeichnungen "Lügendeuter", "Lügenpropheten", "Mißdeuter der Tora" (H. STEGEMANN) (27). Gegründet wurde diese "Ephraim"-"Lügendeuter"-Gruppe von dem "Lügenmann" (ꜣYŠ HaKâZâB). Dieser Mann muß ein Zeitgenosse des "Lehrers der Gerechtigkeit" und des "Frevelpriesters" gewesen sein. Da aber der "Frevelpriester" kein anderer sein kann als der makkabäische Hochpriester Jonatan, muß man den "Lügenmann" in seiner Zeit und in seiner Nähe suchen. Denn aus den Qumrântexten ergibt sich, daß der "Lügenmann" und seine Anhänger die staatliche Autorität des frevelhaften Hochpriesters Jonatan gegen die Auffassungen der "Lehrer"-Gemeinde unterstützten. Die personale und zeitliche Nähe zum Hochpriester Jonatan und sehr viele andere Indizien legen den Schluß nahe, daß dieser "Lügenmann" der Bruder des Hochpriesters, der Makkabäer Simon, gewesen sein muß. Schon 1953 hat G. VERMES die Aufmerksamkeit der Gelehrten auf diese beiden Brüder Jonatan und Simon gelenkt, welche die heftigsten Widersacher des "Lehrers" und seiner Gemeinde gewesen sind (28).

Wenn Simon seinen Sohn Johannes durch die ihm ergebene Pharisäergenossenschaft zum Pharisäer erziehen ließ, dann hat er seinen Sohn auch in die Feindschaft der Pharisäer zur "Lehrer"-Gemeinde hineingestellt. Bei Simon war diese Feindschaft sicherlich Haß! Als die beiden Brüder Jonatan und Simon 160 ante nach der entmutigenden Niederlage in dem Sumpfdickicht des Jordan für drei Jahre aus der Geschichte verschwinden und ins Dunkel treten, läßt sich aber doch ihr Aufenthalt aus Qumrântexten erschließen. Die beiden haben damals Unterschlupf, Asyl bei den "Lehrer"-Leuten gefunden und sind auch in diese Gemeinde aufgenommen worden. Dies war ein Wendepunkt im Leben dieser makkabäischen Partisanen: Der Aktionismus wurde aufgegeben – Gott hatte gesprochen – ein neues Leben eröffnete sich ihnen – im geduldigen Warten auf das Kommen Gottes.

----

27 H. STEGEMANN, Die Entstehung der Qumrângemeinde, 1971, a.m.O. Diese kühne Übersetzung von DORŠE HaḤ.a.LâQOT halte ich für treffender als die üblich gewordenen Übersetzungen "die nach glatten Dingen suchen", "Chercheurs d'Allégements", "those, who seek smooth things"...

28 Les Manuscrits du Desert de Juda, 1953.

Äußere Umstände, in denen man die Hand Gottes zu verspüren meinte, hatten diese Wende bewirkt; denn der syrische General Bacchides beherrschte mit seinem Heer und den zahlreichen Festungen im Lande die Szene. Doch diese Szene änderte sich schlagartig, als der Hochpriester Alkimos 159 ante starb. Die Syrer ernannten keinen Nachfolger, sie hatten bisher äußerst schlechte Erfahrungen gemacht mit der Ernennung eines Hochpriesters und überließen nun die Juden ihrem Schicksal. Bacchides zog mit seinem Heer ab, zum Zeichen, daß die Syrer nicht mehr willens waren, sich in diese jüdischen, doch meist religiös bestimmten Querelen hineinziehen zu lassen. Die plötzlich führerlos gewordene Tempelpriesterschaft fühlte sich aber durch diese neue Lage verunsichert und schickte einen flehentlichen Hilferuf an den syrischen König in Antiochia mit der Begründung, daß die Makkabäer wieder aktiv geworden seien. Dies entsprach nicht den Tatsachen, doch der Syrerkönig schickte ein Heer ...

Die erneute Bedrohung Jerusalems und des Tempels durch die Syrer traf den Nerv der sensiblen Makkabäerführer. Es war im Jahre 157 ante. Die Nachricht von dem Heranrücken eines syrischen Heeres löste bei den Partisanenführern Jonatan und Simon, die in der "Lehrer"-Gemeinde untergetaucht waren, Alarm aus. In der Gemeindeversammlung ergriff der Makkabäer Simon das Wort, und er hielt eine flammende Rede, er griff darin die Grundlagen der Gemeinde an, vermutlich hat er die politisch-militante Abstinenz dieser Frommen verworfen und in dieser Notlage der Heiligen Stadt und der Heiligen Stätte für unverantwortlich gehalten, die quietistische Passivität und das unermüdliche Studium der Schrift verdammt und seine Hörer zum bewaffneten Widerstand gegen die heidnischen Syrer aufgerufen.

Für den "Lehrer" und seine Getreuen war es eine Katastrophe! Die Mehrheit seiner Gemeinde folgte dem verlockenden Ruf des Makkabäers, mit ihm verließen sie den "Lehrer" und seine Gemeinde. Diese militant gewordenen Abtrünnigen haben mit dem "Lügenmann" die Höhlen bei Betlehem verlassen und auf Anordnung des "Lügenmannes" Simon einen verlassenen Wüstenort, namens Bet Basi, unweit von Betlehem zu einer Festung ausgebaut (29). Hier sollte sich der Angriff der Syrer festlaufen.

Die Abwanderung dieser "Separatisten" (H. STEGEMANN) aus der "Lehrer"-Gemeinde war die Geburtsstunde der pharisäischen Genossenschaft, und der Makkabäer Simon war der Gründer dieser Konkurrenzgemeinde (30). Der Haß der "Lehrer"-Gemeinde gegen diesen lügnerischen Makkabäer Simon, der sich nach ihrer Meinung heuchlerisch in ihre Gemeinde eingeschlichen hatte, war verständlich. Dieser Verräter an ihrer frommen Aufgabe wurde mit einer Fülle von herabsetzenden Bezeichnungen förmlich überschüttet: "Lügenmann", "Lügenprediger", "Mann der Wortverdrehung", "Wahnschwangere", "Unheilschwangere", "Hure", "Prediger des Nichtigen (SW)", "Verfluchter", "einer von Belial"!

Als später der Bruder Simons, der Makkabäer Jonatan von den Syrern zunächst zum Strategen und dann zum Hochpriester ernannt wurde, verschärfte sich noch der Gegensatz. Denn dieses höchste Amt stand nur einem Abkömmling aus der fürstlich-vornehmen Familie der Zadoqiden zu, aber nicht diesem Makkabäer aus einer niederen Priesterkaste. Jonatan war nicht legitimiert zu diesem Amt. Dieser von den Syrern inszenierte Staatsstreich war Usurpation! Die Frommen im Volke sahen es so, natürlich auch der "Lehrer". Mit seinen Mitteln führte er einen treffsicheren Gegenschlag. Aus den Propheten hatte er herausgelesen, daß diese frevelhafte usurpatorische Herrschaft dieses Makkabäers Unheil, Verderben und Vernichtung über Volk und Land bringen würde, eine Unheilspredigt, die nicht ungehört verhallte. Das Volk, das durch hohe Steuerlasten, durch unablässigen Frondienst und die ständige Blutlast des Krieges von dieser makkabäischen hochpriesterlichen Herrschaft aufs äußerste beansprucht wurde, wurde verunsichert. Die Autorität des Hochpriesters war so gefährdet, daß er gezwungen war, "seine Interessen gegenüber seinen Landsleuten durch wachsame Sicherheitsmaßnahmen" wahrzunehmen, wie Josephus im Bellum

----

29   Daß die "Lehrer"-Gemeinde sich eine Zeitlang in Betlehem oder in der Nähe Betlehems befand, ergibt sich aus Martyrium Jesajae II,7 (E. KAUTZSCH, Die Apokryphen und Pseudepigraphen des Alten Testaments 1900, Neudruck 1962, II. S.125). Daß dieser Abschnitt ein Stück verhüllter Geschichte der "Lehrer"-Gemeinde darstellt, darauf hat schon 1953 D. FLUSSER hingewiesen, op.cit. (21)!

30   H. BURGMANN, op.cit. (18), S.153-191, bes. S.191!

bemerkte (31). Der "Lehrer" wurde mit seiner Gemeinde – vermutlich wegen "Wahrsagerei" – an die äußerste Grenze des Tempelstaates verbannt. So kam es zur Übersiedlung (von Betlehem?) nach Qumrân am Toten Meer, vermutlich 146 ante. Doch die Unheilspredigt des "Lehrers" war nicht zum Verstummen zu bringen. Eine neue Staatsaktion sollte endgültig diese gefährliche Stimme zum Schweigen bringen. Deshalb erschien am höchsten Feiertag dieser Gemeinde, am Yom Kippur, der Hochpriester Jonatan in Begleitung der Spitzen und Stützen der Jerusalemer Gesellschaft in Qumrân, vermutlich 144 ante. Der "Lehrer" wurde unter Anklage gestellt, Vertreter der Anklage scheint der Bruder des Hochpriesters, der "Lügenmann" Simon, gewesen zu sein. Der "Lehrer" behielt sein Leben, er wurde aber zu Geißelung und Kerkerhaft verurteilt und seine Gemeinde zerschlagen (32).

Der Haß des Vaters auf den "Lehrer" und dessen Gemeinde wurde von dem Sohn Johannes Hyrkanos sicherlich nicht so selbstverständlich angenommen und übernommen. Da mag das Generationsproblem eine Rolle gespielt haben, außerdem war der Haß des Vaters Simon auf den "Lehrer" stark persönlich gefärbt. Simon hat den "Lehrer" nicht nur als die prägende Persönlichkeit einer staatsfeindlichen subversiven Gruppe angefeindet, er hat auch in ihm den Zadoqiden gehaßt. Denn nur die Zadoqiden waren berechtigt, Hochpriester zu sein, aber nicht die Makkabäer! Ihr kämpferischer und opfervoller Einsatz für den Glauben, ihr eiferndes Eintreten für die alte Ordnung und die Erfolge ihrer Partisaneneinsätze, die zur Rettung des Judentums vor der griechischen Gefahr führten, konnten die fehlende Legitimation, die Berechtigung zum Hochpriesteramt, nicht aufwiegen. Simon wußte das genau. Wenn ihm auch selber diese Legitimation fehlte, seine Söhne sollten sie wenigstens haben. Deswegen nahm er eine Frau, die Zadoqidin war! Nach allem, was wir ergründen und vermuten können, war diese Frau als junges Mädchen – in der gleichen Zeit wie der Hochpriester Onia III., wie der Mann "Daniel", der "Lehrer der Gerechtigkeit" und vielleicht auch Onia IV. – nach Antiochia exiliert worden und lebte eine Zeitlang als Geisel am syrischen Königshof. Diese Frau wurde die Mutter von Johannes Hyrkanos. Diese Zadoqidin war damit aber auch eine Verwandte des "Lehrers". Wir wissen nichts über die Einstellung des jungen Man-

---

31   Josephus, Bellum I. II,1 = § 48.

32   H. BURGMANN, Gerichtsherr ... op.cit. (19).

nes in diesen verwickelten Familienverhältnissen...

Der Pharisäerschüler Johannes Hyrkanos wird auf der Seite seines Vaters und seiner pharisäischen Lehrer hinreichend Abstand zu den "Lehrer"-Leuten gehalten haben, was ihm umso leichter fiel, als die Gemeinde des "Lehrers" zerschlagen und aufgelöst war. Als aber sein Oheim, der Hochpriester Jonatan, durch eigene Tölpelhaftigkeit sich den Syrern auslieferte und als Gefangener Kerkerhaft und erniedrigende Mißhandlungen erleiden mußte, da sah das Volk in dieser Wende die Strafe Gottes für den Hochpriester, der Geißelung und Kerkerhaft dem frommen "Lehrer der Gerechtigkeit" in diesem geistlich-juristischen Strafprozeß zuerkannt hatte. Die ausgleichende Gerechtigkeit Gottes war so auffällig geworden, daß der Nachfolger – es war Simon – sich vermutlich beeilt hat, den eingekerkerten "Lehrer der Gerechtigkeit" wieder auf freien Fuß zu setzen. Das mag 143 ante geschehen sein. Doch Simon wird ein wachsames Auge auf diesen Freigelassenen, seinen Erzfeind, gehabt und bewahrt haben. Dem "Lehrer" waren auch Kontakte zu seinen Anhängern beschränkt, wenn nicht ganz verwehrt. Der Hochpriester Simon war ein kluger Diktator. Vom Volke und der Priesterschaft hat er sich im Jahre 140 ante eine Verfassung ausstellen lassen, in der zu lesen war, daß "ohne ihn im Lande eine Versammlung abzuhalten", verboten war (1. Makk. 14,44). Dadurch war es dem "Lehrer" verwehrt, seine Anhänger wieder um sich zu sammeln ...

Der Vater war ein kluger Mann. Er dachte voraus. Seine Nachkommen sollten in der Nachfolge keine Schwierigkeiten haben. Er versuchte, ihnen alle Schwierigkeiten aus dem Wege zu räumen. Sie sollten doppelt gesichert sein, einmal durch das kriegerische Bluterbe der Makkabäer, dann aber auch durch das dynastische Bluterbe der Zadoqiden. Als Hochpriester waren sie aber der Kritik der Frommen ausgesetzt, welche diese praktizierte Personalunion des geistlichen und des militärisch-politischen Amtes für unvereinbar hielten. Simon hatte sich in diesem – euphemistisch so genannten – "Ehrendekret" vom Volk und von der Priesterschaft eine Staatsverfassung geben lassen, welche gerade diese Ämtervereinigung für alle Zeiten (eis aiôna) vorsah und festlegte. "Keinem im Volk oder den Priestern ist es erlaubt, etwas hiervon aufzuheben oder seinen Anordnungen zu widersprechen..." (1. Makk. 14,44). Die Ordnung, die Simon eingerichtet hatte, sollte Bestand haben, auch wenn er nicht mehr an der Spitze stand. Den Frommen mißtraute er, und auch der eigenen Gefolgschaft, der von ihm gegründeten Pharisäergemeinde, war er nicht sicher. Er wußte, daß sein Nachfolger im Amt es nicht leicht haben würde. Simon dachte voraus und suchte ihn von vornherein vor allen Widerständen zu schützen.

Das war sicherlich der Grund, weshalb der Hochpriester seinen (ältesten?) Sohn Hyrkanos aus Jerusalem entfernte und ihn zum Oberbefehlshaber des Westheeres mit Sitz in Geser ernannte. Sein Nachfolger sollte frei sein von allen Belastungen, die in Jerusalem, der hochgebauten Stadt, an der Tagesordnung waren. Hier waren nämlich Befestigungen anzulegen, die Mauern mußten verstärkt werden. Der Fortifikationsspezialist Simon achtete sehr auf die Sicherheit der Heiligen Stadt und der Heiligen Stätte. Den Frommen schien das ein Mangel an Gottvertrauen zu sein, für die kleinen Leute im Volke war es Fron! Simon hatte sich in dieser Staatsverfassung ausbedungen, "die Beamten zu ernennen für die Arbeiten (!) ..." (1. Makk. 14,42). Simon war damit der oberste Chef aller Fronvögte im Lande, doch er hielt sich - wie es seine Art war - im Hintergrund. Der Hochpriester hatte sich nicht mit solchen Aufgaben zu befassen, dafür hatte er seine Leute. Er war es gewohnt, andere Menschen, auch seine Verwandte, seinen Schwiegersohn, einen Araberprinzen, namens Ptolemaios, und auch seine Söhne Juda und Mattathia für unangenehme Aufgaben einzusetzen. In einem Qumrântext (4 Q Testimonia) werden seine beiden Söhne als "Werkzeuge der Bedrückung" (KLE HâMâS) bezeichnet; ihnen wird vorgeworfen, daß sie "eine Mauer und Türme errichten, um (Jerusalem?) zu einem Bollwerk der Gottlosigkeit zu machen." (33) Simon hatte diese beiden Söhne als Fronvögte in Jerusalem eingesetzt, als Aufseher beim Mauerbau haben sie sich den Groll der fronenden Arbeiter zugezogen, wenn nicht gar den Zorn des ganzen Volkes. Als spätere Hochpriester hätten die beiden es sehr schwer gehabt! Das wußte Simon und entfernte seinen (ältesten?) Sohn Johannes Hyrkanos aus der emotionsgeladenen Jerusalemer Schußlinie...

Genauso wie sich Simon beim Mauerbau zurückgehalten hat, um die Frommen im Volke nicht zu reizen, so blieb es sein Bestreben, keine Angriffsflächen mehr zu bieten. Während sein Vor-

----

33   4 Q Testimonia 25 - Chamas wird gewöhnlich mit "Gewalt" oder "Gewalttat" übersetzt; doch die Bedeutung liegt näher bei "Bedrückung". Es handelt sich dabei oft um den Druck, den die wirtschaftlich Mächtigen auf die ihnen Ausgelieferten ausüben. So ist die Übersetzung "Ausbeutung" (N. LOHFINK) durchaus gerechtfertigt. Im Testimoniatext handelt es sich aber offenkundig um den "Druck", den die Aufseher auf die ihnen untergebenen Fronarbeiter ausüben.

gänger Jonatan ein Mann des Krieges war, beschränkte sich Simon auf unbedingt notwendige militärische Maßnahmen, vor allem lag ihm die Sicherung der Verbindung des Meerhafens Joppe-Jaffa mit Jerusalem am Herzen und in der Hauptstadt selbst die Eroberung der lästigen syrischen Zwingburg Akra. Er vermied Blutvergießen und ließ die Belagerten abziehen. Auch auf Annexionen war er nicht mehr bedacht; denn die Frommen sahen in allen Grenzverschiebungen Verstöße gegen Gottes Gebot. Simon wollte als Friedensfürst in die Geschichte eingehen. Dies gelang ihm auch. In einem Preislied wurde er mit messianischen Prädikaten ausgezeichnet. Er war vom Glück begünstigt; denn damals durchlebte der syrische Staat eine Zeit der Schwäche. Simon nützte diese Lage aus und warf das Joch der Heiden von dem Tempelstaat. Die seit 586 ante verlorene Souveränität war nun wiedergewonnen, eine messianische Hoffnung war damit in Erfüllung gegangen. Die Forderungen der Syrer auf finanzielle Entschädigung wurden von Simon abgewiesen. Doch beim Wiedererstarken des syrischen Staates drohte unvermeidlich der Krieg.

Simon dachte auch hier voraus. Der Fortifikationsspezialist hatte an allen gefährdeten Punkten im Lande Befestigungen anlegen lassen, sogar an einem Ort, den er nicht befestigen durfte: in der Tabuzone Jericho. Seit Gott die Mauern dieser Stadt niedergelegt hatte, durfte kein Mensch hier eine Mauer errichten. Wer es dennoch wagte, wurde verflucht durch einen Ausspruch Josuas (6,26) und mußte seine Schuld mit dem Tod zweier Söhne büßen. Simon, gewitzt wie immer, baute nicht selbst, er versorgte seinen arabischen Schwiegersohn Ptolemaios mit ausreichenden Geldmitteln, und dieser – sicherlich nichts ahnend – baute auf der beherrschenden Höhe über der Stadt Jericho die Burg Dok. Hinterher muß Ptolemaios von dem ihn persönlich bedrohenden Josuafluch erfahren haben, und er beschloß, den Bannstrahl von sich auf den eigentlich Verantwortlichen abzulenken.

Simon sah den kommenden Krieg mit den Syrern voraus. Der Friedensfürst sollte ihn nicht mehr erleben ... Der Hochpriester inspizierte alle Festungen in den Grenzlanden. Mit seiner Frau und den beiden Söhnen Juda und Mattathia kam er auch nach Dok. Bei einem Trunkgelage ließ Ptolemaios die beiden Söhne Simons ermorden, exekutierte also den Josuafluch möglichst buchstabengerecht, um selbst nicht bedroht zu sein. Auch Simon fand bei diesem Attentat den Tod.

Der Araberprinz Ptolemaios hatte sich der Hilfe des Syrerkönigs versichert. Er wollte sicher gehen und den Fluch Josuas ganz genau erfüllen, denn der älteste und der jüngste Sohn sollten nach ihm sterben. Der (älteste?) Sohn war Hyrkanos, Oberkommandierender in Geser, übrigens auch ein Rivale; denn Ptolemaios fühlte sich als Schwerthand Gottes und befugt, das höchste Amt in diesem Lande zu übernehmen. Er schickte ein Mordkommando nach Geser, doch Johannes Hyrkanos war gewarnt, die Attentäter wurden abgefangen und niedergemacht. In Eilmärschen zog Hyrkanos nach Jerusalem, er kam seinem Schwager zuvor, vor dem sich die Tore der Hauptstadt verschlossen. Ptolemaios zog sich nach seiner Festung Dok zurück, wo die Frau Simons gefangen festgehalten wurde.

Johannes Hyrkanos trat das Erbe seines Vaters an. Er war Hochpriester, Fürst und Stratege im Lande Juda. Doch die Bürde dieses Amtes war schwer. Seine erste Amtshandlung war eine militärische Maßnahme, die ihn seelisch zu zermürben drohte. Er mußte Rache nehmen für seinen Vater und seine Brüder. Auch mußte er versuchen, seine Mutter aus der Hand seines Schwagers zu befreien.

Außerdem waren Kriegswolken am bisher friedlichen Himmel aufgezogen. Die Syrer rüsteten zum Kriege gegen den Tempelstaat ...

III.   K a p i t e l

DIE HERRSCHAFT DES JOHANNES HYRKANOS I. UND DER BEGINN DER INNENPOLITISCHEN WENDE ...

Die Tore Jerusalems verschlossen sich vor dem Araberprinzen Ptolemaios, der seinen Schwiegervater Simon als Frevler am Josuafluch – gewissermaßen als Schwerthand Gottes – gerichtet hatte und nun das höchste Amt in Jerusalem, das Hochpriesteramt, wegen dieser außergewöhnlichen Aktion, für seine Person beanspruchte. Doch Hyrkanos war gewarnt worden, war in Eilmärschen auf Jerusalem zugeeilt. Ihm, dem leiblichen Sohn des toten Hochpriesters Simon, hatten sich die Tore geöffnet, und so konnte Hyrkanos das Hochpriesteramt übernehmen.

Die erste Amtshandlung des neuen Hochpriesters galt der Rache! Galt der Vergeltung! Er belagerte die Festung Dok, in der sein Vater Simon und seine beiden Brüder ermordet worden waren und in der seine Mutter von Ptolemaios gefangen gehalten wurde. In diese seine Festung hatte sich der Araber zurückgezogen. In dieser fluchbeladenen Festung wollte er sich verteidigen, und er war sich seiner Sache sicher; denn er hatte ein wichtiges Faustpfand in seiner Hand: die Gefangene, seine Schwiegermutter, welche die Mutter Hyrkans war!

Die Ereignisse bei dieser Belagerung wurden von dem jüdischen Historiker Josephus nicht nur in den Antiquitates, sondern auch im Bellum relativ breit wiedergegeben. Was diesen Historiker bei dieser Schilderung reizte, war eine Frau! Die Frau Simons! Diese Frau war die Hauptperson in diesem kriegerischen Geschehen! Wenn Hyrkanos einen Sturm auf die Festung Dok befahl, wurde die arme Mutter Hyrkans auf die Festungsmauer gezerrt und dort vor den Augen des Sohnes gefoltert, massakriert und torturiert. Auch drohte Ptolemaios, diese unglückliche Frau von der Mauer herab in den Tod zu stürzen, falls Hyrkanos den Befehl zum Sturm auf die Festung geben sollte.

Die moderne Geschichtsschreibung geht an dieser Darstellung kalt vorbei. Doch diese Schilderung bei Josephus ist enorm wichtig, weil sie behilflich sein könnte, eine schwierige Frage zu lösen. Diese Frau, die am Anfang der Herrschaft ihres Sohnes Hyrkan ein großartiges Exemplum dafür bietet, daß das Interesse des Staates höher zu stehen hat als das Leben eines Bürgers, einer Bürgerin, wird am Ende der Regierungszeit ihres Sohnes für Hyrkan, für seine Herrschaft eine schwere Belastung sein und eine innenpolitische Wende auslösen, die für die nächsten Generationen im Lande Juda - sowohl politisch als auch religiös - von großer Bedeutung werden sollte.

Die moderne Geschichtsschreibung geht an diesem Problem vorbei, sie versucht nicht, die beiden Aussagen über diese einzigartige Person auf einen Nenner zu bringen. Diese Frau ist ein Mensch in seiner Besonderheit: Voll Aufopferung für den Sohn und den Tempelstaat - und doch auch wieder eine Belastung für denselben Sohn!

Diese Frau war keine gewöhnliche Frau. Sie war keine Frau aus dem Volke. Der Aristokrat Josephus, der dem herrschenden hasmonäischen Geschlecht sehr nahe stand, mag das gespürt haben und deswegen diese Frau in seinen beiden Büchern, den Antiquitates und dem Bellum, verherrlicht haben! Nach ihren Worten, die Josephus gleich zweimal berichtet hat, muß sie gemessen und bewertet werden. Sie war eine Aristokratin wie Josephus selbst. Nach ihrer Haltung und ihren Worten, die sie an den Sohn richtete, könnte sie gut und gern einer Familie entstammen, die über viele Jahrhunderte hinweg die Herrschaft im Tempelstaat in Händen gehalten hatte und als hochadlige Führungsfamilie sich selbstverständlich verpflichtet fühlte, das eigene Wohl und das eigene Leben hintanzustellen, wenn der Staat als eine dem Einzelmenschen übergeordnete Institution solches verlangte. Im guten Adelsverständnis aller Zeiten und aller Jahrhunderte war diese Pflichttreue eine Selbstverständlichkeit!

Josephus gibt die Worte dieser von Folter und Tod bedrohten Frau in seinen beiden Hauptwerken wieder: "... seine Mutter aber gab in keiner Weise nach, weder den Mißhandlungen, noch auch, als Ptolemaios mit dem Tode drohte. Sie streckte die Hände aus und flehte den Sohn an, nicht etwa, durch den Frevel an ihr erschüttert, den Verruchten zu schonen. Sie selbst ziehe den Tod durch Ptolemaios dem Weiterleben vor, wenn er nur für die Freveltaten an ihrem Hause büßen müsse..." (34). In den Antiquitates steht es genauso ausführlich wie im Bellum: "Da aber beschwor ihn seine Mutter mit gerungenen Händen, um ihretwillen doch nicht nachzulassen, sondern die Belagerung nur noch umso eifriger fortzusetzen, damit er durch die Einnahme des Platzes die Seinigen rächen könne. Ein grausamer

----

34   Josephus, Bellum, I. II,4 = § 58 - Übersetzung: O. MICHEL und O. BAUERNFEIND, Flavius Josephus, De Bello Judaico, Der Jüdische Krieg, 1977, Band I, S.16/17.

Tod sei ihr süß, wenn nur der Feind, der ihr denselben bereite, für seinen Frevel gezüchtigt werde." (35)

Jedesmal, wenn aber Hyrkan – durch die Worte seiner Mutter
angefeuert – den Befehl zum Sturm auf die Festung Dok geben
wollte, zuckte er weichherzig zurück, wenn er mit ansehen
mußte, wie seine Mutter an einer weithin sichtbaren Stelle der
Mauer gegeißelt und gemartert und zerfleischt wurde. So zog
sich die Belagerung in die Länge, und Josephus berichtet, daß
sie schließlich wegen des nahen Schabbatjahres abgebrochen
werden mußte. So konnte der belagerte Ptolemaios, nachdem er
seine Schwiegermutter getötet hatte, ins heimatliche Arabien
entkommen. – Josephus ist immer wieder und immerzu bemüht,
selbst der hasmonäischen Familie verwandt, den Hasmonäer
Hyrkan als einen frommen Juden darzustellen, welcher die religiösen Gebote aufs strengste beachtete. Vermutlich ist es aber
kein Schabbatjahr gewesen damals, welches Josephus als Grund
für die Aufgabe der Belagerung angegeben hat. Es war anders.
Es war sicherlich anders!

Der Hochpriester Simon war im Februar des Jahres 135 oder 134
ermordet worden – sicherlich im Einvernehmen und der Unterstützung des Syrerkönigs, der diesen eigenwilligen Vasallen,
der sich der Oberhoheit des Syrerkönigs entzogen hatte und
die Souveränität seines Staates erreicht hatte, wieder in die
frühere Vasallität zurückzudrücken bemüht war. Dieser Simon,
ein einfallsreicher und genialer Militärspezialist, war tot. Für
den Syrerkönig würde es jetzt ein leichtes sein, den Tempelstaat wieder in die alte Stellung der Subordination zu zwingen.

Ein syrisches Heer fiel plündernd, mordend und sengend in den
Tempelstaat ein und marschierte Richtung Jerusalem. Möglicher-
weise war diese militärische Bedrohung wichtiger als die Bela-
gerung des frevelhaften Schwagers in der Festung Dok. Die
Historiker nehmen an, daß die Belagerung Jerusalems durch den
Syrerkönig Antiochos VII. Sidetes über ein Jahr gedauert haben
muß und in die Zeitspanne 130 – 129 ante fiel. Der Beginn der
Belagerung Jerusalems durch das syrische Heer wird wohl in

----

35   Josephus, Antiquitates XIII. VIII,1 = § 232 – Übersetzung:
     H. CLEMENTZ, Des Flavius Josephus Jüdische Altertümer
     (Nachdruck), Band II, S.168.

den November des Jahres 130 ante zu setzen sein (36).

Hyrkanos I., der weichherzige Belagerer vor dem Fort Dok, wird nun ein sehr hartherziger Belagerter in der Tempelfestung Jerusalem! Man erkennt diesen Mann kaum wieder! Vor Dok war er der weiche, völlig seinem Gefühl nachgehende Sohn seiner Mutter, der "einem Leid unterlag, das einen Grund hatte", "er wurde weich und gab sich ganz dem Schmerz hin" (Bellum). Er "wurde vom Mitgefühl für seine Mutter ... schwer niedergedrückt" - es "erlahmten seine Kräfte aus Mitleid mit ihren Qualen" (Antiquitates).

Hyrkan, der weichherzige Belagerer von Dok, ist inzwischen bei der Belagerung von Jerusalem zu einem sehr harten, skrupellosen Militär geworden. Sicherlich war diese Belagerung durch die Syrer für die Stadt und die Stätte des Heiligtums eine Bedrohung für den Glauben der Juden in diesem Lande. Der weiche Hyrkan vor dem Fort Dok hatte sich hier in den harten Hyrkan verwandelt!

Der fürsorgliche Sohn seiner Mutter war ein unbarmherziger Herrscher, wenn es um das Leiden und Leben der kleinen Leute ging. Die Belagerung nahm äußerst harte Formen an. Das Leben in der belagerten Stadt Jerusalem wurde für die Einwohner allmählich unerträglich!

Die Syrer hatten ihre Heerhaufen rings um die Stadt verteilt. Mit hundert Türmen ließen sie die Stadt berennen. Gegen die Ausfälle der Belagerten ließen sie tiefe Gräben aufwerfen... Es ging um Sein oder Nichtsein!

"Da jedoch Hyrkanos die Beobachtung machte, daß die in der Stadt befindliche Menschenmenge ihm sehr schadete, weil die Lebensmittel sich zu schnell erschöpften, und der Meinung war, daß viele Bewohner mehr Last als Nutzen verursachten, schied er alle Untauglichen aus, entließ dieselben und behielt nur die Kräftigen und Wehrfähigen zurück. Antiochos aber verhinderte den Abzug der Ausgewiesenen, so daß sie zwischen den Mauern umherirrten und viele, von Hunger erschöpft, elendig-

----

36   E. SCHÜRER - G. VERMES - F. MILLAR, The History of the
      Jewish People in the Age of Jesus Christ (175 B.C. - A.D.
      135), Vol. I, S.203.

lich umkamen ..." (37)

Dieses unmenschliche Verhalten des Simon-Sohnes Hyrkanos hat
einige Gelehrte auf den Gedanken gebracht, in einem Qumrântext, nämlich der Schlußpassage von 4 Q Testimonia, eine Anspielung auf dieses Geschehen im Stadtmauerbereich von Jerusalem zu sehen. Dieser Text bezieht sich ja auf den "Verfluchten", den frevelhaften Simon, und seine beiden getöteten Söhne.
So erscheint es durchaus natürlich, daß auch der nicht getöte-
te Sohn Hyrkanos in diesen Unheilskreis einbezogen wird, und
die Erbarmungslosigkeit seines Ausweisungsbefehls und die Toten könnten durchaus die Formulierung dieser Schlußpassage
in 4 Q Testimonia bestimmt haben: "... und großes Übel in
Israel und Gräßliches in Ephraim und in Juda ... Und sie tun
Ruchlosigkeit im Lande und große Schmach unter den Söhnen
Jakobs, und sie werden Blut vergießen wie Wasser auf der
Festungsmauer der Tochter Zion und im Gebiet Jerusalems" (38)

Im Oktober 129 ante (?) brachte aber das jüdische Fest Sukkot,
das Laubhüttenfest, einige Bewegung in das Verhalten von Belagerer und Belagerten. Hyrkanos sah sich genötigt, dem Druck
der Frommen – dem Druck der damaligen "Straße" – nachzugeben
und seinen erbarmungslosen Befehl – allerdings sehr spät –
zurückzunehmen: "Erst als das Laubhüttenfest bevorstand, nahmen die in der Stadt Befindlichen sie aus Mitleid wieder auf."
(39) Die von Hunger Entkräfteten werden kaum überlebt haben:
"großes Übel in Israel", "Ruchlosigkeit im Lande", "Gräßliches
in Juda", "große Schmach unter den Söhnen Jakobs", Todesnöte
"auf der Festungsmauer der Tochter Zion" ... der Kommentar
von 4 Q Test!

Auch der Belagerer, der Syrerkönig Antiochos VII., Sidetes
zeigte sich zu diesem Zeitpunkt versöhnlich. Hyrkanos, in der
Darstellung des Josephus ein frommer Jude, schickte eine Gesandtschaft zu Antiochos und "ließ des Festes wegen um einen

----

37   Josephus, Antiquitates XIII. VIII,2 = § 240 – Übersetzung:
     H. CLEMENTZ, op.cit. (35), II, S.169-170.

38   4 Q Testimonia 27-30 – Übersetzung: E. LOHSE, Die Texte
     aus Qumran, Hebräisch und Deutsch, 1971, 2. Aufl., S.
     253.

39   Josephus, Antiquitates, XIII. VIII,2 = § 242.

siebentägigen Waffenstillstand bitten." Der Syrerkönig war einverstanden, er fühlte sich ja immer noch – trotz der zeitweiligen Souveränität des Tempelstaates – als Oberherr, als Lehensherr und war keineswegs gewillt, wie das in früheren Zeiten der Fall war, die religiösen Anschauungen seiner Untertanen zu mißbilligen. Ganz im Gegenteil, er fühlte sich verpflichtet, seinen Beitrag zu diesem jüdischen Festtag zu geben, und er sandte "Stiere mit vergoldeten Hörnern, allerlei Räucherwerk und Gefäße von Gold und Silber", also "herrliche Opfer" in die belagerte Stadt. Bei Josephus wird hier noch hervorgehoben, daß dieser Syrerkönig Antiochos VII. Sidetes sich sehr vorteilhaft von dem verhaßten Antiochos IV. Epiphanes unterschied, der nach der Eroberung Jerusalems "Schweine auf dem Altare geschlachtet, mit ihrem Blut den Tempel besudelt und die Gesetze und Gottesfurcht der Juden mißachtet hatte" (40).

Doch die Zeiten hatten sich geändert. Die Syrer hatten längst den Versuch aufgegeben, die Griechenfreunde im jüdischen Volk zu unterstützen. Zudem gab es zu dieser Zeit keine offenen Hellenisten mehr, sie waren längst durch Konfiskationen wirtschaftlich ruiniert oder physisch ausgelöscht, jedenfalls aus dem öffentlichen Leben völlig ausgeschaltet.

Josephus stellt die Weiterentwicklung so dar, daß Hyrkanos, durch die Großmut des Syrerkönigs gerührt, ihm ein Friedensangebot machte, das auch angenommen wurde. Die Wirklichkeit sah etwas anders aus. Jerusalem war nicht mehr zu verteidigen, Hyrkanos mußte alle Bedingungen des Syrers annehmen. Doch der Syrer war gnädig. Entgegen dem Rat seines Militärkabinetts, das die totale Kapitulation und den Triumph über diese besiegte Hauptstadt mit allen Konsequenzen der Schleifung der Mauern, dem Einzug des siegreichen Heeres mit Brandschatzung, Plünderung, Vergewaltigung und Versklavung forderte, war der Syrerkönig gnädig. Es war nach dem "Friedensangebot" wieder seine Stadt, und deren Bewohner sollten nicht mit unfreundlich-feindlichen Gefühlen an ihren neuen Landesherrn zurückdenken. Der Sieger war großmütig. Er verzichtete auf die Schleifung der Mauern. Das hätte bedeutet, daß Jerusalem, seine Stadt, zum Dorf degradiert worden wäre. Die Einwohnerschaft wurde geschont. Doch das Militärkabinett des Königs scheint doch durchgesetzt zu haben, daß die Verteidigungsfähigkeit Jerusalems etwas reduziert wurde. Es wurde nämlich ver-

----

40   Josephus, Antiquitates, XIII. VIII,3 = § 243.

langt, "daß sie die Mauerkrönung abbrechen sollten..." (41).

Diese Großmut des Syrerkönigs darf aber nicht darüber hinweg-täuschen, daß für Hyrkanos alles verloren war. Er war nicht mehr Souverän des Tempelstaates, das Joch der Heiden lag nun-mehr über ihm. Er mußte Tribut bezahlen. Er war Vasall eines heidnischen Herrschers! Was sein Onkel Jonatan und sein Vater Simon in unablässigen Kämpfen erstritten hatten, all dies mußte Hyrkanos jetzt aufgeben: Die von seinem Vater schwer errungene Souveränität des Tempelstaates mußte jetzt preisgegeben werden. Nicht der Ewige war jetzt Herr über den Tempelstaat, sondern ein heidnischer Herrscher wie in den unseligen Zeiten zwischen 586 und 140 ante. Verloren waren auch – wenigstens teilweise – die Gebiete, die sein Onkel Jonatan und sein Vater Simon dem Tempelstaat angegliedert hatten. (42)

Dazu kamen die Lasten: Es mußten Geiseln gestellt werden als Bürgen für das weitere Wohlverhalten des Hochpriesters Hyrkan. Unter diesen Geiseln soll auch ein Bruder Hyrkans gewesen sein (43). Es mußte Tribut gezahlt werden: 500 Talente Silber. Josephus macht hier widersprüchliche Angaben. Einmal sagt er im Bellum, daß Hyrkan, um den Syrerkönig von der Belagerung abzubringen, das Grab Davids öffnen ließ und den Abzug des Syrers mit einer Zahlung von 300 Talenten Silbers erreichte, die er dem Davidsgrab entnahm. An andern Stellen spricht Josephus von 3.000 Talenten, die der Hochpriester Hyrkan dem Davidsgrab entnahm. Mit diesem Gelde "warb er – der erste,

----

41   Josephus, Antiquitates, XIII. VIII,3 = § 247.

42   Es ist allerdings durchaus möglich, daß die Römer auf Syrien einen Druck ausübten, in der Absicht, dem Tempel-staat einen Korridor zum Meere hin zu erhalten. Um eine bessere Verbindung zu dem "verbündeten" Tempelstaat zu haben, haben die Römer vielleicht dafür gesorgt, daß der wichtige Mittelmeerhafen Jaffa-Joppe und der wichtige Stütz-punkt Geser-Gazara nicht an die Syrer ausgeliefert wur-den, obwohl diese beiden Orte nicht zum "Erbbesitz der Väter" gehörten.

43   Daß Josephus mit den Brüdern Hyrkans recht leichtfertig umgeht, wurde schon deutlich bei seiner Schilderung des Attentats auf Simon, bei dem die beiden Söhne Simons – entgegen der richten Darstellung im 1. Makkabäerbuch – am Leben blieben. Allerdings ist nicht bekannt, wieviel Söhne Simon gehabt hat.

der dies bei den Juden tat – fremde Söldner an." (44) Das war eine milde Kritik des Hasmonäerfreundes Josephus. Die Frommen sahen darin eine verhängnisvolle Neuerung. Aus dem Volksaufgebot war ein Berufsheer geworden. Die Sicherheit des Tempelstaates war damit den Händen heidnischer Krieger anvertraut worden. Außerdem war die alte Militärordnung aufgehoben, denn vorher "pflegte nämlich die Heeresverwaltung streng darauf zu achten, daß nur Personen reinster jüdischer Abstammung zum Heeresdienst zugelassen wurden." (45) Auch die Ausplünderung des Davidgrabes stieß bei den Frommen auf Kritik. (46) Ob diese Gelddeponie schon nach dem Ableben Davids hier angelegt wurde oder sehr viel später – wobei man das Grab Davids für tabuisiert und sicher hielt – ist strittig. (47)

Die prohasmonäische Geschichtsschreibung des Josephus steht auf schwachen Füßen. Er schreibt von einer politisch-militärischen Errungenschaft des Hochpriesters Hyrkan: "Dann schloß er mit Antiochos ein Schutz- und Trutzbündnis ..." Das sieht aus wie gleichberechtigte Partnerschaft. Doch die Realität war ganz

----

44 Josephus, Antiquitates, XIII. VIII,4 = § 249. Ähnlich Bellum I. II,5 = § 61.

45 R. CHANINA, zitiert bei V. APTOWITZER, Parteipolitik der Hasmonäerzeit im rabbinischen und pseudepigraphischen Schrifttum, 1927, S.230.

46 Eine versteckte Kritik an dem Verhalten Hyrkans bei der Öffnung des Davidgrabes läßt sich aus einem Psalm Salomos herauslesen. Dort heißt es als Lobpreis auf den Messias: "Denn er verläßt sich nicht auf Roß und Reiter und Bogen. Auch sammelt er sich nicht Gold und Silber zum Kriege, und aus Gräbern sammelt er nicht Vorrat (sic!)" – Übersetzung von WMQB RYM L꜄Y꜄SWP TKWNH in Psalm Salomos 17,33 nach V. APTOWITZER, op.cit. (45), S.229 und 65.

47 Die Frage, wer das Geld hier vergraben hat, wird verschieden beantwortet. JAWITZ, in Toledoth Israel IV, 135, vermutet, daß der Makkabäer Simon es gewesen ist. Nach Josephus ist aber der Schatzeingräber Salomo gewesen. Dieser "gab ihm über alles dasjenige, was sonst bei des Königs Begräbnis üblich ist, ungemein viel Schätze (sic!) mit ins Grab" Antiquitates, VII. XV,3 – Nach V. APTOWITZER, op.cit. (45), S.231.

anders! Hyrkanos, der Hochpriester und Repräsentant des jüdischen Volkes, war nicht mehr souverän. Er war nicht mehr Partner des Syrers, sondern sein Vasall! Das "Schutz- und Trutz-Bündnis" war eine ausgesprochen militärische Angelegenheit, doch um eine militärische Angelegenheit ging es in diesem Augenblick. Der Syrer plante einen Kriegszug gegen die Parther, und sein Vasall Hyrkanos war selbstverständlich zur Heeresfolge verpflichtet, wie das bei Vasallen in allen Ländern und zu allen Zeiten üblich war!

Josephus, der ja diesen Kriegszug gegen die Parther als eine Partnerschaftshilfe des Hochpriesters Hyrkan gegen den Syrerkönig Antiochos VII. Sidetes gerne darstellen möchte, berichtet nur eine spärliche Einzelheit, wobei der Hasmonäerfreund Josephus bemüht ist, den Hasmonäer in einem guten – und das heißt hier: – in einem frommen Lichte darzustellen. Bei antiken Schriftstellern erfahren wir mehr über diesen Partherfeldzug als bei Josephus (48).

Es war der letzte große Feldzug der seleukidischen Dynastie, um die Gebiete jenseits des Euphrat nicht zu verlieren. Der Feldzug wurde unter einem human-politischen Aspekt geführt: Der Bruder wollte den Bruder befreien. Der Bruder Demetrios II. Nikator war bei einer früheren Unternehmung von den Parthern besiegt und gefangen gesetzt worden. Ihn galt es zu befreien. Das war der human-politische Vorwand. Als der Angriff kam, hatte der Partherkönig in guter Kenntnis der Verhältnisse am syrischen Königshof diesen wichtigen Gefangenen freigelassen, damit er im Rücken des angreifenden syrischen Heeres sich der Hauptstadt Antiochia und der Reichsgewalt in Syrien bemächtigen konnte. Realpolitisch ging es dem Syrerkönig Antiochos VII. Sidetes um die Zurückdrängung der Parther, die – aus dem Osten aufgebrochen – inzwischen ein großes Reich aufgebaut hatten. Doch die Flutwelle, die aus dem Osten kam, beschränkte sich nicht nur auf die Parther. Andere Völkerschaften strömten nach. So waren die Parther damals auch von Osten her bedroht; denn tocharische Reitervölker hatten in Baktrien einen fest organisierten Militärstaat gegründet. Die Parther unter ihrem König Phraates II. waren durch

---

48   So berichten: Diodorus XXXIV, 15–17; Justinus XXXVIII,10; Livius, Epit. LIX; Appian, Syr. 68; Porphyrius (ap. Eusebius, Chron. I,255). Aufgeführt in Josephus Jewish Antiquities, Books XII/XIV/VII, Loeb Classical Library, S.353, 1966, 4. Aufl.).

den Angriff der Syrer im Westen und die Bedrohung der Tocharer im Osten in einer mißlichen Lage. So kam der Syrerkönig zu Erfolgen. Es kam zu einer entscheidenden Schlacht am Großen Zab, ostwärts des Tigris. Bei dieser Schlacht war auch das jüdische Kontingent unter dem Hochpriester Hyrkan beteiligt. Der Syrerkönig Antiochos errichtete am Flusse Lykos ein Siegesdenkmal, nachdem er den Feldherrn der Parther Indates überwunden hatte, und blieb daselbst zwei Tage lang auf Bitten des Juden Hyrkanos, weil die Juden zufällig ein Fest begingen, an welchem sie nicht marschieren durften. Das ist die einzige Stelle, in der Josephus auf eine besondere Begebenheit in diesem Partherfeldzug eingeht. Dieser jüdische Historiker ist bemüht, den Hasmonäer Hyrkan als einen frommen Juden auszuzeichnen. Diese unkriegerische Episode mitten im Feldzug war ihm Anlaß, das fromme Verhalten Hyrkans zu rechtfertigen: "Darin hatte er auch recht; denn es fiel gerade auf den Tag nach einem Schabbat das Fest Pentekoste (Schawuot), und wir dürfen weder am Schabbat noch an einem Festtag reisen." (49)

Die Erfolgssträhne des syrischen Heeres endete mit der Eroberung Babylons 130 ante. Ein Pyrrhussieg! Denn der Partherkönig Phraates II. sah keine andere Möglichkeit, aus dem Zweifrontenkrieg auszubrechen, als die Öffnung nach Osten. Er warb aus den aus dem Osten heranflutenden Reiterströmen ein Hilfsheer zu seiner Unterstützung. Gleichzeitig verhandelte er mit den Medern, die anfangs den Syrerkönig als Befreier bejubelt hatten. Die Meder waren inzwischen der syrischen Besatzungsmacht ihrer Übergriffe wegen feindlich gesinnt. Sie empörten sich gegen die syrische Soldateska und machten einen großen Teil der Besatzungstruppen nieder. So geschwächt, wurde der Syrerkönig Antiochos VII. Sidetes von dem Partherkönig angegriffen und vernichtend geschlagen. Er soll sich 129 ante selbst den Tod gegeben haben.

Nie wieder haben die syrischen Seleukiden den Euphrat, den Grenzfluß zwischen dem europäischen Einflußbereich und dem Orient, überschritten. Auch in der Zeit der römischen Expansion sollte der Euphrat als der Grenzfluß zwischen Okzident und Orient noch eine Rolle spielen ... Im Todesjahr des Seleukidenkönigs Antiochos VII. Sidetes 129 ante waren die Syrer und damit der hellenistische Machtbereich endgültig über den Euphrat zurückgeworfen.

---

49   Josephus, Antiquitates, XIII. VIII,4 = § 252.

Wie sich Hyrkan I., der Vasall des Syrerkönigs, mit seinem
durch heidnische Söldner verstärkten jüdischen Milizheer verhalten hat, wissen wir nicht. Es mag ihm im Ansehen der Juden
genützt haben, daß er in erster Linie heidnische Söldner und
erst in zweiter Linie jüdische Landeskinder für syrische Be-
lange und fremde Interessen im Kriege bluten ließ. Wie weit
seine hilfswillige Streitmacht in die Kämpfe und auch in die
Partisanenüberfälle der Meder verwickelt waren, wissen wir
nicht. Nach dem Tode seines Lehensherrn war der Vasall frei!
Er war persönlich frei. Außerdem war die Folge dieses verlust-
reichen und völlig ergebnislosen Feldzuges eine Schwächung
des syrischen Staates, die lange anhielt. Diese desolate Lage
Syriens, die ständigen Thronwirren waren für den jüdischen
Hochpriester Hyrkan I. von unerhörtem Vorteil (50).

Der zurückgekehrte Vasall, der nun gar kein Vasall mehr war,
sondern wieder souveräner Herr über den Tempelstaat, war mit
einem starken Heere in die Heimat zurückgekehrt. Der Syrer
hatte es ja gewollt, daß sein Vasall über ein starkes Heer
verfügte... Mit dieser neu gewonnenen militärischen Stärke
wurde Land erobert und dem Tempelstaat zugefügt, Land im
Osten, im Norden und im Süden. Das Land im Westen war vermutlich durch die Gunst der "verbündeten" Römer im Besitz des
Tempelstaates geblieben..

Die desolate Lage des Syrerreiches ermöglichte diese Eroberungen Hyrkans. Im Osten, in Transjordanien, nahm er nach sechs-
monatiger Belagerung die beherrschende Stadt Medaba/Medeba
ein. Medaba/Medeba war eine alte Moabiterstadt, die zu dieser
Zeit zum Nabatäerreich gehörte. Hyrkan nahm auch Samega
und die benachbarten Orte ein.

Die hasmonäischen Herrscher – einschließlich Hyrkans – sind oft
als hellenistische Herrscher bezeichnet und so deklassiert worden. Das ist völlig unberechtigt. Der Feldzug des Hochpriesters
Hyrkanos nach Norden ist der Beweis! Bei dieser Eroberung
im Norden ging es nämlich um mehr als um eine Gewinnung
besserer Grenzen gegen den Feind! Hyrkanos war kein Hellenist,
er war Hochpriester des Tempelstaates, Repräsentant des einzigen religiösen Kulturzentrums. Er kannte die Geschichte seines

----

50 FISCHER, Weltgeschichte, Band VI, 1965, S.278 – U. KAHR-
    STEDT, Geschichte des griechisch-römischen Altertums,
    1948, S.281 – E. KORNEMANN, Weltgeschichte des Mittelmeer-
    raumes, 1948, Band I, S.330.

Volkes, und er war gewillt, die Uhr zurückzudrehen. Er hatte jetzt die Macht dazu in Händen. Jetzt griff er nach Norden aus. Es ging ihm darum, die religiösen und politischen Stützpunkte des ehemaligen Nordreiches "Israel" auszuschalten. So eroberte er Schechem/Sichem, die Trauma-Stadt für die tempeltreuen Juden in Jerusalem. Denn dicht daneben lag der Konkurrenztempel der Samaritaner auf dem Berge Garizim.

Sikima / Sikim / Schechem / Sichem war ein alter Ort, geprägt von starker jüdischer Tradition, aber auch vorjüdischer Tradition. Schon um 2000 ante war Sikima eine ummauerte Stadt mit Stadttor, in der Überlieferung der Erzväter erwähnt. Der Erzvater Jakob nahm ein Stück Feld bei Schechem in Besitz, errichtete hier einen Altar und schenkte dieses Stück Land seinem Sohne Joseph, dem Stammvater der Nordstämme Ephraim und Manasse (Gen. 33,18-20 und 48,22). An diesem Ort verkündete Josua zweimal das Gesetz, das die zwölf Stämme zusammenhalten sollte. Doch gerade in Schechem sagten sich die 10 Nordstämme nach dem Tode des Königs Salomo von dem übermächtig herrschenden Stamm Juda und dem Tempel in Jerusalem los und gründeten das Nordreich "Israel", das, 711 ante von dem Superstaat Assyrien erobert, aufgehört hatte zu existieren. Die Deportation ließ nur die Unterschicht im Lande, die sich mit Zugewanderten, mit heidnischen Fremden bald vermischte. Diese Samaritaner, wie sie nach der Hauptstadt Samaria genannt wurden, hielten aber am angestammten jüdischen Glauben fest und praktizierten ihn – fern von dem Tempel in Jerusalem – in einer Form, die von den "rechtgläubigen" Juden abgelehnt wurde. Aus politischen Gründen, die unter der Losung des "Divide et impera" standen, war Alexander der Große bemüht, daß auch diese Samaritaner ein gleichwertiges Heiligtum erhielten. So entstand auf Betreiben eines ehemaligen persischen Satrapen und auf allerhöchsten Wunsch auf dem Berge Garizim 330 ante der Konkurrenztempel der Samaritaner. Josephus schreibt darüber: "Das könne aber dem König (Alexander) nur von Vorteil sein, da so die Kräfte der Juden zersplittert würden, während dieses Volk, wenn es zusammenhalte und einig sei, dem König viel zu schaffen machen könne ... (51).

Der Kreator des Hellenismus, Alexander der Große, hatte hier "ein dem Tempel zu Jerusalem ähnliches Heiligtum" (Josephus) entstehen lassen. Der fromme Jude Hyrkanos – gewiß ein Antihellenist – sah in diesem Tempel auf dem Garizim ein fremdes,

----

51   Josephus, Antiquitates, XI. VIII,4 = § 323.

unheiliges, heidnisches Heiligtum, ließ es völlig zerstören und verfallen. Die Frommen haben diese Tat gewürdigt und die Anerkennung dieser Tat ist auch in der talmudischen Überlieferung erhalten (52).

Hyrkan war sich bewußt, daß die Hauptstadt dieses Gebietes Samaria war und daß ihm dort noch ein schwerer Kampf bevorstand. Von Samaria ist jetzt noch nicht die Rede. Nach der Eroberung von Schechem "unterjochte (er) das Volk der Chutäer". Der Name Samaritaner wird vermieden, sie werden hingestellt als Auswanderer aus Chuta, einer babylonischen Stadt.

Hyrkan wandte sich mit seiner starken Streitmacht, die ihm ein Syrerkönig aufgenötigt hatte, jetzt nach Süden. Im Lande der Idumäer eroberte er Marissa, außerdem Adora, das heutige Dura. Hyrkans Onkel Jonatan war hier 143 ante durchgezogen, allerdings nicht als Sieger, sondern als mißhandelter und todkranker Kriegsgefangener auf dem Foltermarsch, der Adora als südlichsten Punkt berührte. Auch Marissa, zwischen Hebron und Ashdod, wurde erobert. Das hier seßhafte Volk der Idumäer nötigte Hyrkan, die Beschneidung anzunehmen und sich dem mosaischen Gesetz zu unterwerfen. Diese judaisierten Araber fühlten sich fortan als vollwertige Juden, wurden aber von diesen als "Halbjuden" über die Achsel angesehen. Bei der späteren pharisäischen Kritik an Hyrkan wurde ihm auch diese Zwangsbekehrung angekreidet, zumal sie dazu führte, daß ein gewisser Idumäer, namens Herodes, im Lande Juda König wurde (53).

----

52 Auf die Zerstörung des samaritanischen Tempels gibt es eine Anspielung in der Megillath Ta'anith, die den 21. Kislev als "Tag des Berges Garizim" bezeichnet.

53 Daß dieser Akt der Zwangsbeschneidung der Idumäer auf pharisäische Kritik stieß, dafür haben wir nur ein indirektes Zeugnis der Gegenseite, die das Verhalten des Hyrkan verteidigt. So gibt es eine prohasmonäische Agada, die in der sagenhaften Aufforderung des Pharao an seine Ägypter in Gen. 41,55, sich allen Anordnungen Josephs zu fügen, eine höchstpharaonische Einwilligung in die Zwangsbeschneidung der Ägypter herausliest. Die Biblizistik im Parteienkampf der Pharisäer und Hasmonäer nimmt bisweilen recht groteske Formen an ... V. APTOWITZER, op.cit. (45), S.223.

Diese Eroberungen waren nur möglich, weil Syrien schwach war und sich in internen Kriegen verzehrte. Einer der syrischen Teilkönige, Antiochos IX. Kyzikenos, Herrscher über Coelesyrien und damit unmittelbarer Nachbar des Hyrkanos, war ein leidenschaftlicher Jäger, ein Liebhaber von Komödien, Geselligkeit und Lustbarkeiten und hatte keinerlei Ehrgeiz, die verlorenen Gebiete zurückzugewinnen. Er scheute sich vor jeder militärischen Unternehmung. Unter diesen Umständen hatte Hyrkan die volle Souveränität wiedergewonnen. Er bezahlte keinen Tribut mehr und konnte weiterhin seine Eroberungspolitik fortsetzen.

Hyrkan betrieb eine pragmatische Politik, doch war er deswegen kein Hellenist! Der nächste Schlag galt Samaria. Für den Pharisäerschüler und Pharisäerfreund, für diesen frommen Juden war dieser Zug nach Norden eine Selbstverständlichkeit. Gesinnungspolitik und Realpolitik liefen hier in gleicher Richtung: Es war Rache zu nehmen für den Abfall des Nordstaates, und das Territorium des Tempelstaates mußte ausgeweitet werden! Samaria war stark befestigt, und Hyrkan mußte sich auf eine langwierige Belagerung gefaßt machen. Er ließ um die Stadt einen Graben und einen doppelten Wall ziehen, um gegen Ausfälle gesichert zu sein. Dann übertrug er die Belagerung seinen Söhnen. Der Pharisäerschüler wollte es mit seinen Freunden nicht verderben; denn Priester – und schon gar nicht der Hochpriester – durften keinesfalls ihre Hände mit Blut beflecken. Die Bewohner gerieten bald in große Not und griffen des Hungers wegen zu den ungewöhnlichsten Nahrungsmitteln. In ihrer Not riefen sie den Syrerkönig Antiochos IX. Kyzikenos zu Hilfe. Doch den Söhnen Hyrkans gelang es, das Entsatzheer abzuwehren. Josephus berichtet darüber eine wundersame Geschichte: "Bei dieser Gelegenheit soll dem Hochpriester Hyrkanos etwas Wunderbares begegnet sein, indem Gott zu ihm geredet habe (sic!). An dem Tage nämlich, da seine Söhne mit dem Kyzikener kämpften, soll der Hochpriester, als er allein im Tempel ein Rauchopfer darbrachte, eine Stimme vernommen haben, die ihm verkündete, Antiochos (IX.) sei soeben von seinen Söhnen besiegt worden. Er begab sich alsbald aus dem Tempel und teilte dem Volke sein Erlebnis mit, und wirklich war es so eingetroffen." (54)

Zwar bringt der wundersüchtige und auf solche sensationelle Wahrsagereien besonders erpichte Josephus solche Begebenheiten mit Vorliebe, trotzdem ist gerade diese Wahrsage von besonderer

---

54   Josephus, Antiquitates, XIII. X,3 = § 282-283.

Bedeutung. Die Pharisäer hatten es innenpolitisch nicht nur mit den aristokratischen Sadduzäern zu tun, sondern auch mit den populistisch-elitären Essenern. Der Gründer und Leiter dieser essenischen Qumrângemeinde mag zu diesem Zeitpunkt noch am Leben gewesen sein. Auch er hatte von sich behauptet, daß Gott durch ihn zu dem Volke sprach. Seine Wahrsage bestand aber in einer Unheilspredigt, er weissagte – vor allem nach den Worten des Propheten Habakuk – daß die Kittiim kommen würden, ein fremdes, heidnisches, grausames, beutegieriges, unbesiegbares, militantes Volk und Vernichtung bringen würden über Volk und Land im Tempelstaat. Doch von diesen Kittiim war weit und breit nichts zu sehen, und so wurde die Unheilspredigt des "Lehrers" verlacht und abgetan; denn der Hochpriester Hyrkan hatte innenpolitisch und außenpolitisch vollen Erfolg. Der Pharisäerfreund und selbst einer der Pharisäer, der Hochpriester Hyrkan, sprach mit der Stimme Gottes, und was er sprach, bewahrheitete sich auch, und damit war die Unheilspredigt des "Lehrers der Gerechtigkeit" als unwahr und nicht von Gott kommend erwiesen und widerlegt. Damit hatten die Pharisäer über die Essener einen Sieg errungen. Ob der essenische "Lehrer" zu dieser Zeit noch lebte, ist ungewiß. Seine Gemeinde war zerstreut, denn noch immer galt das Staatsgesetz des Hochpriesters Simon, das die Theologen in ihrem historisch-politischen Unverständnis als "Ehrendekret für Simon" benamt hatten. Dieses Staatsgesetz enthielt ein Versammlungsverbot, und dies galt natürlich auch für die Essener, die in Qumrân nicht mehr zusammenkommen durften. Manche werden aber doch dort geblieben sein. Manche werden untergetaucht sein in den Dörfern und Städten. Der "Lehrer" wird frei gewesen sein, vielleicht von vielen verlacht und verspottet. Er war zu dieser Zeit keine Gefahr mehr für den Bestand des Tempelstaates unter Führung des erfolgreichen Hochpriesters Hyrkanos I.

Dieser Bericht über die Gottesstimme und die Wahrsage des Hochpriesters Hyrkan, die dann durch die Tatsachen bestätigt wurde, hatte aber noch eine andere Bedeutung. Die Frommen – und unter ihnen auch konsequent denkende Pharisäer – hatten an der Erkenntnis festgehalten, daß das Staatsgesetz Simons, die Personalunion von Hochpriester, Staatschef, Generalissimus und Fronherr untragbar war, weil sie unvereinbare Herrschaftsverhältnisse in einer Hand vereinigte und diese Hand nicht die Hand Gottes war. Simon hatte durch den Staatsvertrag diesen Herrschaftsanspruch für sich und seine Nachkommen für diesen irdischen Äon festgelegt, und niemand durfte Kritik üben und widersprechen. Auch das stand in diesem sogenannten "Ehrendekret für Simon", diesem Ermächtigungsgesetz! Doch der Hasmonäerfreund Josephus, selbst ein Hasmonäerabkömmling, ist bemüht, in seiner Berichterstattung neue Argumente für diese Personalunion von Hochpriester, Staatschef und Generalissimus beizubringen. So ist diese Geschichte von der Gottesstimme und der gelungenen Wahrsage nicht nur ein überzeugendes Argument gegen die Essener und ihren "Lehrer der Gerechtigkeit", sondern auch gegen kritische Pharisäer und andere Fromme, die mit diesem Absolutheitsanspruch des Heiligherrschers Hyrkanos I. nicht einverstanden sein konnten.

Nach langwieriger Belagerung wurde die Stadt Samaria eingenommen. Im Bellum wird nur kurz berichtet, daß die Stadt nach der Einnahme zerstört wurde und daß die Einwohner als Sklaven verkauft wurden. In den Antiquitates steht es genauer, hier kann man den Haß gegen die vom Tempel und vom Herrschergeschlecht des David abgefallenen Bewohner des Nordreichs, den Haß auf die vom rechten Glauben abgefallenen Samaritaner heraushören: "Hyrkanos nahm daher nach einjähriger Belagerung die Stadt ein, begnügte sich aber damit nicht, sondern zerstörte sie von Grund aus und ließ sie von reißenden Gebirgsbächen überströmen. Hierdurch wurde sie derartig unterwühlt, daß sie in die Schluchten hinabstürzte und kaum noch den Anblick einer Stadt bot." (55)

Nach dem Fall Samarias lag das Land im Norden ungeschützt vor Hyrkanos. Der Vorstoß des jüdischen Heeres führte bis nach Skythopolis, dem heutigen Bet Schean, in den Amarnabriefen Bitssani genannt. Skythopolis war eine heidnische Stadt und nicht nur das. Sie war der Brückenkopf der hellenistischen Dekapolis auf dem diesseitigen Jordanufer, ein vorgeschobener Stützpunkt des hellenistischen Städtebundes, ein wichtiges Zentrum hellenistischer Kultur. Für den frommen Juden Hyrkanos war die Eroberung dieser Stadt genauso religiöse Pflicht wie die Zerstörung Samarias und des Tempels auf dem Berge Garizim!

Hyrkanos war auf dem Höhepunkt seiner Macht. Er war souverän, keinem Staat tributpflichtig, hatte weite Gebiete mit dem Tempelstaat vereint. Außenpolitisch ein voller Erfolg: "In der ganzen hasmonäischen Epoche gab es für Israel keine besseren und glücklicheren Tage als die Regierungszeit Johann Hyrkans. Nach außen vollständige Unabhängigkeit und Freiheit. Ja, das Gebiet Israels breitete sich über viele Länder aus, und viele Völker waren Israel untertan. Judäa ward zu einem starken

----

55   Josephus, Antiquitates, XIII. X,3 = § 281. Die Kurzfassung
      im Bellum: I. II,7 = § 65.

und mächtigen Reich. Im Innern herrschte Friede und Ruhe."
(56)

Die innenpolitische Lage war nicht ungetrübt; doch die Persönlichkeit Hyrkans hielt die beiden gegensätzlichen Richtungen
der priesterlich-aristokratischen Sadduzäer und der frommen
Laienbewegung der Pharisäer in Schach und war auf Ausgleich
bedacht. "Die Pharisäer lobten ihn, er war einer der Ihren.
Die Sadduzäer aber hielten zu Hyrkan aus aufrichtiger Verehrung und Dankbarkeit für seine siegreichen Kriege oder sie
heuchelten Anhänglichkeit an ihn um materieller Vorteile willen.
Jedenfalls war Israel ein geeintes Volk." (57) Das sogenannte
gemeine Volk jubelte natürlich diesem überaus erfolgreichen
Herrscher zu, von dem gesagt wurde, daß er nicht nur sechzig
Städte, sondern auch das Herz seines Volkes erobert hatte.

Das Herz des Hyrkanos schlug in dieser Parteienspannung zwischen Sadduzäern und Pharisäern für diese fromme Laienbewegung. "Er war einer der Ihren..." Er war - nach dem Willen
seines Vaters Simon - von Pharisäern erzogen worden und
scheint zu dieser Gruppe ein ähnliches Verhältnis gehabt zu
haben wie einer, der im christlichen Bereich von Jesuiten erzogen wurde.

Die Pharisäer drängten zur Macht. Sie hatten das Volk hinter
sich, und der Hochpriester "war einer der Ihren". Hyrkan
scheint seinen pharisäischen Freunden in dieser Zeit schon viel
Einfluß eingeräumt zu haben. Bei den aristokratisch-priester-
lichen Sadduzäern gab es einen Verbund, genannt CHäBäR.
Dieser Verband war so ein Mittelding zwischen Fraktion und
Lobby. Der CHäBäR der Sadduzäer war in der Verfassung nicht
vorgesehen, aber er war da, er wirkte hinter den Kulissen
und nahm die Interessen der priesterlichen Partei der Sadduzäer wahr. Als Gegengewicht werden die Pharisäer gleichfalls
ihren CHäBär aufgebaut haben und von dem Hochpriester hierbei
begünstigt worden sein. (58) Der CHäBäR, diese Bezeichnung
für eine enge parteiliche Gruppe, erhält später amtliche Aner-

----

56   V. APTOWITZER, op.cit. (45), S.IX.

57   V. APTOWITZER, op.cit. (45), S.IX.

58   A. GEIGER, Urschrift und Übersetzungen der Bibel in ihrer
     Abhängigkeit von der inneren Entwicklung des Judentums,
     1928, 2. Aufl., S.66.

kennung: Der CHäBêR erscheint neben dem Hochpriester auf Münzen, wobei man nicht immer weiß, ob der Hochpriester sich auf den sadduzäischen oder den pharisäischen CHäBäR stützt... Wichtiger als der CHäBäR war für die Pharisäer ihre Vertretung im Synhedrion. Das Synhedrion entsprach etwa dem Senat, umfaßte die Körperschaft, die neben dem Hochpriester zur Mitregierung bestimmt war. "Solange Hyrkan offiziell noch Schüler der Pharisäer war, hatten diese die führende Rolle im Synhedrion inne, während die Sadduzäer bloß eine Minderheit bildeten" (59) Es gab außerdem noch eine Reihe von anderen Gremien, in welche die Pharisäer hineindrängten, um ihren Einfluß zu verstärken. So gab es eine Behörde, die über den Kalender zu wachen und den Beginn des neuen Monats festzulegen hatte. (60) Es gab auch ein Zwei-Männer-Kollegium, eine Behörde, die vermutlich von Hyrkanos neu eingeführt wurde. Es hat den Anschein, als ob diese zwei Männer als Hausverwalter des Hofes fungierten. (61) Wenn man bedenkt, wie wichtig die Stellung des major domus sich in der fränkischen Geschichte ausgewirkt hat, dann wird man die Bedeutung dieser Entscheidung Hyrkans ermessen, wenn er zwei Männer aus den Reihen der Pharisäer mit dieser Aufgabe betraut haben sollte. Am wichtigsten für die Pharisäer waren natürlich die Behörden, die sich mit der Rechtsprechung befaßten. Die Rechtsprechung der sadduzäischen Behörden war hart und ungeliebt im Volke. Die Pharisäer als Fürsprecher des Volkes waren gegen die allzu strenge Auslegung der alten mosaischen Überlieferung der Tora. Das bestätigt auch Josephus: "Für jetzt will ich nur noch bemerken, daß die Pharisäer dem Volke durch mündliche Überlieferung viele Gebote aufbewahrt haben, welche in die Gesetzgebung des Moses nicht aufgenommen sind." (62) Im Gegensatz zu den Sadduzäern, die an der strengen schriftlich fixierten Rechtsprechung der Mosezeit festhielten und diese pharisäische Aufweichung ihrer "mündlichen Lehre" verwarfen, versuchten die Pharisäer eine der neuen Zeit entsprechende Rechtsprechung durchzusetzen: "Über diesen Punkt entstanden oft heftige Streitigkeiten, wobei die Sadduzäer nur die Reichen, die Pharisäer aber die große Menge

----

59   V. APTOWITZER, op.cit. (45), S.48.

60   A. GEIGER, op.cit. (58), S.114-115.

61   A. GEIGER, op.cit. (58), S.118.

62   Josephus, Antiquitates, XIII. X,6 = § 297.

des Volkes auf ihrer Seite hatten." (63) Eine Streitfrage zwischen diesen beiden gegensätzlichen Richtungen war das Problem der talio, des Vergeltungsrechts "Auge um Auge ...", eine strenge juristische Praxis, die beim Volke nicht beliebt war und "die von den Pharisäern in vielen Punkten aufgehoben, in manchen gemildert wurde." (64) Auf halachischem Gebiet scheinen die Pharisäer beträchtlichen Raum gewonnen zu haben. Ihre Überlegenheit verdankten sie vor allem dem Scharfsinn der Gelehrten, der Schriftgelehrten, die natürlich von den Sadduzäern besonders gehaßt wurden. Auf kultischem Gebiet – der besonderen Sphäre der Priester – erzielten die Pharisäer in manchen Punkten eine gewisse Gleichberechtigung. So wurde das wichtige Reinigungsritual der "Roten Kuh", dessen Gestaltung auf die Verfehlung Aarons in der Wüste zurückgeht, auf zweierlei Weise durchgeführt, die eine nach sadduzäischer, die andere nach pharisäischer Observanz.

Die Pharisäer waren auf dem Vormarsch, sie hatten schon einige wichtige Institutionen erobert, und sie wollten sich von diesem Wege auch nicht abbringen lassen. Doch es kam anders. Josephus berichtet sehr ausführlich über diese Wende: Hyrkan hatte die Pharisäer zu sich eingeladen, vermutlich handelte es sich um den CHäBäR der Pharisäer, dieses wichtige Gremium. Er "bewirtete sie prächtig". Er kam ihnen auch sonst entgegen, er beeilte sich zu versichern, daß er auf ihre Ratschläge hören würde, wenn sie ihn kritisierten. Er gestand also diesem pharisäischen CHäBäR eine gewisse Einflußnahme auf seine Entscheidungen zu. "... als er sie vergnügt sah, erklärte er ihnen, sie wüßten doch wohl, daß er 'gerecht' sei und alles tun wolle, was Gott angenehm sei, wie ja das auch die Pharisäer lehrten. Er bitte sie also, falls sie ihn sündigen und vom rechten Wege abirren sähen, ihn zu bekehren und zu bessern". An dieser letzten Äußerung sehen wir, wie weit der pharisäische Einfluß schon fortgeschritten war, so daß dieser CHäBäR zu einer Art Beichtvater-Genossenschaft gegenüber dem Hochpriester und Staatsoberhaupt Hyrkan geworden ist. Josephus berichtet, daß alle des Lobes voll waren über ihren Herrn und Meister bis auf einen Pharisäer, einen gewissen Eleasar. Dieser sagte: "Weil du denn die Wahrheit hören willst, so merke auf meine Worte. Willst du 'gerecht' sein, so entsage der hochpriesterlichen Würde und begnüge dich damit, des Volkes Fürst zu sein!"

----

63   Josephus, Antiquitates, XIII. X,6 = § 298.

64   V. APTOWITZER, op.cit. (45), S.219.

Der Geschichtsschreiber Josephus, der hasmonäischen Familie sowohl verwandtschaftlich als auch ideologisch verbunden, ergreift hier Partei gegen diesen Mann Eleasar, diesen Pharisäer, der den Konflikt und die Kollision ansteuert. Für Josephus ist dieser Eleasar "ein schlechter und streitsüchtiger Mensch". Josephus scheint es bedauert zu haben, daß nun in diese 31-jährige glänzende und glückliche Regierungszeit Hyrkans starke Schatten fallen. Josephus spielt in den Antiquitates die folgenden bürgerkriegsähnlichen blutigen Auseinandersetzungen herunter oder verschweigt sie ganz, während er im Bellum, thematisch bedingt, offener schreibt. Josephus nimmt gegen diesen Eleasar Partei. Dabei hat dieser eigenwillige Pharisäer nichts anderes gesagt, als was alle Pharisäer eigentlich auch denken, wollen und sagen mußten. Eleasar war ein prinzipientreuer Pharisäer, der die Unterwerfung seiner opportunistischen "Genossen" nicht mitmachen wollte. Das Wort "gerecht" spielt sowohl in der Rechtfertigungsrede Hyrkans als auch in der Anklagerede des Eleasar eine gewisse Rolle. Der Begründer und Leiter der essenischen Gemeinschaft, dessen Namen wir nicht kennen, wurde als "Lehrer der Gerechtigkeit" bezeichnet. Wenn Hyrkan sich als "gerecht" bezeichnet und die Pharisäer ihm in dieser Einschätzung zustimmen, dann ist dieser Hochpriester der pharisäische "Gerechte" im Gegensatz zu dem essenischen "Gerechten", dem Gründer dieser Gemeinschaft, der zu dieser Zeit sicherlich schon tot war. Dieser aufmüpfige Eleasar war bestimmt kein Essener! Doch es gab eine chasidisch-essenische Grundströmung, und im Augenblick ist dieser rebellierende Eleasar ihr Exponent. Für alle Frommen war es evident, daß der Hochpriester zu diesem Amt legitimiert sein müsse und daß die Personalunion von Hochpriester-Staatschef und Generalissimus eine solche Machtfülle beinhalte, daß für den einzigen und alleinigen Herrscher, für den Höchsten, für den Ewigen gar kein Raum mehr sei! Diese Auffassung, daß die Makkabäer zwar den Ethnarchen stellen dürfen, aber nicht zugleich den Hochpriester, haben die Essener. So ist in einem Qumrântext zu lesen, daß der Ethnarch und Partisanenführer, als er sein "Amt", das ihm nach Herkunft und Herkommen zustand, antrat, sich des Wohlwollens der essenischen Qumrângemeinde erfreuen durfte, daß diese Sympathie aber ins Gegenteil umschlug, "als er seine Herrschaft antrat", nämlich als er zu dem Amt des Ethnarchen auch das hohe Amt des Hochpriesters hinzufügte. Ähnliche Gedanken finden wir auch in den antimakkabäischen

Psalmen Salomos. (65) Zur Ehrenrettung Eleasars muß man – gegen Josephus – sagen, daß dieser Mann das gesagt hat, was alle Pharisäer eigentlich hätten sagen müssen, wenn sie nicht in ihrem Opportunismus befangen, gebunden und gefangen gewesen wären. ... Eleasar hat nichts anderes getan als das auszusprechen, was die andern "Genossen" sich zu denken verboten hatten!

Hyrkan wollte von seinem Kritiker wissen, er wollte die Begründung wissen, weshalb er sein Hochpriesteramt abgeben sollte. Der Pharisäer-Rebell wich aus, er wollte sich nicht strafbar machen. Eleasar kannte die "Verfassung", er kannte das Staatsgesetz, das Simon, Hyrkans Vater, in Kraft gesetzt hatte und das jeden mit Strafe belegte, der irgendeine Kritik an diesem autoritären, diktatorischen Ermächtigungsgesetz, das unsere Theologen immer noch als "Ehrenurkunde für Simon" zu benennen geruhen, zu äußern wagt. Eleasar wußte, was ihm drohte, wenn er diese Personalunion von Hochpriester, Staatschef und Generalissimus zur Sprache brachte und in Frage stellte. Er wußte, was ihm drohte, wenn er diese Vereinigung in einer Person, die Hochpriester war und kein Blut vergießen durfte, und die zugleich auch Generalissimus war, der Blut vergießen mußte, zur Sprache brachte. Eleasar brachte dieses Problem nicht zur Sprache, er hätte sich strafbar gemacht. Eleasar wich aus und brachte eine alte Geschichte vor und begründete damit seinen Standpunkt. Er sei dieser Ansicht, daß Hyrkan zum Hochpriesteramt unwürdig sei, "weil wir von älteren Leuten hören, daß deine Mutter unter der Regierung des Antiochos Epiphanes gefangen gewesen ist" (66). Für Josephus war dieser Eleasar als "schlechter und streitsüchtiger Mensch" kein glaubwürdiger Zeuge, und er berichtet – mit absoluter Bestimmtheit –: "Diese Behauptung war indes falsch, weshalb sowohl Hyrka-

----

65 1 Q p Hab VIII,8-13 und Psalm Salomos 1: "Ihr Reichtum erfüllte alle Welt, und ihr Ruhm drang bis ans Ende der Erde. Sie stiegen hinauf bis zu den Sternen, dachten, sie könnten nicht zu Falle kommen. Sie wurden übermütig in ihrem Glück ... Ihre Sünden geschahen im Verborgenen ... Ihre Greuel gingen über die Heiden vor ihnen, sie haben das Heiligtum des Herrn schändlich entweiht." E. KAUTZSCH, Die Apokryphen und Pseudepigraphen des Alten Testaments, 1962 (Nachdruck), Band II, S.133 – Ähnliche antihasmonäische Psalmen Salomos: 4 und 12!

66 Josephus, Antiquitates, XIII. X,5 = § 292.

ncs wie alle Pharisäer gegen Eleasar aufgebracht waren". Verschiedene Pharisäer werden gewußt haben, daß diese Behauptung des Eleasar nicht aus der Luft gegriffen war, sondern einen wahren Kern enthielt (67). Die Sachlage war eigentlich

----

67 Josephus, Antiquitates, XIII. X,5 = § 292. Es scheint, daß sowohl Eleasar als auch Josephus mit ihrer Aussage im Recht waren. Diese Frau war keine Kriegsgefangene – so die Behauptung des Josephus – sie war aber im Gewahrsam des Syrerkönigs Antiochos IV. – so die Behauptung des Eleasar. Es gab um 175 ante einen Mann, der kein Kriegsgefangener war, aber doch im Gewahrsam des Syrerkönigs Antiochos IV. sich befand: der zadoqidische Hochpriester Onia III., interniert unweit Antiochia. Auch Daniel und die drei "Jünglinge im Feuerofen" waren keine Kriegsgefangenen, sondern Geiseln am Hofe desselben Königs, als Geiseln mit hohen Staatsaufgaben betraut. Alle fünf waren von Jerusalem nach Antiochia exiliert worden, "verbannte Judäer". Die Vermutung ist doch nicht so außerordentlich abwegig, daß sich unter diesen Exilierten auch eine Frau befunden habe. Diese Exilierung hängt doch mit dem Zwist im Hause Zadoq zusammen, von dem schon ausführlich gesprochen wurde. Diese fünf exilierten Männer waren alle Zadoqiden. Wenn diese Frau auch infolge dieser Aktion exiliert wurde, war sie auch Zadoqidin. Wenn sie aber Zadoqidin war, war sie eine begehrenswerte Partie für den Makkabäer Simon. Denn Simon hat nicht nur die Nachfolge seiner Söhne in diesem ganzen Äon durch den Staatsvertrag geregelt. Simon wußte aber auch, daß seine Dynastie der Ha-SMON-äer auf recht schwachen Füßen stand. Er war bemüht, die Legitimation zu dem Hochpriesteramt – wenigstens für seine Nachkommen – dadurch zu erreichen, daß er in die legitimierte Linie der Zadoqiden einheiratete, um seinen Nachkommen eine hochpriesterliche Ahnentafel bis in die davidisch-salomonische Vorzeit zu sichern. Nicht genug damit. Simon setzte nicht nur auf das zadoqidische Pferd bei seinen dynastischen Berechnungen, sondern auch auf das makkabäische. Sein Bruder Jonatan war ja auch vor ihm Hochpriester gewesen. Die männliche Nachkommenschaft seines Bruders hatte der Intrigant Simon in den Tod geschickt. Doch es ist zu vermuten, daß eine Tochter seines Bruders, seines hochpriesterlichen Bruders am Leben war und gleichfalls eine gute Partie für jeden Bewerber um das Hochpriesteramt zu sein schien. Nun gibt es in der Damaskusschrift, CD IV,20-V,11 eine längere Passage, die am Anfang und am Ende

sonnenklar. Hyrkan und alle Pharisäer waren gegen diesen Eleasar und seine Behauptung aufgebracht. Es war nun Sache des Staatsoberhauptes, diesen Mann, der diese unbeweisbare Behauptung aufgestellt und den Hochpriester aufs gröblichste beleidigt hatte, zu bestrafen – die Todesstrafe lag durchaus im Ermessen des Hochpriesters – und kein Hahn hätte mehr nach dieser Sache gekräht und kein Geschichtsschreiber hätte einen so ausführlichen Bericht gegeben wie Josephus ...

Doch es kam anders. Eleasar wurde nicht gerichtet. Die Gegenkraft schaltete sich ein. Ein gewisser Jonatan trat auf, "des Hyrkanos vertrauter Freund" – ein Sadduzäer. Wie man sieht, hatte Hyrkan nicht nur unter Pharisäern seine Freunde, sondern auch unter Sadduzäern. Daraus kann man ablesen, wie schwierig seine Stellung in diesem Parteienstreit war und wie geschickt er lavieren mußte, um bei keiner Seite eine Überdosis von Mißstimmung zu erzeugen. Der Hasmonäerfreund Josephus, der dieser Familie selbst gesinnungsmäßig und auch abstammungsmäßig verbunden war, hat für diesen Intriganten Jonatan kein Wort des Tadels; an einer Stelle sagt er nur, um diesen auf Konflikt und Kollision zusteuernden Sadduzäer Jonatan zu kennzeichnen: "Jonatan tat dann noch das seinige, um ihn (Hyrkan) aufzureizen" (68). Dieser Sadduzäer Jonatan war aber genauso ein prinzipientreuer Sadduzäer, wie der Pharisäer Eleasar ein prinzipientreuer Pharisäer gewesen war. Der

----

von dem Widersacher und den Widersachern der frommen "Lehrer"-Gemeinde handelt. Dieser Widersacher, mit vielen herabsetzenden Bezeichnungen von der Qumrângemeinde bedacht, ist kein anderer als Simon. In dem Zwischenstück wird ihm vorgeworfen, daß er sich der Bigamie und der Nichtenheirat schuldig gemacht habe. Es ist Simon in seinem dynastischen Ehrgeiz durchaus zuzutrauen, daß er neben der Zadoqidin auch die Tochter seines hochpriesterlichen Bruders Jonatan zu seiner Frau gemacht hat. – Die Mutter Hyrkans, diese von Eleasar als Kriegsgefangene bezeichnete Frau, war allem Anschein nach keine Kriegsgefangene, sondern eine zadoqidische Geisel. In ihren Todesqualen hatte sie eine hervorragende aristokratische Gesinnung an den Tag gelegt, damals auf der Mauer der Festung Dok, und alles paßt zusammen und bildet eine Persönlichkeit einer hervorragenden Frau!

68 Josephus, Antiquitates, XIII. X,6 = § 295.

Sadduzäer steuerte in seiner Darlegung des sadduzäischen Standpunktes einen schwachen Punkt in dem Selbstverständnis des Hochpriesters an. Das war eine Argumentation, die Hyrkan einleuchten mußte, die ihn aber von seinen bisherigen pharisäischen Parteifreunden entfernte.

Es gab zwischen der sadduzäischen und der pharisäischen Auffassung eine ganze Reihe von Kontroverspunkten, die Frage der Tora und der "Mündlichen Lehre", die Frage der Engel, die Frage der Auferweckung und des Lebens nach dem Tode, die Frage des Gottesgerichts und viele halachische Probleme. Sehr wenig beachtet ist der Gegensatz, den man mit dem Gegensatzpaar PERSONA und MATERIALIA umschreiben kann. Für die Sadduzäer war die Person jedes einzelnen Priesters eine aus der Masse Mensch herausragende Erscheinung, ein homo sui generis! Insbesondere galt das für den Hochpriester. Seine Person war tabuisiert, war unverletzlich, er durfte nicht berührt werden. Auf Verletzung der Majestät Gottes stand der Tod! Auf Verletzung der Majestät des Hochpriesters, welcher den höchsten Dienst an dem Ewigen auf Erden verrichtete, stand gleichfalls der Tod. Das war strenge sadduzäische Auffassung. Die Pharisäer hätten sich selbst aufgegeben und sich die Erweiterung ihres Einflusses von vornherein verbaut, hätten sie diese überdimensionierte Hochschätzung der priesterlichen Person anerkannt. Als Waffe gegen die Priester hatten sie ihren Spott. Doch bedeutete dies keineswegs, daß die Pharisäer die priesterlichen Tätigkeiten verwarfen. Ganz im Gegenteil! Sie verlangten von den Priestern die minutiös genaue Einhaltung aller Vorschriften. Die exakte rituelle Ausübung der priesterlichen Tätigkeiten und die hochheiligen Gegenstände im Tempel – beides hier als MATERIALIA zusammengefaßt – waren absolute Höchstwerte bei den Pharisäern, was die Sadduzäer hinwiederum als überdimensioniert verspotteten (69).

----

69 In diesem Punkt standen die Pharisäer nicht in der Tradition mancher Propheten, welche die Veräußerlichung des priesterlichen Kultus mit ihrer Schelte bedachten. Sie waren sehr auf die Reinheit von Gegenständen bedacht. Wer die Heilige Schrift berührte, verunreinigte sich. Der Pentateuch selbst durfte nur auf der Haut eines reinen Tieres geschrieben werden. Den Gegensatz zwischen den beiden Auffassungen – PERSONA und MATERIALIA – erkennt man am besten bei der Verbrennung der Roten Kuh, wobei die Pharisäer streng auf die Reinheit des aus der Asche gewonnenen Sühnewassers achteten, während die Priester stärker auf die Reinheit des amtierenden Priesters bedacht waren (A. GEIGER, op.cit. (58), S.134-136).

Der Angriff des Eleasar auf die verehrungswürdige und unantastbare Person des Hochpriesters wurde von der sadduzäischen Gegenseite als pharisäischer Angriff auf Hyrkan angesehen und in einer unverschämten und hinterhältigen Art ausgenutzt. Dem intriganten Sadduzäer ging es ja gar nicht darum, daß der aufmüpfige Eleasar seine Strafe erhielt, ihm lag vor allem daran, die ganze pharisäische Genossenschaft, den pharisäischen CHäBäR, vor dem Hochpriester Hyrkan bloßzustellen, um dadurch möglicherweise eine Wende in der Innenpolitik zu erzwingen. Jonatan gab seinem Freund Hyrkan einen überaus schlauen Rat, der auch zu dem gewünschten Erfolg führte: Er sagte nämlich, "Eleasar habe mit seiner Schmähung nur im Sinne aller Pharisäer gesprochen. Das werde sogleich offenkundig werden, wenn er sie frage, welche Strafe Eleasar für seine Behauptung verdient habe. Als nun Hyrkanos sich bei den Pharisäern erkundigte, welche Strafe sie Eleasar zuerkannten, und ihnen erklärte, er sei überzeugt, daß sie mit jener Schmähung nichts zu tun und demgemäß dem Eleasar schon die gebührende Strafe auferlegt hätten, antworteten sie, er verdiene gegeißelt und gefesselt zu werden. Eine Lästerung nämlich schien ihnen noch nicht den Tod zu verdienen, wie ja die Pharisäer von Natur mild im Bestrafen sind. Hierüber aber geriet Hyrkanos in solchen Zorn, daß er nun wirklich glaubte, der Mensch habe seine Schmähung mit ihrer Zustimmung ausgestoßen. Jonatan tat dann noch das Seinige, um ihn aufzureizen, und brachte es wirklich dahin, daß Hyrkanos sich an die Sadduzäer anschloß, sich von den Pharisäern lossagte..." (70). Josephus, der darauf zielt, das hohe Lied des Hochpriesters Hyrkan anzustimmen und keine Mißtöne aufkommen zu lassen, geht über die unausbleiblichen Folgen dieses Bruchs mit den Pharisäern schnell hinweg und schlägt das neue Thema an und die neue Seite auf mit den Worten: "Hyrkanos aber machte diesen Streitigkeiten bald ein Ende, lebte darauf im höchsten Glück und starb nach einunddreißigjähriger ausgezeichneter Regierung..." (71).

Im Bellum schreibt Josephus offener, dieses Buch handelt ja zum großen Teil von den Spannungen und blutigen Auseinandersetzungen innerhalb des jüdischen Volkes, und so fällt es

----

70 Josephus, Antiquitates, XIII. X,6 = § 293-296 – Übersetzung: H. CLEMENTZ, op.cit. (35), II, S.178.

71 Josephus, Antiquitates, XIII. X,7 = § 299.

Josephus leichter, auch von den blutigen Auseinandersetzungen als Folge der innenpolitischen Wende zu berichten: "Angesichts des Glücks, das Johannes (Hyrkanos) selbst und seine Söhne hatten, ließ Mißgunst eine Meuterei unter der einheimischen Bevölkerung aufkommen. Mengen rotteten sich zusammen und gaben nicht Ruhe, bis sie sich, sogar zu offenem Krieg entflammt, eine Niederlage zuzogen." (72) Wenn auch Josephus den Hyrkan I. dadurch entlastet, daß er die Söhne neben den Vater stellt - Alexander Jannai hat ja dann 94-88 ante einen regelrechten Bürgerkrieg gegen die Pharisäer führen müssen - so ist doch zu vermuten, daß in den allerletzten Regierungsjahren Hyrkans es zu blutigen Ausschreitungen kam. Wenn wir die abschwächende Darstellung in den Antiquitates näher betrachten, so ergibt sich daraus - bei Josephus sehr verhüllt - der Schluß, daß die Pharisäer in dem von den strengen Maßnahmen der Sadduzäer betroffenen Volke einen Aufstand erregten, der blutig niedergeschlagen wurde. Es heißt doch in den Antiquitates: "Hyrkanos aber machte diesen Streitigkeiten bald ein Ende". Es gab doch nur eine Möglichkeit: die brutale Gewalt! Dann ist von Strafen die Rede, die über die verhängt wurden, die immer noch die von den Pharisäern "dem Volke gegebenen Vorschriften ... befolgten", obwohl Hyrkan sie "für ungültig" erklärt hatte. "Infolgedessen richtete sich der Haß des Volkes gegen ihn (sic!) und seine Söhne..." Das Volk aber hörte auf die Pharisäer; denn die Pharisäer "stehen beim Volk in solchem Ansehen, daß sie stets Glauben finden, selbst wenn sie etwas gegen den König oder den Hochpriester (sic!) vorbringen." (73) Das bedeutet doch, daß die Pharisäer in der Lage waren, das Volk gegen den Hochpriester einzunehmen, aufzureizen und zu Massendemonstrationen zu veranlassen.

Lassen wir es offen, ob es wirklich zu einem Blutbad gekommen ist. Der Vormarsch der Pharisäer war jedenfalls gestoppt. Der Marsch durch die Institutionen dieser Opportunisten war zu Ende. Sie verloren jetzt alles, was sie bisher sich mühsam errungen hatten.

Von einschneidender Wirkung waren natürlich die Veränderungen im Synhedrion: "Erst nach dem Bruch Hyrkans mit den Pharisäern erlangten die Sadduzäer eine Mehrheit und gelangten

----

72   Josephus, Bellum, I. II,8 = § 67.

73   Josephus, Antiquitates, XIII. X,5 = § 288-289.

später nach dem Exodus der Pharisäer zur Alleinherrschaft im
Synhedrion" (74). Aus einer talmudischen Quelle ist herauszulesen, daß vor dem Bruch nur die Minderheit der Sadduzäer
im Synhedrion zur Verdammnis verurteilt gewesen sei, daß aber
nach der Wende, als die Sadduzäer im Synhedrion nun unter
sich waren, diese ganze Versammlung der Hölle verfallen sei.
(75) In diesem Zusammenhang steht dann auch das Psalmzitat
49,5: "Denn er sieht Weise sterben." Damit hat die talmudische
Überlieferung bewahrt, was Josephus uns schamhaft verschwiegen hat, daß Hyrkanos oder seine sadduzäische Gefolgschaft
die verhaßten pharisäischen Schriftgelehrten verfolgen und töten
ließ. In der damaligen Zeit benutzte man als wirksame Maßnahme gegen den innenpolitischen Gegner nicht nur die physi-
sche Vernichtung, sondern auch die ökonomische Verelendung,
hier traf man die Kerngruppe der Pharisäer, die Schriftgelehrten. "Die Reformen Johann Hyrkans betreffend den Zehnten be-
zweckten nichts anderes als den Gelehrten ihr kärgliches Ein-
kommen zu entziehen." (76)

Auch das Volk hatte unter der Wende zu leiden. Bisher war es
den Pharisäern gelungen, allzu strenge Durchführungsbestimmungen der Tora abzuschwächen oder gar aufzuheben. Dieser
Schutz fiel nun weg. Die Sadduzäer drehten die Zeiger der Uhr
wieder zurück. So führten sie das strenge Vergeltungsgesetz,
Vergeltungsrecht, die talio, wieder ein, die beim Volke verhaßt
war. (77)

Die Pharisäer hatten mit einem Schlag, von einem Tag auf den
andern, alle Macht und allen Einfluß verloren. Sie wurden
aus dem Synhedrion hinausgedrängt, sie verloren ihr Mitsprache-
recht bei verschiedenen Institutionen, in die sie der ehemalige
Pharisäerschüler und Pharisäerfreund Hyrkan hineingeschoben

----

74   V. APTOWITZER, op.cit. (45), S.48.

75   So ist nach V. APTOWITZER, op.cit. (45), S.48, der merk-
      würdige Ausspruch der Tannaita R. Simon b. Eleasar zu
      deuten: "Es gab keine Sitzung, in der kein Teil für die
      Hölle war; die letzte Sitzung aber war ganz für die Hölle".

76   So Salomo FRENKEL, 1861/62, zitiert bei V. APTOWITZER,
      op.cit. (45), S.XVI.

77   V. APTOWITZER, op.cit. (45), S.219.

hatte, auch ihr fürsorglicher Einfluß dem Volke gegenüber war jetzt zu Ende. Die Gegenseite, unter dem Einfluß des intriganten Sadduzäers Jonatan, hatte gesiegt.

Die Pharisäer waren auf sich selbst zurückgeworfen, sie waren genötigt, sich neu zu formieren. Die alte so sehr erfolgreiche opportunistische Haltung mußte jetzt aufgegeben werden, sie mußte einer prinzipientreuen Einstellung weichen. Nicht nur der Sadduzäer Jonatan hatte gesiegt, sondern auch der prinzipientreue Eleasar! Es gab jetzt Veränderungen. Früher hatten die Pharisäer anstands- und widerspruchslos den Priestern als "Dienern am Heiligtum" eine Reihe von Vorrechten eingeräumt, Tempelsteuerbefreiung, Vorleserecht, juristische Rechte. Doch jetzt nach dem Bruch änderte sich hier einiges, und die Pharisäer bezogen Kampfstellung. (78)

Die Pharisäer hofften natürlich, daß auch wieder für sie eine günstige Zeit kommen würde, Sie hofften, daß ein hasmonäischer Herrscher ihnen wieder seine Gunst zuwenden würde. Ihr Wunsch ging später in Erfüllung – allerdings war es kein Herrscher, sondern eine Herrscherin. Falls diese pharisäerfreundliche Einsicht nicht von oben ihnen Macht und Einfluß wieder zuschanzen würde, hofften sie auf die pharisäerfreundliche Gewalt von unten, auf den Aufstand des Volkes. Auch dies sollte sich erfüllen ...

Die Pharisäer waren zum Kampf entschlossen. Die Hauptlast lag bei der Avantgarde, bei den Schriftgelehrten. Sie argumentierten mit der Heiligen Schrift. Eleasar hatte schon das Stichwort gegeben. Es ging dabei meist um die Reinheit der Abstammung und andere sündige Verfehlungen. Die sadduzäischen Hasmonäer verfügten aber gleichfalls über bibelkundige Schriftgelehrte und schlugen mit gleichen Waffen zurück. Sie schwangen die Fahne des Stammes Levi und beriefen sich auf Aaron, während die pharisäischen Anti-Hasmonäer sich unter der Fahne des Führungsstammes Juda versammelten und sich auf den König David beriefen. Für die Gegenseite war aber dieser König David ein Ehebrecher, außerdem stammte er von der heidnischen Moabiterin Ruth ab; doch die Pharisäer waren auch nicht verlegen und behaupteten kühn, Pinchas, der Stolz der Hasmonäer, stamme von dem Midianiter Jethro ab, und Aaron sei ja auch mit dem Makel des "Goldenen Kalbes" belastet.

----

78   A. GEIGER, op.cit. (58), S.113, 379-380.

78

Auch die Bedeutung der Priesterfamilie Jojarib, der die Makkabäer-Hasmonäer entstammten, wurde einer genauen Überprüfung
unterzogen. Diese aus dem Parteihader jener Zeit entstandenen
biblizistischen Kontroversen hat dankenswerter Weise V. APTO-
WITZER getreulich aufgezeichnet. (79) Die Wende, der Bruch
Hyrkans mit den Pharisäern, veränderte völlig das innenpolitische Szenario. Der Pharisäerfreund Hyrkan war zu einem Pharisäerfresser geworden, und seine ihm im Hochpriesteramt folgenden Söhne haben es ihm gleichgetan. Die Komplizenschaft des
Hochpriesters mit den Sadduzäern war eine schwere Belastung
für die Pharisäer. Die Gegenseite, die Sadduzäer, hatten es
aber auch nicht leicht, sie waren im Volke verhaßt. Die Nutz-
nießer dieser hyrkanischen Wende waren die Essener, die Gemeinde des "Lehrers der Gerechtigkeit", die Mönchs-"Sekte"
von Qumrân! Bisher lebten sie unter dem doppelten Würgegriff,
in ihrer Existenz bedroht von dem Hochpriester, dem Heiligherrscher in Jerusalem, und von der Rivalensekte der Pharisäer. Wegen Staatsgefährdung nach Qumrân exiliert, wenig später verfolgt, sind die meisten Mönche wohl untergetaucht. Ein
harter Kern mag in Qumrân geblieben sein. Doch jetzt nach der
Wende kamen sie wieder zusammen, sie brauchten keine Verfolgung mehr zu fürchten. Die Pharisäer hatten genug mit ihren
eigenen Sorgen und ihrem eigenen Überleben zu tun. Und nach
einem alten politischen Spruch heißt es ja: Die Feinde meiner

---

79   V. APTOWITZER, op.cit. (45), S.X, 18-29. – Auch die Prie-
     sterfamilie Jojarib, der die Makkabäer/Hasmonäer – übri-
     gens auch Josephus – entstammten, wurde in diesen Partei-
     hader hineingezogen. Der Name erfährt eine üble Ausdeu-
     tung: "Gott kämpft wider sie!" Dazu kommen noch histori-
     sche Vorwürfe: Jojarib gehörte nicht zu den Priesterfami-
     lien, die aus dem Exil zurückkehrten. Vorher und nachher
     war ihr Priesterdienst mit Unheil verbunden. Gott hatte
     die schützende Hand von seinem Tempel abgezogen, wäh-
     rend diese Priesterkaste Dienst tat. Das war nicht einmal,
     sondern zweimal der Fall! Weil sie nicht nur bei der Zer-
     störung des ersten Tempels, sondern auch bei der des
     zweiten Tempels als diensthabende Priester beteiligt wa-
     ren, wurden sie in der Überlieferung diskreditiert als:
     die "Widerstrebenden, die hartnäckig im Irrtum Beharren-
     den". Von dieser makkabäer-hasmonäerfeindlichen Einstel-
     lung weiß auch Origenes. Er bewahrte – vermutlich einen
     alten – hebräischen Namen für die Makkabäerbücher: "Die
     Widerspenstigkeit der Gott Widerstrebenden". A. GEIGER,
     op.cit. (58), S.204-205.

Feinde muß ich als meine Freunde betrachten. Der Pharisäerfresser Hyrkan hat nach der Wende bestimmt nichts Feindseliges
gegen diese erklärten Feinde der Pharisäer unternommen. Im
Gegenteil, er wird ihre Gemeinschaft und ihre Aktivität mit
Wohlwollen begrüßt haben. Die Essener, wie wir sie von nun
an nennen wollen, waren von Hyrkan nicht begeistert. Als Fromme lehnten sie die Personalunion von Hochpriester/Staatschef/
Generalissimus genauso scharf ab wie prinzipientreue Pharisäer.
Trotzdem erkannten sie die Gunst der neuen Lage und scheinen
sich irgendwie arrangiert zu haben. Wenigstens ein Teil von
ihnen. Die Konfrontation der Gründerzeit war ja passé. Die
Antagonisten von damals waren ja alle tot: Der "Frevelpriester"
Jonatan (+ 143 ante), der "Lügenmann" Simon (+ 134 ante) und
auch der Gründer der essenischen Qumrângemeinschaft, der
"Lehrer der Gerechtigkeit" (+ vermutlich etwa 110 ante). (80)
Damit war die Bahn freigelegt für neue Entwicklungen, für ein
anderes positives Verhältnis zum Tempel in Jerusalem, der ja
immer im Zentrum der jüdischen Religiosität stand, aber auch
für die Freiheit, die primitive Anfangssiedlung von Qumrân
jetzt großräumig und großzügig auszubauen...

So hatte die hyrkanische Wende eine ganze Reihe von Entwicklungen ausgelöst, die vorher gar nicht absehbar waren. Der
Bruch Hyrkans mit den Pharisäern war auch für den Berichterstatter Josephus ein schmerzhaftes Ereignis. Doch er hielt
an Hyrkan und seiner glückhaften Regierung fest und will von
den blutigen Ereignissen nichts wissen und nichts berichten.
In seiner Begeisterung begründet der Hasmonäerfreund Josephus

----

80 Der Tod des "Lehrers der Gerechtigkeit" kann aus dem
    Großen Geschichtsgrundriß in der Damaskusschrift CD I
    und II und den damit zusammenhängenden Texten errech-
    net werden: Danach dauerte die Heilszeit Gottes 100 Jahre
    - eingeteilt in 20 Jahre Erwartungszeit + 40 Jahre Lebens-
    und Wirkungszeit des "Lehrers der Gerechtigkeit" und 40
    Jahre bis zum Gottesgericht. - Der Anfangspunkt ist genau-
    so wie im Danielbuch in das Jahr der Zäsur zu setzen,
    in das Jahr, in dem der letzte legitim herrschende Hoch-
    priester aus der fürstlichen zadoqidischen Linie ermordet
    wurde: 171/170 ante. 171/170 - (20 + 40) ergibt das Jahr
    etwa 111/110 ante. Um diese Zeit wird der "Lehrer der
    Gerechtigkeit", der Gründer und Leiter der Qumrânsekte
    und der späteren essenischen Bewegung, gestorben sein
    ...

die angegriffene Legitimität des Hochpriesters Hyrkan mit einem ganz neuen, aber typisch josephinischen Argument. Josephus hatte ja seine Lebensrettung und die späteren römischen Ehrungen – beides betrachten seine Landsleute als Landesverrat – mit göttlicher Erwählung und gottgegebenem Wahrsagevermögen zu begründen gewußt. Diese göttliche Erwählung und dieses gottgegebene Wahrsagevermögen weist der Hasmonäerfreund Josephus auch dem von ihm so bevorzugten Hochpriester Hyrkanos zu. Die von den Pharisäern bestrittene Personalunion von Staatschef – Generalissimus – Hochpriester war schon im Staatsgesetz Simons festgelegt für unabänderliche Zeiten. Doch Josephus sieht in dieser Personalunion, die damals mit einer demokratischen Entscheidung von Priesterschaft und Volk begründet wurde, die Legitimation einer höheren Instanz! Ein Glorienschein wölbt sich über dieser Gestalt des gewaltigen Gebieters über Tempel, Volk und Land! Gott hatte ihn dazu ausersehen, als Heiligherrscher, als Hochpriester und als Staatschef zu fungieren! Josephus schreibt: "Gott hatte ihm drei große Gnaden verliehen: die Herrschaft über sein Volk, die hochpriesterliche Würde..." – es folgt dann gewissermaßen das josephinische Tüpfelchen auf dem i: "... und die Gabe der Weissagung..." (81)

Diese Behauptung des Josephus hatte eine doppelte Funktion. Sie war einmal gegen die Essener gerichtet. Wegen Wahrsagerei, die sich überdies als falsch herausstellte, war der "Lehrer der Gerechtigkeit" mit seiner Gemeinde nach Qumrân exiliert worden, später wurde er einem geistlichen Gerichtsverfahren unterworfen, gegeißelt und in den Kerker geworfen. Seine Prophezeiung, daß die Kitti –im kommen, das Land verheeren und das Volk vernichten würden, hat sich nicht erfüllt. Von den Kitti –im war weit und breit nichts zu sehen, und die Regierungszeit des Hochpriesters Hyrkanos war lang und glanzvoll! Für die Pharisäer war Hyrkan die gleiche führende Persönlichkeit wie der "Lehrer der Gerechtigkeit" für die Essener, und sie statteten ihn mit der gleichen Gabe aus, die der "Lehrer der Gerechtigkeit" von sich behauptet hatte. Nur konnte im Fall Hyrkanos bewiesen werden, daß die Wahrsagung auch stimmte. Das war ein Triumph der Pharisäer über die Essener, die im Volke immer noch über Anhänger verfügten.

Daß Hyrkan mit der Gabe der Weissagung ausgestattet wurde, hatte aber noch eine andere Bedeutung. Sie war gegen fromme

----

81   Josephus, Antiquitates, XIII. X,7 = § 299–300.

chasidische Gruppen und auch unsichere Kantonisten unter den Pharisäern gerichtet, die in der Personalunion von Hochpriester, Staatschef, Generalissimus und Arbeitskommandeur keine rechtmäßige Ordnung anerkannten; denn eine solche Ordnung entsprach bestimmt nicht dem Willen Gottes. Gegen diese chasidische Kritik hatten nun die Pharisäer ein gewichtiges Argument. Sie behaupteten, Gott habe Hyrkan neben der Gnade der "Herrschaft über sein Volk, der hochpriesterlichen Würde" auch "die Gabe der Weissagung" verliehen, also eine von Gott verliehene Gabe, die eigentlich nur den Propheten zukam. Wenn die Weissagung aber – wie es im Falle Hyrkans tatsächlich der Fall war – sich bewahrheitete, dann war es offenkundig, daß Gott diesen Menschen besonders ausgezeichnet hatte. So hatten die Pharisäer mit dieser Behauptung eine wirksame Waffe in Händen, die sich einmal gegen die essenische Rivalensekte, dann aber auch gegen die heimlichen Hochverräter in den chasidischen Gruppen und in den eigenen Reihen richtete.

Doch am Ende der Regierungszeit Hyrkans erfolgte der Bruch mit den Pharisäern. Die Pharisäer werden jetzt sicherlich gesagt haben: Jetzt ist die Gnade Gottes und damit die Gabe der Weissagung von ihm gewichen. Es lag im Interesse der Sadduzäer, dieser Meinung entgegenzuwirken und den Herrscher zu veranlassen, noch einmal eine Prophezeiung von sich zu geben, die man dann im Volke ausstreuen könnte, als Beweis, daß die Gnade Gottes nicht von Hyrkan gewichen sei.

So kam es zur letzten Weissagung. Dabei ging es um die Nachfolge. Anscheinend war sein ältester Sohn Aristobulos schon so krank, daß nur eine kurze Regierungszeit zu erwarten war. Ihm würde dann der Zweitälteste, Antigonos, nachfolgen. Dieser war ein gut aussehender junger Mann, beim Volke beliebt, aber gutmütig und vertrauensselig und mit den Tücken und Intrigen, die das Regierungsgeschäft mit sich bringt, wenig vertraut. Der Vater wird seine Söhne gekannt haben. Da war noch ein dritter im Hintergrund, da wartete noch ein dritter im Hintergrund – auf die Übernahme der Regierung: Alexander Jonatan – abgekürzt: Jannai! Er war ehrgeizig, er brannte direkt von Ehrgeiz, und es war abzusehen, daß er seinem unbedarften Bruder Antigonos bald die Herrschaft streitig machen würde. In diese Richtung mögen die Überlegungen des Vaters gegangen sein, und so hat er ja auch dann seine Prophezeiung formuliert. Der Hasmonäerfreund und Sadduzäerfreund Josephus schaltet noch ein Wort ein, das ausdrücklich bezeugt, daß Gott auch nach dem Bruch mit den Pharisäern seinen Hochpriester Hyrkan keineswegs verlassen habe: "Der Herr war sein beständiger Helfer (sic!) und setzte ihn in den Stand, das Zukünftige vorherzusehen und vorherzuverkünden. So prophezeite er auch, seine beiden ältesten Söhne würden nicht lange im Besitz der Regierungsgewalt bleiben." (82) Diese Wahrsage stimmte allerdings nur bei dem schon vorher mit Krankheit und Tod gezeichneten Hochpriester-König Aristobulos I., der nur ein Jahr regierte (104-103 ante). Doch bei dem Zweitältesten stimmte die Weissagung nicht mehr. In den "Besitz der Regierungsgewalt" kam Antigonos gar nicht mehr, weil er von seinem Bruder in diesem kurzen Jahr umgebracht wurde.. Auf den Nachfolger, den Hochpriester-König Alexander Jannai, kann sich die Prophezeiung auch nicht beziehen; denn dieser regierte von 103-76 ante, eine Zeit, die man keineswegs als kurz bezeichnen kann. Die Prophezeiung des Vaters erfüllte sich nur in dem Teil, der für ihn überschaubar war. Wenn er ein gottbegnadeter Wahrsager gewesen wäre, hätte er auch sehen müssen, daß seine Frau von seinem Sohn und Nachfolger in den Kerker geworfen wurde und darin verhungerte, daß die drei andern Söhne im Kerker gleichfalls auf den Tod ihres brutalen Bruders warten mußten ....

Die Regierung Hyrkans endete mit einem Mißklang. Darüber können die Elogen des Hasmonäerfreundes Josephus nicht hinwegtäuschen. Der Bruch des Hochpriesters Hyrkanos I. mit den Pharisäern war eine Zäsur, ein einschneidendes Ereignis, das die folgenden Jahre bestimmte...

----

82 Josephus, Antiquitates, XIII. X,7 = § 300 - Übersetzung: H. CLEMENTZ, op.cit. (35), II, S.179.

IV. Kapitel

DER MASCHIACH: ALS KÖNIG, ALS HOCHPRIESTER, ALS ERZENGEL, ALS GEMEINDE DER "AUSERWÄHLTEN" UND ALS "MESSIAS BICEPHALE"

Die Frage, ob Hyrkan I. sich den Königstitel zugelegt habe, ist zu verneinen. Zwar wird diese These von V. APTOWITZER mit vielen Argumenten begründet, doch diese erweisen sich als wenig stichhaltig (83). Vor allem ist seiner These entgegenzuhalten, daß Hyrkan Pharisäerschüler und Pharisäerfreund gewesen ist. In der langen Zeit des Einvernehmens mit den Pharisäern ist ihm wohl kaum der Gedanke gekommen, sich als König

----

83 Nach V. APTOWITZER, op.cit. (45), S.13-17 (!), war Hyrkan I. "der erste hasmonäische König" (S.13). Zunächst liest er dies aus verschiedenen Quellen heraus (Strabo, arab. Makkabäerbuch, Hieronymus, Talmud: Kid 66a), doch ist hier zu bedenken, daß die im Talmud erhaltene jüdische Überlieferung über die Hasmonäer äußerst lückenhaft ist: Nur drei hasmonäische Herrschergestalten sind hier festgehalten, alle drei in besonderer Beziehung zu den Pharisäern. Hyrkan hat den Bruch mit ihnen vollzogen, Alexander Jannai hat mit ihnen einen Bruderkrieg, einen Bürgerkrieg, ausgefochten (94-88), und Salome hat ihnen Regierungsfunktionen zugewiesen. Bei der Parteigebundenheit und dem geringen Interesse an historischer Genauigkeit ist zu verstehen, daß man allen drei Personen den Königstitel verliehen hat, auch Hyrkan I. Nach dieser traditionsgeschichtlichen Betrachtung werden bei Josephus hintergründige Gedanken vermutet, die dieser Historiker bei mancher Formulierung gehabt haben könnte und die auf ein Königtum des Hyrkan hindeuten könnten – ein fragwürdiges Argument. Nach APTOWITZER komme Aristobul als erster Hasmonäerkönig nicht in Frage, weil er nur kurz regiert habe und im Volke geringes Ansehen genoß. Doch dagegen kann man anführen, daß dieser Herrscher hemmungslos, äußerst brutal und im Volke gefürchtet war. Drei seiner Brüder ließ er einkerkern, seine Mutter verhungerte im Kerker, und einen Bruder ließ dieser mißtrauische Herrscher umbringen. Diesem ehrgeizigen und rücksichtslosen Herrscher ist es durchaus zuzutrauen, daß er sich als erster Hasmonäer den Königstitel angeeignet hat.

ausrufen zu lassen; denn in den Augen seiner pharisäischen Freunde war der Königstitel fragwürdig, und er selbst hat wohl viele pharisäische Anschauungen bereitwillig übernommen. Auch kannte er ihren Argwohn gegen ihn, der auf seiner Machtfülle beruhte. War er doch Hochpriester, Volksfürst und Generalissimus in einer Person! Hätte sich der Pharisäerfreund Hyrkan zum König ausrufen lassen, dann hätte das unweigerlich zum Bruch mit den Pharisäern geführt. Nach dem Bruch mit den Pharisäern – es war gegen Ende seiner Regierungszeit – hätte er den Königstitel annehmen können. Doch es ist zu vermuten, daß er den Konflikt nicht bis zum Höhepunkt ausreizen wollte. Zudem hatte er ein erfülltes Leben und eine lange segensreiche Regierungszeit als Hochpriester, Heerführer und Staatschef hinter sich. Was sollte ihm da noch der Königstitel?!

Sein Sohn Aristobul I. dachte anders. Er war homo novus. Für ihn war der Königstitel eine wertvolle Errungenschaft, auf die er nicht verzichten mochte ...

Die Königstitulatur war umstritten. Bei manchen Frommen war sie erfüllt von leuchtendem Glanz, bei andern Frommen belastet mit Argwohn, Verdruß, Abneigung, Feindseligkeit, ja sogar Haß!

Die Gegnerschaft gegen die titulare Heraushebung des Herrschers und die damit eng verbundene Herrschergewalt reichte von den Anfängen des Königtums bis zum Ende des jüdischen Tempelstaates, von dem Propheten Samuel, der sein Volk vor den Gefahren der Königsherrschaft warnte, bis zu den Zeloten, die in der letzten Phase des Tempelstaates auftraten und die nur einen König anerkannten: den Hochheiligen selbst!

Für die Frommen sollte Gott allein König sein! Als das Volk den Propheten-Priester Samuel aufforderte, einen König einzusetzen, "damit er uns richte, wie es bei allen Völkern Brauch ist" (1. Sam. 8,4), wehrte sich der Gottesmann nach Kräften. Doch da erging ein beschwichtigendes Gotteswort an Samuel: "... gib der Stimme des Volkes Gehör ... sie haben ja nicht dich verworfen, sondern mich haben sie verworfen, daß ich nicht mehr König über sie sei." (1. Sam. 8,7)

Für die Frommen sollte Gott allein König sein! Als der römische Legat Quirinus tausend Jahre später in Judaea die Vermögensschätzung vornehmen wollte, reizte der Galiläer Juda, der Ahnherr der Zeloten, in Gemeinschaft mit einem Pharisäer "das Volk durch die Vorstellung zum Aufruhr, die Schätzung bringe nichts anderes als offenbare Knechtschaft mit sich, und so forderten sie das gesamte Volk auf, seine Freiheit zu schützen ... Gott werde nur dann bereit sein, ihnen zu helfen, wenn sie ihre Entschlüsse tatkräftig ins Werk setzten ..." Dieser Galiläer Juda gründete eine "philosophische Schule", eben die der Zeloten, "die mit großer Zähigkeit an der Freiheit hängen und Gott allein (sic!) als ihren Herrn und König (!) anerkennen ..." (84)

So zieht sich durch die ganze jüdische Königsgeschichte, von Saul bis zu den Herodiern, ein frommer, revolutionärer, anarchistischer, antiroyalistischer Traditionsfaden, der in der Geschichtschreibung nicht immer sichtbar wurde, jedoch untergründig wohl immer vorhanden war: Gott allein ist König im Lande Juda und kein anderer sonst. Kein Mensch darf es wagen, die Krone des Königs zu tragen, die allein dem Höchsten vorbehalten ist.

Dieser anarchistisch-revolutionäre rote Faden der Tradition verschwand zeitweise in der Versenkung, er wurde zu sehr stranguliert. Denn der Jubel des Volkes über die Erfolge des Königs David (1000-970) und des Königs Salomo (970-930) schwemmte alle Hemmnisse hinweg und duldete weder Kritik noch Widerspruch. Das Volk war glücklich und lebte in Frieden. Ein bezeichnender Satz in der Königsüberlieferung drückte dieses Glücksgefühl programmatisch aus und sollte noch öfter wiederholt werden: "Und es wohnten Juda und Israel in Sicherheit, ein jeder unter seinem Weinstock und unter seinem Feigenbaum, von Dan bis Beerscheba, solange Salomo lebte" (1. Kön. 5,5).

Diese beiden fruchtigen Gewächse, Weinstock und Feigenbaum, wurden zu Symbolen für eine friedvolle glückliche Zeit, zu Symbolen für die messianische Hoffnung. Es waren auch hier wieder die Frommen, die einen goldenen glänzenden Traditionsfaden wirkten, der auch wieder fast tausend Jahre überdauern sollte. So wurde auf den makkabäischen Hochpriester Simon (143-134) ein Loblied gedichtet, in dem gleichfalls diese beiden Fruchtgewächse erwähnt werden: "Ein jeder saß im Schatten seines Weinstocks und des Feigenbaums, und keinen gab's, der sie erschreckte." (1. Makk. 14,12).

Zwischen den glückvollen Regierungszeiten der Könige David/Salomo und der Hochpriester Simon und Hyrkan I., also zwischen 1000 und 104 ante, gab es viele Perioden voll Elend und

---

84   Josephus, Antiquitates XVIII.I,1 = § 4-5; ebenda I,6 = § 23.

Niedergang, Reichsteilung, Niederlagen, Deportationen, Tempelzerstörung, Tempelschändung, Verfolgung der Frommen. Heidnische Herrscher waren ihre Oberherren anstelle des einzigen Königs, den sie anerkannten, des Hochheiligen selbst! Die Sehnsucht der Frommen hatte ein Ziel, die Beseitigung dieser heidnischen Obergewalt. Ein König aus dem Volke mußte kommen, um diese Fremdherrschaft für immer zu beseitigen. Ein "Sproß" Davids wurde erwartet; denn Gott hatte den Nachkommen Davids ewige Herrschaft zugesagt. In der "Verheißung durch den Propheten Nathan" steht: "So läßt YHWH dir denn verkünden, daß YHWH dir ein Haus bauen wird... Wenn dann deine Tage voll sein werden und du dich zur Ruhe legst bei deinen Vätern, dann will ich deinen Nachkommen nach dir, der aus deinem Leib hervorgeht, einsetzen und sein Königtum bestätigen ... Ich will ihm ein Vater, und er soll mir ein Sohn sein ... Meine Huld werde ich ihm nicht entziehen ... Nein, dein Haus und dein Königtum sollen immerdar vor mir Bestand haben ... Dein Thron soll für immer fest gegründet sein" (2. Sam. 7,12-16). Auf diese Verheißung gestützt, kann David ruhig sterben: "Ja, fest steht mein Haus bei Gott, hat er doch einen ewigen Bund mit mir geschlossen, in jeder Hinsicht wohlgeordnet und gesichert" (2. Sam. 23,5).

Mit dem Nachkommen Davids war es allerdings schwierig bestellt. Der Davidide Zorobabel, der, aus dem babylonischen Exil zurückgekehrt, von der persischen Oberhoheit zum Statthalter berufen wurde und an der Seite des Hochpriesters Josua amtierte, war der letzte erkennbare "Sproß Davids". Der sprachlich schöne, bildhaft anschauliche Ausdruck "Isais Stumpf" (Jes. 11,1) ist mehr als eine Floskel, drückt viel von der bedrohlichen Wirklichkeit aus: Die Davididen waren ausgestorben (85).

----

85   A. CAQUOT, Le messianisme qumrânienne, in M. DELCOR, Qumrân, sa piété, sa théologie et son milieu, 1978, S.231-248), (hier: S.238), macht darauf aufmerksam, daß nach J. LIVER die Davididen nach Zorobabel ausstarben und daß die späteren Ansprüche auf die davidische Nachfolge tendenziöse Fiktionen seien: Le regretté Jacob LIVER a montré que la lignée davidique se perdait après Zorobabel et que la revindication d'ascendance davidique formulés pour les NŚY*YM paléstiniens et les exilarques babyloniens étaient de tendances fictions."

Das Gotteswort aber galt dennoch. Nur Gott konnte eingreifen und helfen. Man wartete auf das Wunder, daß Gott einen Davididen wieder erwecken könnte, daß Gott einen Menschen ausersehen würde, die "zerstörte Hütte Davids" wieder aufzurichten und das alte Königtum in Glanz und Glorie zu erneuern. Mit dem besonderen Verhältnis Gottes zu diesem Menschen verband sich dann der Gedanke, daß dieser außergewöhnliche Mensch geboren würde nach Gottes Willen. (86) Gott wurde auf diese Weise als Adoptivvater des Davidsprosses angesehen. So nur ist das Wort zu verstehen, das eine Augenweide ist für die christlichen Theologen, weil sie meinen, es auf den Galiläer Jesus beziehen zu können: "Ich will ihm ein Vater, und er soll mir ein Sohn sein ..." (2. Sam. 7,14) (87). Dabei wird hier völlig vergessen das "Schma Jisrael", das jüdische Bekenntnis zum radikalen Monotheismus, der kein Ausweichen erlaubt und für den sich jegliche Substitutionstheorie von vornherein verbietet. Eine Vergottung des Menschen war im jüdischen Denken nie erlaubt. Eine Vergottung des Menschen gab es allerdings damals in der Nachbarschaft. Der ägyptische Pharao war Gott. In Mesopotamien gab es in einer sehr frühen Epoche die Vorstellung von dem Gott-König. In Kleinasien wurde der König bei den Hethitern nach seinem Tode in den Götterhimmel erhoben. Es ist natürlich möglich, daß diese Vorstellung der heidnischen Nachbarn auch in das Land Juda eingedrungen ist, doch sie konnte hier nur die Fassade berühren ...

Trotzdem war der König so etwas wie ein Übermensch. Dadurch, daß er aus der Masse Mensch herausgehoben wurde und eine besondere Beziehung zu Gott hatte, wurden ihm auch außergewöhnliche Aufgaben auferlegt. Er, der gewissermaßen Stellvertreter Gottes war, hatte sich zu bewähren als Retter des Volkes. Er war für äußere Sicherheit verantwortlich, verantwortlich dafür, daß jeder unter dem Feigenbaum und dem Weinstock

----

86 A. CAQUOT, op.cit. (85), S.238: "... comme aucun davidide ne venait présenter de titres indiscutables, on a dû attendre d'un miracle (!) non seulement d'avènement du roi désiré, mais sa naissance même."

87 In diesem Zusammenhang gehört auch das Psalmwort (89,27-30): "Er wird zu mir rufen: 'Mein Vater bist du, mein Gott, und der Fels meines Heils!' Ich aber - zum Erstgeborenen setze ich ihn ein, zum Höchsten über alle Herrscher der Erde. Sein Geschlecht will ich erhalten auf immerdar und seinen Thron."

die Früchte genießen konnte. Der König hatte immer stärker zu sein als seine Feinde, das war seine außenpolitische Aufgabe! Innenpolitisch hatte er zu regieren in Gerechtigkeit und Weisheit, wozu besonders eine soziale Aufgabe gehörte, die Armen zu schützen gegen die Bedrückung durch die Reichen. Dazu kam eine Aufgabe, die für uns die Grenzen menschlicher Wirksamkeit sprengt: Er war für das Wetter verantwortlich, vor allem für Regen und Fruchtbarkeit des Feldes. Wehe, wenn in seine Regierungszeit eine Dürreperiode fiel. Dann war sein guter Ruf dahin, dann war er nicht der von Gott Auserwählte ...

Dieser Gottgesandte, dieser König, der die Aufgabe hatte, für das Volk zu sorgen, daß jeder friedlich unter dem Feigenbaum und dem Weinstock sitzen konnte, hatte außerdem als König noch eine Beziehung zu einem andern Baum, zum Ölbaum. Er wurde nämlich gesalbt mit dem Öl der Olive. Das war eine wichtige weihevolle Handlung, die bewirkte, daß er auch äußerlich kein gewöhnlicher Mensch mehr war, er wurde dadurch ein "Gesalbter", hebr. "Maschiach"! In der damaligen Zeit wurde eine hochgestellte Persönlichkeit nicht durch ein Papier, durch eine Urkunde mit Siegel und Unterschrift ausgezeichnet, sondern durch die Berührung mit besonderen Materialien in einem weihevollen Akt. Manches hat sich bis zum heutigen Tage erhalten, die Königskrönung; dazu gehörten auch das Umlegen des hermelinbesetzten Königsmantels, die "Investitur", die Schilderhebung, die Akklamation, das Schlagen der Schwerter an die Schilde. Im damaligen Orient wurde der Herrscher mit einem besonderen Material, mit einer besonderen Materie in Berührung gebracht. Das Fett wurde in alten Kulturen als Träger von Macht angesehen und durch Bestreichen mit der (Zauberkraft der) Hand auf einen andern Menschen übertragen. An die Stelle des tierischen Fettes ist oft das Öl getreten. Doch die Zubereitung des heiligen Salböls war einer strengen Vorschrift unterworfen, und die Beimengung fester Bestandteile zeigte, daß diese Materie mehr Brei, Paste oder Salbe war als Flüssigkeit (88).

----

88   Die Vorschrift für die Zubereitung des heiligen Salböls in Ex. 30,23-25 besagt, daß vom Zimtbaum nicht nur die Rinde (28 kg), sondern auch die wohlriechenden getrockneten Blüten (Kassia, 56 kg) mit der Myrrhe, dem wohlriechenden Harz des Balsamstrauches, (56 kg) und mit Kalmus, einer wohlriechenden Schilfart, (28 kg) gemischt wurden. Zu dieser festen Masse kamen dann noch 3 2/3 Liter Olivenöl. Diese Mengenangaben nach F. RIENECKER, Lexikon zur Bibel, 1972, Artikel "Maße und Gewichte", S.897, berechnet. (1 Sekel = 11,2 g)

Mit diesem heiligen Salböl wurden die Könige in Israel gesalbt: Saul, David zweimal, als König von Juda und als König von Israel, Salomo. Es ist zu vermuten, daß nach der Reichsteilung alle Könige im Lande Juda – und wahrscheinlich auch die in dem abgefallenen Staate Israel – gesalbt wurden. Der Brauch, den König zu salben, war älter als das Königtum in Israel. Anscheinend war es schon vorher in Kanaan Brauch, daß die Stadtkönige gesalbt wurden; diesen Brauch, der auch anderswo im Orient üblich war, haben die Israeliten übernommen. Diese Salbung bedeutete auch bei den andern Völkern eine Verpflichtung des Königs Gott gegenüber oder den Göttern gegenüber, eine enge Bindung an die höheren Mächte in der Hoffnung und Erwartung auf ihre Hilfe. Ägypten war Ausnahme! Der Pharao wurde nicht gesalbt; denn er war selbst Gott. Dafür wurden seine Vasallen und Amtsleute gesalbt und dadurch auf ihren Dienst dem Gott-Pharao gegenüber verpflichtet. Das ägyptische Beispiel zeigt zur Genüge, daß die Salbung eine kultische Handlung war, die den "Gesalbten" in der menschlichen Sphäre festgehalten hat und ihn nicht in die göttliche Sphäre aufsteigen ließ. Auch beim "Maschiach" David ist dies zu erkennen, aber außerdem auch die enge persönliche Gottesbeziehung, für welche die Salbung der sichtbare Ausdruck war. David spricht in der Tradition des Volkes Israel von dem "Bund", den Gott mit ihm geschlossen hat. Damit setzt er sich in die Nachfolge von Noah, Abraham und Mose, die gleichfalls einen Bund mit Gott geschlossen hatten. Ein kühner Gedanke, daß es nach diesen Gottesbünden noch andere Bünde in der Geschichte des Gottesvolkes geben könnte. Wir wissen, daß fast tausend Jahre später noch ein anderer sein ganz enges und ganz persönliches Verhältnis zu Gott als "Gottesbund" bezeichnet hat und offenkundig der Meinung war, daß er der letzte Mensch in diesem Äon sein würde, einen solchen Bund mit Gott einzugehen: der "Lehrer der Gerechtigkeit", der Gründer der essenischen Gemeinde von Qumrân ...

Das Königtum, das mit David und Salomo höchsten Glanz und stärkste Macht entfaltet hatte, scheiterte 586 an der heidnischen Weltmacht Babylon. Als der Davidide Zorobabel aus dem Exil nach Jerusalem zurückkehren konnte, war er kein König mehr, nur Statthalter im Auftrag der heidnisch-persischen Oberhoheit. Das Volk sah in ihm noch eine Möglichkeit, zum altüberkommenen Königtum und zum "gesalbten" Herrscher zurückzufinden, zurückzukehren, doch war das nicht mehr realisierbar. Es gab keinen König mehr zwischen der ersten Zerstörung des Tempels 586 und dem Auftreten des brutalen Hasmonäerregenten Aristobul I. im Jahre 104 ante.

Nach dem Exil war der Hochpriester der Repräsentant des jüdischen Volkes, und es ergab sich ganz von selbst, daß er nun, der an der Spitze des Tempels, der Priesterschaft und des Volkes stand, in diese weihevolle Zeremonie der Salbung eintrat. Von nun an wurden alle Hochpriester gesalbt. In der hellenistischen Zeit haben die Freiheitsrufe der Hellenen dazu geführt, daß demokratische Erscheinungen der verschiedensten Art sichtbar wurden. Von diesen demokratischen Bewegungen wurden sogar orientalische Könige erfaßt:

Die Schranken zwischen der Hoheit und dem Volke gab es für sie nicht mehr - Die altehrwürdigen Schranken zwischen den drei jüdischen Ständen - Priestern, Leviten und Laien - wurden stark durchlöchert, einmal durch das neue Bürgerrecht der Griechenfreunde, dann aber auch durch den Wagemut eines Hochpriesters, und nicht zu vergessen durch manche Anschauungen in der frommen essenischen Gemeinde, wonach jedem Gemeindeglied das Heil - ohne Rücksicht auf die ständische Herkunft - in gleicher Weise zusteht. (89) Derartige demokratische Bewegungen der hellenistischen Zeit wirkten sich auch bei den Priestern aus. Offenkundig haben sie eines Tages gefordert, daß auch sie, also alle Priester, "gesalbt" wurden. Und so geschah es dann auch!

----

89 Der bei den Juden so übel beleumundete Syrerkönig Antiochos IV. - sein Beinahme "Epiphanes" hatte ja die Bedeutung "Erscheinung der Gottheit" - machte sich trotz seines Beinamens mit dem Volke gemein. So pflegte er sich in Begleitung junger Leute auf die Straße zu begeben und Ausschau zu halten, wo eine Hochzeit oder ein anderes Fest in der Stadt gefeiert wurde, um dabei mitzuhalten. (Daß dieser König homoerotisch/homosexuell fixiert war, ist im Danielbuch - allerdings sehr verhüllt - angedeutet). Es wird auch diese hübsche Anekdote überliefert, daß dieser König mit einem Diener, der einen Krug mit Salböl trug, in ein öffentliches Bad ging. Als der König - man stelle sich vor: die "Erscheinung der Gottheit"! - von einem Badenden wegen des Salböls angepflaumt wurde - man stelle sich vor: ein gewöhnlicher Untertan wagte eine derartige Ungeheuerlichkeit! - da griff der zornige König nach dem Krug mit Salböl und goß die wertvolle Flüssigkeit über den Kopf dieses Mannes aus, der keine Furcht vor Königsthronen kannte ... Diese beiden Anekdoten sind bezeichnend für den Sinneswandel, sowohl bei der Hoheit wie bei der Basis, in der damaligen, durch den griechischen demokratischen Geist beeinflußten Epoche ...

Eine hochwichtige Gruppe religiöser Juden wurde nicht gesalbt,
obwohl die Überlieferung einem oder einigen von ihnen die "Salbung" zusprach: die Propheten (90). Sie wußten allerdings um
diese besondere Stellung des Menschen Gott gegenüber, die mit
der "Salbung" ausgedrückt wird. Einer der Propheten, Jesaja

(Es darf hier vermerkt werden, daß in unserer heutigen
so modernen Demokratie ein solcher Vorfall nicht vorkommen kann. Einen solch nahen menschlichen Kontakt zwischen Regierungschef und Untertan würden die Sicherheits-
beamten, die Hand in der von der Pistole ausgebeulten
Hosentasche, von vornherein verhindert haben). Die Demo-
kratisierungstendenzen zeigten sich in verschiedenen
Facetten. Durch die Hellenisierung im Tempelstaat wurde
ein völlig neuer erster Stand geschaffen, der die über-
kommenen Stände Priester – Leviten – Laien in den Hintergrund drängte: Zu diesem ersten Stand hatte jeder Jude
– ohne Rücksicht auf seine Herkunft – Zutritt, verlangt
wurde nur, daß er sich das neue Wesen angeeignet hatte,
daß er sich in sportlichen, wissenschaftlichen und musi-
schen Künsten geübt hatte. Dann konnte er sich in die
Bürgerrolle der Griechenfreunde eintragen lassen und war
fortan kein Jude mehr, sondern ein "Antiochener in Jerusalem". Nach der Überwindung der Hellenisierung im Tempelstaat war der demokratische Zug nach wie vor spürbar.
In diesen Zusammenhang gehört sicherlich der Versuch des
Hochpriesters Alkimos, die Trennschranke zwischen Priestern und Laien im Tempel zu entfernen, was die Empörung der Frommen auslöste und – der Überlieferung zufol-
ge – zum Eingreifen Gottes und zum schmachvollen Tode
des Hochpriesters führte. Sogar bei den Frömmsten der
Frommen – allerdings in der schismatisch-essenischen Gemeinde von Damaskus – zeigten sich offen demokratische
Bestrebungen, alle Gemeindeglieder ohne Rücksicht auf
ihre ständische Herkunft in gleicher Weise des göttlichen
Heils teilhaftig werden zu lassen. Nach der Nennung der
Priester und der Leviten wird hier von den Laien gesagt,
sie seien "die Söhne Zadoqs ... die Erwählten Israels,
die bei Namen Gerufenen, die am Ende der Tage auftreten
werden" (Damaskusschrift IV,3-4).

90   "... von der Salbung des Elisäus oder irgendeines andern
      Propheten ist nicht die Rede. Der Begriff ist ... nur in
      uneigentlichem Sinne gebraucht. Jes. 61,1 wird "gesalbt"
      auch bildlich gebraucht und bedeutet die Weihe des Pro-
      pheten an YHWH ..." R. De VAUX, Das Alte Testament und
      seine Lebensordnungen I, 1964, S.170-171.

(der oft als Tritojesaja bezeichnet wird), sprach dies aus: "Der Geist des Herrn YHWH ruht auf mir; denn YHWH hat mich gesalbt..." (Jes. 61,1).

In der Zeit nach dem Exil scheint die Sehnsucht nach dem "Maschiach", dem "Sproß" Davids, durch eine Reihe vielfältiger Einflüsse überlagert zu sein. Einmal war da in der Genealogie tatsächlich ein "Stumpf", es fehlten offenbar die Nachkommen Davids. Dazu kam die Verlagerung des Repräsentanten des Tempelstaates, also des Staatschefs (von heidnischen Gnaden allerdings) auf den Hochpriester im Tempel zu Jerusalem. Er war der "Maschiach" in dieser Zeit! Doch ihm waren die Hände gebunden; denn zu den Pflichten des königlich-davidischen "Maschiach" gehörte der blutige Kampf um die Befreiung des Tempelstaates und die Erringung der nationalen Selbständigkeit. Das heidnische Joch mußte abgeschüttelt werden. Das war die Aufgabe des königlichen "Maschiach". Doch der priesterliche "Maschiach" konnte diese Aufgabe nicht erfüllen: Das im Kampfe vergossene Blut verhielt sich zu dem heiligen Salböl des Hochpriesters wie Wasser und Feuer! Der Hochpriester durfte seine Hände nicht mit Blut beflecken. Dazu kam möglicherweise in dieser Zeit schon der Gegensatz zwischen den realpolitischen Erfordernissen des Hochpriesters, der nicht nur Repräsentant des jüdischen Volkes, sondern gleichzeitig auch Vasall eines heidnischen Herrschers und damit Reichsmagnat eines fremden Großreiches war, und den nationalen und nationalistischen Befreiungstendenzen im jüdischen Volke. Ob es zu dieser Zeit schon diesen Parteihader gab, ob diese eine Fahne im Zeichen des Stammes Levi und des Priesters Aaron gegen diese andere Fahne im Zeichen des Stammes Juda und des Königs David gegeneinander erhoben wurden, ist unwahrscheinlich. In einer späteren Zeit, in der Zeit der Hasmonäer sind diese Gegensätze aufeinander geprallt, was V. APTOWITZER sehr klar herausgestellt hat (91). Doch untergründig, unterschwellig wird eine Spannung schon vorhanden gewesen sein. Doch die nationalistische Juda - David - Tradition ist in dieser frühen Zeit nicht erkennbar. Daß die Sehnsucht nach dem "Sproß" Davids zurücktrat, könnte auch damit zusammenhängen, daß die Juden in der Zeit der persischen Oberhoheit in Freiheit ihren Glauben ausüben durften und daß sie ja einen "Maschiach" besaßen in der Person des Hochpriesters. Nach V. APTOWITZER (92) war die Usurpation

---

91   V. APTOWITZER, op.cit. (45), öfter.

92   V. APTOWITZER, op.cit. (45), S.98.

der weltlichen Herrschaft durch das Priestertum in der Zeit des letzten Propheten eine Realität und verdrängte die Hoffnung auf den David-"Sproß".

Der letzte Prophet nach der Tradition war Maleachi, nach Annahme der Gelehrten um 450 ante. Er führt in die "Maschiach"-Konzeption zwei neue Personen ein. Von dem "Sproß" Davids ist nicht mehr die Rede. Die nationale Befreiung wird zurückgestellt. Wichtiger ist das Verlangen nach gesellschaftlicher und religiöser Ordnung! In der damaligen Zeit muß es starke Spannungen zwischen den Generationen, zwischen den Vätern und den Söhnen, gegeben haben. Den Grund kennen wir nicht. Der priesterlich bestimmte Maleachi gibt dem Verlangen der Menschen eine neue Richtung. Sie sehnen sich nicht mehr (oder noch nicht) nach dem "Maschiach" aus dem Hause Davids, sondern nach Gott und seinem Engel, die das messianische Reich errichten. Doch vorher erscheint der Bote Gottes, der Prophet Elija, der die Ordnung im Volke Israel herstellt, so daß Gott kommen kann: "Siehe, ich sende meinen Boten, daß er mir den Weg bereite" (Mal. 3,1). "Siehe, ich sende euch den Propheten Elija, ehe mein Tag kommt, der große und furchtbare. Er wird das Herz der Väter wieder den Söhnen und das Herz der Söhne ihren Vätern zuwenden, daß ich nicht komme und das Land mit dem Banne schlage..." (Mal. 3,23) "... und plötzlich kommt dann in seinen Tempel der Herr, nach dem ihr euch sehnt..." Hier ist nicht mehr der Davidsproß der Retter des Volkes Israel, sondern der Hochheilige selbst. Doch auch er benötigt eine Zwischeninstanz zwischen sich und den Menschen: Dem Hochheiligen folgt "der Engel des Bundes, nach dem ihr verlangt" (Mal. 3,1). Hier wird offenkundig die Rolle des "Maschiach" von dem "Engel des Bundes" übernommen in Gemeinschaft mit dem Höchsten selbst ...

Bei dem allerletzten der Propheten, der so spät erkennbar wurde, daß er gar nicht mehr in die Reihe der Propheten aufgenommen wurde, sondern in den nicht so wichtigen "Schriften" steht, bei dem Propheten Daniel, ist deutlich erkennbar, daß der "Maschiach" ein Engel ist, und zwar der Erzengel Michael, Schutzengel und Repräsentationsengel des Gottesvolkes im Lande Juda. Er ist es, der im Auftrage Gottes die Aufgaben übernimmt, die einstmals dem "Sproß" Davids vorbehalten waren: "Da kam auf den Wolken des Himmels eine Gestalt wie ein Mensch, er gelangte bis zu dem Hochheiligen und wurde vor diesen hingeführt. Ihm wurde nun Macht und Herrlichkeit und die Königsherrschaft (!) gegeben. Seine Herrschaft sollte eine ewige Herrschaft sein ..." (Dan. 7,13).

Bei Daniel war der "Maschiach" der Erzengel Michael, der die Königsherrschaft anstelle des Davidsprosses antreten sollte. Ein Zeitgenosse Daniels entwickelte eine ganz andere Konzeption von dem "Maschiach", der in der Endzeit wirken sollte. Dieser ungewöhnliche Mann hatte eine solche ganz persönliche Gottesbegegnung erfahren, daß es für ihn keine Mittelinstanz gab, keinen Engel zwischen Gott und seiner Person. Er selbst fühlte sich in seinem hochgesteigerten religiösen Selbstverständnis als diese Mittelinstanz zwischen Gott und den Menschen, und so entstand in seinen Psalmen, die ihm zugeschrieben werden, eine ganz neue und völlig aus dem Rahmen fallende Konzeption des "Maschiach". Der Psalmist war der Begründer der essenischen Qumrângemeinde, der "Lehrer der Gerechtigkeit".

Doch bevor er wirken konnte, kam es zu einem Ereignis im Tempel zu Jerusalem, dessen Bedeutung bisher nicht voll gewürdigt wurde: Ein Mann mit blutbefleckten Händen wurde hier Hochpriester: der Makkabäer Juda! Voraus ging eine Schreckenszeit für die Frommen. Mit dem Versuch, das Judentum zu "reformieren" und zu hellenisieren, war eine blutige Verfolgung der Frommen im Lande unheilvoll verbunden. Wer Torarollen besaß, wer seine Kinder beschneiden ließ, wer an heimlichen Schabbatgottesdiensten teilnahm, wurde getötet. Die Leute auf dem Lande wurden gezwungen, an heidnischen Altären ein Schweinefleischopfer darzubringen. Diese grausamen Maßnahmen der syrischen Besatzungsmacht, welche die synkretistisch-semito-hellenistischen Reformpläne des damals amtierenden Hochpriesters Menelaos und der hellenistisch eingestellten, wirtschaftlich mächtigen Oberschicht auf Befehl des Syrerkönigs zu unterstützen hatte, provozierten den makkabäischen Aufstand. Der kämpferisch-militante Einsatz der fünf Makkabäerbrüder unter ihrem Vater Mattathia, dem Priester in Modein, rettete das Judentum vor der Vernichtung; denn die Syrer mußten letzten Endes doch nachgeben und diesen semito-hellenistischen Reformversuch des Hochpriesters Menelaos preisgeben: Menelaos wurde von ihnen kultisch hingerichtet. Die Makkabäer haben das Judentum vor der Vernichtung gerettet.

Der Mann, der das Danielbuch in den Jahren 168 – 164 ante verfaßte, erkannte die Bedeutung dieses militanten Makkabäeraufstandes nicht, er sah darin nur "eine kleine Hilfe" (Dan. 11,34). Daniel ist der Überzeugung, daß es dieser menschlichen Machenschaften der Makkabäer nicht bedarf. Die heidnische Herrschaft wird gestürzt werden "ohne Zutun von Menschenhand" (Dan. 8,25 und 2,34). Der Höchste selbst wird eingreifen und sein Volk vor der Vernichtung retten. Die Frommen im Volke waren gespalten. Ein Teil wurde damals militant und schloß sich den Makkabäern an, der andere Teil war wie Daniel quietistisch gesonnen und wartete auf den Tag des Herrn und das Eingreifen des Höchsten.

Was "Daniel" bei der Vollendung seines Buches noch nicht wissen konnte: Dem Makkabäer Juda gelang eine Großtat: Er ließ den Tempelbezirk von der heidnischen Verunstaltung befreien. Die Bäume, diese fremden Vegetationssymbole, wurden gefällt. Die Steine des Brandopferaltars, die mit einem Götzenbild oder einem Phallus in Kontakt gewesen und dadurch verunreinigt waren, wurden in einer Ecke zusammengetragen. Ein Prophet sollte in der Endzeit darüber entscheiden, was mit ihnen zu geschehen habe. Mit diesem Propheten der Endzeit war sicherlich Elia gemeint, dem in der Zeit der Makkabäer schon die Aufgabe zugewiesen wurde, alle inzwischen aufgestauten juristischen, kultisch-rituellen und biblizistischen Unklarheiten durch sein Machtwort zu beseitigen. Gott konnte erst zu seinem Volke kommen, wenn diese Vorarbeit geleistet war. Nach der Beseitigung des "Greuels der Verwüstung" auf dem Brandopferaltar und aller heidnischen Idole und Symbole wurde der Tempel neu geweiht. Noch heute feiern die Juden diesen Akt der Tempel-"Weihe" als "Chanukka" in der ganzen Welt.

Das in dieser Frage tendenziöse 1. Makkabäerbuch läßt diese Tempelweihe durch Priester im Auftrage des Juda Makkabäus geschehen. Im 2. Makkabäerbuch sind es "Juda und seine Leute", welche die Tempelreinigung und die neue Weihe vornehmen. Wenn der Makkabäer Juda den Tempel neu geweiht haben sollte, dann hat er in diesem Augenblick hochpriesterliche Funktion gehabt. Juda muß damals in der Folgezeit tatsächlich als Hochpriester aufgetreten und als Hochpriester gewirkt haben. Das 1. Makkabäerbuch verschweigt diese Tatsache, das 2. Makkabäerbuch bringt nur schwache Hinweise. Dieses Buch ist von einem frommen Chasid geschrieben, der in seiner Einstellung Daniel nahesteht. Man kann seine Bedenken verstehen, den blutigen Kampf des Nationalhelden Juda mit dem heiligen Salböl des Hochpriesters in Verbindung zu bringen. Offenkundig hat dieser Chasid die makkabäische Argumentation, daß der Ahnherr Pinchas durch eine Bluttat die höchste Priesterwürde erlangt habe, nicht übernommen. Nur ein Zadoqide war zu diesem Amt legitimiert!

An nicht weniger als vier Stellen berichtet Josephus ganz unbefangen, daß der Makkabäer Juda Hochpriester gewesen sei
(93). Allerdings hatte Josephus Schwierigkeiten mit der An-
nalistik; er hat offenkundig nicht verstanden, daß es damals
zwei Hochpriester nebeneinander gegeben haben muß, die von
syrischen Königen eingesetzten Hochpriester Menelaos und
Alkimos auf der einen Seite und den auf die Tempelweihe pochen-
den makkabäischen Hochpriester Juda auf der andern Seite!

Manche Ereignisse der Folgezeit sind gar nicht recht zu verstehen, wenn man nicht die Hochpriesterschaft des Makkabäers
Juda voraussetzt. 162 ante kam es zu einer Wende in der syrischen Politik den Juden gegenüber. Der "Reformator" Menelaos
hatte dem syrischen Staat nur Ärger und Kosten durch die
immer wieder angeforderte Entsendung syrischer Heere verursacht. Dabei ging es immer um innerjüdische religiöse Querelen
– wenigstens sahen es so die Syrer hinterher. Sie ließen
Menalaos fallen und – seltsam – kultisch hinrichten. Bei der
Wahl des Nachfolgers wollten die Syrer nicht gegen die religiösen Gefühle der Juden entscheiden. Eine jüdisch-syrische
Kommission wurde gebildet, die den neuen Hochpriester zu küren
hatte. In diesem Gremium waren die Chasidim-Asidaioi vertreten, doch die letzte Entscheidung stand natürlich bei den
Syrern. Man einigte sich auf den Priester Alkimos, der möglicherweise sogar Zadoqide war, also der einzig zu diesem
hohen Amt legitimierten Familie angehörte. Der Kampf der
Makkabäer war erfolgreich gewesen, hatte zu drei großen Fort-
schritten geführt: Zur Reinigung und Weihe des Tempels, zum

----

93   Josephus, Antiquitates, XII. X,6 = § 414: "Nach seinem
     Tode (des HP Alkimos) übertrug das Volk dem Juda die
     hochpriesterliche Würde..." – ibidem, XII. X,6 = § 419:
     "Unterzeichnet wurde dieser Staatsbeschluß ... unter dem
     Hochpriestertum des Juda und der Heerführerschaft seines
     Bruders Simon." – ibidem, XII. XI,2 = § 434: "Bei seinem
     Ableben war er drei Jahre lang Hochpriester gewesen." –
     ibidem, XIII. II,3 = § 46: "Nach Empfang dieses Briefes
     legte Jonathan ... das hochpriesterliche Gewand an, vier
     Jahre nach dem Tode seines Bruders, während welcher
     Zeit das Amt unbesetzt geblieben war." –
     Daß der Makkabäer Juda Hochpriester gewesen, diese The-
     se wird gleichfalls vertreten von A.S. van der WOUDE, Wicked
     Priest or Wicked Priests?, Journal of Jewish Studies, Vol.
     XXXIII, Nos 1-2, 1982, (Yigael – Yadin – Festschrift), S.
     349-360, und F.G. MARTINEZ, Judas Macabeo sacerdote
     impio?

syrischen Erlaß über die Religionsfreiheit (164 ante) und jetzt zum status quo ante 175, zur Restitution des Tempelstaates unter einem würdigen Hochpriester. Die Makkabäer hätten eigentlich zufrieden sein und den Kampf einstellen können. Sie taten es nicht, sie kämpften weiter. Der Grund: Ihr Anführer Juda war Hochpriester, und er beanspruchte dieses Amt gegen diesen von den Syrern eingesetzten Hochpriester Alkimos. Die Hochpriesterschaft Judas war der Grund für die Weiterführung des makkabäischen Kampfes!

Der neue Hochpriester Alkimos verhielt sich seltsam, zu seinem Amtsantritt ließ er gleich sechzig Asidaioi – und noch dazu an einem einzigen Tage – hinrichten. Genau genommen befand er sich im Recht. Als Repräsentant des Tempelstaates und als höchster Diener Gottes im Tempel hatte er unbedingte Anerkennung seiner hohen Stellung zu beanspruchen. Auf Rebellion gegen Gott und seinen Repräsentanten auf Erden stand der Tod. Und Rebellen waren die Asidaioi, die dem Hochpriester Juda die Treue hielten und ihn als den Repräsentanten Gottes auf Erden ansahen! Auch diese unerhörte Hinrichtung vieler – an einem einzigen Tage – ist ein Beweis für die Hochpriesterschaft Judas!

Das 2. Makkabäerbuch und sein chasidischer Verfasser sieht in Juda eine religiös-kämpferische Heldengestalt, Hochpriester darf dieser militante Mann aber nicht sein! Doch das Buch bringt trotzdem historisch wichtige Andeutungen, die auf die Hochpriesterschaft schließen lassen. Der Syrergeneral Nikanor wollte dieses für die syrische Politik unersprießliche Doppelpontifikat beseitigen und den Mann zum Hochpriester machen, der die Sympathien des Volkes besaß: Juda. Nikanor machte Politik auf eigene Faust ohne Rückendeckung von Antiochia. Er verkehrte mit Juda freundschaftlich, empfahl ihm, zu heiraten und Kinder zu bekommen, und ging sehr weit mit seinem Plan, den Juda als Hochpriester zu bestätigen und den Alkimos fallen zu lassen. Dieser wehrte sich aber und beschwerte sich beim Syrerkönig: "Als Alkimos das gegenseitige gute Einvernehmen und die abgeschlossenen Verträge (sic!) sah, ging er mit diesen zu (dem Syrerkönig) Demetrios und behauptete, Nikanor sinne auf Hochverrat. Habe er doch Juda, den Feind seines Reiches, zum Nachfolger bestimmt" (2. Makk. 14,26). Der Syrergeneral konnte einen solchen politischen Vorschlag nur machen, wenn der Makkabäer Juda als Hochpriester des Volkes einen beträchtlichen Anhang hatte.

Die Reaktion des Syrerkönigs war vorauszusehen. Als Lehensherr des jüdischen Hochpriesters Alkimos, der zugleich auch Magnat des syrischen Reiches war, mußte er seinem Lehensmann die Treue halten, um nicht der Felonie beschuldigt zu werden. Nikanor wurde von seinem König gerüffelt. Da der von Alkimos geäußerte Vorwurf des Hochverrats ihn schwer getroffen hat, schaltete er den Rückwärtsgang und verhielt sich völlig subaltern. Nikanor war nicht Bacchides, der über eine eigene Hausmacht verfügte, als Fürst ein eigenes Territorium regierte. Nikanor war nur General und gehorsam. Er bemühte sich nach Kräften, seinen Fehltritt wieder gut zu machen, und er sah das einzige Mittel seiner persönlichen Rehabilitierung darin, seinen bisherigen Freund Juda geknebelt und gebunden am Königshof in Antiochia persönlich abzuliefern. Doch wo war dieser Makkabäer jetzt? Nikanor suchte ihn an seiner Wirkungsstätte – im Tempel! (2. Makk. 14,31-32) Denn dieser Juda amtierte als Hochpriester im Tempel! Wieder ein Beweis, daß Juda Hochpriester war ... Die Priester im Tempel hielten ihrem Oberhaupt die Treue, sie verrieten ihn nicht an den Syrer, der seinen Unmut in unflätigen Beschimpfungen und der Drohung, Gotteshaus und Altar zu zerstören und dafür ein Dionysosheiligtum zu errichten, an den standhaften Dienern des Heiligtums ausließ ...

Es gibt noch einen weiteren, allerdings sehr indirekten Beweis für die Hochpriesterschaft des Makkabäers Juda: die pharisäisch-rabbinisch-talmudische Überlieferung über den Hochpriester Alkimos, den Gegenspieler Judas. Obwohl dieser Hochpriester von syrischen Gnaden zu Beginn seiner Amtszeit ein Blutbad unter den Frommen anrichtete und am Ende seiner Regierungszeit die Frommen durch Veränderungen im Tempelbezirk brüskierte und danach die gebührende Strafe, Krankheit und Tod, von Gotteshand erhielt, "ist in eigentümlicher Weise Alkimos (in der talmudischen Überlieferung) nicht vergessen und ist ihm nicht bloß die Ehre der Erwähnung geworden, sondern er war auch als ein zuletzt in Buße zum Heile Zurückgekehrter betrachtet." So urteilte A. GEIGER (94). Die Gründe für die Wertschätzung dieses Hochpriesters mögen vielschichtig gewesen sein. In den Augen der Frommen war er legitimiert, er galt als Zadoqide. In dieser Zeit des Doppelpontifikats war der makkabäische Konkurrent Juda nicht legitimiert, er war zwar Priester, doch aus der niederen Priesterfamilie Jojarib. In diese späte Überlieferung mögen auch spätere Einstellungen eingeflossen sein. sein: Der Parteihader zwischen den nationalistischen Pharisäern aus dem Stamme Juda und den priesterlich bestimmten Makkabäer-Hasmonäern aus dem Stamme Levi mag hier schon

----

94   A. GEIGER, op.cit. (58), S.63.

die Feder geführt haben zugunsten des Hochpriesters Alkimos, der kraftvoll dem Makkabäer entgegentrat und gleich zu Beginn seiner Amtszeit 60 der Anhänger seines Gegners hinzurichten wußte. Diese Herausstellung und Würdigung des Hochpriesters Alkimos ist in dieser Tradition nur verständlich, wenn er noch einer schlimmeren Hochpriestergestalt gegenübersteht: eben dem makkabäischen Hochpriester Juda! Alkimos war schlimm genug, das weiß auch die talmudische Tradition. Sie zeichnet diesen Alkimos als einen machtgierigen Herrscher, der mit Marterinstrumenten die Frommen unterdrückt (95). Doch weit schlimmer muß den Pharisäern der Hochpriester Juda erschienen sein, und das dunkle Bild des (in diesen Texten gar nicht genannten) Juda hellte das düstere Bild des Alkimos einigermaßen auf ...

Was den Hochpriester Juda in den Augen seiner makkabäischen Anhänger zu diesem hohen Amt legitimierte, war in den Augen der Frommen ein Greuel: Durch unablässigen Kampf und Krieg gegen die Syrer hat Juda seinen Feinden die Glaubensfreiheit, die Reinigung und Weihe des Tempels (164 ante) und auch die Wiederherstellung des Tempelstaats (162 ante) abgetrotzt. Doch für die Frommen stand das Blut, das an diesen kriegerischen Händen klebte, in einem unvereinbaren Gegensatz zu dem heiligen Salböl, mit dem der Hochpriester zu seinem Dienst dem Hochheiligen gegenüber geweiht wurde.

Wie empfindlich fromme Juden reagierten, wenn es um die Beziehung der Priester zum Kriegsgeschehen ging, läßt sich an einer Qumrânrolle ablesen, die als eine Bearbeitung oder Überarbeitung einer makkabäischen Kampfschrift durch die esseni-

----

95 Nach der talmudischen Tradition soll Alkimos ein Schwestersohn des Jose ben Joeser gewesen sein, der damals als "ein Frommer in dem Priesterstand" das Haupt der Frommen war. Über einen Zusammenstoß der beiden berichtet Midr. Bereschith rabba (c. 65). An einem Schabbat ritt Alkimos durch die Straßen und ließ ein Marterinstrument vor sich hertragen. Bei der Begegnung mit Jose ben Joeser rief der Hochpriester diesem zu: "Mir ist das hohe Roß bestimmt und dir das Marterinstrument!" Jose erwiderte: "Wenn die Marter denen bestimmt ist, die den Willen Gottes erfüllen, wieviel schlimmer wird es denen ergehen, die ihn erzürnen." Nach dieser talmudischen Tradition soll sich Alkimos-Jakum entleibt und dadurch die geistliche Strafe für seine Grausamkeit an sich selbst vollzogen haben.

sche Gemeinde zu gelten hat (96). Nach dieser Schrift vom "Krieg der Söhne des Lichts gegen die Söhne der Finsternis" (1 QM) durften die Priester nicht in die Nähe von Kampfhandlungen kommen: "Wenn die 'Gefallenen' fallen werden, dann trompeteten die Priester von Ferne und kommen nicht bis zu den Gefallenen, um sich nicht mit dem Blut ihrer Unreinheit zu beflecken; denn sie sind Heilige und dürfen nicht das Salböl ihres Priesteramts (sic!) mit dem Blut der nichtigen (d.h. heilsgeschichtlich nicht relevanten) Völker entweihen" (97).

In der Tora war allerdings festgelegt, daß ein Priester vor dem Kampf eine Ansprache an die Krieger zu halten hatte: "Euer Herz verzage nicht, fürchtet euch nicht vor ihnen! Denn YHWH euer Gott zieht mit euch, um für euch gegen die Feinde zu kämpfen, euch zum Siege zu verhelfen" (Deut. 20,2-4). Dieser Feldprediger, "Kriegsgesalbter" genannt, wurde später in seinen priesterlichen Rechten stark eingeschränkt, er war ein Priester minderer Art und von dem so wichtigen Tempeldienst ausgeschlossen. Der "Kriegsgesalbte" durfte "sein Amt nicht an seine Kinder vererben, weil er nicht im Heiligtum den Dienst verrichtete". Diese Wertminderung des jüdischen Feldpredigers steht in krassem Gegensatz zu der Würdigung der ordinierten talarierten und ornatierten Diener Gottes, der christlichen Religion der Liebe verpflichtet, die keinerlei Scheu zeigen – auch nicht in unserm Jahrhundert – Kanonen, Granaten und Bomben zu segnen ...

Die Juden mußten seit 586 ihren Nacken beugen unter das Joch der Heiden. Das Joch war manchmal leicht, manchmal drückend. In der Zeit der persischen Herrschaft waren diese Orientalen großzügig und gewährten volle Glaubensfreiheit den Juden. Etwas anders wurde es, als der Europäer Alexander der Große sein Projekt verwirklichen wollte, Orient und Okzident zu verschmelzen. Die Ptolemäer in Ägypten, Oberherren des Tempelstaates bis etwa 200 ante, waren großzügig den Juden gegenüber, großzügig war auch noch der Erobererkönig Antiochos III., mit dem Beinamen "der Große", der allen Forderungen des damaligen Hochpriesters Simon in einem Religionsdekret zustimmte. Doch seine Nachfolger, die syrischen Seleukidenkönige, begünstigten den hellenistischen Strukturwandel in der

----

96   H. LICHTENBERGER, op.cit. (1), S.20-27.

97   Kriegsrolle 1 QM IX,7-9. - Übersetzung: K. SCHUBERT, op.cit. (3), S.104.

jüdischen Gesellschaft und die semito-hellenistische religiöse Reform im Tempelstaat. In dieser existentiellen Not der Frommen riefen diese nicht nach dem Befreier aus Leiden und Tod, dem Maschiach, dem "Sproß Davids". Diesem Notschrei kamen die fünf Makkabäerbrüder zuvor, sie erschienen vielen Frommen als die Retter in dieser Not, und viele Frommen – die Asidaioi – haben sich dem Kampfhaufen der Makkabäer angeschlossen. Dabei waren die Makkabäerbrüder überzeugt, daß ihre Kampfzeit mit der Endzeit des irdischen Äons zusammenfallen würde. Von dem Maschiach ist in den Makkabäerbüchern nicht die Rede, wohl aber von dem "Propheten", welcher das Gottesreich ankündigen und alle Mißstände durch sein Machtwort beseitigen würde. Zu diesen Mißständen, zu diesen juristischen, rituell-kultischen und biblizistischen Unklarheiten gehörten auch die Steine, die bei der Tempelweihe in einer Ecke des Tempelbezirks zusammengetragen waren, weil sie durch den Kontakt mit dem heidnischen Idol verunreinigt waren: "Die Steine legten sie auf dem Tempelberg an einem passenden Ort nieder, bis ein Prophet auftreten würde, um über sie Auskunft zu geben." (1. Makk. 4,46) Die Frommen müssen sich gespalten haben, als Juda sich die Hochpriesterwürde nach der Tempelweihe anmaßte. Nur ein Teil blieb Juda treu, und viele von ihnen wurden von dem Hochpriester Alkimos-Jakum hingerichtet. Die Kritik der Frommen wandte sich auch gegen den jüngsten Bruder Judas, gegen Jonatan, der 152 ante von den Syrern zum Hochpriester ernannt wurde. Josephus deutet die Opposition der Frommen in seinem Bellum mit den Worten an: "Er nahm einerseits allgemein seine Interessen gegenüber seinen Landsleuten durch wachsame Sicherheitsmaßnahmen wahr..." (98). Seinem Bruder Simon gelang es dann, das Joch der Heiden abzuschütteln, und damit war ein alter Sehnsuchtstraum in Erfüllung gegangen: Die Souveränität des Tempelstaates war – nach 450 Jahren Fremdherrschaft – wieder gewonnen, ein altes, irgendwie mit messianischen Vorstellungen verbundenes Ziel erreicht, auch ohne daß ein "Sproß Davids" in Erscheinung getreten wäre. Das pseudomessianische Selbstgefühl des Hochpriesters Simon, der das Heidenjoch abgeschüttelt hatte, läßt sich aus seinem Preislied erkennen: "In Frieden konnten sie ihr Land bebauen. Der Boden schenkte sein Erzeugnis, die Bäume auf dem Felde ihre Frucht ... Er brachte seinem Lande Frieden, in lautem Jubel jauchzte Israel. Ein jeder saß im Schatten des Weinstocks und des Feigenbaums, und keinen gab's, der sie erschreckte..." (1. Makk. 14,8.11.12) Weinstock und Feigenbaum sind die be-

---

98   Josephus, Bellum I. II,1 = § 48.

kannten messianischen Symbolgewächse. Simon wird also hier als messianischer Heilbringer gefeiert. Die Begeisterung des Volkes ermöglichte es ihm, den Staatsvertrag mit der Priesterschaft und dem Volke abzuschließen, der von den Theologen verschämt als "Ehrendekret" bezeichnet wird, der aber in Wirklichkeit so etwas wie ein Ermächtigungsgesetz war, das dem Hochpriester die volle Herrschaft auf allen Gebieten sicherte. Er konnte diktatorisch regieren. Er war Staatschef, Generalissimus, Hochpriester, oberster Fronherr! Diese Konzentration der höchsten Staatsämter in einer Hand war – ganz abgesehen von der Usurpation – den Frommen im Lande ein Dorn im Auge. Vor allem mußte das Hochpriesteramt von den weltlichen Führungsämtern getrennt werden (99). Das war eine Forderung der Frommen, die im Laufe der Zeit immer stärker spürbar und hörbar wurde. Simon mag die Frommen dadurch beschwichtigt haben, daß die Herrschaft seiner Dynastie zeitlich beschränkt wurde, sie sollte nur in diesem Äon von Dauer sein: "Deshalb beschlossen die Juden und die Priester, Simon solle für immer ihr Fürst und Hochpriester sein, bis ein glaubwürdiger Prophet auftrete" (1. Makk. 14,41).

Daß der Prophet, der die Endzeit und das Gottesgericht und die Gottesherrschaft einleitet, "glaubwürdig" sein muß, klingt eigenartig. Vielleicht ist dieser Satz auf einen Mann gemünzt, der sich als Prophet Gottes bezeichnete und ein erklärter Feind der Makkabäer und ihrer Herrschaft war: auf den "Lehrer der Gerechtigkeit", der ein Zeitgenosse der Hochpriester Jonatan und Simon war und in dieser Zeit seiner Gemeinde als Protest gegen die usurpierte Herrschaft der Makkabäer eine besondere Struktur gegeben hat (100).

Von dem Maschiach als Person, als "Sproß Davids", war weder bei den Makkabäern noch bei dem "Lehrer" die Rede. Der goldglänzende Traditionsfaden der davidischen Dynastie schien gänzlich verloren zu sein. Die Makkabäer wollten dem Höchsten den Weg bereiten durch Kampf und Krieg, durch Vernichtung der fremden heidnischen Feinde, durch die Eroberungen und die Erweiterungen des Territoriums bis zu den Grenzen des ehemaligen Davidreiches, ein Ziel, das der Sohn Hyrkans I.,

---

99 A. CAQUOT, op.cit. (85), S.238, bezeichnet diese Ämterkonzentration durch Usurpierung verschiedener Gewalten als Skandal, der einen brisanten Konfliktstoff in sich barg.

100 H. BURGMANN, Gerichtsherr ... op.cit. (19), S.9–11.

Alexander Jannai, tatsächlich erreichte. Auch der "Lehrer der Gerechtigkeit" war gewillt, dem Höchsten den Weg zu bereiten für sein Kommen und die Errichtung des Gottesreiches. Er sammelte die Elite der Frommen im Lande um sich, den heiligen Rest Israels. Durch Studium der Tora und der Propheten, durch ein reines Leben in gegenseitiger brüderlicher Unterstützung, in genauer Erfüllung der priesterlichen Vorschriften sollte diese Gemeinschaft eine Insel sein des künftigen Gottesreiches, eine "Ewige Pflanzung", eine "Pflanzung der Beständigkeit, der Treue, der Zuverlässigkeit". Von dieser Gemeinde aus würde das Gottesreich errichtet werden.

Diese Gemeinde war sein Werk. Der "Lehrer", der Gründer und prägender Gestalter dieser Gemeinde, fühlte sich offenkundig als der letzte Mensch, dem es vergönnt war, einen Bund mit Gott zu schließen nach den großen Bünden der Tradition, nach Noah, Mose und Abraham. Doch er verknüpfte diese alte Tradition des "Bundes" mit der sehr viel jüngeren Tradition des Maschiach! Vor dem "Gesalbten" Gottes erschien der Prophet, der die Endzeit ankündigte. Er selbst fühlte sich als dieser messianische Prophet. Er war der, "dem Gott kundgetan hat alle Geheimnisse der Worte seiner Knechte, der Propheten." (Habakuk-Pescher 1 Q p Hab VII,4). Der "Lehrer" ist Zadoqide und damit legitimiert zu dem Amte des Hochpriesters, das zu dieser Zeit die Makkabäer als Usurpatoren innehaben. Der "Lehrer" ist der wahre, der richtige Hochpriester, "den Gott gegeben hat in die Mitte der Gemeinde, um zu deuten alle Worte seiner Knechte, der Propheten, durch die Gott verkündigt hat alles, was kommen wird über sein Volk und sein Land." (1 Q p Hab II,8-10). Damit ist er der Prophet, der die Endzeit ankündigt. Damit ist der "Lehrer" der messianische Prophet (101). Der messianische Prophet ist aber der, welcher das Erscheinen des Maschiach vorbereitet. Der "Lehrer" hat sich auch in dieser Rolle gesehen und seine Aufgabe in diesem messianischen Geschehen auch in Worte gefaßt. Es gibt ja einige Psalmen in den Lobliedern 1 QH, die dem "Lehrer der Gerechtigkeit" als Autor zugeschrieben werden. Aus diesen "Lehrer"-Liedern können wir

----

101 So auch K. SCHUBERT, op.cit. (3), S.100: "Für die Qumrân-Essener war nun der 'Lehrer der Gerechtigkeit' dieser erwartete letzte Prophet. Nach Hab.-Kom. 7,4 f. soll ihm 'Gott alle Geheimnisse der Worte Seiner Diener, der Propheten, mitgeteilt' haben ... Der Lehrer war für seine Gemeinde der Verkünder des nahenden Weltendes ..."

erkennen, welch hohe Meinung dieser Jude des 2. Jahrhunderts ante von sich gehabt hat. Er war von einem übersteigerten religiösen Selbstgefühl erfüllt, das nur manchmal durch Niedrigkeitsgefühle dem Höchsten gegenüber gedämpft wurde. Er hatte ein Gotteserlebnis erfahren, das diese ganz persönliche Beziehung zu Gott geschaffen hatte. Es gab für ihn keinen Mittler zwischen Gott und diesem begnadeten Menschen, der er war. Daß der "Lehrer" keine Mittelsperson anerkannte, war schon deutlich geworden durch seine Ablehnung der iranisch beeinflußten Prädestination. Genauso wie er bei diesen drei Sphären die Vermittlung durch den engelhaften "Lichterfürsten" ablehnte, genauso verfuhr er jetzt: Es gab keinen Mittler zwischen Gott und ihm! Er hatte eine ganz persönliche, ganz direkte Gotteserfahrung erlebt, er brauchte keinen "Lichterfürsten", keinen Erzengel Michael zwischen Gott und seiner Person! Er brauchte auch keinen Maschiach, keine Person, keine irdische Menschengestalt, die die Herabkunft Gottes begleiten sollte. Er war sich seiner Begnadung sicher. Er war der Mann Gottes, er war der Prophet Gottes! Er war der Mensch, der das Kommen Gottes vorbereitete, und seine Gemeinde war sein Werk, und eben diese Gemeinde ist der "Maschiach"! Sie übernimmt dessen Aufgabe: "in die Hand seiner Auserwählten legt Gott das Gericht über die Völker, und durch ihre Zurechtweisung/Züchtigung werden alle Frevler seines Volkes Buße tun, (veranlaßt durch diejenigen), die seine Gebote gehalten haben, als sie in der Trübsal waren" (Habakukpescher 1 Q p Hab V,4-6).

Daß der "Lehrer" tatsächlich seiner Gemeinde die Rolle des "Maschiach" der Endzeit zuweist, geht nicht nur aus dieser einen Pescher-Stelle hervor, sondern auch aus mehreren Texten in den Psalmen, die nach Meinung der Gelehrten den "Lehrer" zum Verfasser haben.

Der Lieblingsprophet der Qumrângemeinde, der Prophet Jesaja, stand bei der Formulierung Pate: "Denn ein Kind ist uns geboren, ein Sohn ist uns geschenkt, die Herrschaft ruht auf seinen Schultern, man nennt seinen Namen (nach der ZUNZ-Bibel:) 'Wunder', 'Berater', 'starker Gott', 'ewiger Vater', 'Fürst des Friedens'" (102). Nach Meinung der Gelehrten soll

---

102 H. ZUNZ, Die vierundzwanzig Bücher der Heiligen Schrift, S.102. - Jes. 9,5 wird auch in der LUTHER-Binel in dieser fünffachen Titulatur wiedergegeben: "Wunderbar, Rat, Kraft, Held, Ewig-Vater, Friedefürst". - Die Übersetzung von ZUNZ ist aber vorzuziehen.

diese fünffache Titulatur den fünf ägyptischen Titeln für den Pharao-Gott entlehnt worden sein. Die ersten drei Titel des Jesaja-Textes kommen auch in dem "Lehrer"-Psalm 1 QH III (Zeile 10) vor, allerdings ist der dritte Teil leicht verfremdet. Die ersten beiden Titel im genauen Wortlaut: PäLä² = "Wunder" – YO ᶜeS = "Rat". Diese beiden Titel werden gewöhnlich eng miteinander verbunden: "Wunderrat" (so bei: HAMP, MENGE, Zürcher Bibel). Für den "Lehrer" wäre es Blasphemie gewesen, den dritten Titel von Jesaja wörtlich zu übernehmen und diesen "Wunderrat" als "starken Gott" zu bezeichnen: ²eL GiBOR. Er hat die heldische Stärke Gottes in den menschlichen Bereich zurückgenommen und formuliert: ᶜịM G.BURâTO = "mit seiner Heldenkraft".

Was den Jesajatext und den "Lehrer"-Text an dieser Stelle verbindet, ist der Bezug auf den "Maschiach"! Auch diese Textstelle muß messianisch gedeutet werden, und genau das hat den Gelehrten viel Kopfzerbrechen verursacht. Dabei hat einer von ihnen, O. BETZ, den Sinn dieses Psalms voll erfaßt und eine Deutung gegeben, die alle Schwierigkeiten auflöst. "Die Geburt der Gemeinde durch den Lehrer" hat er treffend seinen Aufsatz genannt (103). Das ist auch das Leitthema des "Lehrer"-Psalms 1 QH III,1-18! Der "Lehrer" sieht sich als Gebärerin; sein Sohn, den er unter schweren Schmerzen und Bedrängnissen zur Welt bringt, ist seine Gemeinde. Daß diese Deutung richtig ist, zeigt sich klar an der Fortsetzung. Hier wird ein anderes gebärendes Wesen genannt, die "Unheilschwangere", eine, die "schwanger ist mit Wahn", auch sie gebiert ein Kind, doch es ist dem Verderben, der Vernichtung preisgegeben. Dem "Lehrer" als Gemeindegründer stand ein anderer Gemeindegründer gegenüber, der "Lügenmann", der "Lügenprediger", der Gründer der pharisäischen Genossenschaft, den wir mit Fug und Recht mit dem Makkabäer Simon identifizieren dürfen. Doch während die Anhänger der Rivalensekte in der Unterwelt, in der Hölle, versinken, erstrahlt die Gemeinde des "Lehrers" im hellsten Licht einer messianischen Erscheinung: "... unter höllischen Wehen bricht hervor aus dem Schoß der Schwangeren ein 'Wunder von einem Ratgeber mit seiner Heldenkraft', und ein Mann entrinnt aus den Krampfwellen" (1 QH III,9-10). Was bei Jesaja über den "Sohn", den Maschiach, gesagt wurde, das sagt der "Lehrer", der die Gemeinde gebiert, über diesen seinen "Sohn" aus. Der "Lehrer" verleiht also seiner Gemeinde messianische Prädikate. Die Gemeinde ist für ihn der Maschiach!

----

103 O. BETZ, op.cit. (20).

Der "Lehrer"-Psalm 1 QH III,1-18 ist ein einzigartiger Text in vielfacher Beziehung, ein Unikum gewissermaßen. An keiner andern Stelle läßt sich der "Lehrer" herbei, seinen Hauptwidersacher, den "Lügenmann", den Gründer der Gegengemeinde, von Person zu Person anzugreifen. An keiner andern Stelle läßt der "Lehrer" erkennen, daß sein Denken auch dem Dualismus verhaftet ist; denn hier reißt er den Gegensatz auf zwischen Gott und Belial. Während sein "Kind", seine Gemeinde, als messianisches Kollektiv zum Heil bestimmt ist, öffnen sich die Tore der Unterwelt für die Gegengemeinde, diese Geschöpfe Belials sind der höllischen Vernichtung preisgegeben! An keiner andern Stelle wird deutlich, daß der "Lehrer" kein Asket ist, die die fleischliche Lust verdammt und das Weib als Gefäß des Bösen betrachtet, das den Menschen von seinem Heil abbringen kann. Die Unbefangenheit, mit der der "Lehrer" in die Rolle eines gebärenden Weibes hineinschlüpft, schließt jeden Verdacht einer asketischen Haltung aus. Die mönchische Lebensform dieser Gemeinde hatte andere Gründe, die mit der konsequent durchgeführten und das ganze Leben umfassenden priesterlichen Vorschrift der Reinheit zusammenhängen.

Der "Lehrer" sieht sich als den messianischen Propheten, der dem Maschiach den Boden bereitet. Für ihn ist der Maschiach keine Person mehr, sondern ein Kollektiv, das der messianische Prophet selber geschaffen hat: seine Gemeinde. Diese seine Gemeinde ist etwas Einzigartiges, und das kommt auch in der Bezeichnung für diese Gemeinde zum Ausdruck: Sie wird als YaCHaD bezeichnet, was schwer wiederzugeben ist, doch es steckt in diesem Terminus eine Bedeutung von "Einzigartigkeit", "Einmaligkeit" ... Diese Bedeutung entspricht genau der messianischen Wertschätzung, welche der "Lehrer" seiner Gemeinde entgegengebracht hat.

Der dem "Lehrer"-Psalm zugrunde liegende Jesajatext 9,5 ist eingefaßt vorne und hinten von Friedensbezeugungen. Ein solcher Text war für den "Lehrer" wichtig, weil er nicht das makkabäische Programm, Kampf und Krieg für Gott, anerkennen konnte, ja die genaue Gegenposition anstrebte. In Jes. 9,4 heißt es: "Denn jeder Soldatenstiefel, der dröhnend auftritt, und jeder Mantel, der in Blut gewälzt, wird verbrannt und eine Speise des Feuers." Es folgt dann die bekannte messianische Ankündigung: "denn ein Kind ist uns geboren ..." Doch nach der fünften Titulatur "Friedefürst" folgt Vers 6: "Groß ist die Herrschaft und endlos der Friede (sic!) für Davids Thron und sein Königreich, das er aufrichtet in Recht und Gerechtigkeit". Kein Wort von der Vernichtung der Söhne Seths, die nach der Bileam-Prophezeiung niedergeworfen werden müssen durch den Mann, der als "Stern/Zepter/Zuchtrute" in Num. 24,17 bezeichnet wird.

Nicht nur die Gemeinde, dieses messianische Kollektiv, welches durch den messianischen Propheten, den "Lehrer", unter widrigen Bedingungen, in "messianischen Wehen" geschaffen wurde, war etwas Einzigartiges, Einmaliges, sondern auch der Ort, wo diese "Auserwählten" Gottes wirkten, arbeiteten, beteten, lasen, interpretierten und lebten genau nach priesterlichen Vorschriften. Dieser Ort war herausgehoben, ein Ort besonderer Art, für die "Lehrer"-Leute war er "Pflanzung der Ewigkeit" oder auch "Pflanzung der Treue/Zuverlässigkeit/Beständigkeit". Eine messianische Paradiesinsel inmitten des Wüstenmeeres, inmitten einer Welt von Sünde und Gottlosigkeit, war das Ziel ihrer Bemühungen. Der Römer Plinius der Ältere berichtete später, daß diese essenischen Mönche unter Palmen wandelten, und wer diese Ausgrabungsstätte von Qumrân besucht, steht bewundernd vor dem weitverzweigten und teilweise untertunnelten Kanalnetz, das diese Mönche geschaffen haben. Wasser war in dieser Wüste notwendig zur physischen Existenzsicherung, zur kultischen Existenzsicherung und zur eschatologischen Existenzsicherung der Mönche von Qumrân.

Auf den "Lehrer" muß diese reichfließende Süßwasserquelle von 'En Feshkha – ganz in der Nähe der mönchischen Siedlung – einen besonderen Eindruck gemacht haben. In seinen Psalmen spricht er von diesem Wasser, von dieser Quelle, das ihm und seinen Mönchen in den heißen, den trockenen Monaten das Leben erhielt. Der "Lehrer" wäre nicht der "Lehrer" gewesen, hätte er nicht diesen lebensspendenden Quell mit seiner religiösen Erfahrung in Verbindung gebracht. Und wieder spricht er in seinen Psalmen von seiner Gemeinde als einem messianischen Gebilde!

Das biologische Geschehen des Wachsens und Gedeihens in der Wüste, bewirkt durch das lebensspendende Wasser, dieses "Sprossen" hat der "Lehrer" selber erlebt, vor Augen gehabt. Der tiefe Eindruck dieser biologischen Erfahrung hat sich bei diesem Meister der Sprache und einzigartigen "Theologen" auch in seinen Psalmen ausgewirkt. So hat er das "Sprossen" an der 'En-Fehkha-Quelle kühn mit dem "Sproß" Davids in Beziehung gebracht, der von den Frommen als messianischer Heilbringer erwartet wurde.

Der "Lehrer" muß aber eine Scheu gehabt haben vor allen Wesen, ob Engel oder Menschen, die in besonderer Weise ausgezeichnet sind und zwischen Gott und den Menschen - gewissermaßen als Mittlerwesen - eine Funktion haben. Der "Lehrer" hat eine solch persönliche - um nicht zu sagen: intime - Gotteserfahrung - erlebt, daß diese Gottesnähe nicht durch ein anderes Wesen gestört werden konnte. So gibt es für ihn keinen

"Lichterfürsten", keinen Erzengel Michael, und auch der Name des Königs David, welcher der Ahnherr geworden war des erwarteten messianischen Heilbringers aus Davids Geschlecht, muß dem "Lehrer" nicht viel bedeutet haben. In der Überlieferung gibt es für diesen "Sproß" Davids zwei biologische Termini. Der eine Terminus SäMaH ist sehr eng mit dem Namen "David" verbunden und so mit Assoziationen verknüpft, die mit seiner kriegerischen Vernichtungsaufgabe und nationalen Befreiungsaufgabe zusammenhängen. Derartige Auffassungen decken sich aber zu sehr mit den makkabäisch-militanten Bestrebungen, so daß sie für den "Lehrer" unannehmbar sind. So hält er sich an das andere Wort, zumal hier der Name "David" nicht vorkommt. Zudem könnte man aus dieser Stelle herauslesen, daß es keine leibliche Nachkommenschaft Davids gibt, daß nur ein "Stumpf" geblieben ist, an dem allerdings so etwas wie ein Wunder geschieht. Wieder ist es der Lieblingsprophet der Gemeinde, dessen Wort zugrunde liegt: "Aus Isais Stumpf aber sproßt ein Reis, und ein Schößling (NeSäR) bricht hervor aus seinem Wurzelstock ..." (Jes. 11,1). Der Jesajatext, der sich anschließt, scheint so recht nach den Intentionen des "Lehrers" gewesen zu sein, da war die Rede von "Geist", "Weisheit", "Verstand", "Rat", "Stärke", "Erkenntnis", "Furcht vor YHWH", "Gerechtigkeit", die Abrechnung mit den Gewalttätigen und den Frevlern erfolgt in einer geistigen Auseinandersetzung: Der "Sproß", der "Schößling" ... "schlägt die Gewalttätigen mit dem Stab seines Mundes und tötet die Frevler mit dem Hauch seiner Lippen." Der Text schließt mit der bekannten biologischen Friedensutopie: "Dann wohnt der Wolf bei dem Lamm und lagert der Panther bei dem Böcklein..." (Jes. 11,6).

Die Kolumnen VI, VII, VIII der Hodayot-Hymnen (1 QH) werden von der Mehrheit der Gelehrten als persönliche Psalmen des "Lehrers" aufgefaßt und anerkannt. In diesen Psalmen spricht der "Lehrer" mehrfach von dem "Schößling", einem messianischen Terminus, und setzt diesen "Schößling" (NeSäR) mit seiner eigenen Gemeinde gleich. Nicht nur in 1 QH III,10, sondern auch hier ist der Terminus, der zur Bezeichnung des Maschiach dient, ein Terminus zur Bezeichnung der "Lehrer"-Gemeinde. Seine eigene Gemeinde ist für ihn zum Maschiach geworden, und er selbst wird sich als endzeitlicher Prophet gesehen haben, der das Kommen des Maschiach vorzubereiten hat und das Werden des Maschiach in seiner eigenen Gemeinde prägend gestaltet.

In 1 QH VI,15-18 haben wir einen sehr verderbten Text, doch der Sinn läßt sich erkennen: "... Sproß wie eine Blume ... bis in Ewigkeit, um einen 'Schößling' (NeSäR) zu treiben für das Gezweig einer 'ewigen Pflanzung' (MaTTaC aT COLäM). Er wirft

Schatten auf den ganzen Erdkreis ... es wird der Quellort des Lichts zur ewigen Quelle ohne Aufhören ..." Der messianische "Schößling ist seine Gemeinde, Qumrân ist die "ewige Pflanzung", und von diesem Quellort des messianischen Heils wird der ganze Erdkreis überstrahlt. In 1 QH VII,19-20 spricht der "Lehrer der Gerechtigkeit" von seiner persönlichen Gottbeziehung, von dem Gottesbund und dem damit verbundenen Auftrag, eine Gemeinde zu gründen und eine "Pflanzung" anzulegen, und wieder ist die Gemeinde der "Schößling": "Ich aber stützte mich auf die Fülle DEINES Erbarmens, und auf den Reichtum DEINER Gnade harrte ich, um aufblühen zu lassen eine 'Pflanzung' und groß zu machen einen 'Schößling' (NeSäR), um stark zu machen in Kraft ... Denn in DEINER Gerechtigkeit hast DU mich hingestellt für 'DEINEN Bund'." Der "Lehrer" hat von Gott den Auftrag erhalten, eine messianische Gemeinde zu gründen.

In dem sehr langen Psalm 1 QH VIII,1-26 setzt sich der "Lehrer" mit seinen Widersachern auseinander und wählt dafür biologisch-botanische Bilder. Die "Wasserbäume" sind die Makkabäer, sie sind hoch und stolz, "aber zum Wasserlauf strecken sie ihre Wurzel nicht hin" (VIII,10). Mit dem Wasserlauf ist das Wasser des Lebens, die Tora, gemeint, welche die Makkabäer sehr oft verletzt und zu ihren Gunsten ausgelegt haben. Es scheint, daß der "Lehrer" hier in die Vergangenheit zurückblickt und zum Ausdruck bringt, daß seine Gemeinde aus Gliedern besteht, die einstmals chasidischen Gruppen angehört haben. Diese Chasidim scheint er mit den "Bäumen des Lebens" zu meinen, wenn er nicht gar seine eigene Gemeinde damit meint. Im Gegensatz zu den weithin sichtbaren, sich stolz reckenden "Wasserbäumen" sind die "Bäume des Lebens, verborgen ... und sie sollen einen 'Schößling' (NeSäR) treiben zu einer 'ewigen Pflanzung', ... und ihre Wurzeln sollen sie zum Wasserlauf strecken" (VIII,5-7). "Aber der 'heilige Sproß' (NeSäR QODäS) treibt Blüten zur 'Pflanzung der Treue/Festigkeit/Zuverlässigkeit' (MaTTa ᶜaT ᵓäMäT), verborgen, nicht geachtet und nicht erkannt, sein geheimnisvolles Siegel" (VIII, 10-11). Weder er noch seine Gemeinde, der "heilige Sproß", werden im Volke Gottes geachtet, doch das ist ein Geheimnis, und dieses Geheimnis unterliegt dem Willen und Ratschluß Gottes, ist nicht erkennbar für menschlichen Verstand, ist versiegelt. Es ist auch an dieser Stelle, an der der "Lehrer" von dem "heiligen Sproß" spricht, anzunehmen, daß er damit seine eigene Gemeinde meint und ihr nicht nur das messianische Prädikat verleiht, sondern auch das der Heiligkeit.

Der "Lehrer" ist von einem sehr starken religiösen Selbstgefühl erfüllt. An einer späteren Stelle desselben Psalms wird dies besonders deutlich - fast erschreckend deutlich. Er bleibt im botanischen Bilde, aber er meint es theologisch-soteriologisch: "Und wenn ich die Hand abwende, dann wird er wie Wacholder in der Wüste und sein Wurzelstock wie Unkraut in salzigem Boden..." (VIII,24). Nur in dieser Pflanzung des "Lehrers" ist Heil, von ihm hängt es allein ab, ob ein Mensch im Gericht Gottes gerettet wird oder nicht.

Dieses übermächtige religiöse Selbstbewußtsein, diese Mittlerstellung zwischen Gott und Mensch, die er sich hier anmaßte, wird ihm viel Kritik in seinen eigenen Reihen eingetragen haben. So ist es unumstößliche Tatsache, daß es zu einem Schisma innerhalb der Gemeinde kam: Ein Teil verließ den "Lehrer", wanderte aus und gründete im Lande Damaskus eine eigene Sondergemeinde, die sehr viel konservativer war als die "Lehrer"-Leute, die in Qumrân zurückblieben. Es werden vor allem die Alt-Chasidim gewesen sein, welche an der Tradition festhielten und sich nicht von der Persönlichkeit des "Lehrers" beeindrucken ließen (104). Sie hatten, als der "Lehrer" im Ausland war, die notvollen Zeiten der Verfolgung erlebt, durchlitten und waren zu einer verschworenen Gemeinschaft geworden. In ihrer Damaskusschrift (CD) wird das Bileamsorakel zitiert (Num. 24,17): "Es geht ein Stern auf aus Jakob, und ein Szepter hat sich erhoben aus Israel." Die Deutung ist traditionell: "Und der Stern, das ist der 'Erforscher der Tora' (DOReŠ HaTORâH), der nach Damaskus kommt..." (CD VII,18-19). Vermutlich ist damit der messianische Prophet (Elia) gemeint, der in der Endzeit vor dem Kommen des Maschiach und der Aufrichtung des Gottesreiches alle juristischen, rituellen und biblizistischen Unklarheiten anhand seiner Auslegung der Tora klären wird. Der Maschiach folgt ihm, und er ist nach der alten Tradition

----

104 H. STEGEMANN, op.cit. (27) hat mit sicherem philologischem Gespür aus den Texten den Gegensatz zwischen der Ordensregel und der Damaskusschrift herausgelesen und dabei auch den Eindruck gehabt, daß der "Lehrer" sich in einen frommen Kreis eingedrängt hatte. Leider hat er aber daraus den falschen historischen Schluß gezogen, daß der "Lehrer der Gerechtigkeit" vorher Hochpriester im Tempel zu Jerusalem gewesen und von dem Makkabäer Jonatan anno 152 ante aus dem Amte gedrängt wurde. Doch hat es zwischen 159 und 152 ante keinen Hochpriester in Jerusalem gegeben. Dazu H. BURGMANN, Das umstrittene Intersacerdotium in Jerusalem 159 - 152 v.Chr., Journ. f. the Study of Judaism, Vol. XI, No. 2, S.135-176.

der Vernichter-Held, der mit den alten Feinden des Gottesvolkes Israel endgültig abrechnet: mit Edom, Seir, Og und den Kenitern und Amalekitern ... In der Damaskusschrift CD VII,20-21 heißt es: "Das Szepter, das ist der Fürst der ganzen Gemeinde; und wenn er auftritt, wird er niederwerfen alle Söhne Seths". Die übrigen Stellen der Damaskusschrift CD sind eindeutig: Es gibt nur einen einzigen Maschiach: den "Gesalbten aus Aaron und Israel" (CD XII,23; XIV,19; CD XIX,10-11; XX,1). Von diesem Maschiach wird in CD XIX,10 ausdrücklich gesagt, daß er Schwertarbeit leisten wird und die Frevler vernichten wird. Das sind ganz andere Töne, als wir sie aus Qumrân hören.

Die "Lehrer"-Leute in Qumrân konnten die Maschiach-Konzeption des "Lehrers", wonach seine Gemeinde als messianische Größe zu betrachten sei, nicht durchhalten. Sie lenkten zurück in traditionelle Bahnen. Der "Lehrer" mag um 110 ante gestorben sein. Es war eine bewegte Zeit damals, eine Zeit der Wende. Große Veränderungen bahnten sich auch für diese essenische Gemeinde an. Der Hochpriester Hyrkan I., der sich aufgrund seiner Gottesgabe, der Wahrsagekunst, als Antipode des "Lehrers der Gerechtigkeit" verstand und sich auf die Feinde der Qumrângemeinde, auf die pharisäische Genossenschaft, stützte, schwenkte gegen Ende seines Lebens um und schloß sich politisch an die Sadduzäer an. Die früheren Freunde waren jetzt seine Feinde, die er verfolgte. Die Pharisäer, die vorher opportunistisch ihren Einfluß stärken wollten, wurden plötzlich prinzipientreu und bekämpften die unwürdige, untragbare, torawidrige Personalunion von Hochpriester und Staatschef und Generalissimus. Das heilige Salböl des Hochpriesters und das vergossene Blut an den Händen des militanten Staatschefs stießen sich gegenseitig ab, waren nicht zu vereinen, so wenig wie Wasser und Feuer ... Einen ähnlichen Standpunkt vertraten auch die Essener in Qumrân, zumal sie von Anfang an in der Gegnerschaft gegen die Makkabäer jegliche militante Einstellung in dieser Jetztzeit und vor allem das Bemühen der Makkabäer ablehnten, ein großräumiges Territorium für den Tempelstaat und damit für das Kommen Gottes zu erobern. Diese antimilitante Haltung schlug sich auch in ihrer Messias-Konzeption nieder. Im Gegensatz zu der traditionell-konservativen Damaskus-Gemeinde trennten die Qumrân-Leute diese beiden Funktionen des Messias, die kämpferisch-nationalistische Seite wiesen sie dem Messias aus Israel zu, während der heilbringende Friedensfürst für sie der Messias aus Aaron war. Die Zentralstelle dieser Auffassung, die sogar alle drei messianischen Personen nennt, ist in der Ordensregel 1 QS IX,9-11 zu lesen: Die Männer der Gemeinde sollen fest an der Tora festhalten, "bis daß der Prophet und die Gesalbten Aarons und Israels kommen".

Damit war die Gemeinde des "Lehrers" wieder zur Personalisierung des "Maschiach" zurückgekehrt (105).

Für diese Gemeinde, die nach priesterlichen Vorschriften ihr Leben gestaltete, gab es keinen Zweifel, wer in dieser doppelköpfigen Auffassung von dem "Maschiach" an erster Stelle stand: Selbstverständlich stand der Friedensmessias über dem Kriegsmessias! Dafür haben wir auch ein beredtes Zeugnis in einem Anhang zur Ordensregel. In 1 QSa II,11-22 wird uns ein rituelles Mahl in der messianischen Zeit geschildert, an dem die beiden Messiasse mit ihren Gefolgschaften teilnehmen. Der Priestermessias wird begleitet von "allen Vätern aus den Söhnen Aharons", also den Priestern, während dem "Messias aus Israel" die Generäle folgen, die "Häupter der Tausendschaften Israels" (106). Der Priester-Messias segnet das Brot und den Tirosch, ein Getränk, das nach Meinung der Gelehrten aus Fruchtsaft oder Most/unvergorenem Wein oder gar Wein bestanden hat. "Und er (also der Priester-Messias) soll zuerst seine

----

105 Nach J. MAIER, Die Texte vom Toten Meer, Band I: Übersetzung, Band II: Anmerkungen, 1960; II, S.33 sind diese drei Personen auch in 4 Q test bezeugt. "Die Aufspaltung in einen Laien- und Priestermessias ist bereits alttestamentlich vorgebildet (s. Sach. 6,9-13; 3,8; 4,11-14), also kein Novum und war anscheinend in weiteren Kreisen verbreitet ..., wobei priesterliches Interesse lieber vom 'Fürsten' (nśy^c) oder vom 'Messias aus Israel' spricht als vom Sproß oder Sohn Davids ... Wahrscheinlich ist es eben auf priesterliche Interessen zurückzuführen, wenn in den wichtigen Qumrântexten der Davidide ziemlich an die Wand gespielt wird."

106 In diesem Sektentext ist der Rahmen weit gespannt, er umfaßt nicht nur die fromme Gemeinde, er umfaßt ganz Israel. Doch bei beiden Gefolgschaften, beim Priestermessias wie beim Israel-Messias, sind die Frommen vertreten. So folgen dem Priestermessias nicht nur die Priester, sondern auch "die Berufenen der 'festgesetzten Zeit', die Männer des 'Namens'", die also in das Buch, das Rettung und Heil verheißt eingetragen sind. Dem "Messias aus Israel" folgen nicht nur die Generäle, sondern auch die "Häupter der Väter der Gemeinde mit den Weisen der Gemeinde der Heiligkeit" ... (Übersetzung nach K. SCHUBERT, op. cit. (3), S.102).

114

Hand ausstrecken nach dem Brot, und danach (sic!) soll der Messias Israels seine Hände nach dem Brot ausstrecken" (1 QSa II,20-21).

Es gibt noch einen andern Text, in dem die drei messianischen Personen unterschieden werden, dabei ist bei diesem Text besonders hervorzuheben, daß jede der drei messianischen Personen die Berechtigung ihrer "Existenz" aus einem Text der Tora herleiten kann. Vielleicht hatte dieses lose Blatt der Testimonia (4 Q test) einstmals die Aufgabe, Angriffe gegen diese Konzeption des doppelköpfigen Messias abzuwehren. Diese apologetische Aufgabe gegen Widersacher der Gemeinde, kann man auch daran erkennen, daß jeder Text mit der Maßregelung der Kritiker endet. So heißt es beim Text Deut. 18,18-19 über den messianischen Propheten: "(wer) nicht hören will auf meine Worte, die der Prophet in meinem Namen sagen wird, so werde ich selbst von ihm Rechenschaft fordern" (4 Q test 7-8). Die zweite messianische Person ist der "Stern/Szepter/Zuchtrute" – Mann des Bileamsorakels. Er "zerschmettert die Schläfen Moabs und tritt nieder alle Söhne Seths" (Num. 24,15-17 = 4 Q test 12-13). Die dritte messianische Person ist Levi, der Stammvater des Priestermessias aus Aaron. Da heißt es am Schluß: "Zerschlage seinen Gegner und denen, die ihn hassen, die Hüften, daß sie nicht wieder aufstehen (Deut. 33,8-11 = 4 Q test 19-20).

Aus der Reihenfolge der messianischen Personen in 4 Q test läßt sich keine Bewertung der zwei Messiasse erkennen. Vermutlich steht der Gedanke dahinter, daß der "Stern/Szepter"-Messias als Vernichter der Feinde vorher auftreten muß, damit der "Levi"-Messias aus Aarons Stamm, dessen Ahnherr Levi sich vielfältig bewährt hat im Dienste Gottes, sein Werk tun kann. Damit sind gemeint die "Rechtssatzungen", die "Tora" und kultische Tätigkeiten wie die Darbringung von "Räucherwerk" und "Ganzopfer" auf dem Brandopferaltar (4 Q test 17-18).

Dieser Text 4 Q test 1-20 ist jedenfalls ein eindeutiger Beweis dafür, daß diese Gemeinde an das Erscheinen von drei messianischen Personen geglaubt hat, wenn sie nicht gar in der ersten messianischen Person, in dem messianischen Propheten ihren Gemeindegründer, den "Lehrer der Gerechtigkeit", gesehen hat. Daß dieses lose Blatt der 4 Q test noch eine vierte messianisch zu geltende Person nachträgt in den Zeilen 21-30, eine Person, die als "Verfluchter", als "einer von Belial" eingeführt wird, eine Person, die wohl mit Recht als Antimessias zu deuten ist, das führt auf ein weites Feld, das hier nicht zu beackern ist (107).

Aus der Reihenfolge der Personen kann man keine Bewertung ableiten. Doch dürfte es als sicher gelten, daß für diese Gemeinde, die nach priesterlichen Vorschriften lebte, der Levi-Messias höher stand als der Mann, den Bileam "enthüllten Auges" gesehen hat, der Vernichter der Feinde Israels. Es ist vielleicht kein Zufall, daß Levi in Verbindung gebracht wird mit den Thummim und den Urim Gottes, mit der Wahrsage auf Gottes Geheiß. Diese Fähigkeit der Wahrsage muß in der damaligen Zeit eine große Rolle gespielt haben. Von der pharisäischen Partei unter ihrem hochpriesterlichen Oberhaupt, dem Hasmonäer Hyrkan I., wurde die richtige verifizierte Wahrsage als Argument benutzt gegen die Gemeinde des "Lehrers", der Untergang und Vernichtung durch die Kitti'im prophezeit hatte. Es ist durchaus möglich, daß der "Lehrer" sich als der messianische Prophet verstanden und daß seine Gemeinde ihn auch so gesehen hat. Sicherlich ist es Absicht bei dem Zitat, den messianischen Propheten betreffend, daß der Text mit dem Vers 19 abbricht. Denn zur damaligen Zeit – in der Zeit des Hochpriesters Hyrkan I. – konnte der weiterführende Text gegen den "Lehrer" und seine Gemeinde ausgelegt werden: "Der Prophet jedoch, der sich vermessen sollte, ein Wort in meinem Namen zu verkünden, dessen Verkündigung ich ihm nicht aufgetragen habe ... ein solcher Prophet muß sterben ... der Spruch, den der Prophet zwar im Namen YHWH's verkündet, der aber nicht Wirklichkeit wird und nicht eintrifft (sic!), der Spruch ist ein solcher, den YHWH nicht geredet hat. In Vermessenheit hat ihn der Prophet vorgetragen..." (Deut. 18,20-21).

Die prophetische Wahrsage, die sowohl der "Lehrer der Gerechtigkeit" als auch der Hochpriester Hyrkan I. für sich beansprucht haben, muß sich bewahrheiten, sonst ist sie nicht von YHWH! Der Prophet, der aus eigener Vermessenheit nicht wahrsagt, sondern "falschsagt", muß sterben. Man kann sich vorstellen, wie diese Worte der Tora damals zur Zeit Hyrkans I. gewirkt haben. Hyrkan, ein glücklich regierender Herrscher, getragen von der Gunst des Volkes, den syrischen Clinch der rivalisierenden Thronprätendenten geschickt ausnutzend, von der frommen Pharisäergenossenschaft lange Jahre unterstützt, hatte gewahrsagt, was sich auch hinterher bewahrheitete.

----

107 Siehe H. BURGMANN, Antichrist – Antimessias – der Makkabäer Simon? Judaica, 36. Jahrg., Heft 4, 1980, S.152-174.

Und der "Lehrer"? Er hatte Vernichtung durch die Kitti'im vorausgesagt, Verderben für Volk und Land. Doch weit und breit waren keine Kitti'im zu sehen ... Eine schwerwiegende Krise für die Gemeinde des "Lehrers". Sie wirkte sich nicht aus, denn der Hochpriester Hyrkan I. verließ die "Koalition" mit den Pharisäern und wandte sich deren Feinden zu. In diesem Aufwind lebten auch die "Lehrer"-Leute auf. In dieser Zeit werden sie auch ihren "Lehrer" begraben haben und sie haben sicherlich auch Ausschau gehalten nach neuen Ufern ...

Die Kitti'im kamen doch, allerdings viele Jahre später, als der "Lehrer" prophezeit hatte, sie kamen in der Zeit der "letzten Priester". Die Römer, auf die die makkabäischen Hasmonäer und Hasmonäer-Könige ihr Vertrauen gesetzt hatten, kamen mit Pompejus anno 63 ante, und fortan lebten die Juden wieder unter dem Joch der Heiden. Weit schlimmer als vorher. In dieser Zeit der Not wurde der alte, fast vergessene goldstrahlende Traditionsfaden von dem Davidsproß wieder aufgenommen und die Hoffnung auf den nationalen Befreier neu geweckt. Es ist schwierig, die Zeugnisse der Qumrângemeinde immer in das jeweils richtige Prokrustesbett der Geschichte zu pressen, doch kann hier angenommen werden, daß die beiden Zeugnisse, die hier nun folgen, in diese Zeit der römischen Fremdherrschaft gehören! Der Jakobssegen, der Gen. 49,10 auf Juda ruht und seinem Herrscherstab, wird im Patriarchensegen 4 Q patr. auf den Davidsproß gedeutet: "Solange Israel die Herrschaft hat, wird nicht ausgerottet sein einer, der darin thront, der zum Hause Davids gehört. Denn der Herrscherstab ist der 'Bund der Königsherrschaft', die Tausendschaften Israels sind die Füße, bis daß kommt der 'Gesalbte der Gerechtigkeit', der 'Sproß Davids'; denn ihm und seinem Samen ist der 'Bund der Königsherrschaft' über sein Volk gegeben für ewige Geschlechter..." Hier ist ein anderer "Bund" vorherrschend, nicht mehr der "Bund", den der "Lehrer" mit Gott eingegangen ist... In dem andern Text, der beherrscht wird von der Unduldsamkeit gegenüber den Heiden - sehr im Gegensatz zur Damaskusschrift CD - wird von der Verheißung im 2. Sam. 7,11-14 ausgegangen: "Das ist der 'Sproß Davids', der mit dem 'Erforscher der Tora' auftreten wird in Zion am 'Ende der Tage' ..." (Florilegium I, 10-12)

Der Maschiach wird auftreten als nationaler Heilbringer mit dem Tora-Ausleger, vermutlich dem Propheten Elia, der alle angesammelten und aufgestauten Wirrnisse und Unklarheiten mittels seiner profunden Kenntnis der Tora mit einem Schlage beseitigen wird...

Es ist nicht zu bestreiten, daß die Gemeinde von Qumrân im Laufe ihrer Geschichte von zahlreichen Abfallbewegungen heimgesucht wurde. Der Grund liegt offen zu Tage. Eine Gemeinde, die täglich, ja stündlich die Ankunft Gottes und die Errichtung des Gottesreiches erwartete, konnte diese Haltung nicht ungefährdet über zweihundert Jahre und viele Mönchsgenerationen hinweg durchhalten. Pharisäische Einflüsse veränderten die Gemeinde, die Tierknochen in den Opferschalen, die Frauengräber auf dem Friedhof, die Targumim in den Höhlen zeugen von diesem Einfluß. Doch ganz zuletzt scheint der militant pharisäische, der zelotische Einfluß doch so übermächtig geworden zu sein, daß die Gemeinde genötigt wurde, eine militant-makkabäische eschatologische Schrift umzuarbeiten mit der Absicht, die jungen aktivistischen Mönche, die darauf brannten, den Kampf mit den Römern aufzunehmen, in der Gemeinde zu halten und sie auf den messianischen Endkampf zu vertrösten. Diese Rolle von dem "Krieg der Söhne des Lichts gegen die Söhne der Finsternis" ist oft als der Höhepunkt der Qumrângemeinde verstanden und damit mißverstanden worden ...

Ein unbeugsamer, durch die Zeitläufe nicht veränderbarer Kern der Gemeinde wird auch in dieser letzten Zeit das Harren und Hoffen auf den Tag Gottes durchgehalten und den Aktivismus des Kampfes mit den Römern abgelehnt haben. Wir wissen nicht, wer in der Siedlung von Qumrân gewesen ist, als die Kohorten des römischen Feldherrn Vespasian ihre Pfeile abschossen und Qumrân in Besitz nahmen. Waren es Zeloten, die die quietistischen Mönche vertrieben hatten. Waren es zelotische Mönche, oder waren es noch die Quietisten, die in der "Wurzel der Pflanzung" das ihnen von Gott zuerkannte Geschick standhaft erlitten.

Mag sein, daß diese Quietisten die Siedlung schon vorher verlassen mußten, gezwungen durch die zelotisch-militanten "Eiferer". Mag sein, daß diese Quietisten, die immer noch auf das Kommen Gottes und das Erscheinen des Maschiach warteten, nach so vielen Jahren des Wartens verzweifelt waren und in dieser Notsituation zweifelten, ob ihr Wollen, ihr Weg, ihre Wünsche dem Willen Gottes entsprachen. Für sie war und blieb der "Maschiach" der Bringer des Friedens auf Erden. Die Beziehungen zu den Anhängern dieses Jesus aus Galiläa mögen von Anfang an sehr freundschaftlich gewesen sein, es gab viele Berührungspunkte. Mag sein, daß ein Teil dieser quietistischen Mönche von Qumrân - desillusioniert von den Hoffnungen ihrer Gemeindetradition - sich den Anhängern dieses Jesus "Maschiach", griechisch "Christos", angeschlossen hat ...

5. Kapitel

DAS KOMMEN GOTTES AUS DEM NORDEN ENTZWEIT DIE ESSENER – DER VISIONÄR IN JERUSALEM – DER TURM UND DIE TOTEN IN QUMRAN

Nach dem Bruch des Hochpriesters Hyrkanos I. mit den Pharisäern ergab sich für die essenische Gemeinde im Lande Juda
eine völlig neue Lage. Der doppelte Druck, der über mehrere
Jahrzehnte ausgehalten werden mußte, die Unterdrückung durch
die hochpriesterliche Staatsspitze und die Anfeindungen der
bisher staatstreuen und staatstragenden pharisäischen Genossenschaft, das alles hörte schlagartig auf.

Diese entscheidende Wende hatte nicht nur positive Folgen.
Die so plötzlich gewonnene Freiheit ermöglichte nicht nur eine
Entfaltung in einem vorher nicht erlebten Ausmaß, die Freiheit
schuf auch einen Nährboden für divergierende Meinungen und
Spaltungstendenzen. Der bisherige äußere Druck erzwang in
dieser Gemeinde Zusammenstehen, Zusammenhalt und Einigkeit.
In der Freiheit zerbrach die Einheit.

Innerhalb der Gemeinde gab es keine Autorität mehr, die durch
persönliche Strahlkraft, durch das Charisma die Einheit erhalten konnte. Denn der "Lehrer der Gerechtigkeit", der Begründer
und Präger dieser Gemeinschaft, lebte zu dieser Zeit sicherlich
nicht mehr. Trotzdem wird dieser Mann immer noch in seiner
Gemeinde als starker Magnet gewirkt haben, und er wird viele
Anhänger für sich gewonnen haben, die ihm über den Tod hinaus die Treue hielten und bemüht waren, sein Werk fortzusetzen. Das bedeutete aber: in Qumrân zu bleiben! Qumrân war
heiliger Ort, Qumrân war "Pflanzung der 'Ewigkeit'", Qumrân
war "Pflanzung der 'Wahrheit'", Qumrân war der Ort, wo die
Gemeinde der "Auserwählten" Gottes sein Kommen am letzten
Tage des irdischen Äons erwartete. Es mußte fester Glaube der
Anhänger des "Lehrers" gewesen sein, daß der Hochheilige zu
ihnen, den Treuesten der Treuen, kommen und ihnen hier, in
Qumrân, das Heil bringen würde ...

Doch es gab noch einen andern Magneten, der auf diese Gemeinde einwirkte: der Tempel in Jerusalem. Nach der Verfolgungszeit
wird man in der essenischen Gemeinde froh gewesen sein über
die unerwartete Wende, und man wird zu dem Hochpriester ein
einigermaßen normales, aber sicherlich distanziertes Verhältnis
gesucht und vielleicht auch gewonnen haben. Von jetzt an er-
strahlte der vorher verleumdete Tempel in einem andern Licht.

Der Tempel war und blieb der Ort, der die Herrlichkeit der hoch gebauten Stadt Jerusalems auf sich vereinigte. Und Jerusalem war der Ort, der die Herrlichkeit des weiten Landes Juda auf sich zog, und das heilige Land war der Mittelpunkt der Welt. Mögen solche Gedanken in dieser frühen Zeit noch nicht so pointiert formuliert gewesen sein, die Herrlichkeit und Hoheit des Tempels war unbestritten für jeden frommen Juden. So lag es nahe, daß es auch innerhalb der essenischen Gemeinschaft, die bisher den Tempel als unwürdigen Ort für die Herrlichkeit Gottes betrachtet hatte, nunmehr Männer gab, die den Tempel als Ort Gottes ansahen, an welchem Ort der Höchste auch in der Endzeit walten würde. Für sie würde Gott nicht nach Qumrân kommen, sondern selbstverständlich nach Jerusalem, in sein Heiligtum! So kam es, daß eine essenische Gruppe Qumrân verließ und sich in der Stadt des Heiligtums, in Jerusalem, niederließ. Sie blieben aber Essener, sie vermochten sich nicht von den Vorstellungen der Qumrângemeinde zu lösen, daß Gott von Norden kommen würde zu Gericht und Gottesherrschaft. Der Hochheilige würde allerdings nicht nach Qumrân kommen, sondern zu seinem Tempel in Jerusalem und von hier aus seine Herrlichkeit entfalten...

So kam es zu einer Entfremdung und zu einer Spaltung der "Lehrer"-Gemeinde in die beiden essenischen Fraktionen, der "Qumraniten" und der "Jerusalemiten". Beide essenischen Gruppen waren aber in dem Gedanken einig, daß Gott von Norden kommen würde zum Gericht und zur Gottesherrschaft und den "Auserwählten" Gottes zum Heil. Die Nordrichtung war in dieser Gemeinde sicherlich die Gebetsrichtung. Auch haben die Ausgrabungen in diesem riesenhaften Friedhof von Qumrân gezeigt, daß die Augen der Toten nach Norden schauten, in die Richtung, von wo Gott kommen würde.

Daß Gott im Norden zu suchen war, beruhte auf alten Vorstellungen, die schon in der vorisraelitischen Zeit, bei Phöniziern und Kanaanitern vorhanden waren. Bei den Israeliten kamen dann noch historische Erfahrungen hinzu. Die Nordrichtung wurde als zwiegesichtig, ambivalent erfahren, die Richtung war einerseits heillos, andererseits heilbringend. Von Norden kamen die heidnischen, zerstörerischen Heerhaufen der Assyrer, der Babylonier, der makedonischen Griechen. Nach Norden zogen die Deportierten, die dann in der Fremde "an den Wassern von Babylon saßen und weinten". Doch von Norden kam auch Gott und brachte das Heil. "An jenem Tage" – darauf vertrauten die Frommen – würde der Hochheilige kommen und nach dem Fall des letzten der vier irdischen Weltreiche sein Gottesreich aufrichten. Dann würden von Norden her die Deportierten kommen, die zerstreuten Stämme. An der Nordgrenze würden sie sich

sammeln und dann in die alte Heimat einziehen und hinauf-
steigen nach Zion ... Die Nordrichtung war ambivalent, von
dort kam Schrecken und Heil.

Gott, der das Heil bringen würde, ist aber derselbe Gott, der
als Strafe für das sündige Volk ihm auch den heidnischen
Feind ins Land schickte. So schickte Gott Assur, nach Jes.
10,6: "Gegen ein gottloses Volk sende ich ihn. Er soll Beute
machen und Raub sich holen." Ein vernichtendes Urteil spricht
Gott über die frevlerische Regierung Manasses in Juda (687-
642): "Ich werde Unglück über Jerusalem bringen..., so daß
allen beide Ohren gellen ... wegwischen will ich Jerusalem ...
ich werde sie in die Hand ihrer Feinde ausliefern, daß sie zum
Raub und zur Beute werden ... weil sie taten, was böse ist in
meinen Augen und mich reizten von dem Tage an, da ihre Väter
aus Ägypten zogen, bis auf den heutigen Tag." (2. Kön. 21,12-
15) In Jes. 5,26 wird Gott sogar als Heerführer oder als Herold
mit Pfiff und Fahne dargestellt, der das heidnische Heer gegen
sein eigenes Volk zur Vernichtung zusammenruft: "Ein Panier
pflanzt er auf für sein Volk aus der Ferne und pfeift es herbei
von den Enden der Erde (sic!), und siehe, in Eilmärschen
kommt es heran" (108).

Doch Gott bedient sich nicht nur der heidnischen Heerscharen,
um sein Volk für die Sünde zu strafen, er wählt auch einen
heidnischen Herrscher aus, um sein Volk zu retten und sein
Heiligtum wieder aufrichten zu lassen. So steht in Jes. 41,25
das bedeutsame Wort: "Ich aber erwecke den Retter vom Norden
her (sic!), und er kommt..." Gemeint damit ist der Perserkönig
Cyrus, der die Exilierung der Juden aufgehoben, die Rückkehr
der Deportierten nach Jerusalem und damit den Wiederaufbau
des Tempels ermöglicht hat. Dieser "Retter von Norden" könnte
aber in der Überlieferung der Juden mehr Gewicht gewonnen
haben als die vernichtenden Heerscharen von Norden, obwohl
sie beide heidnische Mächte waren! Diese Rettung von Norden
bei Jesaja, dem Lieblingsprophet der Qumrângemeinde, könnte
sicherlich dazu beigetragen haben, die künftige Rettungstat
Gottes auch vom Norden her zu erwarten ...   ‑

----

108 E. KAUTZSCH, Die Heilige Schrift des Alten Testaments
     (4. Aufl. 1922), I, S.598, bemerkt zu dieser Stelle, daß
     das Aufpflanzen einer Fahne auf weithin sichtbarer Höhe
     den in der Umgebung weidenden Stamm zu den Waffen
     ruft.

Gott würde von Norden das Heil bringen, das war feststehende Überzeugung der essenischen Gemeinde. Gott würde von Norden kommen. Doch im Norden gab es verschiedene Gegenden, verschiedene Örtlichkeiten, die sich mit dem Kommen Gottes aus dem Norden in Verbindung bringen ließen. Es lassen sich vier topoi, vier Gegenden, vier Örtlichkeiten feststellen, die in der Überlieferung bewahrt sind.

Die am weitesten entfernt liegende Gegend war Hyrkanien, gelegen an Kaspisee/Kaspischem Meer. Schon diese zwei Möglichkeiten, diese Wasserfläche zu kennzeichnen, drücken das Problem aus, das in jener Zeit bestand; denn man hielt die See für ein Meer, für das Meer, das die Landmasse des Orients im Norden abschloß. Damit war Hyrkanien der Nordpunkt der Erde, ein Ort, der mit dem Kommen Gottes aus dem Norden verbunden wurde. Wenn Männer den Namen "Hyrkanos" trugen, so stand sicherlich im Hintergrund der Glaube an das Gottesreich am Ende der Tage. Damit ist der Name "Hyrkanos" ein eschatologischer Name. Es ist kein Zufall, daß gerade ausgewiesen fromme Männer diesen Namen trugen. Der Tobiade Hyrkan errichtete im Ostjordanland einen Konkurrenztempel zu dem in Jerusalem, vielleicht kann die bildliche Gestaltung uns Aufschluß geben über die Besonderheit seines Glaubens. Der Hasmonäer Hyrkan I., Hochpriester in Jerusalem, verfügte über die Gabe, Gottes Stimme zu vernehmen und Weissagungen auszusprechen. Daß die Familie der Makkabäer/Hasmonäer an das nahe Kommen Gottes geglaubt hat, ist verbürgt, manche Aktionen dieser Leute lassen sich gar nicht anders erklären.

Die nächsten beiden Punkte, die mit dem Kommen Gottes aus dem Norden in Verbindung gebracht werden konnten, lagen näher, sie lagen an der Nordgrenze des Landes Gottes, es waren Berge, der Hermon und der Libanon. Wenn man bedenkt, daß an dieser Nahtstelle zwischen dem Land der Heiden und dem Land Gottes sich die zerstreuten Stämme "an jenem Tage" wieder sammeln würden und daß hier sogar die Entscheidungsschlacht zwischen den Kräften des Maschiach und denen des Anti-Maschiach geschlagen werden würde, dann gewinnen diese beiden Berge eine besondere Bedeutung. Berge und vor allem solche hohen Bergmassive, wie der Libanon und der Antilibanon, übten zu allen Zeiten eine besondere Faszination auf den Menschen aus und gewannen in den alten Zeiten eine besonders starke religiöse Bedeutung. Wenn dazu noch die Eigenart kam, daß die Höhen von Schnee bedeckt waren, dann erhöhte dies noch die Heiligkeit dieser Berge. Denn jegliche Eigenart bedeutete "Heiligkeit"! Dazu kommt, daß Berge in der Geschichte Israels schon immer eine große Rolle gespielt haben, der Sinai, der Horeb, der Zion. Das religiöse Bewußtsein der Juden war schon auf Berge fixiert. Auch mag die Vorstellung eine Rolle gespielt haben, daß Gott, wenn er aus den Himmeln kam, seinen Fuß auf einen hohen Berg im Norden setzen würde.

Libanon und Hermon werden aber in der Überlieferung nicht als gleichwertig angesehen, sie haben gegensätzlichen Charakter. Der Hermon, nicht ganz 40 km westlich von Damaskus, im Bereich des nach Norden verlängerten Erdbebenrisses, ist der höchste Berggipfel des Landes. Er bildet den südlichen Hauptgebirgsstock des Antilibanon und ist 2.700 Meter hoch, etwas niedriger als die Zugspitze. Dieser hohe Berg ist aber in der Überlieferung negativ besetzt. Hier stiegen die abtrünnigen Engel, die in Gen. 6 erwähnt werden, vom Himmel herab, hier schwuren sie ihrem Führer Asasel den Eid, ihren bösen Willen ohne Wanken auszuführen. Daher hat der Berg den Namen "Hermon" bekommen und ist ein "böser Berg". Deshalb ist sein Gipfel öde, von Schnee bedeckt, er ist "Bannort, Tabuort, unzugänglicher Ort" (109).

Daß der Hermon aber auch als der Ort angesehen wird, an dem die siegreiche Schlacht im eschatologischen Endkampf gegen die Feinde Gottes geschlagen wird, wird einmal in Qallir's religiöser Poesie angedeutet: "Komm herab vom Hermon, um zerschmetternd zu vernichten den 'Roten'!" Mit dem "Roten" ist die widergöttliche, antimessianische Weltmacht Rom gemeint (110).

----

109 CHäRMON bedeutet "Unzugänglicher", abgeleitet von ḤRM = "etwas zum Verbotenen machen, bannen, der Vernichtung weihen, für Gott weihen" – Im übrigen wird der Hermon wegen seiner Höhe in der Bibel als "Großer Berg" bezeichnet, so in Deut. 4,48 und auch bei Ezechiel. Bei den Nachbarn heißt der Hermon anders: Sirjon (Ps. 29,6) ist der phönizisch-sidonische Name, bei den Amoritern heißt der Berg Senir. Arabische Geographen gebrauchen allerdings den Namen "Senir" für den nördlichsten Abschnitt des Antilibanon.

110 "Come straight from Hermon to shatter the Red One", N. WIEDER, The Judean Scrolls and Karaism, 1962, S.7. In diesem Kapitel folge ich weitgehend den Ausführungen von N. WIEDER, ohne ihn immer ausdrücklich zu zitieren. – Nach J.M. ROSENSTIEHL, Le portrait de l'Antichrist, in Cahiers de la Revue d'Histoire et de Philosophie religieuses, No. 41, (1967), der das Porträt des Antimessias herausgearbeitet hat, hat diese widergöttliche Person Ähnlichkeit mit der Charakterisierung des römischen Kaisers

Der andere hohe Berg im Norden ist der Libanon. Dieses lang-
gestreckte Bergmassiv ist nicht so hoch wie der Antilibanon,
verläuft völlig parallel, durch ein Tal getrennt, im Westen
davon. Im Gegensatz zu dem abweisenden und unzugänglichen
Hermon wird der Libanon mit freundlichen Farben gemalt. Er
ist der Berg der hochragenden Zedern, aber auch des Duftes
und des Weines, ein Boden, der Früchte und Blumen in gleicher
Weise hervorbringt. Dieser paradiesische Berg trägt Züge, die
man fast als messianisch bezeichnen kann. Umkehr zu Gott bedeutet Heil, Glück und Segen. Das ist ausgedrückt in Hosea
14,1-8, wo Israel, das zu Gott umkehren soll, mehrfach mit dem
Libanon verglichen wird. Israel soll "blühen und duften wie
der Libanon" und soll "blühen wie der Weinstock, dessen Ruhm
ist wie der des Weines vom Libanon." Vollends messianisch
wirkt der Psalm 72,7 + 16: Gerechtigkeit, Überfluß der Früchte
werden hier zusammengesehen: "In seinen Tagen erblüht Gerechtigkeit, die Fülle des Friedens ... Fülle an Korn sei im Lande
bis auf den Gipfel der Berge; Überfluß wie im Libanon (sic!)
beim Sprießen der Frucht; Blüte wie Kraut auf der Erde."

Doch es gibt auch andere Töne, heftige Ausfälle gegen den
Libanon. Das könnte damit zusammenhängen, daß die Pforte
von Hamat am Libanon seit jeher der Weg der Feindeinfälle
war. So heißt es in Sach. 11,1-2: "Öffne, Libanon, deine Tore,
daß Feuer deine Zedern verzehre. Heule, Zypresse, daß die
Zeder gefallen ist, daß die Herrlichen vernichtet sind..." Ähnlich Psalm 29,5-6: "Die Stimme YHWH's zersplittert die Zedern
des Libanon. Gleich einem Kalbe macht er springen den Libanon, gleich einem jungen Büffel den Sirjon (= Hermon)." Libanon und Hermon waren ein Streifen von Grenzland im Norden,
der Libanon war ein blumiges Gefilde, wenn er zu Israel gehörte, doch der Vernichtung preisgegeben, wenn er Feindesland
war. Hier sind auch Kämpfe angedeutet, kriegerische Auseinandersetzungen, die möglicherweise sogar den endzeitlichen
Kampf vorwegnehmen, der hier im Norden zwischen den heidnischen Nationen und dem Volk Gottes ausgetragen wird ...

Caligula durch Seneca und Sueton. In den Texten ist
dieser Antimessias (die Urfigur für den Antichrist) beschrieben, er hat rotflammende oder rotgelbe Haare
(sic!), die Augen sind bluttriefend-rot oder grausam-grün
oder kühl-grau oder blau. Physiologische Charakteristika
für einen Europäer, hier für die verhaßte Feindmacht
Rom. Siehe dazu auch: H. BURGMANN, Antichrist - Antimessias - der Makkabäer Simon? in Judaica, 36. Jahrg.
Heft 4, 1980, S.152-174. Idem, Zwei lösbare Qumrânprobleme, S.203-228.

Vieles ist hier zwiegesichtig. Auch die Zeder, der markante Baum im Libanon, heute nationales Symbol in der Fahne des Staates Libanon! Die hochragende Zeder ist Sinnbild der Kraft. Doch die Kraft hat zwei Gesichter, einmal ist sie menschliche Kraft, die sich übernimmt und zu Stolz und Überheblichkeit wird. Doch die Kraft kann auch Würde und staatliche Macht beinhalten. Es gibt zwei Zeugnisse über die Zeder, die genau diesen Gegensatz aufweisen, die aber beide messianisch zu deuten sind! Jesaja 10,33-34 brandmarkt den Hochmut und die Arroganz der heidnischen Feindmächte, die vernichtet werden. Und dann wird der Maschiach erscheinen aus Davids Stamm: Nach dem Willen Gottes werden "die Hochgewachsenen gefällt, und die Hohen sinken nieder. Zusammengehauen wird das Dickicht des Waldes mit dem Eisen, und der Libanon fällt durch einen Herrlichen. Ein Reis wird hervorgehen aus dem Stumpf Isais..." (Jes. 10,30-11,1) (111).

Bei Ezechiel fehlt der Gedanke gewiß nicht, daß die hochgewachsene und übermütig gewordene Zeder dem Strafgericht Gottes verfällt (Ez. 31,10-14), doch bei ihm ist die Zeder auch ein Symbol staatlicher Macht (Ez. 17). Wenn der mächtige Raubvogel (Nebukadnezar) den Wipfel der Zeder wegnimmt, dann ist es aus mit der Selbständigkeit des Tempelstaates. Mit Hilfe der Zederschößlinge beschreibt er die Deportation und den unglücklichen Ausgang der Königsherrschaft. Doch einstmals wird die Macht des Tempelstaates wieder hergestellt werden, und der Prophet verwendet wieder das Bild der Zeder des Libanon, doch dieser Berg wandelt sich in seiner Phantasie zum Zion: "Ich will nehmen von dem Wipfel der hohen Zeder (sic!), von ihren obersten Schößlingen will ich ein zartes Reis abpflücken und es auf einen hohen und ragenden Berg (sic!) einsetzen. .. Pflanzen will ich es auf Israels höchstem Berg (sic!), und es wird Zweige hervorsprossen und Äste treiben und zu einer herrlichen Zeder (sic!) werden. Unter ihr sollen wohnen alle Vögel jeglichen Gefieders, im Schatten ihrer Zweige sollen sie nisten." (Ez. 17,22-24). Diese Gottesrede verbindet den Baum des Libanon mit dem Tempelberg Zion. Ob die stolze und hochragende Zeder vernichtet wird, wie bei Jesaja, oder ob ein Schößling

----

111 Übersetzung: Zürcher Bibel, S.705 – Andere Übersetzung in der Herder-Bibel, S.1045: "Da haut der Herr YHWH Zebaot mit schrecklicher Gewalt die Zweige ab, die ragenden Wipfel sind gefällt, das Hochgewachsene stürzt zu Boden. Unter der Axt bricht des Waldes Dickicht, und der Libanon fällt mit seinen herrlichen (Zedern)."

der Zeder zu neuem Leben erweckt wird, wie bei Ezechiel, in beiden Texten wird die Hoffnung ausgesprochen, daß der Maschiach kommen wird aus Davids Geschlecht.

In der Qumrângemeinde hat der "Lehrer der Gerechtigkeit" sich selbst als den Propheten angesehen, der die Endzeit ankündigt, und seine Schöpfung, seine Gemeinde, war für ihn der Maschiach, ein Kollektiv, welches das Heil verbürgt und bringt. Die Spitzengruppe dieser Gemeinde waren die Priester. Ihre weiße Gewandung mag die Assoziation zu der weißen Schneekuppe des Libanon hergestellt haben. In Hab. 2,17 ist von der "Gewalttat am Libanon" die Rede, die den Chaldäern zur Last gelegt wird. Im dazugehörigen Peschertext (1 Q p Hab XII,2-3) wird aber diese Aussage nicht auf die Kittiim bezogen, sondern auf den "Frevelpriester" und seine "Tat, die er an den Armen getan hat." Dann heißt es weiter: "Denn der Libanon, das ist der Rat der Gemeinschaft" (Zeile 3-4). Diese Spitzengruppe wird hier abgehoben von den "Einfältigen Judas", also den Laien dieser Gemeinde – möglicherweise sind hier die Essener in den Dörfern und Städten gemeint, gewissermaßen essenische Tertiarier. Der Text bringt wenig, vor allem keinen Bezug auf messianische Ereignisse, wozu das Stichwort "Libanon" hätte führen können. Offenkundig war diese Gemeinde nur um sich selbst bemüht und ihr eigenes Heil; die zerstreuten Stämme waren ihr fern. Ihr eigenes Tun war wichtig, das Studium und die Auslegung der Schrift und das tägliche Hoffen und Harren auf das Gottesreich. Eine kämpferische Beteiligung an den letzten eschatologischen Kämpfen kam keineswegs in Frage – das betrachteten ja die verhaßten Makkabäer als ihr Anliegen. Erst spät sollte dieses Problem, durch fremde Einflüsse veranlaßt, diese Gemeinde berühren ...

Auf einen interessanten Kommentar zu einer Stelle des Hohen Liedes macht N. WIEDER aufmerksam. Die Textstelle 4,8 lautet: "Komm mit mir vom Libanon, o Braut ... und schau in mein Vermählungszimmer von der Quelle des Flusses Barada von der Spitze von Senir und Hermon." Der Text hat tatsächlich allegorische Bedeutung, das ergibt sich aus merkwürdigen Wendungen, in denen die Braut als wahrhaftes Israel dargestellt und eine Beziehung zum Tempelberg hergestellt wird (112). Für den

----

112 Der Schmuck der Frau trägt starke kriegerische Züge. Es gleicht "dein Hals dem Davidsturm, mit Steinvorsprüngen versehen." Oder: "Tausend Schilde hängen an ihnen als Wehrgehenke der Helden" (Hohes Lied 4,4). Auch die Erwähnung von "Myrrhenberg" und "Weihrauchhügel" (4,6) weist auf den Tempel von Jerusalem.

Kommentator YEFETH ben ALI ist der Sprecher dieser Passage Elia, der Künder der eschatologischen Zeit. Elia öffnet die Tür des Brautgemachs. Die Vereinigung umfaßt die Altstämme Israels, Juda und Benjamin, mit den verlorenen versprengten Nordstämmen. Diese Vereinigung findet statt am Ort der hohen Gebirge Libanon, Senir (nördlichster Teil des Antilibanon), Hermon (südlichster Teil des Antilibanon). "Der Sinn des Verses ist: Die Exilierten werden kommen von Osten, Norden und Süden zu der Gegend des Libanon, des Senir und des Hermon, und von dort werden sie in das Land eintreten zusammen mit dem Rabbi Elia – Friede sei mit ihm." (113)

Die Rückführung der verstreuten Nordstämme ist ein wichtiger Bestandteil biblischer Überlieferung (114).

----

113   N. WIEDER, op.cit. (110), S.7.

114   In Sacharja 10 und 11 sorgt Gott für die Befreiung und die Rückkehr der zerstreuten Stämme: "Ich werde sie zurückführen" (10,6) – Ich will ihnen pfeifen, um sie zusammenzubringen" (10,8) – "Ich säte sie unter die Völker" (10,9) – "Ich werde sie in das Land Gilead (und den Libanon führen)" (10,10). Auch in Micha 2,12-13 ist Gott aktiv als guter Hirte: "Sammeln will ich ganz Jakob, versammeln will ich den Rest Israels. Ich will sie zusammenbringen wie Schafe im Pferch". Daß es nicht ohne Gewalt und Kampf abgeht, zeigt der folgende Vers: "Vor ihnen her geht der Bahnbrecher. Er bricht durch, sie schreiten durch das Tor." Gott ist hier allein aktiv, die Frommen sind passiv. Das war schon in der Tradition begründet. Gott rettete das Volk aus der Knechtschaft und führte es heraus aus Ägypten. Gott schickte ihm den Retter, den Perserkönig Cyrus, und ermöglichte so erneut die Befreiung und die Heimkehr aus der babylonischen Gefangenschaft. – Doch mit zunehmender individueller Verantwortung änderte sich das Bild. Der Fromme wurde aufgerufen zur Teilnahme, zur Mitwirkung an dem Geschehen. Das Wort des Jesaja zog weite Kreise: "Bereitet dem Herrn den Weg in der Wüste!" Die Makkabäer sahen darin die Aufforderung zum Kampf gegen die Heiden und zur Erweiterung des Tempelstaates durch Annexionen. Die Pharisäer sahen darin die Aufforderung, für die Heiligung des ganzen Volkes durch "Volksmission" Sorge zu tragen. Die Essener sahen darin die Aufforderung, sich in die Wüste zurückzuziehen und alle Frommen des Volkes, als "heiligen Rest Israels" in einer exklusiven Gemeinschaft zu sammeln ...

Es gibt natürlich auch Texte, in denen die Berge Libanon und Hermon nicht genannt werden, in denen nur von Bergen die Rede ist, ohne daß man sie lokalisieren kann, ohne daß sie einen lokalisierbaren Namen tragen. Bei diesen imaginären Bergen handelt es sich um prophetische Visionen, um mythische Vorstellungen und in einem Fall um einen seltsamen Namen, von dem aber die Gelehrten annehmen, daß sie es wissen, wo dieser Ort zu lokalisieren ist.

In Sach. 6,1 haben wir eine Vision von vier Wagen. "Sie kamen zwischen den zwei Bergen hervor, und die Berge waren von Erz." Unwillkürlich denkt man dabei an den Libanon und den Antilibanon, an Libanon und den Hermon, die Berge im Norden. Vorher waren diese Wagen in der Nähe Gottes, also im Norden? Denn es heißt: "... nachdem sie vor dem Herrn der ganzen Erde gestanden", werden die Wagen nun von roten, schwarzen, weißen, scheckigen Rossen in die vier Himmelsrichtungen gezogen (Sach. 6,5). In Sach. 6,8 folgt dann der seltsame Satz: "Sieh, die auszogen nach dem Lande des Nordens (sic!), lassen den Geist YHWH's nieder im Lande des Nordens (sic!). Doch vom Geist YHWH's getrieben, werden sie zurückkehren und den Tempel wieder mitbauen." Diese Zusammenfügung der Universalität Gottes, der "zwei Berge", des Landes im Norden und die hier angedeutete Rückkehr der verlorenen Stämme – ein wichtiges Thema bei Sacharja – zeigt doch, daß hier gedankliche Zusammenhänge bestehen.

Ein imaginärer Berg im Norden war der "Versammlungsberg" der Götter. In dem Spottlied auf den toten König von Babel wird in Jesaja 14,8-13 eine makabre Szene geschildert. Als der mächtige König in der Unterwelt ankommt, freuen sich die von ihm besiegten Fürsten, daß er ihnen nun gleich geworden ist, und sie verspotten seinen Hochmut und seine Überheblichkeit, den Göttern gleich zu sein: "Zum Himmel will ich steigen, meinen Thron über Gottes Sterne setzen, auf dem 'Versammlungsberg' (HaR MO[c]eD) im höchsten Norden (sic!) will ich wohnen. Ich will zu Wolkenhöhen mich erheben, gleich sein dem Allerhöchsten." (Jes. 14,13)

Hier liegen uralte Vorstellungen zugrunde! In der Vorzeit konnte man sich nicht denken, daß der Polarstern ohne Stütze am Himmelgewöble hängt. Entweder ruhte er auf einer Säule auf, die von der Erdscheibe aus in schräger Richtung nach Norden führte, oder er bildete die Spitze eines Berges, der sich im Norden in den Himmel erstreckte. Es gab allerdings noch eine andere Vorstellung, daß dieser Stern ebenso wie das ganze Himmelgewölbe auf einer Bogenkonstruktion aufruhte, die an zwei Punkten des Horizonts auf der Erdscheibe festgemacht war.

Zuweilen konnte man diese Himmelsbrücke sehen: Es war der Regenbogen, eine auch für den modernen Menschen immer noch faszinierende Erscheinung! Verbreiteter war aber der Glaube an den Himmelsberg im Norden, dem Ort, wo sich die Götter versammeln. "Diese mythologische Vorstellung von dem Götterberg im höchsten Norden findet sich nicht nur bei Indern, Persern, Griechen, Germanen, sondern auch bei Semiten." (115) "Seit dem 15. Jh.v.Chr. ist der alte semitische Sturmgott Hadad (akkadisch Adad) der ... regierende König der Götter (und hat) seinen Thronsitz auf einem Berge fern im nördlichen Himmel..." (116). Geburt, Leben und Tod der Götter sind mit diesem Weltberg eng verbunden. Nach einem assyrischen Text werden sie hier geboren und erzogen, im Baal-Epos von Ugarit wird der Leichnam des Gottes "in sein Heim im nördlichen Himmel" getragen und dort bestattet (117). Diese altsemitischen Vorstellungen von dem Himmelsberg im Norden haben auch Nachwirken gehabt im Denken Israels. So ist auf diesem Berg nach Ez. 28,12 der "Garten Gottes", Eden, das Paradies, zu suchen (118). Nach T. MILIK hat das Paradies im Norden auch bewirkt, daß die Mönche von Qumrân Gott im Norden gesucht haben (119). Eine solche weitreichende Wirkung hat der "Versammlungsberg" der Götter ausgelöst. Vergessen werden soll dabei nicht, daß dieser "Versammlungsberg" auch zum Berg werden konnte, wo sich die verlorenen zehn Stämme einstmals wieder versammeln würden.

Ein weiterer imaginärer Berg ist nach Meinung der Gelehrten kein imaginärer Berg. Der Name weist auf einen ganz bestimmOrt in der Landschaft Israels. Diese Lokalisierung gelingt

----

115   N. WIEDER, op.cit. (110), S.XX.

116   W.F. ALBRIGHT, Die Religion Israels im Lichte der archäologischen Ausgrabungen, 1956, S.89.

117   W.F. ALBRIGHT, op.cit. (116), S.169, 102.

118   E. KAUTZSCH, op.cit. (108), (AT) I, S.614.

119   Siehe H. LICHTENBERGER, op.cit. ( ), S.229: "Die Gräber wurden fast ausnahmslos (ca. 1200) in Nord-Süd-Richtung angelegt, wobei der Kopf im Süden lag. Für diese außergewöhnliche Begräbnisart hat J.T. MILIK eine schlüssige Erklärung gegeben: 'Man glaubte das Paradies im Norden...'".

allerdings nur durch eine Verstümmelung des Namens ... Der Name steht in der Apokalypse des Johannes, einem christlichen Werk im Neuen Testament, doch bezieht sich der Verfasser an dieser Stelle ausdrücklich auf die jüdische Überlieferung. Vorausgeht ein Vers, wonach teuflische, widergöttliche Mächte am Werke sind, "das sind nämlich Dämonengeister, die Wunderzeichen wirken, die ausziehen zu den Königen des ganzen Erdkreises, um sie zum Krieg am großen Tag des allmächtigen Gottes zu versammeln." (Apok. 16,14) ... "Und sie versammelten sich an dem Ort, der auf hebräisch (sic!) HARMAGEDON heißt." (Apok. 16,16) Die Gelehrten manipulieren an diesem Namen so lange, bis er ihren Wünschen entspricht. Aus "Har" = Berg machen sie "Ar", aus "Magedon" machen sie "Mageddon", und damit ist für sie die Lösung sonnenklar: "Stadt Megiddo"! Doch "Ar" ist ein Gebiet in Moab und der Name einer Stadt in Moab! "Ar" hat nicht die Bedeutung: "Stadt"! Manche wollen am "Berg" ("Har") festhalten und denken an den Karmel, den "Hausberg" von Haifa. Doch Haifa ist von Megiddo 35 km entfernt. So kann der Karmel nicht "herangezogen" werden! Apok. 16,14-16 erinnert stark an Hen. 6,5: Die gefallenen Engel versammeln sich zum Aufruhr auf dem Berg Hermon (sic!). Der Berg Hermon paßt besser als das Bergchen, diese leichte Anhöhe von Megiddo! Bei der jüdischen, auf Berge fixierten Denkweise ist für "Harmagedon" ein richtiger Berg zu fordern und zu erwarten, keine Anhöhe! In der biblischen Überlieferung wird Megiddo nie mit einem Berg in Verbindung gebracht, sondern immer mit einer Talaue oder einem Gewässer.

Zugegeben muß werden, daß Megiddo ein außergewöhnlicher Ort ist. Megiddo liegt am Kreuzpunkt wichtiger Handelsstraßen. Von der Küstenstraße, welche die Römer via maris nannten, zweigen hier drei Straßen ab, eine zur Küste nach Akko-Ptolemais, eine zum Jordan nördlich vom See Genezareth und von da weiter nach Mesopotamien, und die dritte direkt zum Jordan südlich vom See. Diese verkehrstechnische Bedeutung Megiddos ist kein Beweis, daß hier die letzte Entscheidungsschlacht geschlagen würde zwischen der Macht Gottes und den Gewalten des Teufels.

Die Lage ist allerdings in der Geschichte sehr bedeutsam gewesen. Seit Beginn der chalkolithischen Epoche, also seit etwa 3.500 Jahren, ist diese Stadt nicht weniger als zwanzigmal zerstört worden. Wenn in dem Museumsprospekt steht, Megiddo sei ein "ewiges Mahnmal an die Kriege und Verwüstungen, von denen die Welt seit ihrer Erschaffung heimgesucht wurde", so gilt dieser Satz für uns, er trägt aber keinerlei Beweislast für die Juden der damaligen Zeit. Die kannten nur zwei Schlachten, die in der Nähe von Megiddo geschlagen wurden. Die Könige

Kanaans "stritten da zu Thaanach an den Wassern Megiddos" (Ri. 5,19). Den Sieg erfochten der Richter Barak und die Prophetin Debora. Die zweite Schlacht, die bei Hadad-Rimmon im Tal von Megiddo geschlagen wurde, verlief unglücklich. Der König Josia verweigerte im Jahre 609 ante dem Ägypterkönig Necho den Durchzug durch sein Land, trat ihm mit einem Heere entgegen und verlor hier bei Megiddo Schlacht und Leben, da er nicht "den Worten Nechos aus dem Munde Gottes gehorchte", wie das 2. Chronikbuch (35,32) tadelnd bemerkte. So bestand wenig Grund, die eschatologische Schlacht mit diesen beiden kriegerischen Auseinandersetzungen in der Nähe Megiddos in Verbindung zu bringen. Der einzige, der später in Megiddo eine Schlacht gewonnen hat, war der britische General Allenby, der im 1. Weltkrieg hier die Türken besiegte und vom englischen Königshaus mit dem Titel eines "Lord von Armageddon" geehrt wurde. Übrigens wieder diese Manipulation mit Weglassung und Hinzufügung von Buchstaben!

Wenn man die Vorliebe der Juden und die religiöse Tradition der Berge bedenkt, des Sinai, des Horeb, des Zion, und diesen Bergen noch Libanon, Hermon, den Götterberg unterm Sternenzelt hinzufügt, dann muß man auch für Magedon unbedingt einen Berg verlangen ... (120).

Vielleicht ist es aber doch möglich, diesen imaginären Harmagedon einigermaßen zu lokalisieren. Das Neue Testament der Christen wird durch die Apokalypse des Johannes abgeschlossen. Das apokalyptische Buch im Tenach ist der Spätling Daniel. Wenn in Apok. 16,16 auf eine hebräisch-jüdische Tradition verwiesen wird, dann ist es geboten, sich den Daniel anzusehen. In der Vorstellung des Daniel sind es vier Weltreiche, die sich

----

120   In einem Qumrântext, einem Pescher zu Jesaja, 4 Q p Jesa, Zeile 9, heißt es: "... wenn heraufsteigt von der Ebene Accos zu kämpfen gegen ..." J.M. ALLEGRO hat darüber die phantasievolle Ansicht geäußert, daß der Messias von Akko her nach Megiddo heraufsteigt, um hier am Harmagedon die große Entscheidungsschlacht zu kämpfen. Doch die Leute von Qumrân erwarteten nicht nur den Maschiach und das Gottesreich, sondern auch die Kittiim, die nach biblischen prophetischen Voraussagen die frevelhafte Herrschaft der usurpatorischen Hochpriester in Jerusalem beseitigen würden. Bei diesem Textstück liegt es näher, an die Kittiim, an die Römer, zu denken, die ja tatsächlich auch der Hasmonäerherrschaft ein Ende gemacht haben.

allmählich abnutzen und einander ablösen: Babylonia, Media, Persia, Makedonia. Wenn es mit dem griechischen Weltreich der Makedonen zu Ende geht, dann bricht das Gottesreich endlich und endgültig über die Welt herein. Es ist verständlich, daß die heidnischen Makedonen sich gegen diese Veränderung zur Wehr setzen, so daß es zu einer letzten großen Entscheidungsschlacht kommt. Diese Schlacht könnte naturgemäß in dem Grenzstreifen zwischen dem makedonisch-syrischen Herrschaftsgebiet und dem Land Gottes stattfinden, in dem Grenzbereich, in dem die hohen Gebirgsmassive des Libanon und des Hermon aufragen. Vielleicht ist es gar nicht so abwegig, daß man einen dieser Berge als "Berg der Makedonen" bezeichnet hat. Demnach könnte es heißen in Apokalypse 16,16: "Und er versammelte sie an dem Ort, der auf hebräisch Harmagedon heißt, nämlich dem "Berg der Makedonen". Allerdings ist diese Erklärung so naheliegend und so plausibel, daß sie kaum Aussichten hat, angenommen zu werden ...

Daß im Zusammenhang mit der letzten Entscheidungsschlacht Gottes notwendigerweise Berge zu erwähnen sind, geht aus einem Text bei Ezechiel hervor. Zwar handelt es sich hier um die "Berge Israels", und es ist wenig wahrscheinlich, daß es sich hier um die Bergmassive im Norden handelt, obwohl das feindliche Volk aus dem fernen Norden kommt und mit seinen Heerscharen an Libanon und Hermon vorbeiziehen muß. Es ist das Volk Gog aus dem Lande Magog. Sie sind "Bewohner des Nordens" (121). Sie kommen vom Ufer des Schwarzen Meeres, aus Armenien, aus dem Taurus (122). Sie kommen aber nicht, von

---

121 "Zu 'Gog' gibt es ein lautlich entsprechendes Wort in den Amarnabriefen, das 'Bewohner des Nordens' bezeichnet", so F. RIENECKER, op.cit. (88), S.504.

122 Das Land Magog muß im Norden zu suchen sein, dafür sprechen die in Ez. 28,2 genannten Länder Meschech und Tubal, Länder am Ufer des Schwarzen Meeres. "Gomer... Bet Togarma" (Ez. 38,6) weist auch auf den Norden, mit "Gomer" werden vermutlich die Kimmerier am Schwarzen Meer bezeichnet, während das "Haus Togarma" wohl in Armenien, im nördlichen Gebiet des Taurus, zu suchen ist, nach E. KAUTZSCH, op.cit. (108), (AT), I, S.943.

teuflischen Kräften gelenkt wie in der christlichen Apokalyptik (123). Gott ist der Herr, Gott ist der alleinige Herr, Gott ist der Herr auch über dieses Kriegsvolk Gog aus dem Lande Magog. Durch den Propheten spricht er dieses Volk an: "Nach langer Zeit wirst du dann aufgeboten werden." (Ez. 38,8) Die "lange Zeit" bedeutet den Ablauf des irdischen Äons, an dessen Ende Gott dieses Kriegsvolk kommen läßt. "Am Ende der Jahre wirst du in ein Land kommen ... zu einem Volke, das aus vielen Völkern wieder gesammelt ist auf den Bergen Israels, den lange verödeten. Nun ist es aus den Völkern herausgeführt..." (Ez. 38,8) Wir sind hier schon inmitten der eschatologischen Ereignisabfolge. Die zerstreuten Stämme sind schon gesammelt und in die Heimat zurückgeführt. Es heißt dann weiter: "... und sie alle wohnen in Sicherheit." Sie wähnen sich auch in Sicherheit, doch Gott ist mit seinem Volk nicht zufrieden, weil es "nur an Besitz und Erwerb denkt" und hochfahrend ist, weil es "auf dem Nabel der Erde wohnt." (Ez. 38,12) Daraufhin erfolgt ein strafender Kraftakt Gottes! Diese Ruhe und Selbstsicherheit wird Gott ein allerletztes Mal stören, und er fordert das Volk Gog aus dem Lande Magog auf: "Und du wirst heran-

----

123 Die christliche Apokalypse hat keine Beziehung zu der Bedeutung des Nordens im Judentum, auch ein anderer Unterschied ist bemerkenswert: Der radikale jüdische Monismus/Monotheismus wurde nicht beibehalten, sondern eine dualistische Weltsicht hier vorgetragen. Die Völker, "die an den vier Ecken der Erde sind," werden nicht von Gott als strafende Kriegsscharen herangeführt, hier ist es Satan, der sie "aufbietet". (Apok. 20,8) Lange nach der Exilzeit ist die dualistische Weltansicht auch in das Judentum eingedrungen und hat vor allem in der Gemeinde von Qumrân die Gemüter bewegt. Doch als die christliche Gemeinde den Dualismus aufnahm, wurde er vom Judentum ab- und ausgestoßen, wie alles, was dieses erstarkende Christentum für sich beanspruchte und mit Beschlag belegte. So wurden abgestoßen: die Septuaginta, Belial, der Antimessias, das übersteigerte, penetrante Sündenbewußtsein des Scha-ul/Paulus, das in der christlichen Kirche zum Zuchtmittel entarten konnte. In einem langen geschichtlichen Prozeß hat sich diese Entwicklung vollzogen, die auch vor der erhabenen Gestalt des Mose nicht Halt machte. Die Gottesnähe des Jesus machte die Gottesnähe des Mose fragwürdig, und so wird der Mann aus Ägypten in der mittelalterlichen Pesach-Haggada mit keiner Silbe erwähnt.

ziehen wie ein Unwetter." (Ez. 38,9) "Wenn mein Volk in Sicherheit wohnt, wirst du dich aufmachen und von deinem Wohnsitz herkommen, vom äußersten Norden (sic!) ... ein mächtiges Heer." (Ez. 38,1-15) Die Strafaktion läuft an: "Am Ende der Tage wird es geschehen, da führe ich dich in mein Land, damit die Völker mich kennen lernen, wenn ich mich vor ihren Augen an dir, Gog, als heilig erweise ... Du bist ja der, von dem ich in früheren Tagen durch meine Diener, die Propheten, geredet habe." (Ez. 38,16-17) Bei dieser Formulierung wird man an den Habakukpescher (1 Q p Hab) erinnert, in dem in ganz ähnlicher Weise das Ende der Tage mit dem Erscheinen der Kittiim in Verbindung gebracht wird, wobei der biblische Text des Propheten Habakuk als begründende Aussage dient (124). Das Erscheinen dieses Volkes aus dem Norden erfolgt ja nach göttlichem, durch Prophetenworte verdeutlichtem Plan. Gott sorgt auch für dieses mörderische Volk Gog: "Ich führe und geleite dich und bringe dich aus dem äußersten Norden (sic!) und führe dich auf die 'Berge Israels'" (Ez. 39,2). Doch dann, wenn die Sünder im jüdischen Volk durch dieses Werkzeug Gottes ausreichend gestraft und wieder Gott gegenüber Reue zeigen und sich zur Umkehr entschließen (ein Gedanke, der übrigens gar nicht im Text enthalten ist), dann erfolgt ganz plötzlich, wie aus heiterm Himmel, der Umschlag ... Gott straft den heidnischen Sieger, sein Werkzeug, mit Vernichtung: "Und ich schlage dir den Bogen aus der Linken, aus der Rechten lasse ich deine Pfeile fallen." (Ez. 39,2-3) Es ist hier genauso wie bei Daniel. Ohne jegliches menschliches Zutun geschieht alles. Gott allein ist der Wirkende! "Auf den Bergen Israels wirst du fallen." (Ez. 39,4) Kein Mensch, kein Jude wendet sich gegen diese mörderischen Kriegsscharen Gogs aus dem Lande Magog. Gott allein tut alles, er bewirkt die Lähmung in diesem Heerhaufen, er bewirkt, daß diese gottlosen Krieger sich gegenseitig vernichten. Auch läßt er die Elementarkräfte auf dieses heidnische Heer einwirken. Durch Pest, Blut, Wetterguß, Hagel, Feuer und Schwefel wird es dezimiert und schließlich zugrunde gerichtet. Das alles kommt über Gog und seine Truppen, "damit die Völker erkennen, daß ich YHWH bin."

----

124 Habakuk-Pescher 1 Q p Hab II,7-10: "... wenn sie alles hören, was kommen wird über das letzte Geschlecht, aus dem Munde des Priesters (= "Lehrer der Gerechtigkeit"), den Gott gegeben hat ..., um zu deuten alle Worte seiner Knechte, der Propheten, durch die Gott verkündigt hat alles, was kommen wird über sein Volk und sein Land."

Diese "Kraftbegegnung" Gottes, eine Formulierung, die mir besser zu sein scheint als die von den Theologen bevorzugte "Heimsuchung", dieses Vernichtungswerk, an dem "die Bewohner der Städte Israels" sich überhaupt nicht beteiligt hatten, dieser Alleinkrieg Gottes gegen Gog aus dem Lande Magog, wird sicherlich von Einfluß gewesen sein auf die essenische Gemeinde von Qumrân, in deren spezifischen Schriften sich gleichfalls keine menschliche Beteiligung am endzeitlichen Kriege findet. Der "Krieg der Söhne des Lichts gegen die Söhne der Finsternis" hat eine makkabäische Schrift zur Grundlage und wurde in der späten Tempelzeit, als zelotische Gedanken und zelotische Abwanderungen immer stärker das Gemeindeleben störten, in Qumrân überarbeitet, um die Heißsporne in der Gemeinde zu halten.

Nach der Tötung der Feinde durch Gott erfolgt die Grablegung. Die von Gott getöteten Kriegsscharen dürfen nicht das heilige Land verunreinigen, im Osten des Toten Meeres, im "Tal Abarim" werden sie ihr Grab finden. E. KAUTZSCH sagt dazu: "YHWH's Land soll ganz von den Überresten Gogs und seiner Scharen gereinigt werden" und "Heidenland ist unreines Land." (125) Dieses "Tal Abarim", das "Tal der Durchziehenden", vermutlich das Arnontal im Hochland von Moab, wird aber jetzt seiner Funktion völlig entzogen; denn eine Sperre wird errichtet, so daß es zum Gottesland hin ein völlig abgeschlossenes Grab bildet.

Daß diese heidnischen Toten von dem Lande Gottes durch eine Sperre isoliert wurden, führt uns zu der Problematik des heiligen und unheiligen Bodens. "Heidenland ist unreines Land", sagt KAUTZSCH. Folglich ist Gottesland "reines Land"! Und dazwischen muß eine Isolierung sein! Diese Erkenntnis könnte vielleicht auch ein Problem lösen, das die Qumranologen schon lange beschäftigt. In dem Kloster von Qumrân wurden Tierknochendepots gefunden. Tierknochen wurden in Tonschalen "deponiert" und vergraben, begraben. Tieropfer müssen aber bei den essenischen Mönchen von Qumrân verpönt gewesen sein, bei den essenischen Familien in Damaskus sind allerdings Tieropfer bezeugt. Es gab aber eine Zeit in Qumrân, da machte das Kloster das Tor weit auf, und es kamen viele, die gar nicht zur Kerngemeinde von Qumrân gehörten, vielleicht auch Rückwanderer aus der Damaskusgemeinde. Sicherlich kamen viele Asylanten aus den Reihen der Pharisäer, als diese die Not

---

125   E. KAUTZSCH, op.cit. (108), (AT) I, S.981.

der Verfolgung durch die hasmonäische Staatsmacht erleiden mußten, und es kamen auch Leviten, mit einem hohen Reinheitsanspruch an Tempel, Stadt und Land. Alle diese Gruppen brachten ihre Anschauungen mit, ihre Schriftrollen, ihre Kultbräuche, ihre Familien. Alle waren fromme Juden. Doch gerade deswegen gab es Spannungen in Qumrân. Die Kerngemeinde hatte längst anstelle des Tieropfers ein Kultmahl mit Brot und Tirosch (Fruchtsaft/Traubensaft/Most/Wein) eingeführt, das sie als eine Überhöhung des blutigen Tieropfers angesehen hat. Doch einige Gruppen der Zugewanderten hielten am Tieropfer fest. Es muß zu einem Kompromiß gekommen sein. Die Tierknochen durften begraben werden, sogar in dem Klosterareal von Qumrân, doch mußten diese Knochen isoliert werden von dem heiligen Boden der "Pflanzung der Ewigkeit", der "Pflanzung der Treue", das forderte schon die Treue der Qumrânleute zu Gott und nicht zuletzt zu ihrem "Lehrer der Gerechtigkeit". Deshalb mußten die Knochen von dem heiligen Boden durch Tonschalen isoliert und getrennt werden. So könnte es gewesen sein, sofern die Kerngemeinde in Qumrân noch die Oberhand und noch das Sagen hatte. Es kann aber auch anders gewesen sein. Die andern sagten möglicherweise: "Diese Überreste unseres heiligen Opfers können wir nicht in diesem unheiligen Boden dieser Sektierer, die den Tempel von Jerusalem nicht anerkennen, torawidrige Kultbräuche eingeführt haben, torawidrig leben und keine Kinder zeugen und eine kaum verständliche religiöse Überheblichkeit an den Tag legen, so ohne weiteres begraben. Die Heiligkeit unseres Opfers muß gegen den unheiligen Boden hier isoliert werden!" Daß diese Zuwanderer in Qumrân nicht ohne Einfluß blieben, kann kaum bestritten werden und führte zu einer neuen Phase in der Geschichte dieser Gemeinde.

Diese beiden exkursartigen Abschweifungen, die eine über die Alleintat Gottes im eschatologischen Geschehen, die andere über die Isolierung des heiligen Bodens von dem unheiligen, scheinen an dieser Stelle deshalb wichtig und erwähnenswert zu sein, weil die Gemeinde von Qumrân keine besonders enge Beziehung zu Ezechiel hat, in krassem Gegensatz zu Jesaja. Trotzdem müssen die Denkinhalte des Ezechiel der Gemeinde bekannt gewesen sein. Sie sind bestimmt von Einfluß gewesen, trotzdem war Ezechiel nicht ihr Prophet! Das liegt auch klar auf der Hand, wenn das endgültige Schicksal der Toten von Gog aus dem Lande Magog zur Sprache kommt. Dieses Schicksal ist so scheußlich, daß die Mönche von Qumrân sich sicherlich vor Entsetzen abgewandt haben, genauso wie wir heute.

Im Tal "Abarim", im Tal der Durchziehenden, sind die Toten begraben. Die Grablegung besagt ja, daß die Toten vor aas-

gierigen Tieren geschützt werden. Deshalb hat man die Gräber
mit großen Steinen beschwert, und die kleinen Steine auf jüdischen Gräbern erinnern noch heute an diesen alten Brauch, die
Toten vor den scharrenden Tieren zu schützen. Doch dieses
Ezechiel-Kapitel ist reich an dramatischen Wechselwenden. Zuerst wird das Volk Gog von Gott aufgeboten, dann plötzlich
wird es von Gott vernichtet. Doch nach der Grablegung, welche
die Toten eigentlich schützen und dem allem ein Ende machen
sollte, erfolgt ein häßliches Nachspiel. In dem Tal "Hamon-
Gog", dem Tal der "Horde Gogs" bereitet Gott aus den Leichen
der Toten ein großes Opfer für alles Getier auf der Erde und
in der Luft. So heißt es dann Ez. 39,17: "... esset Fleisch
und trinket Blut!" Ez. 39,18: "... das Fleisch von Heiden sollt
ihr fressen und das Blut der Fürsten der Erde trinken, Widder,
Lämmer, Böcke, Farren, Mastvieh von Baschan." Ez. 9,20: "An
meiner Tafel sollt ihr satt werden von Roß und Reiter, von
Helden und jeglichem Kriegsmann, spricht der Herr YHWH."

Der Widerspruch zwischen der berichteten Grablegung und diesem gräßlichen Gottesopfer ist dem Propheten nicht bewußt.
In seinem erbarmungslosen Haß und seiner zu lange aufgestauten Wut setzt er sich über alles hinweg, auch über das jüdische Tabu des Blutgenusses. Das sind Töne, die der friedlichen, quietistisch eingestellten Qumrângemeinde zu grell in den
Ohren tönen ...

Das Gebiet der Berge, der lokalisierbaren und der imaginären,
wird jetzt verlassen. Drei Nordpunkte waren lokalisierbar, das
Land Hyrkanien, die Berge Libanon und Hermon. Der vierte
und letzte lokalisierbare Nordpunkt ist Stadt und Land von
Damaskus. Libanon, Hermon und Damaskus liegen verhältnismäßig nahe beieinander, auf einem Gebietsstreifen im Norden,
der vom Land Gottes aus noch überschaubar war. So ist es gut
zu verstehen, daß Hermon und Damaskus bei Deportationen
gewissermaßen als letzte Etappenstation vor der großen Weite
des unbekannten Landes genannt wurden (126). Die Oase von

----

126   Der Prophet Amos (4,3) sagt, daß die Frauen von Samaria
      deportiert werden, "fortgeführt zum Hermon hin." Derselbe
      Prophet (5,26) sagt den sündigen Israeliten, daß sie huk-
      kepack ihre heidnischen Götzen auf die Schulter nehmen
      und in die Deportation wandern müssen "über Damaskus
      hinaus". Diese Stelle bei Amos hat dann das seltsame
      Schicksal erlebt, daß sie völlig gegen den Literalsinn aus-
      gedeutet wurde. Gott als Transporteur schafft die heiligen
      Schriften der Tora und der Propheten aus dem Lande Juda

Damaskus, die am Ostfuß des Antilibanon liegt, beherrscht von hier aus die mächtigen Gebirge, Libanon und Antilibanon und liegt zwischen Berg und Wüste.

Damaskus ist der 4. Ort von besonderer messianischer Bedeutung für die Frommen. Das Kommen Gottes erwartete man von Norden. Es ist so verständlich, daß man dem kommenden Gott möglichst frühe nahe sein wollte, man wollte ihn nicht im Süden des Landes Juda erwarten, sondern im Norden des Gotteslandes, im Lande Damaskus. Nicht erst zu Zeiten des Hochpriester-Königs Aristobul I. 103 ante hat diese Frage zu einer Spaltung innerhalb der "Lehrer"-Gemeinde geführt. Schon sehr viel früher, noch zu Lebzeiten des "Lehrers", gab es eine Gruppe, die das Kommen Gottes nicht im Lande Juda erwarten wollte, sondern im Lande Damaskus. Es mag um die Zeit 145 ante gewesen sein, da gab es starke Spannungen in der frühessenischen Gemeinde. Eine konservativ eingestellte Gruppe – ich nenne sie die "Alt-Chasidim" – übte scharfe Kritik am "Lehrer der Gerechtigkeit", sie war nicht einverstanden mit dessen revolutionären Neuerungen, die nicht immer toragemäß waren, sie war nicht einverstanden mit dem mönchischen Leben, das gleichfalls nicht den Weisungen der Tora entsprach. Diese Gruppe der Altchasidim entschloß sich zur Trennung von der Gemeinde des "Lehrers" und zur Emigration nach Norden, um Gott, wenn er kam, näher zu sein, und gründete im Lande des Nordens den "Neuen Bund im Lande Damaskus". Diese Abwanderung hat stattgefunden, vermutlich um das Jahr 145 ante, denn in der Schrift dieser Emigrationsgruppe, der Damaskusschrift (CD), ist wohl von dem "Lügenmann" und seinen Anhängern die Rede, doch scheint diese Gruppe den Zusammenstoß zwischen dem "Lehrer der Gerechtigkeit" und dem "Frevelpriester" am Yom Kippur-Tag des Jahres 144 nicht mehr erlebt zu haben (127).

----

hinaus, (entzieht sie somit der Gemeinde von Qumrân) und befördert diese Schriften und mit ihnen die zur Auswanderung entschlossenen Essener in das Land Damaskus. Diesen Sinn ergibt die Stelle CD VIII,14 f. in der Damaskusschrift.

127 Diese Zeitkonstruktion ergibt sich aus der Kombination der Angaben bei Josephus und im Mart. Jes. Josephus spricht, völlig unmotiviert und ohne Zusammenhang mit dem Vortext und dem Nachtext, von den Gegensätzen zwischen den drei Sekten, Pharisäer, Sadduzäer und Essener. Vorher ist die Rede von einer gewissen militärischen Ruhezeit und starker diplomatischer Tätigkeit (Romgesandt-

Die Damaskusschrift (CD) hatte ein anderes Schicksal als die Schriftrollen von Qumrân, sie ist vor nicht ganz hundert Jahren in Kairo entdeckt worden, allerdings hat man Fragmente von ihr auch in den Höhlen von Qumrân gefunden (128). In dieser Schrift treten die Gegensätze zwischen dieser Nordgemeinde und der Qumrângemeinde deutlich hervor, Gegensätze in Anschauung, in Kult, in Gemeindeorganisation. Die Zeugnisse, die den Verkehr mit Heiden regeln, sind so zahlreich, daß diese Gemeinde unbedingt im Heidenland gelebt haben muß. Der schlagende Beweis ist aber die Bestimmung, daß die Hinrichtung nach der Sitte der Heiden zu erfolgen hat, im Lande Juda, im Hoheitsgebiet des jüdischen Hochpriesters undenkbar! Dazu kommt, daß diese Emigrationsgemeinde Schwierigkeiten hatte, ihr Verlassen des Landes Gottes zu rechtfertigen. Die Bemühung um diese Legitimation ist in der Damaskusschrift sehr deutlich

----

schaft und Spartabrief) des Hochpriesters Jonatan. Diese Aktion kann in das Jahr 144 ante gesetzt werden, und in dieser Zeit der Ruhe konnte Jonatan auch innenpolitische Probleme lösen und den "Lehrer der Gerechtigkeit" zur Verantwortung ziehen, am Yom-Kippur-Tag des Jahres 144, was Josephus sicherlich gewußt hat, seinen heidnischen Lesern aber verschweigt und nur von philosophischen Gegensätzen berichtet. (Josephus, Ant. XIII.V,9 = § 171) Aus dem Mart. Jes. kann man herauslesen, daß die Gemeinde des Gottesmannes (= "Lehrer der Gerechtigkeit") sich in Bethlehem befand und danach zwei Jahre "auf einem Berg in der Wüste" (= Qumrân). Demnach würde die Ansiedlung in Qumrân in das Jahr 146 ante fallen. (Mart. Jes. II,8-11)

128 Die Damaskusschrift, abgekürzt CD = Cairo Document, führt diese Abkürzung deshalb, weil sie 1896 in der Geniza der karaitischen Esra-Synagoge in Alt-Kairo von Salomon SCHECHTER entdeckt wurde. SCHECHTER hat die CD, die aus 8 beiderseitig beschriebenen Pergamentblättern besteht und von zwei verschiedenen Schreibern stammt, 1910 veröffentlicht als "Fragmente einer zadokitischen Schrift". Man unterscheidet heute Handschrift A (geschrieben etwa im 10 Jahrh. post) und Handschrift B (mit andern Buchstaben als A, geschrieben etwa im 12. Jahrh. post). Auch der Text von A scheint älter als B zu sein. - In den Höhlen, in unmittelbarer Nähe der Siedlung von Qumrân, wurde eine Reihe von Fragmenten der CD gefunden, in der "Bibliothek"-Höhle 4 sechs, in Höhle 5 eines, in Höhle 6 drei Fragmente, alle Handschrift A. Sie sind vermutlich im 1. Jahrh. ante abgefaßt, einige

herauszuhören (129). Trotz dieser eindeutigen Hinweise und Be-
weise gab es und gibt es eine Reihe von Gelehrten, die
"Damaskus" mit "Qumrân" gleichsetzen oder "Damaskus" im
Lande Juda suchen, und wenn sie dafür eine Gegend außerhalb

----

nach einer paläographischen Untersuchung von F.M.
CROSS in frühherodianischer Zeit.

129 In den Zusammenhang der Legitimation zum Verlassen des
heiligen Landes gehört auch das Unikum in der essenischen Literatur, die Midraschisierung von Amos 5,26. Dabei wurde der Literalsinn ins völlige Gegenteil verkehrt,
was sonst nirgends, weder im Pescher noch im Midrasch
in der essenischen Literatur vorkommt. Diese Mißachtung
des vorliegenden Bibeltextes ist nur aus dem glühenden
Verlangen dieser Abwanderer zu verstehen, die unbedingt
eine biblische Aussage in der Hand haben wollten gegen
alle, welche diese Emigration nach dem "Lande des Nordens" als torawidrig betrachteten. Siehe dazu Anmerkung
126. – Sicherlich gibt es auch Bibelstellen, welche der
Gemeinde als Legitimation dienten und die uns nicht in
der Damaskusschrift überliefert sind. Eine solche Stelle
war aber gewiß die Weisung Gottes an Elia, umzukehren
und nach der Wüste von Damaskus zu gehen. 1. Kön.
19,15: "YHWH aber sprach zu ihm: 'Geh, kehre deines
Wegs zurück nach der Steppe von Damaskus...'"
Elia ist aber auch in Phönizien gewesen, also auch wieder außerhalb des Landes Gottes. 1. Kön. 17,8-9: "Da erging das Wort YHWH's an ihn also: 'Mach dich auf und
geh nach Zarephta, das zu Sidon gehört, und bleibe
dort!'"
Auch diese Stelle ist uns in der Damaskusschrift nicht
überliefert, doch sie muß der Nordgemeinde als Legitimation gedient haben. Wir wissen das aus dem Martyrium
Jesajae, aus dem Abschnitt, der mit Sicherheit als ver-
hüllte essenische Gemeindegeschichte zu betrachten ist.
Der Gottesmann ("Lehrer der Gerechtigkeit"), in höchster
Not, gepeinigt von seinen Widersachern, gibt seinen Anhängern den Rat, nach Tyrus und Sidon, also in das
heidnische Gebiet der Phönizier, auszuwandern und sich
dort in Sicherheit zu bringen: "Den Propheten, die bei
ihm waren, sagte er, bevor er zersägt wurde: 'Geht in
die Gegend von Tyrus und Sidon, denn mir allein hat Gott
den Becher gemischt.'" (Mart. Jes. 5,13) Selbst wenn man
um die Gegnerschaft und Feindseligkeit zwischen diesen
beiden essenischen Gemeinden von Qumrân und Damaskus

Judas annehmen, dann hat es mit einer Wanderung, einer Emigration nichts zu tun. So wurde "Damaskus" gedeutet als assyrisch-babylonisches Exil, ohne Emigration einer Sektengruppe (130). Bei vielen Gelehrten ist "Damaskus" nichts anderes als ein Deckname für "Qumrân" (131). Dies wird sogar historisch mit einer territorialen Ausdehnung von Damaskus bis zum Toten Meer begründet (132). Die neueste Version ist die These, daß die Damaskusschrift die Lebensregel für die Essener in den

----

> weiß, dann erscheint es aber doch möglich gewesen zu sein, daß der "Lehrer der Gerechtigkeit", der am Yom-Kippur-Tag des Jahres 144 ante in Qumrân von den Schergen des Hochpriesters Jonatan gefoltert wurde, in dieser tödlichen Bedrohung für ihn und seine Gemeinde durch die Staatsmacht das gemeinsame Ziel beider Gemeinden nicht aus dem Auge verlor: die Frommen zu sammeln und zu warten auf den Tag Gottes!

130 Nach N. WIEDER, op.cit. (110), S.1! I. RABINOWITZ behauptet, "daß diese Stellen nichts mit einer Wanderung der Sekte zu tun hatten, sondern sich auf die verstreut lebenden Israeliten in Assyrien und Babylonien bezögen", nach M. BURROWS, Mehr Klarheit in den Schriftrollen, 1958, S.191. Diese These wurde übernommen von GARTNER und HOWLETT.

131 Nach N. WIEDER, op.cit. (110), S.1. GASTER meint, "Damaskus" sei "symbolische Ausdrucksweise für ihren Aufenthalt in der trostlosen Wüste" oder die "freiwillige Absonderung von den üblichen Formen jüdischen Lebens" oder "eine dramatische Erfüllung von Amos 5,27", nach M. BURROWS, Mehr Klarheit ... op.cit. (130), S.129. Dieser These haben sich ALLEGRO und CROSS angeschlossen.

132 Nach N. WIEDER, op.cit. (110), S.1. R. NOTH begründet seine These damit, "daß Qumrân territorial zu Damaskus gehörte." Das "Land von Damaskus" könne "recht gut das Nabatäerreich bezeichnen, zu dem Damaskus in der Periode, in der wir handeln, lange Zeit gehört hat. Zeitweise erstreckte sich das Gebiet, das die Nabatäer besaßen, auch auf die Westseite des Jordan und umfaßte die Gegend von Wadi Qumrân. Es ist also durchaus möglich, daß die Wanderung wirklich stattgefunden hat, nämlich einfach die Absonderung war, die nach Wadi Qumrân führte und die Errichtung der Gemeinde dort." Nach M. BURROWS, Mehr Klarheit ... op.cit. (130), S.191.

Dörfern und Städten des Landes Juda gewesen sein soll (133). Doch diesen Mußmaßungen ist eine Reihe von Gelehrten mehr oder weniger energisch entgegengetreten. So hat D. FLUSSER in "Damaskus" das "Land des Nordens" gesehen (134). Nach M. BURROWS weist die Damaskusschrift auf örtlich verschiedene Gruppen hin. Außerdem "spiegelt die Damaskusschrift eine Feindschaft gegen Juda und einen Zusammenhang mit nördlichen Stämmen." (135) Nach R. de VAUX, dem Ausgräber der Qumrânsiedlung, stimmen die Gemeinschaftsregel in Damaskus und die Ordensregel in Qumrân, also CD und 1 QS, nicht überein, und demnach sei es unmöglich, daß eine Gemeinde sich nach zwei so verschiedenen Regeln gerichtet haben kann. So muß man hier zwei verschiedene Gruppen annehmen (136). Sehr klar hat sich T. MILIK ausgesprochen: "Es ist methodisch unrichtig, die Phrase 'Land von Damaskus' aufgrund einer Zitierung in CD VII,14 f. von Amos 5,26b als einen Symbolnamen für Qumrân zu sehen. Wir fassen es wörtlich auf." Und: "... eine recht wichtige Gruppe verließ die Gemeinschaft von Qumrân und ließ sich nieder in der Gegend von Damaskus, ohne indessen den priesterlichen Charakter der Theologie dieser Bewegung aufzu-

---

133 G. VERMES hat seinen früheren Standpunkt, daß es sich um eine Emigration handeln müsse, inzwischen aufgegeben. In The Dead Sea Scrolls – Qumrân in Perspective, 1978, S.106-108, erklärt er die offenkundigen Unterschiede zwischen 1 QS und CD damit, daß die Damaskusschrift für die Essener in den Dörfern und Städten im Lande Juda bestimmt gewesen sei.

134 D. FLUSSER, "Ascensio", op.cit. (21), S.44.

135 M. BURROWS, Die Schriftrollen vom Toten Meer, 1960, S. 224. Diese Abwertung von "Juda" und diese Hochschätzung der "Nordstämme" (= Israel) kann aus der Feindschaft der Damaskusgemeinde gegenüber der Qumrângemeinde erklärt werden. Die Qumrângemeinde befand sich im Lande Juda, und die Damaskusgemeinde weit im Norden, allerdings nördlicher als der ehemalige Staat Israel. Sie könnte allerdings auch "Israel" als Name für das wahre Volk Gottes angesehen haben.

136 So R. de VAUX, Fouiles au Khirbet Qumrân, Revue Biblique 60, 1953, S.89.

geben..." (137).

Am konsequentesten, vor allem mit neuen Argumenten, hat N. WIEDER die Nordemigration vertreten. Eine Schlüsselrolle spielt auch bei ihm die Midraschisierung des Amostextes 5,26 in der Damaskusschrift CD VII,14. Während in diesem Midrasch die heidnischen Götzen sich in die heiligen Schriften der Juden verwandeln, bleibt ein Terminus von diesen Verfälschungen unberührt, wie Urgestein, frei von fremden Ablagerungen. Dieser Terminus ist das Wort "Damaskus". N. WIEDER sieht darin den Beweis, daß es dieser Gemeinde nur darum zu tun war, ihre Abwanderung nach eben diesem Ort Damaskus zur Sprache zu bringen. N. WIEDER hat sich aber nicht mit diesem Argument begnügt, sondern hat in dem Text der Damaskusschrift CD vier Belege gefunden, vier Zeugnisse, welche die messianische Erwartung in dieser Gemeinde von Damaskus besonders deutlich machen. Damit gewinnt diese Abwanderung nach dem Norden einen neuen Aspekt, eine besondere Begründung. Diese Gemeinde wanderte nach Norden, nicht nur, um aus dem Hoheitsgebiet des feindseligen jüdischen Hochpriesters Jonatan, des "Frevelpriesters" der Qumrântexte, herauszukommen, sondern auch und vielmehr, um dem Kommen Gottes, der von Norden kommen würde, im "Lande des Nordens" gleich nahe zu sein. Diese Nordgemeinde war messianisch eingestellt, und N. WIEDER hat dies an vier Texten in überzeugender Weise deutlich gemacht (138). In der messianischen Zeit war das Heil den treuen Gliedern der Damaskusgemeinde verbürgt, den Abgefallenen aber drohte das Verderben im Gericht Gottes.

Im ersten Text werden die Frommen des "Neuen Bundes im Lande Damaskus" ihr Leben behalten in alle Ewigkeit "tausend Geschlechter hindurch." (139) Im zweiten Text werden die Abge-

----

137 J.T. MILIK, Ten Years of Discovery in the Wilderness of Judaea, 1959, S.90 und Anmerkung 91. MILIK ist auch der Ansicht, daß die Besiedlung von Qumrân und die Emigration nach Damaskus in dieselbe Zeitepoche fiel.

138 N. WIEDER, op.cit. (110), S.9.

139 In der Damaskusschrift CD VI,19 sind die Gemeindeglieder verpflichtet, "entsprechend dem Finden derer, die in den 'Neuen Bund im Lande Damaskus' eingetreten sind," Schabbattage, Festtage in heiliger Vollkommenheit zu halten und im Bunde Gottes zu stehen, "daß sie leben sollen tausend Geschlechter hindurch."

fallen vom Heil in der messianischen Endzeit ausgeschlossen; denn sie werden nicht "zur Versammlung des Volkes gerechnet" und nicht "in ihr Verzeichnis eingeschrieben" werden. (140) Auch im dritten Text werden die Abgefallenen vom messianischen Heil ausgeschlossen, sie haben keinen "Anteil am Haus der Tora" (141). Im vierten wird die Erwartung, aber auch die Sicherheit ausgesprochen, mit der diese fromme Nordgemeinde darauf vertraut, daß der Künder der messianischen Zeit, der Prophet Elia, in ihrer Gemeinde erscheinen wird. Elia ist für sie "der Erforscher der Tora, der nach Damaskus kommt" (142). Es ist bemerkenswert, daß in allen vier Texten das Wort "Damaskus" vorkommt, immer in enger Beziehung zu dieser Nordgemeinde, die sich vom "Lehrer der Gerechtigkeit" getrennt hat und nun das Heil für ihre eigene Sondergemeinde beansprucht und möglicherweise in der "Lehrer"-Gemeinde die "Abgefallenen" sieht.

Daß der Norden messianischer Boden ist, ist auch den Juden, welche die ersten Christen waren, noch selbstverständliche Erkenntnis (143). Dieser messianische Gebietsstreifen liegt allerdings etwas südlicher als Libanon und Hermon und umfaßt Galiläa, das Gebiet um den See Genezareth und natürlich wieder Damaskus. Allerdings scheint auch der Hermon noch im Blick-

----

140 Nach der Damaskusschrift CD VIII,21 und XIX,33-35 werden "alle Männer, die in den 'Neuen Bund im Lande Damaskus' eingetreten sind, aber wieder abgefallen ... sind, nicht zur Versammlung des Volkes gerechnet werden und in ihr Verzeichnis werden sie nicht eingeschrieben werden."

141 In der Damaskusschrift CD XX,10-13 werden diejenigen, die "den Bund und das Bündnis verworfen haben, die sie im 'Lande Damaskus' aufgerichtet haben" gerichtet und haben keinen "Anteil an dem Haus der Tora."

142 Damaskusschrift CD VII,18-19: "... und der Stern, das ist der Erforscher der Tora, der nach 'Damaskus' kommt". Während die Qumrângemeinde den "Lehrer der Gerechtigkeit" als den endzeitlichen Propheten ansieht, ist die Damaskusgemeinde konservativ eingestellt und hält an der Tradition fest. Mit dem DoReSCH hat-TORâH ist sicherlich Elia gemeint, der die Tora gründlich erforscht und so auslegt, daß jetzt alle juristischen, rituellen und biblizistischen Unklarheiten ausgeräumt sind und so der Weg bereitet ist für das Kommen Gottes.

143 N. WIEDER, S.15.

punkt der Jünger Jesu gewesen zu sein, das religiöse Bewußt-
sein war noch immer auf den Berg fixiert. Im Norden, in
Caesarea Philippi an den Hängen des Hermon, bekennt sich
Petrus zu dem Messias Jesus mit den Worten: "Du bist der
Messias!" (Mark. 8,27 = Matth. 16,13). Auch die "Verklärung
Jesu" geschieht auf einem hohen Berg, vielleicht auf dem
Hermon, hier wird wohl ein Wort Jesaja 40,9 eine Rolle ge-
spielt haben: "Steige auf einen hohen Berg, Freudenbotin für
Zion; erhebe mächtig deine Stimme, Freudenbotin für Jerusa-
lem!" Jesus selbst scheint dem Gebiet im Norden eine besondere
Bedeutung zuerkannt zu haben. Nach Matth. 4,15-16 verließ
Jesus Nazareth, kam nach Kapernaum am See, in das Gebiet
von Sebulon und Naphthali, nahm dort Wohnung und zitierte
Jesaja 8,23-9,1: "In der früheren Zeit hat er das Land Sebulon
und Naphthali verachtet, in der künftigen Zeit aber wird er
die Meeresstraße und das Gebiet jenseits des Jordan, den 'Bezirk der Heiden' (= Galiläa) zu Ehren bringen." (144) Nach der
Kreuzigung und der Grablegung Jesu flüchteten die Jünger nach
Galiläa, weil sie in diesem messianischen Gebiet die Wieder-
kunft des Auferstandenen erwarteten. Hatte doch Jesus selbst
nach Mark. 14,28 seinen Jüngern gesagt: "Ich will vor euch
nach Galiläa gehen." Hier im Norden erlebten sie dann auch
die Visionen des Auferstandenen. Und wieder ist es Damaskus,
das eine besondere Bedeutung gewinnt. Hier bildete sich früh
eine Gemeinde von Judenchristen, und hier in Damaskus hatte
der Christenverfolger Scha-ul seine Bekehrung erfahren durch
die Erscheinung des Auferstandenen. So hat N. WIEDER eine
Brücke geschlagen von der essenischen Damaskusgemeinde (um
150-140 ante) bis zur Damaskusvision des Paulus (um 32-35
post). Damaskus ist ein Ort von besonderer Bedeutung, beherrscht vom Libanon und Antilibanon, "der Ort des messianischen Dramas und des Beginns des messianischen Königreichs."
Das war den Emigranten bewußt. Deshalb muß der Terminus
"Land von Damaskus"... "verstanden werden in seinem wört-
lichen, geographischen und geschichtlichen Sinn!" Fast zweihundert Jahre später ist diese Tradition noch nicht erloschen.
"Das benachbarte Obergaliläa war immer noch der Sammelort
der Exilierten, der verschollenen Nordstämme und der Erscheinung des Messias." (145) Und Damaskus wurde zum Brennpunkt
für eine Entwicklung, welche die Jahrhunderte überdauert hat.

----

144 N. WIEDER, S.23.

145 N. WIEDER, S.VII.

Doch N. WIEDER spannt den Bogen um Damaskus noch weiter und bezieht auch rabbinische und moslemische Quellen mit ein.

"In der rabbinischen Literatur wird der Text von Sach. 9,1 'YHWH ist durch das Land Hadrach gegangen. Damaskus ist seine Ruhestatt' durch Rabbi Jose ben Durmasqit gedeutet (146): 'In messianischer Zeit wird das Territorium Israels auch Damaskus umfassen, wo die Exilierten sich versammeln und ihr Lager aufschlagen.'" (147) – Auch in der islamischen Tradition spielt "Damaskus" – allerdings hier in Verbindung mit Jesus – eine besondere Rolle. Hier ist der Ort, wo Jesus als Mahdi erscheint, seine Herabkunft erfolgt im Ostminarett der Großen Moschee von Damaskus, und Jesu Tod erfolgt in den Vorstädten der Stadt Damaskus. Der Antichrist, der Widersacher Jesu, verursacht seinen Tod. (148)

Galiläa war messianisches Land. Galiläa umfaßte aber auch den Berg Hermon, die Städte Tyrus und Sidon und die Dekapolis (149). Als nach dem Tode des Hochpriesters Hyrkan I. sein ältester Sohn Aristobul I. als Hochpriester-König zur Nachfolge und zur Regierung kam, unternahm der neue Herrscher, dem nur ein einziges Lebensjahr zur Regierung beschieden war, einen Kriegszug nach Galiläa. Er unterwarf die heidnischen Bewohner der Autorität des Tempelstaates, er zwang sie zur Beschneidung und zur Annahme der mosaischen Tora. Vielleicht ist es angebracht, in diesem Zusammenhang zu erwähnen, daß der Nachfolger, der Hochpriester-König Alexander Jannai, ein sehr kriegerischer Herrscher, seine erste militärische Unternehmung gleichfalls nach Norden richtete, er versuchte, Ptolemais-Akko einzunehmen. Bei diesem Unternehmen erlitt er allerdings Schiffbruch, und er hatte Mühe, sich aus der bedrohlichen Umarmung der Ägypter zu lösen und seine Herrschaftsrechte und die Souveränität des Tempelstaates zu bewahren. Man muß in der damaligen Zeit damit rechnen, daß die

----

146   Andere Übersetzung: "Das Wort des Herrn kommt (möglicherweise) über das Land 'Hadrach' und auf 'Damaskus' läßt es sich nieder." (J. HEMPEL)

147   N. WIEDER, S.10.

148   N. WIEDER, S.19.

149   N. WIEDER, S.21.

Vorstellung vom messianischen Land, die Hoffnung auf den Propheten Elia und die Erwartung des kommenden Reiches Gottes sich nicht auf fromme Sekten beschränkte, die essenischen Gemeinden von Qumrân und Damaskus, sondern daß diese Sehnsüchte damals weit verbreitet waren. Bei den Makkabäern Juda und Simon kann man nachweisen, daß sie mit dem Kommen des messianischen Propheten Elia rechneten. Manche Aktivitäten der Makkabäer und der späteren Hasmonäer lassen sich nur erklären, wenn man annimmt, daß sie im Bewußtsein des nahen Gottesreiches standen und danach ihre Handlungen einrichteten. Man übersieht bei dem Aktivismus, dem Aktionalismus, dem Pragmatismus der makkabäischen Politik zu leicht und zu schnell, daß auch sie fromme Menschen waren, fromme Menschen ihrer Zeit. Diese Zeit war aber erfüllt von messianischen Hoffnungen. So erscheint es nicht abwegig, daß auch diese militärischen Vorstöße in das messianische Gebiet von dem Bestreben geprägt waren, dem Kommen des Höchsten den Weg zu bereiten, wenn er von Norden in sein Land kommen würde.

In dem letzten Abschnitt verlassen wir die Gebiete von Obergaliläa, von Damaskus, vom Hermon und Libanon und den damit eng verbundenen Vorstellungen von hohen Bergen, die nicht lokalisierbar sind, wie der himmlische Götterberg und der Harmagedon. Ganz weit im Norden liegt Hyrkanien, am Nordende der bewohnten Welt. Im folgenden sollen zur Bekräftigung noch die Zeugnisse gebracht werden, in denen nur von der hervorragenden Bedeutung der Nordrichtung, des Nordens und seiner innigen Verflechtung mit der Heiligkeit Gottes die Rede ist.

Ezechiel ist der Prophet, der von alten Mythen weiß und auch die besondere Bedeutung des Nordens kennt. In der Vision vom Thronwagen YHWH's bei Ezechiel 1,3-4 heißt es: "Dort kam über mich die Hand YHWH's - Ich schaute, und siehe, ein Sturmwind kam von Norden (sic!) und eine große Wolke, rings von Lichtglanz umgeben, und lodernde Feuer, und aus seinem Innern, aus der Mitte des Feuers leuchtete es hervor wie Glanzerz". Sturmwind/Wolke/Lichtglanz, also Gott kommen hier von Norden!

In Ezechiel 9 wird das Gericht Gottes an der sündigen Stadt durch sechs Männer vollstreckt. Diese Werkzeuge Gottes kamen von Norden! Sie "kamen vom obern Tor her, das gegen Norden (sic!) gewandt ist, ein jeder sein Zerschmetterungsgerät in der Hand." Doch in der sündigen Stadt gibt es nicht nur Sünder, sondern auch Gerechte! Mit diesen Vernichtern kam auch – seiner Kleidung nach – ein Priester: "ein Mann, in Linnen gekleidet, das Schreibwerkzeug an der Seiten." Die Gewaltmenschen und den Gelehrtentyp vereint aber eine gemeinsame Aufgabe. "Sie stellten sich neben den ehernen Altar" und "die

147

Herrlichkeit des Gottes Israels" war hier anwesend als 'Kraftbegegnung Gottes', und Gott befahl dem Mann, "der in Linnen gekleidet war und das Schreibwerkzeug an der Seite hatte", durch die Stadt Jerusalem zu gehen und ein 'Zeichen' auf die Stirn derer zu machen, "die seufzen und stöhnen ob all der Greuel, die in der Stadt geschehen." (150) "Die Vernichter mit dem Zerstörungsgerät sollen durch die Stadt gehen und alle töten, ... doch keinen, der das 'Zeichen' trägt, dürft ihr anrühren!" Hier haben wir wieder die Ambivalenz des Nordens; die historische Erfahrung lehrt, daß die zerstörerischen Kräfte aus dem Norden kamen, die eschatologische Hoffnung weiß um das Heil, das aus dem Norden kommt. Gott ist im Norden! So heißt es auch im Psalm 75,6-7, daß weder von Ost, noch von West, noch von Süd Erlösung kommen wird, sondern nur von Gott, der hier im Norden gedacht wird! "Redet nicht vermessen gegen unsern Fels! Denn weder vom Aufgang noch vom Niedergang noch von der Wüste her kommt Erhöhung, sondern Gott ist der Richter!"

Die Nordrichtung hat auch im Kult Bedeutung. Bei manchen Verrichtungen im Tempel, die besonders wichtig waren und bei denen man sich der Nähe Gottes versichern wollte, war die Richtung nach Norden vorgeschrieben. So steht in Leviticus 1,11 über das Brandopfer: "Er schlachte es vor YHWH auf der Nordseite (sic!) des Altars."

Noch in christlicher Zeit gibt es Anklänge an die Anschauung, daß im Kultraum der Kirche der nördliche Teil mit Gott verbunden ist. So wird in einem Fall von der nördlichen Seite des Kirchenschiffs als dem Ort des Lichts das Evangelium verkündet gegen den Ort der Finsternis, gegen den Ort des Widersacher

----

150 Christliche Theologen übersetzen das Wort "taw" = "Zeichen" gerne mit "Kreuz" und können sich dabei auf E. KAUTZSCH, AT, I, S.890, berufen: "'Zeichen' heißt hier 'taw' wie der letzte Buchstabe des Alphabets ... hat in der alten Buchstabenform die Gestalt eines liegenden Kreuzes." Vermutlich ist dieses "Zeichen" ein einfacher Strich gewesen in Erinnerung an die alte (heidnische) Sitte, sich bei einem Gelübde für Gott die Stirn zu ritzen.

Gottes (151).

Daß Gott im Norden war, dafür gab es einen offenkundigen Beweis in einer Anschauung, die bei vielen Völkern verbreitet war. Früh am Morgen stiegen die Sonnenpferde im Osten auf, dann trabten sie über Mittag nach Süden, um schließlich am Abend im Westen wieder zu versinken. Es war selbstverständlich, daß die Zügel der Sonnenpferde in der Hand Gottes lagen, und der Standort Gottes konnte nur der Norden sein!

Die Bindung Gottes an den Norden ist ein weites Feld, das hier nur sektoral beackert werden konnte. Es ist aber durchaus verständlich, daß eine Sekte, wie die essenische Gemeinde, diese Tradition übernahm und, wie es bei vielen Sekten der Fall ist, verabsolutierte: Gott war im Norden, Gott würde aus dem Norden kommen! Historische Erfahrungen erleichterten diese Anschauung. Schon einmal hatte Gott den Tempel in Jerusalem verlassen. Nach der Zerstörung seines Heiligtums ging er mit seinem Volke in die Deportation nach Babylon. Inzwischen war der Tempel ein zweites Mal zerstört worden durch den Reform-Hochpriester Menelaos, der im Tempelbezirk Bäume pflanzen, heidnische Götterbilder aufstellen und den altehrwürdigen Brandopferaltar durch ein "gräßliches Scheusal" (Götterfigur oder Phallus?) entweihen ließ. Auch damals hatte Gott den Tempel verlassen. Doch wo war er jetzt? Sein Volk befand sich nicht außerhalb des Landes Juda, in diesem Volke gab es verschiedene Gruppen, Makkabäer, Pharisäer, Sadduzäer, und die frommen Gemeinden der Essener. Sicherlich würde er einer dieser Gruppen seine Gunst zuwenden, wenn er kam. Doch wo war Gott? Hier half nun dieser breite Traditionsstrom von der engen Verbindung Gottes mit dem Norden, mit dem Land Hyrkanien, mit Libanon, Hermon, Har Magedon, dem Weltenberg im Himmel, Damaskus. So festigte sich innerhalb dieser Gemeinde die Überzeugung, daß Gott im Norden war und daß Gott zu ihnen kommen würde am Ende aller Tage.

----

151   Nach dem Text des Begleitheftes zum Echternacher Goldenen Evangeliar mit Bezug auf Jes. 14,13-21: (Spottlied auf den Tod eines Tyrannen) "Du plantest ... 'Zum Himmel will ich steigen ... auf dem Versammlungsberg im höchsten Norden will ich wohnen' ... Doch hinabgestürzt bist du in die Scheol, in die allertiefste Tiefe ... Du bist weggeworfen ohne Grab, wie ekliger Abfall ... wie ein zertretenes Aas ... In Ewigkeit soll man des Frevlers Brut nicht mehr nennen ..."

Für die fromme Gemeinde des "Lehrers der Gerechtigkeit" war Jerusalem eine Hochburg der Gottlosigkeit. Hier residierte der "Frevelpriester", der Makkabäer Jonatan, der durch Usurpation das Hochpriesteramt sich angeeignet hatte. Hier in Jerusalem hatten die Pharisäer als staatsregende und staatstreue Genossenschaft, welche die Tora verfälschte und mit Mißdeutungen die pragmatische Politik des Heiligherrschers zu stützen hatte, Macht und Einfluß. Diese beiden Kräfte waren übermächtig, und die "Lehrer"-Gemeinde hatte schwer um ihre Existenz zu ringen. Der "Lehrer" wurde gemaßregelt, seine Gemeinde unterdrückt, vielleicht sogar blutig verfolgt. Auf den Heiligherrscher Jonatan (152-143) folgte sein Bruder Simon (143-134), und auf diesen sein Sohn Hyrkan I. (134-104). Doch in den letzten Regierungsjahren Hyrkans kam es zu einer Wende. Er brach mit seinen bisherigen Freunden, den Pharisäern, und wandte sich der sadduzäischen Partei zu. Diese innenpolitische Wende war ein außerordentliches Glück für die essenische Gemeinde. Der übermächtige doppelte Druck war jetzt wie weggeblasen. Die Pharisäer hatten keinen Einfluß mehr, wurden selber blutig verfolgt, und der Hochpriester in Jerusalem wird mit den Feinden seiner pharisäischen Feinde ein freundlicheres Verhältnis gesucht haben, es wird zu einem modus vivendi zwischen der Staatsmacht in Jerusalem und der essenischen Gemeinde gekommen sein. Dadurch erhielt auch Jerusalem plötzlich eine andere Bedeutung für die Essener als früher ...

Das wird auch unter dem Nachfolger Hyrkans I., seinem ältesten Sohn Aristobul I. (104-103 ante), so geblieben sein. Dieser Aristobul erscheint in der Überlieferung, die vielleicht von den ihm feindlichen Pharisäern verzerrt wurde, als ein erbarmungsloser und brutaler Herrscher. Sein Vater Hyrkan hatte weise in seinem Testament verfügt, daß die von den Pharisäern so heftig befehdete Zusammenballung der Gewalten in einer Hand beseitigt werden müsse: Die Hochpriester-Witwe sollte die weltliche Herrschaft übernehmen und der Sohn Aristobul die geistliche Würde, das Hochpriesteramt. Daraus wurde nichts. Der Sohn warf seine Mutter in den Kerker und ließ sie darin verhungern, und er erklärte sich zum König. Drei seiner Brüder ließ er gleichfalls in den Kerker werfen, eine verhältnismäßig humane Maßnahme, wenn man die Gepflogenheiten jener Zeit bedenkt (152). Einen Bruder liebte er sehr, den Antigonos, er war sein Feldherr und führte seine Kriege.

Es ist natürlich gewagt zu behaupten, daß Aristobul Galiläa erobern ließ, weil dieses Gebiet messianisches Heilsland war. Doch dieser Ausgriff nach Norden, der die Ituräer, die Bewohner dieses Gebietes, zur Anerkennung des mosaischen Gesetzes und zur Beschneidung zwang, konnte vom frommen Standpunkt auch damit begründet werden, daß das Territorium des Tempelstaates die Größe des davidischen Großreiches erreichen sollte. (153) Tatsächlich weitete Aristobul I. das Gebiet des Tempelstaates in seiner einjährigen Regierungszeit weiter nach Norden aus, als dies sein Vater Hyrkan I. in seiner dreißigjährigen Regierungszeit nach Süden getan hatte (154).

Es wird oft bestritten, daß dieser Aristobul I. ein frommer Jude gewesen sei. Ihm werden hellenistische Neigungen vorgeworfen. Nach Josephus soll dieser Hochpriester-König sich selber als "Philhellen" bezeichnet haben, doch besagt das wenig in jener Zeit, denn dieser Beiname war beliebt bei den Nachbarkönigen (in Nabataea und Parthia), und es ist verständlich, daß dieser sehr ehrgeizige König hinter den Nachbarherrschern nicht zurückstehen mochte (155). Für sein Bekenntnis zum Judentum würde auch sprechen, daß seine Münzen, sollte er solche

----

152 Heidnische Autoren urteilen milder über diesen Herrscher. Josephus zitiert "Strabo, der nach Timagenes also berichtet: 'Dieser Mann war leutselig und den Juden sehr nützlich, da er deren Gebiet vergrößerte; denn er nahm einen Teil des Ituräervolkes in dasselbe dadurch auf, daß er die Ituräer zur Beschneidung nötigte.'" Josephus, Ant. XIII.XI,3 = § 318. So SCHÜRER-VERMES, I, S.218.

153 Nur ein Teil des Ituräergebietes wurde damals annektiert, ihr Gebiet umfaßte auch den Libanon. SCHÜRER-VERMES, I, S.218.

154 SCHÜRER-VERMES, I, S.218.

155 Die Sitte, griechische Namen zu geben und zu tragen, darf in jener Zeit nicht überbewertet werden. So hat der sicherlich sehr fromme Hochpriester Hyrkan I. allen uns bekannten Söhnen griechische Namen gegeben: Aristobulos, Antigonos, Alexander. SCHÜRER-VERMES, I, S.217, Anmerkung 6.

geprägt haben, seinen jüdischen Namen tragen: Juda, der Hochpriester, und der CHäBäR der Juden (156). Der "CHäBäR der
Juden" war nicht etwa das "Volk der Juden" - wie manche meinen - sondern das dem Hochpriester-König zur Seite stehende -
damals sadduzäische - Gremium, vermutlich ein Mittelding zwischen Senat, Lobby, Hofkamarilla und Sanhedrin. Diese Gruppe
achtete sehr darauf, daß ihr Einfluß auf die Mitregierung nicht
vermindert wurde, auch nicht durch eine der königlichen Familie angehörende Person ...

Eine solche Person war der vom Hochpriester-König Aristobul
sehr geliebte und auch wegen seiner Fähigkeiten ausgezeichnete
Bruder Antigonos. Dieser Bruder und sein Einfluß waren gewissermaßen in der "Verfassung" des Tempelstaates nicht vorgesehen, denn diese "Verfassung" sah nur zwei Regierungsgewal-
ten vor - die Münzen zeigen dies - den Hochpriester-König und
den sadduzäischen CHäBäR! Der CHäBäR war sehr besorgt, daß
sein Einfluß nicht vermindert wurde, und so mußte der Bruder
des Königs fallen. Es war kein Betriebsunfall, es war auch
kein Schelmenstreich schändlicher, boshafter und böswilliger
Schurken, so die Version des Josephus, es war eine klar durch-
dachte und geschickt durchgeführte Aktion der hohen Innenpolitik. Sogar die Königin war mit von der Partie und unter-
stützte die Intrige der sadduzäischen Hofpartei. Sie war eine
energische Frau, diese Alexandra Salome-Schlomzion - sie wird
uns in der Geschichte noch öfter begegnen - sie muß diesen
Schwager Antigonos gehaßt haben, weil er ihren Einfluß auf
ihren königlichen Ehemann minderte. Lassen wir hier Josephus
zu Wort kommen, der eine ausführliche Schilderung uns hinterlassen hat: "Als Antigonos eines Tages in prächtigem Aufzug
von einer kriegerischen Unternehmung heimkehrte, während
Aristobulos von einer Krankheit ans Bett gefesselt war, zog
ersterer, da gerade das Laubhüttenfest gefeiert wurde, mit
großem Gepränge in Begleitung seiner Krieger zum Tempel, um
das Fest zu begehen und vor allem, um durch Gebet die Gene-
sung seines Bruders zu erflehen. Es gab nun genug böswillige
Menschen, die, um die Eintracht der Brüder zu stören, aus dem
glanzvollen Aufzuge des Antigonos und seinen glücklichen Kriegs-
taten Veranlassung nahmen, zum Könige zu gehen, ihm die
Sache über Gebühr aufzubauschen und ihm vorzustellen, daß
das Benehmen seines Bruders durchaus nicht dem eines Privat-

----

156 Die Inschrift der Münze, falls Aristobul I. sie prägen
    ließ: YHWDH HKHN HGDL WḤBR HYHWDYM. SCHÜRER-VERMES,
    I, S.217.

mannes entspreche, sondern die Begierde nach der Königsherrschaft erkennen lasse. Antigonos werde gewiß mit seiner starken Mannschaft kommen, um ihn zu töten, da er es für töricht
halten müsse, sich mit der Teilnahme an der Regierung (sic!)
zu begnügen, wenn er selbst König werden könne." (157) Am
Ende dieses Josephus-Berichts wird aber deutlich, um was es
eigentlich in dieser Auseinandersetzung ging, um die "Teilnahme an der Regierung", die dieser Königsbruder besaß, obwohl er "Privatmann" war. Dieser Zustand, der den Einfluß der
sadduzäischen Hofkamarilla schmälerte, mußte beseitigt werden.
Der König neigte diesen Einflüsterungen sein Ohr und gab Weisung, seinen Bruder Antigonos sofort zu töten, falls er in Waffen in den Palast eindringe. Die Intriganten ließen aber dem
Antigonos die Nachricht zugehen, daß der König ihn zu sehen
wünsche. Er solle aber bewaffnet kommen, damit der König
seine neue Rüstung und seine neuen Waffen sehen und bewundern könne. Ohne Arg folgte Antigonos dem Wunsche seines Bruders und wurde in einem dunklen Gang oder Gelaß, das er
durchschreiten mußte, wo auch keine Gegenwehr für ihn möglich war, von der Palastwache befehlsgemäß niedergemacht.
Dieser Todesort trug einen seltsamen Namen: Stratonsturm; dies
war auch der Name der weit entfernten Küstenstadt Caesarea.
Der König wird hinterher diese Intrige durchschaut haben,
er klagte sehr darüber, daß er seinen geliebten Bruder verloren habe. Doch er hatte auch in ihm einen politischen Berater
verloren, der ihm ein wertvolles Gegengewicht war gegen den
Einfluß des sadduzäischen CHäBäR, dieser einflußreichen Hofkamarilla. Außerdem war Antigonos sein Feldherr. Es war wichtig, daß der Hochpriester nicht selbst zu Felde zog, sondern
einen Feldherrn hatte. Die hasmonäischen Herrscher hatten in
den Pharisäern gefährliche Feinde. Zwar hatte der Heiligherrscher die Macht, mit seinen Soldaten diese Staatsfeinde zu unter-
drücken und sie sogar blutig zu verfolgen. Doch das Volk
stand auf Seiten der Pharisäer. Das wußten die Herrscher,
und sie versuchten, die Spannungen zu vermindern. Die Angriffe der Pharisäer richteten sich gegen die Personalunion
von Hochpriester und Regierungschef, aber auch gegen die Personalunion von Hochpriester und Generalissimus. Der Hochpriester durfte sich nicht mit dem Blut der Erschlagenen beflecken.
Aus diesem Grunde war es ratsam für den Hochpriester, die
Feldherrngewalt zu delegieren. So könnte die Kriegführung damals dem Heldenbruder Antigonos übertragen worden sein, um
den Pharisäern keine Angriffsflächen zu bieten und ihnen die

----

157 Josephus, Ant. XIII.XI,1 = § 304-306 - Übersetzung: H.
CLEMENTZ, II, S.180.

Möglichkeit zu nehmen, das Volk gegen die Staatsmacht aufzuhetzen.

Der Feldherr Antigonos war tot. Er war in den Königspalast hineingegangen und in einem dunklen Gelaß umgebracht worden. An dieser Stelle schaltet Josephus um von der Geschichte der hasmonäischen Könige auf die Geschichte der Essener. Es gab nämlich einen Augenzeugen, einen Mann, der vom Tempelbezirk aus gesehen hat, wie der Königsbruder Antigonos in seiner kriegerischen Rüstung in den nahe gelegenen Königspalast hineinmarschierte. Dieser Mann war ein Essener, und er hieß Juda. Er war ein bejahrter Mann, umgeben von seinen Schülern, die "bei ihm die Kunst der Weissagung erlernen wollen". Dieser Juda war ein Mantiker, ein Visionär. Offenkundig hatte er nicht nur Visionen, sondern auch Auditionen. Der Essener Juda war bestürzt, als er den Antigonos leibhaftig vor sich in Jerusalem sah. Denn er hatte "gesehen", daß Antigonos noch an diesem selben Tage zu Tode kommen würde, und er hatte "gehört", daß der Ort des Todes "Stratonsturm" sei, also Caesarea an der Küste des Mittelmeeres, 90 Kilometer (Luftlinienentfernung) von Jerusalem entfernt, eine Strecke, die Antigonos heute nicht mehr zurücklegen konnte. Der Essener Juda war verzweifelt. In lauten Klagen über sein Versagen in der Weissagekunst wünschte er, "daß der Tod ihn jetzt ereile, da er etwas Falsches prophezeit habe! Noch lebe ja Antigonos, von dem er vorhergesagt habe, daß er heute in 'Stratonsturm' sterben werde, und den er doch jetzt vorbeiziehen sehe, obgleich der 'Stratonsturm' sechshundert Stadien entfernt und der größte Teil des Tages schon verstrichen sei. Er laufe somit jetzt Gefahr, eine falsche Weissagung verkündet zu haben. Während er noch sprach und wehklagte, wurde ihm gemeldet, Antigonos sei in dem unterirdischen Gelaß umgekommen, welches ebenso wie das an der Meeresküste sechshundert Stadien weit liegende Caesarea 'Stratonsturm' hieße. Hierdurch war der Seher verwirrt worden." (158)

Dieser Bericht über den weissagenden Essener Juda war für Josephus so wichtig, daß er auch im Bellum darüber schrieb. Denn dieser Essener war gewissermaßen ein Kollege von Josephus. Josephus war selber Visionär, er verdankte dieser Gabe die Rettung seines Lebens, die Gunst des flavischen Kaiser-

----

158 Josephus, Ant. XIII.XI,3 = § 311-313, und Bellum I, III,5 = § 78-80.

hauses und den Aufstieg in die vornehme römische Gesellschaft (159). Und wir verdanken Josephus zwei wichtige historische Werke, ohne deren Kenntnis wir über manche Epochen jüdischer Geschichte sehr im Dunkeln tappen würden. Josephus ist natürlich auch ein gewandter Schriftsteller, der genau weiß, was seine Leser interessiert, und solche Wahrsagegeschichten interessieren natürlich, das war zu allen Zeiten so! So ist es verständlich, daß Josephus im Abstand jeweils eines halben Jahrhunderts uns drei Essener mit Namen vorstellt, alle drei Visionäre mit wichtigen Weissagungen (160).

Dieser Bericht über den weissagenden Essener Juda ist aber auch für den Historiker wichtig, der sich mit der essenischen Gemeindegeschichte beschäftigt. Über diesen Essener Juda ist bekannt, daß er bejahrt ist, daß er Visionär ist und daß seine "Prophezeiungen noch stets eingetroffen waren", daß er einen Schülerkreis um sich gesammelt hatte, die "bei ihm die Kunst des Weissagens erlernen wollen", und daß er sich im Jahre 103 ante mit seinen Anhängern in Jerusalem aufhielt, und zwar im Tempelbezirk und genau an dem Todestag des Königsbruders

----

159 Josephus hatte als Kommandant der Festung Jotapata im Großen Jüdischen Krieg in visionären Träumen das Schicksal der Juden und die Zukunft der Römer vorausgesehen. "Josephus verstand sich nämlich auf die Deutung von Träumen und auf die Auslegung von Gottessprüchen, die zweideutig geblieben waren", schreibt er über sich selbst im Bellum III, VIII,3 = § 350-354, hier § 351. Diese Vision veranlaßte ihn, sich den Römern zu ergeben, seinen Landsleuten auf der Mauer des belagerten Jerusalem die Übergabe anzuraten, weil die Römer ein Werkzeug Gottes seien. Daß er dem General Vespasian die Kaiserwürde voraussagte, was tatsächlich eintraf, rettete sein Leben; denn sonst wäre er sicherlich im Triumphzug der Römer mitgezerrt und anschließend getötet worden.

160 Die drei visionären Essener waren:
1. der Essener Juda um 103 ante.
2. der Essener Menaem um 65-55 ante. Er prophezeite dem Knaben Herodes die spätere Königsherrschaft. Josephus, Ant. XV.X,5 = § 373-379.
3. der Essener Simon um 6 post. Er prophezeite dem König Archelaos das Ende seiner Herrschaft. Josephus, Ant. XVII.XIII,3 = § 346-348; außerdem Bellum II.VII,3 = § 113.

Antigonos. Der Tag war schon vorgeschritten, doch war es un-wahrscheinlich, daß er an diesem Tage mit seinen Leuten nach einem langen Fußmarsch von Qumrân gekommen sei, was eine gute Marschleistung bedeutet hätte. Der Schluß ist zwingend, daß dieser Essener Juda mit seinen Anhängern in Jerusalem wohnte. Daß dieser Mantiker Juda sich im Tempelbezirk auf-hielt, war auch kein Zufall. An dieser heiligen Stätte floß ihm die Gabe der Mantik zu. Daß seine Weissagungen in Er-füllung gingen, war für diesen Essener ein Zeichen Gottes, daß er recht daran getan hatte, Qumrân zu verlassen und sich mit seinen Anhängern in Jerusalem niederzulassen (161). Die Mantik war eine wichtige Waffe in jener Zeit, gewissermaßen eine Keule, mit der man den Gegner niederschlagen und außer Gefecht setzen konnte. Der Pharisäerfreund, der Hochpriester Hyrkan I., setzte diese Waffe wirksam gegen die Essener ein. Die Prophezeiungen Hyrkans waren in Erfüllung gegangen, die des "Lehrers" dagegen nicht! Der Tempelstaat erfreute sich drei-ßig Jahre lang einer lange nie erlebten Sicherheit in Frieden; von den Kittiim, die der "Lehrer" herangewünscht hatte, war weit und breit nichts zu sehen... Während die Keule der Mantik auf innenpolitischem Gebiet geschwungen wurde, konnte diese Waffe aber auch im innergemeindlichen Leben eine Rolle spie-len. Der Visionär Juda konnte aufgrund dieser von Gott ihm verliehenen Gabe den Nachweis führen, daß der Auszug aus Qumrân der richtige Weg war, ja, daß Jerusalem eine höhere Bedeutung hatte als Qumrân. Gott, der von Norden her erwar-tet wurde – das war auch für ihn feststehende Überzeugung, würde nicht nach Qumrân kommen, sondern selbstverständlich nach Jerusalem, in die heilige Stadt, und in seinem Heiligtum würde er wieder Wohnung nehmen.

----

161 Es wurde schon mehrfach die Meinung vertreten, daß die-ser bejahrte Essener Juda der "Lehrer der Gerechtigkeit" gewesen sei. Das ist unwahrscheinlich. Der "Lehrer" war kein Mantiker, er studierte die Schrift, vor allem die Propheten und nahm ihre Aussagen als Prophezeiung, die in der jetzigen Endzeit in Erfüllung gehen würden. Außer-dem hat er in seinen Psalmen seine "Pflanzung" in Qumrân so hoch bewertet, daß er an Qumrân gebunden war, und deshalb ist es nicht gut denkbar, daß er in Jerusalem sich aufhielt, auch nicht auf Exkursion! Dazu: H. BURG-MANN, Wer war der "Lehrer der Gerechtigkeit? in Zwei lösbare Qumrânprobleme, 1986, S.229-255, als Erwiderung auf J. CARMIGNAC, Qui était le Docteur de Justice, Revue de Qumrân, No. 38, 1980, S.235-246.

Der Auszug der Jerusalem-Essener, der spätestens 104 ante stattgefunden hat, verlief sicherlich nicht ohne schwerwiegende
innere Auseinandersetzungen in Qumrân. Doch für die Position
dieser Emigranten kann man vier Gründe anführen, die zu
ihren Gunsten waren:

1. Die innenpolitische Lage war völlig verändert. Der Hochpriester-König betrachtete die Essener mit Wohlwollen; denn
sie waren mit seinen Feinden, den Pharisäern, seit langem
verfeindet. Die Essener waren froh, daß die Verfolgungszeit nun
endlich zu Ende war, und sie werden die Angriffe gegen die
Makkabäer/Hasmonäer aufgegeben und ein normales, neutrales,
sicherlich distanziertes Verhältnis zur Staatsmacht gewonnen
haben. Wichtig war hier auch eine gemeinsame Position; denn
auch die Makkabäer waren überzeugt, daß Gott kommen und
sein Reich aufrichten würde. Im Staatsvertrag mit dem makkabäischen Hochpriester Simon 140 ante wurde ja festgeschrieben,
daß die Herrschaft der Dynastie Simons in dem Augenblick zu
Ende sei, wenn ein "glaubwürdiger Prophet" auftrete. Für die
Essener, die in Jerusalem Wohnung nahmen, war Gott noch nicht
gekommen. Gott war noch nicht im Tempel, aber er würde dahin
kommen. Und so erhielt für sie Jerusalem und der Tempel neuen
Glanz.

2. Zu dieser Zeit wird der "Lehrer der Gerechtigkeit" nicht
mehr am Leben gewesen sein (162). Er hatte die Gemeinde gegründet, geformt und geprägt. Sein Tod hinterließ eine Lücke,

----

162   Wenn der "Lehrer" seine Rettung durch Gott, seine "Um-
       kehr", seinen ganz persönlich erlebten "Gottesbund" mit
       seinem Auftrag im Ausland erlebt hat, was er selbst in
       einem "Lehrer"-Psalm deutlich macht, dann muß diese Wen-
       de in seinem Leben um 170 ante erfolgt sein, zu einer
       Zeit, da nicht nur der Zadoqide Hochpriester Onia III.
       im Exil unweit Antiochia interniert war, sondern auch
       andere Mitglieder dieser fürstlich-vornehmen Familie, die
       zu dem hellenistisch gesinnten Hochpriester Jason   –
       Jeschua in Jerusalem in Opposition standen und die er
       nach Antiochia abschob. Zu diesen "verbannten Judäern"
       gehörte der Mann, der das Danielbuch schrieb, sicherlich
       auch der "Lehrer der Gerechtigkeit", damals zwischen 15
       und 20 Jahren. Wenn er zwischen 190 – 185 geboren wurde,
       dann war er 103 ante zwischen 82 und 87 Jahre alt ge-
       wesen, ein unwahrscheinliches Alter in der damaligen
       Zeit. Die Damaskusschrift in dem Großen Geschichtsgrund-
       riß ganz am Anfang bestätigt diese Datierung, CD I und

die nicht ausgefüllt werden konnte. Während der "Lehrer" durch seine Ausstrahlung die Gemeinde zusammenhielt - er hatte oft genug in seinem Leben und Wirken mit Widerständen zu kämpfen - kamen nun divergierende Tendenzen zu Wort.

3. Es gab Gemeindeglieder, die dem "Lehrer" vorwarfen, daß er versagt habe. In seinem religiösen, maßlosen Selbstverständnis habe er die Tradition verletzt. Zwar werde von der Gemeinde anerkannt, daß er sich selber als den letzten Propheten vor der Gottesherrschaft angesehen habe und daß er als Elia wiederkommen werde (163). Doch er habe seine Aufgabe, Verkünder des Heilbringers, des Maschiach, zu sein, dahingehend aufgefaßt, daß er, bestärkt von seiner eigenwilligen persönlichen Gotteserfahrung, seine Schöpfung, seine Gemeinde als "Maschiach" gesehen und das auch so formuliert habe. Damit habe er aber gegen die Tradition verstoßen, wonach der "Maschiach"

II. Der Fixpunkt ist die Ermordung des letzten legitimen zadoqidischen Hochpriesters Onia III. anno 172/171 ante. Dann kommen zwanzig Jahre Blindheit, Irrungen und Wirrungen der Makkabäerzeit 172-152. Dann als Protest gegen die Usurpation des Hochpriesteramtes durch den Makkabäer Jonatan das Auftreten des "Lehrers" und sein Wirken vierzig Jahre lang, also bis 112 ante, bis er "hinweggenommen wurde".

163 Wenn die Gemeinde von Qumrân den "Lehrer" oder den wiedergekommenen "Lehrer" mit Elia gleichsetzte, dann wird die Seite von Elia im Vordergrund gestanden haben, die ihn als Experten der Heiligen Schrift, als Doresch hat-Tora, auszeichnete. Die andere jüdische Tradition über Elia, die uns im Yefeth-Kommentar erhalten ist, wird hier kaum eine Rolle gespielt haben. Danach wird Elia erscheinen, die Versprengten zurückführen, das Land erobern, Jerusalem einnehmen, den Altar erbauen, den Hochpriester und den Königsmessias salben und die Genealogie bekanntgeben. Nach N. WIEDER, S.7 - Interessant an diesem Text ist auch die besondere Erwähnung der Genealogie; offenkundig hat es keinen Davididen mehr gegeben, möglicherweise auch ein Anlaß für den "Lehrer", seine eigene Gemeinde als den heilbringenden Maschiach einzusetzen. Die Rückführung der Versprengten kann in dieser Gemeinde keine Rolle gespielt haben; denn sie sah sich selbst als den "heiligen Rest" des Gesamtvolkes und als einzige Gruppe, der das Heil zukam. Auch die militante Seite im Auftreten Elias wird dieser quietistischen, antimakkabäischen Gemeinde kaum behagt haben.

ein Mensch aus Davids Geschlecht sein müsse und kein Kollektiv! Die Gemeinde müsse hier die Auffassung des "Lehrers" für falsch halten und eine neue Konzeption für den "Maschiach" finden.

4. Es gab Gemeindeglieder, die dem "Lehrer" vorwarfen, daß er versagt habe. Er habe die Vernichtung der unwürdigen, usurpatorischen makkabäischen Hochpriesterschaft durch die Kittiim vorausgesagt, auch großes Elend über Volk und Land, das durch die Schuld der ·Makkabäer kommen werde. Dies sei aber nicht eingetroffen. Ganz im Gegenteil sei die makkabäisch-hasmonäische Herrschaft sehr erfolgreich gewesen, und von den Kittiim sei weit und breit nichts zu sehen. Seine Wahrsage sei also falsch gewesen und habe der Gemeinde sehr geschadet. - Anno 103 ante waren die Kittiim noch nirgends zu sehen. Die Prophezeiung erfüllte sich aber doch, allerdings erst vierzig Jahre später, 63 ante, als Pompejus kam mit den Römern und der jüdischen Eigenstaatlichkeit für fast immer ein Ende machte.

Diese und ähnliche Auseinandersetzungen werden in Qumrân in der Zeit der Abwanderung der Jerusalem-Freunde eine große Rolle gespielt haben. Tatsächlich hat es später eine Ansiedlung von Essenern in Jerusalem gegeben. Sogar ein Tor wurde nach ihnen benannt, das "Essenertor", das in jüngster Zeit ausgegraben wurde. Es gab sogar ein regelrechtes "essenisches Viertel". Dieser Stadtteil und das Essenertor lagen im Süden der Stadt. Das war kein Zufall. Dieser Platz im Süden der Stadt wurde absichtlich gewählt; denn im Norden davon lag der Tempel. Was die Jerusalem-Freunde mit den Qumrân-Freunden verband, war die gemeinsame essenische Hoffnung auf das Kommen Gottes vom Norden her. Nach Norden war ihr Gesicht gerichtet, wenn sie beteten. Die Jerusalem-Freunde beteten nach Norden in Richtung des Tempels, und ihre Augen schauten über den Tempel hinweg nach Norden; denn von Norden erwarteten sie das Kommen Gottes und den Anbruch des Gottesreiches. Es ist wahrscheinlich, daß es in späterer Zeit noch Mönche gab, die in diesem "essenischen Viertel" lebten. Es wird nämlich berichtet, daß es hier Männer gab, die in Krügen das Wasser vom Brunnen holten, was eigentlich Frauenarbeit war. Daraus hat man geschlossen, daß es Männer waren, die frauenlos lebten, essenische Mönche also. Das war zur Zeit Jesu noch der Fall.

Diese Auseinandersetzungen mit den Jerusalem-Freunden werden auch in Qumrân ihre Nachwirkungen gehabt haben. Die Kritik traf die Getreuen des "Lehrers" hart. Auch die Gabe der Weissage, über die der Visionär Juda verfügte und deren Erfüllung immer eintraf, mag sehr beeindruckt haben. Denn der Visionär, der Wahres voraussagen konnte, stand offenkundig in der Gunst Gottes; wenn aber sein Weg, der ihn nach Jerusalem führte, der rechte Weg war, dann war wohl ihr Weg, in Qumrân zu bleiben, wohl der falsche Weg? Der Magnet Jerusalem stand hier gegen den Magnet "Lehrer". Doch die Strahlkraft dieses Mannes wirkte noch immer, und er muß über viele Getreue verfügt haben, die in Qumrân bleiben wollten und in Qumrân geblieben sind. Qumrân war für sie die Schöpfung des "Lehrers", eine Oase in der Wüste, auf der sichtbar der Segen Gottes ruhte. Diese Oase nannten die Qumrân-Essener "Pflanzung der Ewigkeit", bis zum Kommen Gottes würde sie bestehen bleiben. Auch nannten sie sie "Pflanzung der Treue", für diese Getreuen bedeutete "Treue", Treue zu Gott, aber auch Treue zum "Lehrer der Gerechtigkeit", dessen Bund mit Gott ihnen das Heil verbürgte. Die "Lehrer"-Getreuen kannten aber auch die Kritik der Jerusalem-Getreuen, und die Abwanderung dieser Gemeindegefährten traf sie schwer.

In einer solchen Lage entwickelt sich ein starker Wille zur Selbstbehauptung. Man könnte vielleicht sagen, in einer gewissen Trotzreaktion entschlossen sie sich, ein Mahnmal ihrer Treue zum "Lehrer" und zu Qumrân erstehen zu lassen, das auch ihrer unerschütterlichen Überzeugung Symbol sein sollte, daß Gott zu ihnen, den Getreuesten der Getreuen, kommen würde, also nach Qumrân und nicht nach Jerusalem. Sie bauten einen Turm!

Dieser Turm gehört nach Auskunft der Archäologen der Phase Ib an, seine Errichtung ist also wohl später anzusetzen als die Lebens- und Wirkungszeit des "Lehrers der Gerechtigkeit". Der Turm ist als Wehrturm gebaut, dafür spricht die Behinderung des Zugangs von der eingefriedeten Siedlung her. Doch hat er nicht die Aufgabe, die Feinde abzuwehren! Dafür steht er an einer völlig falschen Stelle. Der Angriff der Feinde auf diese Siedlung erfolgt "naturgemäß" vom Gebirge her, vom Westen her! Zwischen dem Gebirge, seinem Wasserfall und der Siedlung verläuft eine sich ganz allmählich neigende Trasse, eine Rampe von einigen Metern Breite. Auf dieser Rampe läuft auch die kanalisierte Wasserzuführung vom Wasserabsturz im Gebirge bis zur Siedlung; diese Kanalführung kann man an den Begrenzungssteinen noch erkennen (164). Auf dieser Rampe war der Angriff der Feinde zu erwarten. Es gab sogar eine Stelle, gar nicht weit von der großen Badeanlage, also unmittelbar nahe der Klostersiedlung, die schnürte die Rampe ein auf wenige Meter Breite mit einem Steilabfall links und einem Steilabfall rechts. An dieser Stelle hätte der Turm stehen müssen, wenn er ein Wehrturm gewesen wäre. Doch er stand an einer für diese Gemeinde unweit wichtigeren Stelle. Der Turm war kein Wehrturm, sondern ein Wachtturm! Er stand an der höchsten Stelle der Mergelterrasse und bot einen ausgezeichneten Ausblick nach Norden in das Jordantal. Von Norden erwarteten die Mönche von Qumrân das Kommen Gottes. Wenn es vor zweihundert Jahren in einem Stetl in Polen einen Zaddik gab, der junge Burschen an die Ausgänge des Dorfes zur Wache postierte, damit sie ihm das Kommen des Messias melden sollten, dann wird man für diese frühe Zeit, die durch die Danielprophezeiung aufgeschreckt, mit neuen Hoffnungen erfüllt und sehr erregt war, annehmen dürfen, daß man in Qumrân gleichfalls einen Wächter bestellt hat. Dieser Wächter auf dem Turm hatte der Gemeinde anzuzeigen, daß Gott von Norden zu ihnen nach Qumrân kommt ...

Damit darf das Kreuzfeuer kritischer Kontroversen um diesen Turm als ausgeglüht und erloschen angesehen werden. Dabei ist aber noch eine Feststellung notwendig. Diese Qumrângemeinde war nicht militant – diesen Aktionismus überließ sie von allem Anfang an den Makkabäern und später den Hasmonäern – diese Gemeinde war quietistisch eingestellt, ihr Tun beschränkte sich auf das Studium der Schrift und ihre Auslegung

----

164   Die Kanalführung ist auch im Gebirge gut zu erkennen. Die Mönche müssen oberhalb des großen Wasserfalls das Wasser, das damals sicherlich reichlicher floß als heute, an eine andere Stelle umgeleitet haben, wo die Aufprallstelle wesentlich höher lag als beim großen Wasserfall. Von dieser höheren Stelle aus wurde das Wasser kanalisiert und durch einen Tunnel hindurch, dann an den Felswänden entlang der Rampe zugeführt. Wasser war wichtig für das Leben der Mönche, wichtig für die "Pflanzung" – nach Plinius major "wandelten die Essener unter Palmen" – und nicht zuletzt für die kultischen Bäder, die auf der Informationstafel fälschlich als "Zisternen" bezeichnet werden. Reinheit des Körpers und der Gesinnung war ein wichtiges Gebot für diese Mönche, welche die Vorschriften des Tempels für die Priester zu befolgen hatten, um rein zu sein an dem Tage, an dem Gott zu ihnen kam.

in Bezug auf die Gegenwart, die für sie das Ende aller Tage
war. Das Reich Gottes war Sache Gottes und nicht Sache der
Menschen! Menschliche Machenschaften, wie sie die Makkabäer
betrieben, um das Gottesreich näher an die Menschen heranzu-
bringen, waren von vornherein verfehlt. Das galt auch später
für die Aktionen der Zeloten ... Die "Ewige Pflanzung" war
keine militärische Anlage, deshalb benötigte sie auch keinen
Wehrturm.

Unmittelbar neben dem Wachtturm war die Küche. Die Archäologen haben hier mehrere Feuerstellen festgestellt. Doch ist es
seltsam, daß der große "Speisesaal" nicht weniger als etwa
21 Meter von der Küche entfernt ist. Diese Seltsamkeit ist nicht
unbemerkt geblieben (165). Eine solche Distanz wäre ein Schrecknis für jede Hausfrau. Für die Hausherren damals, für die
Mönche von Qumrân, war diese Distanz sicherlich nicht weniger
ungewöhnlich, und einige Alte werden sich erinnert haben,
daß es früher einmal anders war, daß der Speisesaal unmittelbar neben der Küche lag. Doch inzwischen mußte man diesen
alten Speiseraum aufgeben, weil die Zahl der Tischgäste so
stark angewachsen war, daß der alte Raum nicht mehr aus-
reichte. Und inzwischen hatten sich auch andere Anschauungen
in Qumrân festgesetzt und auch teilweise durchgesetzt, auf die
man in einer späteren Zeit Rücksicht zu nehmen hatte. Dieser
spätere neue große Speisesaal war in der Ost–West–Achse angelegt. Der Vorbeter stand im Westen, die Steinplatte, auf der er
stand, ist noch erhalten. Die Tischgemeinde schaute betend
über ihn hinweg in den Westen, in die Richtung, wo Jerusalem
lag. Das war in der frühen Zeit bestimmt nicht der Fall. Der
alte kleine Speiseraum war sicherlich in der Nord–Süd–Richtung
angelegt, und die Mönche waren nach Norden gewandt beim
Gebet, von dort erwarteten sie das Kommen Gottes. Für die
Ansicht, daß der Raum neben der Küche einmal als Speiseraum
gedient hat und mit den Langseiten rechtwinklig zum Turm
stand, und daß dieser Raum später einem andern Zweck dienen
mußte, dafür gibt es keine archäologischen Beweise.

Wenn wir bloß auf den Turm verweisen könnten, auf den Wächter, der da oben unentwegt nach Norden schaute, und auf
diesen kleinen, nach Norden ausgerichteten Speiseraum, der

---

165 Ph.R. DAVIES, Qumran, 1982, S.48: "The refectory is con-
veniently situated from the main working areas of the
settlement but also ... inconveniently distant (!) from the
kitchen in the north of the main block!

nicht bewiesen werden kann, dann wären wir mit unsern Argumenten, daß diese Essener vom Norden das Kommen Gottes erwarteten, recht arm dran. Doch zum Glück gibt es den Friedhof. Hier haben wir nicht eine einzelne Person, die wie der Wächter auf dem Wachtturm nach Norden auslugt. Hier haben wir über tausend Tote, deren erloschene Augenhöhlen alle nach Norden starren. Dieser große Friedhof beginnt 30 Meter östlich von der Klostermauer, umfaßt zunächst eine verhältnismäßig ebene Fläche und erstreckt sich dann in vier Ausbuchtungen der Mergelterrasse in Richtung zum Toten Meer hin. Schon um 1850 hat sich der französische Naturforscher F. de SAULCY mit seinem arabischen Diener darüber unterhalten, wie seltsam doch dieser Riesenfriedhof sei, da alle überschaubaren Gräber in der Nord-Süd-Achse liegen, was sowohl bei Juden als auch bei Christen und Muslimen nicht üblich sei. Nicht üblich bei Juden war auch die Einzelbestattung, wie sie hier durchgeführt wurde; denn gewöhnlich wurden nach einem Jahr die Knochen in Ossuarien gesammelt und in einem Familiengrab zum zweiten Male bestattet (166). Daß die Toten von Qumrân einzeln bestattet wurden, beweist, welchen hohen Wert man jedem Gemeindeglied beimaß. Jeder einzelne war in das Buch des ewigen Lebens eingetragen und zum Heil bestimmt. Die Grablegung war sehr sorgfältig durchgeführt. Die Gräber hatten eine Tiefe zwischen 1,65 - 2,50 Meter, ermittelt nach den zehn Gräbern, die S.H. STECKOLL 1966 - 1967 ausgegraben hatte. Seitlich an der Grabsohle wurde eine Mulde geschaffen, in die der Leichnam gelegt wurde. Diese Mulde wurde durch flache Steine oder durch andere flache Stücke gegen den Grabschacht und die hinabgeworfene Erde geschützt. Man hat auch Sorge getragen, daß über dem Toten ein Luftkissen war, das gleichfalls nach oben gegen den Druck der überhängenden Erde gestützt werden mußte. Der Tote durfte auf der Erde liegen, aber nicht in der Erde liegen. Er lag gewöhnlich mit dem Gesicht im Süden, der

----

166 S.H. STECKOLL, The Community of the Dead Sea Scrolls, Estrato da ATTI V - Ce.S.D.I.R. - 1973-1974, S.210: "Jews had never buried their dead in this way as done at Qumran ... The graves themselves were also different from Qumran and individual shaft graves were never used. Instead, the custom was to have rock-cut tomb complexes in which entire families were buried."

Kopf war nach Norden ausgerichtet, nur ganz selten nach Osten gedreht (167). Die Arme lagen seitwärts am Körper oder über dem Leib gekreuzt. Grabbeigaben gab es normalerweise keine. Die Sorgfalt bei der Grablegung hatte den Sinn, dem Toten, dem am jüngsten Tage das Skelett mit Fleisch umhüllt wurde, völlig frei von der Beschwernis der Erdschollen das Verlassen der Todesstätte zu ermöglichen, wenn die Gräber sich öffneten. Dann würden die Toten dem Hochheiligen entgegengehen, der von Norden kommt, der zu ihnen kommt nach Qumrân!

Wenn man die Sehnsüchte dieser Essener bedenkt, muß man damit rechnen, daß die Lage des Grabes eine besondere Bedeutung hatte. Bevorzugt waren naturgemäß die Gräber, die im Norden lagen. Über diesen Streitpunkt ist uns natürlich nichts erhalten. Doch ist hier immerhin bemerkenswert, daß von den vier Ausbuchtungen der Mergelterrasse, die alle Gräber tragen, die südlichste von ihnen von den Frommen in Qumrân nicht bevorzugt wurde, sondern den Leuten zur Verfügung gestellt wurde, die an einer Nordorientierung nicht interessiert waren. So finden sich in der südlichsten, zum Toten Meer hin gelegenen Ausbuchtung der Mergelterrasse nur Gräber, die in der Ost-West-Achse liegen, etwa sechzig an der Zahl. Man könnte natürlich vermuten, daß hier Jerusalem-Freunde begraben wurden, deren Gesicht nach Westen, nach Jerusalem hin, gerichtet war. Doch bei einem Grab, das ausgegraben wurde, schaute das Gesicht in die andere Richtung, nach Osten, der Sonne zu (168).

----

167 S.H. STECKOLL, op.cit. (166), S.208: "In some cases the head was turned to face the east, in others looking straight upward." Die normale Kopflage wird nach Norden gerichtet gewesen sein. Man kann auch daran denken, daß mancher Schädel sich später auf die flache Seite legte.

168 S.H. STECKOLL, op.cit. (166), S.200/208: "About sixty of the graves, all on the southernmost of the cemetery, lie on an east-west axis and a grave excavated here showed that here the body rested in a niche on the southern side with the head to the west." Bei Jerusalem-Freunden würde man die Kopflage im Osten vermuten. Dieses Beispiel zeigt, daß die Anschauungen dieser Gemeinde sehr viel differenzierter waren, wenn es sich überhaupt bei diesen sechzig Gräbern um Glieder der Gemeinde handelt und nicht etwa um Fremde, um Phariäser, Leviten, Asylanten, die auch ihre Schriften in Qumrân hinterlassen haben. Man darf nicht alle diese Schriften unbesehen in einen Topf werfen und sagen, sie seien alle Schriften der Qumrângemeinde. Hier gilt es, zu sondern und die Zeitumstände und die vielen fremden Einflüsse zu berücksichtigen.

Der Friedhof von Qumrân

mit tausend Gräbern,

die nach Norden und Nordosten orientiert sind

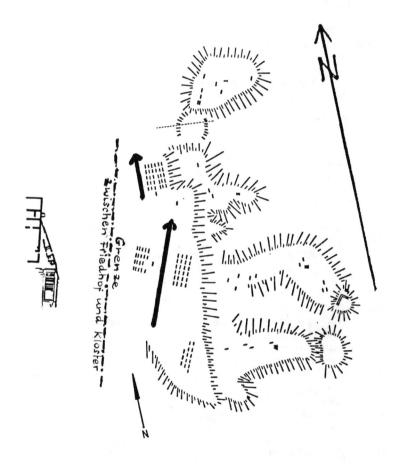

Solomon S. STECKOLL   The Community of the Dead Sea Scrolls, 1973 - 1974.

Der Friedhof gibt uns noch viele Rätsel auf. Die tausend Augen-
paare, die alle nach Norden starren, sind tausend Fakta, die
Zeugnis sind für den Glauben dieser Gemeinde an das Kommen
Gottes aus dem Norden. Doch im einzelnen gibt es Variationen.
S.H. STECKOLL, der letzte Ausgräber, unterscheidet sehr stark
zwischen den Gräbern, die in eindeutiger Nordrichtung angelegt
sind, und denen, die abweichend von der klaren Nordrichtung
sich nach NNO orientieren, zwischen 17 - 23 Grad. (169) Leider
sind zu wenig Gräber ausgegraben worden, was heute im Staate
Israel überhaupt nicht mehr möglich ist. Leider ist der große
Friedhof in Qumrân nicht nur von den Reiseleitern, die den
Touristen niemals über dieses Gräberfeld führen, sondern auch
von den Gelehrten zu wenig beachtet worden. So gibt es ein
großes Werk über Qumrân, das den Anspruch erhebt, alle inner-
essenischen, alle außeressenischen, alle historischen, alle paläographischen, alle archäologischen Angaben nach gründlicher
Prüfung verarbeitet zu haben, doch im Register findet man die
Vokabel "cimetière" zwischen Chronologie und Cinquantaines ver-

----

169 S.H. STECKOLL, op.cit. (166), S.222: "The overwhelming
     majority of the other graves (vorher berichtet er von Grä-
     bern, die genau in der Nordrichtung liegen oder um weni-
     ge Grade davon abweichen), on the main plateau as well
     as on spur I (= die nördlichste Ausbuchtung der Mergel-
     terrasse) are oriented 23° E of N. Variations were noted
     among them, ranging from 17° E of N to 28° E of N."
     STECKOLL unterscheidet streng zwischen den beiden Rich-
     tungen N und NNO. Die Nordrichtung wird nach ihm durch
     den Polarstern gewonnen, die NNO-Richtung durch die Son-
     ne. Der Sonnenaufgangspunkt zur Zeit der Winterwende
     wird hier als O-Punkt genommen und rechtwinklig dazu
     der besondere N-Punkt gewonnen, der liegt allerdings
     NNO! Möglicherweise spielt die Sonne in Glauben und Kult
     dieser Gemeinde doch eine größere Rolle, als man gemein-
     hin angenommen hat. Der von dieser Gemeinde praktizierte
     Sonnenkalender mag hier von Einfluß gewesen sein. Trotz-
     dem ist daran festzuhalten, daß die Grablage der Toten
     - ob N oder NNO - mit der Erwartung zusammenhängt, daß
     Gott von Norden kommen wird. Die Küstenlinie (15°)
     schiebt ja das ganze Land aus der Nordrichtung in die
     Nordnordostrichtung. Alle markanten Nordpunkte haben eine
     solche Abweichung von der Nordrichtung, nach NNO hin:
     Hyrkanien (70° sogar zwischen NNO und O!), Libanon (9°),
     Hermon (16°), Damaskus (28°). Nur Megiddo, angeblich
     Armageddon = Harmagedon, liegt westlich von dieser Nord-
     linie (10°), wieder ein Beweis, daß Megiddo für unsere
     Betrachtung ausscheiden muß!

gebens.

Der letzte Ausgräber, S.H. STECKOLL, hat sich natürlich auch
seine Gedanken gemacht über diese Nordrichtung der Gräber in
Qumrân. Er meint, daß der Polarstern eine große Rolle spielte,
er zitiert auch die bekannten Stellen in Jesaja und Ezechiel,
doch scheint er stark von astrologisch-astronomischen Anschauungen der damaligen Essener überzeugt zu sein – vor allem von
ihrer Sonnenverehrung – und seine Ausführungen über den Hintergrund, über die "Theologie", die doch hinter diesen Grab-
legungen zu erkennen ist, sind reichlich vage (170).

Schärfer konturiert ist dieser theologische Hintergrund bei J.T.
MILIK: "Der Glaube, daß das Paradies im Norden (oder: Nord-
Westen) liegt, hat seinen konkreten und sichtbaren Ausdruck
gefunden in der Orientierung der essenischen Gräber in Chirbet
Qumrân: Die Körper liegen ausgestreckt in Süd-Nord-Richtung,
so daß diese auserwählten Gerechten, wenn sie wieder zum Leben erweckt werden, das Paradies als Wohnsitz Gottes direkt
vor Augen haben." (171)

----

170 S.H. STECKOLL, op.cit. (166), S.223, beruft sich auf man-
    däische Texte, "that the gods reside in the stars and
    mountains of the north", und er zitiert auch in diesem
    Zusammenhang Jes. 14,13, Ez. 1,14 und 28,14, doch ist er
    stärker beeindruckt von der "sun-orientation of the
    Sectarians". Es ist zu hoffen, daß diese persönliche Ein-
    stellung den Grabungsbefund nicht beeinflußt hat.

171 J.T. MILIK, The Books of Enoch, 1976, S.41: "The belief
    that Paradise is situated in the North (or in the North-
    West) is given practical, visual expression in the orien-
    tation of the Essene tombs at Ḥirbet Qumrân: the bodies
    are stretched out South-North, with the head on the
    southern side so that when brought to life the just elect
    will be facing the Paradise-Abode of God."

VI. Kapitel

DER HOCHPRIESTER-KÖNIG ALEXANDER JANNAI UND DIE PHARISÄER (103 - 76 ANTE)

In der Zeit der Hasmonäer, der Chaschmonaim, erhalten die Frauen dieser Familie zunehmend Gewicht. Schon der Gründer der Dynastie, der Makkabäer Simon, besaß eine Frau, die durch ihre persönliche Tapferkeit, durch ihre Leidensfähigkeit und durch ihre Staatsgesinnung sich bei der Belagerung der Festung Dok 134 ante heldenhaft bewährt hat. Ihr Sohn Hyrkan I. hat - nach großen Schwierigkeiten mit der pharisäischen Genossenschaft - testamentarisch verfügt, daß nach seinem Tode seine Frau die weltliche Herrschaft, sein ältester Sohn Aristobul das Hochpriesteramt übernehmen solle. Offenkundig war Hyrkan bemüht, die innenpolitische, sehr gespannte Lage zu beruhigen. Doch dieses Testament wurde Makulatur. Aristobul warf seine Mutter in den Kerker, ließ sie verhungern und vereinigte Hochpriesteramt mit der Königswürde! Drei seiner Brüder vegetierten gleichfalls im Kerker, der von ihm sehr geliebte Bruder Antigonos kam durch eine Intrige des sadduzäischen Chäbär zu Tode, wobei auch die Königin Alexandra Salome-Schlomzion ihre Hand im Spiele hatte. Nach der kurzen Regierungszeit von nur einem Jahr und dem Tode Aristobuls I. befreite die Königin-Witwe die drei Brüder aus dem Kerker und maßte sich die Stellung einer Königsmacherin an, "sie bestimmte den Jannaeus, der auch Alexander hieß, zum König, da ihm infolge seines Alters und seiner Rechtschaffenheit der Vorrang gebührte." (172) Auf diese Weise wurde Alexander Jannai Hochpriester-König!

Daß die Frauen damals so große Bedeutung hatten, lag nicht nur daran, daß diese Frauen energische, kraftvolle, auch herrschsüchtige Persönlichkeiten waren, sondern auch an der innenpolitischen Konstellation. Die Zusammenballung der Gewalten wurde von den Pharisäern, die großen Einfluß im Volke hatten, als ein großes Übel angesehen. Die Trennung der profanstaatlichen von der geistlich-hochpriesterlichen Gewalt hätte zu einer Beruhigung und Auflösung der scharfen Spannungen zwischen den Pharisäern und dem Hochpriester führen können, wenn man die Frauen eingesetzt hätte. Die Königswitwe hätte das Staatsamt übernommen, ihr Sohn das Hochpriesteramt. Das

----

172 Josephus, Ant. XIII.XII,1 = § 320.

Verhältnis zwischen Mutter und Sohn war möglicherweise weniger spannungsgeladen, als wenn ein Bruder das Königsamt übernommen hätte. Bei den Brüdern mußte man mit ihrem Ehrgeiz rechnen. Folgerichtig ließ auch Alexander Jannai, kaum König geworden, den einen Bruder töten, der ihm zu ehrgeizig erschien, während er den andern offenkundig anders einschätzte, ihn am Leben ließ und in Ehren hielt.

Kaum war Alexander Jannai König, begab er sich auf einen Kriegszug, und der Krieg wurde zu seiner Lebensaufgabe (173). Die Seefestung Ptolemais-Akko reizte ihn. Seinem Großonkel Jonatan hatten die Syrer 143 ante vorgegaukelt, sie würden ihm diese wichtige Stadt übergeben, hatten ihn düpiert, gefangen gesetzt, und der Hochpriester Jonatan erlitt nach einem furchtbaren Foltermarsch von über dreihundert Kilometern den Tod durch die Syrer. Diese Erinnerung brannte. Jannais Ehrgeiz war es, diese Schmach auszulöschen.

Der syrische Staat war damals zu schwach und zu zerstritten, um diese wichtige Seefestung zu schützen. So ließ sich der Feldzug zunächst gut an. Die Belagerung war im Gange, da riefen die Belagerten die Ägypter zu Hilfe. Die ägyptische Macht erstreckte sich damals im Westen des asiatischen Festlandes in einem mediterranen Bogen vom ägyptischen Afrika bis nach Cypern, jederzeit bereit, beim geringsten Anlaß in das syrische Hoheitsgebiet einzufallen. So erwarteten die bedrängten Städter Hilfe von Ptolemaios Lathyrus, dem Beherrscher Cyperns. Zwischen ihm und seiner Mutter Kleopatra, die ihn vom ägyptischen Thron gestoßen hatte, herrschte erbitterte Feindschaft. Als der Cyprer kam, geriet Jannai in große Bedrängnis, er brach die Belagerung ab, führte sein Heer heim und versuchte es mit der Diplomatie. Tatsächlich gelang es ihm, mit Ptolemaios Lathyrus ein Freundschaftsbündnis zu schließen und ihn gegen Geldleistung zu veranlassen, Troilus, dem Regionalfürsten und Tyrannen an der Küste, die Städte Dora und Stratonsturm-Caesarea abzunehmen, Küsten-Städte, die später dem Tempelstaat zufielen. Gleichzeitig rief aber Jannai die ägyptische Königin Kleopatra gegen ihren Sohn zu Hilfe. Der Cyprer kam aber hinter dieses ränkevolle Doppelspiel seines

---

173 SCHÜRER-VERMES, I, S.220: "Alexander Jannaeus (103 – 76 B.C.) was, during his reign of twenty seven years, almost continuously involved in foreign and internal wars for the most part deliberately provoked by him, and which by no means always turned out well."

Bundesgenossen, verwüstete Judäa, eroberte die Stadt Asochis in Galiläa und ließ sie plündern, ein ähnlicher Versuch gegen Sepphoris in der Nähe mißlang ihm aber. Jannai zog ihm mit einem Heer entgegen, und sie trafen zusammen an einem Ort am Jordan, der Asophon hieß. In der Schlacht siegten nach wechselvollem Kampfe die Cyprer und richteten ein solches Blutbad unter den Juden an, "daß ihre Waffen stumpf wurden und ihre Arme erlahmten", wie Josephus schreibt (174). Der Cyprer nahm nach diesem Sieg Ptolemais-Akko ein, wandte sich nach der Ausschaltung Jannais nach Süden, um sein Stammland Ägypten zurückzuerobern. Er nahm Gaza ein, sozusagen vor den Toren der ägyptischen Residenz.

Diese Bedrohung nahm Kleopatra nicht hin. Sie entschloß sich zum Gegenschlag und überließ die Verteidigung ihres Landes dem Chelkias, einem ihrer beiden jüdischen Feldherrn. Dieser besiegte auch den Ptolemaios in einer Schlacht und vertrieb ihn aus Ägypten. Die Königin selbst ließ nach Norden marschieren, die phönizischen Städte erobern und das Land Judaea durchqueren. Sie erschien vor Ptolemais-Akko, belagerte die Stadt – für die Bewohner die dritte Belagerung innerhalb kurzer Zeit – und eroberte diese wichtige Seefestung für Ägypten.

Damit war Kleopatra Herrin der Lage, und Alexander Jannai, von dem Cyprer besiegt, die Niederlage noch nicht verwunden, sah keine andere Möglichkeit, sich zu behaupten, als ihr Geschenke darzubringen und ihr zu huldigen. Das war ein gefährlicher Akt wie auf dem Drahtseil, jeder falsche Schritt konnte ihn ins Verderben stürzen. Tatsächlich rieten Freunde der Königin, diese Huldigung als Unterwerfung aufzufassen und das Land Judäa dem ägyptischen Machtblock einzuverleiben. Doch der zweite jüdische General, Ananias mit Namen, der ihr Expeditionsheer führte, setzte sich für Jannai ein, er "trat ihrem Rat entgegen, indem er auseinandersetzte, die Königin werde ein Unrecht tun, wenn sie ihrem Bundesgenossen, der noch dazu sein Verwandter sei (sic!), seiner Macht berauben wolle. Eine solche Ungerechtigkeit werde auch übrigens alle Juden mit der Königin verfeinden" (175). Kleopatra folgte diesem Rat, schloß mit Jannai sogar in Skythopolis ein Bündnis. So blieb es Jannai erspart, Vasall und Magnat im ägyptischen Reich zu werden, und sein Land blieb frei von dem Joch der Heiden.

----

174   Josephus, Ant. XIII.XII,5 = § 343.

175   Josephus, Ant. XIII.XIII,2 = § 354.

Kaum war das ägyptische Heer abgezogen, begann Jannai den Jordan-Feldzug, eroberte nach zehnmonatiger Belagerung Gadara, südöstlich vom See Genezareth, bekannt durch die Evangelien, und die große Festung Amathus am Jordan; er erlitt aber hier schwere Verluste!

Unmittelbar danach folgte der Südfeldzug, er eroberte die Küstenstädte Raphia und Anthedon. Die wichtige Festung Gaza – hier hatte Ptolemaios überwintert – fiel durch Verrat, er ließ sie durch seine Soldaten plündern. Möglicherweise sind diese Küstenstädte durch die vorausgegangenen Kämpfe und Besatzungszeiten der ägyptischen Rivalen in ihrer Widerstandskraft entscheidend geschwächt gewesen. Wie Perlen auf einer Schnur waren nun all diese Küstenstädte vom Karmel bis zur ägyptischen Grenze in der Hand Jannais: Dora, Stratonsturm/Caesarea, Apollonia, Joppe-Jaffa, Jabne, Aschdod, Anthedon, Gaza und Raphia – nur Aschkalon blieb selbständiger Freistaat und hat diese Freiheit den Juden gegenüber nie eingebüßt – bis 1948. Nach einem Jahr wechselvoller Kämpfe – es muß um das Jahr 96 ante gewesen sein, kehrte der Hochpriester-König nach Jerusalem zurück.

Das Volk dankte ihm nicht. Die Niederlagen waren nicht zu übersehen, der Blutzoll des Volkes war bedrückend, und die Pharisäer ließen keine nationalistische Siegesstimmung aufkommen. Die Siege Jannais konnten erst gefeiert werden, als die Pharisäer von ihm abgeschlachtet und ihre Führer lebend an das Holz genagelt wurden ...

Das Volk dankte ihm nicht. Das Volk war von den Pharisäern aufgehetzt gegen diesen Hochpriester, an dessen Händen das Blut der erschlagenen Feinde klebte, was nicht sein durfte! Das Haupt der pharisäischen Genossenschaft, der Weiseste der Weisen damals, war Schimon ben Schetach. Er war jedenfalls der Radikalste, er konnte sich viel erlauben; denn er war, wie Josephus glaubwürdig bezeugt, der Bruder der Königin Alexandra Salome-Schlomzion, und damit war dieser Pharisäerfürst der Schwager des Königs. "Eine rabbinische Tradition von geringem historischen Wert berichtet, daß es Reibungen gab zwischen dem König und dem Haupt der pharisäischen Schule, Schimon ben Schetach, der ein Bruder von Salome, Alexanders Frau, gewesen sein soll." (176) Wir nehmen diese Tradition auf, weil sie hineinleuchtet in die damaligen Verhältnisse und Spannungen zwischen Pharisäern und Hochpriester-König.

----

176 SCHÜRER-VERMES, I, S.221.

Nach diesem Bericht kamen dreihundert Nasiräer nach Jerusalem, um die vorgeschriebenen Opfer darzubringen. Die Nasiräer waren Fromme, die sich auf Zeit verpflichteten, kein Messer an die Haare zu bringen, keinen Wein zu trinken und keine Frau zu berühren. Nach Ablauf der Frist mußten sie sich im Tempel vorstellen und die drei vorgeschriebenen Opfer darbringen. Daraufhin wurden sie in das "bürgerliche" Leben wieder entlassen.

Diese drei Opfer kosteten allerdings Geld, und Schimon ben Schetach hatte bei der Tempelbürokratie erreicht, daß die Hälfte der Nasiräer von dieser Auflage befreit wurde, die andere Hälfte sollte allerdings bezahlen. Schimon ben Schetach wandte sich daraufhin an die höchste Autorität des Tempels, den Hochpriester, seinen Schwager. Schimon bat ihn, die Kosten für die Nasiräer auszulegen, und sicherte ihm zu, diese Kosten aus eigener Tasche ihm zu erstatten. Der Hochpriester-König bezahlte, Schimon bezahlte nicht. Der König war verärgert, Schimon mußte befürchten, vom König, dessen Härte er kannte, gemaßregelt zu werden. Schimon verschwand im Untergrund. Doch da wurde dem König eine Gesandtschaft aus dem Partherlande gemeldet, und diese Gesandten hatten den Wunsch geäußert, diese weisen Leute kennen zu lernen, von denen man im Partherlande so viel erzählte. Der König war in großer Verlegenheit, weil er den Weisesten der Weisen, seinen Schwager Schimon ben Schetach, nicht vorweisen und vorzeigen konnte. Er wandte sich an seine Schwester, die ja den Aufenthaltsort ihres Bruders kannte, und erreichte bei ihr, daß sein Schwager Schimon – gegen freies Geleit – sich wieder in der Öffentlichkeit zeigen konnte. Bei dieser Gelegenheit kam es auch zu einer Begegnung mit dem König. Schimon setzte sich dreist zwischen seine Schwester und den König, und es ergab sich folgende Unterhaltung:

König: "Warum bist du geflohen?"

Schimon: "Weil ich hörte, daß mein Herr, der König, böse war
            auf mich."

König: "Und warum hast du mich betrogen?"

Schimon: "Ich habe dich nicht betrogen. Du hast gegeben dein
            Gold, und ich habe gegeben meine Weisheit."

König: "Aber warum hast du mir das nicht gesagt?"

Schimon: "Wenn ich dir das gesagt hätte, dann hättest du mir
            nicht das (Geld) gegeben."

König:	"Warum hast du dich gesetzt zwischen den König und die Königin?"
Schimon:	"Weil es geschrieben ist im Buch von Ben Sira: 'Steigere die Weisheit (in dir), und sie wird dich erhöhen, und sie wird dich setzen zwischen die Prinzen.' (Ben Sira 11,1)"

Daraufhin bestellte der König Wein für seinen Schwager und forderte ihn auf, das Tischgebet zu sprechen. Schimon begann und sagte: "Gepriesen sei Gott für die Speise, welche Jannai und seine Hofkamarilla bekommen haben." Darauf der

König:	"So, du bist genauso starrköpfig wie immer. Ich habe niemals erwähnt gehört in dem Tischgebet den Namen 'Jannai'."
Schimon:	"Aber ich konnte dir doch nicht sagen, daß wir dir danken können für etwas, was wir gar nicht gegessen haben, da ich bis jetzt noch gar nichts bekommen habe!"

Daraufhin bestellte der König Speise für Schimon. Als Schimon fertig war mit Essen, sagte

Schimon:	"Gepriesen sei Gott für das, was wir gegessen haben!" (177)

Diese Anekdote zeigt das kraftvolle pharisäische Selbstverständnis und Selbstbewußtsein der sadduzäisch bestimmten Staatsmacht gegenüber.

Alle frommen Engagements sind vom Hochpriester anzuerkennen, selbst wenn er dafür bezahlen muß! Der Hochpriester-König muß froh sein, wenn er von einem Weisen Belehrung erhält, und diese Belehrung ist mit Geld überhaupt nicht aufzuwiegen!

Es war ein Gespräch zwischen dem Hochpriester-König Alexander Jannai und dem Pharisäer-Führer Schimon ben Schetach. Schimon wird dieses Gespräch nicht vergessen haben. Schimon wird auch nicht die blutige Verfolgung vergessen haben, die über die Pharisäer hereinbrach. Schimon ben Schetach hat überlebt.

----

177 Gen. R. 91:13, b. Ber. 48 a - SCHÜRER-VERMES, I, S.15-17.

Mag sein, daß die Königin, seine Schwester, ihre schützende Hand über ihn gebreitet hat. Schimon hat das nie vergessen, was der Hochpriester-König den Pharisäern angetan hat. Er hat sich blutig gerächt! Doch das war viele Jahre später!

Das Laubhüttenfest war in der Makkabäer-Hasmonäer-Zeit mehrfach Anlaß zu einer politischen Demonstration. 152 ante zeigte sich der Makkabäer Jonatan erstmals im Ornat des Hochpriesters. 104/103 ante zeigte sich Antigonos – im Triumph nach siegreichem Feldzug – in glänzender Rüstung mit seinen Soldaten dem Volke, und der Kerngesunde betete für den todkranken Bruder. Auch jetzt – es könnte 196/195 ante gewesen sein, wurde das Laubhüttenfest Anlaß zu einer politischen Demonstration. "Es ist nämlich bei den Juden Brauch, daß am Laubhüttenfest jedermann Palm- und Zitronenzweige mitbringt." Und diese Zitronen eigneten sich großartig als Wurfgeschosse. Mag sein, daß der Hochpriester Alexander Jannai, am Altar stehend, eine ungeschickte oder unschickliche rituelle Handlung sich geleistet hat, indem er beim Trankopfer das Wasser nicht auf den Altar, sondern auf seine Füße goß (178). Josephus berichtet: An diesem Tage "erhob sich das Volk gegen ihn und bewarf ihn, während er am Altar stand und opfern wollte, mit Zitronen ... Auch schmähten sie ihn, er sei des Hochpriestertums wie der Ehre, Opfer darzubringen, nicht wert." (179) Der Grund der Pharisäerfeindschaft und des von ihnen gesteuerten Volkszorns lag sicherlich in der Zusammenballung zweier unvereinbarer Ämter, Staatsführer = Hochpriester. Doch bei Jannai kam noch hinzu, daß dieser Herrscher unablässig Kriege führte, während der Priester – und der Hochpriester auf keinen Fall – sich mit dem Blut des Krieges beflecken durfte. Josephus bringt an dieser Stelle allerdings eine andere Begründung, "er sei der Sohn einer Gefangenen", die aber nicht stichhaltig ist und

----

178 Eine derartige Nachlässigkeit eines Hochpriesters berichtet Talmud bSukk. 48b, ähnlich bYOM 26b, nach SCHÜRER-VERMES, I, S.223, Anm. 16.

179 Josephus, Ant. XIII.XIII,5 = § 372.

auf seinen Vater Hyrkan I. bezogen werden muß (180).

Jannai wäre nicht Jannai gewesen, wenn er diese Äußerung des Volkszornes auf sich sitzen gelassen hätte. "Hierüber ergrimmt, ließ Alexander gegen sechstausend von ihnen niedermetzeln." Dann verwehrte er dem Volke durch Errichtung hölzerner Schranken den Zutritt zum Tempel.

Viele Pharisäer, die jetzt um ihr Leben bangen mußten, werden geflohen sein. Zu dieser Zeit wird schon die erste pharisäische Flüchtlingswelle nach Qumrân gekommen sein, um hier Unterschlupf zu finden.

Wieder waren es äußere Unternehmungen, die den Hochpriester-König Jannai einige Zeit von Jerusalem fernhielten. Seine kriegerische Aktivität war nicht zu brechen (181). Er marschierte gegen die Araber östlich vom Jordan und machte die Bewohner dieser Gegend, die Gileaditer, aber auch die Moabiter, die östlich des Toten Meeres wohnten, tributpflichtig. Die Festung Amathus, die inzwischen abgefallen war, wurde dem Erdboden gleichgemacht. So weitete Jannai die Ostgrenze des Tempelstaates bedeutend aus!

Allerdings trat ihm der Araberkönig Obedas, der von dieser Expansion betroffen wurde, mit einem Heer entgegen, und Jannai fiel in einen Hinterhalt. Von einer Menge feindlicher Kriegskamele wurde er in eine Schlucht abgedrängt und rettete mit Mühe sein Leben.

Als der verhaßte König als Flüchtling in Jerusalem ankam, sahen seine Feinde ihre Stunde für gekommen, um sich dieses Hochpriester-Königs endlich zu entledigen. Es begann mit einem

----

180 SCHÜRER-VERMES, I, S.223, Anm. 16: "The story is probably unhistorical but even so it fits Hyrcanus better than Alexander." – Auf Jannai könnte dieser Vorwurf nur insofern zutreffen, als die hochpriesterliche Dynastie der Hasmonäer durch ihren Stammvater, den Hochpriester Simon, dadurch belastet wurde, daß seine Frau, die Mutter Hyrkans I., eine Zeitlang als zadoqidische Geisel in Antiochia festgehalten wurde, was ich für sehr wahrscheinlich halte.

181 SCHÜRER-VERMES, I, S.223: "Through his love of war (sic!) Alexander was soon involved in fresh embroilments."

Aufstand der Pharisäer, die das Volk hinter sich wußten. Jannai versuchte einzulenken und schien sogar bereit zu sein, auf ihre Wünsche einzugehen. "Da er sie nun endlich fragen ließ, was sie denn eigentlich verlangten, schrien sie: '(deinen) Tod'!" (182) Damit begann der Pharisäerkrieg (94 – 88 ante), der zunächst ein Krieg der Soldaten Jannais gegen Pharisäer und Volk war, der aber dann zu einem regelrechten Bürgerkrieg ausartete: Pharisäer standen gegen Pharisäer, Pharisäer schossen auf Pharisäer!

Es war nicht nur Hochverrat, was die Pharisäer betrieben, sondern auch Landesverrat. Sie schickten eine Gesandtschaft nach Damaskus zu dem dort regierenden König Demetrios III. Eukairos, dem ein Teil Syriens als Herrschaftsgebiet zugefallen war, und baten ihn um Hilfe gegen ihren Hochpriester-König. Von diesem Hilferuf der Pharisäer berichtet auch eine Qumrân-schrift, der Nahumpescher. Dieser Text bringt eine Neuerung, er nennt eine zeitgenössische historische Person mit Namen: Demetrios! Bisher hatte der Pescher alle historischen Personen mit Decknamen so verhüllt, daß bis zum heutigen Tage bei vielen Gelehrten – gewollt oder ungewollt – Unklarheiten darüber bestehen, welche Person mit dem Decknamen "Frevelpriester" und "Lügenmann" gemeint ist. In der Zeit der Verfolgung der essenischen Gemeinde durch die Makkabäer Jonatan und Simon wird es wohl ein Gebot der Notwehr gewesen sein, diese Widersacher in den Texten nicht offen beim Namen zu nennen. Denn es hatte schon einmal eine Razzia der Staatsgewalt stattgefunden, bei der Schriftrollen beschlagnahmt wurden, aus denen man Anklagepunkte herauslesen konnte. Wenn im Nahumpescher im Falle des Demetrios diese Verhüllungstaktik aufgegeben wurde, so ist dies doch ein Beweis, daß die Gemeinde sich freier fühlt und mit keiner Verfolgung zu rechnen hat. Der Text im Nahumpescher über diesen pharisäischen Hilferuf an diesen Demetrios III. Eukairos ist noch aus einem andern Grunde bemerkenswert. Die Essener waren doch sicherlich Partei in diesem Streit zwischen Pharisäern und König! Der Text scheint aber sehr neutral zu sein, um Objektivität bemüht. Doch scheint das nur so! Die Spitze gegen die Pharisäer liegt in der Erwähnung des verhaßten Königs Antiochos IV., der mit seiner Verfolgungswelle unsägliches Leid über die Frommen gebracht hat. Indirekt wird hier auf die Gefahr hingewiesen, daß es den Frommen genauso ergehen könnte wie damals, weil die landesverräterischen Pharisäer einen syrischen König zur

---

182   Josephus, Ant. XIII.XIII,5 = § 376.

Hilfe und ins Land gerufen haben (183).

Demetrios Eukairos kam natürlich umgehend mit seinen Soldaten und reihte die pharisäischen Widerständler umgehend in sein Heer ein. Bei Schechem/Sikim/Sichem kam es zum Treffen. Zunächst suchte jede Seite, den Gegner zu schwächen. Wie bei Homer wurden Reden gehalten, "indem Demetrios die Söldner, weil sie Griechen seien, Alexander (Jannai) dagegen die zu Demetrios haltenden Juden zum Abfall zu bringen versuchte" (184). Alle Abwerbungsversuche waren vergebens, nach diesen homerischen Tiraden kam es zur Schlacht. Jannai erlitt eine vernichtende Niederlage und zog sich mit seinen Soldaten ins Gebirge zurück. Doch o Wunder, o Wunder, 6000 siegreiche Pharisäer fanden sich bei dem geschlagenen König ein und erklärten sich bereit, unter seiner Fahne gegen den Syrer weiterzukämpfen. Sie hatten die Gefahr, unter die syrische Oberhoheit zu geraten, klar erkannt und betrachteten diesen verhaßten Hochpriester-König Alexander Jannai als das kleinere Übel. Der Syrer, der König Demetrios III. Eukairos, war von dieser Wendung der Dinge sehr überrascht, er fühlte sich getäuscht von seinen Bundesgenossen, den Pharisäern, und marschierte mit seinen Truppen wieder zurück nach Damaskus.

Und jetzt begann der Bürgerkrieg, der grausamste aller Kriege. Eh und je war es so. Der Bürgerkrieg war ein Bruderkrieg. Man konnte ja jederzeit dem andern, der auf der Feindseite stand, den Vorwurf machen, daß er nicht Bruder sein wollte, was ihm ja möglich war. Und wenn er nicht Bruder sein wollte, dann war es klar, daß man ihm den Schädel einschlagen mußte. Nein, das war viel zu gelinde, das ging viel zu schnell. Vor seinem Tode mußte man ihn foltern, quälen. Auf Hochverrat stand nicht nur der Tod, sondern die Peinigung vorher. Eh und je war es so. Von den Sklavenkreuzen auf der Landstraße von Capua bis zu den Fleischerhaken von Plötzensee, an denen sich die Märtyrer des 20. Juli 1944 zu Tode zappelten, war es immer so gewesen: Wer sich gegen den Staat verging, mußte

---

183 Nahumpescher 4 Q p Nah I,2-3: "Seine Deutung bezieht sich auf Demetrios, den König von Jawan, der begehrte, nach Jerusalem zu kommen nach dem Rat derer, die 'glatte Dinge suchen.' ... Die Könige Jawans von Antiochos bis zum Auftreten der Herrschaft der Kittiim, und danach wird zertreten werden ..."

184 Josephus, Ant. XIII.XIV,1 = § 378.

mehr erleiden als bloß den Tod! So war es auch damals! (185)

In einer zweiten Schlacht, in der die radikalen Pharisäer gegen Jannai und seine staatstreuen Pharisäer kämpften – Pharisäer schossen auf Pharisäer – siegte der Hochpriester-König
Alexander Jannai. Das Ende für die Aufrührer war schrecklich!
"Die Angesehensten des Volkes (sic!) drängte dann Alexander
(Jannai) in die Stadt Bethoma (eine Stadt, die nicht sicher zu
lokalisieren ist), belagerte sie hier und führte sie nach dem
Falle der Festung gefangen nach Jerusalem, wo er eine ganz
unmenschliche Freveltat ersann. Als er nämlich mit seinen Buhldirnen an einem in die Augen fallenden Ort schmauste, ließ
er gegen achthundert dieser Gefangenen kreuzigen und, während
sie noch lebten, ihre Frauen und Kinder vor ihren Augen niedermetzeln. Damit vollzog er für das erlittene Unrecht eine so
grausame Strafe, wie ein Mensch sie je ersonnen haben mochte"
(186).

Auch diese scheußliche Tat des Hochpriester-Königs Alexander
Jannai ist im Nahumpescher der essenischen Gemeinde getreulich
festgehalten. Dieser Pescher bezeichnet Alexander Jannai als
"Zorneslöwen" (KPYR HḤRWN). Dieser Deckname charakterisiert
trefflich die ungestüme Impulsivität dieses Herrschers, enthält
aber keinen kultischen oder illegitimen Vorwurf gegen den Hochpriester (187). Der Text bezieht sich so eindeutig auf diese
schauerliche Rache anno 88 ante, die führenden Pharisäer,
"die glatte Dinge suchen", bei lebendigem Leibe an den Baum
zu hängen und sie so zu Tode zu martern, daß kein Zweifel
daran möglich ist, daß dieser Text sich auf Alexander Jannai
bezieht: "Seine Deutung bezieht sich auf den 'Zorneslöwen', der
seine Rache ausübt an denen, 'die glatte Dinge suchen' und
hängt Menschen lebendig, was niemals geschah vorher in

----

185 Auch das Spießrutenlaufen als Strafe für Vergehen gegen
das Militärgesetz und damit auch gegen den Staat gehört
in diesen Zusammenhang. Doch war der Tod in diesem Fall
nicht das Ziel der Marter. Man wollte das menschliche
Potential, für das man ja bezahlt hat und das man für
die nächste Schlacht brauchte, nicht so ohne weiteres
schwächen. Außerdem benötigte man den Delinquenten als
lebendige Mahnung zur Abschreckung.

186 Josephus, Ant. XIII.XIV,2 = § 380-381.

187 H. STEGEMANN, S.122-123.

Israel." (188) Es folgt ein schwieriger Satz mit Lücken: "Weil, wenn ein Mann lebendig an den Baum gehängt wird, ER erklärt: 'Ich bin gegen dich', sagt der Herr der Heerscharen." Diese Wendung ist eigentümlich. Nicht derjenige, der das Toragebot von Deut. 21,22 übertritt, also der Herrscher Jannai, ist der Frevler, der die Gnade Gottes verliert, sondern der am Baum hängende gemarterte Unglückliche (189). Diese seltsame Wertung beweist den Haß dieser essenischen Gemeinde auf die Pharisäer, von welchen sie in der Vergangenheit viel erdulden mußte. Diese seltsame Wendung beweist aber auch, daß man für das grausame Vorgehen des Hochpriester-Königs ein gewisses Verständnis übrig hat. Wieder ein Beweis, daß dieser Herrscher kein Widersacher der Gemeinde war und auch nicht von ihr mit dem Decknamen "Frevelpriester" bezeichnet wurde (190).

----

188   Nahumpescher 4 Q p Nah I,6-8. Der Terminus "die glatten Dinge suchen" = Dorsche HaChalaqot ist ein oft gebrauchter Deckname in den Qumrântexten für die Rivalensekte der Pharisäer. Er kennzeichnet die Abtrünnigen, welche die Tora (in politischer Absicht) verfälschen, um der makkabäischen Staatsmacht gefällig zu sein. H. STEGEMANN übersetzt diesen Terminus etwas kühn, aber sachlich richtig mit "Mißdeuter der Tora".

189   Deut. 21,22-23: "Wenn über einen Verbrecher das Todesurteil gefällt ist und er dann hingerichtet wird und du ihn an einem Baume aufhängst, so darf sein Leichnam nicht über Nacht am Baum bleiben, sondern du hast ihn noch am gleichen Tag zu begraben."

190   SCHÜRER-VERMES, I, S.224, Anm. 22: "The theory advanced by some scholars (M. DELCOR, H. SEGAL, J. CARMIGNAC, F.F. BRUCE, J. van der PLOEG) concerning the identity of the Wicked Priest and Alexander Jannaeus is seriously weakened by the finding of archaeology." Denn: "the Qumran establishment was founded 30 to 40 years before the time of Jannaeus." Außerdem bringt H. STEGEMANN, S.122-123 sechs Argumente vor, die gegen die Identifizierung "Frevelpriester" = "Zorneslöwe" sprechen:
1. Beim "Zorneslöwen" fehlt der Vorwurf der Illegalität.
2. Beim "Zorneslöwen" fehlt das gewaltsame Vorgehen gegen "Lehrer der Gerechtigkeit" und dessen Anhänger.
3. Beim "Zorneslöwen" fehlt eine deutlich erkennbare Feindschaft der Qumrângemeinde gegen ihn.
4. Beim "Zorneslöwen" fehlt das "Leidenmüssen durch persönliche Gegner zu Lebzeiten".

Die Pharisäergenossenschaft war der essenischen Gemeinde verhaßt. Daß Pharisäer sich gegenseitig in diesem Bruderkrieg mit der Waffe in der Hand bekämpften, war für diese Genossenschaft eine Katastrophe. Die essenische Gemeinde ging offenkundig noch weiter und sah in dieser Katastrophe nicht nur eine Strafe Gottes, sondern auch ein Zeichen, daß das Endgericht Gottes diesem Strafgericht unmittelbar folgen würde. Es ist möglich, daß die Terminierung der Endzeit durch "Daniel" hier im Hintergrund stand.

Daniel hatte ja die 70 Jahre nach der Zerstörung des Tempels anno 586 ante bis zur Errichtung des Gottesreiches als Jahrwochen aufgefaßt: 70 Jahrwochen = 490 Jahre. Doch war dieser fromme Mann, der zwischen 168 und 164 sein Buch schrieb, von der unüberbietbaren Schrecknis seiner Zeit so überwältigt, daß er das Kommen Gottes in seine Gegenwart verlegte und bei seiner Berechnung die Zeit der persischen Herrschaft maßlos überdehnte. So setzte er an den Anfang der letzten Jahrwoche, also der letzten sieben irdischen Jahre ein Unglücksjahr für die Juden, das Jahr 172/171: In diesem Jahr wurde der letzte legitime zadoqidische Hochpriester Onia III. ermordet. Nach dieser Terminierung hätte das Reich Gottes im Sommer des Jahres 163 ante kommen müssen. Daß es damals tatsächlich Menschen gab, die von dem nahen Gottesreich überzeugt waren, dafür sprechen die Aktivitäten der Makkabäer in diesem Jahrzehnt, die Tempelweihe, die Rückführung der versprengten Juden aus Galiläa und dem Ostjordanland, auch die unvernünftige Hartnäckigkeit, mit der der Makkabäer Juda auf der letzten Schlacht bei Elasa bestand, die er verlor und damit auch sein Leben (160 ante).

Die Terminierung des "Daniel", geschrieben in der furchtbaren Verfolgungszeit, erwies sich als falsch. Eine genaue Rechnung hätte zu einem ganz andern Ergebnis geführt: 586 – 490 = 96! Mit dem Jahr 96 ante begannen die Verwicklungen, die dann zu dem unheilvollen Pharisäerkrieg (94 – 88 ante) führen sollten. Vielleicht gab es in den Annalen des Tempelarchivs genauere

----

5. Beim "Zorneslöwen" fehlt eine Titulatur, die kultischen Bezug hat. Der Terminus "Zorneslöwe" hat nur politischen Bezug.
6. Beim "Zorneslöwen" wird ein Bezug zum Königstitel nahegelegt, während beim "Frevelpriester" ein solcher Bezug fehlt. Dies legt die Vermutung nahe, daß der "Frevelpriester" zu einer Zeit amtierte, als es keinen "König in Israel" gab, also vor Aristobul I. und Alexander Jannai!

Zahlenangaben, so daß man die 490 Jahre seit der Zerstörung des Tempels präzise berechnen konnte. Möglicherweise hatte die essenische Gemeinde davon Kenntnis und brachte die Katastrophe der Pharisäer mit dem nahen Gottesreich in eine enge Verbindung.

Die ursprüngliche Terminierung des Kommens Gottes im Danielbuch erwies sich als falsch. Die Essener nahmen eine Korrektur vor, die sich im Großen Geschichtsgrundriß der Damaskusschrift findet. Als Fixpunkt, als Angelpunkt der Geschichte, nahmen sie genau wie ihr Vorbild Daniel die Ermordung des letzten legitimen Hochpriesters Onia III. anno 172/171 ante. Das war die Cäsur! Die 490 Daniel-Jahre wurden dadurch in zwei Epochen geteilt: 390 Jahre (Ezechiel-Zahl) Zorn-Gottes-Zeit und 100 Jahre Gottes Heilzeit. Die letzten 100 Jahre begannen mit dem Jahr 172. Darauf folgten 20 Jahre der Irrungen und Wirrungen. Gemeint war damit die makkabäische Partisanenzeit, die Verführung der Frommen zur Militanz, zur Annahme des torawidrigen Notwehrrechts am Schabbat, die pragmatische Politik, die menschlichen Machenschaften der Makkabäer, Mauerbau und Annexionen, ihr Aktionismus, ihr Aktionalismus, ein Beweis für das mangelnde Gottvertrauen. Auf diese 20 Jahre der "Blindheit" (172 - 152 ante) folgen 40 Jahre, erfüllt von dem Wirken und dem Leben des essenischen Gemeindegründers, des "Lehrers der Gerechtigkeit" (152 - 112 ante). Nach dem Tode des "Lehrers" folgen die letzten 40 Jahre vor dem Gottesgericht und der Gottesherrschaft (112 - 72 ante). Innerhalb dieser letzten 40 Jahre wurde der Pharisäerkrieg geführt (94 - 88 ante). (191)

Es gibt zwei Texte der essenischen Gemeinde, die das Kommen Gottes zum Endgericht, also das Ende der irdischen Zeit, mit der Katastrophe der feindlichen Genossenschaft, dem Pharisäerkrieg, in einen Zusammenhang bringen: Beide Texte gehören der Damaskusschrift CD an, beide Texte gehören zum großen Geschichtsgrundriß dieser Schrift, beide Texte beenden die irdische Zeit, beide Texte sehen in den anarchischen Zuständen des Pharisäerkrieges offenkundig das letzte irdische Ereignis, welches das Eingreifen Gottes nötig macht. So heißt es am Abschluß des großen Geschichtsgrundrisses: "Da entbrennt der

---

191 Die drei Phasen der Heilzeit sind in der Damaskusschrift ausgeführt oder angedeutet. Phase I: 20 Jahre Blindheit CD I,9-10 - Phase II: Lehrerwirken ohne Zeitangabe CD I,7 - Phase III: 40 Jahre zwischen Lehrertod und Endgericht CD XX,13-16.

Zorn Gottes gegen ihre Gemeinde, so daß er die gesamte Menge verstörte, und ihre Werke sind Unreinheit vor ihm." (192) Der andere Text bezieht sich auf die letzten "vierzig Jahre" zwischen dem Tod des "Lehrers" und dem Gottesgericht: "Und vom Tage, da der 'Lehrer der Einung' hinweggenommen wurde, bis zum Ende aller Männer des Kampfes (im Pharisäerkrieg und im Strafgericht Gottes), die mit dem 'Mann der Lüge' sich umgewandt haben (d.i. dem Begründer der pharisäischen Genossenschaft), sind es etwa vierzig Jahre (sic!). Und in dieser Zeit entbrennt der Zorn Gottes gegen Israel" ... Die durch den Pharisäerkrieg entstandenen anarchischen Zustände, die ein unmittelbares Eingreifen Gottes erforderlich machen, werden in diesem Zusammenhang klar charakterisiert (193).

Gott kam nicht. "Daniel", ein Mensch seiner Zeit, welcher die Verfolgszeit als eine menschlich nicht mehr zu bewältigende Schreckenszeit sah, auf die es nur eine einzige Lösung gab: das persönliche Eingreifen Gottes, hatte geirrt. Die essenische Gemeinde, die in dieser über ihre Rivalensekte hereingebrochene Katastrophe nicht nur eine Strafe Gottes, sondern - beeinflußt durch eschatologische Berechnungen - ein Anzeichen für das nahe Gottesreich sah, irrte gleichfalls. Gott kam nicht.

Die Pharisäer haben diese Katastrophe in kurzer Zeit überwunden. Wie das möglich war, wissen wir nicht. Was die mit Jannai siegreichen Pharisäer dachten, als ihre Genossen von ehemals an den Bäumen hängend starben, während die Frauen und Kinder vor den Augen des Königs und seiner Buhldirnen niedergemetzelt wurden, wissen wir gleichfalls nicht. Nach Josephus flohen die Überlebenden der geschlagenen Pharisäerpartei - achttausend an der Zahl - "bei Nacht davon und lebten bis zum Tode Alexanders (Jannai) als Flüchtlinge." Sicherlich hat es auch eine dritte Gruppe der Pharisäer gegeben, die weder gegen Jannai noch mit Jannai gekämpft hat. Es ist möglich, daß es gerade in dieser Gruppe Männer gab, welche die Versöhnung zwischen den "siegreichen" und den geschlagenen

---

192 Damaskusschrift CD I,21 - II,1.

193 Damaskusschrift CD XX,13-16. Eingeschaltet die Kritik an der durch den Pharisäerkrieg ausgelösten Anarchie: "und in dieser Zeit entbrennt der Zorn Gottes gegen Israel, wie er gesagt hat: 'Kein König und kein Fürst (Hos. 3,4) und kein Richter, und keiner der in Gerechtigkeit zurechtweist." (Damaskusschrift CD XX,15-17)

Pharisäern herbeiführten. Vermutlich ist aber auch bei diesem notwendigen Versöhnungswerk der Bruder der Königin, Schimon ben Schetach, eine kraftvolle Persönlichkeit, beteiligt gewesen.

So gab es verschiedene Gruppierungen bei den Pharisäern. Einige werden den pharisäischen Weg verlassen haben, noch bevor die Kämpfe begannen. Mag sein, daß sie sich auf die frühere chasidische Gemeinsamkeit besonnen haben und sich den Essenern in Qumrân angeschlossen haben. Die Essener haßten die pharisäische Genossenschaft, diese "Mißdeuter der Tora" als Institution. Doch der Haß machte Halt vor dem einzelnen Menschen. Qumrân wurde zum Asyl für viele Pharisäer, auch für die, welche gegen Jannai gekämpft hatten und nun seine Verfolgung fürchten mußten. Sie fanden Aufnahme und Unterschlupf in Qumrân. So ist es kein Zufall, daß gerade während der Regierungszeit dieses Hochpriester-Königs Qumrân eine Blütezeit erlebte wie nie zuvor. Dies kann man an den 143 Münzen ablesen, die in Qumrân gefunden wurden und die Jannai prägen ließ (194). Der Einfluß der Pharisäer in Qumrân wurde so stark, daß die Spuren erkennbar blieben.

----

194 Die Münzen, die Alexander Jannai geprägt hat, sind von zweierlei Art. Die einen sind bi-lingual, also zweisprachig, hebräisch-griechisch. Die andern tragen nur eine hebräische Inschrift. Die sprachliche Form hat hier nichts zu sagen, vor allem darf sie kein Indiz dafür sein, daß dieser Jannai etwa doch ein Hellenist gewesen sei. Das war er nicht! Er war Jude durch und durch und darüber hinaus in diesem Punkte radikal! Die Verschiedenheit der beiden Münzen ist kein Beweis für die Sympathie dieses Herrschers nach außen für die griechische Kultur, sondern ein Beweis für die Wechselfälle im Innern des Tempelstaates. Der Unterschied liegt ja nicht in der sprachlichen Formulierung, sondern in der Betonung des Führungsamtes: Hie Königsmünzen, hie Hochpriestermünzen. Wenn er innenpolitisch auf die Mitregierung des sadduzäischen Chäbär angewiesen war, dieser senatsähnlichen Hofkamarilla, dann ließ er Hochpriester-Münzen prägen mit der rein hebräischen Inschrift:
YHWNTN (manchmal dafür: YNTN) HKHN HGDL WḤBR HYHWDYM "Jehonatan (oder: Jonatan) der Hochpriester und der Chäbär der Juden".
Bei diesem König ist nicht auszuschließen, daß er zeitweise sehr selbstbewußt und sehr selbständig regiert hat. In einer solchen Zeit wird er wohl die Königsmünzen in die Präge gegeben haben, welche die zweisprachige In-

Die Grausamkeit des Hochpriester-Königs Alexander Jannai war erfolgreich. Sie trug ihm zwar den Schimpfnamen "Thracidas" ein, weil man die Thraker für unmenschlich grausame Menschen hielt, doch im Innern war von nun an kein Widerstand mehr zu befürchten. So schreibt auch abschließend Josephus: "So nahm dieser Aufstand ein Ende, und Alexander (Jannai) regierte von da ab in völliger Ruhe (sic!)" (195).

Die nächsten kriegerischen Unternehmungen Jannais verliefen wenig erfolgreich. Als der syrische König Antiochos XII. Dionysos auf einem Kriegszug gegen seinen Bruder Philippos den Durchmarsch durch Judaea begehrte, verweigerte Jannai ihm den Transit. Jannai ließ einen tiefen Graben ziehen, der von Chabarzaba (= Antipatris) bis nach Joppe-Jaffa reichte und durch Brustwehren mit hölzernen Türmen gesichert war. Doch der Syrer steckte alle diese Befestigungen in Brand und erzwang so den Durchmarsch nach Arabien hinüber. Antiochos siegte zwar in Arabien, fiel aber in der Schlacht.

Sein Gegner war Aretas, der König der Nabatäer, dessen Gebiet sich bis Damaskus erstreckte. Da die Juden im Osten und im Süden an den nabatäischen Einflußbereich stießen, wurde dieser König zu einem Nachbarn, mit dem man rechnen mußte. Diesem Aretas gelang es auch, mit seinem Heer ins Herz Judaeas vorzustoßen und den König Jannai in der Küstenebene bei Adida zu besiegen. Doch es kam zu einem Frieden zwischen Jannai und Aretas, und der Nabatäerkönig zog mit seinem Heer wieder ab. Sicherlich mußte Jannai für diesen Frieden zahlen.

Dafür verlief der Nordfeldzug Jannais, unmittelbar danach und in den Jahren 83-80 ante, überraschend glücklich. Er eroberte Pella, Dium-Dion und Gerasa. Dann wandte er sich nordwärts und nahm Gaulana und Seleukia ein, auch die starke Festung Gamala konnte ihm keinen anhaltenden Widerstand entgegensetzen. Damit hatte Jannai die Landschaft östlich und nördlich des Sees Genezareth dem Tempelstaat einverleibt.

----

schrift trugen:
KLMH NTNWHY BASILEOS ALEXANDROY (in der Folge der Buchstaben) reguliert: YHWNTN HMLK = Yehonatan der König (hebräisch) - (griechisch) König Alexander.

195   Josephus, Ant. XIII.XIV,2 = § 383.

Man hört mehrfach die Behauptung, die Chaschmonaim, die hasmonäischen Herrscher, seien Hellenisten gewesen. Auch dem Alexander Jannai macht man diesen Vorwurf. Man folgert dabei etwa so: Wenn ein solcher Herrscher so brutal gegen die Frommen in seinem Volk, eben die Pharisäer, vorgegangen ist, dann muß er ja ein Hellenist sein! Daß die Spannungen zwischen der frommen Genossenschaft und dem Hochpriester auf einem ganz andern Felde sich gebildet haben, sollten eigentlich diese Zeilen zeigen. Zudem kann dieser Nordfeldzug die letzten Zweifel ausräumen. Bei SCHÜRER-VERMES kann man nachlesen, daß dieser Nordfeldzug sich gerade gegen die hellenistischen Städte richtete, die schon eine bedeutende Zivilisation erreicht hatten. Doch Jannai war Jude! Er muß diese fremde aus Europa stammende Kultur gehaßt haben. Er zwang diesen Städten die jüdische Lebensform auf, und wenn sie sich weigerten, machte er sie dem Erdboden gleich. Erst als Pompejus anno 63 ante dieses Gebiet dem römischen Weltreich einfügte, konnten diese Städte wieder frei atmen und ihre hellenistische kulturelle Entwicklung fortsetzen und ungestört entfalten. Vorher war dies nicht möglich, wie manche Chronisten bedauernd bemerken (196).

Mag sein, daß diesem Hasmonäer zugetragen wurde, daß der Norden Israels dadurch ausgezeichnet sei, daß hier messianischer Boden sei, daß der Messias aus diesem Gebiet kommen würde und daß er deshalb verpflichtet sei, dieses Land im Norden dem Tempelstaat einzufügen. Sicherlich wird eine andere Konzeption hinter diesem Nordfeldzug gestanden haben: das Bestreben, Gott den Weg zu bereiten, wenn er kommt. Alle Makkabäer/Hasmonäer waren getragen von der Überzeugung, daß das Reich Gottes nahe sei und daß Gott kommen würde. Bei Alexander Jannai, dieser Kriegsgurgel, mag hinter all seinen militärischen Unternehmungen der Gedanke, der Wille maßgebend gewesen sein, dem Hochheiligen einen Tempelstaat zu Füßen zu legen, welcher die Ausmaße des Großreiches des Königs David erreicht hat. Diesem Ziel ist der Hochpriester-König Alexander Jannai sehr nahe gekommen. Wenn man diese alt-makkabäische Tradition bedenkt, der auch Jannai verhaftet ist, dann wird

----

196 SCHÜRER-VERMES, I, S.228: "It was not a question of advancement of Greek civilisation, as in the conquests of Alexander the Great, but of its annihilation (sic!). For in this, Alexander Jannaeus was still Jew enough (sic!) to subject conquered territories as far as possible to Jewish customs. If the capitured towns refused to comply, they were razed to the ground."

Der makkabäische Groß-Israel-Traum des Alexander Jannai (103--76)

PHÖNIZIEN

DAS GROSSREICH DAVIDS UND SALOMOS

PALÄSTINA UNTER DEN HASMONÄERN

AMMON

MOAB

IDUMÄA

EDOM

DAS GROSSREICH DAVIDS UND SALOMOS

Aus: G. Kroll, Auf den Spuren Jesus St. Benno-Verlag, 1973 Leipzig

aus der "Kriegsgurgel" unversehens ein frommer Jude!

Bei diesem Mann sind die militärischen Leistungen ungewöhnlich, und die Annexionen übertreffen alle Erwartungen. Josephus zählt in seinem Bericht die Städte auf, die durch die Eroberungen dieses Königs der Herrschaft der Juden unterworfen wurden. An der Küste reicht die Perlenkette dieser Städte vom Karmel bis zur ägyptischen Grenze – den Freistaat Askalon allerdings ausgenommen. Im Osten zog sich der neuerworbene Landstreifen vom Hermon nach Süden, umfaßte die Gebiete östlich von Jordan und Totem Meer bis zu dessen Südspitze, bis Zoara.

Der Nordfeldzug wurde zum Triumphzug des Königs. Er "kehrte dann, nachdem er drei Jahre im Felde gelegen hatte, nach Hause zurück, wo die Juden ihn seines Kriegsglücks wegen mit Begeisterung aufnahmen." (197) Kein Pharisäer durfte es wagen, diesem nationalistischen Siegestaumel des Volkes entgegenzutreten.

Der Osten war und blieb gefährdet durch die Nachbarschaft mit den Nabatäern. Um eine dieser Festungen im Osten ging auch der letzte Kampf, um die Festung Ragaba, östlich des Jordan. Der König litt an einer sich über mehrere Jahre hinziehenden Krankheit. Josephus schreibt darüber: "Später fiel Alexander (Jannai) infolge von Trunksucht in eine Krankheit und wurde drei Jahre lang von viertägigem Wechselfieber geplagt, ohne aber deshalb vom Kriege abzulassen, bis er endlich den Strapazen erlag ..." (198).

Der Hochpriester-König Alexander Jannai starb nicht den Strohtod in Jerusalem – das würde zu seinem Leben und zu seiner Lebensführung auch kaum gepaßt haben – er starb im Feldlager bei der Belagerung von Ragaba, östlich des Jordans, vermutlich an der Schwächung durch die Malaria "nach siebenundzwanzigjähriger Regierung und im Alter von neunundvierzig Jahren" (199).

----

197 Josephus, Ant. XIII.XV,3 = § 394.

198 Josephus, Ant. XIII.XV,5 = § 398.

199 Josephus, Ant. XIII.XV,5 = § 404. – Zur Lage von Ragaba siehe SCHÜRER-VERMES, I, S.227, Anm. 26.

Josephus schließt aber damit seinen Bericht noch nicht ab; denn sosehr es diesem König gelungen war, außenpolitisch Erfolge einzuheimsen, innenpolitisch hat er doch völlig versagt; denn auf Bajonetten läßt sich auf die Dauer keine Gewalt aufrichten. So kommt dieses alte Lösungskonzept von der Trennung der Gewalten wieder zum Vorschein, das schon Hyrkan I. testamentarisch verfügt haben soll, das aber nach seinem Tode nicht durchgeführt wurde. Auch diesmal soll Alexander Jannai seiner Frau diese Lösung vorgeschlagen haben: Die Königin-Witwe als Herrscherin und der Sohn als Hochpriester. Ob dies historisch ist, ist fraglich. Ein anderer Rat, den der sterbenskranke König seiner Frau gegeben hat, hat einen stärkeren historischen Überzeugungswert. Die Königin solle seinen Tod erst bekanntgeben, wenn die Festung Ragaba gefallen sei. Der König hatte Angst vor den Pharisäern, er fürchtete, daß sie in ihrem Haß seine Leiche verstümmeln würden. Diese Angst war berechtigt. Die Pharisäer erscheinen in diesem Bericht als eine Einheit. Es gibt schon jetzt nicht mehr die Trennung in die "siegreichen" und die unterlegenen Pharisäer, in die Kollaborationspharisäer und die Widerstandspharisäer. Sie alle hassen ihn. Die Kollaborationspharisäer hassen diesen König, weil sie ihm ein sehr schlechtes Gewissen verdanken. Die Erinnerung an ihre Genossen, die lebend am Baum hängend zu Tode gemartert wurden, während Schergen des Königs die Frauen und Kinder vor ihren Augen niedermetzelten, dieses Bild werden die "siegreichen" Pharisäer in ihrem Leben nie vergessen haben. Der Haß gegen diesen König war bei diesen ehemaligen Kollaborateuren noch leidenschaftlicher ausgeprägt als bei den andern. Das schlechte Gewissen nach der Kollaboration hat auch in unserm Jahrhundert zu den entsetzlichsten Bluttaten geführt, die man sich ausdenken kann. Die Pharisäer erscheinen hier als eine geschlossene, entschlossene Phalanx, geeint durch den Haß gegen den Hochpriester-König. Der König wußte das. Sein Tod sollte erst nach dem Siege bekanntgegeben werden, in der Hoffnung, das jubelnde Volk würde die Ausschreitungen der Pharisäer verhindern. Wenn der tote König im Triumphzug nach Jerusalem geführt würde, sollte die Königin den Leichnam des Königs den Pharisäern zur Verfügung stellen, weil das das sicherste Mittel sei, Ausschreitungen zu verhindern. Im übrigen solle sie in allem den Pharisäern nachgeben: "Versprich ihnen, nichts ohne ihre Zustimmung zu tun." (200) Das bedeutete nichts anderes als die Mitregierung der Pharisäer, d.h. der

----

200 Josephus, Ant. XIII.XV,5 = § 403.

pharisäische Chäbär würde von nun an an die Stelle des sadduzäischen Chäbär treten. Und weiter heißt es bei Josephus: "Auf diese Weise wirst du in Sicherheit herrschen können."

Ob dieses Gespräch historisch ist, kann bezweifelt werden. Tatsache ist jedoch, daß nach dem Tode Jannais das innenpolitische Steuer herumgerissen wurde. Zur Mitregierung gelangten die Pharisäer. Bei diesem Umschwung wird wahrscheinlich die kraftvolle Persönlichkeit des Pharisäers Schimon ben Schetach, der ein Bruder der Königin war, eine größere Rolle gespielt haben als die letzten Worte des Königs Alexander Jannai auf dem Totenbette ...

7. Kapitel

DIE SADDUZÄISCHE TORA 11 QT: DER AUFTRAG GOTTES AN ALEXANDER JANNAI, EIN VORBILDLICHES KÖNIGTUM ZU ERRICHTEN, DIE LEVITEN IN IHREN MATERIELLEN ANSPRÜCHEN UND IN IHREN ULTRA-TORAKRATISCHEN ERWARTUNGEN ZU UNTERSTÜTZEN UND ENDLICH DEN TEMPEL IN DEN IDEALEN ABMESSUNGEN ZU BAUEN

Die "Tempelrolle" 11 QT, die ursprünglich fast neun Meter lang gewesen sein muß und der Qumrânforschung große Rätsel aufgibt, ist eine sadduzäische Tora! Es müssen die Männer im Tempel gewesen sein, welche dieses umfangreiche Schriftwerk geschaffen haben. Diese Männer dachten sadduzäisch. Die sadduzäische "Theologie" war ein völlig einheitliches, in sich geschlossenes Denkgebilde. Die diensthabenden Männer im Tempel standen "allezeit vor YHWH, ihrem Gott," bereit, den heiligen Dienst zu versehen. Sie standen vor Gott. Sie standen unmittelbar vor Gott. Wenn sie das für das Opfer bestimmte Fleischstück in ihren Händen schwangen, es loßließen und es im hohen Bogen auf die Feuerfläche des Brandopferaltars niederfiel und von den Flammen verzehrt wurde, dann hatte der Höchste in diesem Augenblick unmittelbar vor ihren Augen das Opfer angenommen. Es gab nichts zwischen diesen Männern und Gott. Es gab keine Mittelwesen für sie. Es gab keine Engel für diese Sadduzäer. Daß es Engel gab, das waren Gedanken, die aus einer fremden Vorstellungswelt stammten. Sie lehnten Engel ab! Das Wort "Engel" kommt übrigens in der sadduzäischen Tora 11 QT nicht vor.

Die andere Aussage über den Dienst dieser Männer im Tempel ist noch wichtiger. Sie standen "vor YHWH, ihrem Gott - allezeit"! "Allzeit" bedeutet für alle Zeiten, in alle Ewigkeit! In alle Ewigkeit würden diese Männer vor YHWH, ihrem Gott, stehen und Dienst tun. Und dieser Dienst war dafür bestimmt, Tag für Tag, das sündige Volk im Lande Juda, die Priester und das Heiligtum zu entsühnen in der Gewißheit, daß der Hochheilige diese Sünde "bedecken" und so vernichten würde. Es würde immer, in alle Ewigkeit, ein sündiges Volk geben, und der Dienst der Männer im Tempel war deshalb zeitlich unbegrenzt!

Für diese Sadduzäer gab es keinen Bruch in der Geschichte. Es gab keinen irdischen Äon, der einmal zu Ende ging! Es gab für sie keinen "jüngsten Tag"! Es gab für sie keinen jüngsten Tag, an dem die Gräber sich öffneten, die Skelette sich mit Fleisch umhüllten und einer Existenz entgegengingen, entweder im Zustand des Heils oder im Zustand der Verdammnis. Die toten, wieder auferweckten Frommen, die dem Heil entgegengingen, wurden damit zurückversetzt in die Existenz der Menschen im Paradies. Sie waren nunmehr befreit von jeglicher Sünde, sie waren festgelegt auf das Gute. Damit war die Funktion der Männer im Tempel, die durch ihren Dienst vor YHWH, ihrem Gott, die Sünde im ganzen Land, die Sünde aller Menschen zu sühnen, zu "bedecken", wegzuschaffen, zu vernichten hatten, mit einem Schlag überflüssig geworden. So war es kein Wunder, daß diese Sadduzäer derartige revolutionäre religiöse Vorstellungen, Erwartungen und Hoffnungen strikt ablehnten. Sie hielten nichts von einem Weiterleben nach dem Tode. Sie waren privilegiert. Sie dienten Gott in einer wunderbaren, von Glanz und Gold umleuchteten Umgebung. Goldene Geräte umgaben sie, wohin sie schauten. Sie hatten kein Gefühl, kein Gespür dafür, daß es fromme Menschen im Lande gab, die durch ihren Glauben in Todesnot gekommen waren, gelitten hatten, in schwerer Bedrängnis waren, die nun von Gott erhofften, daß er ihnen im künftigen Leben ihre Standhaftigkeit belohnen würde. Die Sadduzäer gingen sogar so weit, diese kraftverzehrenden religiösen Bemü-.hungen ihrer Widersacher um das eigene Seelenheil zu belächeln und zu verspotten. Sie kannten ihre Widersacher, es waren die Chasiden, die Essener, die Pharisäer. Auch der Verfasser oder die Verfasser von 11 QT, der sadduzäischen Tora, kannten diese anti-sadduzäische religiös-revolutionäre Strömung, und sie setzten sich mit diesen Gegnern auseinander. Wenn man die Tempelrolle kritisch liest, bemerkt man immer wieder die Spitzen, die Stöße und die Schläge, die gegen diese chasidischen Essener und pharisäischen Chasiden gezielt gerichtet sind!

Für die Sadduzäer gab es kein "Eschaton", es gab für sie nicht den Tag, an dem Gott kommen würde, um seine Herrschaft für immer und ewig aufzurichten. Für die Sadduzäer gab es natürlich auch die Personen nicht, die an dieser Weltwende aktiv beteiligt waren. Da kam zunächst der messianische Prophet wieder auf die Erde – vermutlich Elia, der ja nach der Überlieferung nicht gestorben, sondern in den Himmel entrückt wurde. Dieser messianische Prophet trat auf als Vorläufer des göttlichen Eingreifens; sein Auftrag bestand darin, alle juristischen, rituellen und biblizistischen Unklarheiten, die sich in diesen vielen Jahrhunderten aufgehäuft hatten, durch seine Autorität und durch sein Machtwort zu beseitigen und dadurch den Boden zu bereiten für das Kommen Gottes. Die Sadduzäer wußten, daß hier ein wichtiges Problem gelöst werden mußte – es betraf auch sie – doch sie gingen einen eigenen Weg in dieser Sache. Sie benötigten den messianischen Propheten Elia nicht. Der Weg, den die Sadduzäer in dieser Sache gingen, ist uns getreulich überliefert in der sadduzäischen Tora 11 QT!

Die andern messianischen Persönlichkeiten wurden gleichfalls von den Sadduzäern abgelehnt: der Messias oder die Messiasse, der Anti-Messias als menschliche Kreatur Belials und diese teuflische, widergöttliche Macht natürlich ebenfalls. Für die Sadduzäer gab es kein "Eschaton" und keine messianische Zeit! Das waren revolutionär-religiöse Gedanken, die den Herrschafts- und Machtanspruch der Männer im Tempel – trotz aller Loyalität – in hohem Maße gefährdeten!

In der Tempelrolle 11 QT gibt es keine Engel, gibt es kein Eschaton, gibt es keinen jüngsten Tag, gibt es keine Auferweckung der Toten just an diesem Tage, gibt es keinen messianischen Propheten Elia, gibt es keinen Messias und auch nicht deren zwei, gibt es keinen Anti-Messias und auch nicht die teuflische Macht Belial. 11 QT ist eine sadduzäische Tora!

Es muß allerdings zugegeben werden, daß dieses einheitliche Bild an einer Stelle getrübt ist. Etwa in der Mitte der Rolle, in der Kolumne 29, stehen drei seltsame Zeilen mit 31 Wörtern. Hier kann herausgelesen werden, daß es ein Eingreifen Gottes am "jüngsten Tage" geben wird. Doch es gibt hier mehrere Übersetzungsmöglichkeiten, es gibt Widersprüche mit der ganzen übrigen Schriftrolle, und außerdem gibt es hier eine dunkle Andeutung, für die noch kein Gelehrter eine schlüssige Erklärung abgeben konnte. 11 QT XXIX,8-10 ist eine recht seltsame Stelle. Doch gerade auf diese Stelle haben sich die Gelehrten gestürzt, weil sie hier die Möglichkeit sahen, diese eindeutig sadduzäische Tora umzufunktionieren in eine chasidische Tora, in eine "eschatologische Tora" oder eine "qumranische Tora" oder eine "Sektentora" (201). Doch diese 31 Wörtchen stehen so isoliert den übrigen 17.000 Wörtern in den 67 Kolumnen gegenüber, daß man sie getrost vernachlässigen kann. Dazu hat man auch ein Recht, wenn man überdies nachweisen kann, warum gerade an dieser Stelle eine fremde, nicht-sadduzäische Hand mit der Feder eine solche störende Stelle eingeschoben hat.

Wir halten daran fest: Die Tempelrolle 11 QT ist eine sadduzäische Tora, weil sie mit keinem Wort "Engel", "Eschaton", "jüng-

----

201 B.Z. WACHOLDER an verschiedenen Stellen: "the sectarian Torah", "the sectarian scroll", "the Qumranic Torah", "the eternal Torah", "the Torah of the Eschaton", "the redemptive Torah", "the new Torah", "the new version of the Mosaic Torah", "Seper Torah", "11 Q Torah".

ster Tag", "Auferweckung der Toten", "messianischer Prophet", "Messias", "Messiasse", "Anti-Messias", "Belial" erwähnt, Termini, deren Fehlen auf eine sadduzäische Grundhaltung hinweisen (202).

Wenn wir uns der chasidischen Gegenseite zuwenden, der Gemeinde von Qumrân, dann haben wir das in Fülle, was in der Tempelrolle fehlt. Die chasidische "Theologie" war gleichfalls ein völlig einheitliches, in sich geschlossenes Denkgebilde, das uns in exemplarischer Weise in den Schriftrollen von Qumrân erhalten ist. Die Gemeinde stand im Mittelpunkt. Die Gemeinde war eine Sammlung, eine Versammlung der Frömmsten der Frommen

----

202 Artikel "Sadduzäer" in der RGG, Band V, S.27 (1931): "... religiöse Gegenbewegung gegen die Pharisäer ... eine religiöse Partei ... sie wollen kein einseitiges Gottvertrauen, bei dem das menschliche Berechnen ausgeschaltet ist, das vom Wunder lebt und sich von der Führung durch Engel (!) tragen läßt. Sie kennen auch keine eschatologische Sehnsucht (!), und die messianischen Unruhen jener Zeit (!) waren ihnen ein Ärgernis. Ihr Blick ... ist rein diesseitig; an der damals stark durchdringenden Auferstehungshoffnung (!) beteiligen sie sich nicht ... Sie fanden, daß die pharisäischen Glaubenssätze nachbiblische und unbiblische Neuerungen waren ... und verwarfen die 'Zusätze der Ältesten' ... Mit gesundem Verstand beugten sie sich unter die Wirklichkeit der Verhältnisse ... sie sind reine Rationalisten." Das Bild, das hier von den Sadduzäern gezeichnet wird, ist im wesentlichen richtig, doch die antipharisäischen Untertöne des christlichen Verfassers sind unverkennbar. Was Y. YADIN über die Sadduzäer schreibt, ist im wesentlichen auch richtig, doch auch hier sind Untertöne herauszuspüren. Dieser um die 11 QT so verdienstvolle Gelehrte ist bemüht, seine "Tempelrolle" der chasidischen Qumrân-Gemeinde zuzuweisen und hier die Verfasserschaft zu suchen. Die Sadduzäer stören ihn bei diesem Bemühen, und er meint, daß man über die Sadduzäer zu wenig weiß. Y. YADIN, 1985, S.237: "And as for the Sadducees, almost nothing (!) can be gleaned of their doctrines from the brief mentions in Josephus and the few reverences to them in the Mishnah ... We know only (!) that most of the Sadducees belonged to the priestly stream of Judaism..." Auch die übrigen Äußerungen von Y. YADIN über die Sadduzäer befriedigen nicht (I, S.400; II, S.8; 1985, S.222).

im Lande Juda, der heilige Rest Israels. Durch den Bund, den der Stifter ihrer Gemeinschaft mit Gott geschlossen hatte, waren sie mit Gott verbunden. Diese Verbundenheit wurde gestärkt durch die Zuversicht, daß an ihren Versammlungen die Engel Gottes (!) gegenwärtig waren. Aus der Schrift, besonders aus den Propheten, lesen sie heraus, was in der jüngsten Vergangenheit geschah, was sie in der leidvollen Gegenwart bedrückte und was in der nahen Zukunft geschehen würde. In der nahen Zukunft würde Gott zu ihnen kommen und endlich sein Reich errichten. Vorher würde aber der messianische Prophet auftreten – der Prophet Elia oder gar der Stifter ihrer Gemeinschaft, der "Lehrer der Gerechtigkeit", selber – Aufgabe dieses Propheten war es, in diesem irdischen Äon noch alle angestauten biblizistischen, juristischen und rituellen Streitfälle aus der Welt zu schaffen (!) Erst nach dieser Generalbereinigung konnte Gott kommen und sein Reich auf einer neuen Erde errichten. (!) Gott würde Gericht halten über die Lebenden und die Toten (!) In dem ausgedehnten Friedhof von Qumrân, der über tausend Gräber umfaßt, würden diese Gräber sich auftun, die Skelette würden sich mit Fleisch umhüllen, Gott entgegengehn und sein Gericht erwarten (!) Zwei Messiasse würden auftreten, der eine, der Priestermessias aus dem Stamme Aarons, der andere, der Königsmessias, aus dem Stamme Davids. (!) Der eine würde die Heiden niederwerfen und sie zur Anerkennung Gottes zwingen, der andere würde das Heil gewähren für die Treuesten der Treuen, für die Mönche von Qumrân. Die Macht Belials auf dieser Erde mußte gebrochen werden (!)

Hier haben wir die genaue Gegenposition zu den Sadduzäern: einen messianischen Propheten, die Errichtung des Gottesreiches, das Gottesgericht über die Lebenden und die Toten, die Auferweckung der Toten am jüngsten Tage, das Erscheinen der beiden Messiasse und die Niederwerfung Belials. (203) All das

---

203 B.Z. WACHOLDER bestreitet der Qumrângemeinde den Glauben an die Auferweckung der Toten. S.147: "... the Dead Sea Scrolls fail to allude to a belief in the resurrection of the dead ..." S.146: "Not only is the classical content of messianism alien to the Qumranic sect (mir unverständlich), but so is the belief in the resurrection of the dead." "The sectarians did have a belief in national immortality ... Other Qumrân works ... do speak of personal salvation, but only as part of a group." – Diese Ablehnung der individuellen Auferweckung ist nicht haltbar. Die Ausgrabungen im Friedhof von Qumrân, auch die letzten Ausgrabungen von S. STECKOLL belegen ausreichend die Sorgfalt, die man jedem einzelnen Toten bei jeder Grablegung angedeihen ließ, damit er am jüngsten Tage unberührt von den Erdschollen sein Grab verlassen konnte. 195

fehlt in 11 QT!

Die beiden in sich einheitlichen "theologischen" Systeme, das der Sadduzäer und das der chasidischen Qumrângemeinde, scheiden sich wie Feuer und Wasser. 11 QT ist eine sadduzäische Schrift, geschrieben von Männern im Tempel zu Jerusalem! Sie ist keine Sektenschrift, sie gehört nicht zu den spezifischen Schriften der Gemeinde von Qumrân!

Daß man die Tempelrolle 11 QT der Gemeinde von Qumrân zugewiesen hat und dieses Schriftwerk mit dieser chasidischen Gemeinde in Verbindung brachte, ist leicht zu erklären. Diese Rolle wurde gefunden in der Nähe von Qumrân, in der Höhle 11! So war es naheliegend, auch diese Rolle als spezifische Sektenrolle zu betrachten!

Es gibt 11 Höhlen in der Nähe von Qumrân, in denen schriftliche Zeugnisse geborgen werden konnten. Die Höhle 1, die älteste der "Schriftrollen-Höhlen", und die Höhle 11, die jüngste dieser Höhlen, boten die reichste Ausbeute! Doch welch ein Unterschied! Die Höhle 1 enthält die für das Verständnis der chasidischen Qumrângemeinde entscheidenden liturgischen, historischen und organisatorischen Schriften: die Sektenpsalmen (1 QH), von denen einige als persönliche Dichtwerke des "Lehrers der Gerechtigkeit", des Begründers und Prägers der essenischen Qumrângemeinde gelten – dann den Habakukpescher (1 Q p Hab), eine für die Erforschung der Gemeindegeschichte hochwichtige und unersetzliche Schriftrolle – dann die Ordensregel (1 QS), welche die innere und die äußere "Verfassung" dieser frommen Gemeinde in gleicher Weise enthält. In dieser Höhle 1 wurde auch – neben den Sektenschriften – eine Tenach-Schrift gefunden: der Lieblingsprophet der Gemeinde: Jesaja, in zwei Handschriften A und B. Das sind die spezifischen Schriften der Gemeinde von Qumrân. Etwas weiter entfernt steht die "Kriegsrolle" (1 QM), eine späte Überarbeitung einer makkabäischen Kampfschrift, entstanden in einer militant-nationalistischen Umwelt als Abwehr gegen zelotische Abwerbungsversuche. Das aramäisch geschriebene Genesis-Apokryphon, fragmentarisch erhalten, paßt gar nicht zu dem Befund dieser Höhle, muß aber – gewissermaßen als Ausnahme von der Regel – hier erwähnt werden.

Die "Tempelrolle" 11 QT wurde gefunden in der Höhle 11 zusammen mit Schriften, von denen keine einzige mit Sicherheit als Sektenschrift der Gemeinde von Qumrân angesehen werden kann. Außerdem macht 11 QT auch gar nicht den Anspruch, eine Sektenschrift zu sein, vielmehr beansprucht sie, eine TENACH-Schrift zu sein (als 6. Buch Mose oder als "Trinomium"?), die der Kanonisierung würdig ist. Auch moderne Gelehrte ergehen sich hier in den höchsten Lobestönen (204).

Daß 11 QT als kanonische Schrift konzipiert war, dafür spricht eine Buchstaben-Besonderheit. Das Tetragrammaton ist immer in der Quadratschrift geschrieben, nie in dem Archaisch-Hebräisch der Sektentexte von Qumrân. Die Qumrânleute unterschieden genau bei der Schreibweise des Gottesnamens, ob es sich um einen Text ihrer Gemeinde handelte oder um einen kanonischen Text, um das Wort Gottes. Der Schreiber von 11 QT wollte diese Rolle als das persönliche Wort Gottes an Mose betrachtet wissen, und er läßt Gott in den meisten Kolumnen in der ersten Person sprechen. (205)

Die in der Höhle 11 gefundenen Schriften stehen alle dem TENACH näher als der Sektengemeinschaft von Qumrân. Dies gilt vom Targum Job, der in aramäischer Sprache verfaßt ist, von den Psalmen, die mit den Sektenpsalmen nichts zu tun haben und schon Ansätze der kanonischen Abfolge der biblischen Psalmen aufweisen. Möglicherweise ist auch 11 Q Melch. keine spezifische Sektenschrift, obwohl ich mir hier nicht sicher bin. Wenn nun auch die Tempelrolle 11 QT keine Sektenschrift ist, keine Qumrânschrift ist – diese Behauptung muß allerdings noch erhärtet werden –, dann befindet sich die Tempelrolle in der Höhle 11 in guter Gesellschaft.

Wenn aber bei diesen verhältnismäßig reich bestückten Schriftrollen-Höhlen 1 und 11 der Eindruck entsteht, daß die Höhle 1 auf die spezifischen Sektentexte der Qumrângemeinde spezialisiert ist, während in der Höhle 11 sektenfremde Texte deponiert waren, dann kann doch dies kein Zufall sein. Die Erklärung

----

204 11 QT als das Non-plus-ultra jeder Tora bei B.Z. WACHOLDER, S.31: "a new and superior Torah", "the essence of the Mosaic Torah", "Whereas the first Torah was ... ephemeral, the second would last eternally", "superiority to the canonical Pentateuch" ... S.30: "11 Q Torah may have intended to supersede not only the canonical Pentateuch but the other books of the Hebrew Scripture as well." Y. YADIN wesentlich nüchterner, 1985, S.224: "a document of major importance." – S.229: "... the Temple scroll was in fact the 'basic Torah' of the Essenes..."

205 Y. YADIN über die Schreibweise des Tetragrammaton: I, S. 392 und 1985, S.224.

kann hier nur die sein, daß die Qumrângemeinde Anweisung gegeben hat für diese Trennung. Die Klostersiedlung war ja offen für alle Frommen. Es gab dann aber auch eine Zeit, da machte sie das Tor weit auf und nahm fremde Gruppen herein, die gar nicht zu der Gemeinde gehörten oder ihr angehören wollten. Es waren Asylanten. Viele Pharisäer waren darunter, die von dem Hochpriester-König Alexander Jannai verfolgt wurden. Die Klostersiedlung mußte erweitert werden unter dem Andrang dieser verfolgten Gruppen. "Unter Alexander Jannai (103-76) erreichte die Anlage von Qumrân ihr größtes Ausmaß" (206). Diese Asylanten, die Pharisäer vor allem, brachten ihre Schriften mit, ihre Targume, ihre Frauen und Kinder – der Friedhof von Qumrân wird zwar von den Männern beherrscht, doch auch vereinzelt hat man Frauengräber ausgegraben. Es muß auch Gruppen gegeben haben, die am Opferbrauch festhielten – man hat Tierknochen-Depots gefunden – echte Qumrânleute waren das nicht. Der harte Kern dieser Gemeinde wird am Kultmahl mit Brot und Wein anstelle des Blutopfers festgehalten haben. Dieser harte Kern wird auch die Kultbräuche an dem korrupten Tempel in Jerusalem abgelehnt haben. Diese Zeremonien schienen diesen ihrer Tradition streng verpflichteten Qumrânleuten längst überholt zu sein, überholt durch neue Kultformen. Man brauchte den Tempel in Jerusalem nicht. An Baumaßnahmen dieses Gebäudekomplexes war man überhaupt nicht interessiert! auch die Feste, die da neuerdings propagiert wurden, es ging da um Öl und Wein, mußten abgelehnt werden. Sowohl Öl als auch Wein waren in dieser Gemeinde tabuisiert. Öl war negativ tabuisiert, Öl befleckte, kein Essener ließ einen Tropfen Öl an seine Haut kommen! Und da sollte ein Ölfest gefeiert werden, bei der sich nicht nur Priester und Leviten mit Öl einrieben, sondern auch das gewöhnliche Volk. Und alle aßen Oliven, freuten sich und meinten damit, eine Sühneleistung vollbracht zu haben für Volk und Land ... Und beim Weinfest war es nicht anders! Auch Wein war bei den Essenern tabuisiert, allerdings positiv tabuisiert. Kein Novize dieser Gemeinschaft durfte Wein trinken, bevor er nicht sein erstes Novizenjahr hinter sich gebracht hatte. Der Genuß von Wein öffnete die Tür zur Vollmitgliedschaft in dieser Gemeinde! Erst dann war das Kultmahl, das die gleiche Sühnewirkung hatte wie das Blutopfer im Tempel, das Kultmahl mit Brot und Wein, für den Essener zugänglich, der damit sein Noviziat hinter sich gebracht hatte! Und dieses kultisch positiv tabuisierte Heilig-Getränk Wein wurde bei

----

206 J. MAIER, Essenerforschung, S.50. – Auch die Münzfunde belegen den Zustrom in dieser Zeit.

diesem Weinfest nicht nur von Priestern und Leviten genossen, sondern auch vom gewöhnlichen Volk, sie freuten sich am Trank, alle aßen Trauben und meinten, damit etwas zur Entsühnung von Volk und Land beigetragen zu haben. Als die Männer, welche diese Tempelrolle 11 QT bei sich trugen, zu den essenischen Mönchen von Qumrân kamen, werden diese ihnen die Höhle 11 als Deponie zugewiesen haben, sicherlich mit der Bemerkung, daß diese Schriftrolle nicht zu den Sektenschriften gehöre und auch nicht bei diesen aufbewahrt werden dürfe. Allerdings sei die Bibliothek – die Höhle 4 Q – offen für alle Schriften, auch für diese Schrift der Männer vom Tempel. Diese Männer vom Tempel, die diese Schrift einbrachten, waren keine Pharisäer. Wir meinen, daß sie Sadduzäer waren. Offenkundig gab es auch unter den Sadduzäern Asylanten, die vor dem Angesicht des Hochpriester-Königs Alexander Jannai flohen und in der Gemeinde von Qumrân Schutz suchten ...

Der harte Kern der Gemeinde von Qumrân war auf einem Gebiet gar nicht hart! Die Qumrân-Leute waren apolitisch. Wenn sie politisch gewesen wären, dann hätte der brutale Hochpriester-König Alexander Jannai diese Klostersiedlung als subversive Brutstätte betrachtet und längst ausgelöscht. Das Gegenteil war der Fall. Die Siedlung blühte wie noch nie. Qumrân hätte diese Funktion als Asylort niemals erfüllen können, wenn Qumrân politisch gewesen wäre. Wie so vieles, was dieser Gemeinde eigentümlich ist, geht auch diese unpolitische Haltung nicht ein in die Köpfe von gewissen Gelehrten (207). Das Ziel des "Lehrers der Gerechtigkeit" war nicht die Übernahme der politischen

----

207 Nach B.Z. WACHOLDER war das Ziel dieser Qumrângemeinde die Übernahme der politischen und geistlichen Herrschaft in Jerusalem durch den "Lehrer der Gerechtigkeit". S.197: "The sectaries demanded nothing less than the unconditional surrender of the holy city to the Moreh Ṣedeq – a demand that must have been considered rebellion." Diese Forderung hätte Rebellion bedeutet. Man erwartete das Ende der Herrschaft des "Lügen-Priesters": S.109: "Then the reign of the lying priest will end and the holy city will be entrusted into the hands of the "Teacher of Righteousness". Aus Habakuktext und Habakukpescher sei herauszulesen, daß man sehr enttäuscht war, daß der "Lehrer der Gerechtigkeit" nicht in Jerusalem "gekrönt" (!!) wurde. S.91: "Here the text and commentary fuse to illustrate the disappointment that followed the failure of the Teacher of Righteousness to be crowned in Jerusalem."

Herrschaft. Von allem Anfang an war er bemüht, die Frommen im Volke um sich zu sammeln, mit ihnen eine einzigartige Gemeinschaft zu bilden, geprägt von unablässigem Schriftstudium, von untadeligem Wandel in absoluter Reinheit und von der Erwartung des nahen Gottesreiches! Sich Gedanken zu machen über Baumaßnahmen im Tempel, über die Gestaltung von Tempelfesten oder über das richtige Verhalten des Königs lagen diesem "Lehrer der Gerechtigkeit" völlig fern!

Doch das war ja gerade das Programm der Tempelrolle 11 QT, womit wieder einmal der Gedanke naheliegt, daß diese Schrift nicht aus dem Kreise des "Lehrers" und seiner Gemeinde stammen kann! Wir haben diese Schrift als "sadduzäische Tora" gekennzeichnet. Es müssen Sadduzäer gewesen sein, also Männer, die im Tempel vor YHWH, ihrem Gott, allezeit ihren Dienst zu verrichten hatten. Von dieser Seite muß diese Tempelrolle stammen!

Es waren also die "Männer im Tempel", die "Sadduzäer", welche diese Schrift verfaßt haben. Noch ist diese Behauptung Arbeitshypothese. Erst wenn alle Einzelteile sich fugenlos in die Gesamtheit "Tempelrolle 11 QT" einordnen lassen, darf diese Behauptung als bewiesen gelten.

Die "Männer im Tempel", die "Sadduzäer", waren keine einheitliche Gruppe. Es gab im Tempel eine Zweiteilung, modern könnte man vielleicht sagen: Arbeitgeber und Arbeitnehmer. Arbeitgeber waren die Priester. Arbeitnehmer waren die Leviten. Selbstverständlich gab es Spannungen, Spannungen sozialer Art. Es ging um die Arbeit, die zu verrichten war. Und es ging um die Bezahlung. Der höhere Dienst, der Dienst in der unmittelbaren Nähe Gottes, war den Priestern vorbehalten. Die Leviten strebten wenigstens nach dem gehobenen Dienst, doch sie wurden immer wieder in den niederen Dienst hinabgedrängt. Auch die Bezahlung der Leviten war oft unzureichend, sie bestand aus den Anteilen an den Opfern, die im Tempel dargebracht wurden, und aus dem Zehnten, den das Volk recht ungern zu zahlen bereit war. Sicherlich gab es oft Spannungen zwischen Priestern und Leviten, vielleicht gab es zuweilen so etwas wie Tarifverhandlungen. Es gab ja außerdem auch einen obersten Dienstherrn für beide "Klassen". Das war der König, der in dieser Zeit zugleich auch Hochpriester war. Ihn konnte man anrufen und um seine Entscheidung bitten ... Vielleicht war diese Intervention das allerletzte Mittel, um bessere Existenz- und Arbeitsbedingungen zu erreichen. Einen Streik gab es nicht. Der war mit dem "Dienst allezeit" vor YHWH, ihrem Gott, nicht vereinbar ...

Es waren die Männer im Tempel, die Sadduzäer, welche diese Tempelrolle 11 QT verfaßt haben. Doch welche Gruppe hat geschrieben? Die Priester oder die Leviten? Zunächst ist die Entscheidung schwierig; denn es besteht kein Zweifel, daß in der Tempelrolle der Stamm "Levi" immer wieder hervorgehoben und bevorzugt wird. Doch aus dem Stamm Levi sind ja beide Gruppen hervorgegangen: Priester und Leviten. Der Herausgeber der Tempelrolle, Y. YADIN, weist mehrfach auf diese Führerstellung des Stammes Levi hin: "Der Autor beginnt mit den Söhnen der Lea, wobei der Vorrang Levi und Juda, dem Priestertum und dem Königtum, gegeben wird." Doch Levi steht vor Juda, über Juda: "Die Beharrlichkeit, betreffend den Vorrang von Levi über Juda, ist von besonderer Bedeutung ..." "Levi (ist) der wichtigste der Stämme" (208). J. MAIER erklärt diese Vorzugsstellung des Stammes Levi – fälschlich – mit der Qumrân-Ideologie und die Reihenfolge-Rangfolge der einzelnen Stämme mit den realen Verhältnissen der nachexilischen Zeit: "... der Priesterstamm Levi (steht) entsprechend der Qumrânideologie an der Spitze – vor dem Königsstamm Juda, auf den dann Benjamin folgt. Diese drei Stämme entsprachen der Realität zur Zeit des Verfassers ..." (209)

Wenn in der Tempelrolle 11 QT der Stamm Levi in außerordentlichem Maße hervorgehoben und ausgezeichnet wird, dann ist das wieder ein Indiz dafür, daß es die Männer im Tempel, die Sadduzäer, waren, welche als Verfasser der Tempelrolle zu gelten haben. Doch wer hat sie geschrieben? Die Priester? Oder die Leviten? J. MILGROM hat das Verdienst, diese Frage eindeutig geklärt und entschieden zu haben.

An neun Punkten hat J. MILGROM deutlich gemacht, daß in der Tempelrolle die Leviten in berechtigter Wahrung ihrer Interessen zu Wort gekommen sind, woraus sich der naheliegende Schluß ergibt, daß es die Leviten waren, welche diese Tempelrolle geschrieben haben. Diese 9 Punkte sind so wichtig, daß sie hier aufgeführt werden mit dem genauen Wortlaut der Ausfüh-

---

208 Y. YADIN, 1985, S.109: "... the author begins with the sons of Leah, with precedence (!) given to Levi and Judah – priesthood and royalty." – ibidem, S.101: "The insistence on the precedence of Levi over Judah is of considerable significance..." – ibidem, S.154: "... Levi, the most important of the tribes..."

209 J. MAIER, TR, S.88. Ähnlich S.112 und 113.

rungen MILGROM's. Um die einzelnen Punkte in Kürze vorauszu-
schicken: Es ging den Leviten um die Berücksichtigung in der
Architektur der Tempelanlage, um die Raumverteilung und die
Räumeverteilung, um wichtige Arbeitsentgelte, um Diensterleich-
terungen, um Mitbestimmung in Gerichten und in der Politik
und um ihre Ansprüche auf die priesterlichen Privilegien im
Tempeldienst ...

1. **Das Tor, das den Namen "Levi" trägt, war das wichtigste
   Tor.** Es lag zentral, in der Architektur der Tempelanlage
   genau in der Mittelachse! "... evidentermaßen soll Levi
   mit dem östlichen Mitteltor den Vorrang haben... Es sieht
   also so aus, als handle es sich um eine Kombination von
   solchermaßen traditionell vorgegebenen Zweiergruppen (hier:
   Lévi und Juda) mit einer Rangfolge, die priesterlichem
   Standpunkt gemäß mit Levi beginnt." (210) J. MILGROM sagt
   dazu: "Das zentrale und wichtigste Tor der Ostseite, der
   mittleren und äußeren Höfe, war genannt nach den Leviten."(211)

2. **Die Raumverteilung und die Räumeverteilung im Tempelbereich zugunsten der Leviten**

   a) Die 16 Portikus-Abschnitte in der Tempelarchitektur wa-
      ren so verteilt, daß die Leviten vor den Priestern be-
      vorzugt waren. 11 Abschnitte waren den 11 Stämmen
      Israels (ohne den Stamm Levi) zugewiesen. 2 Abschnitte
      waren den Aaroniden, also den Priestern, zugewiesen.
      Die Leviten hatten einen Abschnitt mehr als die Prie-
      ster, wobei die drei levitischen Familien berücksichtigt
      wurden: Kahat, Gerson, Merari. J. MILGROM sagt dazu:
      "Drei Raum-Einheiten waren für jede der drei levitischen
      Familien im äußeren Hof bestimmt, während die Priester
      (nur) zwei und die Stämme jeweils nur eine Raum-Ein-
      heit bekamen" (212).

----

210   J. MAIER, TR, S.112-113. - A. CAQUOT, RT, S.24: "... le
      porche de Lévi dans l'axe du temple."

211   "The central and most important gate of the eastern sides
      of the middle and outer courts was named for the Levites
      (39:12; 40,14)". J. MILGROM, TTS, S.117.

212   J. MILGROM, TTS, S.117: "2. Three sections of chambers
      were assigned to each of the three Levitic families in the
      outer court, whereas priests received two sections and the
      tribes one each (44)." Ähnlich Y. YADIN, 1985, S.159 und
      J. MAIER, TR, S.114.

b) Die Verteilung der Räume, sicherlich ein sehr wichtiges Anliegen für die Leviten, wird seltsamer Weise bei J. MILGROM nicht besonders herausgehoben. Y. YADIN ist es, der hier die Bevorzugung der Leviten gegenüber den Priestern besonders hervorhebt. "Dies findet emphatischen Ausdruck in der Raumzuteilung für die levitischen Familien." Dabei handle es sich bei diesem Plan "um einen besonderen Scharfsinn", weil die Zahl der Räume nicht einfach durch die Zahl der Beteiligten dividiert werde. Der Autor von 11 QT "gab mehr an Levi, an die Priester und die 'Familien der Söhne von Levi'". "Der Autor widmet sich mit besonderer Emphase den levitischen Familien." (213)

586 Räume waren zu verteilen. Anspruchsberechtigt waren 11 Stämme (ohne Levi), die Priester und die Leviten, also 13 Gruppen. Bei genauer Division entfiel auf jede Gruppe eine Zuteilung von knapp 66 Räumen (7,7 %). Priester und Leviten erhielten zusammen aber 270 Räume (31,5 %). Das Erstaunliche aber daran: Die Leviten erhielten 162 Räume und die Priester nur 108! Y. YADIN wunderte sich sehr über "the special emphasis", mit welcher der Autor der 11 QT die Leviten bevorzugt, eine Erklärung gibt er nicht und kann er nicht geben, denn für ihn ist der Autor ein Qumrânmann. Auf den Gedanken, daß der Autor ein Levit sein könnte, der hier die Interessen seiner Gruppe vertritt, kommt er nicht!

3. **Die Leviten erhalten bei den Opferfesten die doppelte Portion, eine mehr als die Priester**

Der neue Wein wurde getrunken von Priestern, Leviten, Stammeshäuptern und Israel, in dieser Reihenfolge (21,4 ff). Darüber hinaus – während des Neuen-Wein-Festes (und des Neuen-Öl-Festes) wurde jeweils ein Tier der 14 Lämmer und der 14 Böcke den Leviten zugewiesen, jeweils ein Tier

----

213 Y. YADIN, 1985, S.154: "It finds emphatic expression ... in his allocation of the chambers ... to the Levitical families." – ibidem, S.157: "There is special ingenuity behind the pattern ..." "He gave more to Levi – the priests and the 'families of the sons of Levi'" – ibidem, S.159: "... the author now addresses himself with special emphasis to the Levitical families..."

den Priestern und jeweils ein Tier einem jeden Stamm.
Wenn Levi auch einer der zwölf Stämme war, wie anderswo
in den Stämme-Listen der Sekte, dann erhielt Levi eine
"doppelte Portion" (214).

4. Die Leviten besaßen das Vorrecht, beim Holz-Opfer-Fest das Opfer darzubringen

"Die Leviten waren der erste Stamm, der ausgezeichnet
war, beim Holz-Opfer-Fest das Opfer darzubringen." (215)
Dieses Holz-Opfer-Fest war eine völlige Neuerung, nach der
Berechnung von YADIN wurde es zwischen dem 23. und 31.
Tage des Monats Ellul gefeiert, am Ende des Sommers also
(216). Zu dieser Zeit war das Holz trocken und konnte ein-
gebracht werden. Es darf vermutet werden, daß dieses von
den Leviten geforderte Fest dazu dienen sollte, das ganze
Volk am Sammeln von Holz zu beteiligen. Die Beschaffung
des Holzes, um das Feuer des Brandopferaltars nicht ver-
löschen zu lassen, gehörte sicherlich zu den Aufgaben der
Leviten, die in diesem Fest eine Möglichkeit erkennen konnten, ihren Dienst auf andere Schultern abzuleiten und sich
so zu entlasten.

5. Gleichstellung der Leviten mit den Priestern als Richter entgegen der biblischen Überlieferung

Der biblische Text wurde in der Tempelrolle 11 QT zitiert,
aber mit einer Änderung versehen: "Das Wort 'Leviten'
wurde in das Zitat von Deut. 19,17 eingefügt, so daß Richter von seiten der Leviten in genau der gleichen Weise

----

214 J. MILGROM, TTS, S.117: "The new · wine was drunk by
priests, Levites, tribal leaders, and Israel, in that order
(21,41 ff.). Moreover, during the New Wine (and New Oil)
Festival, one of the 14 lambs and 14 rams was assigned
to the Levites, one for the priests, and one for each
tribe. If Levi was also one of the twelve tribes, as else-
where in the sect's tribal lists, it then received a double
portion (21,1; 22,12)."

215 J. MILGROM, TTS, S.117: "4. It was the first of the tribes
to have the privilege of sacrificing on the Wood-Offering-
Festival (23,9-24,11)."

216 Y. YADIN, 1985, S.103.

gewählt werden wie von seiten der Priester."(217) Y. YADIN schreibt dazu: "Das ist eine sehr wichtige Hinzufügung, denn sie schreibt die Notwendigkeit vor, Leviten als Richter zu ernennen" (218).

6. Gleichstellung der Leviten mit den Priestern im Kronrat des Königs

"12 Vorsteher seines Volkes sollen bei ihm sein und von den Priestern 12 und von den Leviten 12, um mit ihm zusammen Sitzungen abzuhalten für Rechtsprechung und für Tora. Und er soll sein Herz nicht über sie erheben, und er soll keinerlei Sache tun ohne ihren Ratschluß." (219) Die Reihenfolge ist bei MILGROM etwas anders, deshalb wurde hier der genaue Text zitiert. MILGROM schreibt: "Priester, Leviten und Laien waren in gleicher Weise beteiligt im Hohen Rat des Königs" (220). Im Text stehen aber die "Laien", die "Vorsteher des Volkes" vor Priestern und Leviten an erster Stelle. Die traditionelle Ständeordnung ist hier geändert, doch hängt dies vermutlich mit den realen Verhältnissen am Königshofe (Alexander Jannais) zusammen: Die Hofkamarilla, die Freunde und Vertrauten des Königs, war seine feste Stütze, damit mußten sich Priester und Leviten abfinden ...

7. Die Leviten beanspruchten außer den ihnen durch die Schrift zugewiesenen Einkünften, die ihnen oft verwehrt wurden, auch noch weitere Zuwendungen, vor allem die "Schulter"

"Die levitischen Nebeneinkünfte waren der "erste Zehnte", die Schulter vom Schlachtopfer, ein Hundertstel von Beute

----

217 J. MILGROM, TTS, S.119: "5. The word 'Levites' was inserted into the citation from Deut 19:17 so that judges will be chosen from Levites as well as from priests (61,8-9)."

218 Y. YADIN, II, S.278.

219 J. MAIER, TR, S.58: 11 QT LVII, 12-15.

220 J. MILGROM, TTS, S.119: "6. There was equal representation from priests, Levites, and laity on the king's advisory council (57,12-15)."

und Jagd, ein Zehntel vom wilden Honig, ein Fünfzigstel der Wildtauben und ein Paar von 14 Widdern und 14 Lämmern, dargebracht am Neuen-Wein-Fest und am Neuen-Öl-Fest. Der 'erste Zehnte' und der levitische Anteil an der Beute waren in der Schrift angeordnet (Num. 18,21-24; 31,30), die andern waren Neuerungen. Jedoch zeigen historische Zeugnisse, daß die Priester den levitischen Zehnten zu irgendeinem Zeitpunkt während der Periode des zweiten Tempels (vergl. Jub. 13,24-26; Yebam 86 b). Es gibt keinen Bericht, daß die Bestimmung über die Beute jemals beachtet wurde. Damit ist jede levitische Forderung, die in der Rolle aufgezählt ist, eine völlige Neuerung. Die radikalste Neuerung war die "Schulter" des Schlachtopfers. Weder wurde diese "Schulter" jemals als geheiligtes Opferfleisch in der Bibel betrachtet, noch waren die Leviten zu irgendeiner Zeit berechtigt, geheiligtes Opfer-Fleisch zu genießen. Es kann gezeigt werden, daß diese Regelung auf einer Deutung von Deut 18:1-3 durch diese Rolle beruht." (221) Das ist ein langes Sündenregister, das hier den Priestern vorgehalten wird, weil sie die Leviten in deren existenziellen Ansprüchen lange Zeiten hindurch behindert – genauer gesagt unterdrückt haben. Die "radikalste Neuerung" war der Anspruch der Leviten auf die "Schulter". Es handelt sich hier um ein sehr wohlschmeckendes Fleischstück. Im Südwesten Deutschlands ist diese "Schulter",

----

221 J. MILGROM, TTS, S.119: "7. The Levitic perquisites were the first tithe, the shoulder of the well-being offering, one-hundredth of the spoil and hunt, one-tenth of the wild honey, one-fiftieth of the wild doves (60,6-9), and one pair of the 14 rams and 14 lambs offered on the New Wine und New Oil Festivals (above). The first tithe and the Levitic share of the spoil was ordained by scripture (Num 18:21-24; 31:30); the others were innovations. However, historical evidence certifies that the priests had preempted the Levitic tithe at some point during the Second Temple period (cf. Jub. 13:24-26; Yebam. 86 b), and there is no record that the law of the spoil was ever observed. Thus, every Levitic perquisite enumerated by the Scroll would have constituted an innovation for its day. The most radical innovation, however, was the shoulder of the well-being offering. Neither was the shoulder ever considered a sacred portion in the Bible nor were the Levites ever entitled to sacrificial flesh. This ruling can be shown to be based on the Scroll's interpretation of Deut 18:1-3."

allerdings in geräuchertem Zustand und vom Schwein, als "Schäufele" bekannt und wird als alemannisches Nationalgericht – neben den berühmten Spätzle – mit Kartoffelsalat gerne gegessen. Y. YADIN I,169 – 176, hat J. MILGROM veranlaßt, einen "APPENDIX – THE SHOULDER FOR THE LEVITES" zu schreiben und hier anhand einer Zeichnung aufzuzeigen, daß nach 11 QT die Priester die unteren Teile – also auch das wohlschmeckende "Füßle" – in diesem Knochengerüst des Vorderbeins beanspruchen konnten, während die oberen Teile, also die "Schulter" den Leviten zufiel. Eine biblische Begründung für diesen Opferanteil der Leviten besteht nicht. Die Leviten besaßen überhaupt keinen Anspruch auf Altar-Opfer (222). J. MILGROM findet es "surprising" und "a surprise", daß die Schulter als Altaropfer den Leviten zufiel. Y. YADIN spricht von einer bestimmten Tendenz des Autors zugunsten der Leviten und gebraucht auch in diesem Zusammenhang den Ausdruck "Emphase" (223). Doch bleibt er dabei, diese Bemühungen

---

222 Y. YADIN, I, 170 – MILGROM: "... there is not one reference in the Bible to Levitical gifts from the altar, and the shoulder is a portion that has never been included among sacred gifts." – ebenda, I, 176 – MILGROM: "... the entire foreleg of the peace offering, inclusive of the shoulder, is a sacred gift, an 'offering by fire to the Lord'. However, the 'ZROᶜ assigned to the priests (Deut. XVIII,3) ist not identical with the entire foreleg, but extends only 'till the shoulder bone', thereby leaving the shoulder to the Levites." – ebenda, I, 169: "Since it is well known that there is no source, either biblical or postbiblical, in which gifts from the altar are assigned to the Levites, it is a surprise to find that this newest Dead Sea scroll explicitly specifies such gifts. It is even more surprising that the altar gifts assigned to the Levites are to come from a sacrificial portion – the shoulder – that is, not designated as a sacred gift in any other source."

223 Y. YADIN, I, 162: "This stress on Levitical tithes and the enumeration of the tribute ... are, like the obligation to give the shoulder to the Levites (!), characteristic of the tendency of our scroll ... to emphasize (!) the special status of the Levites." – ibidem, I, 168: "All this is further evidence of the emphasis (!) the author lays on the status of the Levites."

mit der Qumrânsekte in Zusammenhang zu sehen.

Diese materiellen Interessen in 11 QT sind von den "Heils"-
Interessen der Qumrângemeinde himmelweit entfernt. In diesen Zusammenhang gehört auch die Forderung in 11 QT,
daß Flüssigkeiten in die Stadt des Heiligtums nur dann
transportiert werden dürfen, wenn die ledernen Behälter
von Tieren stammen, die im Tempel geopfert worden waren.
Jedes Opfer war natürlich mit Einkünften für die Männer
im Tempel verbunden. Ein größerer Abstand zwischen
Qumrânschrift und Tempelrolle läßt sich nicht denken !!!

8. **Das Schlachtungsrecht der Leviten ist eine wiederentdeckte
Neuerung und schränkt die Privilegien der Priester erheblich ein**

"Die Leviten schlachteten (ursprünglich) die Tiere für das
kultische Opfer (Kol. 22,4). Auch hier polemisierte die Tempelrolle gegen zeitgenössische Tempelpraxis. In der frühen
Zeit des zweiten Tempels ist bezeugt, daß die Leviten Tiere
für das Opfer geschlachtet haben (Ezech. 44,10-11; 2.
Chron. 30,17; 35,6,10-11). Jedoch wurde diese Tätigkeit –
gegen Ende der Periode des zweiten Tempels, also in der
Zeit der Tempelrolle – von den Priestern wahrgenommen. Obwohl spätere rabbinische Regelungen vorsahen, daß das
Schlachten auch durch Nichtpriester durchgeführt werden
konnte (m. Zebaḥ 3:1), sah es in der Praxis doch so aus,
daß nur Priester das Schlachten (der Opfertiere) durchführen konnten (m. Yoma 2:3; m. Mid. 4:7; b. Ketub. 106 a).
So bedeutete die Bestimmung, daß die Leviten die Opfertiere schlachten durften, eine Neuerung." (224) Diese Mög-

----

224 J. MILGROM, TTS, S.119: "8. Levites performed the sacrificial slaughter in the cult (col. 22,4). Here too the
Scroll polemicized against temporary Temple practice.
Early in the Second Temple period, Levites were recorded
as sacrificial slaughterers (Ezek. 44:10-11; 2 Chr 30:17;
35:6,10-11). However, by the end of the Second Temple
period – at the time of the scroll – this function was
preempted by the priests. Though later rabbinic rulings
declared that slaughtering may be done by nonpriests (m.
Zebaḥ 3:1), in practice, only priests performed the
slaughter (m. Yoma 2:3; m. Mid. 4:7; b. Ketub. 106 a).
Thus, the Scrolls's assignement of sacrificial slaughter by
the Levites constituted an innovation."

lichkeit, die den Leviten hier eingeräumt wurde, vor Gott in den Altardienst einbezogen zu werden, scheint aber in Widerspruch zu stehen mit 11 QT XXXV,4-9. MILGROM schreibt dazu: "Den Leviten ist bei Todesstrafe verboten, Zugang zum Altar zu haben. (225) Doch scheint es sich hier bei 11 QT XXXV,4/5-9 im wesentlichen um Bekleidungsvorschriften zu handeln. Die Tempelrolle unterscheidet streng zwischen dem heiligen und dem unheiligen Bereich. Beim Übergang vom einen zum andern Bereich muß die Bekleidung gewechselt werden ... In dieser Passage von 11 QT wird aber die sadduzäische "Weltanschauung" der Männer im Tempel deutlich erkennbar: "Die Umgebung des Altars und des Tempelhauses und des Wasserbeckens" sind irdisch - heilige Bereiche, die "hochheilig (sind) für immer und ewig"! In dieser Umgebung erleben die sadduzäischen Männer im Tempel ihr Glück und ihr Heil! Ganz im Gegensatz zu den Qumrânmönchen!

9. **Das Segnungsrecht der Leviten – dem ganzen Volke zugewendet – war ein völlig immaterielles Recht!**

Für die Leviten gab es nicht nur materielle Rechte, so auf die Nahrung, um ihr leibliches Leben zu erhalten – das Recht auf die "Schulter" – es gab für die Leviten nicht nur den Anspruch auf die Nähe Gottes und die Verbindung mit Gott am Altar, wenn sie die Opfertiere schlachten durften. Für die Leviten, die nach der Ständeordnung zwischen Priestern und Laien standen, gab es auch das Recht, das Volk zu segnen.

"Das Bezeichnendste von allen Rechten: den Leviten wurden priesterliche Rechte zuerkannt, wie das Recht, Israel zu

----

225 J. MILGROM, TTS, S.119: "Levites are forbidden at pain to death to have access to the altar (35,4-9) ..." Dazu: J. MAIER, TR, S.42, zu Kol. XXXV,5-9: "Und jeder ... ... der kommt /6/ ... und er hat nicht angezogen (?) ... 'gefüllt hat /7/ seine Hände' (d.h. geweiht worden ist), sollen ebenfalls getötet werden (?), und nicht sollen sie entweihen das Heiligtum um ihres (?) Gottes, um auf sich zu laden /8/ Sündenschuld, (die) zum Tode (führt). So heiliget die Umgebung des Altars und des Tempelhauses und des Wasserbeckens /9/ und des ... (?), daß sie hochheilig sei für immer und ewig."

segnen (60,11, vergl. Deut. 10,8; LXX, Samuel). Die Rolle wies ihnen auch die Aufgabe zu: 'lesaret' = 'Dienst zu tun', was nur bedeuten kann, daß die Leviten 'assistierten' (den Priestern) (vergl. LX,14)" - Wichtig war aber die Segnungs-Befugnis der Leviten, wie sie in 11 QT LX, 10-11 deutlich ausgesprochen wurde: "... denn sie habe ich erwählt aus allen deinen Stämmen, vor mir zu stehen und zu dienen und zu segnen (!) in meinem Namen, er und seine Söhne allezeit ..."

Diese Segnungs-Befugnis kennzeichnet auch die Stellung der Leviten in der ständischen Ordnung. Sie standen zwischen den Priestern und den Laien und hatten so eine Mittelstellung und auch eine vermittelnde Stellung inne. Diese Stellung war eine Aufgabe für die Leviten, und sie werden sie auch gegen rivalisierende Gruppen wahrgenommen und verteidigt haben....

J. MILGROM hat nicht weniger als 9 Punkte aufgeführt, in denen die Leviten in besonderer Weise hervorgehoben sind, in denen sie gegenüber den Priestern eine Vorzugsstellung genießen. In einer abschließenden Zusammenfassung erklärt J. MILGROM folgendes: "In Summa: Die Leviten waren noch stärker bevorzugt durch die Laien, die ihnen neue Nebeneinkünfte von verschiedenen Opfern verschafften, und durch Aufgaben juristischer und kultischer Art, wobei eingeschlossen waren die Privilegien, die bisher von Priestern allein wahrgenommen wurden. Die Zahl und der Ansturm dieser neuen Regelungen sind nicht das Ergebnis einer abstrakten Spekulation, sondern sind ein Streitpunkt, dessen historischer Hintergrund leicht erkannt werden kann. Es ist ein Protest gegen den 'Frevelpriester' (Jonatan), welcher das Hochpriesteramt usurpierte und die rechtmäßige zadoqidische Erbfolge verdrängte. Hat er oder haben seine Nachfolger die Leviten ihrer Nebeneinkünfte beraubt?"(226)

----

226 J. MILGROM, TTS, S.119: "In sum, the Levites were distinguished even further from the laity by being assigned new perquisites from sacrifices and offerings and new judicial and cultic duties, including those hitherto exclusively held by the priests. The quantity and thrust of these innovative rules are not the product of an abstract speculation but are a polemic whose historical background can readily be discerned. It is a protest against the Wicked Priest (Jonathan) who usurped the high priesthood and displaced the true Zadokite line. Did he or his successors also deprive the Levites of some of their perquisites?"

210

Eine wichtige Erkenntnis bei J. MILGROM ist der Hinweis auf Polemik und den historischen Hintergrund, auf die Rivalitäten zwischen Hochpriester, Priesterschaft auf der einen und der Leviten auf der andern Seite. Auch die Aneignung alter verbriefter levitischer Rechte durch die Priester wird hier bei MILGROM angedeutet. Folgen wir ihm weiter in seiner Darlegung: "Zu irgendeinem Zeitpunkt hatten die Priester den Leviten den 'Zehnten' weggenommen und auch den Dienst der Leviten, das Tier zum Opfer zu schlachten, selbst übernommen. Die Tempelrolle fordert die Rückgabe dieser Rechte an die Leviten. Die Rolle besteht wiederholt darauf, daß die Vorderbein-Portion, die den Priestern beim Opfer zugewiesen ist, die 'Schulter' nicht einschließen darf. Die Schulter war bisher von den Priestern für sich beansprucht worden. So gibt die Tempelrolle erneut Veranlassung, den Spannungen und Auseinandersetzungen zwischen priesterlichen Familien und vor allem zwischen Priestern und Leviten nachzugehen und nachzuspüren. Es war die Zeit gegen Ende der Zweiten-Tempel-Periode." (227)

Ich habe bewußt diese wichtige Passage, die J. MILGROM überschrieben hat: "G. The Levites Acquired a Higher Status", bewußt hier übersetzt und auch den englischen Wortlaut wiedergegeben, weil ich in dieser Passage das Fundament sehe, auf dem man aufbauen kann und aufbauen muß. Die Tempelrolle ist keine Qumrânschrift! Die Verfasser waren die Männer im Tempel, die Sadduzäer, genauer die Leviten, die um ihre Ansprüche in dieser Schrift kämpften. Obwohl J. MILGROM durchaus sieht, daß es sich in der 11 QT um "Auseinandersetzungen zwischen Priestern und Leviten" handelt und obwohl der verdienstvolle Herausgeber der Tempelrolle Y. YADIN an mehreren Stellen die "Emphase" hervorhebt, mit der der Autor von 11 QT levitische Interessen vertritt, ist keiner der beiden Gelehrten bereit, den liebgewordenen Gedanken fallen zu lassen, daß die Tempelrolle ein Schriftwerk der Qumrângemeinde sei. Man muß aber

----

227 J. MILGROM, TTS, S.119: "At some point, the priests had preempted the Levitic tithe (Yed. 86 b; Jub. 13:24-26) and the Levitic role as sacrificial slaughterers, and the Scroll demands their restoration to the Levites. The Scroll repeatedly insists that the foreleg portion assigned to the priests from the sacrifices does not include the shoulder; had it been usurped by the priests? Thus, the Scroll gives new grounds for investigating the tensions and struggles among priestly families and between priests and Levites at the end of the Second Temple period."

die Tempelrolle als Kampfschrift auffassen, eine Kampfschrift der Leviten gegen alle andern Gruppen, ob es sich nun um Priester, um Pharisäer oder Essener handelt. Diese Schrift ist ein Rundumschlag, der zu verstehen ist aus der Geschichte einer jahrhundertelang bedrängten und bedrückten Gruppe, aus der Geschichte der Leviten, die nun hier folgen soll. Die Leviten standen in einem sehr komplizierten Spannungsfeld. In der nachexilischen Zeit hatten sie einen heidnischen Oberherrn, doch der stand weit weg und weit oben und hatte sicher mit den Leviten nichts zu tun. Näher stand ihnen ins Haus der Hochpriester. Die Priesterschaft war zeitweise gespalten, es gab dynastische Auseinandersetzungen um das höchste Amt und damit für die Leviten die Möglichkeit, daß man eine der rivalisierenden Priestergruppen auf levitischer Seite haben konnte. Diese priesterlichen Kräfte standen über den Leviten, und diese hatten zeitweise sehr unter dem Druck von oben zu leiden. Doch es gab auch einen Druck von unten. Das waren die nichtlevitischen Sänger und Torhüter, die sozial aufsteigen wollten, um Gleichberechtigung mit den Leviten bemüht waren und jederzeit bereit waren, in Lücken einzudringen, falls die Leviten aus irgendeinem Grunde ihren Dienst verweigerten. Außerhalb des Tempelbereichs stand das Volk, welches den Zehnten, der den Leviten zustand, ungern zahlte. Als Repräsentanten des Volkes fühlten sich die Pharisäer, selbstbewußt und eifrig. So waren die Leviten ringsum von feindlichen Gruppen umstellt.

Die "Söhne Levis" waren ursprünglich einer der zwölf Stämme des Israelvolkes (228). "Levi" war ein Sohn Jakobs von der Lea. Vielleicht war diese Gruppe von vornherein doch etwas Besonderes, viele "Söhne Levis" der Mosegeneration tragen ägyptische Namen, so auch der Levit Mose selbst. Man könnte daraus schließen, daß es sich bei dieser Gruppe um Sonderleute handelte, vielleicht – um einen modernen Ausdruck zu benutzen – um Intellektuelle. Nach der Überlieferung hat der Stamm "Levi" versagt. Mit dem Stamm "Simeon" zusammen hat der Stamm "Levi" die kanaanitische Stadt Sichem erobert. Bei dem Rachefeldzug der Kanaaniter gegen diese beiden Stämme kamen die andern Stämme Israels den Bedrängten nicht zu Hilfe, weil diese die Verträge mit den Kanaanitern gebrochen hatten. So

----

228 Etymologische Ableitungen: Nach R. de VAUX, AT II, S. 193: "LEWY" = "Gott anhangend, Schützling Gottes" – Nach RGG, Band III, 1929, Spalte 1601: "lêwî = "Priester" ... "Orakel geben"

wurden beide Stämme ausgelöscht, verflucht als Folge des Frevels (229).

Doch die überlebenden Söhne Levis scheinen aus der Not eine Tugend gemacht zu haben (230). Sie haben sich ihres intellektuellen Erbes erinnert. So kam es zu einer "Spiritualisierung". Sie waren ein Stamm ohne Land. Der Name des Stammes verlagerte sich auf die Familie. In der Familie vererbte sich dieses intellektuelle Amt: das Priesteramt. Als Stamm ohne Land widmeten sie sich dem kultischen Dienst. In der Wüstenzeit trugen die Leviten die Bundeslade, Leviten wachten am heiligen Zelt, sie besorgten die Opfer und sie gaben Orakel und sie sprachen Recht. Das war ihr Privileg, ihr Monopol.

In der Wüstenzeit gab es noch nicht den Terminus "Söhne Aarons". Der Name Aaron war noch nicht gefragt, er war weder Priester noch Hochpriester. Seine Person war religiös stark belastet durch das Götzenbild der Goldenen Kuh und auch durch die Revolte gegen Mose, mit Mirjam zusammen. Mose war der große "Levit", nicht Aaron! Doch es muß schon früh eine Opposition gegen Mose gegeben haben. Seine ehelichen Verbindungen waren für viele Fromme fragwürdig. Sein Tod steht im Dunkel. Sein Sohn wurde ausgeschaltet. Anscheinend haben hier schon priesterliche Kräfte - unter Aaron? - gewisse Weichen gestellt.

Nach der Landnahme in Kanaan gab es auch nichtlevitische Priester, welche die familiären Heiligtümer betreuten. So war der Priester Samuel kein Levit, er war Benjaminit. Doch hat man sicher sehr früh darauf gesehen, daß "Leviten" den kultischen Dienst übernahmen. Diese Diener am Altar lebten vom Altar, also von den Opfergaben, die YHWH dargebracht wurden. Diese Diener am Altar besaßen keinen Grundbesitz, wie das bei den Priestern im heidnischen Ausland üblich war. Sie besaßen keine Einkünfte, sie waren auf die Opfergaben angewiesen: "YHWH war ihr Erbteil". Das war der Punkt! Ihre Existenz beruhte auf den Opfergaben und damit auf der Frömmigkeit des Volkes! Diese materielle Not, die Sorge um das reine Überleben, ist durchaus herauszuspüren in den Ausführungen der Tempelrolle!

----

229 RGG, Band III, 1929, Spalte 1602: "Sowohl Fluch wie Frevel sind erdichtete novellistische Züge des Sagenmotivs."

230 RGG, Band III, 1929, Spalte 1602: "Versprengte Mitglieder verlegten sich auf das Priesterhandwerk und wurden allmählich überall anerkannt."

Die Einsetzung des Königs, der über den zwölf Stämmen thronte, brachte einen bemerkenswerten Wandel. Der König war der "Gesalbte YHWH's". Er stand über den Priestern. Sie waren königliche Beamte, er setzte sie ein und ab. Der erste König war Saul (ab etwa 1050 ante). Er machte gleich von seinem Königsrecht Gebrauch und ließ die Priesterschaft des Bundeslanden-Heiligtums Nob, 85 an der Zahl, abschlachten, weil ihr Oberpriester Achimelech sich auf die Seite des Rebellen David geschlagen hatte. Nur ein einziger Priester entkam diesem Mordanschlag. Er hieß Abjathar, er floh zu David, welcher diesem Getreuen seine Gunst zuwandte. David machte diesen Abjathar zum Oberpriester/Hochpriester, doch neben ihm auch noch einen andern, einen gewissen Zadoq, dessen Abkunft im Dunkel liegt. Manche meinen, er sei der jebusitisch-heidnische Oberpriester der Stadt Jerusalem gewesen, die von David erobert und zur Hauptstadt des Gesamtreiches gemacht wurde. So gab es zu Davids Zeiten zwei rivalisierende (Ober-)Priestergeschlechter, die der folgenden Zeit ihren Stempel aufgedrückt haben. Daß der König aber die entscheidende Person war, daß der König die Macht hatte, daß er der oberste Dienstherr der Männer im Tempel war, das ist in der Tempelrolle 11 QT durchaus herauszuspüren!

Der König David machte Jerusalem zur Hauptstadt und ließ durch die "Söhne Levis" die Bundeslade in die eroberte Stadt tragen, vermutlich das allerletzte Mal, daß die Leviten die Bundeslade getragen haben... Durch diesen Akt war die Stadt Jerusalem nicht nur politische Hauptstadt, sondern zugleich auch Zentralheiligtum. Davids Sohn Salomo baute den Tempel.

Zu dieser Zeit gab es zwei oberpriesterliche/hochpriesterliche Gruppen, die sich heftig befehdeten. Da waren die Leute des Abjathar, die von dem Aaronsohn Ithamar abstammten - auch der Priester Eli gehört in diese dynastische Linie. Doch in scharfer Konkurrenz standen die Leute des Zadoq, der behauptete, von den Aaronsohn Eleasar abzustammen.

Die Priester waren allesamt königliche Beamte. Der König entschied aus eigener Machtvollkommenheit, welche Dynastie neben ihm regieren sollte. Der König war Salomo. Die Parteinahme für seinen Vater David hatte die Priesterschaft der Ithamariden (durch den Mordakt Sauls) empfindlich geschwächt. Als Abjathar, der Günstling Davids, gegen die Nachfolge Salomos Partei ergriff, kam der königliche Machtspruch. Abjathar behielt sein Leben, doch er wurde abgesetzt und verbannt. Sieger in diesem Ringen um die priesterliche Macht an der Seite des Königs war Zadoq. Die Dynastie dieses Mannes stellte den Hochpriester im Tempelstaat fast tausend Jahre lang. In dieser langen Zeit erhielt der Name Zadoq fast einen überirdischen Klang.

Die Spannungen zwischen den beiden rivalisierenden Priester-
geschlechtern, den Ithamariden-Abjathariden und den Eleasari-
den-Zadoqiden waren aber in der postsalomonischen Königszeit
noch lange spürbar. Die Abjathariden waren entrechtet, und
der Abjatharide Jeremia beklagt sich bitter über die Vorherrschaft der Zadoqiden. Genauso wie sein Geschlecht von dem
Zorne Gottes getroffen wurde, damals als Schilo von den Phi-
listern zerstört wurde, als die Bundeslade in die Hand der Heiden geriet und Eli schwer gedemütigt wurde, genauso wird es
auch diesen jetzt so übermütigen Zadoqiden ergehen: Der Zorn
Gottes und sein Strafgericht wird sie alle und die Stadt und
den Tempel furchtbar treffen: "... jetzt werde ich mit dem Hause, das nach meinem Namen benannt ist und auf das ihr eure
Hoffnung setzt ... so verfahren, wie ich mit Schilo verfuhr.
Und euch (gemeint: die Zadoqiden!) werde ich von meinem Angesicht verstoßen, so wie ich alle eure Brüder verstoßen habe,
das ganze Geschlecht Ephraims." (Jer. 7,14-15). An anderer
Stelle: "So spricht YHWH: 'Wenn ihr nicht auf mich hört ... auf
die Worte meiner Knechte der Propheten, die ich unermüdlich
immer wieder zu euch sende ... dann mache ich dieses Haus
Schilo gleich, und diese Stadt mache ich zu einem Fluch für
alle Völker der Erde.'" (Jer. 26,4-6) Für diesen Propheten ist
kein Grund vorhanden, daß die Zadoqiden sich über die
Abjathariden erheben ...

Es ist schon ausgeführt worden, daß der König über den Priestern stand und daß er diese Macht auch ausübte. Der König
war ein "Maschiach", ein Gesalbter, er war sakrosankt, und
die Priester waren nichts anderes als königliche Beamte. Sie
waren nicht reich wie ihre Amtsbrüder in Mesopotamien und
Ägypten, sie "lebten vom Altare" und waren auf die Gunst des
Königs angewiesen. Sie waren nicht in der Lage, den nachexilischen Tempel in den Zustand zu versetzen, der diesem
Heiligtum gebührte. Die Männer im Tempel wußten genau, daß
dieser Tempel erneuert werden mußte, und die "Tempelrolle"
hat ja genau deswegen von Y. YADIN diese Bezeichnung erhalten, weil die Konstruktion des Tempels einen großen Raum ein-

nahm (231). Als nun nach 104 ante es wieder einen König gab im Tempelstaat, da wachte die Hoffnung auf bei den Männern im Tempel, daß der König den ziemlich unansehnlichen Tempel erneuern und in einem unerhörten Glanz und in den idealen Abmessungen der Quadratur neu aufbauen könnte. Denn in der vorexilischen Zeit waren die Könige verpflichtet, für den Tempel zu sorgen! "Vor dem Exil war der Tempel ein Staatsheiligtum, und der König kam für die Kosten des öffentlichen Kultus auf." – "Man muß annehmen, daß der König die ordentlichen Ausgaben für den öffentlichen Kult und auch die außerordentlichen Auslagen für Reparatur der Gebäude (!) auf seine Kosten übernahm." (232)

Hier ist wichtig zu wissen, daß der König Bauherr war, daß er für Reparaturen und Neubauten am Tempel zuständig war. Diese Erkenntnis ist auch für das Verständnis der Tempelrolle wichtig! Es gab natürlich auch Könige, welche diese Ausgabenlast scheuten. Einer war der König Joasch, er regierte in Juda 835-796: "Und Joasch gebot den Priestern: 'Alles Geld, das in den Tempel YHWH's gebracht wird, sollen die Priester an sich nehmen ... und sie sollen damit die Schäden des Tempels ausbessern, wo immer sich ein Schaden zeigt.' Aber im 23. Jahre des Königs Joasch hatten die Priester noch nichts von den Schäden am Tempel ausgebessert" (2. Kön. 12,5-7). Der König Joasch muß eingesehen haben, daß die Priester keine Fachleute waren für Mauerarbeiten, und es folgte eine andere Regelung.

----

231 Y. YADIN, 1985, S.112: "The most fascinating part of the scroll is perhaps the section devoted to the design and construction of the Temple... This section takes up almost half the document, and because of its length and importance I have called the entire composition the Temple scroll." – Andere Autoren sind mit dieser Bezeichnung nicht einverstanden. J. MAIER sieht den das ganze Schriftwerk übergreifenden Gedanken in der "Reinheit": Reinheit im Tempelbereich, Reinheit in der Stadt des Heiligtums, Reinheit im ganzen Land! Diese "Tempelrolle" müßte demnach "Reinheitsrolle" heißen, nicht 11 QT, sondern 11 QP = "Purity"! – Auch B.Z. WACHOLDER ist mit der Bezeichnung "Tempelrolle" nicht einverstanden, S.21: "... the name MGLT HMQDS is unacceptable ... The title "Temple scroll" is both inappropriate and misleading."

232 R. de VAUX, AT II, S.217 und 244.

Eine Kiste mit einem Loch im Deckel wurde aufgestellt, und jeder, der Geld brachte für den Tempel, mußte am Eingang sein Geld in diese Kiste werfen. Nach einer gewissen Zeit holte ein Schreiber des Königs das Geld ab und gab es an die Werkführer, die es an die Zimmerleute, Bauarbeiter, Maurer, Steinmetzen verteilten. Nach diesem Vorbild verfuhr auch der König Josia von Juda (640-609 ante). Bei den Renovierungsarbeiten fand sich auch ein Buch, das Buch Deuteronomium, eine Schriftrolle, welche die Leviten in ihrer Existenz sehr schädigen sollte. Der König Josia schritt ein und führte eine Kultreform durch (2. Kön. 22,3-17).

Wenn ein Buch, das bei Renovierungsarbeiten im Tempel gefunden wurde, für die Leviten eine so unheilvolle Bedeutung hatte, wie das Deuteronomium, dann müßte doch eigentlich auch die Möglichkeit bestehen, daß ein anderes Buch, eine andere Schriftrolle, gefunden wurde, welche die Leviten wieder in ihre alten Rechte einsetzen konnte. Dieser Gedanke war die Geburtsstunde von 11 QT! Man mußte allerdings dieser Schrift noch eine ganz besondere Bedeutung zukommen lassen, damit sie auch wirken und den Leviten auch aufhelfen konnte. In dieser Schriftrolle ließ man den Hochheiligen selber sprechen, in eigener Person sprechen. So hoffte man diesem Schriftwerk den nötigen Nachdruck zu verschaffen und die höchstmögliche Wirkung auf den König zu erzielen, welcher die materiellen Sorgen der Leviten beseitigen sollte, ihre "Reinheits"-Vorstellungen durchsetzen und seine Pflicht, als Bauherr des Tempels, erfüllen sollte! Diese neue, irgendwie wiedergefundene Rolle, sollte die Wirkung des Deuteronomiums aufheben: gewissermaßen als 11 QT, als 11 Q Trinomium!

Durch das Deuteronomium und die darauf sich gründende Kultreform des Königs Josia wurden die Leviten in ihrem Existenzrecht nachhaltig geschädigt. Doch diese Kultreform fixierte zum Teil nur einen Zustand, der schon vorher zum Nachteil der Leviten eingetreten war. Im Lande der zwölf Stämme gab es eine große Anzahl von Heiligtümern, von Altären, meist auf den Höhen, die von den "Söhnen Levis", von den Leviten betreut wurden. Diese Leviten lebten vom Altar, von den Opfergaben des Volkes. Doch diese Heiligtümer waren nicht gleicher Art. Im Ansehen des Volkes hoben sich zwei Heiligtümer besonders heraus, und zu diesen Heiligtümern wallfahrtete man auch. Es waren die Heiligtümer von Jerusalem und von Bethel. Die levitischen Landpriester mit ihren kleinen Altären auf den Höhen im Lande sahen neidvoll auf diese Konkurrenz der beiden Wallfahrtsheiligtümer. Manche Leviten gerieten sogar in existentielle Not und waren auf die Almosen der Region angewiesen, um überhaupt das Leben zu erhalten.

Die josianische Reform 621 ante zog aus dieser Lage die Konsequenzen. Grundlage dieser Kultreform war das neugefundene Buch Deuteronomium. Die Heiligtümer in den Regionen wurden abgeschafft, es gab fortan nur noch ein Heiligtum, ein Zentralheiligtum, den Tempel in Jerusalem! Die levitischen Landpriester wurden nach Jerusalem beordert, wo sie allerdings ihre priesterlichen Funktionen verloren und zu Tempeldienern degradiert wurden. Wer diesen Dienstboten-Status erlangte, konnte noch von Glück sagen. Viele blieben im Lande, waren auf Almosen angewiesen, wurden zu Bettlern. Das selbe Schriftwerk, das zur Entrechtung der Leviten beitrug, mahnt aber die Frommen, den bedrängten Leviten beizustehen: "Die Leviten, um die alle diese Texte besorgt sind, sind solche, die mitten unter den Israeliten verstreut leben, die sie auf den Pilgerfahrten begleiten können (!) und die stets ihrer Liebe anempfohlen werden." (233)

Diese Entrechtung der Leviten bedeutete einen einschneidenden Traditionsbruch, einen Rechtsbruch. Selbstverständlich hat man Mittel und Wege gefunden, diesen Rechtsbruch zu legitimieren. Die Leviten hätten in den Höhenheiligtümern heidnische Hilfskräfte eingesetzt und sich so heidnischer Greuel schuldig gemacht. Diese Vorwürfe lesen wir bei dem Zadoqiden Ezechiel 44,10-14: "Die Leviten, die sich von mir trennten, als Israel sich von mir lossagte und seinen Götzen nachlief, sie sollen ihre Schuld büßen. Sie sollen in meinem Heiligtum Dienst tun als Wächter an den Tempeltoren, als 'Tempeldiener' (!), sie sollen die Brandopfer und die Schlachtopfer für das Volk (!) schlachten und ihm als Diener (!) zur Verfügung stehen. Darum, daß sie ihnen vor ihren Götzen gedient und dem Hause Israel Anlaß zur Verschuldung geworden sind, darum habe ich meine Hand wider sie erhoben, spricht YHWH, der Herr, sie sollen ihre Schuld büßen. Sie sollen mir nicht nahen (!), um mir als Priester zu dienen, um sich allem, was mir heilig ist, ja dem Hochheiligen zu nahen, sondern sie sollen ihre Schmach tragen und die Greuel büßen, die sie verübt haben. So be-

---

233 R. de VAUX, AT II, S.218. Einige mahnende Texte aus dem Deuteronomium, 26,11: "... du sollst dich samt deiner Familie, dem Leviten und dem Fremdling, der in deiner Mitte sich aufhält, an all dem Guten freuen, das dir YHWH, dein Gott, gab." - 14,27: "... dabei sollst du den Leviten, der in deinen Ortschaften wohnt, nicht im Stich lassen; denn er hat keinen Anteil noch Erbbesitz bei dir."

stimme ich sie zur Pflege des Tempeldienstes, für alle seine Arbeiten und was es immer darin zu tun gibt." Während hier der Prophet den Hochheiligen mit strafender Stimme sprechen läßt, wobei die Entrechtung der Leviten begründet wird, haben wir in 1. Samuel 2,35-36 eine drastische Schilderung von der Lage der Leviten im Gegensatz zu den Priestern: "Ich aber will mir einen treuen Priester bestellen ... Dem will ich dann ein Haus bauen, das von Dauer ist ... Alsdann wird jeder, der von deinem Hause übrigbleibt, herzutreten und sich vor ihm niederwerfen, um ein Geldstück oder einen Brotlaib zu erbetteln, wobei er spricht: 'Gib mir doch eine Stelle bei einer deiner Priesterschaften, damit ich ein Stück Brot zu essen habe!'" Der Groll über diese Degradierung saß tief, und vor diesem historischen Hintergrund aus muß man auch die Tempelrolle 11 QT lesen.

Die josianische Kultreform, welche die Leviten zu Tempeldienern oder zu Sozialempfängern machte, fiel in das Jahr 621 ante. Das Bewußtsein, den Willen Gottes nach der gefundenen Schrift getreulich ausgeführt zu haben und somit in der Gunst Gottes zu stehen, raubte dem König die vernünftige Überlegung. In einem religiösen Hochgefühl verlor er das Augenmaß, stellte sich dem ägyptischen König Necho entgegen, der nur um den Transit gebeten hatte. Bei Megiddo verlor Josia, König von Juda, 1609 ante Schlacht und Leben. Weil der König die Bestimmungen des Deuteronomiums erfüllt hatte, glaubte er, siegen zu müssen. Der Autor von 11 QT, von 11 Q Trinomium, verspricht dem König den Sieg über seine Feinde, wenn er den Anweisungen der Tempelrolle Folge leistet. Die Parallelität ist unverkennbar!

Ein Vierteljahrhundert später kam das Ende: der Verlust der Eigenstaatlichkeit, die Zerstörung des Tempels, die Deportation der führenden Schichten in die Fremde. "An den Wassern von Babylon saßen sie und weinten". Doch sie redeten auch miteinander, die verfeindeten Priestergeschlechter, die Zadoqiden und die Abjathariden. In der Not und der Rechtlosigkeit in der Fremde kam es zu einer Einigung - gewissermaßen auf der Chefetage. So verloren die Leviten auch die Chance, aus der Uneinigkeit der führenden Priestergeschlechter für die eigene Sache etwas herauszuholen. Da es keinen König mehr gab, wurde der die Oberpriester Repräsentant des Volkes, und es gab fortan eine klare Dreiteilung bei den Männern im Tempel: Hochpriester - Priester - Leviten. Die Leviten waren tief enttäuscht. Wir wissen das sehr genau. Denn als später die Möglichkeit gegeben war, wieder nach Jerusalem zurückzukehren und den Tempel neu aufzubauen, da waren es 4.289 Priester, die sich zur Rückkehr entschlossen, aber nur 74 Leviten. Sie stimmten mit den

Füßen ab, die meisten blieben in Babylonien. Auf das Drängen Esras hin entschlossen sich dann später einige Dutzend Leviten zur Rückkehr in die Heimat (234). "... sie hatten wenig Neigung, nach Judäa zurückzukehren, wo die Diskriminierung zwischen Priestern und Leviten in der Praxis geübt und wo sie 'Diener für den Tempel' wurden." (235) Größere Neigung, nach dem Lande Juda zurückzukehren, zeigten die Tempelsänger und Torhüter; sie hofften, den Leviten gleichgestellt zu werden. Die Lage der Leviten stabilisierte sich allmählich. Doch waren die Priester von vornherein bevorzugt. Bei jedem Opfer – das Brandopfer allerdings ausgenommen – holte der Knecht des Priesters vorweg eine Portion aus dem Topfe, in dem das Fleisch kochte. Außerdem erhielten die Priester das Beste des Bodenertrages, Weizen, Wein und Öl und die Erstlinge. Die Leviten bekamen den Zehnten und hatten ein Zehntel des Zehnten noch an die Priester abzuliefern. Es war für die Leviten nicht einfach, regelmäßig den Zehnten zu erhalten. Die Menschen im Volk haben eher Verständnis, Abgaben an den Ewigen zu leisten, die direkt in den Tempel an die Priester gelangen, als so eine Art Einkommensteuer zu zahlen, den Zehnten. So verließen Leviten zur Zeit Nehemias den Tempel, weil der Zehnte wieder einmal nicht bezahlt wurde. Nehemia rügte die Vornehmen wegen ihres unverantwortlichen Verhaltens und setzte eine Kommission ein. Daß es aber immer wieder Schwierigkeiten gab, ersieht man aus dem Recht der Leviten, "in die Städte zu gehen, um unter Aufsicht eines Priesters den Zehnten zu erheben" (236).

Die Lage der Leviten muß sich aber laufend gebessert haben, denn R. de VAUX sagt einmal von ihnen: "Sie intrigierten weiter bis zum Ende". Die Leviten ließen also niemals locker in ihrem Kampf um ihre Rechte, und in diesen "Intrigen"-Zusammenhang gehört auch die Tempelrolle 11 QT!

An der Chronik können wir ablesen, daß die Lage der Leviten sich gebessert hat. Die Chronik hat "das Bestreben, die soziale

----

234 SCHÜRER-VERMES, II, S.254: "... these only after pressing expostulations on his part. This disinclination to return was due to the subordinate position allotted to them".

235 R. de VAUX, AT II, S.226.

236 R. de VAUX, AT II, S.247.

Lage der Leviten der der Priester anzunähern" (237). "Das Werk des Chronisten bringt vielfältige Zeugnisse über den wachsenden Einfluß der Leviten im zweiten Tempel" (238). Vor allem wird hier der Versuch gemacht, die Trägerrolle der Leviten bei der Bundeslade dazu zu benutzen, um sie in den Tempel eindringen zu lassen, um ihnen mehr Rechte im Tempel zu geben. "Es handelt sich hier um eine Methode, levitische Ansprüche auf die Überlieferung zu stützen: Mit der Lade sind die Leviten legitim in den Tempel hineingenommen, sie haben hier also Rechte ..." (239).

Diesen Rückgriff auf die Wüstenzeit haben wir doch auch in der Tempelrolle, ein Beweis mehr, daß 11 QT eine levitische Schrift ist! Das "Lager in der Wüste" umfaßte drei Bereiche genauso wie in 11 QT: Das Heiligtum im Mittelpunkt, das Lager der Leviten rund herum, und das Lager der Stämme Israels rund um das Lager der Leviten (240).

Die Chronikbücher, vielleicht noch in der persischen Zeit entstanden oder später, berichten von den Tätigkeiten der Leviten damals. Sie standen als zweiter Stand zwischen den Priestern und den Laien im Volke. Diese Zwischenstellung ist durchaus deutlich: Sie stehen im "Dienst der Söhne Aarons", aber auch "im Dienst der Gläubigen". Ihnen unterstand die Verwaltung des Tempels, sie hatten die heiligen Geräte zu reinigen, die Schaubrote zuzubereiten. Sie waren Tempelschreiber und als levitische Beisassen im Gericht auch Gerichtsschreiber. Außerdem

----

237 RGG, Band III, 1929, Spalte 1603.

238 R. de VAUX, AT, II, S.233.

239 R. de VAUX, AT, II, S.230.

240 Y. YADIN, 1985, S.170: "The entire wilderness camp with its three components: the divine camp (the Tabernacle) in the centre, the camp of the Levites around it, and the camp of the tribes of Israel around the Levites." - Ähnlich B.Z. WACHOLDER, der meint, daß die Tora in 11 QT so angeordnet sind wie damals, als die Stämme den Berg Sinai umlagerten: S.225: "11 Qt asserts the permanence of the tabernacle in the wilderness." - S.210: "11 Q Torah considers the only worth successor to the wilderness tabernacle to be the future edifice it prescribes." Der Tempelbau in den idealen Abmessungen ist der folgerichtige Nachfolger des Heiligtums in der Wüste! Damals waren die Leviten obenauf!

hatten sie eine Lehrfunktion, sie standen zwischen Priestern und Volk und hatten das Volk zu belehren. Diese Aufgabe brachte sie in Gegensatz zu den Pharisäern, die sich gleichfalls diese Aufgabe anmaßten. Dieser Gegensatz führte zu Haß. Der Haß gegen die Pharisäer ist aus der Tempelrolle genau herauszuhören, wenn man Ohren hat, zu hören. Diese Tätigkeit der Leviten, von denen die Chronikbücher berichten, führte natürlich auch zu Spannungen mit den Priestern. Das Recht, "die Opfertiere zu zerlegen", rührte an die Privilegien der "Söhne Aarons". Die Priesterseite arbeitete natürlich genau mit dem gleichen Mittel wie die "Söhne Levis": Man wies auf die Wüstenzeit zurück und holte sich dort die Argumente. In Num. 16 haben wir einen Nachhall dieser Auseinandersetzungen zwischen Priestern und Leviten: "Korach, der Sohn Jizhars, des Sohnes Kehats, des Sohnes Levis (sic!) ... ebenso zweihundertfünfzig Männer aus den Israeliten ... rotteten sich gegen Mose und Aaron zusammen und sprachen zu ihnen: 'Nun ist's genug mit euch! Denn die ganze Gemeinde, alle miteinander sind '''heilig''' (sic!), in ihrer Mitte ist YHWH. Warum erhebt ihr euch über die Gemeinde YHWH's?!'" In der Rückschau wird die Revolte der Rotte Korach umfunktioniert, um die Leviten in ihre Schranken zu weisen ... "Mose erwiderte: 'Morgen, da wird YHWH kundtun, wer ihm angehört (sic!) und wer ihm heilig ist (sic!), daß er ihn sich nahen läßt (sic!). Nur wen er erwählt, den läßt er sich nahen (sic!)... Genug mit euch, 'Söhne Levis'!" (Num. 16,5-7) Die Ansprüche der "Söhne Levis" auf das Priesteramt werden scharf zurückgewiesen: "... und weiter sprach Mose: 'Hört doch, Söhne Levis! Ist es euch zuwenig, daß der Gott Israels euch aus der Gemeinde Israels aussonderte, euch sich nahen zu lassen, daß ihr den Dienst an der Wohnung YHWH's verseht und vor der Gemeinde zum Dienst für sie steht (sic!)? Er ließ dich doch und mit dir alle deine Brüder, die Söhne Levis, herantreten, und ihr fordert auch noch das Priesteramt?'..." (Num. 16,8-10) Wenn wir hier genau lesen, dann ist hier deutlich ausgesprochen, daß die Leviten Dienst zu leisten haben an der Wohnung YHWH's und Dienst zu leisten haben vor der Gemeinde, also den Laien, aber keinen Priesterdienst leisten dürfen! "... ist es euch zuwenig?" fragt Mose! Wenn es den Leviten zuwenig war, dann müssen sie eben das gleiche Schicksal erleiden wie die Rotte Korach: "So fuhren sie mit allem ... lebendig zur Scheol hinab, und die Erde schloß sich über ihnen..." (Num. 16,33) Doch die Leviten ließen sich durch solche Schreckvorstellungen nicht abhalten, ihre alten Rechte zu beanspruchen, und sie "intrigierten bis zum Ende", wie R. de VAUX schreibt. Auch die Tempelrolle, die alte Ansprüche der Leviten vertritt, gehört zweifellos in diesen Zusammenhang der levitischen "Intrige" ...

Die Leviten kämpften um ihre alten Rechte, die ihnen von den Priestern entwendet wurden. Die josianische Kultreform bedeutete einen gewaltigen Einbruch. Doch es muß auch andere Zeitpunkte gegeben haben, in denen die Priestermacht so stark war, daß sie die Leviten weiter entrechten konnten. Im Exil, in der Not der Fremde, fanden sich die beiden rivalisierenden Priestergeschlechter der Zadoqiden und Abjathariden zu einem Vergleich bereit, der vorsah, daß die an Zahl stärkeren Zadoqiden 16 Priesterfamilien stellten und die Abjathariden – stark geschwächt durch die Bluttat des Königs Saul – nur 8 Priesterfamilien. Den Hochpriester stellte die Dynastie Zadoq. Nach der Rückkehr wurde der Tempel in Jerusalem wieder aufgebaut, diese "bescheidene Tempel(-Anlage), die von Zeit zu Zeit ausgebaut und renoviert wurde, besonders während des 2. Jahrhunderts ante durch die Makkabäer", war den Männern im Tempel zu schäbig, und es war durchaus verständlich, daß sie eine völlige Neuanlage forderten (241). Den Plan zu dieser Neuanlage haben wir in der Tempelrolle 11 QT in so genauen Detailangaben, wie wir uns das besser gar nicht wünschen können.

In der persischen Zeit wurde dieser einfache bescheidene Tempel gebaut. Dann kamen die Griechen. Dann kam Alexander der Große. Seine Generäle teilten den Orient unter sich auf. Der Tempelstaat Juda geriet zunächst unter die Oberhoheit der ägyptischen Ptolemäer, ab 200 ante unter die der syrischen Seleukiden. Der damalige zadoqidische Hochpriester Simon der Gerechte verstand sich gut mit dem Eroberer, Antiochos III. dem Großen. Der Syrerkönig erließ ein Religionsedikt, das dem Zadoqiden alle Macht im Tempelstaat zuwies. Nach diesem Religionsedikt konnte der Hochpriester den wirtschaftlich mächtigen Familien im Lande fast den Existenzfaden abschneiden, indem er den Import und den Export in heidnische Gebiete auf ein Minimum beschränkte. Diese Macht, die er den finanzkräftigen Familien im Lande zeigte, konnte ihn auch dazu verführt haben, im Tempelbereich die gleiche starke Hand spüren zu lassen und den Leviten Rechte zu nehmen, welche sie nach dem Exil – um überhaupt ihre Rückkehr schmackhaft zu machen – erreicht hatten. Beweise haben wir nicht.

----

241   Y. YADIN, 1985, S.164: "... the modest previous Temple ... which had been reinforced and renovated from time to time, particularly during the second century BC Maccabean period."

Die Herrschaft der Griechen, der Ptolemäer, aber besonders der Seleukiden, führte zu nachhaltigen Veränderungen im Tempelstaat. Der Hellenismus wirkte sich aus. Die "Freiheit", die von Griechenland, der Wiege europäischer Kultur, herüberwehte, wurde im Orient umgesetzt. Demokratische Ideen wurden mehrfach spürbar. In der Forderung der Rotte Korah haben wir schon einen derartigen Anflug: "Die ganze Gemeinde, alle miteinander, sind heilig." (Num. 16,1-3) Dieser demokratische Schub wirkte sich auf die Leviten aus und begünstigte ihren Kampf um alte Rechte, welche die Priester sich inzwischen angemaßt hatten. Doch der demokratische Schub wirkte sich auch unterhalb der Leviten aus. Und so läßt sich hinterher eine Statistik der Leviten erstellen, wobei auch die bisher unterprivilegierten Gruppen als Leviten gezählt werden. Die Aufteilung der Leviten sieht vor:

63 % "Tempeldiener"

15 % Gerichtsschreiber und Beisassen im Gericht

11 % Sänger

11 % Torhüter

Der Einfluß der Griechen, Hellenismus genannt, war aber letzten Endes sehr verderblich für den Glauben der Juden. Die finanzkräftigen und wohlhabenden Kreise – und nicht zu vergessen die Jugend – verfielen sehr bald der Verführung dieser geistvollen Kultur, die von Europa aus in das Land einströmte. Im Tal wurde ein Gymnasion gebaut. Viele Priester hatten es recht eilig, den Tempelberg hinabzueilen, um an den gymnastischen Übungen der nackten Männer teilzuhaben, als Zuschauer oder als Teilnehmer. Ein Greuel für jeden frommen Juden! Daß die Priesteraristokratie mit der Wirtschaftsaristokratie zusammenhing, bedeutete eine Fusion der Starken im Lande. Wir wissen nicht, wie die Leviten, die jahrhundertelang von der Priesteraristokratie ausgenutzt, ausgebeutet und diskriminiert worden waren, sich in dieser Lage verhalten haben. Doch wir können es uns denken. Jetzt waren die Leviten diejenigen, welche die alte Fahne der Tora hochhielten und einen streng konservativen Kurs steuerten, welcher der hellenistischen Libertinage diametral entgegengesetzt war. Sie opponierten gegen den Synkretismus, gegen die Bestrebungen, den Zeus Olympios der Griechen, den Baal Schamem der semitischen Nachbarn und den altehrwürdigen Hochheiligen YHWH der Schrift miteinander zu verschmelzen. Die Leviten waren stockkonservativ. Es kann in dieser Zeit schon ein Plan entstanden sein, wie der einfache und schäbig wirkende Tempel, der im Augenblick durch heidnische Baumpflanzungen, durch heidnische Götterbilder, durch das heid-

Idol auf dem Brandopferaltar entstellt war, verunreinigt war, wieder hergestellt werden könnte in einer Pracht, die alles bisher Dagewesene in Schatten stellte. So könnte es sein, daß die Grundkonzeption für den Neubau des Tempels gerade in dieser Zeit der größten Erniedrigung des Tempels entstanden sein kann. Träger dieser Konzeption waren die Leviten! Die Tempelrolle 11 QT ist ja nicht an einem Tage entstanden, hat ja nicht einen Menschen zum Verfasser, höchstens zum Redaktor, der die levitischen Überlieferungen zu einem Gesamtbild, eben der 11 QT = Tempelrolle, vereinigt hat. Der letzte Zadoqide, der letzte Hochpriester aus dieser Dynastie, wurde 172/171 ante ermordet. Einen neuen, einigermaßen rechtmäßigen und von den Frommen im Lande anerkannten Hochpriester gab es erst wieder im Jahre 162 ante. Wie die Leviten zu ihm standen, wissen wir nicht. Nach dem Tode dieses Hochpriesters Alkimos, der doch eine ziemlich zwielichtige Persönlichkeit war, also nach 159 ante, haben die Syrer wohlweislich keinen neuen Hochpriester für den Tempelstaat Juda ernannt; sie hatten zu schlechte Erfahrungen gemacht. Das wurde erst anders, als die syrischen Oberherren sich genötigt sahen, den makkabäischen Partisanenführer Jonatan zum Strategen und wenig später zum Hochpriester zu bestallen ... Sein Bruder Simon wurde 143 ante Nachfolger, und er begründete die Dynastie der Hasmonäer. Sein Sohn Johannes Hyrkan I. arbeitete lange Zeit mit den Pharisäern zusammen, überwarf sich aber mit ihnen gegen Ende seiner Regierungszeit und stützte sich fortan auf die Sadduzäer. Wie sich diese politischen und politisch-religiösen Wechselbäder auf die Lage der Leviten ausgewirkt haben, wissen wir nicht. Es wird aber für sie von Vorteil gewesen sein, daß die Zadoqiden nicht mehr Hochpriester waren, und das neue Hochpriester-Geschlecht, welches nicht legitimiert war, wird sich auf die anti-zadoqidischen Kräfte im Tempel gestützt haben, vielleicht auf die Leviten.

Nach Hyrkan I. nahmen die Hochpriester den Königstitel an. Es ist gut möglich, daß in diesen innenpolitischen Krisen die Leviten eine besondere Rolle spielen konnten und Freiraum erhielten. Nun ist es eine alte Erfahrung der Geschichte, daß Gruppen, die lange unterdrückt wurden, beim Wittern von Morgenluft, sich nicht nur zufrieden geben mit dem Erreichten und dem Erreichbaren. Nein, ihre Forderungen steilen in die Höhe, verlieren den Boden unter den Füßen und werden utopisch. Die Tempelrolle 11 QT, ein Werk dieses levitischen Überschwangs, könnte dafür sprechen. Diese Schrift ist einem König gewidmet. Gott spricht über Mose hinweg einen König an. Dieser König ist der Hochpriester-König Alexander Jannai (103 – 76 ante).

Mit dieser Behauptung ist natürlich die Datierungsfrage aufgeworfen. Eine klare Aussage kommt von R. RIESNER: "Die Datierung der Tempelrolle ist noch umstritten, doch sprechen die Bestimmungen über den König (11 QMiqd 56,12-60) und die Kreuzigungsstrafe (11 QMiqd 64,6-13) dafür, daß die Schrift die Regierungszeit von Alexander Jannai voraussetzt." (242) "Die Datierung der Tempelrolle ist noch umstritten". Der Herausgeber von 11 QT, Y. YADIN, war anfangs der Meinung, diese Schrift könne in der herodianischen Spätzeit entstanden sein, doch dann wurde ein Fragment gefunden - Rockefeller 43 366 - das in seinem Schriftstil eine frühere Datierung erzwang. So kam er zur Datierung etwa um 100 ante (243). Dieses umstrittene Fragment wird wohl zur Tempelrolle gehören, doch diese selbst kann sehr wohl aus zeitlich verschiedenen Schichten zusammengesetzt sein. So schreibt J. MAIER: "Ob es sich dabei wirklich in den einzelnen literarischen Partien und Schichten nur um Produkte der Qumrangemeinde aus hasmonäischer Zeit handelt, wie der Erstherausgeber Y. YADIN anzunehmen geneigt war, oder ob nicht doch eine komplizierte Überlieferungsgeschichte und somit auch redaktionelle Vorgeschichte anzunehmen ist, soll die Forschung noch klären können, aber die zweite Annahme ist eigentlich realistischer." (244) Daraus könnte man entnehmen, daß die Königsgesetze in 11 QT lange Zeit nach dem Text des Fragments Rockefeller 43 366 in diese Tempelrolle hineingeraten sind ... Doch folgen wir noch eine Weile den wichtigen Datierungsbemühungen von Y. YADIN. Nach der Sprache konnte die Tempelrolle nicht vor der hasmonäischen Zeit geschrieben sein, dafür spricht das "rabbinische Hebräisch",

----

242 R. RIESNER, Urkirche, S.72.

243 Y. YADIN, 1985, S.61: "I found it to be typical of the script known as 'Middle Hasmonean semi-formal style' ... If I was correct in my classification, it would put the date of this Temple scroll fragment within the last quarter of the second century BC or the very beginning of the first century BC ... should therefore be dated to the same period, namely, around 100 BC." Ob das Gegenargument von B.Z. WACHOLDER, S.206 gewichtig ist, vermag ich nicht zu entscheiden: "According to STRUGNELL ... Rockefeller 43.366 is made up not of fragments of the Qumranic Torah but fragments of additions to a standard Pentateuch, to be dated circa 75 B.C.E. ... Rockefeller 43.366 may be variously dated, from 125 B.C.E. to 75 B.C.E."

244 J. MAIER, Essenerforschung, S.51.

"die Sprache der Weisen", die Sprache in den letzten Jahrhunderten des Zweiten Tempels. Auch das Entfernungsmaß 'ris', ein persisches Wort, weist auf das Ende des zweiten Jahrhunderts ante (245).

Vom Inhalt her gibt es natürlich auch Möglichkeiten, die Datierung zu bestimmen. Ein wichtiger Hinweis hier sind die "Ringe". Nach rabbinischen Quellen und der talmudischen Tradition hat der Hochpriester Johannes Hyrkan I. dieses System der Ringe im Tempelbereich eingeführt. In der heidnischen Nachbarschaft pflegten die Priester die zum Opfer bestimmten Tiere durch einen Hammerschlag zwischen die Hörner zu betäuben, um den tödlichen Schnitt leicht ausführen zu können. Wenn nämlich das Tier seinen Kopf nach links und nach rechts drehen konnte, war das Schächten schwierig. Diese Praxis mit dem Hammerschlag war auch im Tempel zu Jerusalem üblich. Doch fromme Kreise – Pharisäer oder Sadduzäer? YADIN ist für Sadduzäer – haben während der Regierungszeit von Hyrkan I. – Hochpriester und nicht "König", wie YADIN meint – eine Änderung erreicht. Der Kopf des Tieres wurde in einem eisernen Ring aufgehängt und an Ketten so in die Höhe gezogen, daß der tödliche Schnitt schnell und gut für das Tier und leicht für den Schochet ausgeführt werden konnte. Das Tier wurde dann an Ketten herabgelassen und konnte am Boden zerteilt werden. Diese Schlachtungspraxis ist auch die Praxis in 11 QT. Doch Y. YADIN ist bemüht, diese Aussage der Tempelrolle in eine möglichst frühe Zeit zu legen und sieht darin eine Anweisung an den "König" Hyrkan I., dieses System mit den Ringen im Tempel einzuführen. Wahrscheinlicher ist natürlich, daß die Tempelrolle eine schon vorhandene Praxis im Tempel beschreibt, was auf die Zeit nach Hyrkan I. hinweisen könnte. (246)

----

245   Y. YADIN, 1985, S.63: "'rabbinic Hebrew' ... the Hebrew of the final centuries of the Second Temple period." – ibidem, S.220 – zu "ris": ibidem, S.64 und S.190.

246   Y. YADIN, 1985, S.138: "There is a repeated statement in the Talmudic sources that it was 'Johanan the high priest' who introduced rings into the slaughterhouse of the Temple. Ma aser Sbeni (5:15) and Sotah (9:10)" Ähnlich: "Tosefta to Sota (9:10)." ibidem, S.139-140 und 222: Einfluß der Sadduzäer auf die Einrichtung der "Ringe", ibidem, S.113: Hyrkan "König".

Der Rundumschlag der Leviten in der Tempelrolle, von dem schon einmal die Rede war, traf erbarmungslos ihre Konkurrenten, die Pharisäer. In der altüberlieferten Ständeordnung nahmen die Leviten ja eine Mittelrolle ein zwischen Priestern und Volk, und diese Mittelrolle war auch eine Vermittlerrolle. Die Leviten standen nicht nur "im Dienste der Söhne Aarons", sondern auch "im Dienst der Gläubigen". Die Leviten, diese Männer im Tempel, waren nach außen gewandt. Daß sie an den Toren des Tempels Wache hielten, war ein Symbol für ihre Funktion. Die Opferküchen der Leviten waren nicht wie die der Priester für den Ewigen – vertikal – sondern horizontal – für das Volk bestimmt. Sie hatten irgendwie eine vermittelnde Pufferfunktion zwischen dem Tempel und dem Volk. Sie waren nach außen gewandt. Sie waren Sekretäre der Tempelverwaltung und oft mit äußeren Aufgaben betraut. Sie waren Gerichtsschreiber, Tempelschreiber, Beisassen am Gericht. Und nicht zu vergessen: Sie hatten eine Lehrfunktion. Der König Jehosaphat schickte 5 Fürsten aus und 8 Leviten (acht!) und 2 Priester mit dem Auftrag, "in den Städten Judas Unterricht zu geben ... Sie erteilten Belehrung in Juda und hatten das Torabuch YHWH's bei sich. Sie zogen in allen Städten Judas umher und unterrichteten das Volk." (2. Chron. 17,7-9) Doch genau auf diesem Felde, der Belehrung des Volkes, stießen sie auf eine laitische Gegenmacht, auf die Pharisäer! Die Pharisäer besaßen aber das Ohr des Volkes, und die Leviten, die Männer im Tempel, sadduzäisch gesinnt, allem Wunderglauben, allen Engeln, allen Messiassen, aller Endzeiterwartung mit der Auferweckung der Toten radikal abgeneigt, fanden kein Gehör mehr im Volke. Man kann sich denken, wie diese Leviten die Pharisäer haßten. Kaum waren sie der erdrückenden Umarmung der Priester ledig geworden, da erstand ihnen ein neuer Gegner in dieser laitisch-religiös-politischen Genossenschaft der Pharisäer. Den Haß der Leviten gegen die Pharisäer spüren wir in der Tempelrolle!

Die Pharisäer hatten sich gegen den Hochpriester-König Alexander Jannai schwer vergangen. Sie machten einen Aufstand gegen ihn, verübten also Hochverrat. Doch damit nicht genug: Sie übten auch Landesverrat. Sie riefen einen Syrerkönig zu Hilfe gegen ihren eigenen Landesherrn. Dieser kam mit einem Heer, und die aufständischen Pharisäer schlossen sich ihm an. Die Schlacht gegen die Syrer und die Pharisäer verlor Alexander Jannai. Doch dann kam die Wende. Ein Teil der Pharisäer fürchtete die syrische Fremdherrschaft und schloß sich an Jannai an. Der Syrer zog daraufhin in sein Land ab, und es kam zum pharisäischen Bruderkrieg, in dem Alexander Jannai den Sieg davontrug. 800 gefangene Pharisäer ließ er an Pfählen kreuzigen und ihre Frauen und Kinder vor ihren Augen niedermetzeln, eine Maßnahme, die Josephus in den Antiquitates als unmenschliche Grausamkeit brandmarkte, im Bellum dagegen als religiöses Vergehen, als "Gottlosigkeit" bezeichnete. (247) Um ihr Leben zu retten, flohen Tausende der Pharisäer ins Ausland. Auf diese historischen Begebenheiten spielt die Tempelrolle an, diese Passage muß also nach der Regierungszeit von Alexander Jannai (103 - 76) geschrieben worden sein, jedenfalls nach dem entsetzlichen Bruderkrieg der Pharisäer 94-88 ante! "Wenn ein Mann Nachrichten über sein Volk weitergibt" - das haben die Pharisäer getan, sie haben Botschaft an den Syrerkönig Demetrios III. Eukairos geschickt - "und er verrät sein Volk an ein fremdes Volk" - das haben die Pharisäer getan, sie haben ihn aufgefordert, ihnen zu Hilfe zu kommen gegen ihren Hochpriester-König (Landesverrat) - "und fügt seinem Volk Böses zu" - das haben die Pharisäer getan, der Syrer kam mit einem Heer und besiegte Alexander Jannai - "dann sollt ihr ihn ans Holz hängen, so daß er stirbt" - das ist mit den aufständischen Pharisäern geschehen, man hat sie lebend ans Holz gehängt - an den Händen, nicht mit dem Strick um den Hals - damit sie das entsetzliche Geschehen am Boden mitansehen mußten und allmählich das Leben verloren. "Wenn ein Mensch ein Kapitalverbrechen begangen hat" - das haben die Pharisäer getan, haben Hochverrat und Landesverrat begangen - "und er flieht zu den Völkern und verflucht sein Volk, die Israeliten" - das haben die Pharisäer getan, "übrigens flohen die ihm feindlich gesinnten Krieger, etwa achttausend an der Zahl, bei Nacht davon und lebten bis zum Tode Alexanders als Flüchtlinge" (JOSEPHUS), in ihrer Lage ist auch die Verfluchung der Heimat verständlich - Wenn also einer ein Kapitalverbrechen begangen hat und außer Landes flieht, "dann sollt ihr ihn ebenfalls an das Holz hängen, so daß er stirbt." (248) Es kann doch gar kein Zweifel bestehen, daß diese Strafbestimmungen der Kolumne LXIV sich auf nichts anderes beziehen als auf diesen Pharisäerkrieg! Y. YADIN ist auch mehrfach geneigt, diesen historischen Bezug anzuerkennen - trotz Rockefeller

----

247   Josephus, Antiquitates XIII.XIV,2 = § 381: "grausame Strafe, das menschliche Maß übersteigend" - XIII.XIV,2 = § 380: "eine ganz unmenschliche Freveltat" - XIII.XIV,2 = § 383: "eine so unmenschliche Grausamkeit, die ihm sogar den Namen 'Thrakidas' bei den Juden eintrug" - Bellum I. IV,6 = § 97: "Es steigerte sich nun infolge maßloser Wut seine Roheit zu widergöttlichem Frevel (sic! eis asebeian)"

248 J. MAIER, TR, S.64: Kol. 64,6-11.

43.366 - doch zuletzt scheint er Angst zu haben vor dem eigenen Mut (249).

Der erste Irrtum YADIN's besteht darin, daß er von der literarischen Einheit der Tempelrolle und von der Frühdatierung so
überzeugt ist, daß er den historischen Bezug zum Pharisäerkrieg und der Kreuzigung der 800 Pharisäer nicht anerkennen
kann.

Der zweite Irrtum YADIN's besteht darin, daß er diese barbarische Todesart der Kreuzigung - das Hängen am Baum mit ge-
fesselten Händen, das zu einem martervollen Tode führt - als
usus im Lande Juda betrachtet, weil seine Tempelrolle kein Wort
des Tadels enthält, im Gegenteil, dem durch Hochverrat und
Landesverrat betroffenen König die grausamste Marterstrafe als

----

249 Y. YADIN I, S.374: "... the flight to the enemy ... such
     a case is rarer than just slandering or passing informa-
     tion to the enemy, and the allusion here seems to be a
     specific historical event." - 1985, S.206 listet er das auf:
     "... the crimes ... of a political nature, coming under
     the head of treason: transmitting information to the
     enemy; causing or intending to cause to surrender of his
     nation to the enemy; evading the judicial proces for a
     capital offence, fleeing to enemy territory, and there
     cursing his own people." - Mehrfach meint er, daß hier
     ein Bezug besteht auf eine bestimmte politische Situation,
     so 1985, S.204 und 206 und I, S.373. YADIN wird sogar
     noch deutlicher: In 1985, S.215, sieht er sogar einen Zu-
     sammenhang der Kapitalverbrechen in Kol 64 mit der
     Jannai-Zeit: "... it could be said that the two treasonable
     crimes for which the capital punishment of hanging alive
     is decreed in the Temple scroll may be an allusion (sic!)
     to the very episode involving Jannaeus, Demetrius and the
     Pharisees." Doch auf der nächsten Seite weist er diesen
     Zusammenhang zurück: "I confess that this interpretation
     is possible but indefinite, for incidents of this nature
     had occurred even before the reign of Alexander Jannaeus,
     notably during the turbulent period preceding the Macca-
     bean uprising, and later with the establishment of the
     Hasmonean dynasty..." Und ebenda, S.389: "... it seems
     that we may affirm with a considerable degree of proba-
     bility, that the scroll was composed in the days of John
     Hyrcanus or shortly earlier." Damit ist gesagt, daß die
     Datierung, beruhend auf dem Rockefeller-Fragment 43.366,
     Vorrang besitzt vor allen noch so deutlichen Hinweisen
     auf den Pharisäerkrieg 94-88 ante.

sein königliches Recht zuerkennt. YADIN meint, daß diese Exe-
kutionsmethode in der Zeit des zweiten Tempels üblich war
(250). Das stimmt nicht. Das war sogar verwerflich! Deut.
21,22 verbietet eindeutig das Hängen als Todesursache: "Wenn über
einen Verbrecher das Todesurteil gefällt ist und er dann hingerichtet wird (!) und du ihn an einem Baume aufhängst, so
darf sein Leichnam nicht über Nacht am Baume bleiben, du
hast ihn noch am gleichen Tage zu begraben. Denn ein Gehäng-
ter ist ein Gottesfluch..." Gemeint ist mit den letzten Worten
wohl: Der Tote gehört unter die Erde und nicht freischwebend
in die Lüfte ... Über diesen Gottesfluch gibt es eingehende
Ausführungen, die uns aber jetzt hier nicht ablenken sollen
(251). Wenn aber der Gottesfluch so ausgelegt werden kann,
daß sie verflucht sind bei Gott – und den Menschen (sic!),
dann ist dies wieder ein Hinweis für uns, aus welcher Menschen-
gruppe, aus welcher Ecke diese seltsame und eigentlich unverständliche Verteidigung dieser barbarischen und völlig unjüdi-
schen Hinrichtungsart kommt. Y. YADIN bemüht sich sehr, um
den usus des "Hängens am Baum zu Tode" im Lande Juda nach-
zuweisen. Doch seine Beispiele überzeugen nicht. Sowohl Sifré
als auch die Beraitha BT Sanhedrin 46 b bestimmen eindeutig,
daß zuerst getötet werden muß und dann erst gehängt werden
kann – gewissermaßen als Zusatzstrafe. (252) Dieses Kontinuum
der Auffassung vom Deuteronomium bis zu den Rabbinen wird
gestört durch die Tempelrolle, welche diese jüdische Sukzession
Töten – Hängen genau umkehrt und daraus Hängen – Töten

----

250 Y. YADIN I, S.375: "We have some evidence that this
method of execution by hanging was practised in Israel
in the Second Temple period."

251 Interessant ist hier die Doppeldeutung. O. BETZ, Evangelien, S.62: "Der 'Fluch Gottes' wird in der Tempelrolle
verbal gefaßt und erweitert: Die Hochverräter haben 'Gott
und Menschen verflucht' (64,12); möglich ist auch eine
passivische Wiedergabe: Sie sind von Gott und Menschen
verflucht." Auch Y. YADIN vertritt diese Doppeldeutung,
I, S.379: "... he who curses God ... and ... he who is
accursed by God". Ähnlich auch 1985, S.205.

252 Y. YADIN I, 374-375. Dazu: The Palestinian Targum ...
But if one is condemned to death, he is to be put to
death by stoning (sic!), and afterwards they may hang
him on a tree."

macht. Wenn man natürlich weiß, daß die Tempelrolle eine
levitische Schrift ist. Wenn man außerdem weiß, daß die Leviten die Pharisäer gehaßt haben. Wenn man daraus den Schluß
zieht, daß die Leviten sich unbändig gefreut haben, als ihre
Intimfeinde sich an den Kreuzen zu Tode zappelten. Und wenn
man außerdem noch weiß, daß die Leviten große Pläne hatten
und daß nur der Hochpriester-König Alexander Jannai diese
Pläne durchführen konnte, endlich aus dem schäbigen Tempel
einen idealen Tempel erstehen zu lassen. Wenn man all dies
weiß und sich klarmacht, dann mußten diese Leviten – gegen
alle jüdische Tradition – diese barbarische, unjüdische, gottlose Hinrichtungsweise dieses Königs in ihrer Tempelrolle verteidigen, um diesen Mann sich geneigt zu machen und für ihre
Pläne einzuspannen ...

Daß die pharisäisch-rabbinische Tradition in der Tempelrolle
strikt abgelehnt wurde, kann man bei Y. YADIN an vielen Stellen erkennen. Der Schlüssel auch hier: die sadduzäisch-leviti-
sche Einstellung! (252) Völlig entgegengesetzt den Pharisäern!

Y. YADIN, Herausgeber und Übersetzer der Tempelrolle, und
J. MAIER, Übersetzer der Tempelrolle, sind einhellig der Meinung, daß diese Schrift eine Qumrânschrift sei, daß sie von
der Qumrângemeinde verfaßt sei. Ich halte dagegen an meiner
Überzeugung fest, daß diese Schrift keine Qumrânschrift sein
kann, daß sie nicht chasidisch-qumrânisch ist, sondern im Gegensatz dazu sadduzäisch-levitisch! Y. YADIN sucht nach Gemeinsamkeiten zwischen der Tempelrolle und der Gemeinde von
Qumrân. Beide haben als Grundlage die gleiche Ständeordnung:
Priester-Leviten-Laien. Doch diese Ständeordnung ist doch nicht
beschränkt auf diese beiden Seiten, ist doch allgemein-jüdisch

----

253 Y. YADIN I, S.87: "We may not be straying far from the
     truth if we suppose that the real incentive to write the
     scroll as it was written stemmed from the opposition to
     laws – whether oral or written ..." – I, S.109: "... the
     laws of the heave and wave offerings ... in complete
     contrast with rabbinic law." – I, S.400: "here is a codex
     of laws absolutely contrary to the rabbinic statutes..."
     – I, S.400: "... the law of the Mishnah is contrary to
     that of the scroll..." – 1985, S.237: "... the Temple scroll
     leaves no doubt that it presents a codex of laws abso-
     lutely contrary to the rabbinic statutes..." 1985, S.117:
     "If they (= the rabbis) had seen it (= the scroll) it
     would have been anathema for them..."

- bis zum heutigen Tage übrigens. Beide haben den Sonnenkalender von 364 Tagen. Doch auch dieses Argument zieht
nicht. Denn auch im Danielbuch wird nach diesem Kalender
gerechnet, der Sonnenkalender ist älter als Qumrân und 11 QT!
(254) Y. YADIN sieht auch in gewissen Andeutungen der essenischen Schriften auf uns nicht bekannte Schriftrollen Hinweise
auf die Tempelrolle. Dazu gehört das "Buch von Hagu", ein
Meditationsbuch. Doch welche Passage in 11 QT könnte der Meditation gedient haben?! In der Damaskusschrift V,2-5 ist von
einem versiegelten Buch die Rede, das in der Bundeslade lag,
doch aus dem Zusammenhang ergibt sich (das Bigamieverbot in
Deut. 17,17), daß es sich um das Deuteronomium handeln muß
und nicht um die Tempelrolle (255). Y. YADIN geht sogar so
weit zu behaupten, der "Lehrer der Gerechtigkeit", der Gründer
und Präger der Qumrângemeinde, habe die Tempelrolle verfaßt.
Aus einem Text der Qumrângemeinde liest er heraus, daß der
"Lehrer" dem "Frevelpriester" die Tempelrolle zugeschickt habe,
worauf dieser einen Wutanfall bekam (256).

----

254 Y. YADIN I, S.111: Ständeordnung - 1985, S.87: Kalender
     - in Dan. 12,11 sind dreieinhalb Jahre = 1290 Tage. (364
     x 7 + 28 Tage Schaltmonat) : 2 = 1288 Tage. Siehe dazu
     H. BURGMANN, Zwei lösbare Qumrânprobleme, S.257 - 298.

255 Y. YADIN, 1985, S.229: "... the Temple scroll was in fact
     the basic 'Torah' of the Essenes" gleichzusetzen mit "...
     the Book of Hagu - which had to be 'meditated upon'
     and in which all had to be 'instructed' - or as the
     Second Torah, a Book of the Second Law which had been
     revealed only to the sect ... our scroll was really the
     hidden 'Torah' of the Essenes, as holy for them as the
     canonical Torah." - "the hidden law" in Y. YADIN, 1985,
     S.227 und 228: "I suggest ... the possibility that the
     sealed Book of the Law referred to in the Damascus Docu-
     ment is our very Temple scroll..."

256 Y. YADIN, 1985, S.9: "It was very possibly the leader of
     this Jewish sect who composed the Temple scroll." So auch
     ibidem, S.87 und S.227 - E. LOHSE übersetzt diese frag-
     liche Stelle mit der Tora im Pescher zu Psalm 37,4 Q p
     Ps 37,IV,8-9 sehr zurückhaltend: "Seine Deutung bezieht
     sich auf den "Frevelpriester", der ausspähte nach dem
     Gerechten und suchte ihn zu töten ... Lücke ... und die
     Tora, um derentwillen (sic!) er zu ihm gesandt hat. Aber
     Gott läßt ihn nicht und läßt ihn nicht verurteilen, wenn
     man ihn richtet." Nach diesem Text liegt die Initiative

Es gibt aber eine ganze Reihe von Gelehrten, die ihre Bedenken und Zweifel geäußert haben, ob diese Tempelrolle wirklich eine Qumrânschrift sei. Da wäre an erster Stelle zu nennen der französische Übersetzer der Tempelrolle, A. CAQUOT. In seiner introduction stellte er drei Punkte heraus, in denen sich die Tempelrolle von den spezifischen Qumrânschriften unterscheidet, und es ist seiner Darlegung zu entnehmen, daß er die Zugehörigkeit von 11 QT zu der Qumrângemeinde in Frage stellt:

1. Die "Tempelrolle" ist als literarische Gattung innerhalb der Qumrânsekte ein Unikum, hat keinerlei Entsprechung in der Bibliothek dieser Gemeinde.

2. Die "Tempelrolle" ist keine Regel für einen Mönchsorden, wie den in Qumrân, sondern ein Gesetz, gültig für ganz Israel.

3. Die "Tempelrolle" ist nicht für die Endzeit bestimmt, sondern für die historische Gegenwart. (257)

Eine ähnliche Aufstellung von Diskrepanzen zwischen Tempelrolle und Qumrân findet sich bei B.Z. WACHOLDER, S.204, der hier den kritischen Ausführungen von LEVINE und SCHIFFMAN dankenswerter Weise Raum gibt:

----

nicht beim "Lehrer", sondern schon vor der Tora-Beziehung beim "Frevelpriester". Ich nehme auch an, daß der "Lehrer" wegen Verletzung der Tora vor Gericht gezogen wurde. Es ist aber nicht so gewesen, daß der "Lehrer" dem "Frevelpriester" die Tempel-Tora geschickt hat: Y. YADIN, 1985, S.226-227: "... the founder of the sect had sent a certain 'Torah' which had so infuriated (!) the Wicked Priest that he 'sought to slay him'". Ähnlich Y. YADIN I, S.396.

257 A. CAQUOT, RT, S.V: "Si le 'Rouleau du Temple' est essénien, on peut s'interroger sur le statut que lui accordaient les adeptes du mouvement réformateur qu'il est convenu d'appeler essénisme. Le nouveau rouleau est bien différent par son genre des commentaires bibliques, des effusions hymniques et même des textes législatifs jusqu'ici connus. Le 'Rouleau du Temple' n'est pas la règle d'un ordre, mais une loi destinée à tout Israel. Il ne vaut pas pour un temps de la fin ... mais pour l'ère historique présente."

1. Das Vokabular ist verschieden: "... much of the technical Vocabulary of 11 Q Torah diverge(s) so sharply from that found in most other Qumran texts..."

2. Die Bezeichnung für den Hochpriester ist verschieden: "... 11 Q Torah ... employs the term KWHN GDWL (high priest), a title that is never used in the other Qumran writings, where substitute epithets such as KWHN HR>Š (head priest) are used (258).

3. Die gesetzlichen Bestimmungen sind verschieden zwischen der essenischen Damaskusschrift (CD) und der Tempelrolle: "A comparison between the formulation of the law in 11 Q Torah and the legal lore in CD would reveal how disparate the two really are."

4. Das Öl- und Wein-Problem, hochwichtig in der Tempelrolle, scheidet die Auffassungen der Tempelrolle von denen der Essener: "For those who identify the Qumranites with the Essene sect, the polar attitudes to wine and oil are a problem. Not only are wine and oil not shunned as they were among the Essenes, according to Josephus, but they are made the center of the sacrificial rites."

5. Das Interesse in der Tempelrolle für das Heiligtum, für seine Abmessungen, für kultische Riten und Opfer stehen im Gegensatz zu den Vorstellungen der Qumrângemeinde: "The centrality of the sanctuary in the 'Qumranic Torah' - (eine seltsame Wortfügung von B.Z. WACHOLDER) - and the profound interest in its dimensions and rites, seems antithetical to the many passages in the Community Rule where sacri-

----

258 Y. YADIN I, S.389, macht auch auf diesen Unterschied zwischen "high priest" in 11 QT und "chief priest" in den Qumrântexten aufmerksam, wobei er hinzufügt, daß der in der 11 QT übliche Hochpriestertitel auch in der Kupferrole vorkommt. Damit ist auch erwiesen, daß diese sensationelle "Copper scroll" nicht zu den spezifischen Qumrânschriften gehört. Damit ist auch erwiesen - was hier sehr wichtig ist - daß diese Höhlendeponie in der Nähe von Qumrân nicht nur Schriften der Qumrângemeinde enthält, sondern auch Texte anderer Gruppen!

ficial offerings do not figure in the public meals." (259)

Die Stellung der Essener zum Tempel ist vielfach mißverstanden worden. Die Gemeinde hatte eine so hohe Meinung, ein so über-höhtes Selbstverständnis, daß sie ihr Gemeinschaft "Heiligtum Gottes" als "Tempel" ansah. "... die Sühnefunktion des Tempel-kults wurde auf die besondere, durch strenge Vorschriften ge-regelte Lebensweise (jachad) der in jeweils rituell reinem Zu-stand befindlichen Kerngruppe übertragen, die in dieser Hin-sicht als Organisation den Tempel zeitweilig, bis zur Wiederein-führung korrekter Kultpraxis ersetzt." (360) Der letzte Halbsatz

----

259 Opfer und Schlachtplatz waren wichtig in der Tempelrolle: Y. YADIN, 1985, S.186: "The sacrifices are the kernel of the ritual inside the Temple". Doch die Qumrângemeinde kannte weder Altar noch Schlachtplatz: B.Z. WACHOLDER, S.86: "Obviously the Commune had no altar for animal slaughtering, a basic requirement of the scroll." – Auch Y. YADIN sieht hier einen fundamentalen Gegensatz zwi-schen dem Hauptanliegen der Tempelrolle und der Haltung der Essener: Y. YADIN, 1985, S.233-234: "The most pro-minent of such apparently divergent views was over the attitude of the sect towards Temple sacrifice ..." YADIN hebt die Bedeutung des Kults in der Tempelrolle hervor: "... the main theme of the Temple scroll and the cardinal subject (sic!) ... was the cult of the Temple, with the installations, the vessels, and the whole procedure of the sacrifices..." – Er schwächt aber sofort ab, daß die Esse-ner "opposed to sacrifices in principle" waren und begrün-det dies mit der Verschiedenheit von "rites of purity" und dem andern Kalender. – Nach J. LIVER haben die Glie-der der Qumrângemeinde keinerlei kultische Funktionen ausgeübt. B.Z. WACHOLDER zitiert S.139-140: "there is no mention of their cultic functions; they are, rather, given a special role in the training of new members."

260 J. MAIER, Essenerforschung, S.49 – Auch Y. YADIN, 1985, S.249-250, weiß sehr wohl, daß die Essener sich selbst als Tempel angesehen haben: "... the Essene sect was equated symbolically with the Temple (and thus used Temple terms when speaking of itself); and the Temple ritual, including sacrifices, was replaced by pious deeds and behaviour and scrupulous religious orthodoxy ... 'prayer rightly offered' and 'perfection' of behaviour serving as substitutes for ritual sacrifice... Thus, the community, like the Temple, is set apart as a "House of Holiness'."

stammt von einem Gelehrten, der trotz der Verschiedenheit der Auffassungen vom Tempel – Tempel aus Stein gegen Tempel aus Leibern – die Tempelrolle als Qumrânschrift anerkennen will.

Der Tempel aus Leibern bildete eine Bruderschaft in Qumrân, eine Gemeinde, die auf brüderlicher Liebe aufgebaut war. Solche Forderungen vermißt man völlig in der Tempelrolle, was wieder ein Grund ist, in der Tempelrolle keine Qumrânschrift zu sehen (261).

Der Tempel aus Steinen sollte gebaut werden. Das fordern die vielen Kolumnen in der Tempelrolle, was ja dieser Schrift auch den Namen gab. Bauherr des ersten Tempels war der König Salomo, Bauherr des zweiten Tempels, mit dessen Schäbigkeit man später nicht einverstanden war, war Serubbabel, ein Davidide, also aus königlichem Geschlecht. Bauherr des dritten Tempels war der König Herodes der Große – allerdings wird dieser dritte Tempel höchstens als Annex des zweiten Tempels angesehen, weil der König Herodes als Idumäer arabischer Abstammung nicht als Volljude angesehen werden konnte und man den Tempelbau durch diesen Unwürdigen irgendwie als peinlich empfand. Jedenfalls: Bauherr des Tempels war immer ein König. Und wenn der Hochheilige selbst in seiner Rede an Mose den Tempelbau in den idealen Abmessungen forderte, dann richtete er sich über den Gottesmann hinweg an den König, den für den Tempelbau verantwortlichen Menschen. Y. YADIN meint, daß hier Gott als "Tora-Geber" sich als "Meister-Architekt" gezeigt hat (262). Der biblische Anstoß zu diesem Projekt war "eine Schrift aus der Hand YHWH's", betreffend "alle Arbeiten des Bauplans"

----

261 B.Z. WACHOLDER, S.132: "That each man loves his brother like himself ... These lines do not have clear references in the surviving fragments of the Qumranic Torah (= 11 QT) Ähnlich auch S.133 und ganz klar S.86: "... the Qumranic Torah knows nothing of the existence of a Commune."

262 Y. YADIN, 1985, S.117: "... an extraordinary Temple Torah in which God the law-giver speaks as a master architect ..."

(1. Chron. 28,19) (263). In der biblischen Überlieferung gab
es keine genaue Anweisung für den Bau des Tempels. Ob ein
derartiger Tempelbau in Jerusalem realisierbar war, ist allerdings fraglich. "Der Autor der Tempelrolle ... hat einen echten
Bauplan vorgelegt, ... daß der Tempel genauso und nicht anders konstruiert werden müsse ... Problematisch wird die Sache
allerdings, wenn man dieses Vorhaben in Jerusalem realisieren
will und sich dabei den 'Heiligen Felsen' als Zentrum der ganzen (quadratischen) Tempelanlage denkt: Dann reicht die Tempelanlage (ein Quadrat mit 1,6 km Seitenlänge!) in Ost-West-Richtung von 'Dominus flevit' am Ölberg über das ganze Kidrontal
und die heutige Altstadt bis zu deren Westmauer, in Nord-Süd-
Richtung fast von der nördlichen Altstadtmauer bis zum Südaus-
gang des Siloa-Tunnels ... Ich fürchte fast, der Tempelrollen-
Autor hat beim Tempelbau gar nicht an Jerusalem gedacht, sondern an einen anderweitigen Bauplatz ..." (264). Für diese
Tempelanlage war die quadratische Form vorgeschrieben. J.
MAIER denkt an den Einfluß von heidnischen Festungsanlagen
"in der Nachbarschaft Palästinas, in Ägypten ... Grenzfestungen im Osten des Deltas ... übrigens ebenfalls mit (allerdings
mächtigeren) Mauervorsprüngen." (265) YADIN leitet die quadratische Form von der quadratischen Säulenplatte des "Sees" ab,
die von 12 Ochsen, drei an jeder Seite, getragen wurde. B.Z.
WACHOLDER von der quadratischen Brustplatte des Hochpriesters
(266).

----

263 Y. YADIN, 1985, S.116: im Midrasch Samuel lesen wir, daß
     Gott diese Bauvorschrift an Mose gab, dieser gab sie an
     Josua, dieser an die Ältesten, diese an die Propheten, die-
     se an David – er hatte Bauverbot wegen der Blutschuld
     als Kriegsmann, 1. Chron. 28,2-3 – dann übergab David
     den Bauplan Gottes seinem Sohn Salomo, der den Tempel
     baute. Ibidem, S.117: "I am convinced that it was the
     very passage in chapter 28 of 1 Chronicles that prompted
     our author to write his Temple scroll."

264 Herr Professor Dr.Dr. H. STEGEMANN war so freundlich, in
     einem Brief vom 16.9.1980 mir diese wichtige Mitteilung
     zugehen zu lassen.

265 J. MAIER, TR, S.101.

266 Y. YADIN, 1985, S.130: "the sea rested on twelve oxen,
     three on each side of the square plinth." – B.Z. WACHOL-
     DER, S.225: "... the permanent temple was to recall the
     square shape of the breastplate with the twelve precious
     stones corresponding to the number of Israel's tribes."

Doch muß auch mit der Möglichkeit gerechnet werden, daß ähnlich wie bei den Pythagoräern, die Kreis und Kugel als Idealformen forderten, in frommen jüdischen Kreisen die Quadratform als Idealform angesehen wurde.

Die Qumrângemeinde war an diesem Tempel aus Steinen nicht interessiert: Ihre eigene Gemeinde war der Tempel Gottes. Die Qumrângemeinde war auch an dem König nicht interessiert. Für sie gab es nur einen König, und das war der Hochheilige selbst! Anders beim Verfasser der Tempelrolle! Der war sehr stark am König interessiert. Der König war von altersher Bauherr des Tempels. Der König, der den Tempel in den idealen Abmessungen von 11 QT bauen sollte, sollte Alexander Jannai sein, kein anderer!

Daß der König, der im Schlußteil der Tempel eine gewichtige Rolle spielt, nur Alexander Jannai sein kann, dafür gibt es eine Reihe von triftigen Gründen:

1. Alexander Jannai, der seine ganze Kraft dem Kriege widmete, hat in noch größerem Maßstab heidnische Söldner angeworben als Hyrkan I., der nur Hochpriester, aber kein König war. Nach der Tempelrolle sollte aber das Heer ein Volksaufgebot sein (11 QT 57,1-11; 58,3-17)

2. Alexander Jannai, eine ausgesprochene Kriegsgurgel, hat im eigenen Volk rücksichtslos ausgehoben, so daß es nötig wurde, hier einschränkende Maßstäbe zu setzen (11 QT 56-59),

3. Alexander Jannai, in dem Bestreben, den Umfang des Tempelstaates zu dem des davidischen Großreiches zu erweitern, was ihm auch gelang, führte unablässig Angriffskriege. Auch hier setzte 11 QT Schranken (11 QT 56,15-18; 57,11-13; 58,18-21)

4. Alexander Jannai hatte viele Nebenfrauen. Nach 11 QT 56,18-19 sollte er sich beschränken.

5. Die Nebenfrauen Alexander Jannais waren nicht standesgemäß, bei Josephus, Antiquitates XIII. XIV,2 = § 380, werden sie als Kebsweiber (pallakides) bezeichnet. 11 QT 57,15-19 fordert für den König eine Frau aus königlichem Hause.

6. Alexander Jannai war als Hochpriester-König ein Autokrat. Doch nach der Tempelrolle muß er sich in Regierungs- und Kriegsangelegenheiten dem Kronrat oder dem hochpriesterlichen Urteil unterwerfen (11 QT 57,11-15; 58,18-21).

In diesen sechs Punkten beschränkt die Tempelrolle in hohem Maße die Bewegungsfreiheit des Hochpriester-Königs Alexander Jannai. Das ist verwunderlich; denn man will ja schließlich den König dazu bringen, den Tempel Gottes zu bauen. So versucht die Tempelrolle dem König als Ausgleich auch etwas zu bieten, etwas, was größer und gewaltiger ist als diese sechs einschneidenden Vorschriften. Die Tempelrolle macht den Versuch, den König von sehr bedrückenden Schwierigkeiten zu befreien. Alexander Jannai hat einen schlechten Leumund. Josephus sagt ja, er habe den Beinamen "Thrakidas" erhalten – das Volk der Thraker stand in dem Ruf einer unmenschlichen Grausamkeit – und es gab in der Regierungszeit ein Ereignis, das den Vorwurf der unmenschlichen Grausamkeit berechtigt erscheinen ließ. Der König hat 800 Pharisäer kreuzigen und ihre Frauen und Kinder vor den Augen der Gemarterten abschlachten lassen. Hinterher hatte der König keine Opposition mehr zu fürchten. Er regierte auf den Spitzen der Bajonette. Grabesruhe kehrte ein im Land. Keiner wagte aufzumucken. Trotzdem hatte der König Angst. Er hatte Angst davor, daß seine Leiche von den feindlichen Pharisäern geschändet würde ... Die Tempelrolle redet hier dem König zu Munde, sie hat das Bestreben, den schlechten Leumund des Königs in einen guten Leumund zu verwandeln und sein Verhalten bei der Kreuzigung der 800 Pharisäer zu verteidigen und vor allem als Ausspruch Gottes darzustellen und dadurch zu legitimieren. Es gab keine höhere Legitimation für die Kreuzigung der 800 Pharisäer und die Abschlachtung ihrer Angehörigen! Es war ein Versuch, das Ansehen des Hochpriester-Königs Alexander Jannai in seinem Volke wieder herzustellen. Eine Gabe an den König, welcher der levitische Verfasser für besonders wertvoll hielt und von der er sich Wirkung versprach. Nach den 6 negativen Passagen folgen jetzt 5 positive Passagen:

7. Alexander Jannai hat nach seinem Sieg über die Pharisäer 800 seiner Bürgerkriegs-Gegner lebendig ans Holz hängen, also kreuzigen lassen. Diese folternde Hinrichtungsmethode war nach der Tora nicht erlaubt. Doch 11 QT 64,6-13 verteidigt diese Hinrichtungsart und verteidigt damit den Nochpriester-König Alexander Jannai.

8. Die pharisäischen Gegner Alexander Jannais haben sich nicht nur des Hochverrats, sondern auch des Landesverrats schuldig gemacht. Sie haben dem Landesfeind, dem syrischen König, Nachrichten zukommen lassen und ihn veranlaßt, mit einem heidnisch-syrischen Heere ihnen zu Hilfe zu kommen im Bürgerkrieg gegen ihren eigenen Landesherrn. Damit haben sie dem Lande Schaden zugefügt, und sie verdienen für dieses Kapitalverbrechen die allerhöchste Strafe, "lebendig

am Holz zu hängen, so daß er stirbt" (11 QT 64,6-8). Damit verteidigt die Tempelrolle diese martervolle Hinrichtungsart und verteidigt damit den Hochpriester-König Alexander Jannai.

9. Von den pharisäischen Bürgerkriegsgegnern des Alexander Jannai sind mehrere Tausende ins Ausland geflohen, Josephus nennt als Zahl 8.000 (Antiquitates XIII.XIV,2). Auch diese Flucht aus dem heiligen Land und die Verwerfung der Autorität in diesem Land gilt in der Tempelrolle als Kapitalverbrechen und verdient die martervolle Strafe, lebendig "am Holz zu hängen, so daß er stirbt." (11 QT 64,9-13) Damit verteidigt erneut die Tempelrolle diese Hinrichtungsart und damit auch den Hochpriester-König Alexander Jannai.

Das sind die innenpolitischen Geschenke, welche die Tempelrolle durch den Mund Gottes an den Hochpriester-König Alexander Jannai gelangen läßt. Doch sie begnügt sich nicht damit, weil sie das Empfinden hat, daß der König erst bereit ist, als Bauherr den Tempel Gottes zu errichten, wenn man "nicht klekkert, sondern klotzt" ... Die nächste Gabe der Tempelrolle an den König ist allerdings eine kleine Gabe; sie gehört nicht in den innenpolitischen, sondern in den außenpolitisch-militärischen Bereich:

10. Dem König wird – entgegen allen Tora-Bestimmungen – ein Zehntel der Beute zuerkannt: 11 QT 58,11-13: "... Besiegen sie ihre Feinde und zerschmettern sie sie und schlagen sie sie mit dem Schwert, dann nimm das Beutegut und man gebe davon ein Zehntel dem König ..."

Dieses Zugeständnis an den König ist eine kleine Gabe, doch eine großartige, gewaltige Gabe wird ihm zuerkannt – allerdings nur, wenn er den Willen des Höchsten erfüllt und all das genau ausführt, was hier durch den Mund Gottes verkündet ist.

11. Durch den Mund Gottes wird dem König der Sieg über seine Feinde zugesichert: 11 QT 61,12-14: "Wenn du ausziehst zum Krieg gegen deine Feinde und du siehst Pferde und Wagen, und eine Übermacht der Mannschaft dir gegenüber, dann fürchte dich nicht vor ihnen (!); denn ich, der ich dich aus Ägyptenland heraufgeführt hat, bin mit dir." – Doch diese Zusage an den König ist mit Bedingungen verbunden. Er wird siegen über seine Feinde, er und seine Nachkommen werden thronen und regieren in seinem Königreich lange, lange Zeit. Doch die Bedigung ist: 11 QT 59, 16-21: "... Wenn er aber in meinen Satzungen wandelt

und meine Gebote beobachtet, und er tut das Rechte und das Gute vor mir, dann wird es ihm nicht fehlen, daß einer seiner Söhne thront auf dem Thron der Königsherrschaft Israels, immerdar (!). Und ich werde mit ihm sein und rette ihn aus der Hand seiner Hasser und aus der Hand derer, die darnach trachten, ihm das Leben zu nehmen und ich gebe hin alle seine Feinde vor ihn, daß er sie beherrscht nach seinem Gutdünken, nicht aber sie über ihn herrschen. Ich setze ihn oben an und nicht unten hin, an die Spitze und nicht ans Ende, und er wird lange regieren über sein Königreich, er und seine Söhne nach ihm."

Doch es genügt nicht, daß er "in den Satzungen (Gottes) wandelt", er muß auch das ganze persönliche Wort Gottes, das durch Mose an ihn, den König, gesprochen wurde, das in dieser Tempelrolle schriftlich fixiert ist, als gläubiger Jude erfüllen: "Und wenn er sich auf den Thron seines Königtums setzt, schreibt man für ihn (!) diese Torah (!) auf eine Buchrolle vor den Priestern ... Und diese ist die Torah ..." (267) – Und diese Tora ist 11 QT, und diese Tora ist die Tora mit dem Bauauftrag, und sie ist geschrieben "für ihn", Seine Majestät, den König ...

Was jetzt folgt, ist natürlich Spekulation. Als der Levit mit dieser Schriftrolle, die Gottes eigene Worte an Mose enthielt, vor den König trat und ihm die Rolle überreichte, welche ihm den ewigen Bestand seiner Dynastie und den Sieg über alle Feinde verhieß, wird der König Alexander Jannai ganz anders reagiert haben, als der Levit erwartete. Der Levit hatte die Erinnerung an eine ähnliche Überreichung einer Tora-Rolle. Damals wurde sie dem König Josia überreicht, und der handelte spontan: Sofort ordnete er an, daß der Tempel in Jerusalem eine neue Bedeutung bekommen sollte. Doch Alexander Jannai hieß nicht Josia. Er wird den Leviten gnadlos fortgeschickt haben mit dem Bedeuten, er möge ihm ja nicht mehr unter die Augen kommen. Da der Levit die Gepflogenheiten des "Thracidas" kannte, machte er sich mit seiner Rolle schleunigst auf, um an einen sicheren Ort zu kommen, zu einer Freistätte, zu einem Asylort, und das war das Kloster von Qumrân. Die Mönche waren völlig apolitisch, an keinem Tempel aus Steinen interessiert, an keinem König interessiert. Mehr interessiert als an derartigen irdischen Bestrebungen in diesem Äon waren sie an

---

267 11 QT 56,20 – 57,1. Bei allen diesen Übersetzungen habe ich J. MAIER, TR, zu den betreffenden Stellen benutzt.

Schriften. Sie haben alle möglichen Schriften gesammelt. Und so könnte auch 11 QT in ihre Bibliothek geraten sein und in diese Außenhöhle 11! 11 QT war keine Sektenschrift (268)!

11 QT war gespickt mit Spitzen gegen die Gegner der Leviten. Der Rundumschlag, der gegen die diskriminierenden Bestimmungen der Priester geführt wurde, war bei den Pharisäern, die mit den Leviten um die Volksgunst konkurrierten, noch nicht zu Ende. Der Rundumschlag traf auch die Essener, die Mönche in Qumrân, bei denen die Leviten als Asylanten aufgenommen und Gastrecht genossen ... Die Kontrapunkte zu den Qumrânleuten waren verschiedener Art:

1. Am Sonntag, dem 3. Ab, wurde das "Weinfest" gefeiert, das in 11 QT ausführlicher beschrieben wird als die normalen traditionellen Feste. Dieses "Weinfest" ist ein außergewöhnliches Fest, das begangen wird mit großer Freude von Priestern, Leviten und dem ganzen Volk, ein Fest, das auch hohe kultische Bedeutung hat: "An diesem Tage erwirken sie Sühne für den Wein, und es freuen sich die Israeliten vor YHWH." (11 QT 22,8) - Im Tempelkult war der Genuß von Wein den Priestern verboten, als Trankopfer stand "ein Viertel Hin Wein" nur YHWH zu, keinem Menschen im Tempel (Lev. 23,13; Num. 15,5). Um so erstaunlicher ist diese Neuerung eines Weinfestes mit ausdrücklich kultischem Bezug für Priester, Leviten und Volk in 11 QT. Das ist nur zu verstehen als Gegenschlag gegen gewisse Praktiken von anderer Seite. Diese andere Seite war die Qumrân-Gemeinde. Hier war Wein tabuisiert, diese Gemeinde, die sich selbst als "Tempel" verstand, hatte den Genuß von Wein in ihrem kultischen Leben nur dem kleinen Kreis der Vollmitglieder vorbehalten. Der Novize "darf nicht das Getränk der Vielen berühren, bis er ein zweites Jahr inmitten der Männer der Gemeinschaft

---

268 B.Z. WACHOLDER, S.204, geht auf die Erkenntnisse von SCHIFFMAN und LEVINE ein: "... 11 Q Torah as a text found in the sect's library but not composed by the sectaries... the caves of the Judaean wilderness contained parchments that were regarded as sacred by Jews in general or by movements other than what is now understood as Qumran ... 11 Q Torah, then, may be a case of incidental shelving."

vollendet hat." (269) Der Genuß von Wein innerhalb einer kultischen Handlung war in dieser Gemeinde tabuisiert, Wein war kein Volksgetränk wie im "Wein-Fest" von 11 QT, Wein war nur dem kleinen Kreis der "Auserwählten Gottes" vorbehalten, und die Novizen dieser Gemeinde mußten zwei volle Jahre warten, bis sie zugelassen wurden zum Genuß von Wein. Diese Neugründung eines "Weinfestes" scheint als eine provokatorisch zugespitzte Entgegnung der sadduzäischen Leviten auf gewisse chasidische Kultpraktiken, wie sie in der Qumrângemeinde üblich waren, konzipiert worden zu sein. (270)

2. Am Sonntag, dem 22. Ellul, wurde das Ölfest gefeiert. Auch dieses Fest wird in 11 QT ausführlicher beschrieben als die normalen traditionellen Feste. Auch dieses Fest ist eine Neuerung. 11 QT 22,14-16: "Darnach (gemeint ist: nach den Opfern) essen sie und sie salben sich von dem neuen Öl und den Oliven, denn an diesem Tage werden sie entsühnt in bezug auf das ganze Frischöl des Landes vor YHWH, einmal im Jahr, und es sollen sich freuen ..." Auch hier wieder wie beim Weinfest die Kombination von einem großen Fest, von kultischer Bedeutung – es ist von Entsühnung die Rede – und von Freude ... Daß auch hier Priester, Leviten und Laien in gleicher Weise beteiligt sind, ist anzunehmen.

----

269   1 QS VI,20-21. Ähnlich 1 QS VII,19-21: "Im ersten Jahr darf er (= der Novize) die Reinheit der Vielen nicht berühren, und im zweiten darf er nicht den Trank der Vielen berühren (sic!) und muß hinter allen Männern der Gemeinschaft sitzen. Und wenn vollendet sind seine zwei Jahre, dann sollen die Vielen über seine Angelegenheiten befragt werden."

270   Y. YADIN, I, 110, hebt hervor: "a special ritual of drinking the new wine. The essence of the ceremony is that 'on this day they shall atone on the new wine' (Col. XXI:8), that is, that the wine is to be purified and consecrated for the drink offering ..." – Auch wird dieses Fest als ein sehr wichtiges Fest hervorgehoben, so Y. YADIN, 1985, S.91: "The scroll accords this wine festival the status of a major feast with a commensurate abundance of animal offerings ... celebrated annually ... throughout the generations ..." Die Ausführungen zu diesem Fest umfassen mehr als zwei Kolumnen, so Y. YADIN, I, S.108.

Genauso wie der Wein war auch das Öl bei den Essenern tabuisiert, allerdings nicht positiv, sondern negativ: "Für Schmutz halten sie das Öl, und wenn jemand wider seinen Willen gesalbt worden ist, dann wischt er seinen Körper ab, denn sie halten es für wohlanständig, eine rauhe Haut zu haben und allezeit weiße Kleidung zu tragen" (271). Somit ist dieses Ölfest, bei dem die Festteilnehmer freudig Oliven essen und sich mit Öl einreiben, für die Qumrângemeinde eine unmögliche Vorstellung. (272) Daß die Essener das Öl ablehnten, kann verschiedene Gründe haben: Sie können es für falsch gehalten haben, daß die Hochpriester und Hochpriester-Könige, die sich in Kriegen mit Blut befleckt hatten, auch noch gesalbt wurden. Sie haben Chanukka, das makkabäische Fest, nicht gefeiert und werden auch demgemäß die pharisäisch-rabbinische Legende von dem Ölkrug-Wunder abgelehnt haben. Es muß auch damit gerechnet werden – und das ist die Meinung der meisten Ausleger – daß das Öl erst in der messianischen Zeit die Reinheit erhält, welche die Gemeinde für ihre Glieder benötigt. Diejenigen, welche 11 QT für eine Qumrânschrift halten, meinen allerdings, daß die Qumrânleute solange warten müssen auf die Reinheit des Öls, bis sie an dieser Zeremonie im Tempel teilnehmen können (273). Für mich eine absurde Vorstellung!

----

271 Josephus, Bellum II. VIII,3 = § 123. MICHEL-BAUERNFEIND, Band I, S.205.

272 B.Z. WACHOLDER, S.204, läßt hier SCHIFFMAN und LEVINE zu Wort kommen, bei denen der Gegensatz zwischen den Opferfesten von Öl und Wein in der 11 QT und der seltsamen Einstellung der Qumrângemeinde zu Öl und Wein ausgesprochen wird: "For those who identify the Qumranites with the Essene sect, the polar attitudes to wine and oil are a problem. Not only are wine and oil not shunned as they were among the Essenes, according to Josephus, but they are made the center of the sacrificial rites."

273 Y. YADIN, I, S.113-114: "... the Essene abstention from rubbing with oil ... may be explained by the fact that there was no purified oil to be hand in Qumrân." – Dieses reine Öl war nach YADIN eben nur in dieser Neu-Öl-Zeremonie im Tempel zu gewinnen: I, 114: "Such oil was procurable only at the oil-sacrificing ceremony in the Temple, as described in the scroll." Ähnliche Begründung YADIN's in 1985, S.95.

Ein Gespür, daß diese beiden Feste, das Wein-Fest und das Öl-Fest mit einer bestimmten Tendenz konzipiert wurden, betont J. MAIER: "Das neue Öl, ... das ... am 50. Tag ... nach dem Weinfest verwendet werden soll, wird wie der neue Wein in diesem Kultkalender betont (sic!) in den Vordergrund gerückt, offenbar im Gegensatz zu anderer Praxis (sic!) zu jener Zeit." (274) Wenn wir diese beiden seltsamen Kultfeste, diese ungewöhnlichen Neuerungen im jüdischen Festkalender, zusammenfassend betrachten, dann kann man doch den Eindruck gewinnen, daß die Leviten diese beiden Feste "erfunden" haben, um chasidische Gruppen, wie die Qumrângemeinde, zu treffen und zu diskriminieren ...

3. Ein weiterer Angriff dieser sadduzäischen Leviten war nicht gegen irgendwelche Flüssigkeiten, wie Wein und Öl, die in dem Brauchtum der chasidischen Qumrângemeinde eine besondere Beachtung fanden und eine besondere Rolle spielten, hier ging es gegen eine Person, die Persönlichkeit, welche die Qumrângemeinde entstehen ließ und sie auch nachhaltig geprägt hat: gegen den "Lehrer der Gerechtigkeit"! Dieser "Lehrer" stand einmal vor einem hochpriesterlichen Gericht, er war angeklagt – sicherlich hat man ihm Verstöße gegen die Tora vorgeworfen. Doch ein wichtiger Anklagepunkt war ein anderer. Der "Lehrer" hatte sich der Wahrsagerei schuldig gemacht, und diese Wahrsage war nur zum Teil eingetroffen. Er hatte dem damaligen Hochpriester, dem Makkabäer Jonatan, eine schimpfliche Knechtschaft in Ketten vorausgesagt, was auch eingetreten war. Doch das Kommen der Kittiim, das gleichfalls von ihm vorausgesagt wurde, diese Wahrsage war nicht in Erfüllung gegangen. Wenn aber ein Wahrsager im Namen Gottes, gewissermaßen als Mund Gottes, seine Sätze spricht und diese Sätze nicht in Erfüllung gehen, dann ist er ein falscher Prophet, und für den falschen Propheten sind zwei Strafen vorgesehen, einmal die Verbannung und dann der Tod durch Steinigung. Die levitische, antisadduzäische, antiqumranische Streitschrift 11 QT bringt sehr ausführlich diese Strafbestimmungen über den "falschen Propheten", sogar "in doppelter Ausführung aus nicht ersichtlichen Gründen." (275) Wenn man natürlich

----

274 J. MAIER, TR, S.87.

275 B.Z. WACHOLDER, S.16: "... sections relating to the 'false prophet' are duplicated for no apparent reason."

weiß, daß diese Leviten alle Möglichkeiten wahrnahmen, um die chasidische Gegenseite, die sie ja als Feindbild immer im Visier hatten, ins schlechte Licht zu setzen, dann verwundert es nicht, daß solche Passagen der Schrift über den falschen Propheten sehr ausführlich behandelt werden. An zwei weit auseinanderliegenden Stellen - ganz gegen die Gewohnheit von 11 QT - wird gegen die Wahrsager polemisiert, d.h. es wird eigentlich nur der biblische Text zitiert über den "Propheten ... Traumweissager". 11 QT 54,8 heißt es: "Wenn in deiner Mitte ein Prophet aufsteht oder ein Traumweissager ..." Und am Schluß heißt es dann: 11 QT 54,15: "Und jener Prophet oder Traumweissager soll getötet werden..." 11 QT 54,17-18: "So sollst du austilgen das Böse aus deiner Mitte." Doch dieses Thema scheint für den Leviten so interessant zu sein, daß er es an späterer Stelle wieder aufnimmt. In 11 QT 60,18 ist die Rede von einem, der "beschwört, wahrsagt (sic!) und hext". In 11 QT 60,20 ergeht die maßvolle Mahnung über solche Leute: "Eben wegen dieser Greuel vertreibe ich sie vor dir!" Es folgt dann die Kolumne 61, und am Anfang dieser Kolumne fehlen 7 Zeilen, die Y. YADIN aufgrund des biblischen Textes ergänzen konnte (276). Doch dann folgt der harte Satz: 11 QT 61,2: "... ein solcher Prophet soll getötet werden..." ... und 11 QT 61,4-5: "Scheut euch nicht vor ihm, ihn zu töten." - Diese radikale Tötungsabsicht und dieses - eigentlich unverständliche - Wiederholen dieer biblischen Aussagen über den "falschen Propheten" läßt nur den Schluß zu, daß hier eine Tendenz vorliegt: die chasidische Qumrângemeinde in ihrem Kern zu treffen, ihren Stifter und Präger, den "Lehrer der Gerechtigkeit" als "falschen Propheten" hinzustellen und ihn damit der Strafe der Steinigung auszusetzen.

4. In Deut. 18,18-19 steht ein wichtiges Wort über den wahren Propheten: "Einen Propheten will ich ihnen erwecken aus der Mitte ihrer Brüder wie dich (gemeint ist: Mose), und ich will geben meine Worte in seinen Mund, und er soll ihnen alles sagen, was ich ihm befehlen werde. Und wenn es einen Mann gibt, der nicht hören will auf meine Worte, die der Prophet in meinem Namen sagen wird, so werde ich selbst von ihm Rechenschaft fordern." Diese Passage über den wahren Propheten bringt die Qumrânschrift Testimonia 4 Q Test 5-8 im Wortlaut als ersten Abschnitt über die vier

----

276   Y. YADIN, II, S.276.

messianischen Personen: messianischer Prophet - messianischer König - messianischer Hochpriester - Antimessias.
Diese chasidisch-essenische Gemeinde sieht in ihrem Gemeindegründer, dem "Lehrer der Gerechtigkeit", diesen Propheten,
der im Namen Gottes spricht und seine Weissagungen verkündet. In den Reihen der übrigen chasidischen Gruppierungen
erwartet man das Kommen des Propheten vor dem Hereinbruch
des Gottesreiches. Auch die Makkabäerbrüder Juda und Simon
waren von dem Kommen dieses Propheten überzeugt. Mit diesem Propheten meinte man Elia, der ja nicht gestorben,
sondern in den Himmel aufgefahren ist. Dieser Prophet sollte
vor der messianischen Heilszeit auf dieser Erde alles ord-
nen, um das Kommen Gottes zu ermöglichen. Er sollte alle
Unklarheiten, die sich in der Tora ergeben hatten, alle ihre
Widersprüche durch seine Autorität, durch sein Machtwort
auflösen. Alle juristischen Streitfragen, alle biblizistischen
Unstimmigkeiten, alle strittigen rituellen Verfahrensfragen
hatte dieser Prophet zu klären.

Die Sadduzäer auf der Gegenseite hatten diese chasidischen
Vorstellungen vom Ende der Welt, vom Kommen Gottes, von
der Auferstehung der Toten, vom Kommen des Messias und
des Propheten im Visier. Es war ihr Feindbild. Sie kennen
sehr genau die Position der chasidischen Gegenseite mit
ihren Engeln, mit ihrem Messianismus, mit ihrer Eschatologie und dem messianischen Propheten, der alle Unklarheiten
zu beseitigen hat. Die Sadduzäer und der sadduzäische Autor der Tempelrolle machen diesen messianischen Propheten
der Endzeit überflüssig. Sie anerkennen zwar das Problem,
daß sich viele Unklarheiten in der Tora im Laufe der Zeit
angesammelt haben. Aber die Sadduzäer bringen selbst die
Lösung, sie brauchen nicht auf einen kommenden Propheten
zu warten.

Die Lösung bringt die Tempelrolle 11 QT. Der verdienstvolle
Y. YADIN wird nicht müde, immer wieder feststellen zu müssen, daß diese Schrift bestrebt ist, alle Unklarheiten der
Tora, alle ihre Widersprüche aufzulösen, alle Kanten und
Ecken abzuschleifen und zu vernichtigen, kurz alles zu "har-
monisieren". Y. YADIN, I, 74-77, stellt dieses Problem ausführlich auf drei Seiten dar und gibt ihnen die Überschrift
UNIFYING DUPLICATE COMMANDS (HARMONIZATION) und in 1985,
S.74, haben wir die Überschrift HARMONIZATION. In I, 74
sagt er: "Es ist unmöglich, alle diese Beispiele hier aufzu-
listen, denn es gibt kaum eine Seite in meinem Kommentar,
in der nicht Beispiele dieser Handlungsweise diskutiert wer-

den"(277).

Die Tempelrolle 11 QT ist eine antichasidische, klar sadduzäische Schrift, um nicht zu sagen Kampf- und Streitschrift. Doch
in dieser Rolle findet sich auf Kolumne 29 eine Passage von
31 Wörtern, welche dieses einheitliche Bild der sadduzäischen
Schrift erheblich stört. Man könnte sich die Aufgabe leicht machen und einfach über diese Störstelle wortlos hinweggehen.
Doch ich kann das nicht, weil es meinem Arbeitsprinzip widerspricht und weil diese Passage von jüdischen wie von christlichen Gelehrten so hoch- und hinaufgespielt wurde, daß man
daran nicht vorbeigehen kann. Der Text liest sich folgender-
maßen: 11 QT 29,8-10: "mit ihnen auf immer und ewig. Und ich
will heiligen mein Heiligtum mit meiner Herrlichkeit, da ich
wohnen lassen werde über ihm meine Herrlichkeit bis (?) zum
Tag des Segens (?), an dem ich (neu) schaffe mein Heiligtum (?), um es mir zu bereiten für allezeit entsprechend dem
Bund, den ich geschlossen habe mit Jakob in Bethel".

Die drei Fragezeichen, die hier J. MAIER hinter bestimmte Formulierungen seiner Übersetzung gesetzt hat, zeigen von vornherein, wie schwierig dieser Text ist.

1. Es gibt Übersetzungsschwierigkeiten. Die wichtigste Stelle ist
ja "bis (?) zum Tag des Segens (?)" - YWM HBRKH "Tag des
Segens" (MAIER mit Fragezeichen), "day of blessing"
(YADIN), "jour béni" (CAQUOT), oder aber "day of the new
creation" (YADIN, 1985, S.113) und "Tag der Schöpfung"
(BETZ), oder aber heißt es hier YWM HBRYH (= HBRYᶜH,
nach YADIN eine mögliche Leseart): "Tag des unerhörten
Wunders" (QIMRON). Die andere Schwierigkeit bietet das
Wörtchen ᶜD. Ist hier zu übersetzen "bis" (Fragezeichen bei
MAIER) oder "während" (WACHOLDER). Diese Stelle: "bis/wäh-
rend ... Tag von Segen/Schöpfung/Wunder" ist deswegen so
wichtig, weil der Gedanke zum Ausdruck kommt, daß Gott
nach dem von Menschenhänden gebauten Tempel seinen von
ihm geschaffenen Tempel auf die Erde bringt. Es braucht
hier nicht betont zu werden, daß dieser Gedanke von den
zwei Tempeln, von dem irdischen und dem göttlichen Tempel,
nicht sadduzäisch ist, sondern chasidischen Vorstellungen
vom kommenden Gottesreich entstammt.

----

277 Y. YADIN auch ähnlich in I, S.71, 1985, S.73, 90, 118,
     129, 146, 188, 189, 190, 203 - B.Z. WACHOLDER, S.2, 24,
     30.

2. Die Satzfolge in dieser Passage macht mir Schwierigkeiten.
   Zunächst heißt es hier, daß Gott mit seinem Volk sein und
   bleiben will: "Ich werde mit ihnen sein für immer..." (278)
   Dieser wichtige Gedanke wird wiederholt: "Und ich werde wohnen mit ihnen auf immer und ewig ..." (279) Man gewinnt
   doch hier den Eindruck, daß das Wohnen Gottes für immer
   und ewig in diesem von den Menschenhänden gebauten Tempel vorgesehen ist. Diese zwei Ewigkeitsgedanken stehen in
   Zeile 7 und 8. Möglicherweise sind gerade diese beiden Olam-
   Wörter der Anstoß gewesen für einen Schreiber, der nun
   ganz andere Vorstellungen von Olam hatte, nämlich eschatologische, vom kommenden Tag Gottes zu sprechen in Zeile 9
   und daß ER seinen Tempel errichten wird "für alle Zeiten"
   (Zeile 10: KWL HYMYM). Der Bruch in dieser Passage zwischen den Zeilen 7/8 und 9/10 ist doch eigentlich nicht zu
   übersehen und nicht zu überhören.

3. Diese Erschaffung eines zweiten Tempels durch Gott steht
   auch im Widerspruch zu einer andern Stelle in 11 QT, wo
   Gott auch zum Ausdruck bringt, daß er in diesem von Menschen geschaffenen Heiligtum sein will "für immer und ewig
   alle Tage, da ich wohne in ihrer Mitte..." (280) Es ist
   ganz klar, daß es sich hier um den von Menschen geschaffenen Tempel handelt; denn vorher in Zeile 2-3 ist vom Flie-
   gen eines unreinen Vogels über dem Heiligtum die Rede und
   von den "Dächern der Tore, die zum äußeren Hof gehören".
   Zeile 5 beginnt dann mit einer Bauanweisung: "Und du
   sollst eine Terrasse machen ..." Diese eschatologische Passage in Kol. 29 steht also auch im Widerspruch zu der allgemeinen Auffassung in 11 QT, daß der von Menschen ge-
   schaffene Tempel in alle Ewigkeit bestehen wird und nicht
   von einem gottgeschaffenen abgelöst wird.

----

278 Y. YADIN, II, 128: "... I will be theirs for ever..." A.
     CAQUOT RT, S.18: "et moi je serai à eux pour toujours..."
     (L WLM)

279 Y. YADIN, II, S.128: "and I will dwell with them for ever
     and ever..." - A. CAQUOT, RT, S.18: "...J'habiterai avec
     eux à tout jamais" (L WLM W D)

280 11 QT 46,3-4 - Y. YADIN, II, S.197: L WLM W D KWL
     HYMYM.

4. Diese eschatologische Passage steht auch im Widerspruch zum Gesamtwerk der Tempelrolle. Dies meint auch B.Z. WACHOLDER: 11 QT 29,9-10 "Diese Zeilen scheinen paradox zu sein. Nach der Offenbarung der göttlichen Vorschriften für die Errichtung des Heiligtums und für die Beobachtung seines Rituals – Einschärfungen, gegeben an Moses – sagt der Verfasser in 29:9, daß Gott selbst ihn erschaffen wird. Wie kann dieses Versprechen vereinbart werden mit dieser Vielzahl von Einzelheiten, wie sie in den Geboten dieses Buches gefordert werden. Ich habe keine Antwort auf diese Frage." (281) Die Antwort auf diese Frage kann nur diese sein: Diese Zeilen sind ein Einschub von fremder Hand!

5. Der Seltsamkeiten dieser Passage noch nicht genug. Ganz am Ende ist hier die Rede von einem Bund Gottes mit Jakob. In diesen wenigen Zeilen, die soviel Staub aufgewirbelt haben und die Sicht auf das Eigentliche, Wesentliche der Tempelrolle völlig genommen haben, steht am Ende noch eine dunkle Andeutung, die noch kein Gelehrter schlüssig erklären konnte. Denn in der Bibel ist von einem Bund Gottes mit Jakob nirgends die Rede, der auf einen Tempelbau Gottes hinzielt. Diesen spontanen Einfall kann auch ich nicht erklären. Ich muß mich vor allem damit begnügen, das vorzubringen, was andere darüber gedacht haben. Doch vielleicht ist auch die Erinnerung bedeutsam, daß die "Söhne Levis", die Leviten ein Trauma hatten, wenn sie an Jakob dachten. Jakob hat Levi verflucht. Gen. 49,5-7: "Simeon und Levi, leibliche Brüder, sie haben die Gewalt ihrer Hinterlisten vollgemacht. In ihrem Rate weile ich nicht, an ihrem Kreis will ich keinen Anteil haben. Denn in ihrem Zorn haben sie Männer gemordet und in ihrem Übermut Stiere gelähmt. Verflucht (!) sei ihr Zorn, denn er war heftig, und ihr Grimm, denn er war grausam. Verteilen will ich sie in Jakob, zerstreuen will ich sie in Israel." Das stand so in der Tora, und das war Gottes Wort: Fluch und Strafe über Levi! Dieses Wort muß für die Leviten unerträglich gewesen sein. Da sie

----

281 B.Z. WACHOLDER, S.27: "Lines 29:9-10 appear paradoxical. After revealing the divine prescriptions for the erection of the sanctuary and the observance of its ritual, injunctions given to Moses, the author says in 29:9 that God himself shall create it. How can this promise be reconciled with the multitude of details recorded in the book's commandments? I have no answer to this question."

aber die Chasiden mit ihrer Eschatologie und ihrem Messianismus, Vorstellungen, die beim Volke so gut ankamen,
immer als Feindbild im Visier hatten, kannten sie deren
Schriften natürlich auch. Und seltsam: Im chasidischen Jubiläenbuch ist das Verhältnis von Jakob zu Levi ganz anders
dargestellt. Da lädt Jakob seinen Vater Isaak ein, zu seinem Altar (!) in Bet-El zu kommen, doch der alte Isaak
bittet den Sohn Jakob, zu ihm zu kommen, und so kommt
Jakob zu seinem Vater Isaak und seiner Mutter Rebekka,
"indem er zwei von seinen Söhnen, Levi und Juda, mit sich
nahm". Nach der Familienszene mit vielen Küssen und Seg-
nungen, kam "der Geist der Weissagung" über Isaak, und
er fing an, seinen Enkel Levi zuerst zu segnen. Dieser
Segen soll hier nicht zitiert werden, weil er einen zu großen Raum einnimmt. Nur einige Sätze daraus: "Gott gebe dir
und deinem Samen Größe und großen Ruhm ... dich und
deinen Samen bringe er sich nahe ... damit sie in seinem
Heiligtum dienen wie die Engel des Angesichts (sic!) ...
Fürsten und Richter und Herrscher werden sie sein allem
Samen der Kinder Jakobs ... in alle Geschlechter sei dein
Tisch voll ... Und alle, die dich hassen, sollen vor dir
fallen ... und wer dich segnet, sei gesegnet, und jedes
Volk, das dir flucht, verflucht! (Jubil. 31,13-17)

Es muß ein seltsamer Mann gewesen sein, der diese 31 Wörter in der Kolumne 29 niedergeschrieben hat. Levit war er
bestimmt, doch er war stärker von chasidischen Anschauungen bestimmt als von sadduzäischen ... Er muß das chasidische Jubiläenbuch gut gekannt haben. Es gab natürlich
hier ein Assoziationsgeflecht, das mit der Tempelrolle in
Verbindung gebracht werden konnte. An der Stelle, wo Jakob
im Traum die Himmelsleiter mit den Engeln und ganz oben
Gott erblickt hatte, errichtete er einen Altar mittels einem
Malstein. Nach den Jubil. 32,16-22: "beschloß Jakob, diese
Stätte ... mit einer Mauer zu umziehen und ... zu heiligen
und ... heilig zu machen auf immer für ihn und seine Söhne nach ihm". In der Nacht erscheint ihm Gott, der den
Namen Jakob in Israel verwandelt und ihm zahlreiche Nach-
kommenschaft mit Königen und Herrschern verheißt. Doch
dann kommt ein Engel zu ihm und sagt: "Bebaue diese
Stätte nicht und mache sie nicht zu einem Heiligtum für
immer und wohne hier nicht! denn dies ist nicht der Ort!"
Wenn der Engel Gottes aber einem Menschen verbietet, ein
Heiligtum zu bauen, dann könnte der Gedanke angeregt werden, daß Gott selbst sein Heiligtum bauen müsse ...

Y. YADIN wundert sich zwar nicht über den eschatologischen
Tempel in 11 QT 29,7-10; denn diese Aussage ermöglicht ja,

die Tempelrolle als Werk der Qumrângemeinde zu bezeichnen. Doch er wundert sich über "the puzzling mention" des Gottesbundes mit Jakob, der darauf hinausläuft, daß Gott den Tempel mit seinen eigenen Händen baut. In der Bibel findet YADIN nichts darüber und fragt nach der Quelle (282). YADIN denkt dabei an das Testament Levi, doch das Beziehungsgeflecht im Jubiläenbuch scheint mir reicher zu sein! Auch J. MAIER denkt an Beeinflussung vom Jubiläenbuch (283).

Im Jubiläenbuch haben wir nicht nur die Aufhebung der Levi-Verfluchung, nicht nur das Tempelbauverbot für den Menschen Jakob, im Jubiläenbuch finden sich noch andere Stränge, die ein Beziehungsgeflecht zur Tempelrolle herstellen. So wird im Zusammenhang mit dem Zehnten auf die "Tage der Einsammlung des Samens dieses Jahres" hingewiesen "und Wein während der Tage des Weins und das Öl während der Tage seiner Zeit" (284). Das erinnert deutlich an Weinfest und Ölfest in 11 QT. - Daß der als Malstein aufgerichtete Stein von Jakob am Morgen mit Öl übergossen wurde, ist ein kultischer Brauch, der übrigens im Judentum keine Fortsetzung gefunden hat (285).

Wichtiger scheint mir, daß Jakob in Bet-El zwei Handlungen durchführte, die unmittelbaren Bezug zur Tempelrolle haben. Jakob errichtete in Bet-El ein Heiligtum, und außerdem setz-

----

282 Y. YADIN, 1985, S.114: Gottes Versprechen im Jakobsbund? "God's promise to build a Temple with his own hands at the End of Days. There is no direct mention in the biblical narrative of Jacob at Bethel. From where, then, did our author pluck this notion?"

283 J. MAIER, TR, S.89: "... Jubiläenbuch 32 wird mit Jakobs Aufenthalt in Bethel die Einsetzung Levis zum Priester und die Anordnung der kultischen Abgaben verknüpft..."

284 Jubiläen 32,12 - E. KAUTZSCH, AP, II, S.95.

285 Jubiläen 27,26 - E. KAUTZSCH, AP u. PS, II, S.87. In Gen. 35,14 ist diese Handlung der Steinsalbung mit einem Trankopfer verbunden: Jakob "goß ein Trankopfer darüber und schüttete Öl darauf."

te er in Bet-El ein Fest ein, das den Namen "Zusatz" erhält (286): Heiligtums-Errichtung und Festbrauch ist auch das Thema von 11 QT. Diese berühmt-berüchtigte Passage der 31 Wörter in der Kolumne 29 von 11 QT steht ja genau auf der Nahtstelle. Vorher ist von Festen und Opfern die Rede und nachher von Anweisungen für den Bau des idealen Tempels. Wenn wir bedenken, daß diese Tempelrolle nicht aus einem Guß ist, sondern aus verschiedenen Stücken besteht, die aneinander gefügt wurden, so ist an einer solchen Nahtstelle immer die Möglichkeit vorhanden, daß der Näher, besser der Redaktor hier eine Möglichkeit sieht, endlich einmal seine eigene Stimme, seine eigene Meinung zu Wort kommen zu lassen. Das scheint hier geschehen zu sein.

Es kommt aber noch etwas hinzu: ein wichtiger Punkt. Diese Stelle ist nicht nur eine Nahtstelle, die zwei verschiedene Themen voneinander trennt: vorher Opfer und Feste – nachher Baumaßnahmen. Diese Nahtstelle trennt auch zwei völlig verschiedene Texte. Vorher – in den Kolumnen 13 – 29 – spricht nämlich Gott in der dritten Person – das ist die große Ausnahme. Dieses Stück der Tempelrolle ist ein Sonderstück, hat ein Eigengewicht, und als es an der Nahtstelle Kolumne 29 mit einem andern Stück, in dem Gott in der ersten Person sprach, zusammengefügt wurde, hat eben dieser Näher, dieser Redaktor, welcher dem chasidischen Denken mit dem künftigen Gottesreich, dem Messias und den Engeln zugeneigt war, sich und seine chasidischen Vorstellungen eingeschaltet und auf diese Weise die Gemüter der Gelehrten verwirrt.

Es soll und muß aber hier festgestellt werden: Die Tempelrolle ist in der Konzeption eine Einheit. Sie ist von Leviten geschrieben worden, von Sadduzäern, die von ihrer Einstellung, daß die Männer im Tempel ihren Dienst an dem Höchsten – ohne irgendwelche Vermittlung durch Engel – ganz direkt und in alle Zeiten immer und immer ausüben werden, ohne daß eine Veränderung, ein Bruch, wie ihn die chasidischen Pharisäer und die chasidischen Essener ersehnen, eintreten wird!

---

286 Jubiläen 32,27: "Und er hielt hier (also in Bet-El) auch einen (Fest-)Tag und opferte an ihm ganz so, wie er in den ersten Tagen geopfert hatte, und nannte seinen Namen "Zusatz" (aSäRäT); denn dieses war hinzugesetzt; und die ersten (siehe dazu Jubil. 32,4-7) nannte er "Fest". E. KAUTZSCH, AP u. PS, II, S.96.

Nachtrag

Am 5. August 1980 habe ich an verschiedene Fachgelehrte, von denen ich annehmen konnte, daß sie sich mit der Tempelrolle befaßt haben, eine Studie verschickt, die nicht zur Veröffentlichung bestimmt war, weil ich mich damals nicht mit der Tempelrolle selbst, sondern nur mit der Sekundärliteratur, besonders mit J. MILGROM, befaßt hatte. Die Studie trug den Titel:

11 QT (Tempelrolle) ist keine qumranische Sektenschrift

Weiterführende Gedanken zu J. MILGROM, The Temple Scroll, in Biblical Archaeologist, 47 (1978), pag. 105-120.

Von diesen meinen Ausführungen damals habe ich heute nichts zurückzunehmen. Die Antworten auf diese Studie damals folgen hier in der Reihenfolge des Briefeingangs ohne Namen:

A "Zunächst einmal danke ich Ihnen herzlich für die mutige These, die Tempelrolle sei von Tempelleviten verfaßt worden ... Es wäre gut, wenn sie den Artikel nochmals etwas überarbeiten und ihn dann publizieren würden ... Die Kreuzigungsstrafe nach der Tempelrolle könnte einfach eine bestimmte Auffassung der deuteronomischen Gesetzgebung reflektieren... Nach meiner Meinung würde die Ansetzung der Tempelrolle auf die Zeit der frühen hellenistischen Hochpriester ebensogut in ihr Konzept hineinpassen wie die Zeit Alexander Jannais."

B "Mit ihrer Grundthese, daß die Tempelrolle kein genuines Werk der Qumrangemeinde sein kann, stimme ich voll überein, wenn auch weitgehend aus ganz andern Gründen ... Die Hauptdivergenz zwischen uns liegt darin, daß Sie die Tempelrolle im wesentlichen in die Zeit des Alexander Jannai datieren ..., ich hingegen dieses Werk dem 4. oder 3. Jahrhundert v.u.Z. zuweisen möchte ... Die Neigung, Schriften wie die Tempelrolle entweder in der Qumrangemeinde entstanden zu denken oder wenigstens zeitgenössisch, resultiert m.E. im wesentlichen daraus, daß man dazu neigt, diesen Schriften historische Bezüge zu entnehmen, wogegen ja im Grundsatz nichts einzuwenden ist. Nur ist dank unserer Quellenlage die Information über das 2./1. Jh.v.u.Z. wesentlich dichter als für die voraufgehende Zeit, und deshalb findet man hier leichter "Bestätigungen". Das ist aber ein Problem der Quellenlage und kein hinreichender oder auch nur zulässiger Grund für derartige Spätdatierungen von Schriften wie der Tempelrolle."

C   "Insgesamt denke ich, daß die Tempelrolle noch zu wenig studiert worden ist, daß man den Text noch nicht ausreichend und gründlich untersucht hat, so daß man sich hüten muß, verfrüht eine Zusammenfassung der Tempelrolle zu erstellen. Man bewegt sich immer noch auf der Stufe von Detailanalysen. Das ist die Hauptschwäche Ihrer Studie. Sie urteilen abstrakt, aufgrund dessen, was Sie in Ihrer Vorstellung für die Wirklichkeit halten, anstatt geduldig und genau die Texte zu studieren, auf die man tragfähige wissenschaftliche Argumente stützen könnte. Die Logik der Orientalen von einst ist so verschieden von der unsern! Noch jetzt haben so viele Leute bei ihnen Ideen, die nicht unsern entsprechen... Aufgrund unserer okzidentalen Logik des 20. Jahrhunderts vernünftige Urteile abzugeben, um eine altvergangene Historie wieder erstehen zu lassen, mit Hilfe unserer Vernunftkategorien, das scheint mir einer der Hauptfehler der heutigen Auslegungstechnik zu sein. Die Wirklichkeit der Geschichte ist mit unserer Vernunft nicht zu erfassen. Und das Denken der Orientalen zur Zeit Christi ist sehr verschieden von unserm okzidentalen und modernen Denken. Ich nehme an, daß dies einer der Gründe ist, weshalb ich dem Bultmannismus auf gar keinen Fall zustimmen kann. Sind Sie etwa unbewußt beeinflußt von derartigen Methoden? Ich erlaube mir die Bitte, über diese Frage nachzudenken..."

D   "Es mag Sie erstaunen, daß ich meine Ansicht über die Datierung der Tempelrolle geändert habe - aber in entgegengesetzter Richtung! Ich glaube heute, sie sollte zu Beginn des 2. Jahrhunderts (BC) datiert werden. Dieser Zeitpunkt war auch tatsächlich der Zeitpunkt, an dem die Sekte gegründet wurde. So kam es zu (unleserlich) und entfaltete den Wesenskern ihrer Existenz und förderte ihre Entwicklung. Von diesem Standpunkt aus kann ich nicht annehmen, daß die Polemik sich gegen die Pharisäer und Alexander Jannaeus richtet. Trotz grundsätzlicher Gegensätze hoffe ich von Herzen, daß Sie Ihre Studie zur Publikation eingereicht haben. Sie ist gut begründet und eine gehaltvolle Grundlage für Qumrânstudien."

E   "Allerdings weicht meine Analyse weitgehend von der Ihrigen ab, weil ich vermute, daß in 11 QT das Programm des Lehrers der Gerechtigkeit vorliegt, das kurz nach den schicksalhaften Jahren und 165 v.Chr. veröffentlicht wurde ... Ich kann mich nicht über die Tatsache hinwegsetzen, daß wenigstens ein Fragment der Schrift aus der letzten Hälfte des zweiten vorchristlichen Jahrhunderts zu stammen scheint. Daß die historischen Bezüge (wenn es diese ausgesprochenerweise überhaupt gibt) gegen eine Ansetzung in das zweite

Jahrhundert sprechen, davon haben Sie mich nicht überzeugen können. Einstweilen gestehe ich, daß man über Vermutungen angesichts des 'Sitzes im Leben' von 11 QT kaum hinauskommt. Doch scheint mir die Rolle (proto-)essenisch zu sein und in die Mitte des 2. Jahrhunderts zurückzuführen."

"Sie rechnen ja sicher nicht damit, daß Ihre mit verblüffend jugendlichem Elan vorgebrachten Thesen allesamt gleich akzeptiert werden...

a) Woher wissen Sie, daß die Tempelrolle in 11 Q gefunden wurde?

b) Sie grenzen das Gedankengut der 'Mönchsgemeinde' ... so sicher ab, als wüßten Sie alles über die Leute von Qumrân...

c) Sie verabsolutieren... das im Ganzen der Rolle doch recht schmale 'levitische' Anliegen ...

d) Die anti-pharisäische Frontstellung vermag ich so klar ... nicht zu erkennen...

e) Sie schreiben von Verfälschung von Dt. 21,22, doch der hebr. Wortlaut ... läßt zwei Deutungen zu ...

f) Die Königstorah können Sie schwerlich so herabdatieren...

g) Sie überspitzen die 'Spiritualisierung' im Sinne altchristlicher Tempelpolemik

h) Die Datierung ... erscheint mir nicht möglich, sie ist zu spät..."

G "Ist Ihr Aufsatz zur Tempelrolle eigentlich schon gedruckt?"

8. Kapitel

DIE INFILTRATION DER FREMDEN FROMMEN: PHARISÄER KOMMEN NACH QUMRAN

"... es ist sicher, daß zu irgendeiner Zeit während der Regierung von Hyrkanos (135 - 104 ante) die Siedlung (von Qumrân) in die höchste Blütezeit eintrat. Hier haben wir eine völlige Änderung, einen radikalen Umbau. Eine eindrucksvolle und gutgeplante Struktur von zwei und drei Gebäudetrakts füllt die ältere Ummauerung aus. Die Siedlung weitet sich aus über diese Mauern nach Westen und Süden. Die angewachsene Zahl der Bewohner (sic!) konnte sich nicht länger auf eine zufällige Zufuhr von Regenwasser verlassen, und das ausgedehnte und komplizierte Netzwerk von Kanälen und Zisternen wurde in dieser Zeit angelegt. Eine Einfassung (Staumauer) wurde gebaut, um das Wasser abzufangen, welches einmal oder zweimal im Frühling das Wadi Qumrân herunterfließt. Ein wasserführender Tunnel (Aquädukt) wurde aus dem Felsen gehauen und eine Rinne durch den Mergel gezogen, um alles Wasser in die Siedlung zu überführen, wo es dann in Zisternen gespeichert wurde. Das ganze Kanalsystem wurde sorgfältig abgedichtet, und die einzelnen Kanäle mit einer undurchlässigen Schicht versehen. Die Tatsache, daß eine so große Fläche überbaut und die Fassungskraft eines so großen Wasserspeichers ausgeweitet wurde, läßt vermuten, daß die Bewohner der Siedlung weit zahlreicher geworden waren (sic!), als es in der Phase Ia der Fall gewesen war. Während die kleine Gruppe der Bewohner in den früheren Jahren in wirtschaftlicher Isolation leben konnten, vermochte dies die erweiterte Gemeinde der Phase Ib (sic!) nicht mehr. Vermutlich waren sie gezwungen, sich auf Zufuhren von Nahrungsmittel zu verlassen, besonders auf Getreide, das von außen gebracht wurde. Das mag auch den umfangreichen Gebrauch von Münzen zu erklären, die aus dieser Periode stammen." (287)

In diesem Ausgrabungsbericht legte MILIK besonderen Nachdruck auf die Feststellung, daß die Erweiterung der Baulichkeiten und die Sicherung des Wasserhaushalts durch ein (plötzliches und unerwartetes?) Anwachsen der Siedlungsbewohner notwendig

---

287 J.T. MILIK, Ten Years of Discovery in the Wilderness of Judäea, 1959, S.51-52.

geworden war. Diese Veränderung, diese "Gemeinde"-Vermehrung muß natürlich erklärt werden ...

Im übrigen geht MILIK auf die einzelnen Baukomplexe, die in dieser Zeit der Phase Ib entstanden, nicht ein. Das ist sehr schade. Man muß sich ja klarmachen, daß der Beginn dieser Phase Ib in die Regierungszeit von Johannes Hyrkan I. fällt, also in die Jahre 135-104 ante. Es ist aber wahrscheinlich, daß der Zeitpunkt für den Aufschwung dieser Gemeinde und damit für den Beginn der Phase Ib in die letzten Jahre der Regierungszeit Hyrkans I. anzusetzen ist. Damals hat nämlich der Hochpriester Hyrkan sich von den Pharisäern getrennt und sich auf die Sadduzäer gestützt, eine innenpolitische Wende, die für die Qumrânleute eine spürbare Erleichterung bedeuten mußte, denn damit waren sie befreit von dem Druck der Staatsmacht und der Rivalensekte. Das war sicherlich der Anfangspunkt der Phase Ib. Als Endpunkt ist sicher ausgewiesen das Verlassen der Siedlung von Qumrân durch diese Gemeinde. Es ist strittig, was der Grund der Abwanderung war: Es könnte der Regierungsantritt des mißtrauischen Königs Herodes des Großen gewesen sein oder ein militärischer Überfall auf die Siedlung oder das Erdbeben des Jahres 31 ante, das seine Spuren in der Siedlung hinterließ. Insgesamt umfaßt die Siedlungsphase Ib etwa achtzig Jahre, Jahre, die voller Veränderung waren.

Auf die einzelnen Bauten, die während dieser Zeit entstanden, geht MILIK nicht ein. Doch es gibt zwei Bauwerke, die besonders herausragen und die vermutlich repräsentativ sind für den Beginn der Phase Ib und ihr Ende... Dazwischen liegt eine lange Entwicklung. Für das Bauwerk am Anfang der Phase Ib halte ich den Turm. Für das Gebäude, das sehr viel später gebaut wurde, halte ich den Großen Speisesaal, das "Refektorium". Man muß sich immer vor Augen halten, daß die Bewohner große Beter waren. Beim Beten war zu dieser Zeit die Richtung des Gebetes wichtig. Das war nicht einfach zu entscheiden. War Gott noch im Westen, im Tempel von Jerusalem? Oder hatte er diesen entweihten Tempel längst verlassen und hatte seine Stätte im Norden, auf dem Paradiesberg, dem Gottesberg oder am Gestade des Nordmeers, in Hyrkanien? Wohin richtete der Fromme seine Augen beim Gebet? Das war die Frage, und sie muß zu verschiedenen Zeiten verschieden beantwortet worden sein...

Der archäologische Befund ist unzweifelhaft. Die tausend Toten auf dem Friedhof von Qumrân starren nach Norden, erwarten von Norden her das Kommen Gottes. Der Turm ist kein Wehrturm, ist ohne jegliche militärische Bedeutung. Der Turm ist

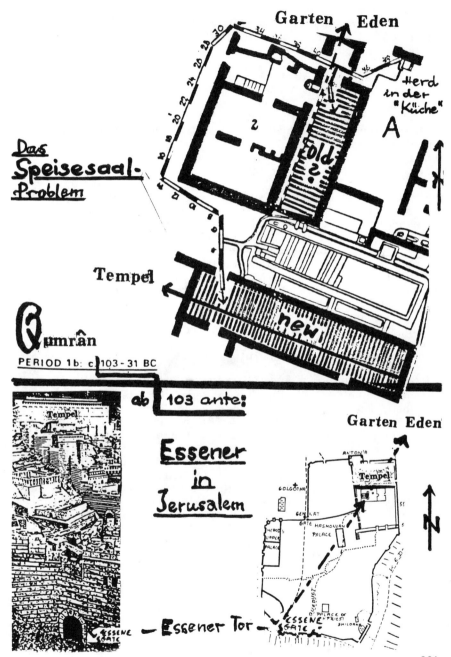

Garten Eden

Das
Speisesaal-
Problem

Herd
in der
"Küche"

A

Tempel

Qumrân
PERIOD 1b: c. 103-31 BC

ab 103 ante:

old

new

Tempel

Essener
in
Jerusalem

Garten Eden

ANTON'A

Tempel

GOLGOTHA

GENNAT
GATE   HASMONEAN
PALACE

HEROD'S
UPPER
PALACE

N

OUEDUST

ESSENE
GATE

PALACE OF
PRIEST

SHILOAH

— Essener Tor —

ESSENE
GATE

ein Wachtturm, eine Warte, ein "Luginsland", ein Bauwerk, auf dem immer einer steht und nach Norden späht in das Jordantal hinein ... Vom Norden erwartete man die Ankunft des Hochheiligen "an jenem Tage" ...

Ganz im Gegensatz dazu ist der Große Speisesaal geortet. Er liegt in der Ost-West-Achse. Er ist nach Jerusalem ausgerichtet. Die Beter in diesem Raum schauen nach Jerusalem, auf den Tempel. Wir müssen hier eine bedeutsame Veränderung in der Gebetsrichtung und damit in der Gotteserwartung feststellen, eine tiefgreifende Veränderung im Denken und im Glauben. Zwischen der Bauzeit von Turm und der von Refektorium hat sich in dieser Gemeinde viel ereignet.

Der Große Speisesaal ist spät gebaut worden. Das ergibt sich aus der ganzen Anlage der Siedlung. Das Refektorium wirkt wie angehängt an den Hauptgebäude-Komplex. Es gibt noch einen andern Beweis für die späte Bauzeit dieses Großen Speisesaals. Die Entfernung zwischen Küche und Refektorium beträgt über zwanzig Meter. Das ist ungewöhnlich und unpraktisch. Man muß annehmen, daß es vorher einen andern Speisesaal gegeben hat in der unmittelbaren Nähe der Küche. Er war vermutlich zu klein geworden nach dem Zuzug der neuen Insassen, so daß ein neuer und größerer Speisesaal gebaut werden mußte, am Rande des Hauptgebäudes ... Doch der kleine alte Speisesaal – das ist meine Vermutung – wird wohl auch nach Norden geortet gewesen sein wie der Turm und die Toten ...

Es gibt eine Reihe von Seltsamkeiten in Qumrân in dieser Zeit. Absonderlichkeiten, die in klarem Gegensatz stehen zu dem mönchischen Leben dieser Gemeinde. Am Friedhofsrand hat man auch Frauengräber entdeckt, 4 Frauen und 1 Kind und möglicherweise 2 weitere Frauen und 2 Kinder wurden ausgegraben (288). Es müssen also neben den Mönchen in der Siedlung auch Familien gewesen sein. Auf dem Friedhof selbst gibt es etwa sechzig Gräber, die nicht in der in Qumrân traditionell gewordenen Weise in der Süd-Nord-Richtung angelegt sind, sondern in der Ost-West-Achse liegen, möglicherweise nach Jerusalem hin ausgerichtet wie der Große Speisesaal in Qumrân. Leider sind weitere Ausgrabungen seit 1967 nicht mehr möglich, da nach halachischem Gebot die Ruhe der Toten nicht gestört werden darf. Hier wäre noch manches zu erkunden.

----

288   G. VERMES, The Dead Sea Scrolls – Qumran in Perspective, 1978, S.108.

Die Mönche von Qumrân betrachten ihr Kloster als "Tempel".
Gebet aber stand höher als die Opfer. So ersetzten sie die blutigen Opfer im Tempel – oder besser: überhöhten sie – durch
ein Gemeinschaftsmahl, das kultische Bedeutung hatte – kein
Fremder durfte daran teilnehmen. Dieses Gemeinschaftsmahl mit
Brot und Tirosch (Fruchtsaft/Most/Wein?) hatte die gleiche Aufgabe wie die Blutopfer im Tempel von Jerusalem: Volk und Land
zu entsühnen. Doch seltsam: In Qumrân hat man Tierknochendepots gefunden, die sehr wahrscheinlich von kultischen Mahlzeiten stammten. Wieder eine Absonderlichkeit, die mit der ursprünglichen, in Qumrân herrschenden Auffassung in krassem
Widerspruch steht.

Dazu kommt noch eine Merkwürdigkeit. Die Qumrânleute haben
ihre Schriften in Hebräisch, in der Sprache des Tenach, abgefaßt. Sie lebten aber in einer Zeit, in der eine Volkssprache
inzwischen die Sprache der Bibel verdrängt hatte. Das volkstümliche Aramäisch hatte das biblische Hebräisch in den Hintergrund gedrängt. Von diesem Sprachgegensatz ist auch in den
Schriften von Qumrân die Rede. Im Hintergrund steht ein Wort
ihres Lieblingspropheten Jesaja, ein schwieriges Wort (28,11):
"Jawohl, mit Lippengestammel und mit fremdartiger Sprache
wird er zu diesem Volk reden." Diesen "Er" hatten die Qumrân-
Leute identifiziert. Es war der Prediger "TSaW", ȘaW), von dem
2 Verse weiter bei Jesaja die Rede ist: ȘaW La ȘaW. Dieser
Prediger TSaW ist kein anderer als der "Lügenmann" (der
Makkabäer Simon)! Er hat eine eigene Gemeinde gegründet,
die gegnerische Rivalensekte der Qumrângemeinde, die von ihr
mit herabsetzenden Ausdrücken, wie "Ephraim" und Leute, die
"nach glatten Dingen suchen" bedacht wird. Aus dieser "Lügenmann"-Gemeinde ist wenig später die religiös-politische Genossenschaft der Pharisäer hervorgegangen. Im Gegensatz zur Qumrângemeinde, die sich esoterisch nach außen abschloß, gingen
diese protopharisäischen "Lügenmann"-Leute ins Volk und sprachen die Sprache des Volkes: Aramäisch. Damit das Volk die
heiligen Schriften der hebräischen Bibel lesen konnte, übertru-
gen sie Teile daraus in die Volkssprache Aramäisch. Solche
Schriften nennt man "Targumim". Für die Qumrânleute muß diese Verfälschung der Heiligen Schrift ein Greuel gewesen sein,
sie sprachen das auch aus: Diese Verfälschung "mit spottender
Lippe und fremder Zunge", mit der sie zu dem Volke reden,
wird für das Volk nur Verderben bringen: Diese Leute

"kommen, um dich zu suchen aus dem Mund von Lügenpropheten, die durch Irrtum verführt sind. Und sie, mit
spottender Lippe und fremder Zunge (sic!), reden sie

zu deinem Volk, um durch Trug alle ihre Werke zum Spott zu machen. Denn nicht hörten sie auf deine Stimme..."
(289)

Eine andere Stelle in diesen Psalmen der Gemeinde spricht davon, daß Gott in das Herz des "Lehrers der Gerechtigkeit" gegeben hat "eine Quelle der Erkenntnis ... für alle Verständigen". Doch diese "Lügenmann"-Leute nehmen diese Quelle nicht an:

> "Aber sie haben es eingetauscht gegen eine unbeschnittene Lippe und eine fremde Zunge (sic!) für das unverständige Volk, auf daß sie ins Verderben stürzen durch ihren Irrtum." (290)

Die Protopharisäer verfaßten Schriften in der für das Volk verständlichen Sprache Aramäisch, frei gestaltete Übersetzungen aus dem Hebräisch der Bibel: Targumim. Doch seltsam: Solche Targumim hat man auch in Qumrân gefunden: Das sehr bekannt gewordene Hiob-Targum, gefunden in der Höhle 11, gehört zwar zu den Schriften, die nach meiner Meinung keine spezifischen Sektenschriften waren und deshalb in diese abseitige Höhle eingewiesen wurden wie die Tempelrolle 11 QT und eine Rolle, welche die kanonischen biblischen Psalmen enthielt. Doch dieses Targum ist offenkundig eine Schrift der Pharisäer. Ein aramäisches Fragment, das Genesis-Apokryphon, fand sich sogar in der Höhle 1, in der Höhle, die eigentlich nur die konstitutiven Schriften der Qumrân-Kerngemeinde auf organisatorischem, liturgischem und historischem Gebiet enthielt. Ein Rätsel mehr! Doch diese paraphrasierenden Übersetzungen in aramäischer Sprache sind nicht von Qumrânleuten abgefaßt, sondern von Pharisäern, deren Anliegen es war, dem Volke, das kaum mehr Hebräisch verstand, die Heilige Schrift nahezubringen.

Damit ist erwiesen, daß – neben levitischen Leuten vom Tempel – auch Pharisäer nach Qumrân kamen. Sie hielten in ihrem Denken und Glauben an dem Tempel in Jerusalem fest. Sie brachten ihre Frauen und Kinder mit. Möglicherweise waren sie es, die an blutigen Tieropfern festhielten, die eigentlich in dieser ganz anders denkenden und glaubenden Gemeinde irgendwie Anstoß erregen konnten. Es waren Pharisäer, die mit dem Ge-

----

289   "Lehrer"-Psalm in den Hodayot: 1 QH IV,15-17.

290   "Lehrer"-Psalm in den Hodayot: 1 QH II,18-19.

sicht nach Jerusalem, nach dem Tempel hin, begraben werden wollten. Und der Höhepunkt dieser pharisäischen Infiltration: Sie erreichten, daß der Große Speisesaal gebaut wurde: nach ihren Vorstellungen, in der Ortung nach Jerusalem hin, nach dem Tempel hin, und nicht nach Norden!

Es war seltsam, daß Pharisäer nach Qumrân kamen, wo sie gehaßt wurden. Natürlich beruhte dieser Haß auf Gegenseitigkeit. Doch die Geschichte macht manchmal seltsame Sprünge und bringt verfeindete Brüder wieder zusammen. Die beiden rivalisierenden "Sekten" entstammten demselben Mutterschoß, und so bestand durchaus die Möglichkeit, daß man sich der ehemaligen Gemeinsamkeiten der chasidischen Zeit wieder erinnerte und nach Wegen suchte, welche in diese aufgegebene Gemeinsamkeit zurückführen konnten. Vor allem gab es Notzeiten, in denen es um das einfache Problem ging, ob man das eigene Leben erhalten konnte. Das Leben der Pharisäer war bedroht. Die Staatsmacht suchte sie und verfolgte sie. Sie mußten untertauchen ...

Die Historie hilft uns, diese Wiederbegegnung alter Feinde zu erklären. Beginnen wir mit Hyrkan I. (134-104). Als Pharisäerschüler hat er diese politisch-religiöse Genossenschaft zu Beratungen herangezogen. Doch es kam zum Zerwürfnis, zum Bruch mit den alten Freunden und zur Annäherung des Hochpriesters an die Gegenseite, an die Sadduzäer. Mag sein, daß die Pharisäer, im Vollgefühl der Volksgunst, revoltierten und daß Hyrkan schon damals zum blutigen Eingreifen gegen seine ehemaligen Freunde sich veranlaßt sah. Dies könnte der erste Zeitpunkt gewesen sein, daß pharisäische Asylanten in Qumrân erschienen und um Aufnahme baten. Doch sie waren nicht zahlreich genug, um eine Veränderung zu bewirken. Das wurde später anders, vor allem unter dem Sohne Hyrkans, dem kriegslüsternen und machtgierigen Alexander Jannai. Am Laubhüttenfest bewarfen ihn Pharisäer mit Zitrusfrüchten; der Hochpriester-König soll gegen sechstausend seiner innenpolitischen Gegner Rache geübt und den Befehl gegeben haben, sie durch seine Soldaten niederzumachen. Das könnte der zweite Zeitpunkt gewesen sein, daß Pharisäer sich als Asylbewerber vor den Mauern von Qumrân eingefunden haben. Die Eskalation führte zum Aufstand der Pharisäer und zum regelrechten Krieg gegen den Oberherrn, in den auch ein Syrerkönig mit Bewaffneten eingriff. Das könnte der dritte Zeitpunkt für friedfertige Pharisäer gewesen sein in der Absicht, sich der bekanntlich friedfertigen Gemeinde von Qumrân anzuschließen. Es kam aber noch schlimmer. Die Furcht vor der syrischen Überfremdung überwand bei vielen Pharisäern den Haß gegen den Hochpriester-König Alexander Jannai. Es kam zur Spaltung der Pharisäer, die einen kämpften nach wie vor gegen das verhaßte Staatsoberhaupt, die andern kämpften auf der Seite des Verhaßten für die Freiheit und Souveränität des Tempelstaates. Pharisäer schossen auf Pharisäer. Dieser Zustand der völligen Verwirrung dieser religiös-politischen Genossenschaft war der vierte Zeitpunkt für die Möglichkeit und den Wunsch, sich aus diesen haßerfüllten Querelen hinauszubegeben und sich einer friedfertigen Gemeinde anzuschließen, die fern von allen kriegerischen Unternehmungen und politischen Absichten sich auf das eine und alleinige Ziel konzentrierte: den Tag Gottes in Reinheit und Heiligkeit zu erwarten ... Doch das Unheil, das über diese pharisäische Genossenschaft hereingebrochen war, mit der Spaltung und der gegenseitigen militärischen Zerfleischung, war noch nicht zu Ende. Das Ende war scheußlich: Der siegreiche Hochpriester-König ließ achthundert seiner gefangenen Feinde lebendig ans Kreuz nageln, und die Gemarterten mußten zusehen, wie ihre Frauen und Kinder von den Soldaten des Königs hingemordet wurden: ein Bild, das die Pharisäer niemals mehr vergessen konnten, ob sie nun auf der Seite des Königs oder gegen ihn gefochten hatten... Achttausend – so Josephus – flohen ins Ausland und blieben dort bis zum Ende der Regierungszeit des tyrannischen Hochpriester-Königs Alexander Jannai, der den Beinamen "Thacidas" erhalten hatte wegen seiner exorbitanten Grausamkeit. Die Flucht ins Ausland war sicher begleitet von einer Flucht in das Asyl, das die Qumrânleute für die verfolgten Pharisäer bereitstellten. Es war der fünfte Zeitpunkt und sicherlich der letzte, an dem sich Pharisäer der Qumrângemeinde angeschlossen haben. Daß in dieser Gemeinde die Feinde des Hochpriester-Königs Alexander Jannai Unterschlupf gesucht und auch gefunden haben, beweist eindrucksvoll, daß diese Gemeinde überhaupt keinerlei politische Ambitionen besaß. Sie hoffte und harrte auf den Tag Gottes. Das war ihr einziges Anliegen. Wer heute etwas anderes von dieser Gemeinde behauptet und meint, daß es sich hier um eine politische Kraft gehandelt hat, welche den Umsturz im Tempelstaat und die Führungsrolle im Lande Juda angestrebt hat, der hat nicht verstanden, was das Kernanliegen dieser Gemeinde war. Hätte sie nämlich irgendwie politische Ambitionen gehabt und sich in die Politik des rabiaten Hochpriester-Königs Alexander Jannai eingemischt, sie wäre sehr schnell von ihm ausgelöscht worden und hätte niemals gerade während seiner Regierungszeit diesen enormen Aufschwung genommen. Der Hochpriester-König muß damals durch die Finger gesehen haben und sich gedacht haben – vielleicht auch gewußt haben – daß diese seltsame Gemeinde, die keinerlei politische Ambitionen hatte und nur den "Tag Gottes" im Auge hatte, auch diese Pharisäer, welche der Rebellion abgeschworen haben, in sich aufnehmen, integrieren und absorbieren konnte. Der Hochpriester-König hatte hier sicherlich richtig gesehen.

Für die Gemeinde von Qumrân war aber dieser Zuzug dieser Pharisäer eine starke Belastung. Die Qumrângemeinde lehnte nach wie vor diese politisch-religiöse Genossenschaft der Pharisäer strikt ab, bezeichnete diese Gruppe, diese Gemeinde als "diejenigen, die nach glatten Dingen suchen", die also bisher die makkabäisch-hasmonäische Herrschaft mit den Argumenten der Tora gestützt hatten und die jetzt wieder dabei waren, nach politischer Macht und nach Einfluß im Volke zu streben, statt das einzige Ziel im Auge zu haben, in dieser letzten Zeit des irdischen Äons das ewige Heil für die Gemeinde und jeden einzelnen dieser Gemeinde zu erreichen.

Die Feindschaft gegen diese Institution der pharisäischen Genossenschaft spüren wir in dem Nahum-Pescher, der sich ganz offenkundig mit der Regierungszeit des Hochpriester-Königs Alexander Jannai befaßt. In der Kolumne I wird der syrische König "Demetrios" mit Namen genannt – das ist schon eine Seltsamkeit in einem Pescher von Qumrân, wo man gewohnt ist, nur verhüllende Decknamen zu hören; er wird ins Land gerufen von denen, "die nach glatten Dingen suchen", also von den Pharisäern. Doch der "Löwe des Zorns" – das ist ein Deckname für den Hochpriester-König Alexander Jannai – "hängte Menschen lebendig auf" "ans Holz" und zwar "diejenigen, die nach glatten Dingen suchen", also die Pharisäer. Den Vorgang, der hier in Pescherform in der Kolumne I des Nahumpescher gebracht wird, kennen wir aus dem Bericht des Josephus. Es ist hier festzuhalten, daß sich der Nahumpescher auf die Zeit des Hochpriester-Königs Alexander Jannai bezieht (103 – 76 ante).

Der Haß gegen die Pharisäer, gegen "diejenigen, die nach glatten Dingen trachten", durchzieht alle folgenden Pescherstellen im Nahumpescher. So II,2:

"Seine Deutung bezieht sich auf die Stadt 'Ephraims' (Ephraim ist auch ein Deckwort für die Pharisäer!), 'die nach glatten Dingen suchen' am Er.de der Tage, die in Lug und Trügereien wandeln."

So II,4-6: "Seine Deutung bezieht sich auf die Herrschaft derer, 'die nach glatten Dingen suchen', wo aus der Mitte ihrer Gemeinde nicht das Schwert der Völker verschwinden wird (Pharisäerkrieg!), Gefangenschaft (Pharisäerkrieg!) und Raub und Zank untereinander (Pharisäer schießen auf Pharisäer!) und Verbannung aus Furcht vor dem Feind (etwa achttausend fliehen aus dem Lande!), und eine Menge von Leichen der Schuld werden in ihren

Tagen fallen (sic!), und da wird kein Ende sein für die
Gesamtheit ihrer Erschlagenen,..."

Doch die Qumrânleute irrten, wenn sie meinten, daß der pharisäische Bruderkrieg nun endlos weitergehen würde und die gegenseitige Zerfleischung zum Ruin und zum Ende dieser Gemeinde führen würde. In der pharisäischen Gemeinde stand nach
dem entsetzlichen Geschehen ein Mann auf, der dem pharisäischen Bruderhaß ein Ende setzte durch eine beispiellose Tat,
die mit der Tora nicht in Einklang zu bringen war und die das
Charakterbild dieses Mannes in der pharisäischen Tradition
sehr schwankend erscheinen ließ. Doch es ist zu vermuten,
daß er die Pharisäer von einem tiefen Trauma erlöst hat und
die Einheit dieser religiös-politischen Genossenschaft damit
gerettet hat. Es ist Simon ben Schetach! Die Pescherstelle ist
noch nicht zu Ende zitiert. Es heißt dann noch:

"... und weiter, mit ihren fleischlichen Leibern werden
sie straucheln über den Rat ihrer Schuld."

Der Haß gegen die Pharisäer geht weiter!

II,8-10: "Seine Deutung bezieht sich auf die, die 'Ephraim' verführen, die durch trügerische Lehre und ihre lügnerische Zunge und falsche Lippe (aramäische Volkssprache?) viele verführen, Könige, Fürsten, Priester und Volk
zusammen mit Fremden, die sich angeschlossen haben.
Städte und Stämme werden zugrunde gehen durch ihren
Rat, Vornehme und Herrscher werden fallen ob des In-
grimms ihrer Zunge (sic!)"

Doch bei den nächsten beiden Pescher-Stellen – es sind auch
die letzten beiden, in denen von denen, "die nach glatten Dingen suchen", gesprochen wird – wird unterschieden zwischen
der verhaßten Institution der politisch-religiösen Genossenschaft
und den Einzelmenschen. Die Institution wird nach wie vor
schroff abgelehnt, doch den einzelnen, die sich von dieser
Institution abwenden und ihr den Gehorsam versagen, werden
herausgelöst aus dieser Haßfixierung. Damit ist für diese Einzelmenschen die Möglichkeit gegeben, in der Qumrângemeinde Aufnahme und Zuflucht zu finden. Wieder aber steht der Haß am
Anfang dieser Pescher-Stelle

III,3: "Seine Deutung bezieht sich auf die, 'die nach
glatten Dingen suchen', deren böse Taten 'am Ende der
Zeit' ganz Israel offenbar gemacht werden,..."

Nach der Brandmarkung der Institution werden die einzelnen Pharisäer ins Visier genommen, und es werden dabei zwei Gruppen unterschieden. Viele aus der Führungsgruppe werden ihre Sünden erkennen und sie bereuen und – was nicht gesagt wird – einen neuen Weg einschlagen.

> III,4: "und viele werden ihre Sünden erkennen und sie hassen und sie als abstoßend betrachten wegen ihres schuldigen Übermutes und des Untergangs des Ruhms Judas."

Doch die Fluchtbewegung wird vor allem die Geführten erfassen, die ihre Verführer verlassen: Es sind die Laien, die einfachen Leute, die Ungelehrten, die sich bisher auf die Gelehrten verlassen haben, die "Einfältigen Ephraims" (P.Tâ ⁾ E ⁾äPRaYM).

> III,5: "Die 'Einfältigen Ephraims' werden aus der Mitte ihrer Versammlung fliehen und die verlassen, die sie verführen (sic!), und sich Israel anschließen (sic!)"

Der Anschluß an Israel bedeutet hier natürlich nichts anderes als der Anschluß an die Gemeinde von Qumrân! Das nächste Beispiel ist das letzte, die gegnerische Rivalengemeinde wird scheitern mit ihrem Rat und ihren Verführungskünsten:

> III,6-7: "Seine Deutung bezieht sich auf die, 'die nach glatten Dingen suchen.', deren Rat zugrunde gehen wird und deren Gemeinde zerstreut werden wird, und sie werden nicht fortfahren, die Versammlung zu verführen;"

Und wieder werden die "Einfältigen" genannt, die kleinen Leute, welche die Gefolgschaft verweigern:

> III,7-8: "... und die Einfältigen werden nicht mehr ihren Rat unterstützen."

Es ist klar, was mit diesen beiden letzten Pescher-Stellen gemeint ist: Diejenigen, die unter den Pharisäern den Führungskräften angehören, werden ihren Irrweg erkennen und – was nicht gesagt wird – eine Umkehr (und einen Anschluß an die Qumrângemeinde) vollziehen oder sie werden kein Gehör mehr finden mit ihren Verführungskünsten... Diejenigen aber, die von den pharisäischen Führungskräften bisher geführt wurden, die "Einfältigen", die kleinen ungelehrten Leute, sie werden der pharisäischen Genossenschaft ihren Gehorsam verweigern, "ihren Rat nicht mehr unterstützen", "aus der Mitte ihrer Versammlung fliehen und die verlassen, die sie verführen" und was in unserm Zusammenhang besonders wichtig ist: "sich Israel anschließen". Gemeint ist die Asylsuche in Qumrân! Sicherlich gehört in diesen Zusammenhang auch eine seltsame Textstelle der Damaskusschrift CD. Die nach Norden emigrierte Damaskusgemeinde wird mit Neid die Blüte der Qumrângemeinde im Lande Juda beobachtet und mit Verachtung den wachsenden Einfluß der Pharisäer in dieser Gemeinde betrachtet haben. Vielleicht ist aus dieser Einstellung heraus dieses seltsame Wort zu verstehen, das von den Übersetzern auch falsch wiedergegeben wurde. Im vorhergehenden Text ist offenbar ein Verzeichnis der Gemeindeglieder enthalten gewesen, "die am Ende der Tage auftreten werden", die also das Heil erringen; doch dieses Namensverzeichnis ist getilgt. Doch das eschatologische Thema bleibt:

> "Und bei Vollendung der Zeit gemäß der Zahl dieser Jahre wird sich niemand mehr dem Hause Juda anschließen, sondern jeder soll stehen auf seiner Warte."
> (Damaskusschrift CD IV,10-12)

Mit dem "Haus Juda" - das ist terminologisch üblich in der CD - ist offenkundig die (von der Nordgemeinde abgelehnte) Qumrângemeinde im Lande Juda gemeint. Soll dieser Satz bedeuten, daß es niemals - und vor allem nicht zu dieser Zeit, so kurz vor dem Gottesgericht - eine Vereinigung der beiden getrennten essenischen Gemeinden geben kann und geben wird! Oder soll der Satz bedeuten, daß die verhaßten Pharisäer auf ihrem Standpunkt, auf ihrer Position stehen bleiben und sich keiner essenischen Gemeinde anschließen sollten! "Jeder soll stehen auf seiner Warte!" - Der nachfolgende Text gibt auch keinen rechten Aufschluß:

> "Die Mauer ist erbaut..."

Ein Symbolwort für eine in sich geschlossene Gemeinschaft, aber auch für eine Abgrenzung nach außen ...

> "... weitab ist die Grenze."

Das ist die oftmals falsch übersetzte Textstelle ("fern ist die Satzung"). Diese "ferne Satzung" gibt keinen Sinn, man muß sich hier an den zugrundeliegenden Micha-Text halten, der genauso wie der CD-Text eschatologisch bestimmt ist:

> "Es kommt ein Tag (sic!), da man deine Mauern aufbaut; ein Tag, da deine Grenzen sich weiten" (Micha 7,11).

An diesem Tag, so der weiterführende Micha-Text, wird es keine Grenzen mehr geben, der Hochheilige wird herrschen über Ägypten und das Zweistromland. Dieser Text mag der Nordgemeinde im Lande Damaskus angenehm in den Ohren geklungen haben, weil sie ja selbst die Grenze des Heiligen Landes schon überschritten hatte ... Für sie gab es keine Grenzen mehr:

"... weitab ist die Grenze..."

Doch der Text von CD lenkt auf die Bedrängnisse der Gegenwart zurück, gewissermaßen zu den "messianischen Wehen":

"Und in all diesen Jahren wird Belial losgelassen sein gegen Israel..." (Damaskusschrift CD IV,10-13)

Zusammenfassend kann gesagt werden, daß die architektonische Erweiterung der Siedlung von Qumrân auf einen beträchtlichen Zuwachs der Bewohner schließen läßt, was nicht allein auf dem Zuzug essenischer Frommer beruhen kann. Zudem gibt es von nun an Seltsamkeiten, die sich mit der ursprünglichen Grundhaltung dieser Gemeinde nicht vereinbaren lassen: Frauengräber auf dem Friedhof, Gräber in Ost-West-Richtung, Tierknochendepots, der Große Speisesaal - über zwanzig Meter von der Küche entfernt und außerdem in Ost-West-Richtung - und schließlich die Targumim, die eindeutig auf pharisäischen Einfluß hinweisen. Der Nahumpescher macht nicht nur eine klare Aussage, daß sich aus den Reihen der Pharisäer viele Enttäuschte der Qumrângemeinde (hier: Israel) angeschlossen haben, er gibt auch den Zeitpunkt an für diese pharisäische Infiltration: die Zeit des Hochpriester-Königs Alexander Jannai! In dieser Zeit setzte eine rege Bautätigkeit ein wegen der Zunahme der Bewohner, dafür sprechen auch die vielen Münzen aus der Zeit dieses Hochpriester-Königs. Daß dieser rabiate Herrscher diese Siedlung von Qumrân, die so viele Oppositionelle aufnahm, völlig in Ruhe ließ, ist ein schlagender Beweis für die These, daß diese Gemeinde völlig apolitisch war, völlig quietistisch sich verhielt und nur ein Ziel kannte: zu hoffen und zu harren auf den Tag des ewigen Gottes ...

Diese Pharisäer, die hier Aufnahme fanden, könnten festgestellt haben, daß diese Gemeinde, welche sich vom Tempel in Jerusalem völlig gelöst hatte, in einem Haus, das sie für heilig hielt - Josephus berichtet darüber - Festmahle durchführte mit Brot und Tirosch (Fruchtsaft/Traubensaft/Most/Wein), und daß diese sektiererische und gewissermaßen häretische Gemeinde sich zu dem Glauben verstieg, daß dieses Kultmahl mit Brot und Tirosch gleichwertig und gleichrangig, ja sogar überwertig sein würde den Opfern im Tempel zu Jerusalem. Dieses Mahl mit

Brot/Getränk habe die gleiche sühnende Wirkung wie ehemals die blutigen Opfer im Tempel, die jetzt unter unwürdigen, frevelhaften Hochpriestern und einer verderbten und korrupten Priesterschaft in der unheilvollen Gegenwart nur ein Trug, ein Schein ohne jegliche Wirkung seien. Für die Pharisäer war diese Erkenntnis gewiß erschreckend; doch es ist sehr gut möglich, daß sie sich mit dieser eigenwilligen Entscheidung dieser Gemeinde gedanklich befaßten. Für die Pharisäer, die sich von Jerusalem abgesetzt und hier in Qumrân eine Zufluchtsstätte gefunden hatten, war der Gedanke, daß der Hochheilige den Tempel verlassen hatte, weil ein Unwürdiger, ein kriegslüsterner, blutgieriger und blutbefleckter Hochpriester, der sich sogar "König" nannte, das höchste Tempelamt verwaltete, gar nicht so abwegig. Diese Pharisäer in Qumrân waren vom Tempel in Jerusalem abgeschnitten, und damit fühlten sie sich – wozu noch ihre Kritik am Hochpriester-König kam – von jeglichen kultischen Verpflichtungen dem Tempel gegenüber befreit. Sie sahen sich um. Sie lebten in einer Gemeinde, die sich gleichfalls von allen kultischen Verpflichtungen dem Tempel gegenüber befreit hatte. Das mag bei diesen Pharisäern den Anstoß gegeben haben, sich genauso wie die Qumrânleute zu verhalten, einen eigenen, von Jerusalem und dem Tempel unabhängigen Weg zu gehen und gleichfalls einen Kultbrauch einzuführen, welcher dem in Jerusalem gleichrangig war. So könnten sie auf die kultische Praxis gekommen und ihr verfallen sein, blutige Opfer und Opfermahlzeiten nun auch an diesem Asylort in Qumrân durchzuführen. Für diese Opfer wurden Hammel, Lämmer, Ziegen, Zicklein, Kühe und Ochsen geschlachtet. Die Qumrângemeinde, die Blutopfer verabscheute, wird diesen kultischen Brauch der Pharisäer nicht gerne gesehen haben. Da sie nun noch die Herren in Qumrân waren und diesen Asylanten gegenüber eine gewisse Obergewalt ausüben konnten, werden sie darauf gesehen haben, daß die Überreste dieser Opfer nicht die terra sancta, die heilige Erde der "Ewigen Pflanzung" von Qumrân, welche durch Mauern eingefriedet und von der Wüste getrennt war, verunreinigen konnten. Deshalb wurde Anweisung gegeben, diese Überreste der kultischen Opfermahlzeiten der Pharisäer sorgfältig in Tongefäßen aufzubewahren und sie durch diese isolierende Tonschicht von der heiligen Erde der "Pflanzung der Treue" zu trennen. So sind diese Tierknochendepots, die man in reicher Anzahl im Klosterbereich von Qumrân gefunden hat, zu erklären. So wenigstens dachte ich es mir einmal, als ich noch nicht die Diskussion um diese Tierknochendepots kennen gelernt hatte. H. BARDTKE war so freundlich, in einem Literaturbericht über Qumrân meine wissenschaftlichen Bemühungen auf diesem Felde zu würdigen, und er schrieb – dieser Aufsatz wurde erst nach seinem Tode (am 8.3.1975) veröffentlicht – über mich: "Seine Begründungen sind eigenständig ... Simon blieb trotz kluger Zurückhaltung der Qumrângemeinde verhaßt. Unter seinem Nachfolger Hyrkan I. kam es zur Bekämpfung der Pharisäer, die sich nach Qumrân flüchteten und nach dort ihre Kultsitten (Tierknochendepots), ihre Frauen (Frauengräber) und ihre Schriftrollen (Grundschrift von 1 QM und Targumim) mitgebracht haben. Hier berühren sich die von BURGMANN skizzierten Gedanken stark mit denen, die MILIK geäußert hat" (291).

Das Eindringen der Pharisäer in Qumrân ist eine Tatsache, die nicht umzustoßen ist. Mit dem Eindringen der Pharisäer ist die Blüte der Gemeinde, die überaus rege Bautätigkeit zu erklären. Die Aufnahme der Pharisäer ist im Nahumpescher ausdrücklich bezeugt. Dieser Pescher befaßt sich mit der Zeit des Hochpriester-Königs Alexander Jannai. Zahlreiche Münzfunde in Qumrân stammen aus dieser Zeit. Die innenpolitische Lage, der pharisäische Widerstand und der nachfolgende pharisäische Bruderkrieg, alles spricht dafür, daß zu dieser Zeit Pharisäer nach Qumrân kamen, daß diese pharisäische Infiltration der "fremden Frommen" zur Zeit des Königs Alexander Jannai – wenn nicht schon vorher – begann. Der Hochpriester-König schaute durch die Finger, er traute dieser quietistischen Gemeinde zu, diese pharisäischen Flüchtlinge politisch zu absorbieren und zu neutralisieren. Ein wichtiges Indiz für meine Behauptung, daß diese Gemeinde völlig apolitisch war und sich nur mit dem einen und einzigen Zielpunkt der Zeit beschäftigte: mit dem Kommen Gottes zum Gericht!

Diese pharisäische Infiltration scheint zunächst keine besondere Wirkung auf die Qumrângemeinde ausgelöst zu haben. Die Pharisäer beugten sich möglicherweise und übernahmen die Auffassungen der Qumrângemeinde. Gemeinsam war ja beiden chasidischen Richtungen die Erwartung des Gottesreiches, die durch das Danielbuch geweckt war. Die 490 Jahre in der Danielprophezeiung begannen ja mit der Zerstörung des 1. Tempels anno 586 ante. Wenn es Leute gab – vielleicht gab es solche wirklich –

----

291 H. BARDTKE, Literaturbericht über Qumrân, X. Teil: "Der Lehrer der Gerechtigkeit", Theologische Rundschau, N.F. 41/2, 1976, S.129-130. In der Muße eines Krankenhausaufenthalts schrieb ich meinem bewährten Mentor Professor Dr. D. Hans BARDTKE einen längeren Brief über die Chasidim. Der homo novus rechnete damals nicht damit, daß diese Gedanken, noch dazu nach seinem Ableben – von seiner Gattin Doris Bardtke redigiert – in einem solchen wichtigen Literaturbericht erscheinen würden.

welche diese lange Zeit überschauen konnten - vielleicht anhand der Annalen im Tempelarchiv - dann waren diese 490
Jahre mit dem Jahr 96 ante zu Ende, und damit sollte eigentlich die Heilszeit Gottes nach dem Gericht Gottes beginnen ...
Unmittelbar nach diesem Zeitpunkt des Jahres 96 begann der
blutige Pharisäerkrieg 94-88: Die Katastrophe der rivalisierenden Pharisäergenossenschaft! Die Qumrângemeinde sah in dieser
blutigen Zerfleischung ihrer Gegner ein Zeichen Gottes und die
Strafe Gottes, welche schon im irdischen Äon über diese religiös-politische Genossenschaft verhängt wurde ... Die Qumrânleute sahen in diesem menschenzerfleischenden pharisäischen
Bürgerkrieg nicht nur die Strafe Gottes für diese Rivalensekte,
sondern den Auftakt für die nahe Gottesherrschaft. Diese Verbindung von Pharisäerkrieg und Endzeiterwartung finden wir
in der Damaskusschrift CD:

"Da entbrannte der Zorn Gottes gegen ihre Gemeinde, so
daß er ihre gesamte Menge verstörte und ihre Werke Unreinheit vor ihm sind." (CD I,21-II,1)

Diese anarchischen Verhältnisse, die in einem solchen Bürgerkrieg gegen die staatliche Autorität zu Tage treten, werden in
dem folgenden Text, der Hosea 3,4 zitiert, deutlich ausgesprochen:

"Und in dieser Zeit entbrennt der Zorn Gottes gegen
Israel, wie er gesagt: 'Kein König und kein Fürst und
kein Richter, und keiner, der in Gerechtigkeit zurechtweist" (CD XX,15)

Beide Texte, sowohl der Schlußtext des Großen Geschichtsgrundrisses der Damaskusschrift (CD I,21-II,1) als auch CD XX, der
sich mit den letzten 40 Jahren vor dem Gottesgericht befaßt,
sind eschatologische Texte. Hier hatten die Qumrânleute die
Möglichkeit, diese pharisäischen Asylanten von dieser Verknüp-
fung der pharisäischen Katastrophe mit dem Gottesgericht -
unter Beiziehung von biblischen Prophetentexten - zu überzeugen ...

Doch als das Gottesgericht ausblieb, wurden die Argumente der
Qumrânleute in den Augen der Pharisäer brüchig. Sie besannen
sich auf ihre eigene Tradition. Da sie sehr zahlreich geworden
waren, waren sie in der Lage, ihr eigenes Gedankengut dem
der essenischen Gemeinde entgegenzustellen. Die essenische Gemeinde war kein monolithischer Block. In der ganzen Geschichte
dieser Gemeinde gab es immer wieder Absprengungen, Abweich-
ler, Aussteiger ... Der Tempel in Jerusalem - die West-Orientierung - stand schon einige Zeit vorher in Konkurrenz zur Nord-

Orientierung. Es muß beides gegeben haben, gleichzeitig nebeneinander. Denn die tausend Toten – alle nach Norden ausgerichtet – sind nicht wegzudiskutieren. Der Große Speisesaal – in der West-Orientierung – allerdings auch nicht! Bei dieser West-Orientierung zum Tempel nach Jerusalem hin werden die Pharisäer großen Einfluß ausgeübt haben.

Waren aber diese Pharisäer diejenigen, welche Tieropfer in Qumrân dargebracht haben? Waren sie diejenigen, welche diese Knochen von Lämmern, Ziegen, Ochsen und Kühen in irdenen Gefäßen aufbewahrt haben: in den Tierknochendepots?

Von vornherein soll folgendes festgehalten werden:

1. Diese Tierknochen sind in Tongefäßen, in Krügen oder Töpfen aufbewahrt worden.

2. Diese Tongefäße standen auf dem Boden, oder sie waren so in die Erde eingetieft, daß der obere Rand mit dem Erdboden abschloß. Regelrecht vergraben waren sie eigentlich nicht.

3. Diese Tongefäße waren oben verschlossen, mit einem Deckel, einmal auch mit einem Teller.

4. Diese Tierknochendepots – etwa sechzig an der Zahl – befanden sich nicht in Räumen, sondern zwischen den Baulichkeiten oder um sie herum.

5. Diese Tierknochendepots waren nur innerhalb der Ummauerung zu finden, niemals auf dem Friedhof von Qumrân.

6. Diese Tierknochendepots stammen aus der Phase Ib der Siedlung, aber auch aus der Phase II, also nach der Rückkehr der Qumrânleute um die Zeitenwende.

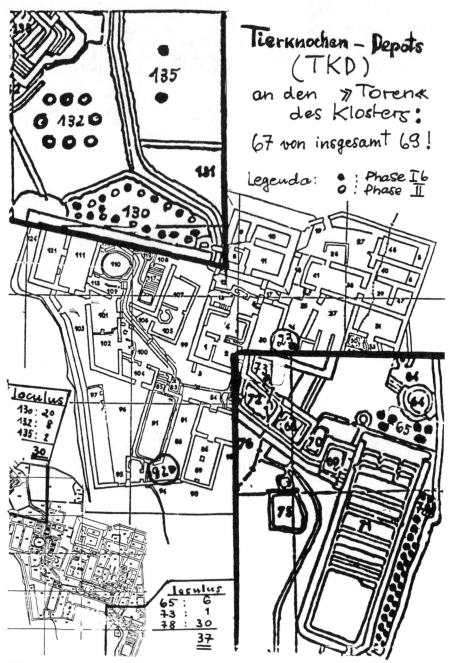

Tierknochen – Depots
(TKD)
an den »Toren«
des Klosters:
67 von insgesamt 69!

Legenda: ● : Phase I 6
          ○ : Phase II

loculus
130 : 20
132 : 8
135 : 2
   30

loculus
65 : 6
73 : 1
78 : 30
   37

Es gibt eine Fülle von Theorien, die uns E.-M. LAPERROUSAZ in dem 5. Kapitel seines Qoumrân-Buches aufgelistet hat: "Les ossements d'animaux dégagés dans les espaces libres de l'établissement de Qumrân (S.211 - 221). Der Ausgräber von Qumrân, Pater Roland de VAUX, hat eine wichtige Bemerkung gemacht, die hier am Anfang stehen soll. Er meinte, dieser Brauch entspringe einem "caractère volontaire". Ich fasse dieses Wort so auf, daß diese Leute nicht aus einer biblischen Tradition heraus, sondern völlig aus eigenem Antrieb handelten, als sie die Knochen in dieser Weise verwahrten. Es handelte sich also hier um eine völlige Neuerung, eine Innovation!

Wenn man die Theorien um diese Innovation überschaut, dann ist man versucht, eine Gliederung zu finden. Manche Erklärer gehen auf das Tier zurück, von welchem die Knochen stammten. Andere wiederum sehen das Wesentliche in dem Mahl, bei dem die gebratenen und gekochten Fleischstücke verzehrt wurden. Wieder andere schauen aus nach ähnlichen Praktiken außerhalb von Qumrân.

LAPERROUSAZ hat selbst eine eigene Theorie entwickelt. Nach ihm sind die Novizen von dem Mahl im Großen Speisesaal ausgeschlossen gewesen - nach der Ordensregel 1 QS VI,20-21 waren sie erst nach dem 2. Novizenjahr Vollmitglieder und zugelassen - Diese Novizen saßen herum "zwischen den Gebäuden und um sie herum", die abgenagten Fleischstücke verwahrten sie in den Tongefäßen neben sich. Nach Abschluß der Festlichkeit räumten sie den Speisesaal ab und auf und brachten die Reste gleichfalls in die Tongefäße. Dieses Bild erinnert mich etwas an ein solennes Gelage in einem Offizierskasino, bei dem nach Abschluß die Offiziersburschen hereinströmten, die Champagnergläser austrinken und sich über die Speisereste hermachen. Trotz dieser Bedenken steckt in dieser Theorie ein Kern, der nicht verloren gehen darf. (292)

Auch LAPERROUSAZ ist davon überzeugt, daß es sich hier um ein kultisches Mahl handelt. Vor allem scheint das Fest von "Pfingsten"-Schawuot, das Wochenfest, zugleich auch das jährliche Fest der Bundeserneuerung gewesen zu sein, bei dem man wahrscheinlich die Novizen aufnahm und sie einreihte je nach

----

292 LAPERROUSAZ, S.218.

ihren Verdiensten in die Ränge der Vollmitglieder (293). An ein solches Bundesmahl denkt auch H. BARDTKE. Das geschlachtete Tier repräsentierte bei diesem Mahl die Einheit der Gemeinde. Die Knochen wurden sinnbildlich (sic!) gesammelt, um ein Zerbrechen oder Zerstreutwerden der Gemeinde zu verhindern. (294) Nach den Ausführungen von LAPERROUSAZ scheint auch A. DUPONT-SOMMER diese Tierknochendepots mit einem Festmahl in Zusammenhang gebracht zu haben, welches das "messianische Banquett" vorwegnahm. (295)

Doch genau an dieser Stelle wird deutlich, daß diese Theorien vom Mahl, vom Bundesmahl falsch sein müssen. Auf keinen Fall soll hier die Bedeutung des Bundes-Erneuerungs-Festes am Wochenfest Schawuot verkleinert oder gar verschwiegen werden. Der Bund mit Gott, den der "Lehrer der Gerechtigkeit" einstmals – in einer ganz persönlichen Form – erleben und erfahren durfte, war ein Höhepunkt in der Geschichte dieser Gemeinde. Nachdem er tot war – und in der Jannai-Zeit war er tot – war die Institution Gemeinde an die Stelle der "Lehrer"-Person getreten; doch der Gedanke des Gottesbundes, der Vereinigung der "Auserwählten" mit Gott, blieb erhalten. Es ist selbstverständlich, daß aus diesem hohen Selbstverständnis dieser Gemeinde auch ein besonderes Fest gefeiert wurde, eben das Fest der jährlichen Bundeserneuerung an Schawuot, am Wochenfest, das ja eine starke Beziehung und Erinnerung an den Gottesbund am Sinai wachhielt. Doch wie hat man dieses Fest in der Qumrângemeinde gefeiert? Mit blutigen Opfern? Mit Fleisch von geschlachteten Tieren? Mit einem Festmahl, nach welchem die

----

293 LAPERROUSAZ, S.219, Anm. 2. Nach der Ordensregel 1 QS I,7-II,19 war die Aufnahme der Novizen mit dem Fest der Erneuerung des Bundes verbunden. So auch T. MILIK. – Nach den Jubil. 6,17 fällt die Erneuerung des Bundes mit Schawuot zusammen. Dies wird auch bestätigt durch ein Fragment der Damaskusschrift (4 Q Db).

294 LAPERROUSAZ, S.213, Anm. 2.

295 LAPERROUSAZ, S.214: "... et que ces repas aient eu un caractère religieux cela est très vraisemblable, car, dans cette communauté, les repas préfigurant le Banquet messianique (sic!) suivaient le même cérémonial que celui-ci – ainsi qu'on peut le constater en comparant Règle VI,3-5 et Règle annexe II,11-12 et 17-22, comme l'a souligné DUPONT-SOMMER (Les écrits esséniens ... p.123, note 3).

Knochen von Hammeln, Ziegen, Zicklein, Lämmern, Ochsen und Kühen sorgfältig in Tongefäßen verwahrt wurden? Hier wurde hingewiesen auf das "messianische Banquett" und auf die qumranischen Textstellen (Ordensregel 1 QS VI,3-5 und Annex 1 QSa II,11-19). Beide kannten aber eindeutig nur ein Kultmahl, das Kultmahl mit Brot und Tirosch! Was ist aber "Tirosch"? Reden wir doch Klartext! Natürlich ist "Tirosch" ein Schlüsselwort für Wein! Dieses Kultmahl mit Brot und Wein hatte die Funktion, Volk und Land in Israel-Juda zu entsühnen, weil die Blutopfer im Tempel, die von einer unwürdigen Priesterschaft dargebracht wurden, nutzlos und heillos waren. Dieses Kultmahl mit Brot und Wein wurde durchgehalten in dieser Gemeinde von Anfang bis Ende. Sonst hätte es kein christliches Herrenmahl/Eucharistie/Abendmahl gegeben! Sonst hätte es in der jüdischen Tradition keinen Brot- und Weinsegen am Ereb Schabbat gegeben und auch nicht die vier Gläser voll Wein am Pesachfest! Diese essenische Gemeinde hat in einer Zeit, als es den Tempel noch gab, praktiziert, eben in diesem Kultmahl mit Brot und Wein, daß der Tempel für diese Gemeinde überflüssig war. Das war eine wichtige Erfahrung in der Zeit, als der Tempel zerstört wurde. Die essenische Gemeinde hat für die Rettung des jüdischen Glaubens und für seine Erhaltung mehr geleistet, als das heutige pharisäisch-rabbinisch-orthodoxe Judentum anzuerkennen bereit ist ...

Ich halte es für ausgeschlossen, daß diese Gemeinde von ihrem Kultmahl mit Brot und "Wein" abgegangen ist, um einmal im Jahr – bei Gelegenheit ihres höchsten Feiertags – ein blutiges Festmahl mit Opferfleisch von Zicklein und Ziegen, Lämmern und Hammeln, Ochsen und Kühen durchzuführen ...

Andere Theorien zum Thema Tierknochendepot beschäftigen sich nicht mit dem Mahl, sondern mit den Tieren. So kommt H. BARDTKE von ethnologischen Vorstellungen her zu der Meinung, daß die Tiere wieder zum Leben zurückkehren werden und daß deshalb die Tierknochen so sorgfältig aufbewahrt wurden. Ein solcher Glaube ist in einer Gemeinde durchaus zu erwarten, die selbst von der eschatologischen Naherwartung erfüllt ist. Dazu kommt noch die enge menschliche Verbindung des viehzüchtenden Hirten mit seinen Tieren ... Doch auch bei dieser Theorie steht im Hintergrund immer noch das Mahl, die kultische Mahlzeit, was eigentlich abzulehnen ist.

Eine andere Theorie bietet F.-E. ZEUNER. Bei ihm tritt das Mahl völlig in den Hintergrund, er hat entdeckt, daß "da, wo ein Einzeltier allein durch einen oder zwei Knochen bezeugt ist, es sich fast immer um Metapoden handelte, Knochen, auf denen kein Fleisch sitzt, das man essen kann." Bei diesen

Metapoden handelt es sich um die Knochen des Tieres vom Fuß-
gelenk abwärts, um den metacarpus am Vorderbein und den
metatarsus am Hinterbein, um Knochen, die nur von der Haut
überspannt sind. Da diese Knochen in den Depots verhältnismäßig zahlreich sind, kann es sich nicht um Mahlzeiten gehandelt haben, sie müssen eine symbolisch-rituelle Funktion gehabt
haben, die aber für wichtig gehalten wurde, sonst hätte man
diese Metapoden nicht so sorgfältig in den irdenen Gefäßen bewahrt. Der ursprüngliche Opferbrauch wurde ersetzt durch eine
einfache Formalität, durch einen symbolischen Akt (296). Mit
großer Vehemenz ist LAPERROUSAZ dieser Metapoden-Theorie entgegengetreten, indem er archäologisches Material vom Mousterien
bis ins Magdalenien ins Feld führte, wonach eben die Metapoden, die Knöchel und die Zähne sich als besonders widerstands-
fähig gegen die Verwitterung erwiesen haben und daß daher
das überreiche Vorkommen der Metapoden zu erklären sei ...
Wenn A. SCHREIBER darauf hinweist, daß nach der Tora (Ex
12,46 und Num 9,12) die Knochen des Tieres nicht zerbrochen
werden dürfen und daß es sich hier um ein Apotropäum handelt
(Wird dem Opfer kein Knochen gebrochen, so wird auch dem
Opferer nichts Böses widerfahren), so hilft uns das auch nicht
weiter, so wenig wie die ethnologische Theorie von H. BARDTKE
oder die Symboltheorie von F.-E. ZEUNER.

Noch eine weitere Theorie beschäftigt sich mit den Tieren. Sie
stammt von J. KAPLAN. Er ist der Meinung, daß die Leute von
Qumrân der Tora in Deut. 15,19-20 treu bleiben wollten und
deshalb die Erstgeburten der Tiere in einem Gemeinschaftsopfer
aßen. Da sie diesen Ritus in Jerusalem nicht durchführen konn-
ten, wie es vorgeschrieben war, bewahrten sie die Knochen
(297). Doch diese Theorie kann auch nicht stimmen. Die Tier-
Erstgeburten mußten innerhalb eines Jahres geopfert werden.
Von 57 untersuchten Tierknochen stammen 5 von ausgewachsenen
Hammeln, 5 von ausgewachsenen Ziegen, 21 von Hammeln oder
Ziegen, 15 von Lämmern oder Zicklein, 6 von Kälbern, 4 von
Kühen oder Ochsen, 1 Knochen ist nicht identifizierbar. Dieser

----

296 LAPERROUSAZ, S.215 über ZEUNER: "... il suggère que le
    rite était déjà devenu une simple formalité (""merely a
    matter of form""), l'effort sacrificatoire originel ayant
    été remplacé par un acte symbolique".

297 LAPERROUSAZ, S.213, Anm. 2 - Deut. 15,20: "Vor YHWH,
    deinem Gott, mußt du sie samt deiner Familie Jahr für
    Jahr (sic!) verzehren..."

Befund zeigt deutlich, daß es sich nicht um Erstgeburts-Opfer handeln kann. Wenn junge Tiere verhältnismäßig stark vertreten sind, so hat das mehr in der Güte zarten Fleisches seinen Grund als in biblischen Vorschriften. Wenn man diese Theorie überschaut, die am Tier orientiert sind und von daher eine Lösung versuchen, kann man kaum zustimmen und ist recht unbefriedigt. Es zeigt sich hier aber deutlich in diesen mißlungenen Versuchen, wie schwierig die Lösung für das Problem der Tierknochendepots ist.

Die nächste Gruppe sucht Entsprechungen eines solchen Brauches außerhalb von Qumrân. J. KAPLAN hatte einen Friedhof nahe bei Tel Aviv entdeckt, der vom 1. - 4. Jahrhundert post benutzt wurde. Dabei enthielt eine Grube bei Gräbern "Knochen von Ochsen und Hammeln, mit Tonscherben vermischt". Die Ausgrabungen in einem alten Friedhof nahe Tel Baruch und in einem alten jüdischen Friedhof bei Jaffa, in Tell Qasileh, ergaben "in gleicher Weise Bestattungen von Tieren aus dem 4. Jahrh. post" (298). Der Vergleich mit Qumrân hinkt aber, denn auf dem Friedhof von Qumrân hat man keine Tierknochendepots gefunden, alle befanden sich innerhalb der Ummauerung der Siedlung. In ähnlicher Weise "vergleicht S.-H. STECKOLL diese Depots mit den Tierknochen, die FLINDERS PETRIE am Tell al-Yahudiyeh-Leontopolis in einigen zu Häusern gehörenden Öfen entdeckt hat." (299) Eine zusätzliche interessante Bemerkung, die uns aber nicht weiterführt, macht R. de VAUX, der in Nordafrika und Sardinien punische Bräuche ähnlicher Art in der Literatur entdeckt hat (300). Doch diese gemeinsemitische Verwandtschaft, die man hier festgestellt hat, zeigt doch nur die Bemühung und die unermüdlichen Versuche, an dieses schwierige Problem dieser Tierknochendepots heranzukommen und eine einigermaßen befriedigende Lösung zu finden. Doch kehren wir zu

----

298 LAPERROUSAZ, S.213, Anm. 2.

299 LAPERROUSAZ, S.213-214, Anm. 2.

300 R. de VAUX: "On peut noter un parallèle, mais il est extérieur à Israel et parait accidentel; les stèles des sanctuaires puniques d'Afrique du Nord et de Sardaigne surmontent fréquement des poteries enfouies dans le sol; noues, plats contenant des cendres et des ossements calcinés de moutons, de chèvres, de boeufs, d'oiseaux, qui sont de restes des sacrifices (cf. S. GSELL, Histoire ancienne de l'Afrique du Nord IV (1920), pag. 415)"

KAPLAN und STECKOLL zurück. Die von ihnen genannten Orte befinden sich im Philisterland und in Ägypten, also im heidnischen Ausland. Es ist sicherlich noch nicht berechtigt zu sagen: Diese Orte befanden sich nicht im Geltungsbereich der Halacha. Doch man ist berechtigt zu sagen: Sie befanden sich nicht im YHWH-Land, sondern in heidnischen Ausland! Heidnische Erde war immer ein Problem für fromme Juden. Auch für Heiden, welche den Glauben an YHWH angenommen haben. So nahm der von dem Propheten Elisa bekehrte Naaman zwei Maultierladungen Erde aus Israel nach Damaskus, weil er YHWH nur auf seiner eigenen Erde verehren konnte. (2. Kön. 5,1-19) Für den frommen König Josia, der die Kultreform durchgeführt hatte, war Samaria und dessen Kultort Bet-El kein YHWH-Land mehr, die Asche der verbrannten götzendienerischen Kultgegenstände schaffte er aus dem YHWH-Land hinaus: nach Bet-El. Bet-El war für ihn heidnisches Land! (2. Kön. 23,4). Wenn die Soldaten YHWH's das YHWH-Land überschritten und in feindliches heidnisches Land eingedrungen waren, fühlten sie sich unsicher. Wenn gar der heidnische König Mesa den Kronprinzen für den Landesgott Kenos "durchs Feuer gehen" ließ, dann war es höchste Zeit für die Krieger YHWH's, diesen heißen heidnischen Boden zu verlassen und heimzukehren, um wieder die Erde YHWH's unter den Füßen zu haben ... Es gibt noch manche andere Beispiele dieser Art, die zeigen, welch ein Unterschied besteht zwischen der heimischen Erde YHWH's und der fremden heidnischen Erde! Wenn fromme Juden in fremder heidnischer Erde ihren Glauben an ihren Gott YHWH durch ein Opfer kundgetan hatten, dann mußten diese Überreste des heiligen YHWH-Opfers von der unheiligen heidnischen Erde getrennt werden, isoliert werden. Die isolierende Schicht bildete das Tongefäß. Das Tongefäß trennte unheilige Erde von heiligen Opferresten, trennte Rein von Unrein. Mit solchen Vorstellungen von der isolierenden Funktion der Tongefäße müssen wir auch in Qumrân rechnen, wenn wir uns mit den Tierknochendepots befassen.

Diesem Gedanken ist J. van der PLOEG nachgegangen, der meinte, daß die Qumrângemeinde "die Tierknochen als unrein betrachtete und daß man sie deshalb in Töpfen oder unter Scherben beerdigte; man wollte vermeiden, daß irgendwer beim Ausschachten des Bodens sie aus Versehen berührte." R. de VAUX hielt diese These von van der PLOEG für "sorgfältig erarbeitet" (301).

----

301 LAPERROUSAZ, S.213, Anm. 2.

Der Vollständigkeit halber und um endlich zu einem Abschluß zu kommen, muß noch eine weitere Theorie erwähnt werden, die irgendwie mit der ganz am Anfang erwähnten Theorie von LAPERROUSAZ in Verbindung gebracht werden kann. So meint T. MILIK, daß nach der Ordensregel 1 QS I,7-II,19 die Aufnahme der Novizen mit dem Fest der Erneuerung des Bundes verbunden wurde, also am Wochenfest Schawuot. Er schreibt weiter: "Ohne Zweifel war dies die Gelegenheit für die zerstreuten Essener, sich im Mutterhaus in Qumrân einzufinden, und es ist verlockend, mit dem Fest die zahlreichen Reste von Tieren (Hammeln, Ziegen, Kühen) in Zusammenhang zu bringen, welche bei den Ausgrabungen entdeckt wurden zur selben Zeit wie eine ganze Serie von zertrümmerten Gefäßen..." (302). Eine ähnliche Ansicht äußerte auch G. VERMES, der sich eng an die Formulierungen von T. MILIK anschließt. Nach ihm haben die Tierknochendepots lange Zeit die Gelehrten verstört, und er stellt die Frage, ob MILIK recht hat mit der Zuordnung dieser Depots zu den "pilgrims in the Qumran mother-house" (303). Was die drei Gelehrten, LAPERROUSAZ, MILIK und VERMES verbindet, ist der Gedanke, daß es eine besondere Personengruppe gab, welche den Qumrânmönchen gegenüberstand. Bei LAPERROUSAZ sind es die Novizen, die von dem Gemeinschaftsmahl ausgeschlossen sind und in der Nähe die Knochen in diesen Depots ablegen. Doch die Depots sind ja massiert zu finden in locus 130, einem Ort, der sehr weit vom großen Gemeinschaftssaal entfernt ist: Hier sind es 20 Depots, und locus 132, der noch weiter

----

302 LAPERROUSAZ, S.219, Anm. 2 zitiert T. MILIK: "... Sans doute était-ce l'occasion pour les Esséniens dispersés de se retrouver à la maison-mère de Qumrân (sic!), et il est tentant (sic!) de mettre en rapport avec la fête les nombreux restes d'animaux (moutons, chèvres, vaches) découverts dans les fouilles, en même temps que toute une série de vases brisés" (T. MILIK, Dix ans des découvertes dans la Désert de Juda, 1957, pag. 77).

303 "... the twenty-six deposits of animal bones buried on the Qumran site - goats, sheep, lambs, calves, cows or oxen - have for long intrigued scholars. Can J.T. MILIK be correct in identifying them as the remains of meals served to large groups of pilgrims in the Qumran mother-house of the sect ... Naturally, he too connect the gathering with the Covenant festival." (G. VERMES, The Dead Sea Scrolls - Qumran in Perspective, 1978, S.108).

entfernt ist, sind es noch 8! Die Novizen scheiden aus als Verursacher dieser Depots, anders ist es mit den Essenern aus dem Umland ...

Wenn wir die verschiedenen Theorien überschauen, dann spüren wir, daß in allen gewisse Wahrheitskerne stecken, die sich möglicherweise zu einem Gesamtbild zusammenfügen lassen. Im Hintergrund steht sicher eine Mahlzeit, die möglicherweise an einem besonderen Tag, vielleicht am Schawuotfest, dem Fest der Bundeserneuerung, eingenommen wurde. Daß es sich um eine kultische Handlung handelte, zeigt die Sorgfalt, mit der die Knochen der Tiere verwahrt wurden. Daß die Tongefäße die Funktion hatten, den Inhalt von der Erde zu sondern, also Rein und Unrein zu trennen, ist auch deutlich geworden. Dazu kommt, daß es sich um verschiedene Personengruppen handelte, die wohl zur selben Zeit ein Fest feierten, aber nicht gemeinsam feiern konnten, beim Fest nicht zusammen in einem Raum sein konnten ...

An diesem Punkt unserer Überlegung ergibt sich ein Bild. Angenommen, es handelte sich tatsächlich um Schawuot, das Fest der Bundeserneuerung. Eingeladen dazu waren auch die Essener der Umgebung, die Essener "in den Dörfern und Städten", von denen Josephus berichtet. Es waren Laien, Sympathisanten, sie hatten niemals den Status eines Novizen erreicht. Wenn für die Novizen beim Gemeinschaftsmahl einschränkende Bestimmungen bestanden, dann erst recht für diese Gäste. An dem Gemeinschaftsmahl mit Brot und Tirosch/"Wein" konnten sie nicht teilnehmen. Dieses Mahl hatte die kultisch/priesterliche Funktion der Entsühnung des Volkes. Dieses Mahl konnten sie auch nicht in ihren Häusern durchführen, das war nur den "Auserwählten" der essenischen Gemeinde in dem für heilig gehaltenen Haus – so Josephus – in dem kein anderer Zutritt hatte, vorbehalten. Es wäre für diese "Tertiarier" – wie sie T. MILIK genannt hat – eine Blasphemie gewesen, dieses Kultmahl mit Brot und Tirosch/"Wein" bei ihnen zu Hause durchzuführen. Doch sie werden das Bestreben gehabt haben, eine kultische Mahlzeit zu halten, was nicht einfach war, weil sie mit dem Tempel in Jerusalem keine Verbindung hatten. Sie werden sich möglicherweise an das Pesachmahl gehalten haben als Vorbild. Doch seltsamer Weise sind die Knochen in den Depots in den meisten Fällen sehr glatt, stammen also von gekochtem und nicht gebratenem Fleisch. Doch das Pesachmahl schreibt gebratenes Fleisch vor und verbietet ausdrücklich gekochtes Fleisch. In Ex. 12,9 heißt es:

"Ihr dürft nichts davon roh oder in Wasser gekocht, sondern nur am Feuer gebraten verzehren ..."

Auch die Anlehnung an das Erstgeburtsopfer der Tiere könnte nur ganz entfernt in Betracht kommen, denn in den Depots lagen Knochen von ausgewachsenen Hammeln und Ziegen, Ochsen und Kühen! Erstgeburten mußten "Jahr für Jahr" (Deut. 15,20) geopfert und verzehrt werden. - Hier muß das wichtige Wort von R. de VAUX wieder in Erinnerung gebracht werden von dem "caractère volontaire", von der eigenwilligen Innovation der Leute, welche diese Tierknochendepots angelegt haben. Sie haben ein eigenständiges Opfermahl eingeführt in ihren Häusern - das müssen wir wohl annehmen als Grundlage der Tierknochendepots - in eigenen Kultformen, über die wir nichts wissen, die aber ähnlich sein können wie die Kultformen in dem Tempel von Jerusalem, der von diesen Essenern in den Dörfern und Städten genauso abgelehnt wurde wie von den Mönchen in Qumrân ...

Wenn aber das große Fest herannahte, das alle Essener vereinigen sollte, die Kerngemeinde von Qumrân und die essenischen "Tertiarier", dann machten sie sich auf, mit ihren Fleischopferstücken je nach Gelegenheit und Wohlhabenheit von Zicklein, Ziege, Lamm, Hammel, Kalb, Kuh oder Ochse. Vielleicht nahmen sie auch irdene Gefäße mit. An der großen Badeanlage am Eingang des Qumrânklosters reinigten sie sich physisch und geistig für den großen Tag. Dort legte ein Teil von ihnen die mitgebrachten Gefäße ab, und sie brachten die Fleischstücke zur Küche, wo die Priester der Qumrângemeinde amtierten. Was da vor sich ging, wissen wir nicht. Doch die Qumrânmönche waren tolerante Leute, sie hatten alle aufgenommen, die bei ihnen Schutz und Asyl suchten, sie werden diese "Tertiarier" und die Sympathisanten ihres großen Anliegens mit besonderer Güte bevorzugt und ausgezeichnet haben. Weiter wissen wir nichts. Die Fleischstücke dienten natürlich auch zum Verzehr, um den großen Tag mit großer Freude zu erleben. Und doch müssen wir annehmen, daß sie kultische Bedeutung hatten. Einige Gelehrte sind deshalb der Ansicht, daß es einen Altar in Qumrân gegeben haben müsse. ZEUNER bestreitet das, auch LAPERROUSAZ sagt nichts darüber aus, STECKOLL dagegen bringt einen Altar, den man in Qumrân gefunden hat, gleich zweimal, einmal als Zeichnung mit den Abmessungen und außerdem als Photographie (304). Die Haltung der Qumrânmönche diesem kultischen Brauch gegenüber muß zwiespältig gewesen sein. Auf der einen Seite haben sie Sorge getragen, daß dieser

----

304 S.H. STECKOLL, The Qumran Sect in Relation to the Temple of Leontopolis, Revue de Qumrân, No. 21, II/1967, als Zeichnung (S.57), als Photographie (neben S.64).

heilige Raum der Siedlung und die "terra sancta" der "Ewigen Pflanzung", der "Pflanzung der Treue und Beständigkeit" nicht in direkten Kontakt mit den Überresten dieses Opfermahls kommen konnte. Ihre Sorge könnte sogar so weit gegangen sein, daß sie die Tongefäße für diese Opfermahlszeitsreste bereitstellten, sie verfügten ja über eine eigene Töpferei. Jedenfalls ist deutlich, daß die Tongefäße die Tierknochen von dem heiligen Boden der Siedlung zu isolieren hatten. Die Anweisung zu geben, diese Knochen irgendwo in der Wüste außerhalb der Ummauerung zu verscharren, wäre den Mönchen ein Leichtes gewesen. Doch dies war auch nicht möglich. Sie waren tolerant und bemüht, diese Glaubensgenossen nicht zu verletzen, und so erlaubte man ihnen, diese Opferreste innerhalb der heiligen Siedlung in tönernen Gefäßen zurückzulassen. Es war ein Zeichen der Verbundenheit innerhalb dieser essenischen Gemeinde, daß die Essener, welche das Kultmahl mit Brot und Tirosch/ "Wein" praktizierten, auch das Opfermahl der Essener vom "Dritten Orden" respektierten.

Einen Hinweis auf den Ablauf an diesem Festtag, an dem die Essener der strengen und der milden Observanz gemeinsam und doch getrennt feierten, bieten vielleicht die loci, an denen man Tierknochendepots entdeckt hat. Massiert hat man diese Depots gefunden einmal in locus 130, zwanzig an der Zahl, in unmittelbarer Nähe der großen Badeanlage, im Nordwesten, also am Eingang in die Klostersiedlung! Massiert hat man diese Depots gefunden auch im Südosten, an der Innenseite der Mauer aus der israelitischen Zeit. Hier waren es dreißig Depots. Möglicherweise gab es einen Durchlaß an dieser Mauer oder man ging einfach an der großen Zisterne vorbei nach Süden und befand sich damit außerhalb des Klosters. Es ist bedeutsam, daß beide massierten Stellen sich am Eingang bzw. Ausgang in die Siedlung befinden. Es sieht so aus, als ob diese Opferleute die Tierknochen, also die Überreste ihres Opfers, an der Ausgangsstelle in die mitgebrachten oder von den Mönchen zur Verfügung gestellten Tongefäße gelegt haben, wobei das Gefäß auch verschlossen wurde. Auch dies scheint wichtig gewesen zu sein. Wenn einer dieser auswärtigen Essener mit seinen Söhnen dem Ausgang zustrebte, dann werden diese Männer die Knochen in einem Gefäß deponiert haben. Das scheint die Regel gewesen zu sein; denn von 39 untersuchten Depots enthalten 26 die Knochen von einem einzigen Tier. Freunde werden auch ein gemeinsames Gefäß benutzt haben. So enthalten 9 Depots Knochen von zwei verschiedenen Tieren. Es gibt dann nur noch 4 Depots, die Knochen von mehreren Tieren enthalten, 3 von 3

Tieren und 1 von 4 verschiedenen Tieren (305). Dieser Brauch, die Überreste des Opfers an den (Eingangs- und) Ausgangsstellen dieses heiligen, ummauerten, von der sündigen Außenwelt abgeschlossenen Ortes zu deponieren, spricht doch dafür, daß diese Opferer an dieser Stelle das Kloster verlassen haben, spricht doch dafür, daß es die auswärtigen Essener gewesen sein müssen, die Essener aus den "Dörfern und Städten", wie sie Josephus genannt hat. ...

Trotzdem muß man damit rechnen, daß auch noch andere Gruppen zu diesen Opferern gehört haben. Es gab sicher auch Rückwanderer aus der "Gemeinde des Neuen Bundes im Lande Damaskus", die aus irgendeinem Grunde sich mit dieser Nordgemeinde entzweit hatten und sich nach Qumrân begaben. Im Norden war das Tieropfer üblich, ein Text der Damaskusschrift ist ganz unbefangen und schreibt in CD IX,4 ganz beiläufig, als ob das eine Selbstverständlichkeit wäre, von einem "Widder des Sühnopfers". Es ist durchaus möglich, daß solche Praktiken der Nordgemeinde, die ja aus Familien bestand, auf die Essener im Lande Juda, die ja auch verheiratet waren, eingewirkt hat. Die Antagonisten der ersten Stunde waren ja alle tot. Diese ehemals schroffen Gegensätze zwischen der Damaskusgemeinde und der Qumrângemeinde, die zu der Zeit des "Lehrers der Gerechtigkeit" in der Frühzeit bestanden hatten, waren längst einer verständnisvollen und friedfertigen Einstellung gewichen. Da die Nordgemeinde eine essenische Institution war, die auch den Opferkult praktizierte, ist es durchaus möglich, daß diese vereinzelten essenischen Familien "in den Dörfern und Städten", sofern sie nicht imstande waren, eine eigene, auf die Tora gegründete kultische Praxis zu entwickeln, sich an die Kult-Praktiken der essenischen Nordgemeinde im Lande Damaskus anlehnten.

Es könnte aber noch andere Gruppen gegeben haben, die keine Essener waren und am Opferkult, der für sie in Jerusalem unerreichbar war, festhalten wollten. Es könnten die Leviten gewesen sein, die aus irgendwelchen Gründen um Asyl in Qumrân nachgesucht haben und die auch die "Tempelrolle" nach Qumrân gebracht haben müssen.

----

305 LAPERROUSAZ, S.212, über die Untersuchungen, die Professor F.-E. ZEUNER auf Bitten von R. de VAUX an 39 von etwa 60 Depots durchgeführt hat.

Und außerdem gab es in Qumrân zu dieser Zeit die Pharisäer, verfolgte Asylanten in der Zeit des rabiaten Hochpriester-Königs Alexander Jannai. Zu Beginn dieser Infiltration dieser frommen Fremden beugten sie sich unter das Gesetz der gastgebenden Gemeinschaft. Doch diese Pharisäer waren keine Quietisten, sie waren Aktivisten, und als sie nicht mehr eine unbedeutende Minderheit waren, wurden sie aktiv und sie scheinen sehr bald gemerkt zu haben, daß sie sich gegenüber dieser passiven apolitischen Gemeinde mit ihren Vorstellungen durchsetzen konnten. Diese pharisäische Infiltration veränderte die essenische Gemeinde von Qumrân. Das ist erkennbar an den Gräbern im Friedhof, nicht nur an den Frauengräbern, an den pharisäischen Schriften, den Targumim, an der neuen architektonischen Gestaltung des Großen Speisesaals – nach Jerusalem, zum Tempel hin – und vielleicht auch an den Tierknochendepots ...

Es ist durchaus möglich, daß es Pharisäer gab – vor allem in der Jannai-Zeit – die sich völlig in diese Qumrângemeinde integrierten und ihre Vorstellungen von der Endzeit sich zu eigen machten. Sie werden auch nach den zwei Jahren des Noviziats als Vollmitglieder dieser Gemeinde aufgenommen worden sein. Andere dieser asylantischen Pharisäer waren nicht bereit, sich so weit einzulassen in dieser Gastgeber-Gemeinde. Sie waren aber beeindruckt, daß es hier eine Gemeinde gab, die sich von Jerusalem und dem Tempel gelöst hatte und eine eigene Kultpraxis entwickelt hatte: das Kultmahl mit Brot und Tirosch/"Wein". Diese Pharisäer hatten sich ja auch vom Tempel in Jerusalem gelöst – weil hier der rabiate Hochpriester-König Alexander Jannai amtierte, der sogar ihr Leben bedrohte. Hier könnte unter diesen Pharisäern der Gedanke, der Wunsch entstanden sein, es diesen Essenern in Qumrân gleichzutun und in gleicher Weise eine Kultpraxis zu entwickeln, die aber dem Kult in Jerusalem näher war als das essenische Kultmahl mit Brot und Tirosch/"Wein"! So könnten auch diese Pharisäer ähnliche Opferformen für sich erstrebt und beansprucht haben – die unabhängig vom Tempel in Jerusalem realisiert werden konnten. Damit kamen die Pharisäer mit ihren Vorstellungen, Wünschen und ihrem Kultbrauch in die Nähe der Essener von der Nordgemeinde Damaskus und in die Nähe der Essener aus den "Dörfern und Städten" ...

Ich vermute, daß es hier einen Zusammenhang gab zwischen den Pharisäern, den Leviten, den Damaskus-Essenern und den essenischen "Tertiariern" und daß diese Gruppen sich einig waren, einen Kult mit geopferten Tieren durchzuführen, ähnlich wie in Jerusalem, das ihnen nicht zugänglich war.

Ich vermute weiterhin, daß diese Pharisäer es hinterher schwer hatten, nach Jerusalem zurückzukehren. In Jerusalem hatte nach dem Tode von Alexander Jannai die Königin-Witwe Alexandra Salome Schlomzion – sicherlich sehr unterstützt durch ihren Bruder Simon ben Schetach – die religiös-politische Genossenschaft der Pharisäer zur Herrschaft in diesem Staat berufen. Die Verfolgten aus dem Ausland – Josephus nennt die Zahl von achttausend – werden sicherlich zurückgekehrt und in allen Ehren empfangen worden sein. Doch was war mit den Asylanten in dieser häretischen Sekte in Qumrân? Die einen hatten sich verunreinigt mit diesem torawidrigen Kultmahl mit Brot und Wein! Die andern hatten eigenwillige Opferpraktiken durchgeführt, ohne auf den Tempel in Jerusalem Rücksicht zu nehmen! Beide Gruppen hatten sich durch dieses Asyl bei diesen Häretikern disqualifiziert. Die Qumrân-Pharisäer konnten nicht mehr nach Jerusalem zurückkommen. Sie blieben in Qumrân, wirkten dort weiter, und so erhielt sich die Gemeinde in Qumrân auch nach der innenpolitischen Wende nach dem Tode von Jannai. Es wäre eigentlich vorauszusehen gewesen, daß die Pharisäer Qumrân nach ihrem Siege in Jerusalem völlig verlassen haben und diese Gemeinde, ziemlich ausgezehrt, zurückblieb. Das war nicht der Fall. Die Blüte blieb erhalten ....

9. Kapitel

DIE ÜBERNAHME DER HERRSCHAFT DURCH DIE KÖNIGIN ALEXANDRA - SCHLOMZION UND DIE PHARISÄER - DIE FREVELTAT DES PHARISÄER-FÜRSTEN SIMON BEN SCHETACH

Der König Alexander Jannai war eine hervorragende Persönlichkeit gewesen. Er führte unablässig Kriege, erweiterte sein Staatsgebiet nach außen, doch er verstand es auch oft innenpolitisch die Register so zu ziehen, daß er die oberste Gewalt behielt über die verschiedenen rivalisierenden Gruppen im Lande. Er soll seiner Frau Alexandra geraten haben, weder die Pharisäer noch die Sadduzäer zu fürchten, sich aber fernzuhalten von den Heuchlern und Schmeichlern (306).

Der König war eine autoritäre Persönlichkeit. Sicherlich kam er zeitweise in Konflikt mit dem Kronrat, dem Synedrion. Dieses Gremium war der Chäbär, eine Mischung aus Gerusie, Senat, Hofkamarilla, Lobby mit sehr ausgeprägten innenpolitischen Machtinteressen. Dieser Chäbär bestand seit den Zeiten Hyrkans I. vorwiegend aus Sadduzäern. Daß der König sich von diesem Chäbär in seiner Machtvollkommenheit nicht beschränken ließ, kann man an seinen Münzen ablesen. Er pflegte zweierlei Münzen zu prägen: Solche mit seinem Hochpriestertitel, wobei aber auch die Mitregierung des Chäbär zum Ausdruck kam: "Yehonathan (oder Yonathan), der Hochpriester und der Chäbär der Juden". Er scheint aber mit dem Chäbär nicht immer einverstanden gewesen zu sein, dann prägte er die Münzen bilingual - hebräisch-griechisch - und stellte seinen Königstitel in den Vordergrund: "Yehonathan der König (hebräisch) - König Alexander (griechisch)"! (307)

Wenn er mit diesem Gremium Chäbär nicht einverstanden war, könnte er auch andere Gruppen gegen diese aristokratische, priesterlich bestimmte Sadduzäer-Kamarilla, die ihre Machtposition gegen den König ausbauen wollte, eingesetzt haben. Hier boten sich an die Leviten, die jahrhundertelang einen Existenz-

---

306 SCHÜRER-VERMES, I, S.230, Anm. 3: Nach Talmud bSot 22b: "Fear neither the Pharisees, nor those who are (Sadducees), but beware the hypocrites..."

307 SCHÜRER/VERMES, I, S.227.

kampf mit den privilegierten Priestern führten. Die plötzliche Gunst des Königs könnte diese Gruppe dazu gebracht haben, in dem König den Bauherrn des von ihnen ersehnten idealen Tempels zu sehen und ihm entsprechende Vorschläge zu unterbreiten. Auf diese Weise ist wohl die Tempelrolle 11 QT entstanden. Der König wird abgelehnt haben, und die um ihre Sicherheit besorgten Leviten könnten als Asylanten mit ihrer Rolle in Qumrân erschienen sein ...

In einer Zeit, in der die Spannungen zwischen dem König und den Pharisäern noch nicht so stark entwickelt waren, könnte der König auch die Pharisäer gegen die Sadduzäer eingesetzt haben. Die Rabbinen haben uns eine Anekdote überliefert, in welcher der Pharisäerführer Simon ben Schetach im Chäbär, also im Synedrion, auftritt – wobei das Einverständnis des Königs hier vorauszusetzen ist. Simon ben Schetach ist der Bruder der Königin Alexandra, gehört also gewissermaßen zur königlichen Familie. Im Sanhedrin – Synedrion – Chäbär prüft er bei Streitfragen die Sadduzäer auf ihre Kenntnis der Tora, weist ihnen nach, daß ihre Kenntnis unzureichend ist, und besetzt ihre Plätze allmählich mit seinen pharisäischen Anhängern – natürlich immer mit dem Einverständnis des Königs. Diese neue Sitzverteilung führt dazu – sicherlich die Absicht des Königs – die Macht der Sadduzäer im Synedrion-Chäbär zu schwächen (308).

----

308 "... die Sadduzäer saßen im Sanhedrin. Der König Jannai und die Königin Schlomzion saßen (auch) hier. Keiner von Israel saß hier mit Ausnahme von Simon ben Schetach. Sie fragten nach Rechtsgutachten und Gesetzen und wußten nicht, ihre Begründung aus der Tora abzuleiten. S.b.Sch. sagte ihnen: 'Nur wer versteht, Beweise von der Tora abzuleiten, ist geeignet, im Sanhedrin zu sitzen.' Eines Tages gab es ein wichtiges Problem für sie, sie wußten aber nicht, die Ableitung aus der Tora zu erbringen bis auf einen, der murmelnd sagte: 'Gib mir Zeit, morgen werde ich wiederkommen.' Er gab ihm Zeit. Er kam, saß da, war aber nicht fähig, die Ableitung von der Tora zu erbringen. Am nächsten Tage schämte er sich, in den Sanhedrin zu kommen und hier zu sitzen. S.b.Sch. nahm einen von seinen Schülern und setzte ihn auf seinen Platz. Er sagte zu ihnen: 'Die Zahl 71 darf im Sanhedrin um keinen einzigen Sitz unterschritten werden!' So tat er jeden Tag bei ihnen, bis alle von ihnen verschwunden waren. Der Sanhedrin von Israel war damit konstituiert. Der Tag, als der Sanhedrin von den Sadduzäern gereinigt, als der Sanhedrin der Sadduzäer verschwunden war und der

Die Spannungen zwischen dem König und den Pharisäern und also auch die Spannungen zwischen dem König und seinem Schwager Simon ben Schetach werden stärker. In Fürsorge für mittellose Fromme bittet der Pharisäerführer den König um Geld für die notwendigen Opfer. Er verspricht ihm, das ausgelegte Geld aus der eigenen Tasche zurückzuzahlen, hält aber das Versprechen nicht. Simon geht in den Untergrund, weil er für sein Leben fürchtet. Doch eine fremde Gesandtschaft will den berühmten Pharisäer unbedingt sehen, und so erhält Simon, unterstützt von seiner königlichen Schwester, freies Geleit. Im Gespräch mit dem König macht er diesem klar, daß Geld wenig bedeutet gegenüber den Kenntnissen der Tora und der Gelehrsamkeit, die Simon andern Menschen, auch dem König gegenüber, zuwende, zu ihrer Belehrung und zu ihrem Heil. Eine Weisheit, die eigentlich zeitlos ist oder sein sollte...

Die Spannungen zwischen den Pharisäern und dem König verschärften sich. Die Beleidigungen der Pharisäer am Laubhüttenfest - sie bewarfen den Hochpriester-König mit Zitrus-Früchten - ahndete der Herrscher hart, durch seine Söldner ließ er mehrere tausend Pharisäer niedermachen. Nach einem unglücklichen Feldzug machten die Pharisäer einen Aufstand gegen den König. In diesem Bürgerkrieg spaltete sich aber die pharisäische Genossenschaft, ein Teil kämpfte für den König und die vom Syrerkönig bedrohte Souveränität des Staates, ein anderer Teil der Pharisäer kämpfte unverdrossen gegen den König. Pharisäer schossen in diesem Bürgerkrieg auf Pharisäer. Das Ende dieses Krieges (94-88) sah den Triumph des siegreichen Königs Alexander Jannai. 800 rebellische Pharisäer ließ er lebend ans Kreuz schlagen und vor ihren Augen ihre Kinder und Frauen von seinen Soldaten niedermetzeln. Im Kreise seiner Buhldirnen schaute der König zu. Doch es schauten auch zu die "siegreichen" Pharisäer, sie mußten mitansehen, wie ihre Genossen martervoll zu Tode gebracht wurden. Das war ein Bild, ein Schauspiel, eine Zur-Schau-Stellung, die sie in ihrem ganzen Leben nie vergessen konnten. Sie mußten sich an die eigene Brust schlagen und sich sagen: Wir sind mitschuldig, daß unsere Genossen da oben hängen und martervoll zu Tode gebracht werden. Der aber, der diese Schuld uns aufgebürdet hat, ist der Hochpriester-König Alexander Jannai. Wir hassen ihn aus tiefstem Herzensgrunde!

Sanhedrin von Israel konstituiert wurde, wurde von ihnen zum Feiertag gemacht." (Megillat Ta^{c}anit bei J. NEUSNER, The Rabbinic Traditions about the Pharisees before 70, I, 1971, S.117-118).

Als nach dem Tode des Königs die 8000 Flüchtlinge aus der Fremde heimkehrten, die gegen Alexander Jannai gekämpft hatten und der Kreuzigung entgangen waren, waren sie erfüllt von dem Haß gegen den König, aber auch voll Verachtung gegenüber den pharisäischen Genossen, die an der Seite des Königs gekämpft und gesiegt hatten. Beide Seiten, die unterlegenen und die siegreichen Pharisäer, begegneten sich in Feindschaft.

Simon ben Schetach war am Leben geblieben. Sicherlich hat ihn der schützende Arm seiner königlichen Schwester vor dem Tode bewahrt. Als er aus dem Dunkel wieder auftauchte, sah er mit großer Besorgnis die Zerklüftung der pharisäischen Genossenschaft. Es gab ja außer den Pharisäern, die sich mit der Waffe in der Hand bekämpft hatten, auch noch die, welche den Kampf verabscheut, sich der gemeinsamen chasidischen Vergangenheit erinnert und bei der Qumrângemeinde am Toten Meer Asyl gefunden hatten. Sie schieden aus als Verräter an der pharisäischen Linie. Möglicherweise hatten sie sogar einen Kultbrauch mit Tieropfern ausgeübt, der nur in Jerusalem im Tempel durchgeführt werden konnte. Ihnen wird man deshalb verwehrt haben, nach Jerusalem zurückzukehren und sich der pharisäischen Genossenschaft wieder anzuschließen. Diese abgefallenen Pharisäer waren kein Problem für Simon ben Schetach. Doch wie sollte der innere Friede wieder hergestellt werden zwischen den siegreichen Pharisäern und den unterlegenen Pharisäern. Beide warteten mit berechtigten Vorwürfen auf. Die einen sagten, die andern Genossen hätten den Tempelstaat verraten, weil sie einen Syrerkönig ins Land gerufen und heidnische Fremdherrschaft in Kauf nehmen wollten. Die andern sagten, ihre Genossen hätten den Tempelstaat verraten, weil sie diesen unwürdigen König Alexander Jannai als Hochpriester anerkannt und für ihn gekämpft hatten.

Doch diesem Streit mußte ein Ende gemacht werden. Simon ben Schetach war gewillt, den inneren Frieden innerhalb der pharisäischen Genossenschaft wieder herzustellen, koste es was es wolle, und koste es sein eigenes Ansehen, seinen Leumund, seinen Ruf ... Es galt, diese Blutrachegelüste in dieser Gemeinde mit einem Schlag zum Stillstand zu bringen. Und diesen Schlag führte ben Schetach. Nur ein ganz eindrucksvolles und sinnenfälliges Ereignis konnte die zerstrittenen Pharisäer wieder zur geschlossenen Bruderschaft zurückführen. Es ging darum, "diese Menschen in ein Ereignis einzubeziehen, das ihnen ein schockierendes Erlebnis vermitteln soll." Was Simon ben Schetach tat, war nichts anderes als ein "Happening" – wie wir heute sagen würden (309).

Simon ben Schetach war bemüht, das Trauma, die Erinnerung an die 800 gemarterten Pharisäergenossen, die beide Seiten belastete, und die gegenseitige Feindschaft aufzuheben. Er suchte nach dem Gemeinsamen, das beide Seiten vereinen konnte. Er fand dieses Gemeinsame im dem Haß gegen den Hochpriester-König Alexander Jannai. Doch er war tot. Die Königin-Witwe Alexandra Schlomzion hatte klug verstanden, die Pharisäer von der Schändung des königlichen Leichnams abzubringen. Doch es gab noch Lebende, denen man vorwerfen konnte, den König beraten und zu der Kreuzigung der 800 Pharisäer gedrängt zu haben ...

Simon ben Schetach tat etwas Ungeheuerliches. Seine Tat war so ungeheuerlich, daß die Erzähler und Berichterstatter davor zurückschauderten. Sie hatten diese Tat, so wie sie geschah, nicht zu erzählen, nicht zu berichten gewagt. Die Scham verschloß ihnen den Mund. Denn der Mann, der dies tat, war die kraftvollste Persönlichkeit der pharisäischen Frühzeit, der Mann, der die pharisäische Genossenschaft vor dem Untergang und der gegenseitigen Selbstzerfleischung gerettet hat. Er hat es getan, ohne Rücksicht auf seine Person, auf sein Ansehen, auf seinen Leumund, auf seinen Ruf. Seine Tat blieb unvergessen, doch sie wurde in der Überlieferung so verfälscht, so verfremdet, so verhüllt in den rabbinischen Berichten und Legenden, daß nur ein ausgezeichneter Kenner dieser Materie, MARTIN HENGEL, den historischen Hintergrund erhellen konnte (310). Die Tat des Simon ben Schetach war ungeheuerlich, sie war frevelhaft und eigentlich unentschuldbar! Seine Zeitgenossen haben ihn und seine Tat verdammt. – In der vortannaitischen Zeit hat man immer zwei fromme führende Gelehrte in der Überlieferung festgehalten. Der eine war der Fürst und hatte den Vorrang, er war der Nasi (Naśî), sein Partner, der "Paar"-Genosse, war sein Stellvertreter, er war der "Vater des Gerichts" (ᵓAb bet dîn). Es ist sehr stark zu vermuten, daß es

----

309 Die in Anführungszeichen gesetzte Wortfolge ist die Definition von "Happening", einem "neudeutschen" Wort, seit 1962, eingeführt.

310 M. HENGEL, RL, Rabbinische Legende und frühpharisäische Geschichte. Schimeon ben Schetach und die achtzig Hexen von Askalon, Abhandl. d. Heidelb. Akademie d. Wiss., 1984, S.11-60.

Positionskämpfe gegeben hat zwischen den beiden Anwärtern, zwischen den beiden "Paar"-Genossen, um das höchste Amt, um die Führung in der pharisäischen Genossenschaft. Diese Rivalenkämpfe zwischen Simon ben Schetach und seinem Partner Jehuda ben Tabai sind in der Überlieferung festgehalten worden. Während in der vorhergehenden Zeit ziemliches Dunkel liegt über diese pharisäischen Führungs-"Paare", wird es Licht, wenn wir in die Ära des Simon ben Schetach eintreten (311). In der frühen Überlieferung hat man seinem Rivalen die Führungsrolle zuerkannt. Seine Zeitgenossen konnten diesen Mann und seine Existenz nicht verschweigen, doch seine Freveltat war so ungeheuerlich, daß sie ihm die Führung der pharisäischen Genossenschaft verweigerten, er mußte auf den Platz des Stellvertreters zurücktreten. Erst im 3. Jahrhundert post wurde dieser Pharisäerführer rehabilitiert, und die Rolle des "Fürsten" wurde ihm endlich zuerkannt. Offenbar hatte man inzwischen erkannt, welche Bedeutung dieser Simon ben Schetach für die Entwicklung und Entfaltung der pharisäischen Bewegung und damit des Judentums überhaupt besaß (312).

----

311 Die pharisäische Frühzeit ist nur aus Qumrântexten zu erschließen. Die These, daß der Makkabäer Simon die chasidische Gruppe um den "Lehrer der Gerechtigkeit" gespalten und mit den Abgefallenen eine eigene Gemeinde gegründet hat, aus der später die pharisäische Genossenschaft wurde, habe ich dargelegt und begründet in "Zwei lösbare Qumrânprobleme...", 1986, S.143-184: Der Gründer der Pharisäergenossenschaft: der Makkabäer Simon. – Die pharisäische Tradition hat diesen Ursprung ihrer Gemeinschaft wohlweislich im Dunkel gelassen. Erst beim dritten der fünf Gelehrtenpaare stoßen wir auf eine breitere Überlieferung. Erst die kraftvolle, politisch aktive Persönlichkeit des Simon ben Schetach, neben welcher der hochgelehrte Jehuda ben Tabai in den Hintergrund gerückt wird, ist für die pharisäisch-rabbinische Überlieferung einer späteren Zeit zu dem Mann geworden, der für seine Zeit repräsentativ war!

312 M. HENGEL, RL, S.37: Simon hat seinen Rivalen Jehuda "aus der Rolle der führenden Persönlichkeiten verdrängt. Offenbar sahen die späteren tannaitischen Tradenten in Schimeon mehr und mehr den wichtigsten Repräsentanten des Pharisäismus zur Zeit des Erzbösewichts Jannai."

Was Simon ben Schetach getan hat, war ungeheuerlich! So wie die Tat geschehen war, konnte sie auf keinen Fall überliefert werden. Es handelte sich um Mord und noch dazu um vielfachen Mord. Außerdem um eine Tötungsart, die im Judentum ungebräuchlich und bei strenger Auslegung der Tora sogar verboten war! Dazu kam noch erschwerend und die Schuld verschärfend, daß kein Gericht bemüht wurde! Es war reiner Mord! Und Mord war nach den noachidischen Geboten eine Tat, die unter gar keinen Umständen getan werden durfte. Sollte der Täter dazu gezwungen werden, so mußte er sich vorher selbst entleiben. Das galt bei Mord, bei Inzest und bei Götzenverehrung. Diese Bestimmungen stammen natürlich aus einer späteren Zeit, doch die zugrundeliegenden Antriebe zu solch strengen Verboten können wir durchaus in eine frühere Zeit verlegen.

Was Simon ben Schetach getan hat, war ungeheuerlich. So wie die Tat geschehen war, konnte sie auf keinen Fall überliefert werden. Diese Freveltat mußte unbedingt anders dargestellt, verändert, verschoben, verfremdet werden. Verfremdet wurden die hingerichteten Personen: Aus politischen Gegnern wurden Frauen (in der Gelehrten-Diskussion) oder Zauber-Frauen/Hexen (in der volkstümlichen Erzählung). Verfremdet wurde auch der Ort der Handlung, der Tötung: Im Ausland, außerhalb des YHWH-Landes, gewissermaßen außerhalb des Geltungsbereiches der Halacha, waren die Morde geschehen: in Askalon! Askalon war niemals jüdisch! Askalon war philistäisch, die einzige hellenistische Stadt, die Jannai nicht eroberte, "das letzte Bollwerk des Heidentums im Heiligen Land", "in der talmudischen Literatur ... das Zentrum des Götzendienstes und der Unreinheit" (313). Askalon war immer heidnisch, war immer Freistaat, erst 1948 wurde es dem Staat Israel eingefügt.

Wer die Getöteten und den Ort des Geschehens verfremdet hat und damit den Töter, den berühmten Pharisäerfürsten Simon ben Schetach, entlastet hat, ist nicht mehr auszumachen. Auch die Zeit, in der die Verfremdung vorgenommen wurde, liegt im Dunkel. Die Texte, die uns überliefert sind, kennen nicht mehr den tatsächlichen Hergang, sie kennen nur die Verfremdung: 80 Frauen/Zauberinnen in Askalon. Was nicht verfremdet wurde, ist die Person, Simon ben Schetach, und die Art der Tötung, das Aufhängen ...

----

313   M. HENGEL, RL, S.41-42.

Von dieser Tat Simons erfahren wir in einer Gelehrtendiskussion, die sich mit der Frage beschäftigt, wie Frauen am Galgen hängen dürfen – mit der Rückseite zu den Zuschauern – und ob sie überhaupt am Galgen aufgehängt werden dürfen. Als dies verneint wurde, gerät Simon ben Schetach überraschend plötzlich in die Diskussion:

> "R. Eliezer sagte zu ihnen: 'Hat Schimon ben Schetach nicht Frauen in Aschkelon aufgehängt?' Sie antworteten: 'Er hängte 80 Frauen, während deren zwei nicht an einem Tage hingerichtet werden sollen.'" (314)

Außer dieser Gelehrtendiskussion gibt es noch eine volkstümliche Erzählung, in welcher Simon ben Schetach noch stärker entlastet wird. Die Frauen werden in Zauberinnen verwandelt, und es ist in hohem Maße "rechtens", Zauberinnen zu töten. Die 80 Zauberinnen – wieder die Zahl 80! – hausen in einer Höhle, in der antiken Anschauung stehen diese Hexen mit den chthonischen Kräften im Bunde. Sie verlieren sofort ihre Zauberkraft, wenn sie vom Erdboden weggehoben werden. Simon dringt in die Höhle der Hexen ein, verspricht ihnen sexuellen Genuß in den Armen von 80 jungen Männern. Als diese auf sein Pfeifen hin hereinstürmen, hebt jeder von ihnen eine Hexe in die Höhe, um ihr die Zauberkraft zu nehmen. Der Schluß dieser volkstümlichen Hexenerzählung: "Sie hoben sie in die Höhe, gingen weg und kreuzigten sie." (315)

Über die Todesstrafen im Judentum – natürlich auch über Hängen und Kreuzigen – hat M. HENGEL in seinem Aufsatz sich ausführlich geäußert. In San 7,1 werden vier Todesstrafen genannt: Steinigung, Verbrennung, Enthauptung und Erdrosselung – doch "lediglich die beiden ersten (Steinigung und Verbrennung) haben eine biblische Grundlage, die beiden letzten sind dagegen wohl aus dem römischen Staatsrecht übernommen." Und: "Das jüdisch-pharisäische Kapitalrecht der Mischna und der Talmudim (kennt) die Todesstrafe des 'Aufhängens am Galgen' so wenig wie die Kreuzigung, die von den Lehrern des 2. Jh. n.Chr. als Strafe der 'Regierung' ausdrücklich abgelehnt wird." (316)

----

314   M. Sanh. 6:4, – J. NEUSNER, I, S.92 – M. HENGEL, RL, S.13.

315   y Hag 78 a.

316   M. HENGEL, RL, S.28.

Während in der Bibel und im späteren Judentum das Hängen und das Kreuzigen ausdrücklich verboten sind, hat es nach HENGEL in der Zwischenzeit einen Bruch gegeben: Juden haben in der hellenistisch-römischen Zeit "schwere politische Vergehen" mit der Kreuzigung geahndet. Dieser Bruch in der Tradition und die Rückkehr zum alten Brauch wirkt nicht sehr glaubhaft. Es muß allerdings zugegeben werden, daß es drei Männer gab, die in dieser Zeit gekreuzigt haben: Der Hochpriester Alkimos (schon in der Makkabäerzeit), der Hochpriester-König Alexander Jannai und der Pharisäer-Fürst Simon ben Schetach. Natürlich kann man die Taten der Gekreuzigten als "schwere politische Vergehen" bezeichnen, doch ein Recht zur Kreuzigung hatten diese drei Männer deswegen nicht; in allen drei Fällen setzte der persönliche Haß alle Schranken des Gesetzes außer Kraft. In allen drei Fällen handelte es sich um bürgerkriegsähnliche Zustände, um besondere Notsituationen. Von Alkimos wissen wir, daß er 60 Asidaioi hinrichten ließ. Von Alkimos wissen wir, daß er nicht allein Hochpriester war. Neben ihm der vom syrischen König eingesetzt und bestallt war, amtierte der Makkabäer Juda, der den Tempel neu geweiht hatte. Der Hochpriester Alkimos hatte große Schwierigkeiten, sich gegenüber seinem Rivalen durchzusetzen, er hielt sich ziemlich lange in Antiochia auf. Bei seinem Amtsantritt hat er 60 Männer, die wohl zu dem Makkabäer Juda hielten, hinrichten lassen. In dieser bürgerkriegsähnlichen Situation hielt er diese Maßnahme für notwendig. In diesen Zusammenhang gehört wohl auch "die Kreuzigung des Lehrers Jose ben Joezer in der Makkabäerzeit – nach einer versprengten rabbinischen Nachricht – durch seinen Neffen Jaqim, der mit dem Hochpriester Alkimos in Verbindung gebracht wird." (317) Es ist nicht verbürgt, daß Jose ben Joezer zu den 60 Asidaioi, sicherlich makkabäertreuen, politisch aktiven Chasidim, gehört hat. Doch bei der Hinrichtung dieser oppositionellen Gruppe könnte der Hochpriester Alkimos sich auch des kritischen Onkels entledigt haben... Die Hinrichtungsart, die Kreuzigung, war dem auf syrische Gnaden angewiesenen Hochpriester sicherlich auf seinen zahlreichen Antiochia-Reisen bekannt gewesen ...

Die Kreuzigung, veranlaßt durch Juden, einmal bei Alexander Jannai und ein weiteres Mal bei Simon ben Schetach, war eine Aktion, hervorgerufen durch den maßlosen Haß in einer Bürgerkriegssituation, der jegliche Schranken der Überlegung und des

---

317 M. HENGEL, RL, S.31, Anm. 61 – NEUSNER, I, S.76-77: Gen.R. 65:27 = Midrasch zu Psalms 11:7.

Rechtsempfindens und der Rücksicht auf die Tradition der Tora
ausgelöscht hatte. Noch vor der Mischna-Talmud-Zeit hat Josephus sehr scharf die Kreuzigung der 800 Pharisäer durch
Alexander Jannai verurteilt, im Bellum bezeichnete er das Vorgehen des Hochpriester-Königs als "Gottlosigkeit" (asebeia), in
den später geschriebenen Antiquitates als Unmenschlichkeit.
Alexander Jannai hatte ja vor den Augen der gemarterten, am
Kreuz hängenden Pharisäer ihre Frauen und Kinder niedermetzeln lassen. Wenn hundert Jahre vor Josephus die Tempelrolle
11 QT diese Kreuzigungen Jannais als legitimen Staatsakt darstellt, dann steht dahinter einmal der Haß des Schreibers oder
der Schreiber auf die Pharisäer, welche den Leviten den Einfluß auf das Volk und damit einen wesentlichen Wirkungsbereich
weggenommen hatten, zum andern die Unterwürfigkeit gegenüber
dem Hochpriester-König, der als Bauherr den Tempel nach den
idealen Vorstellungen der Leviten errichten sollte. Daß bei
den Essenern, die in gleicher Weise den Pharisäern voll Haß
gegenüberstanden, eine ähnliche Haltung und eine gewisse In-
differenz dem brutalen Hochpriester-König gegenüber festzustellen ist, geht aus dem Nahum-Pescher hervor, der sich gleichfalls auf diese Kreuzigungsaktion bezieht. Leider haben wir
an einer entscheidenden Stelle eine Lücke, die in verschiedener
Weise ergänzt werden kann. Die einen meinen, diese Kreuzigungsaktion Jannais sei ein unerhörter Akt, die andern, sie sei
von altersher üblich. Sollte der Nahumpescher die Kreuzigungsaktion Jannais genauso verteidigen wie die Tempelrolle 11 QT,
so ist dies aus dem Haß gegenüber den Pharisäern zu erklären,
gegen eine Genossenschaft, die sowohl den Leviten als auch den
Essenern den Rückhalt im Volke zu nehmen versuchte. Die
Leviten der Tempelrolle und die Essener des Nahumpescher
waren Außenseiter und nicht repräsentativ für das Judentum.

Im Judentum war das Hängen eines Lebenden an den Baum, um
ihn daran sterben zu lassen, zu keiner Zeit "rechtens"! Daran
ändern auch nichts die Bemühungen von M. HENGEL, in dieser
hellenistisch-römischen Zwischenzeit die Todesstrafe der Kreuzigung bei Juden und durch Juden festgestellt zu haben: "Aus
alledem darf man schließen, daß auch die Juden ... schwere
politische Vergehen in der hellenistisch-römischen Zeit mit der
Kreuzigung ahndeten. Erst der römische Mißbrauch dieser Strafe
ab dem 1. Jh.n.Chr. führte dann zu einer ablehnenden Haltung
der rabbinischen Lehrer." (318) Ich halte es für sehr fraglich,
ob es einen solchen Zwischenzustand gegeben hat, zwischen der
Auffassung der Tora einerseits und der Auffassung von Mischna

----

318 M. HENGEL, RL, S.34.

und Talmud andererseits, einen Zwischenzustand, in dem die Kreuzigung bei Juden und durch Juden erlaubt war. Die Zeugnisse, die M. HENGEL anführt, überzeugen nicht. Sie zeigen, daß die Kreuziger nie Juden waren, sondern persische oder hellenistische heidnische Könige, die über den persischen Raum herrschten. Die Kreuzigung war ja ursprünglich eine Todesstrafe, die im persischen Raum entstand. Wenn fromme Juden in einigen Fällen die frevlerischen Gekreuzigten gehaßt haben, so ist dies kein Beweis dafür, daß diese Todesstrafe von Juden verhängt werden durfte (319).

Die Hängung/Kreuzigung war bei Juden niemals "rechtens"! Der Beweis liegt in dem Versuch, diese frevelhafte Tat des Simon ben Schetach zu verfremden in einer "Metamorphose", die die

----

319 Die Todesstrafe der Kreuzigung war bei den Juden zu keiner Zeit "rechtens". Die Belege bei M. HENGEL, RT, S.34, zeigen, daß Perser, von Persien Beeinflußte und Römer die Kreuziger waren. Bei Esra 6,11 handelt es sich um ein Dekret des persischen (!) Königs Darius. Im Estherbuch 7,9 wird Haman auf Befehl des persischen (!) Königs Achaschwerosch – (Arta-)Xerxes gekreuzigt. In der Assumptio Mosis 6,8 ist der Kreuziger vermutlich der römische (!) Legat in Syrien P. Quintilius Varus, und in 8,2 ist der Kreuziger wieder – wie bei Josephus Ant. XII.V,4 = § 256 – der verruchte Syrerkönig Antiochos IV. Epiphanes, dessen Herrschaftsgebiet sich über Persien (!) erstreckte. – Auch Num 25,4 kann nicht für die Kreuzigung in Anspruch genommen werden. Hier ergeht der Befehl YHWH's an Mose, die Götzendiener zu töten: "Spieße sie für YHWH an den Pfahl!" Der Kreuzestod erfolgt nach langem schmerzhaften Leiden mit angebundenen oder angenagelten Händen, ist ein ausgesprochener Martertod. Dieser Aufspieß-Befehl hat mit dem Kreuzestod nichts zu tun. Pinchas, der für seine Tat die höchste Würde für sich und seine Nachkommen, die Hochpriesterwürde, erhielt, führte den Befehl Gottes mit dem Spieß aus: Er durchbohrte mit seiner Waffe zwei Menschen, die im Zelt gerade den Beischlaf vollzogen, den israelitischen Fürsten und die heidnische Midianiterin (Num. 25,7-8). Es mag hier angefügt werden, daß diese Pinchas-Episode von E. SELLIN als verschlüsselter und verfremdeter Text für ein entsetzliches Ereignis angesehen wurde, das die spätere Berichterstattung in ähnlicher Weise zu vertuschen suchte wie die Ermordung der Sadduzäer durch Simon ben Schetach: die Ermordung Mose durch priesterliche Kräfte ...

getöteten Sadduzäer in Frauen/Zauberinnen verwandelt und den Ort des Geschehens ins heidnische Ausland verlegt, wo die Gesetze Gottes nicht gelten. Wir haben noch einen Beweis, daß Simon ben Schetach ein Frevler ist und deswegen Höllenstrafen verdient! Wenn er ein Frevler ist, dann muß das mit seiner Tat zusammenhängen: mit der Hängung/Kreuzigung! Was wiederum beweist, daß diese Todesstrafe nicht "rechtens" war!

Die Legende, die den Simon ben Schetach den Qualen der Hölle ausliefern will und die ein wichtiges Beweisstück darstellt, daß seine Tat eine Freveltat war, ist ein seltsames Gemisch aus Bausteinen, die wir aus der Gelehrtendiskussion und der volkstümlichen Erzählung kennen. Wir finden sie hier ziemlich vollständig wieder: Baustein Simon ben Schetach – Baustein Askalon – Baustein Hexen/Zauberinnen – Baustein 80 – Baustein ihre Tötung – Baustein Positionskampf um den "Nasi" – Baustein Simon, ein frevelhafter Mensch! Alle Bausteine sind in dieser Legende verarbeitet, doch der Bau sieht ganz anders aus als die verfremdete Überlieferung, stellt diese sogar auf den Kopf. Ausgangspunkt für den Schreiber dieser Legende: Simon, ein frevelhafter Mensch! Im Hinterkopf hat der Schreiber sicherlich die Torastelle Ex. 22,17: "Eine Zauberin sollst du nicht am Leben lassen!" Der Schreiber hat sich dabei gedacht: Wenn Simon mit Zauberinnen zu tun hatte und mit dem Problem des Tötens dieser Hexen und er ist in diesem Zusammenhang mit einer Freveltat belastet, dann gibt es nur eine Lösung: Er hat versäumt, die Hexen zu töten und damit große Schuld auf sich geladen. Interessant ist dabei, daß der Positionskampf um die Pharisäerführung hier angesprochen wird. Simon verspricht: "Wenn ich zum Nasi gemacht werde, werde ich die Zauberinnen töten." Doch er tut es nicht. Ein Gelehrter erhält in dieser Legende die Weisung, zu Simon zu gehen und ihm aufzutragen: "Siehe, dort gibt es 80 (!) Zauberinnen (!), die hausen in einer Höhle von Askalon (!) und zerstören die Welt. Geh und sag es ihm!" Doch Simon redet sich damit heraus, daß er das Gelübde nicht ausgesprochen, sondern nur gedacht hat ... (320). Diese verdrehte Legende ist in einer späten Zeit entstanden und den Tatsachen, die zugrunde liegen, sehr fern. Trotzdem muß sie hier erwähnt werden, weil sie weiß, daß Simon ben Schetach ein Frevler ist, eine Freveltat begangen hat ...

Die Zahl "80" ist allen drei Texten gemeinsam. Für diese absonderliche Zahl findet der Philologe in M. HENGEL keine pas-

----

320   y Hag 77d – M. HENGEL, RL, S.17-18.

sende Analogie weder in der antik-hellenistischen, noch der
biblischen, noch der talmudischen Literatur und betrachtet
diese Zahl "80" als Unikum (321). Doch dem Historiker in M.
HENGEL entfleucht die Katze aus dem unergründbaren Sack des
Ignoramus und bringt die Sache, um die es hier geht, ans
Licht: "Alexander Jannai läßt 'in der Mitte der Stadt' Jerusalem 800 gefangene Gegner kreuzigen, Schimeon b. Schetach,
sein Gegenspieler, 80 Zauberinnen in Askalon 'aufhängen'. Die
Analogie ist unübersehbar" (322). Damit ist die Zahl "80" die
Antwort auf die Zahl "800". Die Aktion Simon ben Schetachs
war die Antwort auf die Aktion des Alexander Jannai! Selbstverständlich sind beide Zahlen runde Zahlen. Auch die Zahl
"80" ist eine runde Zahl. Doch wenn man bedenkt, daß 71
Sadduzäer im Synedrium saßen, und wenn man weiß, daß im
Judentum gerne auf Zehner und Hunderter aufgerundet wird,
dann versteht man besser, weshalb wir hier in allen Frauen/
Hexen-Texten die Zahl 80 vorfinden. Dazu kommt, daß die Zahl
"800" (oktakosioi) in der historischen Überlieferung bei Josephus – an mehreren Stellen – vorgegeben war. Simon konnte

----

321 M. HENGEL, RL, S.80: "Die 80 der talmudischen Erzählung
     scheinen ... in der antiken Literatur eine einzigartige
     Versammlung zu sein." – Ebenda, S.40: "Wahrscheinlich
     hat dieses Motiv der 80 Frauen aber noch einen weiteren,
     tiefergehenden, phönizisch-mythologischen Hintergrund."
     Biblische Belege für diese "eine runde größere Anzahl
     2 X 40" findet er in 2. Kön. 10,24; 2. Chron. 16,17; Jer.
     41,5. – Rabbinische Quellen sind auch nicht ergiebig.
     Ebenda, S.44: "So soll Hillel 80 Schüler besessen haben."
     Schließlich bescheidet sich M. HENGEL mit der Feststel-
     lung, S.47: "Die große Zahl 80 muß schlechterdings als
     ein Unikum betrachtet werden, hier fällt alles aus dem
     üblichen Rahmen."

322 M. HENGEL, RL, S.41 – Der Historiker HENGEL, an der
     Josephus-Bellum-Übersetzung geschult, macht den modernen
     Trend der modernen Theologie nicht mit und findet zu
     dieser Problematik sehr klare Worte, S.12: "Daß in der
     deutschen Forschung ein historisches Interesse gering ge-
     worden ist und man vielmehr gerne mit vorgefertigten
     Klischees arbeitet, hängt mit dem für unsere Zeit fast
     chronisch gewordenen Mangel an historischem Sinn in mei-
     ner eigenen Disziplin zusammen, der die erst vor etwa
     100 Jahren erfolgte Verselbständigung und Ablösung von
     der Kirchengeschichte bzw. der systematischen Theologie
     und ihre Selbstbeschränkung auf das enge Feld des neu-
     testamentlichen Kanons nicht gut bekommen ist."

keine 800 seiner innenpolitischen Gegner kreuzigen, wie es Jannai getan hatte, er begnügte sich mit dem zehnten Teil. Wieder die Zahl "10". Hier treffen wir auf den "Sitz im Leben" dieser metamorphosierten Erzähltexte.

Es waren aber nicht nur die Zahlen 800:80, die in einem engen Verhältnis zueinander stehen. Beide Zahlen weisen auf Racheakte hin an innenpolitischen Gegnern. Jannai ließ kreuzigen ... Was tat Simon? Entsprechend der Tat seines hochpriesterlich-königlichen Vorbildes mußte auch er kreuzigen lassen! Dieser Meinung steht auch M. HENGEL nahe: "Es ist durchaus möglich, daß sie 'Auge um Auge, Zahn um Zahn' an ihren ... Gegnern dieselbe Todesstrafe der Kreuzigung vollzogen, welche die von Jannai gefangenen pharisäischen Parteigänger erlitten hatten." (323) Ganz abgesehen davon, daß die Kreuzigung der "80" Sadduzäer ein absichtsvoller Racheakt war für die Kreuzigung der "800" Pharisäer, auch nach den "Metamorphose"-Texten muß es sich um eine Kreuzigung handeln. Der Galgen, das Hängen mit dem Strick um den Hals mit unmittelbarer Todesfolge, scheidet aus. Nach M. HENGEL war der Galgen vor Konstantin, also vor dem 4. Jahrhundert post, ein äußerst seltenes Hinrichtungsmittel, und die strangulatio, die römische Erdrosselung, die aber am Boden ausgeführt wurde, wird erstmals bei der Hinrichtung Hyrkans II. durch Herodes erwähnt (324). Die Verfremdungstexte weisen beide auf eine Kreuzigung und nicht auf den Galgen. In der volkstümlichen Erzählung sagt Simon ben Schetach zu einem von den Jünglingshelfern: "Schaffe sie ans Kreuz!" als er sieht, daß die betreffende Hexe ihre Zauberkraft verloren hat. "In der Hexenlegende ist das sofortige Aufhängen durch die innere Logik der Erzählung notwendig." (325) Auch in der Rabbinerdiskussion muß man wohl beim "Hängen" an eine Kreuzigung denken, denn "von einer vorausgehenden Tötung ist hier nicht die Rede." (326) Auch in diesen Texten wird die naheliegende Begründung des Hexentodes in Ex. 22,17:

----

323 M. HENGEL, RL, S.53.

324 M. HENGEL, RL, Aufhängen am Galgen: S.28 - Erdrosselung als "schonende Hinrichtungsart ohne Entstellung des Leichnams und ohne öffentliche Zurschaustellung": S.34.

325 M. HENGEL, RL, S.28 und S.35.

326 M. HENGEL, RL, S.27.

"Eine Zauberin sollst du nicht am Leben lassen!" nicht erwähnt, wohl weil hier die Todesstrafe der Steinigung streng
gefordert wird! Die Todesstrafe der Kreuzigung war nicht
"rechtens" nach den Vorschriften der Tora.

Die frevlerische Hinrichtung der sadduzäischen Gegner durch
den Pharisäer-Fürsten Simon ben Schetach, die uns M. HENGEL
in einer geistreichen Untersuchung erschlossen hat, wird bestätigt durch die historischen Berichte in den Büchern des
Josephus. "Geschichtliche Erinnerung und phantasievoll ausge-
malte Legende sind nicht immer sich ausschließende Gegensätze
... einzelne dieser rabbinischen Notizen und Legenden (werden)
durch den Bericht des Historikers Josephus wirklich besser verständlich." (327) Daß nach dem "Staatsstreich" der Pharisäer,
ihrer Machtübernahme im Tempelstaat unter der fügsamen und
frommen Königin Alexandra - Schlomzion, die innenpolitischen
Sieger an ihren sadduzäischen Feinden blutige Rache nahmen,
berichtet uns Josephus im Bellum und in den Antiquitates: "So
ließen sie den Diogenes, einen der hervorragenden Männer und
Freund Alexanders hinrichten unter der Anklage, er sei als Ratgeber in der Angelegenheit der '800' (sic!) beteiligt gewesen."
Sie bestürmten die Königin, ihnen auch gegen die andern Sadduzäer freie Hand zu gewähren. "Als sie es aus befangener Frömmigkeit zugab, da ermordeten sie, wen sie wollten..." (328)

Simon ben Schetach hatte in den Augen der Frommen eine Freveltat begangen. Es war Mord, nach den noachidischen Geboten
ein unerhörtes Verbrechen. Er hatte die Genehmigung des
Synedriums nicht eingeholt. Wenn man bedenkt, daß wenige
Jahrzehnte später der junge Herodes in Lebensgefahr geriet,
weil er das Synedrium nicht bemüht hatte, um Rebellen hinzurichten, dann erkennt man, wie streng man in dieser Zeit über
eigenmächtige Hinrichtungen dachte. Allerdings war durch den
politischen Umbruch in jener Zeit das Synedrium außer Kraft
gesetzt. Selbst wenn Hyrkan II. als Hochpriester einer solchen

----

327 M. HENGEL, RL, S.39. Hier zitiert er auch J. NEUSNER, I,
S.139, der nach ihm gleichfalls einen Zusammenhang herstellt zwischen den rabbinischen Texten und den historischen Berichten des Josephus. Er spricht von "a 'harmony'
of the rabbinic stories of Simeon and his contemporaries
with the account of Josephus."

328 Josephus, Bellum I.V,2-3 = § 113 - Ähnlich Ant. XIII.
XVI,2 = § 409.

Behörde vorstand und er hätte das Vorgehen Simons genehmigt, dann hätte ja er und nicht Simon die volle Verantwortung für die Morde übernommen. Simon nahm alles auf seine eigene Kappe. Alles, die Morde, die illegale Tötungsart der Kreuzigung, die nach der Tora verboten war, und auch das Vergehen, an einem Tage mehr als eine Person zu Tode zu bringen, alles nahm er auf sich, der fromme Pharisäer-Fürst Simon ben Schetach! Sein Ansehen, seinen Leumund, seinen Ruf, seine Position als Pharisäer-Nasi gab er hin bei dieser Ermordung der verhaßten Sadduzäer.

Noch im Mittelalter hat man Simon ben Schetach wegen dieser Freveltat getadelt. Es war kein Geringerer als Mosche ben Maimon, der ausdrücklich betonte, daß der Vorgang den Normen des ordentlichen Prozeßverfahrens zuwiderlief: "Es stand dort keinerlei Möglichkeit der Untersuchung, der Ausforschung und der Verwarnung zur Verfügung, auch geschah (die Exekution) nicht aufgrund eines einwandfreien Zeugnisses, vielmehr war es eine Entscheidung der Stunde (sic!), gemäß dem, was er für notwendig hielt (sic!)" (329).

Simon hatte völlig eigenmächtig gehandelt. Doch er befand sich in einer Notsituation. Diese Notsituation ist angesprochen in Yerushalmi Sanhedrin 6,8 (23 c), wobei noch knapper formuliert wurde als in Sifre Din und einen Text bietet, der möglicherweise noch ursprünglicher und älter ist und damit dem historischen Vorgang noch näher steht: "... weil die Stunde es erforderte." (330)

Simon ben Schetach befand sich in einer Notsituation, er handelte unter "dem Zwang der Zeiten" ... "weil die Stunde es erforderte", so die Aussagen der Texte. Worin aber bestand die Notsituation. Not brachten nicht nur die Sadduzäer, ihre militärische Erfahrung und ihr politischer Einfluß. Vielmehr waren die Sadduzäer durch die neue Lage völlig perplexiert, schwach und völlig hilflos. Dieses seltsame und unerwartete Verhalten gab

----

329 Maimonides Hilkot Sanhedrin 24,4 (p. 29a), zitiert bei M. HENGEL, RL, S.15.

330 Ähnlich Sifré Deut. 221: "... He hung eighty women, and yet (the law is) one does not judge (even) two (capital) cases on one day, but the times necessitated (sic!) teaching through exemplary punishment (and also as regards to hanging women)." J. NEUSNER, I, S.90.

ja sicherlich den Anstoß, in der "Metamorphose" diese sadduzä-ischen Männer mit Weibern, also mit schwachen und haltlosen menschlichen Geschöpfen – so die weitverbreitete Meinung jener Zeit – in eins zu setzen. Tatsächlich ließen sie sich nach Josephus willenlos und widerstandslos wie Herdenvieh abschlachten (331).

Die bedrohliche Situation, die nach M. HENGEL "ein hartes, rasches und entschlossenes Durchgreifen (erforderte)", sah ganz anders aus. Ein Qumrântext ist hier hilfreich. Die Qumrânleute waren mit den Pharisäern verfeindet. Diese Rivalensekte hatte der essenischen Gemeinde des "Lehrers der Gerechtigkeit" über viele Jahrzehnte hart zugesetzt, und man war in diesen Kreisen froh, als die Pharisäer nun selber von den hasmonäischen Hoch-priestern verfolgt wurden. Selbst die Exekution der 800 Phari-säer durch den Hochpriester-König Alexander Jannai könnte ein Grund zur Freude, zur Schadenfreude gewesen sein, was man möglicherweise aus dem Nahumpescher herauslesen kann. Diese Strafe Gottes, die über ihre Feinde hereingebrochen war, sahen sie allerdings unter einem eschatologischen Aspekt. Der Unter-gang dieser frevlerischen Feinde, der Leute, "die nach glatten Dingen suchen," war eine Voraussetzung für den Sieg der "Aus-erwählten Gottes" in der Endzeit. Die Zeichen der Zeit standen günstig. Pharisäer hatten gegen Pharisäer mit der Waffe ge-kämpft. Pharisäer hatten Pharisäer getötet. Diese Genossen-schaft war im Begriff, sich selbst zu zerfleischen, und dieser Prozeß würde weitergehen bis zur endgültigen Vernichtung der Rivalensekte. Das war die Hoffnung der Qumrânleute. Diese Hoffnung haben sie im Nahumpescher präzise ausgesprochen:

> "Seine Deutung bezieht sich auf die 'Herrschaft' (!) de-rer, die nach glatten Dingen suchen, wo aus der Mitte ihrer Gemeinde (sic!) nicht das Schwert der Völker ver-schwinden wird, Gefangenschaft und Raub und Zank unter-einander (sic!) und Verbannung aus Furcht vor dem Feind, und eine Menge von Leichen der Schuld (sic!) wer-den in ihren Tagen fallen ..."

Die Hoffnung der essenischen Qumrângemeinde besteht ja darin, daß dieser Zustand der Selbstzerfleischung dieser Gemeinde kein Ende finden wird, daß es immer so weiter gehen wird, bis zum endgültigen Ende dieser Genossenschaft!

----

331 Josephus, Ant. XIII, XVI,2 = § 412.

"... und da wird kein Ende sein (sic!) für die Gesamtheit ihrer Erschlagenen, und mit ihrem fleischlichen Leib
werden sie gewiß straucheln über den Rat ihrer Schuld."
(332)

Diese Zukunftserwartung der essenischen Gemeinde war nicht
unberechtigt, sie hatte guten Grund, die völlige Vernichtung
der von ihr so verhaßten Rivalensekte in absehbarer Zeit zu
erwarten. Denn die Kluft unter den Pharisäern schien unüber-
brückbar. Da waren die siegreichen, staatstreuen Pharisäer,
die an der Seite des Hochpriester-Königs gegen ihre rebellierenden Genossen gekämpft hatten. Sie konnten dieses grausige Bild
nicht vergessen, daß ihre "Genossen" – 800 an der Zahl – an
den Bäumen aufgehängt einen langsamen martervollen Tod erlitten, während ihre Frauen und Kinder vor ihren Augen niedergemetzelt wurden. Ein grausiges Bild, das kein Pharisäer vergessen konnte. Die siegreichen, staatstreuen Pharisäer, die da
standen und zusehen mußten, mußten den König Jannai hassen,
der mit ihrer Hilfe in dieser schändlichen Weise ihre "Genossen"
martern und hinmorden ließ. Sie waren selber schuld an diesem
Geschehen und sie wälzten ihre persönliche Schuld ab auf den
König, den sie abgrundtief haßten. Von den unterlegenen rebellierenden Pharisäern werden auch einige diese Marter ihrer
Genossen gesehen haben, die meisten waren ins Ausland geflohen und kehrten erst nach dem Tode des Hochpriester-Königs
Alexander Jannai zurück. Sie schrien nach Rache. Sie schrien
nach Vergeltung an den siegreichen staatstreuen Genossen, die
dem König diesen grausigen Sieg und die grausige Kreuzigung
ihrer Genossen ermöglicht hatten. Eine tiefe Kluft tat sich auf
zwischen den ehemals staatstreuen und den ehemals rebellierenden Pharisäern. Beide Seiten konnten berechtigte Vorwürfe gegen die Gegenseite ins Feld führen. Die staatstreuen Pharisäer
behaupteten, die andern Genossen hätten den heidnischen Syrerkönig ins Land gerufen und damit die Selbständigkeit des Tempelstaates, der nur einem Herrn, dem Hochheiligen selbst, unterworfen war, verraten. Die rebellierenden Pharisäer behaupteten, ein frommer Pharisäer dürfe einen solchen brutalen Hochpriester-König, wie Jannai einer war, nie und nimmer an der
Spitze des Tempelstaates anerkennen! Die Kluft schien unüber-
brückbar ...

In dieser Situation, in dieser Zeit, da die Gemeinschaft der
pharisäischen Genossenschaft und auch ihr Weiterbestehen aufs

---

332 Nahumpescher 4 Q p Nah II,4-6 – Übersetzung: E. LOHSE,
      S.265.

äußerste gefährdet war, warf sich Simon ben Schetach in die Bresche. Er opferte sich, seinen Ruf, sein Ansehen, seinen Leumund, seine Position als Pharisäer-Fürst. Er wußte genau, was er tat. Er wußte, was die beiden zerstrittenen Parteien in seiner Genossenschaft – trotz aller Differenzen – noch einte: Der Haß auf den Hochpriester-König Alexander Jannai. Die einen wurden von ihm blutig verfolgt, die andern hat er in schwere Schuldkonflikte gebracht. Der König war tot. Seine Frau Alexandra-Schlomzion hatte klug vermieden, daß die empörten Pharisäer seinen Leichnam schändeten. Doch es gab Überlebende, die Sadduzäer im Synedrium, die nach Ansicht der Pharisäer verantwortlich waren für den Tod ihrer 800 Genossen ...

Simon ben Schetach handelte. Er wußte, was auf dem Spiele stand, die Einheit der pharisäischen Genossenschaft! Um dieses Zieles willen handelte er. Alle Skrupel fielen von ihm ab. Er opferte sich um dieses Zieles willen. Er veranstaltete eine schockierende Schaustellung besonderer Art – man könnte das heute ein "Happening" nennen – Er ließ einige Dutzend der Sadduzäer ans Kreuz hängen. Er tat damit genau das gleiche, was Alexander Jannai getan hatte... Dieses grausige Bild von damals sollte ein für allemal verschwinden vor diesem neuen Bild der sadduzäischen Gekreuzigten. Der Haß, der beiden Gruppen gemeinsam war, sollte bei diesem Bild, bei dieser Schau, bei dieser Zurschaustellung der verhaßten Freunde des Alexander Jannai, die nun an dem Holz den martervollen Tod erwarteten, das alte Bild von den gekreuzigten 800 Pharisäern zum Verschwinden bringen und endgültig auslöschen ...

Simon ben Schetach hat sich geopfert. Er verlor auch seinen Sohn. Er hat bezahlt mit dem Leben seines Sohnes. Als die Sadduzäer wieder Luft holen konnten, haben sie Simon heimgezahlt, was sie erlitten hatten. Das Rad der Rache drehte sich wieder, diesmal nach der andern Seite. Seine Gegner vergalten ihm, was er mit "seinen heißen Händen" getan hatte. Mit Hilfe falscher Zeugen verurteilten sie den Sohn Simon ben Schetachs zum Tode. Das war allerdings später. (333)

Simon ben Schetach hat sich geopfert. Seine Zeitgenossen haben
ihm diese Tat nicht gedankt, sie haben sie nicht verstanden.
Seine Freunde wußten keinen andern Rat, keinen andern Ausweg, als diese Tat, diesen frevelhaften Akt zu verfremden.
So ist seine rettende Tat für die Pharisäergenossenschaft nur
in dieser Form der "Metamorphose" zu unserer Kenntnis gelangt.
Die Mitwelt hat ihm diese Tat nicht gedankt. Die Nachwelt sehr
spät. Die Nachwelt hat erkannt, daß durch diese grausige Freveltat des Simon ben Schetach nicht nur die Geschlossenheit der
pharisäischen Genossenschaft wiederhergestellt wurde, sondern
daß damit auch die sadduzäische Vorherrschaft, ihre Machenschaften und ihre Veränderungen und Verfälschungen der Tora
und die Verkehrung aller gottgewollten Werte und Wege in ihr
Gegenteil ein für allemal beseitigt wurden. Das war das Verdienst Simon ben Schetachs. So konnte eine spätere Zeit rück-
schauend sagen: "Und die Welt war verödet, bis Schimeon ben
Schetach kam und die Tora wieder zu ihrer alten Bedeutung
brachte." (334) Sogar messianische Töne werden in diesem Zusammenhang laut: So heißt es in einer ähnlichen Nachricht
über diese Zeit, daß "in den Tagen Simon ben Schetachs, in
den Tagen der Königin Sh^clamsu der Regen so reichlich fiel,
daß die Feldfrüchte eine märchenhafte Größe erreichten." (335)

----

333 M. HENGEL, RL, S.56: "Der von Josephus beschriebene
Widerstand gegen die neuen (pharisäischen) Machthaber
wird in der Legende vom Auftreten von "Spöttern", die
durch falsches Zeugnis den Sohn Schimeon b. Schetachs
zum Tode bringen, angedeutet. Man hat sie unmittelbar
mit der Exekution in 'Askalon' verbunden: die Hände des
Heros seien noch von jener Tat 'heiß' gewesen, als die
Spötter tückische Rache übten (ySan 6,3 23b Z 53 ff ...)
- ebenda, S.27, Anm. 47: "... Die hebräischen Versionen
in Raschi zu bSan 44b und im Midrasch der zehn Gebote
hängen die Legende von der Verurteilung des Sohnes von
b. Schetach als Racheakt für die Hinrichtung der 80 Zauberinnen an, bewirkt durch ein Komplott falscher Zeugen
YShab 6,4 (2) 23b, 54 ff."

334 b Qid 66 a, zitiert nach J. NEUSNER, I, S.108, bei M.
HENGEL, RL, S.38.

335 S Lev 26,4 b, zitiert nach J. NEUSNER, I, S.29, bei M.
HENGEL, RL, S.38. - J. NEUSNER schreibt ebenda: "... 'in
the days of Simeon b. Schetach' means simply 'in the
good old days'".

Diese goldenen Worte konnten aber die Düsternis, die mit der Freveltat des Simon ben Schetach über die Pharisäer hereingebrochen war, nicht ganz aufhellen. Der dunkle Fleck, der Makel blieb. Die Aktion war frevelhaft. Es ist durchaus möglich, daß man in der damaligen Zeit soweit ging, in Zukunft jegliche derartige Aktion zu verwerfen. Die Zeit war solchem Umdenken günstig. Politische Veränderungen wirkten ein: der erneute Bürgerkrieg zwischen den sadduzäischen Anhängern Aristobuls II. und den pharisäisch bestimmten Anhängern Hyrkans II. Der Bürgerkrieg endete in der Katastrophe des Tempelstaats und der Unterwerfung unter die Weltmacht Rom, die jetzt endlich an ihr Ziel gelangt war. Diese Ereignisse führten zu einer tiefgreifenden Veränderung bei den Pharisäern, die sich nach M. HENGEL "von einer politisch aktiven, ganz am theokratischen Ideal orientierten Partei in eine nach innen gerichtete Heiligungsbewegung verwandelten, als deren bedeutendster Exponent Hillel betrachtet wurde." (336) Ein gewisser Quietismus setzt sich durch.

Die andere Linie, die militante Linie, die zeitweise von der quietistischen Linie zurückgedrängt wurde, blieb aber erhalten. Immer gab es militante Fromme (337). Ganz zuletzt, am allerletzten Ende des Tempelstaats sollten sich diese Kräfte durchsetzen und den Tempelstaat endgültig zerstören.

Obwohl der Historiker die Entscheidung für die Militanz mißbilligt, weil diese Entscheidung letztlich den Tempelstaat zerstörte und die Erhaltung der jüdischen Religion aufs äußerste

----

336 M. HENGEL, RL, S.57. HENGEL nennt S.59 drei Beispiele für diese Veränderung:
1. Die althergebrachte Parteibezeichnung der "Pharisäer" wird jetzt vermieden, sie kommt nur dreimal in der Mischna vor.
2. Der frühere Ehrenname "Eiferer" gerät auch ins Zwielicht.
3. Bei der Fällung von Todesurteilen wird starke Zurückhaltung bemerkbar, die nicht nur damit zu begründen ist, daß die Todesstrafe nicht mehr von jüdischen Autoritäten verhängt werden kann, sondern von der Besatzungsmacht!

337 M. HENGEL, RL, S.57, nennt als Belege das Auftreten des Pharisäers Zadduk mit dem rebellierenden Galiläer Juda um 6 post und die Kämpfe zwischen quietistischen Hilleliten und militanten Schammaiten beim Ausbruch des Großen Jüdischen Krieges.

311

gefährdete – die Religion wurde durch die Quietisten und die Defaitisten erhalten und gerettet – so muß er doch anerkennen, daß in früheren Zeiten die Erhaltung der jüdischen Religion Verdienst der militanten Linie war. Diese Reihe wird angeführt von dem Makkabäervater Mattathia, der in einer entscheidenden Situation mit dem Dolche zustach, es folgte ihm sein Sohn Juda Makkabaios, der mit seinen Brüdern – unter der strategischen Leitung des genialen Simon – gegen die Syrer kämpfte, den Tempel reinigte, die religiöse Freiheit und die Restituierung des Tempelstaates erzwang. Nachdem drei Makkabäerbrüder gefallen waren, gehören in diese Reihe auch die erfolgreichen makkabäischen Hochpriester Jonatan und Simon, welche den Tempelstaat erheblich erweitern konnten und schließlich die volle Souveränität des Tempelstaates erreichten und das heidnische Joch abwerfen konnten. In diese militante Reihe gehört natürlich auch die Kriegsgurgel Alexander Jannai, der den Bereich des Tempelstaates so ausweitete, daß er fast der Ausdehnung des davidisch-salomonischen Herrschaftsbereiches gleichkam und somit einen fast messianischen Glanz erreichte. In diese militante Reihe gehört nun aber auch der Pharisäer-Fürst Simon ben Schetach, der einige Dutzend seiner innenpolitischen Feinde ans Kreuz hängen ließ.

Diese Kreuzigung der Sadduzäer war die letzte militante Tat in der Geschichte des jüdischen Volkes in der Tempelzeit, die von Erfolg gekrönt war. Dieser Kraftakt, dieses Happening, diese schockierende Zurschaustellung der Sadduzäerfeinde, die am Holz hingen und jammervoll starben, war eine Freveltat. Doch sie hat nicht nur die Einheit der pharisäischen Genossenschaft erhalten, sondern damit auch den Weiterbestand des religiösen Judentums gesichert und damit die jüdische Religion vor dem Untergang und der Vernichtung gerettet.

Simon ben Schetach ist eine tragische Gestalt. Die Tragödie müßte noch geschrieben werden. Er war der letzte Repräsentant einer erfolgreichen Militanz. Er stand an der Wende, eine Persönlichkeit der historischen Zäsur. Was später geschah an militanten Taten, das hatte immer wieder nur das eine Ergebnis – den Niedergang und Untergang des jüdischen Tempelstaates zu beschleunigen ...

10. Kapitel

"DIE LETZTEN PRIESTER VON JERUSALEM", HYRKAN II. UND ARISTOBUL II. DIE BESEITIGUNG DER HASMONÄISCHEN HERRSCHAFT DURCH DIE RÖMISCHEN "KITTIIM" ANNO 63 ANTE

Nachdem Simon ben Schetach in einer außergewöhnlichen, torawidrigen, viele Gemüter erschütternden, öffentlichen Kreuzigung von mehreren Dutzend Sadduzäern die Wende herbeigeführt hatte, war sicherlich kein Sadduzäer mehr im Sanhedrin. Die Sadduzäer waren entmachtet. Das torawidrige und frevelhafte Spectaculum hatte zur Folge – das war ja neben der Rache das Hauptanliegen Simon ben Schetachs – daß die hadernden Flügel der pharisäischen Genossenschaft wieder zueinander fanden und eine geschlossene Phalanx bildeten. Dies ist ihm gelungen!

Die Essener verfolgten diese Entwicklung mit großer Sorge und Bestürzung. Sie waren fest davon überzeugt gewesen, daß der pharisäische Bürgerkrieg (94-88) und die nachfolgenden Streitigkeiten zur Spaltung und zur Selbstauflösung dieser verhaßten Rivalensekte führen müsse. Darin sahen sie das Strafgericht Gottes über ihre Feinde und die offensichtliche Bestätigung ihres eigenen richtigen Weges und die Offenbarung der Gnade Gottes, in der sie standen ...

Doch jetzt, anno 76 ante, waren alle ihre Erwartungen und Hoffnungen von der Vernichtung der gegnerischen Gemeinde zerronnen. Die pharisäische Genossenschaft war wieder da, eine geschlossene Einheit! Und nicht nur das! Durch die Gunst der Stunde waren sie an der Macht! Seit den letzten Regierungsjahren Hyrkans I. – etwa fünfunddreißig Jahre hindurch – war diese frevelhafte Genossenschaft von der Staatsspitze, dem Hochpriester in Jerusalem, unterdrückt und blutig verfolgt worden. Doch jetzt war die Wende gekommen. Aus den Verfolgten konnten wieder Verfolger werden, erbarmungslose Verfolger. Die Pharisäer übernahmen alle wichtigen Positionen im Staat, sie besetzten die leergewordenen Stühle im Sanhedrin. Die fromme Königin Alexandra Schlomzion

> "gab alles den Pharisäern anheim, hieß das Volk ihnen gehorchen und setzte alle den Pharisäern von ihren Vorfahren überlieferten Einrichtungen, die ihr Schwiegervater

Hyrkanos (I.) abgeschafft hatte, wieder in Kraft." (338)

Die Königin hatte die Uhr um mehr als dreißig Jahre zurückgedreht. Diese Zeitspanne der dreißig Jahre hatte damals die Gemeinde von Qumrân von ihren theologischen Widersachern, den Pharisäern, befreit. Eine enorme Bautätigkeit, eine starke Erweiterung der Siedlung war die Folge: Blütezeit in Qumrân! Die unerwartete Einigkeit der pharisäischen Genossenschaft, vor allem aber ihr Einfluß in Politik und Staat war ein schwerer Rückschlag für die essenische Gemeinde. Wie hatten sie sich sicher gefühlt, als die Pharisäer sich im Kriege selber zerfleischten! Und wie selbstsicher hatten sie dieses Geschehen gedeutet als eine sichtbare Strafe Gottes über ihre Feinde! Auch hatten sie die Hoffnung gehabt, daß Gott jetzt kommen und sein Reich errichten würde!

Doch nun war alles anders gekommen. Es ist kein Wunder, daß sie sich von Gott verlassen fühlten. Sie hatten keinen Garanten, der ihnen das Heil am Ende aller Tage sicherte. Sie waren völlig auf sich selbst gestellt. Sie mußten sich in Reinheit bewähren. Ihr Weg mußte der richtige Weg sein! Sie waren sich oft nicht sicher, ob sie immer noch in der Gunst und der Gnade Gottes standen. Dazu kam noch die Zersplitterung der essenischen Gemeinschaft. Es gab ja nicht nur die Mönche von Qumrân, es gab auch die verheirateten Essener im Lande Damaskus, es gab die Essener in den Dörfern und Städten, es gab die Therapeuten in Ägypten. Das Problem der Ehelosigkeit, der torawidrige Verzicht auf die Nachkommenschaft bedrückte viele. Auch die Abschließung nach außen, die esoterische Elitebildung, wird einigen als antiquiert erschienen sein, weil in dieser Zeit schon protodemokratische Ideen im Lande Juda Fuß gefaßt hatten. Es gab manche Gründe, welche die innere Sicherheit und das Selbstverständnis der essenischen Gemeinde in Frage stellen konnten. Dazu kamen noch die deutlich erkennbaren Rückschläge, wie eben jetzt die Machtübernahme der verhaßten Pharisäer im Tempelstaat Juda! Es sollte in diesem letzten Jahrhundert ante nicht der letzte und nicht der einzige und nicht der schwerste Rückschlag sein, der diese Gemeinde "heimsuchte" und ihr die Verzweiflung bescherte, die Erfahrung, von Gott verlassen zu sein...

----

338   Josephus, Ant. XIII. XVI,2 = § 408. Leider wissen wir sehr wenig über diese pharisäischen Vorschriften der "mündlichen Tora", die damals außer Kraft gesetzt wurden.

Die essenische Gemeinde hat überlebt, sie hat diese schmerzenden Rückschläge überwunden. Ihr remedium war die Schrift.
In der Schrift, vornehmlich bei den Propheten Jesaja, Habakuk
und Nahum, fannden die Gelehrten dieser Gemeinde heraus,
daß ja alles Widrige, was sie eben erlebten, bei diesen Propheten schon "prophezeit" war, daß ihre Leiden in der Heilsgeschichte Gottes schon längst vorgesehen waren. Für diese Auffassung von der Schrift bei den Essenern gibt es sehr überzeugende Belege in den Pescharim. Doch es gab auch Rückschläge, es gab geschichtliche Situationen, die nicht aus der
Schrift erklärt werden konnten. Auch sie mußten bewältigt werden. Hier scheint die Gemeinde keinen andern Ausweg gesehen
zu haben, als ganz nüchtern, ganz realistisch ihre Situation
zu kennzeichnen. Gott hatte seine Herrschaft inzwischen an Belial abtreten müssen. Die Gemeinde hat einen Terminus geprägt,
der den Tiefpunkt ihrer Existenz, das Minimum ihres Seins ausdrückte, jedoch so ausdrückte, daß die Erwartung des Maxi-
mums, der Erlösung aus dieser Gottverlassenheit, das Heil am
Ende aller Tage unausgesprochen mitgedacht war. Die Essener,
die in der Geschichte ihrer Gemeinde so gewaltige Nackenschläge erhalten hatten, bezeichneten sich selbst als die "ʾawanîm
chäsäd", die "Armen an Gnade"! Doch die Hoffnung war klar:
Einmal würde kommen der Tag, der Tag aller Tage... Es gab
noch eine ähnliche Selbstbezeichnung dieser Gemeinde: "ʾawanîm
ruach", die "Armen am Geiste". Gemeint ist natürlich hier, daß
sie nicht mehr in der "Gnade" Gottes stehen und auch von dem
"Geist" Gottes abgeschnitten sind. Einer der Evangelisten –
der Jude Matthäus – vielleicht einstmals selbst essenischen Kreisen zugehörig oder essenische Schriften bearbeitend – hat dieses Wort von den "Armen im Geiste" in die erste Seligpreisung
der Bergpredigt Jesu übernommen, wo sich dieses Wort recht
seltsam und fremdartig anmutet ... ausnimmt ...

Der Rückschlag mag sich für die Essener in Grenzen gehalten
haben; denn schließlich hatten die Pharisäer noch in guter
Erinnerung, wie viele Bedrohte aus ihren eigenen Reihen in
der Klostersiedlung von Qumrân Asyl und Zuflucht gefunden hatten. Die Sadduzäer traf der Rückschlag härter, sie waren aber
jetzt nicht mehr willens, weitere Morde hinzunehmen. Sie wandten sich bittflehend an die Königin. Die stand nun zwischen
zwei Feuern, zwischen ihren Freunden, den Pharisäern, und
deren erbitterten Feinden, den Sadduzäern.

Die Königin Alexandra Schlomzion war eine erfahrene Regentin (339). Sie hatte Frieden mit den Pharisäern gemacht und ihnen ihren Lieblingswunsch erfüllt: Die Gewaltenteilung. An sich war das keine neue Idee. Schon ihr Schwiegervater, Hyrkan I., hatte testamentarisch verfügt, daß seine Witwe Regentin und sein Sohn Aristobul Hochpriester sein sollte. Schon Hyrkan wollte die Spannungen zu den Pharisäern mildern. Doch damals kam es anders. Der ehrgeizige und skrupellose Aristobul sperrte die Regentin-Mutter in den Kerker, ließ sie verhungern und machte sich selbst zum Hochpriester-König. Drei seiner Brüder warf er ebenfalls in den Kerker. Der Bruderhaß im Hause Hasmon wurde von den Essenern genau registriert: "in Rächen und Grollen untereinander und in gegenseitigem Haß" befehden sich "die Fürsten Judas" und jeder "verleugnet seine leiblichen Verwandten" (340). Nach dem Tode Aristobuls befreite die Königin-Witwe Schlomzion die Brüder aus ihrer Haft und machte den tüchtigsten von ihnen, Alexander Jannai, zu ihrem Gemahl und zum Hochpriester-König. Dieser ließ einen seiner Brüder, der ihm gefährlich zu werden drohte, umbringen. Als Alexander Jannai tot und sie selbst Königin war, machte sie nicht den tüchtigsten ihrer Söhne zum Hochpriester, sondern den untüchtigsten: Hyrkan, ihren Ältesten. Von ihm hatte sie nichts befürchten, auch wird sie geglaubt haben, den jüngeren Sohn, Aristobul, in Schranken halten zu können.

Die Königin hatte in ihrem Leben viel gesehen, sie kannte die Schwierigkeiten der Herrschaft. Doch als jetzt bittflehend die Sadduzäer vor ihr erschienen, kam eine schwere Aufgabe auf sie zu. Die Sadduzäer wußten die Rivalität der beiden Brüder

----

339   Die Königin hatte drei Namen, die griechischen Alexandra, Salina und den hebräischen Schlomzion (in der griechischen Namensform: Salampsiô). Die Essener hatten es in der damaligen Zeit nicht mehr nötig, ihre Gegner mit verhüllenden Decknamen zu versehen, sie lebten nicht mehr in der Zeit der Verfolgung, wo diese Tarnung nötig war. Schon in der Zeit Alexander Jannais war dies zu merken, als im Nahumpescher der Seleukidenkönig "Demetrios" (III. Eukairos) erwähnt wurde. So steht auch jetzt in einem Qumrânfragment, einem noch nicht veröffentlichten Kalender aus der Höhle 4 ganz offen der Name dieser Königin: ŠLMṢYWN! (SCHÜRER-VERMES, I, S.229, Anmerkung 2).

340   Habakukpescher = 1 Q p Hab VIII,5-6.

316

- der eine war im hohen Amt, der andere war ein Nichts - wohl zu nutzen. Sie hatten Aristobul zu ihrem Anwalt gemacht, und er machte seine Aufgabe gut als Vermittler. Die klageführenden Sadduzäer stellten der Königin vor Augen, sie dürfe doch nicht zulassen, "daß die, welche dem Feinde auf dem Schlachtfeld so tapferen Widerstand geleistet, zu Hause von ihren Gegnern wie Tiere dahingeschlachtet würden." Sie wollten keine Rache für die geschehenen Mordtaten; denn sie hatten keineswegs verdrängt, daß der König und der sadduzäische Chäbär achthundert Pharisäer hatten kreuzigen lassen. Sie waren jetzt nur um ihre eigene Sicherheit besorgt. "Wenn ihren Widersachern die Zahl der bereits Gemordeten genüge, so wollten sie diese schon geschehene Unbill aus Ehrfurcht gegen das Herrscherhaus ruhig hinnehmen." Sie drohten aber auch mit Ungehorsam und sogar mit Landesverrat. Wenn die Königin an ihrer pharisäerfreundlichen Politik allerdings festhalte, würden sie von ihren Ämtern zurücktreten und bei den Feinden des jüdischen Staates ihre Zuflucht finden: "Der Araber Aretas aber und die übrigen Fürsten würden es gewiß hoch anschlagen, so viele Männer zu gewinnen, wenn deren Namen allein ihnen früher schon Schrecken eingeflößt hätten." (341) Aristobul vermittelte geschickt zwischen der Königin und den Sadduzäern. Die Lösung fand er darin, die erbittert verfeindeten Parteien räumlich auseinander zu bringen. Eine solche Lösung war in der Geschichte des Tempelstaates schon einmal notwendig geworden, als die Tempelpriesterschaft und die Makkabäer miteinander verfeindet waren (342). Eine derartige Lösung strebte jetzt auch Aristobul an. Er überredete seine Mutter, das Leben der Sadduzäer "um ihres Ranges willen" zu schonen und sie, wenn sie schuldig seien, aus Jerusalem zu verbannen. Das waren harte Worte für die Sadduzäer. Doch Aristobul wußte seine Freunde zu beruhigen. Um ihrer Sicherheit willen sollten ihnen die Festungen im Lande zur Verfügung gestellt werden. Die Königin war einverstanden, nur drei Burgen sollten ausgenommen sein, "wo sie ihre größten Kostbarkeiten aufbewahrte". Josephus läßt die Szene tränenreich enden.

----

341 Josephus, Ant. XIII. XVI, 2 = § 414.

342 Nach dem Bet-Basi-Unternehmen 157 ante hatten die Syrer verfügt, daß der Makkabäer Jonatan Jerusalem nicht betreten dürfe und sich in Michmas aufzuhalten habe. Der Makkabäer fügte sich, verhielt sich ruhig. Vermutlich besaßen die Syrer ein Faustpfand, vielleicht einen wichtigen Gefangenen.

Aristobul hatte sich bewährt. Anschließend schickte ihn seine Mutter auf einen Kriegszug gegen Damaskus, so daß die Gewaltenteilung nun vollkommen war: Alexandra als Königin, Hyrkan als Hochpriester, Aristobul als Generalissimus. Von dem Feldzug kam Aristobul allerdings ohne greifbare Ergebnisse zurück. Ihn mögen andere Pläne beschäftigt haben, seine Zukunft, seine Hausmacht, die Sadduzäer, die inzwischen in ihre Festungen eingerückt waren, und wie dieses militärische Potential zu verwerten sei. Die Lage war nicht einfach; denn die Gegner, die Pharisäer, hatten das Volk auf ihrer Seite ...

Der Brennsatz zum Bürgerkrieg war gelegt. Doch eine auswärtige Bedrohung verhinderte den Ausbruch offener Feindseligkeiten. Der Armenierkönig Tigranes bedrohte den Tempelstaat, ließ sich aber durch Geschenke beschwichtigen, zumal er selber um seine Herrschaft fürchten mußte. Er mußte sein Land gegen den Römer Lucullus verteidigen. Die Römer waren schon bedrohlich in die Nähe gerückt. Diesmal kamen sie nicht mit ihren Legaten, sondern mit ihren Legionen.

Die Essener werden sehnsüchtig nach ihnen ausgeschaut haben. Wenn die Römer in den Tempelstaat einmarschierten, dann war endlich die Prophezeiung des "Lehrers der Gerechtigkeit" in Erfüllung gegangen,

> "in dessen Herz Gott Einsicht gegeben hat, um zu deuten alle Worte seiner Knechte, der Propheten, durch die Gott verkündigt hat alles, was kommen wird über sein Volk und sein Land – Denn siehe, ich lasse erstehen die Chaldäer, das bittere und ungestüme Volk (Hab. 1,6) – Seine Deutung bezieht sich auf die Kittiim, die schnell sind und stark im Kampf ..." (343)

Die Unheilspredigt des "Lehrers" bestand ja in der Wahrsage, daß die römischen Kittiim kommen und die unwürdige und ruchlose makkabäisch-hasmonäische Herrschaft beseitigen und Vernichtung bringen würden über Volk und Land. Eine Prophezeiung, die das Volk erregen konnte gegen den Hochpriester; so nimmt es nicht wunder, daß damals der "Lehrer" in einem Prozeß verurteilt und seine Gemeinde zerstreut wurde. Die Erfüllung dieer Prophezeiung hat lange auf sich warten lassen, doch jetzt standen die römischen Legionen vor den Toren des Tempelstaates. Die Erfüllung schien nahe zu sein und würde

----

343 Habakukpescher = 1 Q p Hab II,8-12.

die Gemeinde von mancher Sorge und Unsicherheit befreien, weil sie in dem lange vorher prophezeiten Kommen der Römer ein Zeichen Gottes sah, eine deutliche Zusage an die oftmals verzweifelte und zweifelnde Gemeinde, die sich von Gott verlassen fühlte.

Es gab noch eine zweite Prophezeiung im Habakukpescher, die gleichfalls das Kommen der römischen Kittiim betraf. Es ist da die Rede von den "letzten Priestern Jerusalems", und "am Ende der Tage wird ihr Reichtum samt ihrer Beute in die Hand des Heeres der Kittiim gegeben" (344). Nach unserer Deutung sind die "letzten Priester Jerusalems" die letzten hasmonäischen Hochpriester: die Brüder Hyrkan II. und Aristobul II., der dieses hohe Amt erstrebt und auch durch einen Kraftakt erreichen wird. Dieser Text im Habakukpescher nötigt uns, uns mit den Rivalitäten dieser beiden "letzten Priester in Jerusalem" näher zu befassen und die verwickelte Historie darzulegen.

Den Anstoß zur innenpolitischen militärischen Auseinandersetzung gab die Krankheit der Königin Alexandra. Es folgte ein außergewöhnliches Verhalten Aristobuls, das in der Folgezeit Schule machen sollte. In einer Nacht, unerkannt und ungesehen, nahm er eine unerwartete Ortsveränderung vor. Diese Ortsveränderung bei Nacht um hochfliegender Pläne willen sollte sich in der nachfolgenden Zeit in einer solchen Häufung ereignen, daß man diese Zeit als die "Epoche der flüchtigen Prinzen" bezeichnen kann. Aristobul verließ unbemerkt Jerusalem. Um keinen Verdacht zu erregen, ließ er Frau und Kinder zurück. Als man sein Verschwinden bemerkte, war es zu spät. Innerhalb von 15 Tagen hatte er sich in den Besitz von 22 Festungen gesetzt, er beherrschte militärisch die Lage und rüstete ein Heer aus. Seine Familie war inzwischen in der Burg Baris in Jerusalem interniert worden. Der Bürgerkrieg begann ...

Inzwischen starb die Königin Alexandra Schlomzion im Alter von 73 Jahren anno 67 ante nach 9jähriger außenpolitisch erfolgreicher Herrschaft, doch innenpolitisch ein Chaos hinterlassend. Die pharisäisch-rabbinische Nachwelt hat ihr Kränze gewunden: Nur in der Zeit der Königin Schlomzion und ihres Bruders, des Pharisäerfürsten Simon ben Schetach, habe es an jedem Mittwoch und an jedem Schabbat geregnet, so daß die Weizenkörner so groß waren wie Nieren und die Gerstenkörner so groß wie Oli-

----

344 Habakukpescher = 1 Q p Hab IX,4-7.

ven und die Linsen so groß wie goldene Denare. Die Weisen haben damals solche Körner gesammelt als Beweise eines goldenen Zeitalters und als Zeichen sündlosen Lebens (345).

In der Zeit ihrer Krankheit wird die Königin schwer gelitten haben unter dem Zwist ihrer beiden Söhne und dem Bürgerkrieg. Es ist durchaus möglich, daß sie, als sie nicht mehr regierungsfähig war, mit dem Grundsatz der Gewaltenteilung gebrochen hatte und ihren Sohn, den Hochpriester Hyrkan, auch als König einsetzen ließ und so mit dem Prinzip der Pharisäer brach, daß Blutvergießen des Regenten und das heilige Salböl des Hochpriesters voneinander geschieden sein sollten ...

In der Folgezeit überstürzten sich die Ereignisse. Bei Jericho kam es zur Schlacht zwischen den Brüdern. Da viele seiner Leute zu seinem Bruder überliefen, erlitt Hyrkan eine Niederlage und mußte sich nach Jerusalem zurückziehen, wo er sich in der Burg verschanzte. Es kam aber dann zu einer Verständigung unter den feindlichen Brüdern und zu einem Friedensabkommen "unter der Bedingung, daß Aristobulos König sein, Hyrkanos dagegen in Muße von seinen Einkünften leben solle." (346) Mit Schwur, Handschlag und öffentlicher Umarmung wurde der Friedensschluß bekräftigt, ein Spectaculum für das Volk. Das Rad hatte sich gedreht: Jetzt war Aristobulos II. Hochpriester und König, und Hyrkan war ein Nichts! Nach der Schilderung des Josephus waren die beiden Brüder sehr verschieden geartet. Der Ältere,

> "Hyrkanos war ... zur Leitung eines Staatswesens wenig geeignet und mehr zu einem bequemen Leben geneigt, während der jüngere Aristobulos als entschlossener und kühner Jünglich sich erwies."

Die neue Regelung hätte eigentlich Bestand haben können, da Hyrkanos "wegen seines Hangs zum trägen Leben" "zur Regierung untauglich" und mit einer Apanage und einer Ehrenstellung zufrieden gestellt werden konnte (347).

----

345 b. Taan 23 a und Tosaphot zu Shab 16 b, siehe SCHÜRER-VERMES, I, S.232 und Anmerkung 12.

346 Josephus, Ant. XIV. I,2 = § 6.

347 Josephus, Ant. XIII. XVI,1 = § 407 und XVI,2 = § 408 und XVI,5 = § 423.

Doch der lahme Hyrkan erhielt unerwartet Beistand. Den Lahmen, der nur drei Monate nach dem Tode seiner Mutter das
Hochpriesteramt und das Königtum auf seine Person vereinigen
konnte und jetzt völlig ausgeschaltet war, erhielt Beistand,
Halt und Stütze von einem Mann, der von außen kam, "reich
und von Charakter tatkräftig und verwegen". Er war "Idumäer
von Geburt" und hieß Antipater. Obwohl er arabischer Abstammung war, war er sicherlich beschnitten und den Geboten der
Tora verpflichtet, war also Jude, doch galt er bei den Juden
nur als "Halbjude". Er hatte zwei Söhne, Phasael und Herodes;
er selbst stammte vermutlich aus einer wohlhabenden, einflußreichen idumäischen Fürstenfamilie, die schon zur Zeit Alexander Jannais eine anerkannte Stellung im jüdischen Tempelstaat
innehatte (348). Dieser Mann strebte nach der Macht, und er
sah in dem schwachen und lahmen Hyrkanos sein Werkzeug.
Dieser Antipater sammelte Anhänger für Hyrkanos, er redete
ihm ein, daß seinem Leben vonseiten des Aristobul Gefahr drohte – eine Warnung, die bei dem althergebrachten Bruderhaß im
Hause Hasmon durchaus berechtigt erschien – und er wies ihn
auf eine arabische Macht hin, die ihm bei der Wiedererlangung
der alten Machtstellung behilflich sein könne ... Es war nicht
leicht, den schwerfälligen und trägen Hyrkan in Bewegung zu
setzen. Doch eines Tages, besser: eines Nachts, war es dann
soweit. Nach dem in dieser Zeit gültigen Modell von den "flüchtigen Prinzen" verließen die beiden Freunde Jerusalem mit hochfliegenden Plänen und begaben sich zum Araberfürsten Aretas
nach Petra, in dessen Residenz. Antipater hatte vorgearbeitet,
und Aretas erklärte sich bereit, gegen Abtretung gewisser ju-
däischer Gebiete, dem abgesetzten Hochpriester-König Hyrkan II.
militärische Hilfe zu leisten. Das Blatt wendete sich. Jetzt verlor Aristobul II. die Schlacht gegen die Araber und mußte sich
nach Jerusalem zurückziehen, wo er belagert wurde. Die meisten

----

348 Nach SCHÜRER-VERMES, I. S.234 und Anmerkung 3, dem ich
     in der Darstellung der geschichtlichen Zusammenhänge
     weitgehend folge, ist die Abkunft dieses Antipater umstrit-
     ten und anekdotenhaft ausgeschmückt. Doch die Mitteilung
     des Josephus über den Vater des Antipater wirkt demge-
     genüber recht glaubwürdig: "Den letzteren hatten König
     Alexander (Jannai) und dessen Gemahlin zum Statthalter
     von ganz Idumäa ernannt, in welcher Eigenschaft er Bünd-
     nisse mit den ihm gleichgesinnten Arabern, Gazäern und
     Askaloniten, die er durch reiche und kostbare Geschenke
     auf seine Seite zog, geschlossen haben soll." (Josephus,
     Ant. XIV. I,3 = § 10)

hatten den Umschwung genutzt, um zu dem Dreigestirn Hyrkan / Antipater / Aretas überzulaufen. Nur die priesterliche sadduzäische Aristokratie blieb dem Aristobul treu. Die Pharisäer und das von ihnen beeinflußte Volk hielten zu Hyrkan, dem einzig rechtmäßigen Hochpriester! Aus den Quellen ist nicht zu ersehen, ob Hyrkan den Pharisäern zuliebe auf die Personalunion – königlicher Regent = Hochpriester – verzichtet hat. Allem Anschein nach hat er auf seine königlichen Rechte nicht verzichtet, denn später trat eine pharisäische Gruppe auf, die eine Theokratie unter einem Hochpriester anstrebte und sich gegen beide Brüder, Hyrkan wie Aristobul, stellte.

Der Bruderhaß im Hause Hasmon wirkte tief ins Volk hinein. Hier muß eine Begebenheit erwähnt werden, die sich während der Belagerung zugetragen hat und die eine eingehende Analyse verdient. Diese Geschichte von dem Choni-Onia zeigt, wie stark essenisches Denken auch unter Leuten verbreitet war, die gar nicht den Essenern zugerechnet wurden. Sie zeigt aber auch, wie kritisch die pharisäische Seite solchen Wundertaten einer andern Richtung gegenüberstand. Und sie zeigt schließlich, daß manche Gedanken, die wir für spezifisch christlich halten, schon hundert Jahre vor den Worten und dem Wirken des Rabbi Jeschua aus Galiläa bei diesem Juden Choni-Onia vorausgedacht waren ...

Dieser Choni-Onia war ein Gott wohlgefälliger Mann; wenn er zu Gott sprach, dann hörte Gott auf ihn, erhörte Gott ihn. Wegen dieser Gottesgabe war er bekannt geworden im Volk, berühmt sogar, und er hatte deswegen auch einen Beinamen bekommen, er hieß Choni-Onia, "der Kreiszieher". Dieser Beiname beruhte auf folgender Begebenheit, die sogar im Talmud berichtet wird. Er hatte in einer Dürrezeit Regen "gemacht":

> "Einmal sagten sie zu Choni, dem Kreiszieher:
> 'Bete, daß Regen fallen möge!'
> Er antwortete: 'Geht hinaus und bringt die Pesach-Herde herein, damit sie (von dem Regen) nicht aufgeweicht werden!'
> Er betete, aber es fiel kein Regen.
> Was machte er?
> Er zog einen Kreis und stellte sich hinein und sagte:
> 'Herr der Welt, deine Kinder (sic!) haben ihre Gesichter mir zugewandt; denn ich bin wie ein Sohn des Hauses vor Dir.
> Ich schwöre bei Deinem großen Namen, daß ich mich nicht von hier bewegen werde, bis Du Mitleid hast mit Deinen Kindern (sic!).'"

Bemerkenswert ist hier einmal das Gott-Vater-Verhältnis dieses Choni-Onia - so vor allem der Ausdruck, hier gleich zweimal, "Deine Kinder", was diese talmudische Aussage in die Nähe der Bergpredigt Jesu rückt (349). Außergewöhnlich wirkt natürlich auch die Nötigung Gottes, doch ist eine solche Haltung im jüdischen Glaubensbereich möglich (350).

"Regen begann zu fallen, Tropfen bei Tropfen". Doch der Kreiszieher Choni-Onia ist damit nicht zufrieden, er wünscht eine ganz bestimmte Quantität des Niederschlags, kein Tröpfelregen, der nicht genug ins Erdreich eindringt, aber auch keinen Wolkenbruch, welcher die Erde wegschwemmt. Und tatsächlich gelingt ihm durch sein Gebet, den Niederschlag in die richtige Effizienz zu bringen.

> "Er sagte: 'Nicht um solchen Regen habe ich gebetet, sondern um Regen, der Zisternen, Gruben und Höhlen füllen soll.'
> Es begann heftig zu regnen.
> Er sagte: 'Nicht um solchen Regen habe ich gebetet, sondern um Regen voll Wohltat, Segen und Gnade.
> Dann regnete es richtig, und die Israeliten gingen von Jerusalem hinauf zum Tempelberg wegen des Regens.
> Sie gingen zu ihm und sagten: 'Genau wie du betetest, damit Regen kam, so bete jetzt, daß er aufhören soll.'
> Er antwortete: 'Geht und seht, ob der Stein der Zerstreuten verschwunden ist!'" (351)

---

349 In der Bergpredigt Jesu (Matth. 5-7) kommen die Ausdrücke "Gottes Kinder", "euer Vater im Himmel", "dein Vater (im Himmel"), "unser Vater" gehäuft vor (17mal), während im übrigen Evangelium diese Formulierung fast völlig fehlt. Stattdessen steht hier "mein Vater im Himmel". Das Vater-Verhältnis wird hier einseitig von Jesus beansprucht.

350 Einen wichtigen Beleg für die Nötigung Gottes haben wir in der Ascensio Mosis 9,4-7. Es ist die Zeit des Antiochos IV. Epiphanes. Der Jude Taxo heiligt durch Fasten sich und seine Söhne, macht sie sündlos und zieht den Syrern entgegen, um sich von ihnen totschlagen zu lassen, in der Überzeugung, daß Gott eine derartige Freveltat nicht hinnehmen kann und deshalb auf der Erde erscheinen wird. Siehe darüber J. LICHT, Taxo or the Apocryphical Doctrine of Vengeance, Journal of Jewish Studies, Vol. XII, 1961, S.95-104.

351 M. Taᶜanit 3:8 - J. NEUSNER, I, S.91.

Es nimmt nicht Wunder, daß die damaligen religiösen Instanzen sich mit dieser Begebenheit und diesem "Kreiszieher" befaßt haben. Denn: "Wer immer die Öffentlichkeit verführt zu der Profanierung des göttlichen Namens, der muß exkommuniziert werden." (352) Und um eine Profanierung, um eine Herabziehung, Herabzwingung Gottes in unsere irdische Welt handelte es sich doch bei diesem Gebet des "Kreisziehers". Kein Geringerer als Simon ben Schetach – er muß damals noch am Leben gewesen sein – hat sich dieser Sache angenommen. Auf ihn muß Eindruck gemacht haben dieses Gott-Vater-Verhältnis bei Choni-Onia. Gott ist nicht mehr nur der Bundespartner des Gottesvolkes, sondern der Vater aller Menschen. Vielleicht war das damals ein herzbewegender neuer Gedanke in der Theologie (der dann in der Bergpredigt Jesu seine Fortsetzung hat). Unter dem Eindruck dieses neuen Denkens scheint auch Simon ben Schetach gestanden zu haben, als er sein Statement abgab:

"Wenn du nicht Choni wärest, müßtest du exkommuniziert werden. Doch was soll ich tun? Du belästigst Gott und nötigst ihn. Er aber führt aus, was du willst. Du bist wie ein Sohn, der seinen Vater belästigt; der aber führt aus, was der Sohn will. Von dir sagt die Schrift: 'Laß sich deinen Vater und deine Mutter freuen und fröhlich sein, die dich geboren hat.'" (353)

Dieser Choni-Onia wurde in die Wirren des Bürgerkrieges hineingezerrt. Er hatte sich versteckt. Es gab viele in der Stadt, die weder der Partei Hyrkans noch der Aristobuls angehörten. Es waren vor allem die Vornehmen, die Wohlhabenden, die nichts mit dem von den Pharisäern aufgehetzten Volk zu tun haben wollten, aber auch nicht auf der Seite der priesterlichen Aristokratie standen, weil sie von dieser Seite zu oft durch wirtschaftliche Restriktionen benachteiligt wurden. Sie hatten rechtzeitig die Stadt verlassen und sich ins Ausland, nach Ägypten, begeben. Choni-Onia blieb in der Stadt, er hatte sich versteckt. Doch der berühmte Mann wurde gesucht und schließlich auch aufgespürt. Er sollte durch seinen bekannten Einfluß

----

352 y.M. Q 3:1 unter Berufung auf ein Dekret aus den Tagen des Elija – J. NEUSNER, I, S.91.

353 M. Taᶜanit 3:8 – J. NEUSNER, I, S.91 – ähnlich, in gekürzter Form b. Ber. 19a – J. NEUSNER, I, S.103. Ebenfalls, doch ausführlicher, plastischer b. Ta 23 – J. NEUSNER, I, S.113/114.

auf Gott der gerechten Sache – und das war natürlich die
Sache Hyrkans – zum Siege verhelfen:

> "Die Juden ergriffen ihn, führten ihn ins Lager und ver-
> langten von ihm, er solle, wie er einst durch sein Gebet
> der Dürre ein Ende gemacht habe, so jetzt über Aristobu-
> los und dessen Anhänger den Fluch herabrufen.
> Da er nun trotz seines Bittens und Sträubens von der
> Menge genötigt wurde, trat er in ihre Mitte und rief aus:
> 'O Gott, König des Weltalls, da die jetzt um mich Stehen-
> den Dein Volk und die Belagerten Deine Priester sind,
> so bitte ich Dich, Du wolltest weder den einen noch den
> andern gewähren, was sie über ihre Gegner herabflehen.'
> Als er so geredet hatte, töteten ihn einige Bösewichter
> aus den umstehenden Juden mit Steinwürfen." (354)

Dieser frühe Friedenskämpfer war zum Märtyrer geworden.
Josephus hebt nur die Berühmtheit und die innige Gottverbundenheit dieses Charismatikers hervor, er weist ihn aber keiner
Gruppe zu, auch nicht der Gruppe der Essener. Doch das Verhalten dieses Choni–Onia weist doch einige essenische Eigentüm-
lichkeiten auf, so daß er vielleicht doch den Essenern zuzurechnen ist. Der Essenismus ist ja im Laufe der Geschichte
zu einem weiten Mantel geworden, unter dem sich verschiedene
Gruppen und verschiedene Menschen bergen konnten.

1. Choni–Onia war ein Gewaltiger des Wortes. Wenn sein Wort
unmittelbar zu dem Ereignis, dem Regenfall, geführt hätte, so
wäre das Zauberei gewesen, und Simon ben Schetach hätte ihn
nicht nur exkommuniziert, sondern er hätte ihn steinigen lassen. Es war kein Zauber, auch keine weiße Magie im Spiele,
das Wort dieses Mannes war so gewaltig, daß es zu Gott drang,
daß Gott ihn hörte, daß Gott ihn erhörte und die Schleusen
des Himmels für ihn, den Sohn des Hauses, des Tempels, und
die ihn anflehenden und anstarrenden Kinder Gottes öffnete.
Josephus hat eine Vorliebe für essenische Visionäre. Auch sie
sind Gewaltige des Wortes. Nur ist hier das Wort des Menschen
nicht nach oben gerichtet, sondern das Wort wird von Gott
gewissen auserwählten Menschen in den Mund gelegt, damit sie
eine Aussage machen können über ein Ereignis, das in der
Zukunft eintreten wird. Das Ereignis wird aber nicht vom Wort,
von der Wahrsage des Visionärs bewirkt, es ist unabhängig
davon. Allerdings haben die Menschen in der Antike das Wort

----

354 Josephus, Ant. XIV. II,1 = § 22-24.

nicht als bloße Luft- und Wellenbewegung vom Mund bis zum
Ohr verstanden, sondern haben ihm auch eine Wirkungsmacht
zugelegt. In diesem Zusammenhang rückt der gewaltige Beter
Choni-Onia wieder ganz in die Nähe der essenischen Visionäre
...

2. Choni-Onia betet zu Gott und ruft ihn um Mitleid und Erbarmen an für die "Kinder Gottes". Dieser Gedanke, daß alle Menschen "Kinder Gottes" sind, könnte essenischen Ursprungs sein,
doch haben wir dafür keinen Textbeleg. In den Texten der
Frühzeit der Gemeinde finden wir diesen Terminus nicht, dafür
haben wir die Betonung der Bruderschaft. Das war noch die
Zeit, als die Gemeinde in der Verfolgung stand und eng zusam-
menrücken mußte. Doch später kamen andere Zeiten. Die Gemeinde schloß sich nicht mehr esoterisch nach außen ab. Aus eigener schmerzlicher Erfahrung hatte sie Verständnis für die Bedrängnisse der Verfolgten, machte ihre Tore weit auf und bot
ihnen Asyl an. Es ist sicher gelungen, einen Teil der Asylanten zu integrieren. Gemeinsam war ihnen allen die schroffe
Ablehnung der Jerusalemer Priesterschaft und die Erwartung
des nahen Gottesreichs. Auch die Kalenderfeste und die Schabba-
te werden nach dem Sonnenkalender gefeiert worden sein, zumal
dieser Kalender sehr viel älter war als die essenische Gemeinde. Bei dem Kultmahl mit Brot und Tirosch/Fruchtsaft/Most/Wein
wird es Schwierigkeiten gegeben haben und zu gewissen Spannungen gekommen sein zwischen der qumrânischen Kerngemeinde
und den aufgenommenen Gruppen. Bruderschaft gab es nur im
engeren Kreis, für den weiteren Kreis mußte ein Terminus gefunden werden, der eine etwas anders geartete Verbundenheit
ausdrückte. Was sie alle noch verband, war die Tora und die
Ehrfurcht vor dem Wort Gottes. Gott stand über ihnen allen,
über der Kerngemeinde und den Peripheriegruppen. Gott war
ihrer aller Vater. Sie alle waren seine Kinder. So könnte dieser
Gedanke von der Gotteskindschaft in der essenischen Gemeinde
entstanden sein, und der große Beter Choni-Onia war diesem
Denken verhaftet.

In den essenischen Texten haben wir keinen Beleg für diese
veränderte theologische Auffassung. Doch wir haben einen indirekten Beleg. Es ist bekannt, daß in die erste Seligpreisung
Jesu in der Bergpredigt eine essenische Formulierung hineingeschoben wurde: "Selig sind die 'Armen im Geiste' ..." Man
darf annehmen, daß auch andere Passagen der Bergpredigt
von essenischen Texten beeinflußt sind. So ist es auffällig,
daß in der Bergpredigt nicht weniger als 17mal von den "Kindern Gottes" die Rede ist, während der übrige Evangelientext
bei Matthäus derartige Formulierungen nur ganz selten bringt.
Wenn aber die Kinder-Gottes-Vorstellung in der Bergpredigt,

diesem Unikum in der Landschaft der Evangelien, von den Essenern übernommen wurde, dann ist auch die Kinder-Gottes-Vorstellung bei Choni-Onia essenisch. Also war er ein Essener ...

3. Choni-Onia ist zum Märtyrer seiner Friedensliebe geworden. Die Friedensliebe der Essener, die Ablehnung aller Tätigkeiten, die mit Krieg und Kriegshandwerk zu tun haben, ist bei Philo von Alexandrien gut bezeugt. Auch Josephus hebt ihre Friedensliebe hervor. Und wieder haben wir diese Friedensliebe in dem steil aufragenden Urgestein der Bergpredigt:

> "Selig sind die Sanftmütigen; denn sie werden
> das Erdreich besitzen.
> Selig sind die, die reinen Herzens sind; denn sie
> werden Gott schauen.
> Selig sind die Friedfertigen (sic!); denn sie
> werden Gottes Kinder (sic!) heißen." (355)

Auch in der Friedensliebe - er gehört ja zu den frühen Märtyrern dieses Gedankens - gehört dieser Choni-Onia in das essenische Umfeld.

4. Choni-Onia war apolitisch. Er entschied sich weder für die eine noch für die andere der kriegführenden Parteien. Auch die Qumrânleute waren apolitisch. Hätten sie politische Ambitionen gehabt, ihre Siedlung wäre ausradiert worden von dem Hochpriester-König Alexander Jannai - der wegen seiner Grausamkeit den Beinamen "Thracidas" erhielt - so aber blühte diese Siedlung und erweiterte sich gerade in der Zeit dieses skrupellosen jüdischen Herrschers, was die aufgefundenen Münzen und der archäologische Befund deutlich zeigen. Das einzige Interesse dieser Gemeinde lag jenseits dieser Welt. Man mußte sich allerdings mit den Herrschern dieser Welt abfinden und sich ihnen gegenüber nicht betätigen, gewissermaßen tot stellen "in Demut", "im Geist des Verbergens", "mit zerbrochenem Geist". Denn all dies Irdische ist unwichtig. Wichtig allein ist das

----

355 PHILO, QOPLS § 78 - Josephus, Bellum, II, § 135: "Sie sind gerechte Bezwinger des Zorns, Besieger der Leidenschaften ... Helfer zum Frieden (sic!)" - Matth. 5,5. 8.9.

Heil, das bei Gott liegt (356). Auch in seiner apolitischen Haltung ist Choni-Onia ein "Essener" gewesen. (357)

Nach Josephus haben den Choni-Onia einige Bösewichter mit Steinwürfen getötet. Doch so war es sicher nicht. Die Bösewichter waren höchstens diejenigen, die nach dem ersten Stein langten. Das andere vollzog sich programmgemäß. Alle, die da standen, der aufgehetzte Mob, beteiligte sich an der Tötung. "Master Lynch" war schon damals eine beherrschende Figur in der Gunst des Volkes.

Der Bruderhaß im Hause Hasmon hatte sich weit nach unten ausgebreitet. Auch eine andere Begebenheit während dieser Belagerung bezeugt den Haß des niederen Volkes, das von den Pharisäern aufgehetzt war. Das Pesachfest – vermutlich anno 65 ante – stand vor der Tür, doch die belagerten Sadduzäer hatten nicht genügend Opfertiere zur Verfügung, um die vorgeschriebenen Opfer zu vollziehen. Deshalb wollten sie von den belagernden Pharisäern Opfertiere kaufen. Beide Seiten verständigten sich auch und einigten sich auf den unverschämt hohen Preis von 1.000 Drachmen pro Opfertier. Durch ein Loch in der Mauer wurde das Geld herabgelassen. Die Pharisäer nahmen das Geld, verweigerten aber den Gegenwert, kein Opfertier wurde die Mauer hinaufgezogen. Doch das erschwindelte Geld – so Josephus – nützte ihnen wenig. Auf das Gebet der enttäuschten Priester hin ließ Gott einen heftigen Orkan kommen, der in kurzer Zeit die Ernte vernichtete und die Getreidepreise so in die Höhe trieb, daß ein modius Weizen den außergewöhnlich

----

356 Sektenregel Ordensregel 1 QS X,1-2: "... in Demut zu antworten den Hochfahrenden und mit zerbrochenem Geist den Bedrückern, die mit dem Finger zeigen und ruchlos reden und Güter erwerben, denn meine Rechtfertigung (sie liegt) bei Gott..." – 1 QS IX,19-23: "... ewigen Haß gegen die Männer der Grube im Geist des Verbergens, ihnen Besitz und Arbeit der Hände zu lassen, wie ein Sklave (tut) gegenüber dem, der über ihn herrscht und Demut gegenüber dem, der Herr über ihn ist."

357 Manche Gelehrte gehen sogar so weit, Choni-Onia als Essener nicht nur anzuerkennen, sondern ihn sogar als "Lehrer der Gerechtigkeit" zu identifizieren. Doch dieser war kein Regenmacher, sondern ein Pescher-Denker, der aus dem TeNACH die Zukunft herauslas. Über diese Identifizierung, siehe SCHÜRER-VERMES, I, S.235.

hohen Preis von 11 Drachmen kostete (358).

Das Eingreifen der Römer verkürzte die Belagerung. In der Zwischenzeit hatte der Oberstkommandierende Ost der römischen Republik, Gnäus Pompejus, im Vorderen Orient sich mit seinen Legionen durchgesetzt und Mithridates und Tigranes unterworfen. 65 ante sandte er seinen General Scaurus nach Syrien. Dieser hörte in Damaskus von dem Krieg der beiden hasmonäischen Brüder, gedachte diese Uneinigkeit zu seinem Vorteil zu nutzen und rückte unverzüglich in den Tempelstaat ein. Sofort kamen Gesandtschaften von beiden Seiten und baten ihn um Hilfe.

Scaurus entschied sich für den gewandten und – was die versprochenen hundert Talente anbetraf – spendierfreudigeren Aristobul, und so hatte der schwerfällige, auf seine Herrschaftsrechte pochende Hyrkan das Nachsehen. Damit schien die Sache der "letzten Priester von Jerusalem" entschieden zu sein. Scaurus befahl dem Nabatäerfürsten Aretas, die Belagerung sofort abzubrechen und abzumarschieren, widrigenfalls er zum "Feind Roms" erklärt würde. Aretas zog mit seinen Truppen und seinen Schützlingen Hyrkan und Antipater ab. Scaurus glaubte seine Sache gut gemacht zu haben und kehrte nach Damaskus zurück. Der belagerte Aristobul setzte den abziehenden Nabatäern nach und fügte ihnen eine schwere Niederlage bei, wobei Phallion, ein Bruder des Antipater, den Tod fand. Das erste Blutopfer der Idumäer für den brennenden Ehrgeiz des Antipater.

Aristobul tat alles, um sich die Gunst der Römer zu erhalten, vor allem warb er um das Vertrauen des obersten Befehlshaber Ost. Doch um Pompejus für sich zu gewinnen, darin hatte er kein Glück. Pompejus war in erster Linie Politiker und sah sich die Leute genau an. Dieser tüchtige Hasmonäer Aristobul gefiel ihm nicht, er war eigenwillig, hatte Anhang im Volk und konnte der römischen Herrschaft große Schwierigkeiten bereiten. Pompejus war an prompten Geldzahlungen nicht interessiert. Der andere Bruder gefiel ihm besser, Hyrkan war labil, unselbständig, "zur Leitung eines Staatswesens wenig geeignet", eine fügsame Figur im römischen Spiel. Antipater, der mit diesem Lahmen verbündet war und ihn trug, war ebenso tüchtig und energisch wie Aristobul, doch er war ungefährlich

----

358 Josephus, Ant. XIV. II,2 = § 25-28 – ein modius entspricht dem Hohlmaß von 8,75 Liter.

für Rom. Er war Idumäer, kein richtiger Jude, ohne den Rückhalt im Volk, den Aristobul besaß. Er würde immer auf Rom, auf römische Hilfe angewiesen und ein guter Vertragspartner der römischen Republik sein.

Aristobul tat alles, um die Gunst des Pompejus zu gewinnen, er sandte ihm einen wertvollen goldenen Weinstock, 500 Talente wert, der später sogar im Tempel des Jupiter Capitolinus in Rom ausgestellt gewesen sein soll. Doch Pompejus verhielt sich kühl und hielt den Aristobul hin. Pompejus hielt auch die jüdischen Gesandtschaften hin, die ihn im Frühling 63 ante in Damaskus aufsuchten. Bezeichnend für die Veränderung der Lage war das Erscheinen einer Sondergesandtschaft des jüdischen Volkes, die eine eigene Position einnahm. Sie verabscheute die Königsherrschaft, sie wollte nur von einem Priester ihres Gottes geführt werden. Das war wieder die alte Forderung der Gewaltenteilung: Wer Hochpriester war, durfte nicht König sein. Das "Joch der Heiden" war in ihren Augen der Personalunion von Herrschaft und Priestertum vorzuziehen. Um es dem Römer verständlicher zu machen, warfen sie den beiden Hochpriester-Königen vor, sie würden ihre Machtbefugnisse überziehen und das Volk in Sklaverei bringen (359). Bei dieser Gesandtschaft zeigte der kluge Antipater sein psychologisches Fingerspitzengefühl. Als Parteigänger des Hyrkanos ließ er tausend fromme Juden aufmarschieren. Der Widerpart, Aristobul, machte sich mit seiner Anhängerschaft lächerlich. "Als Zeugen rief er einige stutzerhaft gekleidete Jünglinge auf, deren Purpurkleider, Haarschmuck und sonstiger ausgefallener Putz Anstoß erregten." (360) Die beiden "letzten Priester von Jerusalem" beschuldigten sich gegenseitig, zum Führungsamt nicht berechtigt zu sein. Hyrkan sagte, Aristobul habe usurpiert. Aristobul sagte,

----

359 Josephus, Ant. XIV. III,2 = § 41: "Das Volk, das überhaupt von der Königsherrschaft (sic!) nichts wissen wollte, ließ vorbringen, bei ihnen sei es alte Sitte, daß sie nur den Priestern des von ihnen verehrten Gottes zu gehorchen brauchten. Diese beiden Nachkommen von Priestern (gemeint sind: Hyrkan und Aristobul) aber suchten dem Volke eine andere Regierungsform aufzudrängen, um es in Sklaverei zu bringen." Offenkundig hatte Hyrkan – trotz seines Bündnisses mit den Pharisäern – ihr wichtiges Anliegen, die erstrebte Gewaltenteilung, nicht genügend erkannt und berücksichtigt ...

360 Josephus, Ant. XIV. III,2 = § 45.

Hyrkan sei unfähig. Pompejus hörte sich alles an, verschob aber die Entscheidung bis nach dem Feldzug. Bis dahin hätten sie Frieden zu halten.

Auf dem Kriegszug gegen die Nabatäer hatte Aristobul den Pompejus zu begleiten. Damit wurde das Vasallenverhältnis sichtbar zum Ausdruck gebracht, außerdem wollte Pompejus diesen energischen und unberechenbaren Hasmonäer im Auge behalten. Das erwies sich auch als notwendig; denn bei der nächsten Gelegenheit, bei Nacht und Nebel entwich Aristobul aus dem Heerlager in Dium, hochfliegender Pläne wegen. Doch der "flüchtige Prinz" hatte nicht damit gerechnet, daß Pompejus den Nabatäer-Feldzug abbrach und Aristobul verfolgte. Dieser hatte sich in die Festung Alexandrium begeben und erhielt hier von Pompejus die Aufforderung zur Übergabe. Doch der "flüchtige Prinz" war schon wieder unterwegs und marschierte gen Jerusalem, um die Stadt in Verteidigungszustand zu versetzen. Doch Pompejus rückte unerbittlich nach. Ob dieser Hartnäckigkeit verließ den Aristobul sein Mut. Mit Geschenken begab er sich in das Lager des Pompejus und versprach die Übergabe der Stadt, wenn der Römer von Feindseligkeiten ablasse. Pompejus hatte inzwischen genügend Erfahrungen mit diesem Hasmonäer gemacht, er hielt ihn fest und gab Befehl, General Gabinius solle in die Stadt einrücken und sie in Besitz nehmen. Der General kehrte ergebnislos zurück; denn die Einwohner von Jerusalem hatten die Tore geschlossen. Daraufhin nahm Pompejus den Aristobul fest. Dieser sollte die Freiheit in der Heimat nur einmal noch wiedersehen, sehr viel später, übrigens als "flüchtiger Prinz", diesmal aus Rom.

In der Stadt waren die Meinungen geteilt. Die Anhänger Hyrkans betrachteten Pompejus als ihren Verbündeten, weil er ein Gegner von Aristobul war. Sie wollten die Tore öffnen. Die Anhänger Aristobuls wollten nicht "unter das Joch der Heiden" geraten und forderten, sich bis zum äußersten zu verteidigen. Sie waren aber in der Minderheit. Die Tore wurden geöffnet, und die Stadt fiel ohne einen Schwertstreich in die Hand der Römer.

Eine Belagerung gab es trotzdem. Der stärkste strategische Punkt innerhalb der "hochgebauten Stadt" war der Tempelberg. Eine tiefe Schlucht im Westen, Steilabfall im Osten und Süden trennten diese schwer einnehmbare Höhenstellung von der Stadt. Im Norden war sie mit äußerst starken Befestigungen versehen. (361) Nur im Norden war ein Angriff möglich. Hier hatten sich

----

361 SCHÜRER-VERMES, I, S.229.

die Anhänger des Aristobul verschanzt. Pompejus war gezwungen, von Tyrus Belagerungsmaschinen kommen zu lassen, um in den Tempelbereich einzudringen. Nach drei Monaten wurde endlich eine Bresche erzielt, und Cornelius Faustus, der Sohn des Diktators Sulla, war der erste, der den Tempelbereich betrat. Die erbitterten römischen Soldaten richteten ein entsetzliches Blutbad an. Die Essener werden sich erinnert haben, daß der "Lehrer der Gerechtigkeit", dem Gott Einsicht verliehen hatte, die Weissagungen der Propheten auf die Geschichte seiner Gemeinde zu beziehen, schon längst in seiner Unheilspredigt dieses blutige Gemetzel durch die römischen Kittiim vorausgesagt hatte: Sie sind

> "rasch und kraftvoll im Kampfe, so daß sie viele zugrunde richten."
> "... mit dem Schwert vernichten sie Jünglinge, Männer und Greise, Frauen und Kinder, und selbst der Frucht des Leibes erbarmen sie sich nicht..." (362)

Diesen erbarmungslosen Kampf schildert auch Josephus:

> "Als die eindringenden Feinde alle im Tempel Befindlichen niedermachten, ließen sich die Priester beim Gottesdienst nicht im geringsten stören und weder aus Furcht für ihr Leben noch durch die Menge der Getöteten sich bewegen zu fliehen, sondern sie wollten lieber das Unvermeidliche an den Altären selbst erdulden, als irgendeine Vorschrift der Tora übertreten." (363)

Nicht weniger als 12.000 Juden sollen bei diesem Massaker umgekommen sein. Die Eroberung des Tempels fiel in den Spätherbst des Jahres 63 ante, der entscheidende Kampftag war vermutlich ein Schabbat – vermutlich nicht der Versöhnungstag. Der Schabbat war von jeher bei den Feinden der Juden sehr beliebt als Kampftag (364).

----

362 Habakukpescher = 1 Q p Hab II,12 und VI,10.

363 Josephus, Ant. XIV. IV,3 = § 67.

364 Daß dieser entscheidende Tag auf den Versöhnungstag fiel, ist unwahrscheinlich und beruht vermutlich auf einem in der Antike weit verbreiteten Mißverständnis, daß nämlich die Juden an jedem Schabbat fasten. Das Gegenteil ist jüdischer Brauch, von damals bis heute.

Der Sieger Pompejus betrat den Tempel, er betrat sogar das Allerheiligste, einen Raum, den nur der Hochpriester am Versöhnungstag betreten durfte. Der Römer wunderte sich sehr, daß dieser Raum Gottes völlig leer war. Er ließ aber alles unberührt. Als Oberherr dieses jüdischen Volkes trug er Sorge, daß der Dienst im Heiligtum weiterhin durchgeführt wurde und nicht behelligt werden durfte.

Die Behandlung der Besiegten war hart. Die für den Widerstand Verantwortlichen wurden geköpft. Stadt und Land mußten Tribut zahlen. Der Umfang des Tempelstaates wurde erheblich verkleinert. Die Küstenstädte wurden der neu gegründeten Provinz Syrien zugeteilt, ebenso die Städte östlich des Jordans, welche dann später als Dekapolis zusammengefaßt wurden. Gouverneur dieser neuen Provinz Syrien wurde sein General Scaurus.

Pompejus selbst ging nach Kleinasien zurück, er nahm Aristobul nebst dessen Familie als Kriegsgefangene mit sich. Auf dem Gefangenentransport gelang Alexander, dem Sohn Aristobuls, die Flucht, so daß wir wieder einen "flüchtigen Prinzen" in Judäa haben mit hochfliegenden Plänen. Als Pompejus in Rom 61 ante mit großem Pomp und Glanz seinen Triumph feierte, mußte der jüdische Hochpriester-König Aristobul II. aus dem Geschlechte der einstmals mit den Römern inniglich verbündeten Makkabäer-Hasmonäer mit seiner Familie und vielen vornehmen Juden vor dem Triumphwagen des Siegers marschieren, in der Erwartung, nach diesem demütigenden Marsch – wie üblich – in der Kerkerzelle stranguliert zu werden. Doch das geschah nicht. Auch mit den Juden verfuhr man gnädig. Sie wurden freigelassen und verstärkten erheblich die kleine jüdische Gemeinde in der Weltstadt Rom.

In den Bürgerkriegswirren zwischen Pompejus und Cäsar – anno 49 ante, also zwölf Jahre später – wurde Aristobul als Freund Cäsars von Freunden des Pompejus vergiftet, sein flüchtiger Sohn Alexander als Cäsarfreund auf Befehl des Pompejus in Antiochia geköpft. Es wäre noch von einem andern Sohn des Aristobul, von Antigonos, zu berichten, doch der verdient eine eigene Geschichte ...

Auch der andere der "letzten Priester von Jerusalem", Hyrkanos II., Hochpriester-König 67 – 63, seit 76 Hochpriester, von Pompejus 63 in diesem Amt bestätigt, allerdings nur noch Ethnarch, also Volksfürst, sollte nicht im Bett sterben. Herodes der Große, dem er seine Enkelin Mariamne zur Frau gegeben hatte, ließ ihn wegen Hochverrats anno 30 ante hinrichten.

Das Ende der hasmonäischen Herrschaft, der Verlust der nationalen Souveränität im Jahre 63 ante, wurde in verschiedener
Weise von den jüdischen Gruppen aufgenommen:

Die nationalistischen, sadduzäisch gesinnten Anhänger Aristobuls werden dieses bittere Ende nach fast achtzig Jahren Freiheit (142 - 63 ante) am schwersten getragen haben. Sie hofften
auf eine Änderung dieses Knechtsverhältnisses und hofften auf
Aristobul, den Gefangenen in Rom, der seinerseits an nichts
anderes dachte als an die Flucht mit hochfliegenden Plänen.
Von Aristobul, dem die Flucht aus Rom gelang, und von Alexander, seinem Sohn, der schon früher geflohen, wurden Versuche
unternommen, die alte Herrschaft den Römern abzutrotzen. Beide
scheiterten aber; gegen die Kampfkraft der römischen Kohorten
war nichts auszurichten. Aristobul wurde gefangen, nach Rom
zurückgebracht und mußte seine Träume begraben...

Die Pharisäer waren zwiespältig gesinnt. Einmal mußte ihnen
daran liegen, daß - wie zu Zeiten der Königin Alexandra-
Schlomzion - Herrschaftsamt und Hochpriesteramt voneinander
geschieden waren. Das war jetzt erreicht. Der Blutgeruch der
Herrschaft lag auf den Römern, das Salböl des Priesters heilig-
te Hyrkan II. Andererseits mußte die Pharisäer die Vergangenheit schrecken: Von 586 bis 142 ante hatte das jüdische Volk
"das Joch der Heiden" zu tragen, doch sie hatten die Sehnsucht
im Herzen, daß einmal einer der Ihren, einer aus Davids Geschlecht, die verhaßte Fremdherrschaft der Heiden abschütteln
würde, damit sie wieder nur den einen Herrn über sich hätten,
den Hochheiligen selbst. Doch jetzt waren sie wieder zurückgeworfen in die verhaßte heidnische Fremdherrschaft ...

Bei den Essenern war die Haltung eindeutig. Sie waren jetzt
von einer alten lastenden Sorge befreit. Endlich war das Ereignis eingetreten, das der "Lehrer der Gerechtigkeit" aufgrund
des Studiums des Propheten Habakuk vorausgesagt hatte: Wegen
der unwürdigen und frevelhaften Herrschaft der Hasmonäer
würde "Verderben kommen über Volk und Land". In seiner Unheilspredigt würde sich das Gotteswort erfüllen, das der Prophet gesprochen hat: "Siehe, ich lasse erstehen die Chaldäer,
das bittere und ungestüme Volk" (Hab. 1,6) Und der "Lehrer"
deutete das kommende Unheil und Verderben auf die Kittiim, die
aus dem fernen Europa kommen würden. Diese Kittiim, die von
den Inseln her kommen, würden die Hasmonäerherrschaft, auf
die das jüdische Volk so festes Vertrauen gesetzt hatte, zerstören und Unheil bringen "über Volk und Land" Denn: "Seine
Deutung bezieht sich auf die Kittiim, die schnell sind und
stark im Kampf, so daß sie viele zugrunde richten". Das Thema
von der Überlegenheit und der Vernichtungskraft der Kittiim

wird breit ausgeführt: Sie "zerschmettern und plündern die Städte des Landes" - "Furcht und Schrecken liegt auf allen Völkern (vor ihnen)" - "Böses tun sie ... mit Arglist und Trug" - Sie werden "das Land zerstampfen" - Sie haben die Absicht, "aufzufressen alle Völker wie Geier, unersättlich ... mit Graus unterjochen, mit Zornesglut und Wut reden" - Sie "häufen ihren Besitz ... vernichten mit dem Schwert Jünglinge, Männer und Greise, Frauen und Kinder, und selbst der Frucht des Leibes erbarmen sie sich nicht." (365)

Der für die Erhellung der essenischen Gemeindegeschichte so hochwichtige Habakukpescher enthält drei Themenkreise: I. Der "Lehrer der Gerechtigkeit" und seine zeitgenössischen Widersacher "Frevelpriester" und "Lügenmann" - II. Die Kittiim - III. Die Vergeltung (Gottes) am "Frevelpriester". Während Thema I - das Personen-Trio - mit dem Thema III - der Vergeltung am "Frevelpriester" personal zusammenhängt, scheint das Kittiim-Thema völlig selbständig zu sein. Dabei hat man aber übersehen, daß in II,10-12 eine enge Verzahnung vorliegt zwischen der Unheilspredigt des "Lehrers" über "alles, was kommen wird über sein Volk und sein Land" und seinem Hinweis aufgrund des Habakukwortes auf das Erscheinen der Kittiim. Die Kittiim sind ein wichtiges Thema innerhalb der Unheilspredigt des "Lehrers"!

In der früheren historischen Qumrânforschung haben die Kittiim eine große Rolle gespielt. Man nahm nämlich an, daß das Personen-Trio "Lehrer", "Frevelpriester" und "Lügenmann" zu derselben Zeit gelebt hat, in der auch der kampfstarke Angriff der Kittiim erfolgte! Wenn man die Bedrückung durch die Kittiim zeitlich festlegen konnte, dann war es auch möglich, die Personen des Trio zu identifizieren. Zwei Möglichkeiten schälten sich heraus, die um über hundert Jahre auseinander lagen. Entweder waren die Kittiim Soldaten der Syrer oder solche der Römer. Waren es Syrer, Soldaten der Seleukiden, dann kam eigentlich nur die Verfolgungszeit unter Antiochos IV. Epiphanes in Frage, in der die syrischen Exekutionskommandos und die assimilierten, loyalistischen, hellenistischen Juden eine gräßliche Schreckensherrschaft unter den frommen Juden im Tempelstaat ausgeübt hatten. Dann war es auch klar, wer der "Frevelpriester" war, es war der Hochpriester Menelaos (172 - 162), der im Tempel synkretistisch-semitisch-hellenistische Reformen durchsetzen wollte. Sein Gegner, der "Lehrer der Gerech-

---

365 Habakukpescher 1 Q p Hab II,10-12; III,1. 4. 5. 10. 11; VI, 1.10.

tigkeit", war dann der letzte legitime Hochpriester aus zadoqidischem Geschlecht, Onia III., der 170 ante ermordet wurde. Dieser Deutung von H.H. ROWLEY hat A. DUPONT-SOMMER energisch widersprochen. Mit Scharfsinn und Akribie hat er festgestellt, daß die Kittiim keine Syrer, sondern nur römische Soldaten sein können. Für ihn stand es fest, daß die Zeit der Bedrückung durch die Kittiim nur die Eroberung Jerusalems durch den Römer Pompejus anno 63 ante sein könne. Damit waren aber auch zwei Personen des Trios festgelegt. "Frevelpriester" und "Lügenmann" mußten die beiden Hasmonäer sein: Hyrkan II. und Aristobul II.

Beide Lösungswege sind falsch. Das Trio und die Kittiim waren nicht Zeitgenossen; eine Person des Trios, der "Lehrer der Gerechtigkeit", hat das Kommen der Kittiim in der Zukunft angekündigt.

Es gab noch einen andern Weg, die Identifizierungsfrage zu lösen. Der im Habakukpescher genannte "Frevelpriester" war eine Schlüsselfigur. Er muß Hochpriester in Jerusalem gewesen sein. Vor allem kamen die Makkabäer/Hasmonäer in Frage, also Juda, Jonatan, Simon, Hyrkan I., Aristobul I., Alexander Jannai, Aristobul II. und Hyrkan II. Zwei Hochpriester dieser Reihe waren besonders favorisiert für den Decknamen "Frevelpriester", Jonatan und Alexander Jannai, doch auch Simon und Hyrkan kamen in Frage. Die Kontroversen waren so heftig, daß manche Gelehrte die Identifizierungsfrage für unlösbar hielten und sich mit einem Ignoramus zufrieden gaben. Andere dagegen machten aus der Not eine Tugend. Sie gaben allen Kontroversen recht. Sie schnitten den Terminus "Frevelpriester" in Scheiben und teilten diese verschiedenen Scheiben den verschiedenen Hochpriestern der Makkabäer/Hasmonäer zu. Die erste Scheibe erhielt Juda, die letzte Alexander Jannai. (366) Bei dieser "Lösung" ist es völlig unmöglich, eine Geschichte der Essenersekte zu schreiben. Ich möchte aber niemand unterstellen, daß dies die Absicht dieser ahistorischen und antihistorischen Scheibchenschneiderei ist ...

----

366 A.S. van der WOUDE, Wicked Priest or Wicked Priests, Reflections on the Identification of the Wicked Priest in the Habacuc Commentary, Yigael-Yadin-Festschrift, Journal of the Jewish Studies, 1982, S.349. - W.H. BROWNLEE, The Wicked Priest, the Man of Lies, and the Righteous Teacher - the Problem of Identity, The Jewish Quarterly Review LXXIII, 1982 - F.G. MARTINEZ, Judas Macabeo sacerdote impio, Notas ad margen de 1 Q p Hab VIII,8-13, 1982.

Diese "Lösung" ist keine Lösung, denn sie hat vom Texte her, vor allem vom Habakukpescher her, keine Grundlage. Es gibt keine einzige Aussage in den Qumrântexten über den "Frevelpriester", die sich nicht auf den Hochpriester Jonatan beziehen läßt. Der Makkabäer Jonatan und er allein ist der "Frevelpriester". Damit fallen alle Kontroversen in sich zusammen ...

Dazu kommt noch ein Zweites. Der Habakukpescher, der ja die meisten Aussagen über den "Frevelpriester" bringt, ist ein höchst kunstvolles Gebilde. Der Pescher-Autor war ein großer Denker und Gestalter. Es bedurfte schon einer kraftvollen Phantasie, um die Aussagen des Propheten Habakuk auf die essenische Gemeindegeschichte zu beziehen. Doch dieser Autor hatte darüber hinaus noch etwas im Sinn und auf dem Herzen. In der Geschichte der Qumrângemeinde gab es nämlich eine Katastrophe, welche die beiden ihr vorangegangenen – die Spaltung der Gemeinde durch den "Lügenmann" und die Emigration der Konservativen nach dem Lande Damaskus – an Bedeutung weit übertraf: der Yom-Kippur-Tag des Jahres 144 ante, das Erscheinen des "Frevelpriesters" vor der Gemeinde, vermutlich verbunden mit einem Überfall von Bewaffneten, die Anklagen gegen den "Lehrer der Gerechtigkeit", dem man vor allem seine das Volk aufwühlende Unheilspredigt von dem baldigen Kommen der Kittiim vorwarf, die Maßregelung und Züchtigung des "Lehrers" – vermutlich mit der üblichen "Kirchen"-Strafe von 40, bzw. 39 Geißelhieben, die Hilfsverweigerung einer chasidischen Gruppe (Absalom), die Zerstreuung und Beraubung der Gemeinde. Dieses furchtbare Geschehen an diesem einen Tag mußte bewältigt werden, und es wurde bewältigt. Wenn nämlich beim Propheten Habakuk das alles schon vorgezeichnet – gewissermaßen vorprogrammiert war, dann stand dieses Geschehen unter dem unerforschlichen Willen Gottes, und die Gemeinde hatte sich damit abzufinden. Es war Gottes Wille, was an diesem Tage geschah ... Das war ein Trost für diese Gemeinde in schrecklicher Zeit. – Doch der Habakukpescher behandelt ja nicht nur das Thema I – das Trio, das an diesem verhängnisvollen Tag zusammenkam in Qumrân und in einem Gerichtsverfahren seine Kräfte maß – die Macht des Staatsoberhauptes gegen die Widerstandskraft des Angeklagten – und das Thema II – die Kittiim-Passagen, Bestandteil der Anklageschrift – nachgewiesen im Martyrium Jesajae. Der Habakukpescher behandelt auch das Thema III: die Vergeltung (Gottes) am "Frevelpriester", der genau das gleiche Leiden erdulden mußte, das er dem "Lehrer der Gerechtigkeit" zugefügt hatte. Auch das, vor allem andern, das war ein Trost für diese geplagte und verfolgte Gemeinde. Gott hat ihr an dem Yom-Kippur-Tag des Jahres 144 ante viel Unbill zugefügt, doch der Herr war groß, und er gab ein sichtbares Zeichen dieser von den politischen

Mächten gedemütigten Gemeinde. Anno 143 geriet der makkabäische Hochpriester Jonatan in die Gewalt der Syrer, wurde auf einem Foltermarsch von Ptolemais-Akko nach Adora und dann am Toten Meer entlang bis zur syrischen Grenze mitgezerrt - über dreihundertfünfzig Kilometer Luftlinie! - unter den Schlägen der Soldaten, in brennender Hitze, in Ketten, die, mit Widerhaken versehen, ins Fleisch schnitten, an Wunden blutend, von Mücken umschwärmt, von Fieberschauern geschüttelt, weitergestoßen von den syrischen Soldaten, bis man ihm an der syrischen Grenze, an dem nicht identifizierbaren Ort Baskama den Tod gab. Das war genau die Vergeltung Gottes für die Tortur, die der "Frevelpriester" am Yom-Kippur-Tag des Jahres 144 ante über den "Lehrer der Gerechtigkeit" verhängt hatte. Ein Jahr später - 143 ante - ereilte ihn dasselbe Schicksal! Das war ein sichtbares Zeichen für diese Gemeinde, ein großer Trost! Der Verfasser des Habakukpescher hat nicht versäumt, auch diesen Trost seiner bedrängten Gemeinde zu verkünden.

Wenn man erkennt, daß der ganze Habakukpescher von dem einen großen Gedanken erfüllt ist, seiner Gemeinde das niederschmetternde und deprimierende Geschehen des Yom-Kippur-Tages anno 144 ante faßbar zu machen und zu erklären, dann kann man nur voller Bewunderung vor diesem großen Gestalter des Habakuk-Pescher stehen. (367)

Der Verfasser des Habakukpescher war aber nicht nur ein hervorragender Systematiker, der den Prophetentext überschaute und es verstand, ihn so konstruktiv zu pescherisieren, daß die Hauptvorgänge für uns erkennbar werden. Der Verfasser des Habakukpescher zeichnet sich außerdem von den andern Pescher-Autoren dadurch aus, daß er ein Meister der Sprache und ein feinsinniger Stilist war, dem immer wieder phantasievolle

---

367 Das Geschehen an diesem Yom-Kippur-Tag des Jahres 144 ante ist ausführlich dargestellt: H. BURGMANN, Gerichtsherr und Generalankläger, Revue de Qumran, No. 33, 1977, S.3-72. - Wiederabdruck in: Zwei ... Qumranprobleme, 1986, S.71-142. - Die Analyse des Habakukpescher mit der genauen prozentualen Aufteilung in Peschertexte, die diesen Tag behandeln, und solche, die mit diesem Tag nicht in Zusammenhang zu bringen sind: H. BURGMANN, Vorgeschichte und Frühgeschichte der essenischen Gemeinden von Qumran und Damaskus, 1987, S.410-414.

Assoziationsbildungen in seine Formulierungen einfließen. (368)

Der Habakukpescher, dieser für die Erhellung der essenischen Gemeindegeschichte so hochwichtige Text, enthält nicht nur die Weissagung des "Lehrers" über "alles, was kommen wird über sein Volk und sein Land" - gemeint ist das Kommen der Kittiim - er enthält auch noch eine präzisere Aussage über die Kittiim, den Zeitpunkt ihres Kommens, ihren Raubzug, ihre Beute an Geld und Gut, welche die amtierenden Hochpriester ihnen überlassen müssen. Der Bezug auf die Ereignisse des Jahres 63 ante, die Eroberung des Tempels durch die Römer, ist deutlich:

"Und wenn es heißt:
'Denn viele Völker hast du geplündert, nun wird dich der ""Rest der Völker"" plündern' (Hab. 2,8) -

Diese Aussage des Propheten Habakuk legt natürlich auch die Deutung fest: Das angesprochene DU muß auch geplündert haben, damit es hinterher ausgeplündert werden konnte. Hier haben wir eine Schwierigkeit vor uns; denn dieses "Du" sind in der Deutung "die letzten Priester von Jerusalem" - wie ich meine: Hyrkan II. und Aristobul II. Doch diese beiden Hochpriester-Könige hatten andere Bestrebungen, als Kriege zu führen mit fremden Völkern und Beute zu machen. Anders ist es jedoch, wenn zu diesen beiden "letzten Priestern von Jerusalem" auch ihr Vater Alexander Jannai - diese berüchtigte Kriegsgurgel - in diesen Terminus einbezogen wird. Wenn man gar alle makkabäisch-hasmonäischen Hochpriester hier einbezieht, dann ist der Vorwurf der Bereicherung und des Beutemachens tatsächlich verifizierbar. Doch es erscheint mir fraglich, ob der Bogen so weit gespannt gedacht war. Ich nehme an, daß der vorgegebene Habakuktext die nachfolgende Deutung zu sehr beeinflußt hat:

----

368 Frau Bilha NITZAN, M.A., die eine andere historische Sicht hat als ich, aber auf sprachlichem Gebiet als Israeli weit kompetenter ist als ich, hat sich in ihrer Arbeit: Bilhah Nitzan, megilât pêscher Chavkûk, Jeruschalajim 1986, Pesher Habakuk (1 Q p.Hab), Jerusalem 1986, sehr eingehend mit dem Habakukpescher beschäftigt. Sie hat gerade auf diese sprachlichen Besonderheiten an mehreren Stellen ihres Buches hingewiesen.

- "geht seine Deutung auf
'die letzten Priester Jerusalems',
welche Reichtum und Gewinn zusammenraffen
von der Beute der Völker.
Doch 'am Ende der Tage'
wird ihr Reichtum samt ihrer Beute
in die Hand des Heeres der Kittiim gegeben,
denn sie sind 'der Rest der Völker'" (369)

Die Zeitbestimmung "am Ende der Tage" kann sich nicht auf die geschichtliche Zeitspanne zwischen dem Amtsantritt des Hochpriesters Jonatan (152 ante) und den letzten hasmonäischen Hochpriester-Königen Hyrkan II. und Aristobul II. (bis 63 ante) beziehen. Diese eschatologische Zeitbestimmung läßt sich nur auf "die letzten Priester Jerusalems" beziehen. Diese "letzten Priester" waren Aristobul II. und Hyrkan II. Ihrer Herrschaft bereitete der Römer Pompejus mit seinen Legionen – den Kittiim – ein Ende.

Allerdings war dieser Römer edler und besser als der Ruf, den die Kittiim besaßen. Er betrat das Allerheiligste, rührte aber nichts an. Auch der andere der Triumvirn des Jahres 60 ante, C. Julius Caesar, verhielt sich später den Juden gegenüber sehr loyal, befreite sie von drückenden Abgaben und war bei ihnen sehr beliebt. Nur der dritte der Triumvirn war anders. Gierig griff Crassus in den Tempelschatz und eignete sich den angesammelten Reichtum des Heiligtums an, um seinen Krieg gegen die Parther zu finanzieren. Bei Carrhae verlor er dann die Schlacht und wenig später sein Leben (370).

----

369 Habakukpescher = 1 Q p Hab IX, 3-7 – Übersetzung: J. MAIER, I, S.154.

370 Josephus, Ant. XIV.VII,1 = § 105-109: "Als Crassus auf einem Feldzuge gegen die Parther sich befand, kam er nach Judaea, raubte alles im Tempel befindliche Gold, welches Pompejus nicht angerührt hatte, im ganzen 2.000 Talente, und vermaß sich sogar, alles Gold im Werte von ungefähr 8.000 Talenten daraus zu entfernen. Unter anderem eignete er sich eine Stange aus reinem Golde an, die dreihundert Minen wog (= etwa 130 Kilogramm) ... Crassus nahm die Stange und tat, als wenn er nichts anderes im Tempel anrühren wollte, schleppte aber trotz seines Eides alles im Tempel befindliche Gold weg" (54 ante).

Damit war der Tempelschatz "in die Hand des Heeres der Kittiim gegeben". Also auch diese Prophezeiung war erfüllt. Doch an einem Punkte stimmte die Prophezeiung nicht. "Am Ende der Tage" sollte dies geschehen, die Beseitigung der hasmonäischen Herrschaft durch die Kittiim: am Ende des irdischen Äons also, zu der Zeit also, zu der Gott kommen und sein Reich errichten würde ...

Es ist hier aber anzumerken, daß auch der andere Text, die Weissage vom Kommen der Kittiim und ihrer Kriegsmaschinerie gleichfalls diesen Gedanken vom Ende aller Zeiten enthält: Es heißt da von dem gottbegnadeten "Lehrer", daß seine Gegner nicht auf ihn hören, was er über die Endzeit weissagt:

> "Die Bedeutung des Schriftwortes bezieht sich ... auf die 'Abtrünnigen' hinsichtlich des künftigen 'letzten Zeitabschnittes': Das sind die Bedränger der Bundesgemeinde, die niemals Zutrauen haben, wenn sie alles das hören, was über das 'letzte Geschlecht' kommt nach Aussage des Priesters (= 'Lehrers der Gerechtigkeit') ..." (371)

So sind beide Texte im Habakukpescher, die vom Kommen der Kittiim und ihrer Kriegsmaschinerie, vom Raub des Tempelschatzes durch die Kittiim weissagen und von der Niederlage der "letzten Priester von Jerusalem" berichten, noch zusätzlich durch diese Zeitbestimmung "am Ende der Tage" und "hinsichtlich des künftigen 'letzten Zeitabschnittes'" eng miteinander verbunden.

Doch diese Prophezeiung erfüllte sich nicht, ebenso wenig die andern früheren. Gott kam auch diesmal nicht, um die hochgespannte Erwartung der frommen Juden zu erfüllen und sein Reich zu errichten.

Diese Terminierungen sind alt. Der erste, der eine Voraussage mit einer Zeitspanne verband, war wohl der Prophet Jeremia. Er schuf das erste Zählsystem. Bei den Juden haben bestimmte Zahlen einen hohen - meist religiös bedingten - Wert, so die "Sieben" und die "Zehn". Miteinander multipliziert: 70! Jeremia sagte voraus, daß nach der Zerstörung des Tempels 587 ante

----

371 Habakukpescher = 1 Q p Hab II,5-8 (Übersetzung: H. STEGEMANN, S.56).

es 70 Jahre dauern würde, bis der Tempel wieder erbaut würde (372). Er behielt recht, 516 ante wurde der neue, der zweite Tempel Serubabels, in Jerusalem neu geweiht. Doch Jeremia wagte auch noch eine andere Prophezeiung: 70 Jahre nach der Zerstörung des Tempels durch die Babylonier würde Babylon zur Wüste werden und "das Joch der Heiden" würde von dem Volk Gottes genommen werden. (373) Diese Prophezeiung erfüllte sich nicht. Jeremia war weit davon entfernt, eschatologisch zu denken und das Reich Gottes herbeizusehnen. Das war dann später das Anliegen des Apokalyptikers Daniel, der vier Weltreiche voraussagte, die sich nacheinander ablösen, bis schließlich der Hochheilige selbst die Herrschaft in der Welt übernimmt. Dieser Mann, welcher das Danielbuch schrieb, revidierte auch das Zählsystem des Jeremia: Man dürfe nicht mit 70 Jahren rechnen, sondern es seien 70 Jahrwochen, also 490 Jahre seit 587 ante gemeint. "Daniel" lebte in einer Zeit, die ihm an Schrecknissen unüberbietbar erschien, so daß das Kommen Gottes unbedingt nahe sein mußte. Die letzte der 70 Jahrwochen hängte er an das Jahr 170 ante, das Jahr, in dem der letzte legitime Hochpriester Onia III. ermordet wurde. Das Kommen Gottes hätte nach diesem Zählsystem in den Sommer des Jahres 163 ante fallen müssen (374). Doch Gott kam nicht.

----

372 Jer. 29,10: "Denn so spricht YHWH: 'Erst wenn volle 70 Jahre für Babel abgelaufen sind, werde ich euch 'kraftvoll begegnen' und mein Verheißungswort an euch erfüllen, euch an diese Stätte zurückzubringen.'"

373 Jer. 25,11-12: "Das ganze Land wird zur Öde und Wüste werden, und sie werden als Knechte unter den Völkern dienen 70 Jahre lang. Aber wenn die 70 Jahre vorüber sind, werde ich dem König von Babel und diesem Volk kraftvoll begegnen... wegen ihrer Sünde ... und werde ewige Wüste daraus machen."

374 Die Makkabäer müssen mit dieser Danielprophezeiung vertraut gewesen sein. So läßt sich ihre Eile erklären, daß sie kurz vor dem erwarteten Kommen Gottes noch das Heiligtum Gottes in Ordnung bringen und die zerstreuten Juden aus Galiläa und dem Ostjordanland in den Tempelstaat zurückführen wollten. Auch Juda mag für seine Entscheidung, die von vornherein verlorene Schlacht gegen die Syrer zu wagen, mit dem Eingreifen Gottes gerechnet haben (160 ante).

Die Essener revidierten das gescheiterte Zählsystem Daniels. Sie teilten die 490 Jahre seit der Zerstörung des Tempels anno 587 ante anders auf: in 390 Jahre Zeit des Zornes Gottes und 100 Jahre Zeit des Erbarmens Gottes. Schnitt- und Wendepunkt war genau wie bei "Daniel" die Ermordung des letzten zadoqidischen Hochpriesters Onia III. anno 170 ante! Die folgenden 100 Jahre waren geprägt von einer Persönlichkeit, von dem "Lehrer der Gerechtigkeit", dem Gründer der essenischen Gemeinde von Qumrân: 20 Jahre Vor-"Lehrer"-Zeit mit Blindsein, Irrungen und Wirrungen (170-150 Makkabäerkämpfe) + 40 Jahre "Lehrer"-Zeit (Wirken des "Lehrers" 150 – 110, seinem Tod) + 40 Jahre Nach-"Lehrer"-Zeit (110 – 70 Verfolgung der gegnerischen pharisäischen Genossenschaft durch den Hochpriester, pharisäischer Bürgerkrieg 94-88 und Selbstzerfleischung dieser Gemeinde als Strafe Gottes kurz vor dem Endgericht) (375).

In der damaligen Zeit hatte man offenkundig das Zeitgefühl verloren, man wußte nicht – vor allem nicht genau – wieviel Jahre seit der persischen Zeit bis zur Gegenwart vergangen waren. Doch mögen im Tempelarchiv Annalen gewesen sein, welche die Jahre genau festgehalten haben. So könnte die genaue Terminierung nach Daniel bei gewissen Leuten doch bekannt gewesen sein: 586 – 490 = 96 ante. – Doch auch dieses Jahr ging vorüber, ohne daß Gott eingriff ...

Damit waren alle Zählsysteme gescheitert. Die 70 Jahre des Jeremia brachten 516 keine Zerstörung der heidnischen Oberherrschaft und keine Souveränität für das jüdische Volk. Die 490 Jahre des Propheten Daniel führten nicht zum sehnlichst erwarteten Gottesreich, weder in der verkürzten danielischen Zählweise, noch in der revidierten essenischen Form, noch nach der genauen Jahreszählung. Die Jahre 163 – 70 – 96 ante brachten nicht das erwartete Heil.

Die Existenz der qumrânischen Gemeinde beruhte aber auf der Hoffnung, auf der Erwartung des Kommens Gottes. Das Heil der künftigen Zeit war unverzichtbar.

Nachdem alle Zählsysteme gescheitert waren, mußten sie einen neuen Weg suchen, und sie haben einen neuen Weg gefunden,

----

375 Siehe dazu: H. BURGMANN, Wer war der Lehrer der Gerechtigkeit? Revue de Qumran, No. 40, 1981, S.553-578, Wiederabdruck in: Zwei ... Qumranprobleme, S.229-256, hier besonders: S.235.

um sich des göttlichen Heils zu versichern. Schon ganz am Ursprung der Gemeinde stand die Kraftbegegnung Gottes - ich vermeide das bei den Theologen so beliebte Wort "Heimsuchung" - die Kraftbegegnung Gottes mit diesem Juden in der syrischen Hauptstadt Antiochia, Gott rettete ihm das Leben und verpflichtete diesen Sproß der fürstlich-vornehmen Zadoqidenfamilie, den Rest der Frommen um sich zu sammeln und eine Gemeinde zu gründen. Der Bund Gottes, der mit diesem Juden, dem späteren "Lehrer der Gerechtigkeit" geschlossen wurde, würde allen seinen Anhängern das Heil der künftigen Welt bringen. - Als die Gemeinde später auf Anweisung des hochpriesterlichen Staatsoberhaupts (Jonatan) auf die Ostseite des jüdischen Gebirges, nach Qumrân (- Gomorrha?), verbannt wurde, könnte sie darin auch eine Weisung Gottes gesehen haben, sich in der Wüste von der Welt abzusondern und in der Wüste den Weg zu bereiten für das Kommen Gottes nach einem Wort des Propheten Jesaja! Die Süßwasserquelle, die in der Nähe sprudelte und der Gemeinde ihre materielle Weiterexistenz sicherte, wurde verglichen mit der Tora, einem Quell lebendigen Lebens, von deren Befolgung ihre Weiterexistenz im künftigen Leben abhing. - Außer diesen positiven Kraftbegegnungen Gottes gab es natürlich auch negative. Eine der furchtbarsten Prüfungen war der Yom-Kippur-Tag des Jahres 144 ante, der Tag, an dem der "Frevelpriester" in Qumrân erschien, um den "Lehrer" zur Rechenschaft zu ziehen, ihn zu foltern und seine Gemeinde zu zersprengen. Doch ein Jahr später erfolgte eine sichtbare Hinwendung Gottes zu seiner von ihm auserwählten Gemeinde: Dem "Frevelpriester" (Jonatan) wurde überdimensioniert vergolten, was er dem "Lehrer der Gerechtigkeit" angetan hatte. Nach einem Foltermarsch von über dreihundert Kilometern wurde er von heidnischen Syrern getötet (143 ante). Wenn Gott in diesem Augenblick seinen "Auserwählten" so nahe war und ihnen ein sichtbares Zeichen seiner Zuwendung gab, dann mußte doch seine Gemeinde das Gefühl haben, daß er bald kommen und sein Reich errichten würde. Die Enttäuschung darüber, daß er nicht kam, ist dem Habakukpescher anzumerken. Die Gemeinde mußte weiter warten. Die zweite Kraftbegegnung Gottes, sein irdisches Gericht über die "Mißdeuter der Tora" (H. STEGEMANN), über die feindselige pharisäische Genossenschaft, nachdem er den "Frevelpriester" grausam gerichtet hatte, war wieder ein Strahl der Hoffnung auf das baldige Weltende. Der Aufstand der Pharisäer gegen den hasmonäischen Hochpriester-König Alexander Jannai, der Bürgerkrieg, die anarchischen Zustände, der Krieg Pharisäer gegen Pharisäer, die einen auf der Seite Jannais, die andern gegen Jannai, die Selbstzerfleischung der Pharisäer, die Kreuzigung von 800 rebellierenden Pharisäern durch den Hochpriester-König Alexander Jannai und die nachfolgenden inneren Spannungen innerhalb dieser Genossenschaft, die eine unerhörte Zerreißprobe bedeuteten und eigentlich die Auflösung der Pharisäergemeinde zur Folge haben mußten, waren für die Essener ein sichtbares Zeichen Gottes und eine verdiente Strafe Gottes für ihre Widersacher. Hier haben wir essenische Texte, die eindeutig dieses pharisäische Desaster mit dem nahen Weltende in Verbindung bringen. Beide Male sind es Texte der Damaskusschrift CD, und zwar in den später angehängten Teilen, dem Vorspann und dem Nachspann.

Ganz am Ende des großen Geschichtsgrundrisses der Damaskusschrift, also am Ende der irdischen Zeit, heißt es:

> "Da entbrannte der Zorn Gottes gegen ihre Gemeinde (gemeint des "Lügenmannes"), so daß er ihre gesamte Menge verstörte (sic!), und ihre Werke sind Unreinheit vor ihm." (376)

Ähnlich heißt es über die letzten 40 Jahre – im Rahmen der danielischen 490 Jahre, essenisch revidiert – also über die Jahre zwischen dem Tod des "Lehrers" und dem Kommen Gottes zum Endgericht, wobei der durch die Pharisäer hervorgerufene anarchische Zustand des Tempelstaates deutlich herausgehoben wird:

> "Und in dieser Zeit entbrennt der Zorn Gottes gegen Israel, wie er gesagt hat: 'Kein König und kein Fürst und kein Richter und keiner, der in Gerechtigkeit zurechtweist.' (Hos. 3,4)" (377)

Der unglückselige Pharisäerkrieg fiel in die Jahre 94 – 88, mitten hinein in die Endzeitberechnung der 490 Jahre – nach Daniel genau berechnet – zwischen das Jahr 96 und das Jahr 70 – nach der revidierten Berechnung der Damaskusschrift. Weil hier das Zählsystem mit der Kraftbegegnung Gottes, mit seinem Zorn über die Pharisäer zusammenfiel, waren gerade damals die Hoffnungen der Essener besonders angespannt. Doch nichts ereignete sich. Im Gegenteil: Die Pharisäer erholten sich – vermutlich durch die Initiative von Simon ben Schetach – erstaunlich schnell aus dem Zustand der Selbstzerstörung, ja sie übernahmen sogar die politische Macht im Tempelstaat.

----

376 Damaskusschrift CD I,21–II,1.

377 Damaskusschrift CD XX,15–17.

Die dritte deutlich erkennbare Zuwendung Gottes zu seiner Gemeinde war dann die Erfüllung der Unheilspredigt des "Lehrers der Gerechtigkeit" vom Kommen der Kittiim und ihrer brutalen Kriegsmaschinerie, dann aber auch die Prophezeiung von der Beraubung des Tempelschatzes durch die Kittiim, von der Machtlosigkeit der "letzten Priester von Jerusalem". Beide Wahrsagen im Habakukpescher waren eindeutig auf die Eroberung Jerusalems durch den Römer Pompejus anno 63 ante zu beziehen und auf das Ende der hasmonäischen Herrschaft unter den Hochpriester-Königen Hyrkan II. und Aristobul II. Beide Prophezeiungen, beide Texte bringen die Erfüllung dieser Weissagungen mit der Endzeit in Verbindung. Der "Lehrer der Gerechtigkeit" spricht – sicherlich im Zusammenhang mit seiner Unheilspredigt vom Kommen der Kittiim – was "hinsichtlich des künftigen letzten Zeitabschnittes" ... "über das letzte Geschlecht (kommen)" wird. Und die Beraubung des Tempelschatzes durch die Kittiim wird "am Ende der Tage" erfolgen. (378)

Doch die römischen Kittiim, die in den Augen der Weissager – wie einst das Volk Gog aus Magog bei Ezechiel – die strafende Schwerthand Gottes über dem frevelhaften und verruchten Hochpriester-Regime der Makkabäer/Hasmonäer sein sollten, normalisierten sich als Besatzungsmacht, ein Zustand, den die Juden aus der Zeit zwischen 586 und 142 sicherlich noch in Erinnerung hatten. Doch nichts deutete darauf hin, daß Gott kommen würde.

Dies war deprimierend. Doch der Autor des Habakukpescher wußte seine Gemeinde zu trösten – zu vertrösten. Auch wieder im Hinblick auf den Propheten Habakuk, der erkunden sollte, was kommen würde über das letzte Geschlecht ...:

"Aber die Vollendung der Zeit hat ER (Gott) ihm nicht kundgetan" (379)

Die nächste Zuwendung Gottes zu seinen "Auserwählten" ließ lange auf sich warten. Dazwischen erfolgten furchtbare Schläge, negative Kraftaktionen Gottes, "Heimsuchungen" in des Wortes wörtlichster Bedeutung. Drei Schläge, wobei man gar nicht weiß, welchen von diesen dreien die Frommen in Qumrân in

---

378 Habakukpescher = 1 Q p Hab II,5-8 (Unheilspredigt), 1 Q p Hab IX,3-7 (Beraubung des Tempelschatzes).

379 Habakukpescher = 1 Q p Hab VII,2.

ihrer Siedlung noch erlebt haben. Sie waren völlig niedergeworfen und verzweifelt. Mag sein, daß gerade in dieser Zeit
der Niedergeschlagenheit dieser seltsame Terminus, diese seltsame Selbstbezeichnung entstanden ist: ꜂awanîm chäsäd, "die
Armen an Gnade". Sie fühlten sich verlassen von der Gnade
Gottes, vielleicht auch von dem "Geist Gottes", denn es gibt
auch in den Texten den Ausdruck "die Armen am Geist" (Gottes?). Diese Gottverlassenheit, diese Gottesferne kcnnte man nur
erklären mit der zeitweiligen Entmachtung Gottes durch Belial,
der in der Endzeit seine Herrschaft aufgerichtet hat.

Die nächste Zuwendung Gottes zu seinen "Auserwählten" ließ
lange auf sich warten. Erst gegen Ende des auslaufenden Jahrhunderts ante gab Gott ein Zeichen – ganz anders als sonst –
ein sichtbares Zeichen am Himmel – die Astronomen haben dieses
Zeichen am Himmel als Konjunktion zweier starker Sterne inzwischen wissenschaftlich festgestellt – doch dieses Zeichen am
Himmel, dieser auffallend große Stern erregte die Frommen im
Lande; denn der "Stern" war das Zeichen des Maschiach, das
Zeichen, daß der Messias kommen würde, als Vorreiter und
Vorbereiter des Gottesreiches. Die Frommen im Lande waren
höchst erregt, die Essener in besonderem Maße, denn ihr ganzes Leben war auf diesen Tag ausgerichtet, auf das Kommen
des Maschiach und auf das Kommen Gottes. Die Essener werden
den "Stern" enthusiastisch begrüßt haben, die Essener, soweit
einige zu dieser Zeit die Siedlung von Qumrân nicht verlassen
haben, vor allem aber die Essener in der Nordgemeinde des
"Neuen Bundes im Lande Damaskus" – und nicht zu vergessen:
die Pharisäer ... Auch sie sahen den "Stern", auch sie erwarteten das Kommen Gottes ...

11. Kapitel

HERODESZEIT – AUSZUG UND RÜCKKEHR DER ESSENER NACH QUMRAN

Es ist seltsam. Die Romtreue der Makkabäer – das 8. Kapitel des 1. Makkabäerbuchs ist ja eine wahre Eloge auf die Römer – hat ihnen nie irgendeinen Nutzen gebracht. Niemals kamen ihnen die Römer militärisch zu Hilfe; sie konnten das auch nicht, denn ihre Legionen waren damals höchstens nach Kleinasien übergesetzt worden. Nur ihre Legaten waren immer unterwegs, und so war die Hilfeleistung auf Diplomatie beschränkt, auf Briefe aus weiter Ferne und Urkunden, die ausgetauscht wurden. Diese schriftlichen Hilfeleistungen waren für die Makkabäer keine Hilfe. Im Gegenteil: Jede Intervention der Römer brachte die makkabäische Sache an den Rand des Ruins. Jede Intervention der Römer rief die syrische Besatzungsmacht auf den Plan. Die Syrer reagierten sofort, nicht etwa mit zusammengeworbenen und zusammengewürfelten Milizhaufen. Mit ihrem Berufsheer, sogar mit Elefanten (was ihnen eigentlich durch die Römer nach dem Frieden von Apamea 188 ante verboten war) rückten sie an, und die Lage der Makkabäer war jedesmal militärisch hoffnungslos. Der ersten Kontaktaufnahme der Makkabäer folgte prompt die Niederlage in der Elefantenschlacht von Bet-Zacharja, nach dem Rombündnis des Juda stellten die Syrer ein so gewaltiges Heer auf, daß die Leute dem Juda davonliefen, mit 800 Getreuen wagte er die Auseinandersetzung und verlor Schlacht und Leben. Die makkabäische Sache war auf den Nullpunkt zurückgeworfen. Als dann Jonatan – Stratege und Hochpriester von syrischen Gnaden – ein Bündnis mit den Römern schloß, düpierten ihn die Syrer, nahmen ihn gefangen, zwangen ihn zu dem Foltermarsch und töteten ihn in Baskama 143 ante. Der Makkabäer Simon war schon in einer besseren Position, als er das Bündnis mit den Römern schloß. Doch auch er wußte, daß der Krieg mit den Syrern daraufhin unausbleiblich war, er inspizierte deshalb die Grenzfestungen des Landes und wurde in der Festung Dok – in der Tabuzone von Jericho – von seinem Schwiegersohn ermordet. Die Last des Krieges hatte dann sein Sohn Hyrkan zu tragen und die Niederlage hinzunehmen. Doch meist kamen die Makkabäer/Hasmonäer mit dem Schrecken davon. Zu ihrem Glück marschierte gerade ein Heer auf die Hauptstadt Antiochia zu, oder ein neuer Thronprätendent war im Kommen. So waren die Syrer bestrebt, den jüdischen Feldzug abzukürzen und das eigene Haus wieder in Ordnung zu bringen. So klingt es wie Hohn, wenn man im 8. Kapitel des 1. Makkabäerbuchs diese Eloge auf die Römer liest und dabei weiß, wie die Römer ihre gerühmte Bündnistreue ausgeübt und wie sie zuletzt die Herrscher in Jerusalem entmachtet und das Land zur römischen Provinz gemacht haben.

Doch es ist seltsam. Nach 63 ante zahlte sich die Romtreue aus, und plötzlich stimmte es, was da stand in diesem Römer-Kapitel des Makkabäerbuchs,

> "daß sie mächtig und stark seien und aller, die sich ihnen anschlössen, sich wohlgefällig annähmen ... mit denen schlössen sie Freundschaft ... mit ihren Freunden ... bewahren sie treue Freundschaft ... denen sie aber helfen, und die sie herrschen lassen wollen, die herrschen ..." (380)

In Jerusalem wurde Hyrkan II., der eine der beiden "letzten Priester Jerusalems" von Pompejus in seinem Hochpriesteramt bestätigt, er war allerdings kein König mehr, sondern nur noch Ethnarch, der oberste Repräsentant des jüdischen Volkes. Helfend und stützend stand dem unselbständigen und trägen Hyrkan der Idumäer zur Seite, Antipater. Seine Romtreue war unwandelbar. Nie ließ er sich von dieser Haltung abbringen, und die Römer dankten ihm das auch. Später bekam er das römische Bürgerrecht und durfte den Ehrennamen Julius tragen, außerdem erhielt er einen geheimnisvollen Titel "Epitropos von Judaea", "Sachwalter im Lande Juda", ein Titel, der wegen der unklaren Abgrenzung dem Idumäer viel Freiheit im politischen Handeln verschaffte. Seine prorömische Politik war nicht leicht durchzusetzen; denn die Realitäten der römischen Staatsentwicklung und die politischen Veränderungen waren nicht zu durchschauen. So ideal, wie das Römerkapitel die römische Staatsordnung preist, war das spätere Imperium nicht:

> "Keiner von ihnen setzt sich die Krone auf, und sie kleiden sich nicht in Purpur ... sie beraten sich fortwährend über das Volk, damit sie im guten Stande sei. Sie vertrauen einem Mann jährlich die Regierung über ihr ganzes Land an, und alle hören auf den einen, und es ist kein Neid noch Mißgunst unter ihnen." (381)

----

380   1. Makkabäerbuch 8,1-13.

381   1. Makkabäerbuch 8,14-16.

Diese hochtönende Fanfare sollte bald in häßliche Dissonanzen übergehen. Nicht nur "Neid und Mißgunst" gewannen im römischen Staat die Oberhand, sondern Macht- und Herrschaftsstreben, das in regelrechte Bürgerkriege ausartete. Es kam noch hinzu, daß die römische Herrschaft zu einem Weltreich wurde, das vom Atlantik bis zum Euphrat reichte und dringend eine Teilung nahelegte: Okzident gegen Orient! Der Okzident hatte aber das Übergewicht, und das war mißlich für den Idumäer Antipater und seinen Sohn Herodes, weil sie auf den römischen Herrn im Orient angewiesen waren. Der römische Herr im Orient war Pompejus. Doch es kam zum Bürgerkrieg mit Caesar. Zum Glück für Hyrkan und den Idumäer Antipater glückte der Plan Caesars nicht, den von Pompejus gefangen gehaltenen Aristobul II., einstmals Hochpriester-König, den andern der beiden "letzten Priester von Jerusalem", mit zwei Legionen gegen Pompejus, gegen Hyrkan, gegen den Idumäer Antipater in Marsch zu setzen. Freunde des Pompejus vergifteten den Aristobul II. rechtzeitig, und Pompejus gab Befehl, Alexander, den Sohn dieses Aristobul, als Caesar-Anhänger in Antiochia zu köpfen. Das war anno 49 ante. Nur der andere Sohn des Aristobul, Antigonos, war noch am Leben, doch er ist noch nicht außerhalb der Geschichte wie Vater und Bruder.

Caesar, Herrscher im Okzident, besiegte Pompejus, den Herrscher im Orient, und der Idumäer hatte Mühe, rechtzeitig zur richtigen Seite, zu den stärkeren Bataillonen Caesars überzugehen. Caesar erwies sich als ein Freund des jüdischen Volkes, er ließ Jerusalem wieder befestigen und erleichterte dem Volk die Abgaben. Doch 44 ante wurde Caesar ermordet. Die Caesar-Mörder waren jetzt obenauf: Brutus und Cassius. Cassius kam nach Syrien und preßte in Judaea das Land aus. Die bedingungslose prorömische Politik des Idumäers kostete dem Antipater das Leben. Ein jüdischer Patriot, ein gewisser Malichos, für den Antipater vorher sehr eingetreten war, ließ ihn bei einem Gastmahl vergiften. Inzwischen wendete sich das römische Blatt wieder. Caesar-Rächer traten auf, Oktavian und Marcus Antonius. Der Okzident erwies sich wieder als stärker als der Orient. Nach der verlorenen Schlacht stürzten sich die Caesarmörder Brutus und Cassius – getreu dem römischen Ehrenkodex – anno 42 ante in ihre Schwerter. Damit hatten die Söhne des Antipater, Phasael und Herodes, den römischen Schutz verloren. Schon triumphierten die antirömischen Patrioten und die persönlichen Gegner der idumäischen Brüder. Doch Herodes trat ihnen entgegen, gewann den Marcus Antonius, der nun im Osten herrschte, durch sein mannhaftes Auftreten und durch Geldgeschenke. Doch zehn Jahre später war es wieder soweit, daß der Okzident sich stärker zeigte als der Orient. Im Kampf um die Alleinherrschaft im römischen Reich besiegte Oktavian den

Marcus Antonius, und Herodes trat den schwersten Gang seines Lebens an. Er wußte nicht, ob er in Freiheit und lebend von diesem Gang zu Oktavian zurückkehren würde. Er bekannte freimütig seine langjährige Treue, die er Marcus Antonius gegenüber gehalten hatte, und er gelobte, auch Oktavian in der gleichen Weise treu zu sein. Oktavian, der spätere Kaiser Augustus, glaubte dem Herodes, der inzwischen König geworden war, und beließ ihn in seiner Machtstellung.

Es kann nicht der Sinn dieses Kapitels sein, eine Biographie des Herodes zu schreiben. Ich beschränke mich auf einige wichtige Ereignisse in seinem Leben, die auch eine gewisse religiöse Relevanz haben.

Als Knabe – es kann um 63 ante, früher oder später, gewesen sein – kam Herodes in Berührung mit den Essenern. Ein gewisser Menaem, ein Essener, der über die Weissagekunst verfügte, prophezeite dem Knaben, daß er einmal König werden würde. Ob damals noch die Hasmonäer als Könige und als "letzte Priester von Jerusalem" regierten, oder ob ihr Königtum inzwischen von den Römern beseitigt worden war, es erschien unsinnig, diesem Knaben, noch dazu einem Idumäer, das Königtum zu prophezeien. Josephus erzählt sehr breit und anschaulich diese Szene, sowohl im Bellum als auch in den Antiquitates:

> "Ein gewisser Essener mit Namen Manaem, der wegen der Ehrbarkeit mit der Gabe, die Zukunft vorherzusehen, ausgestattet war, blickte eines Tages den Herodes, da dieser noch ein Knabe war und mit ihm zur Schule ging, an und sagte ihm, er werde dereinst König der Juden werden. Herodes aber, der der Meinung war, Manaem kenne ihn entweder nicht oder treibe seinen Scherz mit ihm, entgegnete, er sei doch nur von gewöhnlicher Abkunft. Manaem lächelte darüber, schlug ihn auf die Schenkel und sprach: "'Du wirst in der Tat König werden und, weil dich Gott dessen für würdig hält, eine glückliche Regierung führen. Erinnere dich alsdann der Schläge des Manaem und lass sie dir als Zeichen dienen, daß alles Glück wandelbar ist. Denn eine solche Erwägung wird dir zu großem Nutzen gereichen, wenn du Gerechtigkeit und Frömmigkeit liebst und dich gegen deine Untertanen mild erweisest. Ich aber, der ich genau hierüber unterrichtet bin, weiß bestimmt, daß du so nicht sein wirst. Denn du wirst wohl, wie kein anderer, ein glückliches Leben führen und dir ewigen Ruhm erwerben, Frömmigkeit und Gerechtigkeit aber wirst du vergessen. Allein Gott dem Herrn wird dies nicht verborgen bleiben, und er wird dich am Ende deines Lebens dafür bestrafen.'" Der Knabe

achtete wenig auf diese Worte. Doch als er König war, ließ er den Manaem rufen und fragte ihn, wie lange er noch regieren werde. Manaem schwieg zuerst und antwortete ausweichend. ... ohne jedoch das Ende seines Lebens genau zu bestimmen. Herodes aber war damit zufrieden, gab dem Manaem die Hand, entließ ihn und hielt von der Zeit an alle Essener in Ehren." (382)

Aus dieser Erzählung haben manche Gelehrte den Schluß gezogen, daß Herodes den Essenern gegenüber freundlich gesinnt war. In der Antike dachte man oft, daß das Weissagewort nicht nur voraussehend, sondern auch vorauswirkend gesprochen wurde, so daß der Knabe Herodes dem Essener zur Dankbarkeit verpflichtet war, ähnlich wie später der Feldherr Vespasian sich dem Juden Josef ben Mattathia gegenüber erkenntlich zeigte, weil dieser ihm die Kaiserwürde prophezeit hatte ...

Ich bin anderer Ansicht. Herodes kannte keine Verpflichtung den Essenern gegenüber. Herodes war geprägt von einem tiefgehenden existentiellen Erlebnis, das er nie vergessen konnte und auch nicht vergessen wollte. In der Zeit seiner tiefsten Not mußte er sich mit dem Schwert den Weg in die Freiheit bahnen. Er war in einer verzweifelten Lage. Eigentlich war es hoffnungslos. Gegen diese Übermacht der Wegelagerer, ob es Banditen, Parther, Patrioten oder politische Gegner waren, wehrte er sich. Verzweifelt schlug er um sich, und er schlug sie in die Flucht. Für ihn war es wie ein Wunder ...

Die Zeit der Propheten, die mit Gott in einem innigen Verhältnis standen und von ihm Weisungen erhielten, war längst vorbei. Und doch gab es auch in dieser Spätzeit Menschen, die in Not gerieten, auf nicht recht erklärbare Weise gerettet wurden und diese Rettung der Hilfe Gottes zuschrieben. Um 170 ante wurde in Antiochia, der syrischen Hauptstadt, einer der drei Jünglinge, die nach der Legende im Feuerofen tödlich bedroht waren, völlig unerwartet aus großer Lebensgefahr während eines Pogroms gegen die Juden gerettet. In tiefster Not fand er eine Brücke zu Gott, er sah sich von ihm ausersehen, auserwählt zu einem Gottesbund und zu der Aufgabe, die

---

382 Josephus, Ant. XV. X,5 = § 373 – 378. Josephus, selber ein Visionär und allen Visionären zugetan und gewogen, hat an dieser Stelle – aus eigenem Erleben – die Wirkung der Prophezeiung des Manaem sicherlich überbewertet und überzogen.

Frommen im Lande Juda zusammenzuführen in einer "einzigartigen" Gemeinschaft (Yachad). Um 66/67 post, im Großen Jüdischen Krieg, befand sich Josef ben Mattathia, Kommandant der Festung Jotapata, in höchster Not. Er hatte sich in einer Höhle verkrochen und erwartete den letzten Sturm der Römer, um zu sterben. Er fühlte sich aber von Gott ausersehen, denn er war von Gott begabt worden, die Zukunft zu wissen und das unvermeidliche Schicksal, das sein Volk erwartete, zu erkennen. Diese Gabe Gottes verpflichtete ihn, sein Leben zu behalten und für sein Volk zu wirken: (383). Der Kriegsgefangene stieg bei den Römern zu höchsten Ehren auf, und in seinen historischen Werken über die Juden warb er in heidnischer Umwelt um Verständnis für sein Volk. Er hatte die Überzeugung bei dieser Aufgabe, im Auftrage Gottes zu stehen.

Um 40 ante schlug der Idumäer Herodes verzweifelt mit dem Schwerte um sich, und das Unglaubliche wurde Ereignis. Die Wegelagerer wandten sich zur Flucht. Herodes fühlte sich von Gott gerettet und zu einer hohen Aufgabe ausersehen. Dieser Aufgabe widmete er sein Leben: dem Volk der Juden als ihr König vorzustehen. Dieser Augenblick und dieser Ort entschieden für sein Leben. Die Zeit konnte er nicht festhalten, wohl aber den Ort. In biblischen Zeiten war es üblich, den Ort der Gottesbegegnung mit einem Stein zu markieren und später hier einen Altar zu errichten. Herodes errichtete an diesem Ort, den er nie vergessen konnte und dies auch nicht wollte, später einen gewaltigen Palast innerhalb einer kreisförmig angelegten Festung, gewissermaßen den Grundstein zu einer Stadt, die er nach sich selbst "Herodias" benannte. Nach seinem Testament wollte er auch hier beigesetzt werden. Hier hatte er auf wunderbare Art Hilfe erfahren. Er fühlte sich geführt von Gottes Hand und errettet. Gott war mit ihm, Gott war für seine Herrschaft, Gott war für sein Königtum, das seine Nachkommen über-

----

383 "Als er nun zu derselben Stunde durch diese (nächtlichen Träume) in das Geheimnis Gottes versenkt war und die furchterregenden Bilder der erst kurz zurückliegenden Träume in sich hervorholte, brachte er Gott insgeheim ein Gebet dar und sprach: 'Da ... du ... meine Seele erwählt hast (sic!), die Zukunft anzusagen, so übergebe ich mich aus freien Stücken den Römern und bleibe am Leben. Ich rufe dich zum Zeugen an, daß ich diesen Schritt nicht als Verräter, sondern als dein Diener tue." (Josephus, Bellum III, § 352-354).

nehmen sollten. Er fühlte sich irgendwie als "König von Gottes Gnaden" und es gab kein anderes Königtum im Lande der Juden als das des Herodes! Doch da gab es religiöse Gruppen, Essener und Pharisäer, die sprachen von einem andern Königtum und von dem Ende jeglicher irdischer Königsherrschaft. Es würde ein Prophet auftreten im Auftrage Gottes, alle Unordnung in der Welt beseitigen, und danach würde ein Maschiach kommen aus Davids Geschlecht, ein "Messias", der würde dann alle Herrschaft in der Welt übernehmen und die Herrschaft Gottes in der Welt vorbereiten ... Herodes war kein Makkabäer. Die Makkabäer glaubten an das Kommen des endzeitlichen Propheten. Judas ließ anno 164 ante die alten Steine des heiligen Brandopferaltars, die durch die Berührung mit heidnischen Idolen verunreinigt waren, in einer Ecke zusammentragen. Der endzeitliche Prophet sollte entscheiden, was mit diesen Steinen zu geschehen habe. Sein Bruder Simon ließ anno 142 in seinen Staatsvertrag die Bestimmung aufnehmen, daß seine und seiner Nachkommen Herrschaft nur so lange dauern werde, bis ein "glaubwürdiger Prophet" auftrete. Doch Herodes war kein Makkabäer. Seine Herrschaft war von Gott, und er glaubte nicht an diese Phantastereien dieser Essener und Pharisäer, die das Kommen des Maschiach und des Gottesreiches ersehnten. Für Herodes waren diese Gedanken staatsgefährliche Ideen! Es war Hochverrat, solche Gedanken von dem nahen Ende der herodischen Herrschaft unter das Volk zu bringen. Herodes ließ auch tatsächlich einige Pharisäer wegen dieses Vergehens hinrichten. Das ist der geschichtliche Kern der bekannten Legende vom Bethlehemer Kindermord! Der Herodes dieser Legende steht allerdings dem historischen Herodes näher als der Herodes der Gelehrten, der aus Dankbarkeit für die Menaem-Prophezeiung den Essenern eine freundliche Gesinnung bewahrte ...

Der Jüngling Herodes ließ sich in das Netzwerk des jüdischen Gesetzes verstricken. Antipater hatte seinen beiden Söhnen wichtige Ämter anvertraut. Der Ältere, Phasael, wurde Gouverneur von Jerusalem, der Jüngere, Herodes, Statthalter in Galiläa. Dort gab es viel Unruhen und Widerstand. Es hat sich bis in unser Jahrhundert die Sprachregelung erhalten, daß die Widerstandskämpfer des eigenen Volkes Patrioten, die der Gegenseite aber Banden oder Banditen sind. So war es schon damals. Herodes ließ eine Widerstandsgruppe unter einem gewissen Ezechias ausheben und kurzerhand hinrichten. Dieser Ezechias war sicherlich kein Räuberhauptmann und Bandenchef, wie ihn Josephus gezeichnet hat, seine Aktion hatte sicherlich politische Motive. Das zeigte sich darin, daß er in Jerusalem Sympathisanten besaß. Vor allem waren die Mitglieder des Sanhedrin, der obersten Gerichtsbehörde aufgebracht; denn nur dieses Gericht konnte Hinrichtungen beschließen. Einige wurden bei dem Hoch-

priester Hyrkan vorstellig und beklagten sich, daß Antipater
und seine Söhne alle Macht in Händen haben und dem Hochpriester nur eine Scheinregierung lassen:

"Herodes hat zudem den Ezechias und dessen Genossen in
durchaus gesetzwidriger Weise hinrichten lassen. Denn
das Gesetz verbietet ausdrücklich, einen wenn auch noch
so verbrecherischen Menschen umbringen zu lassen, ehe
er vom Sanhedrin zum Tode verurteilt wurde. Und doch
hat Herodes das ohne deine Ermächtigung gewagt." (384)

Hyrkan entschied, Herodes habe sich vor dem Sanhedrin zu ver-
antworten. Diese Vorladung konnte dem Herodes den Kopf kosten. Wenn Anklage auf Mord erhoben wurde, konnte er zum
Tode verurteilt werden. Es bedeutete gar nichts, daß Herodes
beauftragt war, in Galiläa für Ruhe und Ordnung zu sorgen.
Er hatte Menschen umgebracht. Das allein stand hier zur De-
batte.

Diese Verurteilung des Herodes zeigt, wie sensibel die Juden
damals waren in Sachen Todesstrafe. Wenn wir zurückblenden
in die Tage Simon ben Schetachs, dann verstehen wir jetzt
besser, daß für die pharisäisch-rabbinische Tradition das Ein-
geständnis, daß Simon die sadduzäischen Mitglieder des
Sanhedrin umgebracht hat, nicht in normale Worte zu fassen
war. Ein Pharisäerfürst konnte und durfte solch einen Frevel
nicht getan haben! Der Text, der sich auf diese gräßliche Tat
bezieht, können die Rabbinen nicht erfunden haben; denn sie
haben diese Verfremdung und Verschlüsselung später selber
nicht verstanden (385). Ein Beweis, daß Simon diese frevelhafte
Mordtaten an den Sadduzäern tatsächlich begangen hat!

Herodes befand sich in höchster Lebensgefahr. Sein Vater riet
ihm, zur Gerichtsverhandlung seine Leibwache mitzunehmen.
Den 71 hohen Gerichtsherren verschlug es die Sprache, als
Herodes mit Bewaffneten erschien. Der Richter Sameas war der
einzige, der das Schweigen brach und seiner Empörung Ausdruck gab über das unverschämte Verhalten des Angeklagten,
er tadelte auch die Zurückhaltung seiner Mit-Richter. Als

---

384 Josephus, Ant. XIV, IX,3 = § 167.

385 SCHÜRER-VERMES, I, S.231, Anmerkung 7: "... the story
     proved to be a considerable embarassment to rabbis of
     later generations who are therefore unlikely to have
     invented it."

Hyrkan merkte, daß Sameas die Versammlung allmählich auf seine Seite zog, um den Herodes zum Tode zu verurteilen, verschob er die Gerichtsversammlung auf den folgenden Tag.

Hyrkan und Herodes saßen im gleichen Boot. Beide waren einerseits vom jüdischen Recht, andererseits von den Vorschriften der römischen Besatzungsmacht abhängig. Herodes fühlte sich unschuldig. Den Sanhedrin erkannte er als Gerichtsinstanz nicht an, weil er sein Amt in Galiläa nicht vom Sanhedrin und nicht von Hyrkan erhalten habe, sondern von seinem Vater Antipater. Außerdem fühlte er sich als Beauftragter der Römer und hatte nach römischen Gesetzen rechtmäßig den Ezechias und seine Genossen hinrichten lassen. Hyrkan wiederum war Vorsitzender des Sanhedrin, er hatte aber von dem Sextus Caesar, dem römischen Statthalter Syriens, die Weisung erhalten, daß dem Herodes kein Leid geschehen dürfe.

Hyrkan riet dem Herodes zur Flucht aus der Stadt. Herodes war empört, doch er fügte sich und begab sich zu Sextus Caesar und trat in römische Dienste. Als bestimmte Kreise in Jerusalem immer noch keine Ruhe gaben wegen der Ezechias-Affäre, vertraute Sextus Caesar dem Herodes als Strategen von Coelesyrien ein römisches Heer an. Mit dieser Streitmacht erschien Herodes drohend vor Jerusalem. Eine Szene wie damals bei Coriolan: Vater und Bruder, Antipater und Phasael, kamen aus der Stadt und überredeten den rachgierigen Herodes zum Abzug. In der Stadt kam später niemand mehr zurück auf die Ezechias-Ermordung. Herodes hatte seine Macht gezeigt und war befriedigt. Das Lehrstück wirkte aber: Den Malichus, den Mörder seines Vaters Antipater, ließ er durch römische Offiziere außerhalb des jüdischen Territoriums umbringen.

Der Tiefpunkt im Leben des Herodes war das Jahr 40 ante. Schon vorher hatte es gekriselt. Herodes und Phasael waren infolge der innenpolitischen Umschwünge in Rom plötzlich ohne Beistand. Die antirömischen Patrioten triumphierten, und auch der Hochpriester Hyrkan schwankte, ob er den Idumäerbrüdern weiterhin Beistand leisten oder ob er nicht der Volksstimmung nachgeben sollte. Doch plötzlich zog von Osten wie von Westen Gefahr herauf, und Hyrkan beeilte sich, in seiner bedrohten Lage sich der Hilfe der Brüder zu vergewissern. Er strebte eine feste familiäre Bindung an und verlobte seine Enkelin Mariamne mit Herodes. Für Herodes bedeutete diese Verbindung ein wichtiger Zuwachs an Legitimation seiner Herrschaft. Mariamne entstammte reinstem hasmonäischem Blut. Die Mutter Alexandra war die Tochter Hyrkans II., und der Vater Alexander war der Sohn Aristobuls II.

Doch das Ungewitter, das dem Lande drohte, war durch dieses familiäre Bündnis nicht aufzuhalten. Von Westen kam ein Mann, von Osten kam ein Volk. Das Volk waren die Parther, sie bestritten den Römern die Herrschaft in diesem Gebiet. Der Mann war Antigonos, der Sohn Aristobuls, und er bestritt seinem Onkel die Hochpriesterwürde und die Repräsentanz des jüdischen Volkes. Ein großes Unglück brach über Hyrkan, Herodes und Phasael herein. Denn der hasmonäische Thronprätendant Antigonos verband sich mit den Parthern. Er hatte dadurch eine starke militärische Macht auf seiner Seite, und die Parther verfügten über eine Marionette, einen Hasmonäer, einen Hochpriester-König, der ihnen das Recht gab, in diesem Lande zu herrschen. Eine ideale Kombination.

Die Parther waren in Syrien eingefallen, zogen der Küste entlang nach Judaea und schlugen ihr Hauptquartier in Galiläa auf. Das war sicher kein Zufall. Die Parther kämpften gegen Rom, und in Galiläa gab es zahlreiche antirömische Widerstandsnester. Solche Widerstandsnester hatte schon Herodes ausgehoben und war darob in schwere Not geraten. Die Bewohner Galiläas waren Ituräer. Sie waren erst 103 ante judaisiert, zur Beschneidung veranlaßt und der Tora unterworfen. Sie haben sich eine gewisse Eigenständigkeit bewahrt und konnten sich nicht recht einfügen in neue Verhältnisse, waren immer bereit zur Rebellion. Von den Juden wurden die Galiläer über die Schulter angesehen, ähnlich wie die Idumäer, einige Jahrzehnte früher judaisiert, die als "Halbjuden" galten. Hier in Galiläa hatten die Parther ihr Hauptquartier.

Eine parthische Streitmacht bewegte sich auf Jerusalem zu, wo schon vor dem Eintreffen des Antigonos die Bewohner einen Aufstand gegen die idumäischen Brüder gewagt hatten. Der Zug des Antigonos glich einem Siegeszug, er konnte seine Streitmacht durch Zulauf von allen Seiten erheblich verstärken. Antigonos rückte in Jerusalem ein, die Brüder wurden in der Burg belagert. Ihre Lage war hoffnungslos. Herodes durchschaute das sehr bald, nicht aber Hyrkan und Phasael. Sie gaben sich der Illusion hin, dieses ideale Bündnis zwischen Antigonos und den Parthern sprengen zu können, entschlossen sich – gegen die Warnung des Herodes – mit den Parthern zu verhandeln und begaben sich als Unterhändler in das Hauptquartier der Parther nach Galiläa. Die Parther zogen die Verhandlungen hin. Doch als sie merkten, daß der Fuchs Herodes nicht auch noch in die Falle ging, warfen sie die Abgesandten in den Kerker. Phasael starb am Gift oder durch Selbstmord. Nach parthischem Strafbrauch wurden dem Hyrkan die Ohren abgeschnitten. Josephus erzählt allerdings publikumswirksamer anders: Antigonos habe seinem Onkel eigenzähnig die Ohren abgebissen. Der auf diese Weise körperlich Mißhandelte war nun zum Hochpriester nicht mehr tauglich.

Als Herodes dies erfuhr, entschloß er sich zum Ausbruch. Ziemlich zum letzten Mal in dieser Geschichte macht sich ein "flüchtiger Prinz" mit hochfliegenden Plänen auf den Weg. Er nahm seine Familie mit, seine Mutter Kypros, seine Schwester Salome, seinen Bruder Joseph, seine Braut Mariamne, deren Bruder Aristobul und die Schwiegermutter Alexandra. Der Ausbruch gelang. Unterwegs wurden sie von Parthern, Partisanen, Patrioten angegriffen, sie schlugen sich durch, auch an dem Ort, der später "Herodias" hieß, wo Herodes die Überzeugung hatte, von Gott geführt, gerettet und zu einer hohen Aufgabe ausersehen zu sein. Als er in seiner Heimat Idumaea angekommen war, stand die Bevölkerung auf seiner Seite, und er konnte über 9.000 Bewaffnete verfügen. Seine Familie brachte er in der uneinnehmbaren Festung Masada unter und begab sich auf dem schnellsten Wege nach Rom. Auf dem Umweg über Ägypten, wo Kleopatra ihn zu ihrem General machen wollte, beinahe schiffbrüchig bei Rhodos, kam er mit einem ausgezeichneten Plan in Rom an und begab sich sofort zu seinem Gönner Marcus Antonius. Er schilderte ihm die Lage in Judaea, stellte ihm vor Augen, daß die Parther, die Todfeinde der Römer, den Hasmonäer als Antigonos I. zum König gemacht hatten und daß Rom hier ein Gegengewicht schaffen müßte. Die Römer müßten genau dagegenhalten und ihn, Herodes, zum König machen. Nur so könne er bei seinem Volk den notwendigen Rückhalt gewinnen und das Land für die Römer zurückerobern. Marcus Antonius stimmte zu, gleichfalls Oktavian, und auch der Senat war einverstanden. Der Flüchtling ohne Land und Heer kehrte als "König der Juden" zurück.

In Jerusalem haben inzwischen die Parther gewütet und ihre Sympathien als Befreier verloren. Antigonos I., Hochpriester-König, schlug sein Hauptquartier in Jericho auf, sicherlich nicht wegen der berühmten und begehrten Balsampflanzungen und der köstlichsten Datteln des Orients, die es hier gab: es mögen ihn neben der Annehmlichkeit des Klimas auch strategische Gründe zu dieser Wahl veranlaßt haben. Herodes hatte seine Heimat und seine Hausmacht in Idumäa, von Idumäa aus konnte der Gegenstoß kommen, am Toten Meer entlang, der konnte von Jericho aus gut abgefangen werden. Außerdem befand sich die Herodesfamilie auf dem Festungsberg Masada am Südende des Toten Meeres, eingeschlossen und belagert.

Zwischen der Oase Jericho in der Nähe des Jordan und der Feste Masada lag am Nordende des Toten Meeres die Klostersiedlung Qumrân. Sie war ummauert, abgeschlossen gegen die Welt und die Wüste, sie barg die "Ewige Pflanzung", die "Pflanzung der Treue", eine Gemeinschaft, die ein reines Leben führte, die Tora und die Propheten studierte und das Kommen Gottes täglich erwartete. Zu diesem Zweck hatte man einen Turm errichtet, eine Warte, um Ausschau zu halten und den Zeitpunkt nicht zu verfehlen, da Gott kommen und seine Herrschaft errichten würde. Für den geschulten militärischen Blick waren aber Turm und Mauer Anzeichen einer Befestigung. Es war eine Forderung der Strategie, solche Örtlichkeiten ernst zu nehmen. Der Feind konnte sich in den Besitz eines solchen Ortes setzen, und es würde sehr schwierig sein, ihn aus dieser ummauerten Anlage zu vertreiben. Damit war das Schicksal dieses Ortes besiegelt. Turm und Mauern mußten zerstört, die Siedlung niedergebrannt werden. Qumrân mußte zerstört werden...

Als die Soldateska des Antigonos – vielleicht war es auch ein parthischer Streifzug – sich von Jericho her auf Qumrân zubewegte, wußten die Mönche, was die Stunde geschlagen hatte, daß ihre Stunde geschlagen hatte, daß Gottes Stunde geschlagen hatte. Sie flüchteten ins Gebirge, und sie sahen zu, sie mußten zusehen, daß ihre geliebte Siedlung, die Stätte der von Gott "Auserwählten" von den Soldaten rücksichtslos zerstört und anschließend in Brand gesetzt wurde. Als die Flammen lichterloh zum Himmel schlugen, wurde ihnen bewußt, was da geschah. Es handelte sich nicht um Brandschaden. Alles, was geschah, war Gottes Wille! Auch die Zerstörung der "Pflanzung der Ewigkeit", der "Pflanzung der Treue" war Gottes Wille! Alle ihre Hoffnungen waren zeronnen. In "Treue" hatten sie gemeint, Gott zu dienen. In "Ewigkeit" sollte ihre Siedlung bestehen, bis Gott zu ihnen käme, um ihnen das Heil zu bringen. Es war nicht die Soldateska, es war Gott, der die Siedlung Qumrân zerstört hat! Die Mönche waren wie vor den Kopf geschlagen. Gott hatte ein sichtbares Zeichen gesetzt, daß Qumrân nicht mehr weiter bestehen dürfe. Ihr Weg, der sie nach Qumrân führte, war offenkundig falsch gewesen. Sie mußten sich nach einem andern Weg umsehen. Die Qumrângemeinde war ja nur die spirituellste, die strengste, aber auch die progressivste der vielen essenischen Gemeinschaften. Wenn der Weg nach Qumrân und in Qumrân ein falscher Weg war, dann war es geboten, sich umzuschauen nach den Wegen der andern essenischen Gemeinden. Qumrân mußte jedenfalls verlassen werden. Das war klar, und das war sicherlich auch Gottes Wille. Doch wohin? Im Lande bleiben – oder nach Norden emigrieren oder nach Süden? Überall waren essenische Gemeinden. Man konnte im Lande bei den Essenern in den Dörfern und Städten Zuflucht finden, man konnte sich nach Süden wenden, nach Ägypten, wo die essenischen Therapeuten eine Gemeinde gebildet hatten. Doch näher lag der Norden. Zu dieser Gemeinde im Norden waren die Beziehungen sicherlich enger, die Konflikte vor hundert Jahren waren Erinnerung! Vermutlich werden sich die Qumrân-Essener sich dieser Gemeinde des "Neuen Bundes im Lande Damaskus" angeschlossen haben ...

Wir wissen nicht, ob es so war. Wir besitzen keine Texte über dieses Ereignis. Wir müssen uns auf die Angaben der Archäologen verlassen, die festgestellt haben, daß diese Siedlung durch Brand zerstört worden ist und daß sie danach mehrere Jahrzehnte verlassen lag. Daß die Siedlung eine gewisse Zeit aufgegeben wurde, kann man am Kanalsystem erkennen, dessen Ablagerungen in dieser Zeit nicht beseitigt wurden.

Wir wissen nicht, ob es so war. Der Angriff der Soldateska kann um 40 ante oder wenige Jahre danach erfolgt sein. Es gibt aber noch ein Datum, von dem einige Gelehrte meinen, daß damals die Gemeinde ausgezogen ist. Durch die Siedlung zieht sich nämlich ein Erdbebenriß. Dieses Erdbeben ist aber historisch genau feststellbar: im Jahre 31 ante, also fast zehn Jahre später. Auch dieses Erdbeben hat Zerstörungen in der Siedlung angerichtet, doch es ist zweifelhaft, ob die Siedlung zu dieser Zeit noch bewohnt war...

Herodes kam vermutlich Februar 39 ante zurück. In Ptolemais-Akko warb er ein Heer an. Er kam rechtzeitig zum Entsatz seiner belagerten Familie in Masada; denn die kleinen Zisternen führten kaum noch Wasser. Wer heute Masada besucht, kann sehen, wie großzügig Herodes später diesem Mangel abgeholfen hat, und kann die riesigen Zisternen bewundern. Von dem befreiten Idumäa aus wollte Herodes Jerusalem erobern. Die Römer aber verzögerten die Hilfe. Es gab auch Rückschläge. Joseph, der Bruder des Herodes, geriet bei Jericho in einen Hinterhalt und fiel. Nach Phallion, Antipater und Phasael der Vierte aus dieser Idumäerfamilie, getötet für den idumäischen Traum von der Herrschaft und dem Königtum im Lande der Juden ...

Nach dem Tod seines Bruders wurde Herodes bei Marcus Antonius vorstellig und erreichte endlich die kraftvolle Hilfe der Römer. Die Belagerung von Jerusalem dauerte 37 ante fünf Monate. In der Zwischenzeit vermählte sich Herodes mit Mariamne in Samaria. Herodes, der sich während der Belagerung schon als Landesvater fühlte und sich verpflichtet fühlte, tat alles, um die Grausamkeiten der römischen Soldaten und ihr Eindrin-

gen in den Tempel zu verhindern. (386) Um die Soldaten vom
Plündern seiner Hauptstadt abzuhalten, griff er in die eigene
Tasche und teilte großzügig Geld aus. Nach der Eroberung
Jerusalems wurde Antigonos I., der letzte hasmonäische Hochpriester-König, von den Römern gefangen genommen und wenig
später auf Befehl des Marcus Antonius hingerichtet. Der "Re-
publikaner" Marcus Antonius war der erste Römer, der einen
König mit dem Beile hinrichten ließ. Wenn der Habakukpescher
von den "letzten Priestern von Jerusalem" spricht, dann wird
er sicherlich diesen allerletzten Hochpriester aus hasmonäischem
Geschlecht nicht im Auge gehabt haben. Gemeint waren sicherlich Hyrkan II. und Aristobul II.

Jetzt, 37 ante, war Herodes, 30jährig, endlich nach drei schweren Jahren auch de facto "König der Juden". Herodes war ein
guter Landesvater, doch ein schlechter – sagen wir es besser:
unglückseliger – Familienvater. Als Landesherr war er um das
Wohl seiner Untertanen besorgt. Die Staatskasse war leer. Sie
mußte gefüllt werden. Es wäre naheliegend gewesen, durch
erhöhte Steuern die Kasse zu füllen. Doch dieser ausgezeichnete
Ökonom ging einen ganz andern Weg. Er besaß viele Ländereien, auch durch Konfiskation seiner innenpolitischen Gegner.
Diese Ländereien parzellierte er und vergab sie an besitzlose
Bauern und ehemalige Soldaten mit der Verpflichtung, das Land
zu kultivieren. In unsicheren Gebieten wurden Militärkolonien
angelegt, um Banden und Patrioten im Zaume zu halten. Herodes war ein guter Financier, vermutlich hat er das bei seinem
Vater Antipater gelernt, der Generalsteuerpächter für das ganze
Land gewesen war. Durch ein großzügiges Arbeitsbeschaffungs-
Programm brachte er Wohlstand ins Land. Er linderte die Not
des Volkes, wo er konnte. Er ermäßigte zweimal die Steuern,
20 und 14 ante. In einer Hungersnot ließ er Getreide in Ägypten kaufen und an das Volk verteilen. Er war der größte Bauherr seiner Zeit. Besonders in den Jahren 25 – 13 entfaltete
er eine rege Bautätigkeit. Zu diesem Arbeitsbeschaffungspro-
gramm gehörte der Bau von Festungen, von Städten, von Palä-

---

386 Was dem Pompejus damals 63 ante möglich war, sollte
jetzt nicht mehr geschehen. Herodes mußte das unbedingt
verhindern, "da er seinen Sieg schimpflicher als eine
Niederlage angesehen haben würde, wenn die Heiden etwas
angeschaut hätten, das selbst den Juden zu sehen unter-
sagt war." Josephus, Ant. XIV. XVI,3 = § 483.

sten, Schlössern, Sportanlagen, Theatern, Straßen und Aquädukten (387).

Sein größtes und berühmtestes Bauwerk war natürlich der Tempel zu Jerusalem. Die Juden haben diese Tat ihm bis zum heutigen Tage nicht gedankt. Herodes hat den dritten Tempel gebaut, in großartiger Form! Doch die Juden erkennen nur zwei Tempel an, den ersten Tempel, den der Davidsohn Salomo gebaut hat, gleichfalls großartig, und den zweiten Tempel, den der Davidide Serubbabel gebaut hat, ein ziemlich bescheidenes Bauwerk. Der Idumäer, der "Halbjude" Herodes, kann natürlich nicht auf die gleiche Stufe mit diesen beiden davididischen Bauherrn gestellt werden, und daher gibt es keine drei Tempel, sondern nur deren zwei! Dabei tat Herodes alles, um den Bau in kürzester Frist zu beenden. 1000 Transportfahrzeuge ließ er beschaffen, 1000 erfahrene Werkmeister anheuern. Er tat alles, um ja nicht die religiösen Gefühle der Juden zu verletzen. So mußten 1000 Priester in der Steinmetzkunst und im Zimmererhandwerk ausgebildet werden, weil bestimmte Bezirke im Tempelbereich nur von Priestern betreten werden durften. 20 ante wurde begonnen, nach neuneinhalb Jahren Bauzeit war das großartige Bauwerk fertig.

Herodes hat viel für das jüdische Volk getan. Er war ein großartiger Landesvater, aber ein unglücklicher Familienvater. Er war maßlos in seiner Liebe und eifersüchtig wie Othello, und maßlos in der Behauptung seiner Herrschaft, die ihm von Gott anvertraut war. Er liebte seine idumäische Familie, aber er mißtraute allen, die hasmonäisches Blut in sich hatten, sogar seinen eigenen Söhnen mit der Vollblut-Hasmonäerin Mariamne. Diese Familiengeschichte hier abzuhandeln, ist über-

---

387 Ich folge in dieser Darstellung weitgehend der Biographie von G. PRAUSE, König Herodes, der Mann und sein Werk. der eine Ehrenrettung für Herodes anstrebt. Des Herodes Bautätigkeit:
Festungen: Masada, Burg Antonia in Jerusalem, dem Marcus Antonius zu Ehren, Herodeion mit Grabmal.
Türme: Bauliche Spitzenleistungen in Jerusalem: Hippikos (nach einem Freund), Mariamne, Phasael.
Städtegründungen, nach idumäischen Verwandten benannt und nach Caesar(iden): Antipatris, Kypros, Phasaelis, Caesarea, mit 12 Jahren Bauzeit und Samaria-Sebaste (griech. "sebastos" entspricht dem lat. "augustus").

flüssig. Das Wort, das Augustus zugeschrieben wird, er möchte lieber ein Schwein im Stalle des Herodes sein als einer seiner Söhne im Palast, kann hier genügen. Es mag auch genügen, wenn hier einfach die Hingerichteten und die Getöteten aufgelistet werden, geordnet nach den vier letzten Hasmonäer- und Halbhasmonäergenerationen zur Zeit des Herodes. Den Abschluß bilden diejenigen, die durch Anheirat in den Bannkreis des Herodes geraten waren:

Die 1. Generation der hasmonäischen "letzten Priester von Jerusalem":

Hyrkan II.,   76–67 Hochpriester, 67–63 Hochpriester-König, 63–40 Hochpriester und Ethnarch, 30 wegen Hochverrats durch Herodes hingerichtet.

Aristobul II.,   67–63 Hochpriester-König, 49 als Caesar-Freund von Anhängern des Pompejus vergiftet, zum Vorteil des Herodes.

Die 2. Generation der letzten Hasmonäer:

Alexandra,   Tochter Hyrkans II., Intrigantin, Mutter der Mariamne, auf Betreiben des Herodes 28 wegen Hochverrats hingerichtet.

Alexander,   Sohn Aristobuls II., Vater der Mariamne, nach mehreren Aufstandsversuchen 49 als Caesar-Freund auf Befehl des Pompejus in Antiochia geköpft, zum Vorteil für Herodes.

Antigonos I.,   Sohn Aristobuls II., 40–37 Hochpriester-König mit Hilfe der Parther, 37 geköpft auf Befehl des Marcus Antonius, zum Vorteil für Herodes.

Die 3. Generation der letzten Hasmonäer:

Mariamne,   Tochter der Hasmonäer Alexander und Alexandra, Frau des Herodes, 29 wegen Ehebruchs auf Betreiben des Herodes hingerichtet.

Aristobul III.,   Bruder der Mariamne, 35 Hochpriester, im selben Jahr in Jericho bei Wasserspielen ertrunken/ertränkt, auf Betreiben des Herodes?

Die 4. Generation, die Generation der Halbhasmonäer:

Alexander, Mariamnesohn, von einem römischen Gericht wegen Hochverrats zum Tode verurteilt, 7 (?) erdrosselt.

Aristobul, Mariamnesohn, von einem römischen Gericht wegen Hochverrats zum Tode verurteilt, 7 (?) erdrosselt.

Die Hingerichteten der Herodesfamilie, die keine Hasmonäer waren:

Joseph, der erste Mann der Intrigantin Salome, der Schwester des Herodes, wegen Ehebruchs mit Mariamne, der Frau des Herodes, 34 hingerichtet.

Costobar, der zweite Mann der Intrigantin Salome, wegen Hochverrats, er hatte die Söhne von Babas – aus einem Seitenzweig der Hasmonäer – versteckt gehalten, mit diesen 27 hingerichtet.

Antipatros, Sohn der ersten Frau Doris und des Herodes, wegen Hochverrats 4 ante hingerichtet.

Die Essener standen diesem Wüterich in Sachen Familie sicherlich sehr feindlich gegenüber. Doch das beruhte auf Gegenseitigkeit. Herodes fühlte sich als Herrscher von Gottes Gnaden, und er duldete keinen Menschen und keine Gruppe, die sein Herrschaftsrecht in Frage stellte. So erließ er eine Verordnung, daß alle Volksversammlungen im Lande verboten seien (388). Die Gemeinde von Qumrân war aber eine perennierende Volksversammlung im kleinen. Sie war betroffen durch diese Verord-

----

388 Josephus, Ant. XV.X,4 = § 366: "Einen Aufruhr aber suchte er dadurch zu vereiteln, daß er seinen Untertanen jede Gelegenheit dazu benahm und sie zu beständiger Arbeit anhielt. Auch verbot er den Bürgern alle Zusammenkünfte, öffentliche wie geheime, und stellte überall Spione an. Wurde jemand bei Übertretungen ertappt, so bestrafte er ihn streng, und es wurden viele offen oder heimlich in die Festung Hyrkania abgeführt und dort hingerichtet.

nung, die keineswegs geeignet war, bei den Essenern freundliche Gefühle für den Herrscher Herodes aufkommen zu lassen.
Diese Verordnung des Herodes wird allerdings kein Grund gewesen sein für den Auszug der essenischen Gemeinde aus Qumrân.
Vermutlich hatte sie schon vorher die Siedlung verlassen, verlassen müssen ...

Wenn man diese Familienquerelen des Herodes bei Josephus nach-
liest, wird einem gar nicht bewußt, mit welchen äußeren Widrigkeiten er vor allem zu kämpfen hatte. Er war Idumäer, das
war ein Makel. Nach der Tora war es verboten, einen stammes-
fremden König zu haben: "... einen fremden Mann darfst du
nicht über dich setzen!" Außerdem war Herodes ein Usurpator
von Roms Gnaden. Die prorömische Politik hielt er konsequent
durch wie sein Vater Antipater. Es gab für ihn nur eine einzige irdische Autorität: Rom! Der Sanhedrin, die senatorische
Mitregierungsbehörde in Jerusalem, bestand offenkundig nicht
mehr. Ihre Angehörigen ließ er mit wenigen Ausnahmen über die
Klinge springen, ein Racheakt für die Todesgefahr, in die ihn
diese Behörde in jungen Jahren gebracht hatte. Er handelte
genau wie Simon ben Schetach 76 ante. Zu den von ihm geach-
teten Ausnahmen gehörten die Pharisäer Pollio und Sameas,
denen er manches nachsah. Nach dem Sieg über Antigonos ließ
er 45 seiner Anhänger köpfen und ihr Vermögen einziehen. Das
Herrschaftsrecht des Herodes war von Gott! (389)

----

389 Josephus, Ant. XV.I,1 = § 3-4: "In besonderen Ehren aber
     standen bei ihm die Pharisäer Pollio und dessen Schüler
     Sameas, weil sie bei der Belagerung von Jerusalem ihren
     Mitbürgern den Rat erteilt hatten, den Herodes in die
     Stadt einzulassen." - Nach SCHÜRER-VERMES, I, S.296 war
     der theologisch-staatsrechtliche Standpunkt dieser Phari-
     säer, daß die Regierung eines Fremden als Strafgericht
     Gottes anzusehen und deshalb geduldig zu ertragen sei,
     dem Herodes sehr angenehm. - Josephus fährt fort: "Auch
     hatte ebenderselbe Sameas, als Herodes einst, eines todes-
     würdigen Verbrechens angeklagt, vor Gericht stand, dem
     Hyrkanos und den Richtern vorwurfsvoll vorhergesagt, daß
     Herodes, dem sie das Leben geschenkt, sie später alle da-
     für bestrafen würde, eine Verkündigung, die durch Gottes
     Fügung (sic!) im Verlauf der Zeit auch in Erfüllung ge-
     gangen ist.." - Wenn man diesen Text ernst nimmt, dann
     hat Herodes einen nach dem andern umbringen lassen. Daß
     dies eine "Fügung Gottes" gewesen sein soll, muß man dem
     Visionär Josephus nachsehen, der für solche Wahrsagen
     sehr empfänglich ist. Herodes, der sein Königtum aus der

Herodes hatte kein Glück bei der Wahl des Hochpriesters. Als Hyrkan aus dem Partherland heimkehrte, war er wegen seines körperlichen Makels zum Hochpriesteramt nicht mehr geeignet. Als Hasmonäer kam der Bruder der Mariamne in Frage, doch er war noch zu jung, und Herodes setzte für ihn einen Strohmann ein, einen gewissen Hananel oder Ananel, der aus Babylonien oder Ägypten stammte. Keine glückliche Wahl, er hätte besser die Wahl einem geistlichen Gremium überlassen; doch wäre dies ein Eingriff in seine Herrschaftsrechte gewesen! Als dann sein Schwager als Aristobul III. Hochpriester wurde, taten Freunde des Herodes diesem einen Gefallen und tauchten im Spiel in einem Bad in Jericho den Hochpriester so lange unter Wasser, bis er tot war. Hochpriester wurde dann wieder dieser Mann aus fernen Landen, den Einheimischen ein Ärgernis, zumal dieser Fremde durch seine Herkunft hellenistisch affiziert war. Ärger hatte Herodes auch mit Kleopatra, der Frau des Marcus Antonius. Sie wollte nicht nur die Erträge aus den Balsam- und Dattelpflanzungen in Jericho und aus der Bitumen-Asphalt-Produktion am Toten Meer bekommen, sondern das ganze Judaea ihrem Königreich Ägypten angliedern, wie es in dem Jahrhundert zwischen 300 und 200 schon einmal der Fall gewesen war. Herodes war für sie ein Stein des Anstoßes.

Als die kriegerische Auseinandersetzung zwischen Marcus Antonius und Octavian kurz bevorstand – sie rechnete natürlich mit dem Sieg ihres Mannes – beorderte sie den Herodes, der mit seinen Truppen schon auf dem Wege war, um seinem Gönner Marcus Antonius Hilfe zu leisten, zurück und gab ihm einen andern Kriegsauftrag. Welch ein Glück für Herodes! Die rechtzeitige Schwenkung auf die Seite Oktavians wäre viel schwieriger gewesen, wenn er noch in diesen letzten Gefechten gegen Oktavian hätte kämpfen müssen.

Kleopatra wollte vermeiden, daß sie nach dem Siege Marcus Antonius dem Herodes verpflichtet war und ihre eigenen Pläne nicht durchsetzen konnte. Deshalb bekam Herodes von ihr den Auftrag, einen Krieg gegen die Nabatäer zu führen. Ihr Plan: Nabatäer und Juden sollten sich im Kriege gegenseitig so schwächen, daß sie diese Gebiete leicht ihrem Königreich angliedern konnte. Dieser Nabatäerfeldzug des Herodes ist für Qumranolo-

---

Hand Gottes empfangen zu haben glaubte, kannte keine Skrupel, wenn es um die Tötung von staatsfeindlichen Menschen ging: "Nach der Einnahme Jerusalems ... ließ er fünfundvierzig der vornehmsten Anhänger des Antigonos umbrigen ..." (Josephus, Ant. XV.I,2 = § 6).

gen sehr wichtig geworden. Auf diesem Feldzug wurde das Heer des Herodes von einem Naturereignis überrascht: ein Erdbeben, das weite Landstriche verwüstete. Das Heer, das im Freien lagerte, blieb verschont; doch die Soldaten waren so kopflos bei diesem heftigen unerwarteten Naturereignis, daß sie davonliefen. Herodes hatte große Mühe, sie wieder zu formieren. Josephus gibt dem Herodes Gelegenheit zu einer glänzenden Rede. Der Feldzug wurde wegen treulosen Verhaltens der Araber hart und rücksichtslos zu Ende geführt, bis die Gegner kapitulierten.

Dieses Erdbeben ist zu datieren in das Frühjahr des Jahres 31. Weil auch Qumrân davon schwer betroffen wurde, hat man früher allgemein angenommen, daß der Auszug der Mönche aus Qumrân als Folge des Erdbebens im Jahre 31 ante stattgefunden hat. Wenn die Erde sich auftut, um Menschen zu verschlingen, dann ist dies ein untrügliches Zeichen für den Zorn Gottes. So könnten die Mönche den Erdbebenriß betrachtet haben, der die Siedlung in der Nord-Süd-Richtung durchzieht. Sie werden sich nicht nur als ᵓawanîm chäsäd, als "Arme an der Gnade (Gottes)" vorgekommen sein, sondern als Unwürdige, Ausgestoßene, Verdammte. Der Erdbebenriß, der in einer ganz bestimmten Richtung verlief, könnte sogar ihnen die Richtung des Auszugs gewiesen haben: nach Norden zu der "Gemeinde des Neuen Bundes im Lande Damaskus" oder nach Süden nach Ägypten, zu den Therapeuten ... Daß die Siedlung nach dem Erdbeben aufbrannte, hat man mit dem nächtlichen Studium der Mönche in Verbindung gebracht und gemeint, bei dem Erdruck seien die Öllämpchen und Lichtquellen umgefallen, wodurch bei der allgemeinen Panik die Siedlung in Flammen aufgegangen ist. Dieser Gedankengang ist aber falsch, denn das Erdbeben im Frühjahr des Jahres 31 hat sich am Tage ereignet. Aus diesen und andern Gründen ist die Annahme wahrscheinlicher geworden, daß kriegerische Ereignisse wie die Antigonos-Parther-Aktionen nach 40 ante die Abwanderung ausgelöst haben.

Wir haben keine essenischen Texte darüber, in welche Richtung der Auszug erfolgte. Wir sind auf Andeutungen und Ausdeutungen angewiesen. Es ist seltsam und für uns hilfreich, daß einer der vier Evangelienschreiber essenische Texte kannte, vielleicht selbst Essener gewesen war oder aus essenischen Kreisen stammte: Matthäus. In der ersten Seligpreisung der Bergpredigt verwendet er den Ausdruck "geistlich Arme". Dieser Ausdruck kommt nur bei Matthäus vor – ist also "Sondergut" des Matthäus – dieser Ausdruck stammt aber aus einem essenischen Text. Wenn aber in einem solchen Einzelfall eine Formulierung, die Matthäus allein hat, als essenisch nachgewiesen werden kann, dann ist es durchaus möglich, daß auch andere

"Sondergut"-Texte bei Matthäus essenischen Ursprungs sind. Als Sondergut haben wir zwei Wanderberichte bei Matthäus, von denen der erste mit Sicherheit eine Wanderbewegung der Essener wiedergibt, während der zweite nur an zwei Stellen und auch nur sehr vage mit den Essenern in Verbindung zu bringen ist. Doch bei der Entscheidung, ob die Essener nach der Brand-Katastrophe sich nach Süden, nach Ägypten aufgemacht und zu "Therapeuten" geworden sind, oder ob sie sich nach Norden gewandt und sich mit der "Gemeinde des Neuen Bundes im Lande Damaskus" verschmolzen haben, sind diese beiden Evangelientexte – beide Sondergut – doch von Belang. Der zweite kann mit dem Auszug der Essener, der erste mit ihrer Rückkehr in Verbindung gebracht werden. Die Aussage beim zweiten ist spärlich. Eine dreiköpfige Familie wandert nach Ägypten aus. Wichtig ist aber hier der Grund: Sie haben Angst vor Herodes. Auch die Essener hatten Angst vor Herodes, und während seiner Regierungszeit war Qumrân verlassen. Und so heißt es auch über den Ägyptenaufenthalt dieser Familie. Sie "blieb allda bis nach dem Tode des Herodes" (390). Zugegeben: eine magere Ausbeute. Doch vielleicht steckt darin doch eine Andeutung, daß es auch Essener gegeben hat, die nach Ägypten ausgewandert sind. Der alte Groll gegenüber der konservativen Nordgemeinde in Syrien mag dabei eine Rolle gespielt haben.

Während der Wanderbericht von der Flucht Josephs mit Maria und dem Kinde nach Ägypten nicht besonders ergiebig ist, steht es bei dem ersten Wanderbericht von den "Weisen aus dem Morgenlande" ganz anders. Hier haben wir einigermaßen festen Boden unter den Füßen. Die Beziehungen zwischen diesem Sondergut des Matthäus und den Essenern sind hier sehr eng. Hier überkreuzen sich christliche Legende, essenische Anschauungen, historische Zeugnisse, archäologische Befunde und astronomische Daten zu einem einheitlichen Bild.

Es empfiehlt sich, den Text des Evangeliums – des besseren Durchblicks wegen – in sechs einzelnen Kernpunkten zu behandeln:

----

390 Matth. 2,15: "Und er blieb dort bis zum Tode des Herodes" Matth. 2,19: "Als aber Herodes gestorben war ...", gibt ein Engel im Traum die Weisung: "... ziehe in das Land Israels; denn die, welche dem Kindlein nach dem Leben trachteten, sind gestorben".

1. Der "Stern". Das ist der Kristallpunkt; deshalb soll er hier am Anfang stehen. In der christlichen Legende fragen die magoi: "Wo ist der neugeborene König der Juden? Wir haben seinen Stern gesehen im Morgenland und sind gekommen, ihn anzubeten." (2,2) Bei den Essenern war der "Stern" ein Symbol für eine Person, die in der messianischen Zeit erscheinen wird. So heißt es in der Damaskusschrift CD VII,18-21: "Der Stern, das ist der Toralehrer, der nach Damaskus kommt, so wie es geschrieben steht: 'Es geht ein Stern aus Jakob auf, ein Szepter erhebt sich aus Israel.' (Num. 24,17) Das Szepter, das ist der Fürst der ganzen Gemeinde, und er zerschmettert alle Söhne Seths." Mit dem "Toralehrer" meint die Damaskusgemeinde vermutlich den messianischen Propheten (Elia oder den wiedererstandenen "Lehrer der Gerechtigkeit"), der die Aufgabe hat, vor dem Kommen Gottes alle biblizistischen, rituellen und juristischen Unklarheiten der Tora – deshalb "Toralehrer" – abzuklären und zu beseitigen. Das "Szepter" ist der Königs-Maschiach, der die Welt vor dem Kommen Gottes reinigt von Heiden und Gottlosen. Wenn ein auffälliges Sternzeichen am Himmel erschien, ist anzunehmen, daß für die Essener endlich der Zeitpunkt erreicht war, auf den sie jahrzehntelang gehofft hatten, das nahe Kommen Gottes. – Die Astronomen haben festgestellt, daß im Jahre 7 ante durch die Konjunktion von zwei Sternen, Jupiter und Saturn, eine besonders starke Lichterscheinung am Himmel zu sehen war. – Josephus bezeugt in seinem Bericht über das Leben Herodes, daß um diese Zeit die Pharisäer durch messianische Vorstellungen in große religiöse Erregung gerieten. Offenkundig haben auch sie den Stern gesehen (von dem Josephus uns nichts berichtet) und ihn genauso auf das nahe Kommen Gottes gedeutet wie die Essener, mit denen sie ja eine gemeinsame chasidische Vergangenheit hatten.

2. Die "Magier". In der christlichen Legende heißt es: "... zur Zeit des Königs Herodes, siehe da kamen 'magoi' vom Morgenland nach Jerusalem ..." (2,1) Diese "Weisen aus dem Morgenland" hat Erzählfreude, die bildende Kunst und das religiöse Brauchtum zu ihren Lieblingen erkoren, sie ausgestaltet und sie dadurch auch stark verändert. Aus den dargebrachten Geschenken hat man geschlossen, daß es drei gewesen sein müssen, man hat ihnen Kronen aufs Haupt gedrückt, und so sind die "Heiligen Drei Könige" entstanden. Man hat ihnen auch Namen gegeben: Balthasar, Kaspar und Melchior. Die Anfangsbuchstaben dieser Namen, verbunden mit dem Kreuzeszeichen und der neuen Jahreszahl werden heute noch in ländlichen Gemeinden zur Winterzeit mit Kreide an die Türrahmen geschrieben – ein alter "magischer", glückbringender Brauch. – Diese Veränderungen dürfen den Blick nicht trüben. "magoi" sind "Weise", sind "Seher", Personen, die in die Zukunft schauen können,

was sich ja auch aus der Frage der "magoi" nach dem "neuge-
borenen König der Juden" herauslesen läßt. Diese Gabe, etwas
zu sehen, was in der räumlichen und zeitlichen Ferne geschieht, teilen diese "magoi" aus dem Morgenland mit den
Essenern, mit ihren Visionären und den Gelehrten, die aus der
Schrift die Zukunft herausgelesen haben. Diese Verwandtschaft
ist eng und auffallend.

3. Die Wanderung nach Süden. In der christlichen Legende
heißt es: "... siehe, da kamen magoi vom Morgenland nach
Jerusalem..." (2,1). Hier ist die Richtung der Wanderbewegung
genau festgelegt. Die magoi kamen vom Norden oder Nordosten.
– Leider existieren keine Berichte über die Wanderbewegung
der Essener. Nach den Feststellungen der Archäologen haben
sie die Siedlung Qumrân verlassen und sind nach einigen Jahrzehnten – vermutlich gegen Ende der Regierungszeit des Herodes
– wieder zurückgekehrt. Wohin sie gezogen und woher sie später gekommen sind, darüber wissen wir nichts Genaues, wir
können nur vermuten. Wenn diese Himmelserscheinung "Stern"
die Wanderbewegung ausgelöst hat, dann müssen sie von Norden
gekommen sein, denn der "Stern" stand am südlichen Himmel.
Danach ist es wahrscheinlich, daß die "Gemeinde des Neuen
Bundes im Lande Damaskus" den "Stern" gesehen hat, aufgebrochen ist und wieder zurück nach Qumrân gewandert ist. Die
Schrift dieser Gemeinde, die Damaskusschrift CD, ist ja die
Schrift, die den "Stern" in Num. 24,17 mit einer messianischen
Person in Beziehung bringt. Vom Text her und von der Himmelserscheinung her könnte man eine Wanderbewegung der Essener
von Syrien her für wahrscheinlich halten. Hier kann noch ein
weiteres Argument hinzugefügt werden. Die Damaskusschrift
ist ein kompliziertes Gebilde. Das Problem kann hier nur ange-
leuchtet werden. Die Grundschrift ist verfaßt von den konservativen Kräften, die aus Protest gegen die revolutionären Neuerungen des "Lehrers der Gerechtigkeit" Qumrân verlassen, nach
Norden emigriert sind und dort in Syrien eine eigene essenische
Gemeinde gegründet haben. Das Seltsame: Die Damaskusschrift
enthält außer der konservativen, lehrerfeindlichen Grundschrift
noch einen Vorspann und einen Nachspann, also Teile, die aufgrund ihrer Anordnung später entstanden sein müssen. Diese
Teile sind nun sehr lehrerfreundlich! Im Vorspann, im großen
Geschichtsgrundriß, und auch in dem ergänzenden Nachspann
ist die Geschichte der essenischen Gemeinde zentriert auf die
Person des "Lehrers". Die letzten hundert Jahre vor dem Kommen
Gottes werden unterteilt in 20 Jahre Vor-"Lehrer"-Zeit + 40 Jah-
re "Lehrer"-Zeit + 40 Jahre Nach-"Lehrer"-Zeit. Zudem wird im
Nachspann der "Lehrer" als "moreh ha-yachid" bezeichnet. H.
BARDTKE übersetzt diese etwas ausgefallene Bezeichnung mit
"Lehrer der Einung". Wenn man diese Übersetzung BARDTKE's

wörtlich auffaßt, dann muß der "Lehrer" später zur Integrationsfigur geworden sein, welche die Einheit der einstmals zerstrittenen essenischen Gemeinden von Damaskus und Qumrân
wieder hergestellt hat. Die Spannungen in der Qumrângemeinde
der "Lehrer"-Zeit waren durch die geschichtlichen Veränderungen in den Hintergrund geraten, vergessen, zumal die handeln-
den Personen der Konfrontation alle tot waren. Die Qumrângemeinde hatte sich sehr verändert, sie hatte sich geöffnet, sie
hatte viele Asylanten aufgenommen, die Verhärtungen der ersten
Zeit waren gewichen. In der Zwischenzeit sind sich die beiden
essenischen Gemeinden näher gekommen. Vielleicht haben sie
sich so einander genähert, daß nach der Katastrophe von 40
ante (Antigonos-Parther-Überfall) oder von 31 ante (Erdbeben)
die entsetzten, verzweifelten Qumrânmönche keine andere Möglichkeit gesehen haben, als das Asyl bei der Damaskusgemeinde
in Anspruch zu nehmen. Bei der Vereinigung der beiden Gemeinden wird es nötig gewesen sein, das Grundbuch der Damaskusgemeinde, die CD, einer Revision zu unterziehen, einen Vorspann und einen Nachspann hinzuzufügen, welche dem "Lehrer
der Gerechtigkeit" wieder die Bedeutung zuerkannten, die er in
der Geschichte der essenischen religiösen Bewegung verdient
hat. Als dann der "Stern" am Himmel erschien, sind die vereinigten Gemeinden nach Süden gewandert, um in Qumrân das
Kommen Gottes zu erwarten. Bei dieser Deutung der komplizierten Damaskusschrift CD wird sowohl der Auszug der Qumrângemeinde nach Norden wie auch die Rückkehr der vereinigten
Gemeinden nach Süden, nach Qumrân, verständlich.

4. Das Herodes-Problem. In der christlichen Legende heißt es:

> "... zur Zeit des Königs Herodes, siehe, da kamen
> 'magoi' vom Morgenland nach Jerusalem und sprachen:
> 'Wo ist der neugeborene König der Juden? Wir haben sei-
> nen Stern gesehen und sind gekommen, ihn anzubeten.'
> Da dies der König Herodes hörte, erschrak er und mit ihm
> das ganze Jerusalem ... Da berief Herodes die 'magoi'
> und erkundete mit Fleiß von ihnen, wann der Stern er-
> schienen wäre ... und sprach: 'Ziehet hin und forschet
> fleißig nach dem Kindlein, und wenn ihr's findet, so
> sagt mir's wieder, daß ich auch komme und es anbete.'
> Als sie nun den König gehört hatten, zogen sie hin (nach
> Betlehem). Und siehe, der Stern, den sie im Morgenland
> gesehen hatten, sprang vor ihnen hin ... da sie den
> Stern sahen, wurden sie hocherfreut ... Und Gott befahl
> ihnen im Traum, daß sie nicht sollten wieder zu Herodes
> gehen, und sie zogen auf einem andern Weg wieder in ihr
> Land." (2,1-3. 7-10. 12)

Die Angst vor Herodes, seinem Mißtrauen, seiner Herrschafts-
gier und seiner Tücke steht hinter diesem Text. Die Begegnung
mit Herodes und die Ankündigung, daß seine Herrschaft dem-
nächst beendet sei, weil der Maschiach im Auftrag Gottes ihn
ablösen würde, war ein lebensgefährliches Unternehmen; denn
Herodes war der festen Überzeugung, daß seine Herrschaft ihm
von Gott übertragen sei. Josephus berichtet auch – etwa um
diese Zeit der Sterneerscheinung – daß Herodes einige Pharisäer
hat hinrichten lassen, weil sie die Gedanken von dem Ende der
irdischen Herrschaft des Herodes und dem Kommen Gottes unter
das Volk brachten, staatsgefährdende, todeswürdige Ideen!
In der historischen Realität wurden Erwachsene umgebracht,
welche die Geburt des Messias verkündeten, und nicht etwa die
Kinder, von denen eines der Messias sein könnte wie in der
Legende. Doch hier haben wir den historischen Kern der Legende vom Betlehemer Kindermord! Ob die Essener auf ihrer vom
"Stern" bestimmten Wanderung nach Süden bei Herodes angekehrt
waren und ihn von der Bedeutung des "Sterns" unterrichteten,
wissen wir nicht. Sie waren in einer besseren Position als die
Pharisäer. Sicherlich nicht wegen der Erinnerung des Königs
an die Weissagung des essenischen Visionärs Menaem, sondern
ihrer klaren apolitischen Haltung wegen. Die Essener hatten
noch nie nach politischer Macht gestrebt, hatten noch nie einen
Aufstand angezettelt und einen regelrechten Bürgerkrieg geführt, hatten noch nie die Macht im Tempelstaat übernommen.
Wenn sie auf der andern Seite des jüdischen Gebirges Qumrân
wieder besiedelten, waren sie weit weg von dem Zentrum der
Macht, von Jerusalem. Die Pharisäer dagegen waren eine gefährliche politisch-religiöse Genossenschaft.

Die christliche Legende hat die 'magoi' nicht zu Märtyrern bei
Herodes werden lassen; sie entläßt sie in das Dunkel ihrer Heimat und damit aus der Geschichte. Eigentlich wäre es naheliegend gewesen, ihnen noch eine besondere Aufgabe zuzuweisen:
in ihrer heidnischen Heimat die Botschaft "von dem neugebore-
nen König der Juden" zu verkünden. Diese Heidenmission war
ja ein hochwichtiges Anliegen der ersten Christengemeinden.
Doch an dieser Stelle bricht die Legende ab...

5. Betlehem. In der christlichen Legende heißt es: Herodes

> "ließ versammeln alle Hochpriester und Schriftgelehrten
> unter dem Volk und erforschte von ihnen, wo der Christus
> /Messias solle geboren werden. Und sie sagten ihm: 'Zu
> Betlehem im jüdischen Lande; denn also steht geschrieben
> durch den Propheten:

""Und du, Betlehem im jüdischen Lande bist mitnichten die kleinste unter den Städten in Juda; denn aus dir soll mir kommen der Herzog, der über mein Volk Israel ein Herr sei.""'" (2,3-6)

Betlehem war der Geburtsort des Königs David, welcher ja der Vorläufer des Messias war, aus dessen Geschlecht der Messias kommen sollte. Dadurch hatte dieser Ort Betlehem messianische Bedeutung. Bei den Frommen, die an das nahe Gottesreich glaubten, war dies bekannt, natürlich auch bei den Essenern. Im Martyrium Jesajae haben wir an einer Stelle einen kurzgefaßten, verschlüsselten Bericht über die Geschichte der Essener (391). Hier ist zu lesen, daß sie zuletzt auf dem "Berg in der Wüste" siedelten – gemeint ist wohl Qumrân – daß sie aber vorher in Betlehem waren. Das ist durchaus möglich, zumal es in diesem Gebiet zahlreiche Höhlen gab. Bei der Wahl dieses Ortes für diese Gemeinde war natürlich die messianische Bedeutung dieses Ortes ausschlaggebend. Bei der Südwanderung der Essener ist es durchaus möglich, daß sie in Betlehem angekehrt haben. An den Orten, an denen diese Gemeinde einmal gewesen war, sind wohl immer einige Gemeindeglieder zurückgeblieben, die nicht abwandern wollten. Diese haben eine kleine essenische Gemeinde gebildet, die sicherlich mit der Großgemeinde in Verbindung blieb. So wird es gewesen sein in Antiochia, dem Geburtsort der Gemeinde, in Damaskus, in Betlehem und in Qumrân; denn auch in Qumrân werden einige nach und trotz der Katastrophe zurückgeblieben sein. Wenn man diese Ortsnamen überliest, fällt einem auf, daß gerade diese Orte in der christlichen Urkirche eine große Bedeutung hatten. In Antiochia bildete sich eine starke christliche Gemeinde, in Damaskus hatte Scha-ul/Paulus sein umwerfendes Erlebnis der Christus-Erscheinung, Betlehem ist bis heute christlicher Pilgerort. Das ist natürlich kein Zufall. Diese essenischen Orte waren der Nährboden für die späteren christlichen Gemeinden. Hier zeigt sich, wie eng die Beziehung zwischen Essenern und frühen Christen war ...

6. Das Ziel. In der christlichen Legende heißt es:

"Und siehe, der Stern, den sie im Morgenland gesehen hatten, sprang vor ihnen hin, bis daß er kam und stand

----

391 Nachgewiesen von D. FLUSSER, The Apocryphal Book of Ascensio Jesajae and the Dead Sea Sect, in Exploration Journal, 1953, S.30-47, insbesondere S.32-34 und 43-44.

hoch oben über, wo das Kindlein war. Da sie den Stern
sahen, wurden sie hocherfreut und gingen in das Haus
und fanden das Kindlein mit Maria, seiner Mutter, und
fielen nieder und beteten es an und taten ihre Schätze
auf und schenkten ihm Gold, Weihrauch und Myrrhe."
(2,9-11)

Hier haben wir die Diskrepanz. Hier haben wir nichts Entsprechendes bei den Essenern, wenn man nicht den Wiederaufbau der zerstörten Siedlung Qumrân mit ihrem Hochgefühl in
Verbindung bringt, daß Gott ihnen endlich nach so vielen
Drangsalen und Katastrophen seine Gunst und Gnade zugewendet hat und für sie das Zeichen an den Himmel gesetzt hat,
daß er kommen würde in naher Zeit ...

Trotz dieser Diskrepanz am Ende sind die Übereinstimmungen
zwischen christlicher Legende und der Südwanderung der Essener überzeugend. Echt, historisch und geschehen ist die Südwanderung der Essener. Sekundär ist die christliche Legende.
Dazwischen muß es aber eine mündliche oder schriftliche essenische Überlieferung über den "Stern" und die dadurch ausge-
löste Wanderbewegung gegeben haben. Und der Evangelist
Matthäus muß diese Überlieferung gekannt haben. Der Christ
hat diese essenische Überlieferung umgearbeitet und auf die
Geburt Jesu in Betlehem bezogen. Dieser Wanderbericht und
auch der andere sind Sondergut bei Matthäus, die andern
Evangelisten haben diese Texte nicht. Alle Sondergutstexte bei
Matthäus müssen daraufhin überprüft werden, ob sie nicht auch
in überarbeiteter Form essenische Gedankengänge wiedergeben,
weil der Evangelist Matthäus offenkundig mündliche oder schriftliche essenische Traditionen gekannt und sie in sein Evangelium mitaufgenommen hat ...

Wenn man versucht, hinter der christlichen Legende den historischen Kern herauszulösen, nämlich die essenische Südwanderung
nach Qumrân, dann gewinnen wir den folgenden geschichtlichen
Ablauf: Es muß dabei vorausgesetzt werden, daß die Essener,
die einstmals 40-37 oder 31 ante nach der Brandkatastrophe
Qumrân verlassen haben, mit ihren Novizen und jüngeren Gemein-
degliedern jetzt wieder zurückgekehrt sind. Das ergibt sich aus
dem archäologischen Befund, z.B. der Wiederaufnahme des alten
Brauchs der Tierknochendepots. Sie müssen von Norden gekommen sein wie die 'magoi' aus dem Morgenland. Das bedeutet,
daß sie einstmals beim Verlassen Qumrâns nach Norden ausgewandert sind. Sie müssen sich mit der Nordgemeinde des "Neuen
Bundes im Lande Damaskus" vereinigt haben. Ein wichtiger
Beleg für diese Fusion ist die Damaskusschrift CD, die von
einem Redaktor bearbeitet wurde mit der Tendenz, diese stock-

konservative Schrift - "Lehrer"-feindlich und Qumrân-feindlich - für die jetzt zugewanderten Qumrân-Essener annehmbar zu machen. Er hat einen Vorspann und einen Nachspann hinzugefügt, die beide den Gründer der essenischen Gemeinden, den "Lehrer der Gerechtigkeit", in das Zentrum der essenischen Geschichte stellen und ihn sogar als "Lehrer der Einung" bezeichnen, und damit die Persönlichkeit herausstellen, die als Integrationsfigur von beiden Gemeinden anerkannt wird. Als dann die Himmelserscheinung "Stern" zu sehen war, verbanden sie diese Erscheinung mit der Weissagung in Num. 24,17, und diese vereinigte essenische Gruppe entschloß sich, der Weisung Gottes zu folgen und dem Stern nachzugehen. Sie wanderten nach Süden. Ob sie in Jerusalem bei Herodes vorgesprochen und ihn in Kenntnis gesetzt haben, daß der "Stern" nach Num. 24,17 das messianische Zeitalter ankündige und damit seiner, des Herodes, Herrschaft ein Ende setze, ist ungewiß. Möglicherweise sind sie daraufhin in Betlehem angekehrt; denn hier - auf messianischem Boden - waren sie vor der Übersiedlung nach Qumrân längere Zeit gewesen - nach dem Zeugnis des Mart. Jes. - und hier wird auch eine kleine Gemeinde zurückgeblieben sein, die sicherlich mit den Großgemeinden von Qumrân und Damaskus in Verbindung blieb. Doch das Ziel war nicht Betlehem wie bei den 'magoi' aus dem Morgenland, sondern Qumrân! (392)

Hier in Qumrân wollten sie wie in alter Zeit das Kommen Gottes erwarten.

----

392 Auch S. STECKOLL bringt die Evangelienlegende von dem "Stern" mit einer tatsächlich erfolgten Wanderbewegung von Juden aus dem "Osten" zusammen, die bei ihm allerdings keine Essener waren, aber, wie diese von messianischen Erwartungen erregt, nach Betlehem zogen: "The Qumran scrolls tell us of how the members of the Commune studied the stars at night in order to try and discover what the future would be. This is closely related in the Scrolls to the high messianic expectations among the Qumran Sectarians. We know of another group of Jews, living not in Judea but 'in the East' who, on seeing a large star in the night sky, believed that this signified the birth of the Messiah and they followed this star to Bethlehem. S.H. STECKOLL, The Community of the Dead Sea Scrolls, in Atti V- Ce.S.D.I.R. - 1973/1974, S.238.

Die Rückkehrer fanden die Siedlung zerstört vor, vermutlich zweimal zerstört, einmal durch den kriegerischen Überfall durch die Soldateska des Antigonos oder der Parther und die Niederbrennung der Anlage (40 ante oder wenige Jahre danach), ein zweites Mal durch das Erdbeben (31 ante). Die Rückkehrer machten sich ans Werk, um Qumrân wieder bewohnbar zu machen. Die Archäologen nennen diese Siedlungszeit Phase II. Phase II umfaßt den Zeitraum zwischen der Erscheinung des "Sterns" und dem Angriff der Römer anno 68 post.

Es ist anzunehmen, daß an allen Orten, wo der "Lehrer der Gerechtigkeit" gewirkt hat und wo eine essenische Siedlung bestand, also in Antiochia, in Jerusalem, in Betlehem, in Damaskus, es immer Gemeindeglieder gab, die sich weigerten, diesen Ort zu verlassen und mit dem Gros der Gemeinde weiterzuziehen. An all diesen Orten wird auch später eine Kleinstgemeinde geblieben sein. Qumrân macht aber hier vermutlich eine Ausnahme. Vermutlich trafen die Rückkehrer in Qumrân keinen Menschen an. Die Archäologen sind anderer Ansicht, sie meinen, daß die Siedlung nie ganz aufgegeben wurde, Spuren haben sie nicht gefunden, doch diese sind bei den einfachen Behausungen dieser Leute auch nicht zu erwarten (393). Angenommen, die Essener sind nach dem kriegerischen Überfall um 40 ante aus Qumrân abgewandert, dann ist es durchaus möglich, daß "eine gewisse Anzahl der Essener" in der Siedlung blieb. Als dann aber einige Jahre später, 31 ante, die Erde wankte und sich auftat, um Menschen zu verschlingen, wie damals die Rotte Korach verschlungen wurde, da werden die zurückgebliebenen Essener entsetzt geflohen und nie wieder an diese Stätte zurückgekehrt sein. Denn ein offenkundigeres Zeichen des zornigen Gottes als ein solches Naturereignis gab es nicht! Diese Kraftbegegnung eines zürnenden Gottes machte einen weiteren Aufenthalt in Qumrân unmöglich. Es mußte erst ein neues sichtbares Zeichen einer Zuwendung Gottes am Himmel erscheinen, um eine Rückkehr nach Qumrân zu ermöglichen.

----

393 So J.T. MILIK, TY, S.53-54: "... the evidence is to our mind insufficient that the site ceased to be occupied during this period ... it would been more plausible to assume that a certain number of Essenes continued to live in the ruins in the interval before the rebuilding; the rough huts that they would have built would leave almost no traces for an excavator to detect."

Die Siedlung war verlassen. Sie war Jahrzehnte hindurch verlassen. Die Archäologen haben dies genau festgestellt. Sie haben festgestellt, daß das Kanalsystem eine lange Zeit hindurch nicht ordnungsgemäß gepflegt wurde, so daß an einer Stelle das Wasser überlief und eine Schlammschicht von 75 Zentimeter Höhe hinterließ. Bei der Wiederbesiedlung von Qumrân wurde auf dieser Schlammschicht eine Mauer errichtet. Außerdem haben die Archäologen eine Abfallgrube entdeckt, in welche die Neusiedler alles geworfen hatten, was bei der Säuberung des Geländes anfiel. In dieser Abfallgrube fanden die Archäologen neben Topfscherben, einem beschrifteten Ostrakon, Münzen! Diese Münzen waren natürlich wichtig für die Datierung. Eine einzige Münze stammte aus der Herodeszeit, die mag einer der Trümmerbeseitiger verloren haben. Alle andern Münzen dieser Abfallgrube stammten aus der Zeit der Hasmonäer-Könige oder ihrer Zeitgenossen. Stark vertreten waren die Münzen des Hochpriester-Königs Alexander Jannai. Die Jannai-Zeit war ja auch die Zeit der Hochblüte der Siedlung Qumrân! Nie hatte die Siedlung mehr Menschen umfaßt als gerade zur Zeit des Alexander Jannai, so daß die Siedlung erweitert werden mußte. So ist die Annahme völlig töricht, daß Alexander Jannai, der "Thrakidas", der gefürchtete Pharisäerfresser, ein Feind der Essener gewesen ist. Beide hatten Pharisäer zu Feinden und waren in einer gewissen distanzierten Weise miteinander verbündet. Die Lücke der Herodes-Münzen – Herodes hat ja schließlich 37 – 4 ante regiert – bestätigt die Annahme, daß in dieser Zeit die Qumrânsiedlung verlassen wurde. Doch es taucht hier noch ein besonderes Problem auf: Außer der Lücke der Herodes-Münzen gibt es auch auffällig wenige Münzen aus der Zeit des Hasmonäers Hyrkan II. (67 Hochpriester-König, 63 – 40 Hochpriester). Sollten die Essener schon zu dieser Zeit Qumrân verlassen haben?! Die Zerstörung durch die Soldateska und das Erdbeben könnten ja unabhängig davon erfolgt sein ... Es ist nicht meine Absicht, aus irgendwelchen Prestigegründen eine neue These gefunden zu haben und hier nun zu präsentieren. Doch der Mangel der Hyrkan-Münzen beunruhigt mich, und ich bin genötigt, eine Erklärung zu versuchen, die sicherlich falsch ist. Damals war Bürgerkrieg – den quietistischen Essenern in Qumrân ein Greuel – ein Greuel auch dem friedfertigen Regenmacher, dem Kreiszieher Choni-Onia. Dieser essenischen Anschauungen verpflichtete Einzelgänger konnte sich trotz des Drängens des aufgehetzten Volkes nicht entschließen, den belagernden Pharisäern Hyrkans II. recht zu geben und die belagerten Sadduzäer Aristobuls II. zu verfluchen. Master Lynch trat in Funktion, und der von den Pharisäern blindgemachte Mob hat diesen unglückseligen, auf seiner Friedfertigkeit beharrenden "Kreiszieher" gesteinigt und ihn damit zum Märtyrer gemacht wegen seiner apolitischen Haltung und seiner Friedensliebe, der auch die Essener in Qumrân verpflichtet waren. Diese Belagerung der Stadt Jerusalem in diesem Bruderkrieg fällt in das Jahr 65 ante. Die Spannungen zwischen den beiden kriegführenden Parteien mögen auch nach Qumrân gedrungen sein. Vielleicht haben kriegerische Kräfte von beiden Seiten oder von einer Seite eine ähnliche Entscheidung gefordert, wie sie sie dem Choni-Onia abverlangt hatten. Sicherlich hatte man nicht mit der Steinigung gedroht, aber mit der Zerstörung der Siedlung! Das könnte ein Grund für den Auszug aus Qumrân gewesen sein ... Es kann natürlich auch anders gewesen sein. Hyrkan II. hat wenig Münzen prägen lassen, und deswegen sind wenige nach Qumrân gelangt. Oder: Die Essener erwarteten nach dem Kommen der römischen Kittiim das unmittelbare Kommen Gottes! Doch das geschah nicht! In der folgenden Zeit gab Hyrkan seine Münzen aus. Die Essener werden diese Münzen abgelehnt haben, weil offenkundig Hyrkan das Kommen Gottes durch seine Herrschaftsweise hinausgezögert hatte... Das ist nur ein unzulänglicher Versuch, den Mangel an Hyrkan-Münzen in der Abfallgrube zu erklären ...

Nach der starken Herodes-Lücke haben wir in der Phase II wieder Münzen aus der Zeit des Königs Agrippa I. (37-44 post), danach die der römischen Prokuratoren unter den Kaisern Tiberius und Nero.

Es gibt noch einen weiteren Grund für die Annahme, daß die Siedlung Qumrân in der Herodes-Zeit verlassen gewesen ist. In der Qumrânliteratur gibt es wenige Texte, die paläographisch, also dem Buchstabenbild nach, aus der Herodes-Zeit stammen. Die Texte der Hasmonäerzeit und der späteren Zeit der Herodianer sind zahlreicher (394).

MILIK berichtet nur sehr kurz über den Wiederaufbau der Phase II, der ja ziemlich eng den vorgezeichneten Linien der alten Siedlung folgt. Weil man offenbar eine Schädigung durch ein zweites Erdbeben befürchtete, wurden manche Bauteile verstärkt. So hat man einen Gürtel von Steinen rund um den Fuß des Nordwest-Turmes angehäuft und auch um das West-Gebäude und die Küche. Einige Teile wurden aufgegeben, was auf eine stark verminderte Zahl von Bewohnern schließen läßt.

Daß auch die durch das Erdbeben gespaltene Zisterne aufgegeben wurde, bringt MILIK mit der Verminderung der Bewohner-

----

394 J.T. MILIK, TY, S.53-54.

zahl in Zusammenhang. Mir leuchtet das nicht ein. Zunächst halte ich diese "Zisterne" - trotz ihrer außergewöhnlichen Größe - für eine Badeanlage. An den Treppenstufen hat man ja Querrippen angebracht, die ja nur die Bedeutung haben können, daß auf der einen Seite der unreine Mensch hinabsteigt und auf der andern Seite der reine Mensch hinaufsteigt. Bei der Wichtigkeit der Reinheit in der Qumrângemeinde, die für die Gewinnung des endzeitlichen Heils von ausschlaggebender Bedeutung war, war gerade diese Badeanlage mit diesen Querrippen auf der Treppe ein in Stein gefaßtes Mal, ein Denkmal gewissermaßen für ihre Überzeugung, daß bei dem plötzlichen, unerwarteten Kommen Gottes nur der Mensch das Heil gewinnen könne, der nach priesterlichen Vorschriften "rein" sei.

Wenn man diese wirklich künstlerisch gestaltete Badeanlage mit diesen Querrippen auf der Treppe im Auge hat, dann ist es schwer vorstellbar, daß gerade diese großartige Anlage von den Qumrânleuten der Phase II nicht benutzt wurde. MILIK führt das auf einen Schwund der Bewohner zurück. Ich halte diese Begründung für völlig verfehlt. Der Grund ist ein anderer. Genauso wie die Mauern von Jericho, die der Hochheilige selbst umgeworfen hat, nach dem Josuafluch niemals mehr wieder aufgebaut werden durften, so war auch diese kunstvoll gestaltete Badeanlage in Qumrân, welche der Hochheilige durch ein Erdbeben in seinem Zorn zerstört hatte, nie wieder zu benutzen. Diese Zone "Badeanlage" war für die Frommen genauso tabu wie die Zone "Festungsanlage" in Jericho!

"Obwohl einige neue Flächen dem Bauplan angeschlossen wurden (so auf der Nordseite des Hauptgebäudes), war die Absicht doch vermutlich, die Zahl der Nebeneingänge in die Siedlung zu verringern und so die Verteidigungsfähigkeit der Gebäude zu erhöhen." (395) Gegen diese Erklärung ist einzuwenden, daß Qumrân niemals als militärische Festung konzipiert war, höchstens als Festung im übertragenen Sinne, als Festung der Frommen, der Reinen, der Auserwählten Gottes, abgeschlossen und abgesichert gegen die "Welt", gegen Unreinheit, gegen Sünde und Frevel. Die Gemeinde war erfüllt von dem unerschütterlichen Glauben an die nahe Gottesherrschaft. Sie wartete auf das Kommen Gottes aus dem Norden. Der Turm war Luginsland, er stand nicht an einer militärisch wichtigen Stelle, sondern da, wo man weit nach Norden schauen konnte. Die Gemeinde konnte sich sicher fühlen, sie hatte keine Feinde mehr, ihre apolitische Haltung bot Sicherung und Sicherheit

----

395   J.T. MILIK, TY, S.54.

genug. Außerdem war sie bereit zum Martyrium. Das Heil zu gewinnen, war einziges Ziel!

Wenn man die Zugänge zur Siedlung verringerte, dann konnte dies verschiedene Gründe haben. Die Gemeinde war kleiner als ehemals. Viele Verbindungen zu Essenern im Lande waren infolge der langen Abwesenheit abgerissen. Außerdem waren Glieder der Damaskusgemeinde jetzt in Qumrân und machten sicherlich ihren Einfluß geltend. In der Damaskusschrift CD IV,10–12 steht ein seltsames Wort: "Jeder stehe auf seiner Warte!" Ist damit gemeint: "Jeder stehe auf seinem 'Luginsland', jeder halte die Position, die er hat, fest und lasse sich nicht durch äußere Einflüsse von seinem Standpunkt abbringen. Das ist ein echt konservativer Standpunkt, wie ja die Damaskusgemeinde von starken konservativen Kräften – im Gegensatz zur Qumrângemeinde – getragen wurde. Diese Verengung nach innen, diese Selbstbeschränkung könnte ebenso wie das Abreißen alter Verbindungen und die Verminderung der Bewohnerzahl dazu geführt haben, daß man weniger Möglichkeiten für das Hinaus und Hinein geschaffen hat.

Die konservativen Damaskus-Essener haben natürlich ihren Einfluß geltend gemacht. Sie haben das Mönchtum – als nicht von Gott gewollt – verworfen. Sie waren verheiratet, sie zeugten Kinder. Auf dem Friedhof der 1.300 Toten hat man am Rande auch Frauengräber festgestellt. Manche Gräber waren nach Westen, nach Jerusalem hin ausgerichtet. Diese traditionell eingestellten Damaskus-Essener haben auch an Jerusalem als der heiligen Stadt festgehalten. Der neue Speisesaal war ja auch nicht mehr nach Norden, sondern nach Westen, nach Jerusalem hin, ausgerichtet. Die Damaskus-Essener haben auch am blutigen Opfer festgehalten, und die Zeugen dafür dürften die Tierknochendepots der Phase II sein.

Diese Veränderungen könnten allerdings alle schon in der früheren Zeit entstanden sein. Mit Sicherheit gilt dies für die Jerusalem-Ausrichtung des neuen Speisesaals und die Tierknochendepots. Bei den Gräbern ist allerdings nicht festzustellen, ob die Frauengräber und die in der Ost-West-Achse liegenden Gräber der Phase Ib oder II angehören. Doch sicherlich wird der Einfluß der Damaskus-Essener zu einer Veränderung im Denken, Glauben und Brauch geführt haben ...

Wir wissen wenig über diese Zeit der Phase II. Innere Spannungen wird es gegeben haben. Denn das Kultmahl mit Brot und Tirosch (Fruchtsaft/Most/Wein) wurde beibehalten. Sonst ließe sich kaum erklären, weshalb Brot und Wein im jüdischen religiösen Brauch und im christlichen religiösen Brauch eine so wichtige Rolle spielen bis zum heutigen Tage. Hier muß eine durchgehende Tradition bestanden haben!

Die Gemeinde hatte sich in ihrer ganzen Geschichte mit Abweichlern, mit Aussteigern, mit fremden Richtungen auseinanderzusetzen. Das war auch in dieser Phase II der Fall. Ein Essener wandte sich von der Gemeinde ab, hielt diese sektiererische esoterische Abschließung für falsch, er ging unter die Leute und predigte Umkehr, denn das Reich Gottes sei nahe! Wenig später trat ein anderer, ein Größerer auf, er war kein Essener, er predigte gewaltig. Sein Tod am Kreuz, der Glaube seiner Anhänger an ihn, daß er der Messias und daß er von Gott auferweckt und ihnen erschienen sei, wird die Essener sehr beschäftigt und sehr beeindruckt haben. Vor allem haben sie gespürt, daß seine Predigt und seine Gleichnisse vom kommenden Gottesreich ja nichts anderes waren als das, was sie selber seit zweihundert Jahren erwartet, ersehnt und erhofft hatten. Und manche werden den Gedanken gehabt und vielleicht auch geäußert haben, daß der Weg von Qumrân in die Jesusgemeinde hineinführen müsse. Über diesen Einfluß von außen haben wir keine Qumrân-Texte, manches läßt sich aus den zeitgenössischen Evangelien des Neuen Testaments erschließen.

Es gab in dieser Zeit noch einen andern Einfluß von außen. Dieser war aber nicht friedfertiger, sondern militanter Natur. Die brutale Besatzungspolitik der Römer, die auf die religiöse Eigenständigkeit der Juden keinerlei Rücksicht nahmen, hatte Folgen. Es gibt aus dieser Zeit Qumrântexte, voll Haß gegen die Heiden – ganz anders als die bei aller Distanziertheit spürbare Toleranz der Damaskusschrift CD. Die friedfertigen Qumrânleute – der politischen Auseinandersetzung völlig abgeneigt – mußten sich mit Zeloten in ihren eigenen Reihen auseinandersetzen, die im Kampf gegen Rom die Voraussetzung sahen für das Kommen Gottes. Die Bedrohung durch diese militanten Kräfte war so stark und so gefährlich für den Bestand der Gemeinde, daß man sich zu einer Gegenthese entschloß: Ja zum Kampf gegen die Heiden, doch erst nach dem Kommen Gottes! Auf diese Weise suchte man die stürmischen patriotischen Jünglinge in der Gemeinde zu halten. Die Schriftrolle vom "Krieg der Söhne des Lichts gegen die Söhne der Finsternis" (1 QM) ist sogar für würdig befunden worden, in der Höhle 1, zusammen mit den spezifischen Gemeindeschriften, aufbewahrt zu werden. Diese in einer bestimmten Notsituation entstandene Schrift darf aber nicht dazu verleiten, in den Qumrân-Essenern kämpferische nationalistische Patrioten zu sehen. Das waren sie sicherlich nicht!

Man gewinnt den Eindruck, daß nach der Rückkehr der Essener nach Qumrân die große Zeit, die hohe Zeit dieser Gemeinde endgültig vorbei war. Zusammenfassend schreibt J.T. MILIK über diese Zeit:

> "Die zweite Phase der essenischen Besiedlung dauerte etwa 70 Jahre. Ihr Ende kam im Sommer des Jahres 68, im dritten Jahr der Ersten Jüdischen Revolte." (396)

MILIK terminiert das Ende der Phase fast bis auf den Monat genau, den Anfang läßt er im Dunkel. Und doch ist dieser Anfang in helles Licht getaucht durch die Himmelserscheinung des "Sterns", und diese Zuwendung Gottes wird den Essenern Kraft gegeben haben, schwere Jahre zu überstehen.

––––––––––

396 J.T. MILIK, TY, S.54.

12. Kapitel

DER ESSENISCHE BAHNBRECHER, DER TÄUFER JOHANNES, UND DER NICHT-ESSENISCHE MESSIAS DER CHRISTEN, JESUS AUS GALILÄA

"Wir haben den Stern gesehen", heißt es bei Matthäus 2,2. Diesen "Stern" haben aber auch die Pharisäer gesehen. Für die Frommen im Lande gab es keinen Zweifel, daß der Maschiach kommen würde. Zu den Frommen im Lande zählten aber auch die Pharisäer! Wenn diese Gruppen auch noch so aufgespalten und miteinander zerstritten waren, so gab es für sie doch eine gemeinsame Überzeugung, daß das Weltende nahe sei und daß der Maschiach kommen würde, um die heidnische Vorherrschaft durch einen militärischen Kraftakt zu beseitigen und so die Herrschaft Gottes vorzubereiten.

Josephus weiß nichts von dem "Stern", und er weiß natürlich auch nicht, daß die berühmte Stelle in Num. 24,17 in dieser Zeit messianisch gedeutet wurde. Es heißt ja:

"Ein Stern geht auf aus Jakob, und ein Zepter erhebt sich aus Israel ..."

Daß die Essener diese Stelle messianisch gedeutet haben und in der hellen Himmelserscheinung im Jahre 7 ante ein Zeichen für das Kommen Gottes gesehen haben, ist offenkundig. Doch auch die Pharisäer haben den "Stern" gesehen. Sie haben ihn genauso gedeutet wie die Essener. Den Beweis dafür haben wir in einem Bericht des Josephus, der weder von dem "Stern" etwas weiß noch von der Torastelle Num. 24,17, welche den "Stern" messianisch deutet. Die Herodes-Geschichte, die Josephus uns berichtet hat, wurde von VERMES chronologisch aufgelistet. Und beim Jahr sieben ante – dem Jahr der Jupiter-Saturn-Konjunktion, wie die Astronomen festgestellt haben – steht in dieser chronologischen Liste "execution of suspected Pharisees" (397). Wessen wurden nun diese Pharisäer verdächtigt, und weshalb wurden sie hingerichtet? Leider ist Josephus so stark an der Familiengeschichte des Herodes und diesen unerquicklichen Querelen interessiert, daß religiös bestimmte Aktionen und

----

397 SCHÜRER-VERMES, I, S.204, bezieht sich auf Josephus, Ant. XVII. II,4 = § 41-45.

Geschehnisse nur sehr schwach deutlich werden. Herodes hatte einen Bruder, Pheroras. Dieser hatte "unter Stande" geheiratet, indem er eine seiner Dienerinnen/Sklavinnen zu seiner Frau machte. Herodes riet ihm verschiedentlich, sich scheiden zu lassen und durch eine neue Heirat in dem fürstlichen Familienclan Eingang zu finden, den Herodes so sehr liebte. Pheroras lehnte jedesmal ab und verärgerte seinen Bruder. Pheroras orientierte sich nicht nach oben, sondern nach unten. Er mußte seine Frau aus niederem Stande sehr geliebt haben. Josephus schreibt:

"Pheroras stand unter dem Einfluß seiner Gattin, seiner Schwiegermutter und seiner Schwägerin" (398)

Nach Josephus arbeitete diese familiäre Clientel gegen Herodes und wurde von der Hauptintrigantin der Herodesfamilie, der Herodes-Schwester, sorgfältig beobachtet. Der Pantoffelheld Pheroras war nach Josephus völlig im Banne dieser Frauen: Er

"ließ sich von ihnen leiten und vermochte nichts ohne sie zu tun, da sie ihn ganz in ihrem Banne hatten und untereinander völlig einverstanden waren". (399)

Die Familienstreitigkeiten im Hause des Herodes sind kein Thema in diesem Kapitel. Doch diese Frauen-Clique muß erwähnt werden. Sie waren allesamt Frauen aus niederem Stand, Frauen aus dem Volke. Es ist wichtig, daß hier einmal Josephus aus den hohen Gefilden der Schickeria um Herodes herabsteigt und sich mit einer soziologisch und religiös wichtigen Gruppe beschäftigt. Diese Frauen aus dem Volke waren fromm. Sie waren Anhängerinnen der Pharisäer:

"Unter den Juden nun gab es eine Sekte, deren Angehörige sich auf genaue Kenntnis der Tora etwas zu gute taten, sich für besondere Lieblinge Gottes ausgaben und jene Frauen auf ihre Seite gezogen hatten (sic!)"

Die Pharisäer erklärten sich also als "Lieblinge Gottes". Ähnliche stolze Termini finden sich auch in der Qumrânliteratur für die Selbsteinschätzung und das Selbstverständnis der Essener. Während die Essener aber apolitisch waren, äußerte sich

----

398 Josephus, Ant. XVII. II,4 = § 34.

399 Josephus, Ant. XVII. II,4 = § 34.

das übersteigerte Selbstgefühl der Pharisäer in einer Opposition, die mit allen Mitteln arbeitete und durch Täuschungen, Verwirrungen, aber auch durch offenen Widerstand und sogar durch militärische Aktionen ihre Ziele zu erreichen suchte. Es

> "waren die Pharisäer, welche den Königen gegenüber hartnäckigen Widerstand an den Tag legten und ebenso verschlagen wie zu offenem Kampfe bereit waren" (400)

Als die Pharisäer einmal in Not gerieten, setzte sich die Frau des Pheroras, die fromme Frau aus dem Volke, für ihre Glaubensbrüder, die Pharisäer, tatkräftig ein:

> "Als das ganze jüdische Volk dem Caesar und seinem König (gemeint: Herodes) Treue schwur, hatten sie, an Zahl über 6.000, sich dessen geweigert, und als sie deshalb von Herodes mit einer Geldstrafe belegt worden waren, bezahlte des Pheroras Gattin dieselbe für sie." (401)

Diese Frau aus dem Volke hat also den Mut besessen, sich in die Innen- und Religionspolitik des Herodes-Staates einzumischen und sich bei ihrem königlichen Schwager unbeliebt zu machen. Der Zeitpunkt der Eidesleistung ist nicht bekannt, doch mag die Erscheinung des "Sterns" den Pharisäern den Mut gegeben haben, die Eidesleistung für den römischen und den idumäischen Oberherrn zu verweigern, in der Hoffnung auf das kommende Gottesreich. Daß die Pharisäer die feste Überzeugung hatten, daß nach Gottes Willen die Herrschaft des Herodes aufhören werde – das ist natürlich messianisch zu verstehen – das spricht Josephus offen aus. Allerdings verquickt er die messianische Hoffnung auf die Herrschaft Gottes mit den familiären Querelen des Herodes und läßt die Familie des Pheroras die Herrschaft im Lande Juda übernehmen. Der Herodesbiograph Josephus ist allerdings auch Visionär, und so ist es nicht verwunderlich, daß er die Pharisäer an dieser Stelle mit dieser prophetischen Gabe ausstattet:

> "Als Erkenntlichkeit für diesen Dienst (gemeint: die Bußzahlung für die Pharisäer) sagten sie, weil sie im Rufe standen, göttliche Weissagungsgabe zu besitzen, ihr

----

400 Josephus, Ant. XVII.II,4 = § 41.

401 Josephus, Ant. XVII.II,4 = § 42.

voraus, Herodes und dessen Nachkommen würden nach Gottes Ratschlusse (sic!) die Herrschaft verlieren (!), die dann an sie, Pheroras und ihre Kinder fallen werde" (402).

Mag sein, daß die Salome, die Hauptintrigantin der Herodesfamilie, diese Nachricht von dem Ende der Herodes-Herrschaft in dieser Version ihrem Bruder hinterbracht hat, um dem gehaßten Pheroras und seiner Frau zu schaden. Feststeht, daß diese Begebenheit sich in dem Jahr 7 ante – also dem Jahr der hellen Himmelserscheinung – zugetragen hat. Auch die Pharisäer hatten den Stern gesehen, und sie haben diese Erscheinung genauso gedeutet wie die Essener. Während aber diese ihre Erkenntnisse für sich behielten, trugen die Pharisäer diese gefährlichen Gedanken von dem Ende der herodianischen Herrschaft ins Volk:

"Auch das blieb Salome nicht verborgen, und sie meldete es dem König mit dem Zusatz, einige seiner Höflinge seien schon bestochen (sic!). Der König ließ daher die am meisten bloßgestellten Pharisäer sowie den Verschnittenen Bagoas und seinen Pagen Carus, der zu jener Zeit für den schönsten Jüngling galt, hinrichten. Desgleichen wurden aus seiner Dienerschaft alle diejenigen umgebracht, die den Reden der Pharisäer Glauben geschenkt hatten." (403)

Die Hinrichtung der Pharisäer "the execution of suspected Pharisees" terminiert G. VERMES in das Jahr 7 ante, doch das Jahr 7 ante ist nach den Erkenntnissen und Berechnungen der Astronomen das Jahr der Jupiter-Saturn-Konjunktion, also das Jahr der hellen Himmelserscheinung und damit das Jahr des "Sterns", der messianisch gedeutet wurde! Schon hier läßt sich sagen, daß es nicht um den Herrschaftswechsel von der Herodes-Dynastie auf die Pheroras-Dynastie ging, sondern um das Ende aller Tage und um das Ende jeglicher weltlicher Herrschaft. Herodes war kein Makkabäer. Die Makkabäer bezogen das Ende ihrer eigenen Dynastie in ihre Überlegungen ein. Herodes hatte ein tiefgreifendes Erlebnis gehabt, durch Gott aus der Hand seiner Feinde gerettet zu sein, um König zu werden im Lande Juda. Er fühlte sich als "König von Gottes Gnaden" und war

----

402   Josephus, Ant. XVII.II,4 = § 43.

403   Josephus, Ant. XVII.II,4 = § 44.

überzeugt, daß Gott ihm diese Herrschaft nicht nehmen würde, um sie einem Maschiach zu übertragen. Genau wie die Sadduzäer und die Priester im Tempel hielt er diese Prophezeiungen von Weltende, Auferstehung der Toten und Gottesreich für haltlose Phantastereien. Außerdem waren solche Verlautbarungen staatsgefährlich und mußten streng geahndet werden. Er griff hart und rücksichtlos durch. Diese Hinrichtungsaktion ist der historische Kern der Legende vom Betlehemer Kindermord. Gemeinsam sind hier wie dort die "Stern"-Erscheinung, der Glaube an die nahe messianische Zeit, das Ende der herodianischen Herrschaft und das harte unbarmherzige Durchgreifen des Herodes, der auch vor der Tötung von Menschen nicht zurückschreckte. Daß es in der christlichen Legende Kinder waren, die getötet wurden, hängt mit der zeitlichen Progression zusammen. Es handelt sich nicht mehr um die Verkündigung der nahen messianischen Zeit wie bei den Pharisäern. Hier ist der Messias schon geboren, und Herodes bemüht sich nach Kräften, um ihn umzubringen, um seine eigene Herrschaft zu erhalten.

Daß diese Hinrichtung der Pharisäer anno 7 ante – im Jahre des "Sterns" – tatsächlich mit ihrem Glauben an die nahe messianische Zeit zusammenhing, geht eindeutig aus dem folgenden Text hervor, den Josephus uns überliefert hat:

> "Die letzteren (gemeint: die pharisäisch beeinflußten Diener) hatten auch den Bagoas übermütig gemacht durch die Vorspiegelung, er werde der Vater und Wohltäter dessen heißen, der nach der Verkündigung (sic!) zum König (sic!) bestimmt sei".

Hier weicht Josephus von der Vorstellung ab, daß Pheroras König sein würde. Hier ist ein anderer König gemeint, der "nach der Verkündigung/Weissagung" zu diesem Amte bestimmt ist. Vor allem: Was hat der körperlich Verkrüppelte, der Eunuche, mit diesem "König" zu tun? Dieser Mensch wird als Beweis dienen, daß der Messias gekommen ist; denn in der messianischen Zeit gibt es weder geistig noch körperlich Behinderte und Mißgestaltete. Das geht aus dem folgenden Text unzweideutig hervor:

> "Dieser König werde alles unter seine Gewalt bringen, und Bagoas werde die Fähigkeit wiedererlangen, mit einem Weibe zu verkehren und Kinder zu zeugen" (404)

----

404 Josephus, Ant. XVII.II,4 = § 45.

Dieser König, der "alles unter seine Gewalt bringen" wird, ist natürlich nicht Pheroras. Der Maschiach ist gemeint, der messianische König! Und in der messianischen Zeit werden alle geistigen und körperlichen Schäden beseitigt. Hier tut sich eine Kluft auf zwischen Priestern und Propheten, zwischen Essenern und Pharisäern. Nach priesterlicher Vorschrift darf keiner das Opfer darbringen, der einen körperlichen Makel hat (405). Nach dem Propheten Jesaja werden aber in der messianischen Zeit diese Verkrüppelten und Kranken aller Leiden ledig sein:

> "Dann werden sich auftun die Augen der Blinden, und die Ohren der Tauben sich öffnen. Dann wird hüpfen wie ein Hirsch der Lahme, und jubeln die Zunge des Stummen" (Jes. 35,5-6)

Den gleichen Gegensatz gibt es auch zwischen den Essenern und den Pharisäern. Die Essener duldeten keinen Verkrüppelten oder Behinderten in ihrer Gemeinschaft:

> "Kein Mann, der mit irgendeiner Unreinheit des Menschen geschlagen ist, darf in die 'Versammlung Gottes' eintreten ... Und jeder Mann, der in seinem Fleisch geschlagen ist, gelähmt an den Füßen oder Händen, hinkend oder blind oder taub oder stumm ... nicht dürfen diese kommen, um inmitten der Gemeinde der angesehenen Männer einen Platz einzunehmen; denn die 'Engel der Heiligkeit' sind in ihrer Gemeinde." (406)

Die Essener fühlten sich als Priester und lebten nach priesterlichen Vorschriften, eine Adventsgemeinde, die das Kommen Gottes erwartete, das Heil im Gottesreich aber nur den körperlich Unversehrten zusprach. Da waren die Pharisäer anders eingestellt, und die Bagoas-Episode beweist das zur Genüge. In der messianischen Zeit wird der Verschnittene wieder im Vollbesitz seiner körperlichen und sexuellen Kräfte sein. Dies hatten ihm

----

405 Levit. 21,18-20: "Denn keiner, der einen körperlichen Fehler hat, darf sich nahen, kein Blinder oder Lahmer oder Verstümmelter, keiner, bei dem ein Glied zu lang ist, keiner, der ein gebrochenes Bein oder einen gebrochenen Arm hat, kein Buckliger oder Schwindsüchtiger, keiner, der weiße Flecken im Auge hat oder an Krätze, an Flechten oder an Hodenbruch leidet."

406 1. Anhang zur Ordensregel = 1 QSa II,6-9.

die Pharisäer eingeredet. Übrigens ist es durchaus möglich, daß der Ex-Essener Johannes der Täufer und der Nicht-Essener Jesus in dieser Frage verschiedener Meinung waren (407).

Das Verhältnis zwischen Johannes dem Täufer und Jesus hat die urchristliche Gemeinde stark belastet. Zu den wenigen unbezweifelbaren Fakten im Leben Jesu gehört seine Taufe durch Johannes. Das ist nicht abzuleugnen. Auch die Jesusjünger konnten dies nicht ableugnen, so gern sie es getan hätten. Denn die rivalisierende Johannesgemeinde hatte immer diesen Trumpf zur Verfügung, daß ja Jesus von ihrem Meister getauft und daß also ihr Meister höher stehe als Jesus. Dieser Positionskampf hat sich natürlich in den Evangelien niedergeschlagen. Lukas bringt als Sondergut die Vorgeschichte der Geburt des Johannes, und zwar so ausführlich, daß man fast den Eindruck hat, daß hier Johannes dem Jesus den Rang ablaufe. Doch wenn man genauer hinsieht, ist auch diese Legende dazu bestimmt, den Vorrang Jesu vor Johannes schon im Mutterleibe zu dokumentieren. Dem kinderlosen Priester Zacharias erschien im Tempel der Erzengel Gabriel und verkündete ihm, daß er einen Sohn haben werde, den er Johannes nennen sollte:

"Er wird groß sein vor dem Herrn. Wein und starkes Getränk wird er nicht trinken und wird schon von Mutterleibe an erfüllt werden mit dem heiligen Geist, er wird der Kinder Israels viele zu Gott, ihrem Herrn, bekehren. Und er wird vor ihm hergehen in Geist und Kraft des Elia (sic!), zu bekehren die Herzen der Väter zu den Kindern und die Ungehorsamen zu der Klugheit der Gerechten, zuzurichten dem Herrn ein bereites Volk." (408)

----

407 Johannes der Täufer konnte sich von den Vorschriften der Essener nie ganz lösen. Wie er zu der körperlichen Makellosigkeit des Menschen stand, wissen wir nicht. Es ist aber auffällig, daß Jesus in einer Botschaft an Johannes gerade auf diesen Punkt hinweist: "Blinde sehen, Lahme gehen ..." (Matth. 11,4-6)

408 Lukas 1,15-17 - Die Tätigkeitsmerkmale des Elia werden hier nach Maleachi 3,23-24 genannt:
"Siehe, ich sende euch Elijah, den Propheten, bevor eintrifft der Tag des Ewigen, der große und furchtbare. Und er wird zurückführen das Herz der Väter zu den Kindern, und das Herz der Kinder zu den Vätern, daß ich nicht komme und schlage die Erde mit Bann." (Übersetzung ZUNZ)

Die Linie der Legende ist klar. Das Kind ist der messianische Prophet, der dem Messias vorauszugehen hat und ihn ankündigt. Nicht Johannes ist der Größere, weil er Jesus taufte, sondern Jesus ist der Größere. In den Spannungen zwischen der Johannesgemeinde und der Jesusgemeinde sucht man nach wichtigen Argumenten, um die Hoheit Jesu herauszustellen.

An dieses Kind, das der hochbetagten Elisabeth noch geschenkt werden soll, glaubt ihr Ehemann Zacharias nicht, und er wird seine Unglaubens wegen vom Erzengel Gabriel mit der Sprachlosigkeit bestraft.

An dieser Stelle schwenkt der Bericht des Lukas um und beleuchtet die andere Seite. Der Erzengel Gabriel kündigt auch Maria die Geburt eines Sohnes an, der Jesus heißen soll.

> "Der wird groß sein und ein Sohn des Höchsten genannt werden, und Gott der Herr wird ihm den Thron seines Vaters David geben ... das Heilige, das von dir geboren wird, (wird) Gottes Sohn genannt werden." (Luk. 1,32-35)

Das Hoheitsprädikat des Marienkindes ist hier so unüberbietbar formuliert, daß das Kind der Elisabeth hier zurückstehen muß.

Auf eine seltsame Weise wird noch einmal - nein zweimal ! - die Unterordnung des Johannes gegenüber Jesu dargestellt. Als Maria zu der im sechsten Monat schwangeren Elisabeth kommt, hüpfte das Kind im Leib der Elisabeth (Luk. 1,41 und 1,44). Diese Bewegung der Freude ist natürlich auch eine Geste der Unterordnung, der Huldigung. "Johannes" hüpfte im Leibe seiner weil er die Nähe des Höhergestellten spürte oder auch die Nähe der Großmutter ...

Das Verhältnis der Kinder zu den Vätern wird hier verwandelt in das Verhältnis der Ungehorsamen zu den klugen Gerechten. Die messianische Zeit, die bei Mal. deutlich herausgestellt wird, wird hier nur durch den missionarischen Auftrag des Elia-Johannes angedeutet. Von dem in der späteren Überlieferung bekannten Auftrag des Elia, alle Unklarheiten der Tora und die inzwischen entstandenen Mißverständnisse und Streitpunkte mit seinem Machtwort aufzulösen, ist hier nicht die Rede. Elia-Johannes wird hier nur als der messianische Prophet gesehen, der dem Messias - auch zeitlich - vorausgeht.

Dieses Kind der Elisabeth soll nicht einen der in dieser Familie gebräuchlichen Namen erhalten. Der noch immer stumme Vater schreibt den Namen Johannes auf ein Täfelchen. Erst mit dieser Namensgebung – "Jochanan" = "Gott ist gnädig" – wird die Zunge des Vaters wieder gelöst. Und die Leute verwunderten sich sehr und sprachen:

> "Was meinest du, will aus dem Kindlein werden?" (Luk. 1,66)

Nach der christlichen Überlieferung wurde dieser Johannes der endzeitliche Prophet, der dem Messias Jesus vorausging. Doch zunächst wurde dieses Kindlein ein Essener, der allerdings später seiner Gemeinde untreu wurde. Der christologische Legendenvorspann darf uns nicht darüber hinwegtäuschen, daß dieser Johannes aus der essenischen Gemeinde kam. Mit nicht weniger als fünfzehn Argumenten hat der Dominikanerpater und spätere Kardinal J. DANIéLOU diesen Zusammenhang des Johannes mit den Essenern nachgewiesen:

> Die Handschriftenfunde bestätigen in einer Weise, die unbezweifelbar erscheint, die Kontakte des Johannes mit den Einsiedlern von Qumrân..." (409)

1. Die Entfernung zwischen dem Taufort am Jordan und dem Qumrânkloster war verhältnismäßig gering (410).

2. Johannes hat in der "Wüste" seinen Auftrag erhalten: "Das Wort des Herrn erging an Johannes in der 'Wüste'" (Luk. 3,2). Das essenische Qumrânkloster lag in der "Wüste Juda" (411).

----

409 J. DANIéLOU, Qumran und der Ursprung des Christentums, 1959, S.7.

410 "Die Gegend, in der Johannes taufte, ist die Umgebung des Jordans, gerade vor dessen Einmündung in das Tote Meer. Nun aber befindet sich die Niederlassung der Essener einige Kilometer südlicher, am Westufer des Toten Meeres". (J. DANIéLOU, S.16-17).

411 "Der Ausdruck ('Wüste') ist aber genau gleich mit dem, mit welchem auch die Einsiedler von Qumrân die Gegend benannten, in der sie wohnten. 'Wüste' bedeutet hier nicht irgendeine verlassene Einöde, sondern eine genau bestimmte Gegend, die außerdem, wie Plinius der Ältere es berichtet hat, bewachsen ist von Palmen und bewässert von Quellen" (J. DANIéLOU, S.17).

3. Der Auftrag der Jesajastelle (40,3): "Bereitet in der Wüste den Weg des Herrn!" war in gleicher Weise Verpflichtung für Johannes wie für die Qumrân-Essener (412).

4. Johannes entstammte einer Priesterfamilie. Die Qumrângemeinde war stark durch Priester geprägt. Alle Glieder dieser Gemeinde fühlten sich als Priester (413).

5. Das "Benedictus", der Gesang des Vaters nach der Geburt des Knaben, ist in der Wortwahl stark essenisch geprägt (414).

----

412 "Es ist bekannt, daß die vier Evangelisten auf Johannes die Worte Isaias anwenden ... (Is. 40,3). Diesen Text hatten schon die Essener auf sich angewandt. Er ist zweimal erwähnt im 'Handbuch der Unterweisung': 'Wenn diese Dinge eintreffen in der Gemeinde Israels, sollen sie sich absondern aus der Gemeinschaft der Männer der Bosheit, um in die 'Wüste' zu gehen, den Weg zu bereiten für IHN, wie geschrieben steht: 'In der Wüste bereitet den Weg ..., bahnet in der Steppe einen Pfad für unsern Gott!' Eine solche Übereinstimmung kann nicht zufällig sein." (J. DANIéLOU, S.17-18) - Die Texte der Ordensregel: 1 QS VIII,12-14 und IX,20.

413 "Johannes kam aus einer Priesterfamilie. Seine Eltern Zacharias und Elisabeth stammten von Abias und Aaron ab (Luk. 1,5). Auch die Qumrânleute waren priesterlichen Geschlechts; daher rührt auch der Name, den ihnen die Handschriften geben: "Söhne Sadoks" (Sadok war ein Hochpriester in der Zeit des Salomon), und dieser Zug unterscheidet sie grundlegend von den Pharisäern. Ein Kontakt zwischen der Familie des Johannes und den Männern von Qumrân ist also sehr wahrscheinlich." (J. DANIéLOU, S. 18-19).

414 "... das Benedictus - der Gesang, den der Vater des Johannes nach der Geburt des Knaben angestimmt hat, (weist) - außer formaler Übereinstimmung mit der Dichtkunst der Essener - auch charakteristische Ausdrücke der Handschriften von Qumrân auf: 'den Weg bereiten' - 'die Botschaft des Heils bringen' - 'der Herr wird heimsuchen' - eine Anspielung auf den 'Stern Jakobs' - 'oriens ex alto' - 'der Weg des Friedens'" (J. DANIéLOU, S.19).

6. Johannes wuchs heran und "war in der Wüste, bis er sich Israel offenbarte" (Luk. 1,80). Diese merkwürdige Stelle, an der vorher viel gerätselt wurde, wird mit einem Male verständlich, wenn man einen längeren Aufenthalt des Knaben Johannes in Qumrân annimmt (415).

7. Des Johannes Nahrung bestand aus koscheren Naturprodukten, aus Heuschrecken und wildem Honig (Matth. 3,4). Der ehemalige Qumrân-Essener konnte nur auf diese Weise überleben, wenn er nicht das Heil in der Gottesherrschaft verlieren wollte (416).

----

415 "Man konnte sich keine Vorstellung machen von diesem ganz und gar in die Wüste verstoßenen Knaben. Aber jetzt haben wir gesehen, daß diese so bezeichnete 'Wüste' sich bezieht auf den Konvent der Essener, und wir wissen auch, ... daß die Einsiedler von Qumrân Knaben aufzunehmen pflegten. Es ist also wahrscheinlich, daß die Eltern des Johannesknaben ihn in Pflege gaben bei den Einsiedlern von Qumrân ..."

416 DANIéLOU scheint dieses seltsame Verhalten des Johannes nicht verstanden zu haben. Er nennt nur die beiden Naturprodukte als Nahrung des Johannes und fügt hinzu: "Die Damaskusschrift geht noch weiter, indem sie angibt, daß die Heuschrecken geröstet sein müssen" (J. DANIéLOU, S. 20). Der Eid, den die Novizen bei der Aufnahme ablegen mußten – sicherlich hat Johannes einen solchen Eid auch abgelegt – galt für das ganze Leben. So heißt es in der Damaskusschrift CD XVI,4: "Und an dem Tage, an dem sich der Mann verpflichtet, 'umzukehren' zur Tora des Mose, wird der Engel der Feindschaft von ihm weichen, wenn er seine Worte einhält." Er wird von Belial befreit sein, wenn er zu seinem Eide steht. Es heißt dann weiter in CD XVI,7: "Jeden bindenden Eid, den jemand auf sich genommen hat, um etwas von der Tora zu tun, soll er selbst um den Preis des Todes (sic!) nicht lösen." Wenn also ein Essener aus der Gemeinschaft ausscheidet, bleibt der Eid gültig und überschattet sein ganzes weiteres Leben. Wer in die Gemeinschaft eintritt, wird zu der koscheren Speise zugelassen, welche die Priester zubereitet haben. Die Zugehörigkeit zur Gemeinschaft und die kultische Speise von Brot und Tirosch verbürgt ihm das Heil. Wenn er ausscheidet aus der Gemeinschaft, verliert er die kultische Speise, und er hat nur die Wahl, auf das Heil in der Endzeit zu verzichten, indem er von Fremden Nahrung annimmt, oder

8. Johannes und die Qumrân-Essener haben sich zu einer sehr einfachen und anspruchslosen Lebensweise entschlossen (417).

9. Johannes lebte ehelos wie die Qumrânmönche (418).

----

zu verhungern. Josephus spricht dies ganz hart aus: "Der Ausgeschlossene geht oft, von erbärmlichen Geschick getroffen, zugrunde; denn durch Eide und Verpflichtungen gebunden (sic!), kann er auch von Feinden keine Nahrung annehmen, nur von Kräutern lebend, kommt er durch Hunger körperlich von Kräften und geht zugrunde" (Josephus, Bellum, II.VIII,8 = § 143). Johannes hat weder auf das Heil in der Endzeit verzichtet, noch ist er verhungert; er hat es offenbar verstanden, die koschere Naturnahrung zu nutzen und so sein Leben zu erhalten.

417   "Johannes erscheint in seiner ganzen Haltung als Aszet, im Unterschied zu Christus, so wie es Jesus von ihm selbst einmal hervorhebt (Luk. 7,33). Aber gerade der aszetische Charakter des Lebens der Einsiedler von Qumrân ist einer der markantesten Züge ihres Wesens" (J. DANIéLOU, S.20). Es ist richtig, daß in der Lebensführung Johannes und die Essener – im Gegensatz zu Jesus – sich nahestehen. Doch um Asketentum handelt es sich hier nicht. Asketentum ist keine jüdische Tugend. Hier handelt es sich um priesterliche Vorschriften; denn die Essener fühlten sich als Priester. Während diese in Jerusalem im Tempel nur vierzehn Tage Dienst taten, übernahmen die Qumrân-Essener diese zeitlich eingeschränkten priesterlichen Vorschriften für ihr ganzes Leben. Dazu gehörte, keine Frau zu berühren, täglich sich im kultischen Tauchbad zu reinigen und keinen persönlichen Besitz zu haben. Der Besitz des Hochpriesters bestand nur in seiner Beziehung zu Gott.

418   "Fügen wir hinzu, daß Johannes nicht verheiratet war und daß die Ehelosigkeit auch in Qumrân geübt wurde" (J. DANIéLOU, S.20). Asketentum ist keine jüdische Tugend. Ehelosigkeit erst recht nicht! Die Qumrânmönche fühlten sich als Priester und dehnten eine zeitlich begrenzte priesterliche Vorschrift auf ihr ganzes Leben aus. Damit verstießen sie gegen die Tora! Die verheirateten

10. Für Johannes existieren nur zwei Feindgruppen, die Pharisäer und die Sadduzäer. Die Essener nennt er nicht, vermutlich, weil sie seinem Denken sehr nahe stehen (419).

11. Für Johannes ist genauso wie für die Qumrânleute die durch
die Propheten angekündigte "letzte Zeit" schon angebrochen
(420).

Essener in der Damaskusgemeinde waren konservativ eingestellt, hielten sich in diesem Punkt an die Tora, machten sogar den Qumrânmönchen den Vorwurf der Toraver-
letzung, was sich in der Damaskusschrift CD nachlesen
läßt!

419   "Ferner spart Johannes seine ganze Strenge für die Pharisäer und Sadduzäer auf (Matth. 3,7), und dies gibt uns
gegenwärtig eins der größten Rätsel auf, die uns durch
die Funde von Qumrân gestellt wurden. Es ist eine Tatsache, daß Philo und Josephus immer drei große jüdische
Sekten aufzählen: Pharisäer, Sadduzäer und Essener.
Aber nirgendwo in den Evangelien sind die Essener erwähnt. Die Lösung muß ohne Zweifel in der Tatsache gesucht werden, daß Johannes nur die Sekten nennt, denen
er sich entgegenstellt. Wenn er die Essener nicht nennt,
dann deshalb, weil er sich – in einem gewissen Sinne
wenigstens – mit ihnen identifiziert. Eine neue Bestätigung für die Bande, die ihn mit jenen zusammenschlos-
sen." (J. DANIéLOU, S.21-22).

420   "Halten wir nur fest, daß für die Qumrânleute wie für
Johannes die durch die Propheten angekündigte Endzeit
schon angebrochen sei." (J. DANIéLOU, S.23). Johannes
predigte: "Kehret um; denn das Himmelreich ist nahe her-
beigekommen!" (Matth. 3,2). Ähnlich spricht auch der
"Lehrer der Gerechtigkeit" von der "letzten Zeit" und dem
"letzten Geschlecht". Er beklagt sich über die "Abtrünnigen 'am Ende der Tage'"; denn sie glauben nicht, "wenn
sie alles hören, das kommen wird über 'das letzte Geschlecht'" (Habakukpescher 1 Q pHab II,5-7). Die Qumrânleute hatten allerdings die Erfahrung schon hinter sich,
daß der Zeitpunkt für das Kommen Gottes sich stark verzögert hat: "Seine Deutung ist, daß sich 'die letzte Zeit'
in die Länge zieht, und zwar weit hinaus über alles,
was die Propheten gesagt haben; denn die Geheimnisse
Gottes sind wunderbar." (1 Q pHab VII,7-8).

12. Die Endzeit wird bei Johannes ähnlich beschrieben wie in den Qumrântexten: die Scheidung von Guten und Bösen, die Vernichtung der Sünder durch das Feuer und die Reinigung der Frommen durch den heiligen Geist (421).

13. Sowohl Johannes als auch die Qumrânleute fordern zur "Umkehr", zur "Gesinnungsänderung" auf, oft als "Buße" übersetzt (422).

----

421 "Ferner sind die Ereignisse, die die Endzeit bestimmen, durch Johannes mit Worten beschrieben, die denen der Qumrânleute nahestehen. Die Vorstellung ... von der Scheidung der Guten und Bösen als Gegenstand des Gerichts ist wesentlich für die Leute von Qumrân. Dies Gericht besteht in einer Ausgießung des Heiligen Geistes: 'Dann wird Gott durch seine Wahrheit reinigen alle die Werke eines jeden, um sie zu läutern durch den Geist (1 QS VI,20). Aber dies wird auch eine Vernichtung der Sünder durch das ewige Feuer sein (1 QS IV,12 f); und diese Kennzeichnung des Gerichtes durch das Feuer ist besonders wichtig; denn sie ist es, die in den Texten von Qumrân erscheint." (J. DANIéLOU, S.23-24) Die Feuer-Taufe des Johannes bietet allerdings noch ein Problem, das noch besonders behandelt werden muß.

422 "Ferner ist die Vorstellung, daß man sich durch 'Buße' auf das Ende der Zeit vorbereiten müsse, ganz heimisch in den Dokumenten von Qumrân. Die Sadoksöhne bezeichnen sich selbst als 'Büßer'" (J. DANIéLOU, S.24). Hier wäre das Wort "Umkehrer" besser als "Büßer", weil mit dem Terminus "Buße" falsche Assoziationen einfließen. Das Verb "SWB" = "umkehren" umfaßt in der KUHN-Konkordanz, S. 217-218, fast vier Spalten. Das erhellt zur Genüge die Bedeutung der "Umkehr" im Denken der Qumrânleute. Die Forderung des Johannes in griechischer Sprache "metanoeite" = "denket um", "ändert eure Gesinnung"! entspricht genau der hebräischen Forderung der Umkehr!

14. Das Tauchbad, dem sich die Qumrânleute täglich unterzogen, wurde auch bei Johannes von den "Umkehr"-Willigen gefordert als äußeres Zeichen ihrer inneren Bereitschaft, sündlos dem Gottesgericht entgegenzugehen (423).

15. Die beiden Personen, Johannes und der essenische "Lehrer der Gerechtigkeit", sehen es in der vor-messianischen Endzeit als ihre Aufgabe an, das Kommen Gottes vorzubereiten (424).

----

423 "... sie bilden eine Gemeinschaft von 'Büßern', und die Aufnahme in diese Gemeinschaft besteht in einer Taufe. Das ist ein sehr bemerkenswerter Punkt. Man kann nicht anders als überrascht sein von der Bedeutung, die diese Waschungen in der Welt von Qumrân und der des Johannes haben, welcher der Täufer genannt wird. Es ist schwer, hier nicht an eine gewisse Abhängigkeit zwischen den beiderseitigen Bräuchen zu denken." (J. DANIéLOU, S.24-25). Der Unterschied zwischen dem Essener, der jeden Tag in das Tauchbad stieg, und Johannes, der andere in das Tauchbad steigen ließ, weil sie sich zur "Umkehr" entschlossen hatten, darf hier nicht verwischt werden. Bei den Essenern handelte es sich um eine tägliche Selbst-"Taufe"; bei Johannes dagegen um eine einmalige Fremd-"Taufe". Hier berühren wir auch den Punkt, an dem sich Johannes von den Essenern unterscheidet. Er war Essener – daran ist kein Zweifel. Doch er hat sich von der Gemeinde getrennt, einer esoterischen Gruppe, die nur für sich das Heil in der Endzeit erreichen wollte. Johannes wollte dieses Heil allen Menschen zuwenden, die zur Umkehr bereit waren. Dabei wandte er allerdings dieses rituelle Mittel des essenischen Tauchbades an und gab ihm unter ganz veränderten Verhältnissen eine neue Bedeutung.

424 "Endlich muß man feststellen ..., daß – wenn Johannes der Täufer und die Einsiedler von Qumrân die Idee miteinander teilen, daß die Endzeit mit ihnen, die selber dazu gehören, angebrochen sei – sie dann auch übereinstimmen in der Überzeugung, daß das, was mit ihnen angebrochen ist, nur die Vorbereitung auf die Endzeit, aber nicht die Endzeit selbst ist ... Der Lehrer der Gerechtigkeit hat sich noch weniger als Johannes als der gegenwärtige Messias präsentiert. Hierin stimmen die beiden überein, stehen aber dadurch, der eine wie der andere, auch in schärfstem Gegensatz zu Jesus." (J. DANIéLOU, S.25). Es ist wohl damals so gewesen, daß die drei Gemeinden,

J. DANIéLOU hat mit diesen 15 Argumenten eine verdienstvolle Arbeit geleistet, die es uns ermöglicht, in Johannes dem Täufer einen Essener zu sehen. Es können noch zwei Argumente hinzugefügt werden:

16. Bei Johannes und den Essenern war die Wasser-Taufe das äußere Symbol für die Umkehr des Menschen. Die Feuer-Taufe, von der Johannes sprach, und die bei den Essenern vermutlich praktiziert wurde, war das Symbol für den Eintritt in das ewige Leben am Gerichtstag Gottes! Bei Matthäus (3,11) und bei Lukas (3,16) ist nicht nur von der Wasser-Taufe die Rede, sondern auch von der Feuer-Taufe:

> "Ich taufe euch mit Wasser zur 'Umkehr'; der aber nach mir kommt ..., der wird euch mit dem heiligen Geist und mit Feuer taufen."

Es klingt hier recht plausibel, wie DANIéLOU und andere meinen, daß mit dem heiligen Geist die Frommen begabt werden und die Sünder durch das Feuer vernichtet werden.

----

die Essenergemeinde, die Täufergemeinde und die Jesus-gemeinde rivalisierende Gruppen waren, wobei die Täufer-leute darauf hinweisen konnten, daß ja Jesus von ihrem Meister, dem Johannes, getauft worden ist. Übrigens eines der unbezweifelbaren Fakten im Leben Jesu! In der damaligen religiös erregten Zeit sind verschiedene Messiasse aufgetreten. DANIéLOU hält es für möglich, daß sich auch der Täufer als "der gegenwärtige Messias präsentiert" hat. Vielleicht sollte man hier an der christlichen Tradition festhalten, die in Johannes lediglich den Vorbereiter der Endzeit gesehen hat. Später hat die Johannes-Gemeinde ihren Meister erhöht. Johannes wird sich für den endzeitlichen Propheten angesehen haben und steht hier ganz nahe an dem "Lehrer der Gerechtigkeit". Dieser war überzeugt, ein Nachfahre des Noach, des Abraham und des Mose zu sein und den allerletzten Bund in diesem irdischen Äon mit Gott geschlossen zu haben, den Gottesbund der Endzeit. So mag er auch zu der Überzeugung gekommen sein, daß seine Aufgabe als endzeitlicher Prophet darin bestehe, die Frommen im Lande um sich zu scharen und mit ihnen – als Rest Israels – eine Gemeinde zu bilden, die das Kommen Gottes mit ihrem Propheten erwartete und des Heils der künftigen Welt gewiß war.

Dieser Auffassung widerspricht aber S. STECKOLL, der alle drei Taufen, die mit Wasser, die mit dem heiligen Geist und die mit Feuer als Reinigung den Frommen zukommen läßt. Er spricht in diesem Zusammenhang von "three-fold purification". S. STECKOLL war der allerletzte Ausgräber auf dem Riesenfriedhof von Qumrân (1.200 Gräber); er hat 1967 zehn Gräber ausgegraben. In 4 Gräbern (QG 3, QG 4, QG 6, QG 10) hat er bei den Knochen der Toten "Spuren von Verbrennung" und in 7 Gräbern Spuren von verbranntem Holz (QG 3, QG 4, QG 6 und vier andern) vorgefunden. Er schließt daraus:

> "Ich nehme an, daß alle sieben der zehn ausgegrabenen Gräber, wo verbranntes Holz gefunden wurde, einschließlich derer, wo weitere Beweise von angebrannten Knochen vorliegen, dafür sprechen, daß hier ein besonderer Feuer-Ritus (a special fire ceremony) nahe dem Leichnam bei der Begräbnis-Feier durchgeführt wurde. In den vier Fällen, wo Knochen angebrannt waren, scheint das Feuer unabsichtlich auf die Leichen gefallen zu sein ... Daraus können wir schließen, daß die Qumrân-Sektierer praktizierten, was wir eine Form der Reinigung oder Taufe durch Feuer während der Begräbnisfeier für den Abgeschiedenen nennen können. Daß diese Kulthandlung bei ihnen von größter Bedeutung war, läßt sich daraus ersehen, daß das Feuer innerhalb des Grabes während der Beerdigung angezündet wurde, obwohl es ein strenges Verbot gegen jegliche Art von Verbrennung, die auch nicht symbolisch erlaubt war, gegeben hat." (425)

Daß das Feuer der rituellen Reinigung diente, ist gar nicht so abwegig. Mag sein, daß Johannes, der die Wasser-Taufe der Essener in einer verwandelten Form durchgeführt hat, auch die Feuer-Taufe so verstanden hat, wie unsere Gelehrten heutzutage: als Strafe für die Sünder! Doch Wasser und Feuer sind seit Urzeiten Elemente der Reinigung. Gerade im Judentum ist die Verbrennung durch Feuer ein Reinigungsakt. So ist die Rote Kuh verbrannt worden, und ihre Asche diente seit der Mosezeit der Reinigung von Leichen. Und noch heute wird die Asche zur rituellen Reinigung von Gefäßen verwendet.

----

425 S. STECKOLL, The Community of the Dead Sea Scrolls, 1973/1974, S.214-215.

S. STECKOLL berichtet darüber hinaus, daß auch bei Christen in Palästina die "Feuer-Taufe" nach dem Tode praktiziert wurde, darüber gibt es Andeutungen bei Eusebius und Origenes.

"Die offenkundige Tatsache eines Feuers innerhalb der meisten Qumrângräber beweist, daß die Rollensekte einen Kult von Taufe oder Reinigung des Toten durch Feuer durchführte ... Wie Johannes lehrten und praktizierten sie ein dreifaches System der Reinigung: Wasser für die Vergebung der Sünden, Feuer nach dem Tode und durch den heiligen Geist, wie erwähnt in Sêrek ha yahad scroll 4,21 (426).

---

426 S. STECKOLL, S.216: "... a threefold system of purification: water for the remission of sin, fire after death and by the Holy Spirit" - Diese Dreiheit kann man auch etwas anders auffassen: Wasser-Taufe als Symbol der Umkehr, beim Eintritt in die Gemeinde, Geist-Taufe im Leben innerhalb einer Gemeinschaft, die mit den himmlischen Kräften, den Engeln, in enger Verbindung stand, und zuletzt die Feuer-Taufe als endgültige Reinigung für den Tag des Gottesgerichts. Eine Dreiteilung läßt sich auch aus der angeführten Textstelle 1 QS IV,20-22 herauslesen:

Und dann wird Gott ... sich einige aus den Menschenkindern reinigen,
indem er allen Geist des Frevels aus dem Innern ihres Fleisches tilgt,
und sie reinigt durch heiligen Geist von allen gottlosen Taten.
Und er wird über sie sprengen den Geist der Treue wie Reinigungswasser von allen Greueln und dem Sich-Wälzen in unsauberm Geist ..."

Wenn wir die Tilgung des Frevelgeistes "aus dem Innern ihres Fleisches" mit dem Feuer-Kult und der Feuer-Taufe in Verbindung bringen könnten, dann hätten wir in diesem Text genau "the threefold system of purification" nach S. STECKOLL - allerdings in umgekehrter Reihenfolge: Feuer-Taufe - Geist-Taufe - Wasser-Taufe.

17. Johannes bezeichnete seine religiösen Gegner, die Pharisäer, mit ähnlichen Ausdrücken, wie sie auch die Qumrângemeinde für die Pharisäer verwendet hat: "Otterngezücht", "Kreaturen der Otter" (427).

Nach diesen 17 Argumenten dürfte es doch einigermaßen evident sein, daß Johannes der Täufer ein Essener war. Hier hat J. DANIéLOU mit seinen 15 Argumenten eine hervorragende Arbeit geleistet. Es ist nur verwunderlich, daß er der Schlußfolgerung ausweicht:

"Es besteht die Möglichkeit, daß er ein Essener war. Wahrscheinlicher ist (sic!), daß er nur im Gefolge des Essenertums stand." (J. DANIéLOU, S.26)

Nach diesen eingehenden Untersuchungen ist es notwendig, sich mit der Person des Johannes zu beschäftigen und seine Stellung in den Kraftfeldern der damaligen Zeit zu rekonstruieren. Als Essener ist er eine Persönlichkeit der jüdischen Religionsgeschichte, doch in seiner christologischen Beziehung ist er auch eine Person der christlichen Heilsgeschichte. Hier wird es für viele nicht leicht sein, beide Seiten zusammenzubringen ...

Dieser Johannes stand damals in einem sehr bewegten Kraftfeld. Verschiedene Kräfte wirkten auf ihn ein. Er war Essener, durch Eide und Verpflichtungen der essenischen Lebensform verhaftet. Doch er war ein Rebell gegen diese esoterische exklusive Mönchsgemeinschaft. Er wollte das Heil auch dem Volke zuwenden. Er war ein Intimfeind der Pharisäer, und doch stand er ihnen in seinem Bestreben nahe, das Volk, Sünder, Zöllner, Soldaten,

----

427 "Johannes schilt sie als "Otterngezücht" (gennêmata echthnôn, Matth. 3,7). Dieses Bildwort erscheint auch in den Hodayoth. Nach 1 Q Hodayoth III,17 werden die 'Kreaturen der Otter' (MᶜŚY ᵓPᶜH) im Gericht der Endzeit vor den Pforten des Todes überwältigt ... In 1 QH II,28 meint der Begriff 'Otter' ... die den Beter bestürmende Macht des Bösen. Ihre Repräsentanten sind gesammelt im 'Kreis des Nichts' und der 'Gemeinde des Nichtsnutz' (1 Q Hodayoth II,22), das heißt Belials ... Mit ihnen meint die Gemeinde wahrscheinlich die Pharisäer, die das Volk in die Irre führen." (O. BETZ, Die Proselytentaufe der Qumrânsekte und die Taufe im Neuen Testament, Revue de Qumran, No. 2, 1958, S.224).

auf das kommende Gottesgericht vorzubereiten. Auch er trieb
so etwas wie "Volksmission", das Anliegen der Pharisäer. Sie
waren bestrebt, durch Laienbewegungen das Wort der Tora für
alle im Volke, die hören wollten, zur Geltung zu bringen. Es
gab damals noch eine dritte Kraft, die möglicherweise auf diesen Johannes einwirkte. Das waren die Zeloten, die durch den
Waffengang mit den Römern und durch terroristische Morde das
Gottesreich herbeizwingen wollten. Sie waren politische Rebellen. Nach Josephus hat Johannes deshalb den Tod gefunden,
weil er irgendwie mit diesen in einen Zusammenhang gebracht
wurde, denn seine Predigt erregte das Volk so stark, daß ein
Aufruhr zu befürchten war:

> "Da nun infolge der wunderbaren Anziehungskraft solcher
> Reden eine gewaltige Menschenmenge zu Johannes strömte,
> fürchtete Herodes (Antipas, der Tetrarch), das Ansehen
> dieses Mannes, dessen Rat allgemein befolgt zu werden
> schien, möchte das Volk zum Aufruhr treiben, und hielt
> es daher für besser, ihn rechtzeitig aus dem Wege zu
> räumen ... Herodes (ließ also) den Johannes in Ketten
> legen, nach der Festung Machaerus bringen ... und dort
> hinrichten." (428)

Dieser Johannes war ein Rebell, ein Rebell nicht nur gegen die
essenische Gemeinschaft, der er angehört hatte. Er war ein
Rebell in den Strömungen seiner Zeit. Die Pharisäer hatten
auch den "Stern" gesehen. Einige von ihnen gingen in den Tod,
weil sie in dem "Stern" ein Zeichen der messianischen Zeit
gesehen hatten. Doch das war lange her. Er war nichts geschehen. Man hatte sich abgefunden. Die Pharisäer waren wieder
dabei, das Volk auf die Gebote der Tora hinzuweisen. Bei ihnen
war so etwas wie ein klerikales Establishment entstanden. Die
Essener in ihrem elitären Sendungsbewußtsein waren eine in
sich abgeschlossene Gemeinde. Diese Gruppen waren in sich
geschlossen und fest gefügt. Da trat dieser Mann auf, Johannes
der Täufer, ein ausgeflippter Essener. Wie in einer Erweckungs-
bewegung wurden damals die verkrusteten Strukturen von diesem
Manne weggefegt. Eine seltsame Gestalt, auch seltsam anzu-
schauen, wie eine Gestalt der prophetischen Vorzeit und doch
der Zukunft, dem Kommen Gottes, verpflichtet. So trat er auf
in einem

----

428   Josephus, Ant. XVIII.V,2 = § 118-119.

"Kleid von Kamelhaaren und einen ledernen Gürtel um
seine Lenden; seine Speise aber war Heuschrecken und
wilder Honig." (Matth. 3,4; Mark. 1,6)

Dieser Johannes war ein Großer seiner Zeit. Die Größe eines
historisch bedeutsamen Menschen erkennt man daran, daß er
der Vergangenheit verhaftet, aber der neuen Zeit, der Zukunft,
zugewandt ist und in diese Zeit hineinwirkt. So war es auch
bei Johannes. Heute ist man versucht, sein seltsames Gebaren
und Auftreten als Imagepflege zu deuten. Doch so war es keineswegs. Er hat die Menschen zum Staunen, zum Verwundern gebracht. Das sah schon A. SCLATTER:

"... unter dem endlosen, überall geübten 'Taufen' fiel
doch des Johannes 'Taufen' als ein absonderliches, wesentlich anderes und neues auf, was die Phantasie des Volkes
frappierte (sic!) und ihr zur Charakterisierung seiner
Eigenart dienlich schien." (429)

Mit seiner absonderlichen Kleidung ging es aber dem Johannes
um die Verkündigung, daß die Prophetie mit Maleachi nicht
abgeschlossen sei. Er sah sich selber in diesem Kontinuum der
Prophetie. Er sah also nach rückwärts und zeigte sich wie Elia
damals als

"ein Mann mit einem zottigen Mantel und einem ledernen
Gürtel um seine Hüften." (2. Kön. 1,8)

Doch er schaute auch vorwärts. Er schaute auf das nahe Ende,
auf das Kommen Gottes und das Gottesgericht. Mit seiner auf-
wühlenden Predigt durchbrach er die religiösen Verkrustungen
seiner Zeit, wandte sich gegen die festgefügte Gruppe der Pharisäer, die vor einer Generation den "Stern" gesehen, sich aber
inzwischen wieder beruhigt hatten, und gegen die Essener mit
ihrem elitären Hochmut. Johannes brach sich Bahn.

----

429 A. SCHLATTER, Johannes der Täufer, Neudruck 1956, hg.
v. W. MICHAELIS, S.61. Zitiert nach H. LICHTENBERGER,
Täufergemeinden und frühchristliche Täuferpolemik im letzten Drittel des 1. Jahrhunderts, Zeitschrift für Theologie
und Kirche, II/1987, S.36-57, hier: S.43.

"Sein Auftreten ist die Zäsur der Heilsgeschichte ..., er wird zum Wegbereiter der neuen Zeit." (430)

Dieser Johannes brach Bahn für einen Größeren, der ihm nachfolgte. Mag sein, daß dieser andere, dieser Jesus, selbst eine Zeitlang dem Jüngerkreis des Johannes angehört hat. Doch später gab es Grenzen, Abgrenzungen, Rivalitäten zwischen der Jesus-Gruppe und der Täufer-Gruppe. In dieser Auseinandersetzung spielte eine wichtige Rolle das historische Faktum, daß Jesus von Johannes getauft wurde:

> "Zu den sichersten Nachrichten der urchristlichen Geschichte gehört, daß Jesus von Johannes dem Täufer, die Taufe, die 'Täufertaufe' empfing." (431)

Es gab eine Konfrontation zwischen diesen beiden Gruppen. Während die Jesus-Gruppe bemüht war, den Täufer zu "degradieren", war die Täufer-Gruppe sehr darum bemüht, ihren Herrn und Meister zu erhöhen und ihm sogar messianische Prädikate zuzuweisen:

> "Die christliche Sicht des Täufers bemühte sich ja ... um eine Degradierung des Täufers und seiner Anhänger zugunsten Jesu und der christlichen Gemeinde ... Wie die Abgrenzungen und Konflikte in den Evangelien zeigen, war Johannes von seinen Anhängern – in Analogie und Konkurrenz zu Jesus – messianisch erhöht worden." (432)

Als die beiden Antagonisten, Johannes und Jesus, als politische Aufrührer den Tod gefunden hatten, waren die Gegensätze zwischen den beiden Gemeinden keineswegs aufgehoben. Sowohl die synoptischen Evangelien als auch das Johannesevangelium – und dieses Evangelium der Spätzeit ganz besonders – zeigen die Entwicklung und die Verschärfung der Beziehung zwischen den beiden Gemeinden:

----

430 H. LICHTENBERGER, Täufergemeinden, S.55.

431 H. LICHTENBERGER, Täufergemeinden, S.53.

432 H. LICHTENBERGER, Täufergemeinden, S.45.

"Die Täuferbewegung konnte ihre Kraft fortzudauern nur daraus erhalten, daß sie eine Täuferchristologie (sic!) ausbildete, die in Analogie zu der der Jesusgemeinden gestaltet war." (433)

Nach H. LICHTENBERGER läßt sich in den Evangelien ablesen, daß in der Täufergemeinde

"eine 'christologische' Entwicklung statt(fand), die von christlicher Seite theologisch bekämpft wurde." "Das Johannesevangelium reflektiert eine hochentwickelte 'Christologie' der Täufergemeinde im Blick auf Johannes den Täufer, die von der christlichen Gemeinde bestritten wurde." (434)

Das war in der frühen Spätzeit. In der frühen Frühzeit bestand schon der Gegensatz zwischen Jesus und Johannes.

Jesus mußte sich aber nicht nur gegenüber dem Täufer und seinen Leuten distanzieren, sondern auch gegenüber den Essenern. Hier Abgrenzungen zu finden, war schwierig. Die Schwierigkeit bestand ja darin, daß alle drei Gruppen, die uralte Gruppe der Essener und die beiden Neugruppen der Jesus- und der Täufergemeinde, sich völlig einig waren in ihren Anschauungen: Das Gottesreich war nahe, und es galt, durch die "Umkehr" vor Gott in seinem Gericht zu bestehen!

Jesus war kein Essener. Dies zeigte er offen in seiner Lebensführung, in seiner Lehre und auch im Kult.

"Jesus Auftreten unterscheidet sich ... wesentlich von der Haltung (des Täufers). Bleibt der Täufer als der Rufer in der Wüste stehen, so geht Jesus auch in die Welt hinein. Johannes wahrt, das zeigen auch seine Kleidung und Nahrung, die von den Essenern beobachtete Distanz zur unreinen Welt; die äußere Reinheit bleibt ihm als dem Priestersohn wichtig. Jesus weicht gerade an diesem Punkt von dem Täufer ab ... In der Tat vernachlässigt er nach dem Zeugnis der Synoptiker die äußere Reinheit in einem Maße, wie dies einem Essener und auch dem Täufer nicht möglich gewesen wäre (vergleiche Markus

---

433   H. LICHTENBERGER, Täufergemeinden, S.51.

434   H. LICHTENBERGER, Täufergemeinden, S.51 und 53.

7,1-23). Gerade darum kann er nicht nur in die verworfene Welt der Juden, sondern auch zu den Zöllnern und Sündern gehen und mit ihnen Gemeinschaft pflegen." (435)

Jesus hat selber seine eigenen Lebensgewohnheiten mit denen des Johannes verglichen und dabei festgestellt, daß man es den Menschen nie recht machen könne:

"Johannes ist gekommen, aß nicht und trank nicht;
so sagen sie: 'Er ist besessen'.
Des Menschen Sohn ist gekommen, isset und trinket;
so sagen sie: 'Siehe, wie ist der Mensch
                    ein Fresser und Weinsäufer ...'"
(Matth. 11,18-19)

Dieses "Fresser- und Weinsäufer"-Zitat endet mit dem Vorwurf: "der Zöllner und der Sünder Geselle". Daß er Tischgemeinschaft mit diesen Leuten hielt, mit diesen Decamisados, mit diesen Verworfenen, schied ihn grundsätzlich von Johannes und selbstverständlich auch von den Essenern. Bei diesen hatte ja das Kultmahl mit Brot und Tirosch eine Wirkung, welche Heiligkeit, Gemeinschaft mit den Engeln und Sühne für das Volk bedeutete, weil der Opferkult im Tempel nutzlos und sinnlos geworden war ...

Sehr schwierig wurde es für Jesus, sich auch in der "Lehre" von den Essenern zu distanzieren. Die Nähe war bedrückend. Das Gemeinsame, das gemeinsame Anliegen war so weitgedehnt, daß es besonderer Mühe bedurfte, hier noch Unterschiede zu finden. Das gemeinsame Anliegen: Das Himmelreich ist nahe! Umkehr ist unbedingt notwendig! Für den Menschen gibt es in dieser letzten aller Zeiten nur ein einziges Ziel, in dem kommenden Gottesgericht zu bestehen! Dafür muß er alles preisgeben, alles verlassen, sich aus allen weltlichen Bindungen lösen! Die Nähe zu den Essenern war bedrückend. Doch der Gemeindegründer brauchte Abgrenzungen, Scheidewände, unübersteigbare Barrieren zwischen seiner Gemeinde und der andern...

Die Essener hielten viel von der Bruderschaft in ihrer Gemeinschaft. In der Enge dieser Gemeinde - bei so vielen vielfältig gearteten Menschen - war die Forderung der Bruderliebe unbedingt notwendig, um die Gemeinschaft zu erhalten. So wurde verordnet, die "Söhne des Lichts" zu lieben. Andererseits gab

---

435 O. BETZ, Die Proselytentaufe, S.224-225.

es in dieser Gemeinde diesen harten Dualismus zwischen Licht und Finsternis, zwischen Heil und Frevel, zwischen den Begnadeten und den Verdammten ... Dazu kam noch der Einfluß der notvollen essenischen Geschichte: Die langjährige Unterdrückung durch die Staatspitze, den Hochpriester, und die Widrigkeiten der staatstreuen protopharisäischen Rivalensekte konnten nicht vergessen werden. So war der haßerfüllte Ausbruch verständlich und auch die essenische Forderung, die "Söhne der Finsternis" zu hassen. Dieses Haßgebot gibt es nicht im TeNaCH, in der Heiligen Schrift der Juden. Auf keiner Seite des "Alten Testaments" ist diese Forderung zu finden. Diese Forderung, dieses Gebot des Feindeshasses gibt es nur in der Ordensregel der Essener! (436) Jesus muß offenkundig dieses Haßgebot der Essener gekannt haben; denn er zitiert es in freier, aber verständlicher Weise in der Bergpredigt Matth. 5,43-45:

> "Ihr habt gehört, daß gesagt ist (sic!):
> 'Liebe deinen Nächsten und hasse deinen Feind!'
> Ich aber sage euch:
> 'Liebet eure Feinde und betet für die, die euch verfolgen,
> damit ihr Söhne eures Vaters im Himmel werdet,
> denn er läßt seine Sonne aufgehen über Böse und Gute
> und läßt regnen über Gerechte und Ungerechte."

Mit diesen Worten distanzierte sich Jesus von den Essenern. Statt des Feindeshasses fordert er die Feindesliebe! Eine harte Nuß für die Christen, welche die Forderung der Bergpredigt ernst nehmen. Doch Jesus wendet sich hier auch gegen die dualistische Anthropologie der Essener, die Menschen einzuteilen in zwei Gruppen, in "Söhne des Lichts" und "Söhne der Finsternis", in vom Heil Begnadete und davon Ausgeschlossene, Verworfene. Hier ist Gott der alleinige Herr, und die Menschen haben kein Recht – auch die Essener nicht! – zu bestimmen, wer verworfen und begnadet ist ...

Mit diesem Ausspruch in der Bergpredigt geht Jesus weit über das hinaus, was Menschen normalerweise leisten können. Die Feindesliebe ist bis zum heutigen Tage eine sehr umstrittene

---

436 Ordensregel 1 QS I,1-11: "... Buch der 'Ordnung' (SäRäK) der Gemeinschaft: Gott zu suchen mit ganzem Herzen und ganzer Seele, zu tun, was gut und recht vor ihm ist ... und vor ihm vollkommen zu wandeln ... und alle 'Söhne des Lichts' zu lieben (sic!) ..., aber alle 'Söhne der Finsternis' zu hassen (sic!) ..."

Forderung, die sogar in die politische Diskussion eingedrungen, hier gebraucht und hier mißbraucht wird. Auch mit der Egalisierung der Menschen – Sonne und Regen über Böse und Gute, über Ungerechte und Gerechte – mutet er uns eine Toleranz zu, die im täglichen Leben schwer zu realisieren ist. Diese beiden Forderungen und Anschauungen Jesu sind nur zu verstehen, wenn man weiß, wie sehr er darum bemüht war, mit aller Kraft eine Konfrontation zu der inzwischen ehrwürdig gewordenen Essenergemeinde zu schaffen, weil er ihre bedrohliche Nähe spürte und nach einer deutlich sichtbaren Abgrenzung – auch in der Lehre – suchte und sie auch fand. Wie weit allerdings solche Forderungen Jesu, die bedingt und entstanden sind in seiner Zeit, unter dem Zwang, sich abgrenzen zu müssen gegen rivalisierende Gemeinden für uns Heutige nach zweitausend Jahren noch Verpflichtung sein können, ist eine Frage, die jeder Christ für sich selber entscheiden muß ...

Jesus grenzte sich auch im Kult ab! Bei den Essenern war eine wichtige kultische Handlung das Tauchbad, eine äußere, äußerliche Reinigung, die aber die innere, die innerliche Reinigung, die "Umkehr" zur Voraussetzung hatte. Johannes stand hier den Essenern sehr nahe, wenn er "taufte". Ob Jesus in seinen Anfangsjahren, als er noch unter dem Einfluß des Täufers stand, auch selber taufte, ist strittig. Später hat er nicht mehr getauft. Mit dieser Ablehnung einer kultisch-rituellen Zeremonie der Essener grenzte er sich auch gegenüber den Essenern kultisch ab!

Jesus "taufte" nicht. Jesus heilte! Jesus heilte mit seinem Wort. Doch wie bei den Essenern und auch wie bei Johannes war die "Umkehr" des Kranken, des Gichtbrüchigen, des Blinden, des Lahmen die Voraussetzung für die Heilung. Die Macht Jesu zu heilen war irgendwie die kultische Entsprechung zum Taufbad der Essener und des Johannes. Darüber hinaus war die Macht zu heilen eine Provokation für die Essener; denn diese ließen keinen körperlich oder geistig Geschädigten in ihre Gemeinschaft. Doch Jesus wandte sich gerade diesen armen leidenden Menschen zu. Die Macht zu heilen war überdies ein Zeichen, daß die messianische Zeit schon angebrochen war. Genauso wie die Pharisäer dem Verschnittenen zugesagt hatten, er würde in der messianischen Zeit von diesem körperlichen Übel befreit sein und eine Frau und Kinder haben, so stand Jesus schon in der messianischen Zeit und er heilte mit seinem Wort die Leidenden:

> "Blinde sehen, und Lahme gehen, Aussätzige werden rein, und Taube hören, Tote stehen auf..." (Matth. 11,5)

Dies entspricht fast wörtlich der messianischen Weissagung in Jesaja 35,5-6, wo es heißt:

"Dann öffnen sich die Augen der Blinden und tun sich die Ohren der Tauben auf. Dann springt der Lahme wie ein Hirsch, und die Zunge der Stummem jubelt."

Die Macht zu haben zu heilen, war ein Zeichen, daß die messianische Zeit angebrochen war. Darüber hinaus konnte der Heiler Jesus das Bewußtsein haben, der erwartete Messias zu sein ...

Der Brennsatz, der in dieser Zeit durch Johannes, den Prediger vom nahen Gottesreich, und durch Jesus, den sprachmächtigen Gleichniserzähler und messianischen Heiler, gezündet wurde, führte zu einer explosivartigen Erschütterung in den Ostertagen, als die Jünger Jesu den Auferstandenen sahen. In der Folgezeit waren die Zündschnüre über die ganze weite Welt verteilt, und so haben nicht die Essener, nicht die Johannesjünger, nicht die Pharisäer und die Rabbinen den Glauben an den einen und einzigen Gott in der Welt verbreitet, sondern die Jünger des Jesus ...

Dieser Jesus war der Mann der neuen Zeit, der Prophet, der Messias, der Christus, der die Liebe zu den Mitmenschen – nicht nur zu denen der eigenen Familie oder der eigenen Gesinnungsgruppe – als hochwichtige Forderung in die Welt hineinrief und zu einer friedlichen Haltung aufforderte gegenüber allen Menschen jedweder Couleur, ob geistig oder körperlich.

Doch dieser Jesus taufte nicht. Die Essener reinigten sich im Taufbad. Johannes reinigte die Umkehrwilligen im Tauchbad. Die urchristliche Kirche übernahm das Tauchbad und dezimierte es im Laufe der Zeiten zum Tröpfelwasser über dem Kopf des Täuflings. Es ist eine kontinuierliche Linie hier festzustellen. Nur wird dieses Kontinuum an einer hochwichtigen Stelle durchbrochen. Der Begründer der christlichen Kirche hielt nicht viel von diesem Wasser. Er taufte nicht. Wenn er in seinen Anfangsjahren getauft hat, dann hat er es später wohlweislich unterlassen. Er wollte nicht in diese Linie der Tauchbad-Täufer eingereiht werden. Er wollte nichts mit Johannes dem Täufer zu tun haben und auch nichts mit den Essenern. Er lehnte das Tauchbad als essenisches Kultinstrumentarium ab und grenzte sich auf diese Weise kultisch ab gegenüber den Essenern.

Ein letzter Beweis, daß Jesus kein Essener war!

13. Kapitel

DIE ZELOTISCHE GEFÄHRDUNG

In der heutigen gegenwärtigen Krise unserer Welt, in der die Völker sich nach Frieden sehnen und die Mächtigen den Frieden durch Rüstungen zu sichern bemüht sind, ist es angebracht, einmal zweitausend Jahre zurückzuschauen auf die Schriftrollenmönche vom Toten Meer, diese Qumrân-Damaskus-Essener, und ihre Haltung in dieser Frage zu untersuchen. (437)

Bei den Gelehrten ist es strittig, wie sie sich verhielten. Die einen sagen, sie seien militant gewesen, traten als Kämpfer gegen den heidnischen Feind und ihre abgefallenen Landsleute auf, die andern sagen, sie seien quietistisch gewesen, sie

----

437 Die Ausdrücke "Mönche" und "Kloster" für die Mitglieder und die Siedlung der Qumrângemeinde am Toten Meer sind ungewohnt, scheinen unangebracht zu sein, sind dem Vorwurf eines unwissenschaftlichen journalistischen Dilettantismus ausgesetzt, können auch die Empfindlichkeit der jüdischen Leser erregen, die in diesen Ausdrücken eine Christianisierungstendenz vermuten und verurteilen.
Trotzdem möchte ich an diesen Termini festhalten, weil es nicht weniger als sechs gemeinsame Merkmale gibt: hier Qumrân – dort christlicher Mönchsorden:

1. die Armut
2. die Ehelosigkeit
3. der Gehorsam (gegen die Satzung der Gemeinschaft oder das Gebot ihres Repräsentanten)
4. die einheitliche Kleidung
5. die Abschließung von der Welt, durch Mauern konkretisiert
6. ein gemeinsames Leben im Dienste Gottes

Die jüdischen Leser, die Anstoß an diesen Termini nehmen, sollten eher Genugtuung darüber empfinden, daß schon vor der Entstehung des Christentums eine jüdische Gemeinschaft auch auf diesem Felde Wegbereiter war oder die gleiche Gemeinschaftsform entwickelt hatte. Solange es erlaubt ist, von "buddhistischen Mönchen" zu sprechen, so lange sollte es auch erlaubt sein, von den Mönchen dieser Qumrân-Gemeinde zu sprechen.

hätten alles dem Hochheiligen überlassen. (438)

Drei Ansichten sind hier möglich:

1. Sie waren von Anfang an militant und blieben es bis zum bitteren Ende. Sie beteiligten sich sofort an den Makkabäer-aktionen ab 167 ante und endeten 73/74 post als Zeloten in der Bergfestung Masada (439).

2. Sie waren von Anfang an Quietisten. Die Chasidim, die sich in die Höhlen zurückzogen und sich am Sabbat widerstandslos abschlachten ließen, waren ihre Vorbilder (1. Makk. 2,29-38). Die proto-essenische Schriftrollengemeinde hielt diese Haltung durch, auch als sie von den antiken Schriftstellern Philo von Alexandrien und Flavius Josephus "Essener" genannt wurden. Beide bezeugen diese quietistische Haltung in der christlichen Ära, Philo sehr ausgeprägt, Josephus schwächer.

3. Die Schriftrollenmönche änderten im Laufe der geschichtlichen Entwicklung ihre Haltung, entweder von der Militanz zum Quietismus oder vom Quietismus zur Militanz. Eine solche grundle-gende Wandlung ist zwar wenig wahrscheinlich, doch mit Modifi-kationen muß man rechnen.

----

438 Im deutschen Sprachgebrauch bedeutet "Quietismus" "welt-abgewandte Lebenshaltung, vertritt den Standpunkt der völligen Gemütsruhe, des ruhigen, affektlosen, passiven Verhaltens, des willenlosen und widerstandslosen Sichge-bens in den Willen Gottes" - So Philosophisches Wörterbuch im Verlag Kröner, 1978, pag. 548. - Meine französischen Leser, die durch ihre Kirchengeschichte und durch Fénelon beeinflußt, andere Assoziationen mit diesem Terminus ver-binden, mögen mir verzeihen. Doch ich wollte das Wort "Pazifismus" vermeiden, weil es mir zu modern, zu poli-tisch, außerdem auch areligiös zu sein scheint. Ich bin mir bewußt, daß der Terminus "Quietismus" nicht das gan-ze Feld abdeckt, welches die Einstellung der Schriftrollen-mönche umfaßt, doch ich benötigte gegen den Terminus "Militanz" einen entsprechenden Gegenbegriff.

439 So H.H. ROWLEY, The History of the Qumrân Sect, 1966. Noch schärfer G.R. DRIVER, The Judaean Scrolls, 1966, der die "Convenanters of Qumrân" mit den Zeloten des Großen Jüdischen Krieges gleichsetzte.

Meiner Meinung nach sprechen die Zeugnisse – sowohl die inner-essenisch-qumrânischen als auch die außeressenisch-antiken – für den Quietismus dieser Gemeinde von Anfang an, der auch bis in die christliche Ära, zuletzt allerdings unter großen Schwierigkeiten, durchgehalten wurde, so daß eine klare Kontinuität von den Qumrânmönchen des 2. vorchristlichen Jahrhunderts bis zu den Essenern des 1. nachchristlichen Jahrhunderts zu erkennen ist.

Folgende Argumente sprechen für eine quietistische Haltung von Anfang bis zum Ende:

1. Die religiöse Grundhaltung: Sie verbietet völlig das eigene Engagement. So berichtet Josephus: "Die Essener lehren, man müsse alles dem Willen Gottes anheimgeben" (440).

Dieser Gedanke klingt sogar in dem eschatologisch-militanten Werk Milchama, der "Kriegs-Rolle", die man unter den für die Gemeinde konstitutiven Schriften in der Höhle 1 gefunden hat, sehr deutlich an: "... dein ist der Kampf ... dein ist der Kampf ... dein ist der Kampf und von dir her die Stärke und nicht unser. Und nicht unsere Kraft und die Stärke unserer Hände haben Macht bewiesen, sondern durch deine Kraft und die Stärke deiner großen Macht..." (441).

Es darf hier schon angemerkt werden, daß diese "Kriegs-Rolle" ursprünglich vermutlich einer militant-makkabäischen Tradition entstammte und daß die Schriftrollenmönche versucht haben, diese Schrift der Gegenseite ihrer eigenen Gemeinde nutzbar zu machen.

2. Die politische Grundhaltung: Die Schriftrollengemeinde stand in schroffem Gegensatz zu den Makkabäern und dem makkabäisch-hasmonäischen Herrscherhaus. In einer bewußten Konfrontation zu dieser Feindseite wurde die Gemeinde der Schriftrollenmönche geformt, das läßt sich an vielen Besonderheiten dieser

----

440   Josephus, Antiquitates XVIII. I,5 = § 18 – H. CLEMENTZ, F.J. Jüdische Altertümer, II, 507.

441   Milchama, 1 QM XI,1-7.

Gemeindestruktur ablesen (442).

Dieser Gegensatz zu den Makkabäern-Hasmonäern wurde natürlich auch bestimmend für die Einstellung Militanz oder Quietismus. Man lehnte nicht nur den entweihten Tempel in Jerusalem
und die dortige unwürdige Priesterschaft ab, sondern auch alle
makkabäischen Machenschaften, alle Aktionen, Befestigungen,
Kriege und Annexionen, die dazu dienen sollten, den Tempelstaat bis zur Größe des David-Reiches auszudehnen und dadurch dem Hochheiligen den Weg zu bereiten, so daß er endlich
kommen könne, die Gottesherrschaft zu errichten. Für die frommen Schriftrollenmönche war Gott allein Herr aller Kriege und
aller Grenzen und nicht die Makkabäer. Die in den Qumrân-
Schriften auftauchenden Termini "Mauererbauer" und "Grenzver-
rücker" für die makkabäische Feindseite enthalten schwerwiegende Vorwürfe, sie zielen auf die politisch-militärischen Maßnahmen der Makkabäer und sind nicht nur theologisch gemeint,
wie die Theologen annehmen. Daß sie auch militärisch-politisch,
also real und nicht übertragen, gemeint sind, geht eindeutig
hervor aus dem Qumrân-Text 4 Q Testimonia 21-30. Hier ist
nämlich deutlich, daß der Josua-Fluch (6,26) nicht nur auf die
von dem Hochheiligen selbst verbotene Wiederbefestigung der
Tabu-Stadt Jericho bezogen wurde, sondern auch auf das Verbot
der Befestigung der Heiligen Stadt und der Heiligen Stätte,
Jerusalems und des Tempels.

Auch die politisch-religiöse Genossenschaft der Pharisäer wurde
von den Schriftrollenmönchen als Feind betrachtet. Es ist wohl
kein Zufall, daß das Buch Esther in der Bibliothek der Höhle
4 von Qumrân als einziges biblisches Buch fehlte, denn dieses
Buch stellte ja eine aktivistische menschliche Aktion von höchster politischer Tragweite mit blutigem Ausgang in ihren Mittelpunkt. Auch das Fehlen dieses Buches darf man werten als
Ablehnung menschlicher Aktivitäten durch die Schriftrollenmönche.

3. Die priesterliche Grundhaltung: Die Schriftrollenmönche fühlten sich allesamt, ob sie nun priesterlicher oder levitischer
oder laiischer Abkunft waren, als Priester. Alle Vorrechte, die

----

442 Die Kontrast- und Konfrontationsformen, welche diese
     Schriftrollengemeinde in Gegensatz zu Makkabäern und
     Hasmonäern konzipierte, sind zuletzt ausführlich dargelegt
     in 22 Positionen: H. BURGMANN, Vorgeschichte ..., S.199-
     220.

der Hochpriester in Jerusalem und seine Priester beanspruchen konnten, erkannten diese frommen Mönche dieser verderbten, unwürdigen Priesterclique ab und wendeten diese Rechte ihrer eigenen Gemeinde zu. Mit den Rechten, die hier beansprucht wurden, waren natürlich auch Pflichten verbunden. Zu den Pflichten der 24 Priesterfamilien in Jerusalem, die allerdings nur einen halben Monat im Jahr im Tempel Dienst taten, gehörte es, sich täglich in Bädern kultisch zu reinigen und sich jeglicher geschlechtlichen Gemeinschaft zu enthalten. Die Priester-Mönche von Qumrân bemühten sich alle, den Tag der Gottesherrschaft in kultischer Reinheit zu erleben, sie erwarteten diesen Tag in unmittelbarer Zukunft; deshalb unterzogen sie sich diesen priesterlichen Forderungen der kultischen Reinheit nicht nur für eine kleine Frist im Jahresablauf, sondern sie lebten in Ehelosigkeit ihr ganzes Leben und nahmen sicherlich täglich das kultisch reinigende Bad. Diese Mönche fühlten sich allesamt als Priester, und als Priester durften sie sich nicht an blutigen Aktionen beteiligen. In der sehr militanten "Kriegsrolle" werden die Pflichten der Priester im eschatologischen Kampfgeschehen ausführlich beschrieben. Die Priester haben die Kampfordnungs- und Kampfbefehle zu blasen, während die Leviten mit ihren Instrumenten Kriegslärm vollführen mit dem bekannten militärpsychologischen Effekt der Einschüchterung der Feinde. Die Priester haben aber auch die Hände und Herzen der Kämpfer zu stärken, die Gebete um den Sieg zu sprechen und den Hochheiligen zu preisen für den errungenen Sieg. Eine weitergehende, aktive Beteiligung am Kampfgeschehen ist ihnen versagt: "Und wenn die Erschlagenen fallen, sollen die Priester von ferne blasen (sic!), und sie sollen nicht unter die Erschlagenen kommen, sich mit ihrem unreinen Blut zu besudeln; denn sie sind heilig. Nicht sollen sie entweihen das Salböl ihrer Priesterschaft mit dem Blut von nichtigem Volk." (443)

4. Die Friedlichkeit der Essener, die Verwerfung des Krieges als Frevel, die Verweigerung des Kriegshandwerks und der Waffenherstellung wird im Bericht des Philo von Alexandrien besonders herausgestellt: "Man findet unter ihnen keinen, der Pfeile, Speere, Schwerter, Helme, Panzer oder Schilde herstellt, vollends keinen Waffenschmied, Kriegsmaschinenbauer oder jemand, der sich mit Kriegsmitteln, ja überhaupt mit solchen

---

443 "Kriegsrolle" über den "Krieg der Söhne des Lichts gegen die Söhne der Finsternis", 1 QM, IX,7-9, LOHSE (Anmerkung 4), pag. 200-201.

Mitteln, die im Frieden zum Frevel führen, befaßt." (444)

Sogar Josephus, der die Wirren des Großen Jüdischen Krieges erlebt hat und wußte, in welch einer hochgesteigerten psychischen Erregung die Volksmassen damals standen und wie schwer es war für den einzelnen, sich diesem allgemeinen Zwang zu entziehen, gestand den Essenern Selbstbeherrschung und Friedfertigkeit zu und nannte sie: "Des Zornes gerechte Verwalter, der Aufwallung Bezwinger, der Treue Vorkämpfer, des Friedens Diener." (445)

5. Nach dem Zeugnis des Josephus sahen die Essener nicht aus wie militante Menschen: "Kleidung und Körperhaltung sind wie bei den Knaben, die von einem Pädagogen in Furcht gehalten werden." (446)

6. Ein schwaches Argument, das aber doch nicht ganz übergangen werden sollte, ist die Übernahme einer eigenartigen und schwachen biblischen Tradition durch die Schriftrollenmönche, der Tradition von den zwei Messiassen. Dabei ist die eine Messiasperson der priesterliche Messias aus Aarons Stamm, die andere der königliche Messias aus Davids Stamm. Ihre Aufgaben wurden klar getrennt, der Messias aus Israel hatte die heidnischen und ungläubigen Feinde zu bekämpfen, der Messias aus Aaron hatte den Frommen, den Treugebliebenen, das Heil zuzuwenden. Die Übernahme dieser seltsamen Tradition kann man vielleicht damit erklären, daß die Mönche bestrebt waren, den Messias aus Aaron, in dem sie möglicherweise den am Ende der Tage wieder auftretenden "Lehrer der Gerechtigkeit", den Gemeindegründer, jedenfalls die prägende Persönlichkeit der Schriftrollengemeinde, zu sehen und zu erleben hofften, diesen friedfertigen Mann von der Blutarbeit eines endzeitlichen Krieges zu entlasten. So war es naheliegend, das Messiasamt zwei verschiedenen Persönlichkeiten zuzuweisen mit klarer Aufgabenteilung. Dabei ist fast überflüssig zu erwähnen, daß der

----

444 Philo Quod omnis probus liber sit, § 78, H. BARDTKE, Die Handschriftenfunde am Toten Meer – Die Sekte von Qumrân, 1958, pag. 305.

445 Josephus, Bellum II.VIII,6 = § 135. MICHEL-BAUERNFEIND, De Bello Judaico I, pag. 208-209.

446 Josephus, Bellum II.VIII,4 = § 126. MICHEL-B (Anmerkung 8), I, pag. 207.

Messias aus Aaron, der Priester, dem Messias aus Israel, dem König, übergeordnet war. Das wird sehr deutlich in dem "Entwurf für das Israel der Endzeit". Hier muß sich der königliche Messias Israels dem priesterlichen Messias aus Aaron sowohl in der Sitzordnung als auch bei der Austeilung von Brot und Traubensaft unterordnen. (447)

Nach diesen Zeugnissen ist die Meinung vertretbar, daß die Schriftrollenmönche "Quietisten" waren, daß sie jegliche menschlichen Machenschaften militärischer Art schroff ablehnten und sich völlig auf das Eingreifen des Hochheiligen am Ende aller Tage verließen. Doch es sind auch die Gegenargumente in diese Darstellung einzubeziehen und zu überprüfen.

1. Die Klosteranlage mit Mauern und Turm läßt an eine Befestigung denken. Doch kann man diese Anlage auch anders deuten: Mauern bedeuten auch Abgrenzung des Heiligkeitsbereichs nach außen. Der Turm könnte als Warte benutzt worden sein. Militärisch war diese "Befestigung" wenig sinnvoll angelegt. Die Anlage war nicht an den Steilabfall zum Toten Meer hin gebaut, dazwischen lag das weiträumige Gräberfeld. Außerdem war diese "Befestigung" vom Gebirge von Juda her über die Schrägterrasse, auf der das Wasser kanalisiert der Siedlung zufloß, mühelos zu erreichen. Wenn ein Feind kam, kam er vom Gebirge her und benutzte diese Schrägterrasse zum Angriff. Es gab aber auf dieser Terrasse eine enge Stelle von wenigen Metern Breite mit Steilabfall nach der Nordseite und nach der Südseite. Hier hätte der Turm stehen müssen, wenn er ein Befestigungsturm gewesen und wenn Qumrân – wie manche meinen – eine Festung gewesen wäre. Der Turm von Qumrân war kein Festungsturm, er hatte eine andere Funktion. Er war ein "Lug-ins-Land", er war ein Wachtturm, er stand auf dem höchsten Punkt der Mergelterrasse mit einem guten Ausblick in die Jordan-Ebene in die Richtung Norden. Diese Richtung war auch die Gebets-Richtung. Gott und der Ort Gottes war im Norden. Der Turm lugte nach Norden. Die Gräber waren gleichfalls nach Norden geortet. Die Köpfe lagen im Süden, so daß die Augen nach Norden schauen konnten, wenn am Gerichtstag Gottes die Gräber sich öffnen würden. Der Hochheilige hatte längst den entweihten Tempel in Jerusalem verlassen, die Mönche erwarteten

---

447 "Gemeinschaftregel" (LOHSE), Règle de la Congrégation" (CARMIGNAC), "Messianic Rule" (VERMES), "Ein Entwurf für das Israel der Endzeit" (J. MAIER), 1 QSa II, 11-22.

sein Kommen vom Norden her oder im Norden. Eine ähnliche Ansicht äußerte auch J.T. MILIK: "Man glaubte das Paradies im
Norden ... Wenn auch der archäologische Befund richtig gedeutet
ist, ist noch nicht klar, welche Art des Eingangs ins Paradies
und welche Existenz man sich dort vorstellte..." (448).

2. Der Waffenbesitz der essenischen Reisenden wurde vielfach
als Wesensmerkmal wehrhafter Männer gedeutet. So lesen wir bei
Josephus von Essenern, die über Land reisten, daß sie sich so
stark auf die Hilfsbereitschaft und Gastfreundschaft ihrer Ge-
sinnungsgenossen verlassen konnten, die sie überall antrafen,
so daß sie nichts mitzunehmen brauchten, mit einer Ausnahme
allerdings: "Deshalb nehmen sie auch bei ihren Reisen gar
nichts mit, außer Waffen zum Schutz gegen Räuber" (449).

448 Zitat bei H. LICHTENBERGER, Studien zum Menschenbild
in Texten der Qumrângemeinde, 1980, pag. 229. Daß der
Garten Eden als Jenseitsort der Toten, wo sie mit Gott
vereint waren, in der jüdischen Tradition weiterlebte, das
bezeugen Grabsteine in Würzburg, die in jüngster Zeit
entdeckt wurden. So zeigt ein Grabstein aus dem Jahre
1222 eine Inschrift, daß hier Efrajim, Sohn des Isaak,
liegt, "der gestorben ist im Monat Marchesch(wan). Seine
Ruhe (sei im Garten) Eden (sic!)! Amen!". Eine ähnliche
Inschrift aus dem Sterbejahr 1237: "(Hier wurde begraben)
Rabbi Schmuel, der Sohn des Mos(e), des Priesters. Er
ist gestorben (am) Vierzehnten, im (Monat) Tewet ... Seine
Seele sei eingebunden in den Garten Eden (sic!). (A)men!
S(elah)!" (Nach einem Bericht von A. SCHEPPACH in der
ALLGEMEINEN jüdischen Wochenzeitung, April 1987).

449 "dia de tous lêstas enoploi" in Josephus, Bellum II.VIII,
4 = § 125. – Daß es auch unter den Pharisäern Quietisten
gab, die von den Zeloten den Tod zu erwarten hatten,
dafür ist das Schicksal des Rabbi Jochanan ben Sakkai
ein beredtes Zeugnis. Seine Schüler konnten das Leben
dieses bedeutenden Gelehrten in der belagerten Stadt Jerusalem vor dem fanatischen Zugriff der Zeloten nur dadurch
retten, daß sie ihren Meister für tot erklärten und ihn in
einem Sarg aus der Stadt zu den Römern trugen. Es ist
bekannt, daß die Römer diesem wichtigen Überläufer seinen
Wunsch erfüllten, in Jabne-Jamnia eine Gelehrtenschule
einzurichten. Während die Zeloten in ihrem Eifer das prie-
sterlich-kultische Tempeljudentum zugrunde richteten, hat
der Defätist Jochanan ben Sakkai das religiöse Judentum
und damit das Judentum überhaupt über alle Zeiten hinweg
gerettet durch diese so geringfügig erscheinende Maßnahme
der Gründung einer Gelehrtenschule.

Das Wort "lêstês ist aber doppeldeutig und hier sicherlich falsch übersetzt. Zwar bedeutet dieses Wort "Räuber", es bedeutet aber auch "Zelote". Es ergibt sich aber aus dem Zusammenhang, daß es für "Räuber" wenig sinnvoll ist, solche essenischen Reisenden zu überfallen, die nichts bei sich tragen als einen Dolch. Ganz anders war die Situation einer solchen Begegnung für "Zeloten". Diese hatten allen Grund, die essenischen Wanderer zu überfallen und zu töten, denn für die Zeloten waren die quietistischen Mönche ein rotes Tuch, sie waren Volksverräter, weil sie den heiligen Krieg gegen die Römer nicht mitmachten, ja mit ihrer defätistischen Gesinnung auch noch andere anstecken konnten. Gerade die Nähe ihrer religiösen Anschauungen – beide erwarteten ja in unmittelbarer Zukunft das Kommen des Gottesreiches – war Anlaß für den gegenseitigen Haß, und so waren die friedfertigen Mönche den militanten Zeloten gegenüber zur Notwehr mit der Waffe berechtigt. Kein Argument also für die Militanz der Essener, denn gerade ihr Quietismus war ja der Grund für den lebensbedrohenden Angriff der Zeloten!

3. Wenn es tatsächlich geschah, daß Zeloten reisende Essener überfallen und umgebracht haben, dann lassen sich nicht nur die notwendigen Abwehrmaßnahmen, sondern auch der Haß der Essener gegenüber den Zeloten verstehen. So heißt es in einer diese Schriftrollengemeinde konstituierenden Schriften, die in der wichtigen Höhle 1 gefunden wurde: "Und Streit mit den Männern der Grube will ich nicht aufnehmen bis zum Tag der Rache. Aber meinen Zorn will ich nicht wenden von den Männern des Frevels, und nicht will ich mich zufrieden geben, bis er das Gericht festgesetzt hat." (450)

----

450 Gemeinderegel, 1 Q Serek X,19-20. LOHSE (Anmerkung 4), pag. 39. In keinem einzigen der Texte der Ordensregel 1 QS wird die Teilnahme der Qumrângemeinde am Heiligen Krieg Gottes gefordert:
1QS IV,18-20: "Aber Gott hat in den Geheimnissen seiner Einsicht und in seiner herrlichen Weisheit ein Ende gesetzt für das Bestehen des Frevels, und zur festgesetzten Zeit der 'Heimsuchung' wird er ihn vernichten auf ewig. Und dann wird die Wahrheit der Welt für immer hervorkommen; denn sie hat sich dahingeschleppt auf den Wegen der Gottlosigkeit unter der Herrschaft des Frevels bis zum Zeitpunkt des bestimmten Gerichtes."
1 QS IX,23-24: "Und jeder soll eifern für das Gebot und seine Zeit bis zum Tag der Rache, den Willen (Gottes) zu tun in allem, worin er Hand anlegt, und in seiner ganzen

Die Zurückhaltung aller Gegenwehr und die freiwillig auf sich genommene Untätigkeit bis zum Tage des Gerichts ist charakteristisch für den Quietismus dieser Gemeinschaft.

Diese Gemeinde war in ihrer Entwicklung von ständigen Auflösungs- und Abfallserscheinungen bedroht. Das war schon damals der Fall, als der "Lehrer der Gerechtigkeit" noch lebte, der mutmaßliche Gemeindegründer und anerkannte Präger dieser Gemeinschaft. Damals gelang es einem Widersacher der Gemeinde, einen Teil von dem "Lehrer" abzuziehen und mit diesen Abtrünnigen eine eigene Gemeinde zu bilden, aus der später die Pharisäer hervorgingen. Danach emigrierten viele konservativ eingestellten Gemeindeglieder in das Land Damaskus und gründeten dort eine eigene "essenische" Gemeinde mit Heiratserlaubnis. (451)

Daß diese Gemeinde so anfällig war für Abfallerscheinungen, hängt wohl damit zusammen, daß in jüdischer Sicht alles, was irgendwie nach Askese aussah, abgelehnt wurde. Die übernommene Priester-Norm, sich der geschlechtlichen Vereinigung zu enthalten, die in Jerusalem für einen halben Monat Geltung hatte, wurde hier übernommen in der Aussicht auf das nahe Gottesreich, doch inzwischen waren zweihundert Jahre vergangen... So gab es immer wieder Männer, die aus dieser Mönchsgemeinde ausbrachen. Die einen waren von pharisäischen Vorstellungen beeinflußt und fühlten sich verpflichtet, das Heil

----

Herrlichkeit, wie er befohlen hat."
1 QS X,18-20: "Denn bei Gott ist das Gericht über alles Lebendige, und er vergilt dem Mann seine Tat. Ich will nicht eifern im Geist der Gottlosigkeit, und nach gewaltsam angeeignetem Besitz soll meine Seele nicht trachten. Und Streit mit den Männern der Grube will ich nicht aufnehmen bis zum Tag der Rache. Aber meinen Zorn will ich nicht wenden von den Männern des Frevels, und nicht will ich mich zufrieden geben, bis er das Gericht festgesetzt hat."
In all diesen Texten ist nur vom "Gericht Gottes" die Rede und nicht vom Heiligen Krieg Gottes!

451   Die Begründung der Nordemigration noch zu Lebzeiten des "Lehrers der Gerechtigkeit" im 2. vorchristlichen Jahrhundert: H. BURGMANN, Vorgeschichte ..., Kapitel XI: Die zweite Katastrophe: das Schisma: Qumrân - Damaskus, S. 275-326.

nicht nur sich und der Mönchsgemeinschaft zuzuwenden, sondern auch den Außenstehenden im Volke Israel. Der taufende Johannes scheint einer solchen Gruppe angehört zu haben. Die andern waren überzeugt, daß man mit der Waffe in der Hand gegen die heidnischen Bedrücker kämpfen und dadurch das Kommen Gottes und die Herrlichkeit des Gottesreiches erstreiten müsse. So liefen viele Mönche zu den Zeloten über, und diese zelotische Gefahr war eine große Gefahr für den inneren Bestand der Mönchsgemeinde.

4. Diese zelotische Gefährdung – von innen – scheint in den letzten Jahrzehnten der Klostergeschichte so bedrohlich geworden zu sein, daß man sich entschloß, Zugeständnisse zu machen. Man trennte nicht mehr die quietistische Bemühung für das Heil und den militanten Kampf gegen die heidnischen und ungläubigen Feinde voneinander ab, wie es noch in der Konzeption der beiden Messiasse zu erkennen war, jetzt machte man das Zugeständnis, daß der militante Kampf erlaubt sei, wenn der Hochheilige den Kampf begonnen habe. Am Ende der Tage solle man sich auf den Krieg vorbereiten, so heißt es in einem "Entwurf für das Israel der Endzeit": "Und irgendein törichter Mann darf nicht in das Los eintreten, um eine Stellung über die Gemeinde Israels einzunehmen, eine Rechtssache zu entscheiden oder um eine Aufgabe der Gemeinde zu übernehmen oder eine Stellung bekleiden im Kriege zur Unterwerfung der Heiden (sic!) ... Und wenn eine Einberufung erfolgt für die ganze Volksversammlung zum Gericht oder zum Rat der Gemeinschaft oder zum Aufgebot des Krieges (sic!), so soll man sie drei Tage lang heiligen, damit jeder, der kommt, bereit sei dafür." (452)

An diesem "Entwurf", der mit den Worten beginnt: "Und dies ist die Ordnung für die ganze Gemeinde Israels am Ende der Tage", ist bemerkenswert einmal die utopische Vorstellung, daß "am Ende der Tage" das ganze Volk Israel in den Wegen der Schriftrollenmönche wandeln würde und zum andern, daß der Kriegsdienst mit der Waffe doch irgendwie zurückgedrängt wird, daß er zuerst an dritter oder gar erst an vierter Stelle der Verpflichtungen erscheint.

5. Von dem endzeitlichen Krieg handelt auch die Schriftrolle, die von vielen als Beweis für die Militanz der Schriftrollengemeinde herangezogen wird: die Rolle Milchama, 1 QM. Es ist aber auffällig, daß der Gedankengang zu Beginn der Rolle

----

452 1 QSa I,19-22. 25-27, siehe Anmerkung 10.

auch zu finden ist in der Tiervisionsapokalypse im Buch Henoch 90,6-18. Hier kämpfen Tiere gegeneinander als Symbole von Mächten, die wehrhaften Tiere auf jüdischer Seite sind zweifellos die Makkabäer. Diese Tiervisionsapokalypse ist ganz eindeutig eine promakkabäische Schrift, welche die theologische Grundkonzeption der Makkabäer deutlich ausspricht: Der irdische Krieg der Makkabäer wird bis zu einem bestimmten Zeitpunkt geführt, und dann greift der Hochheilige selbst ein und führt die Vernichtung der heidnischen Feinde zu Ende, dann folgt aber eine Friedenszeit, und das Heil wird denen gewährt, die treu geblieben sind. (453)

Diese makkabäische Theologie findet sich auch im Buch Milchama, und zwar gleich in der 1. Kolumne, gleich in der 1. Zeile: "Der Anfang ist" ... eben der irdische Krieg gegen die heidnischen Feinde. Dieser irdische Krieg dauert bis zur Zeile 4, und der Termin dieses neuen Ereignisses wird noch besonders hervorgehoben: "Und zu seiner Zeit (sic!) zieht er (gemeint ist der Hochheilige) heran mit großem Grimm, um zu kämpfen ..." (454).

Dieser Gotteskrieg wird dann breit ausgeführt, es folgen dann in der Kolumne I noch viele Verszeilen, und es folgen dann auf die Kolumne I noch 18 weitere Kolumnen für die Beschreibung dieses endzeitlichen Krieges, mit Rückschlägen und Erfolgen bis zum endgültigen Sieg in Kolumne XIX, wo noch in der letzten Zeile von den "Erschlagenen der Kittäer" die Rede ist.

Es ist auffällig, daß der Vorspann in der Kolumne I, Zeile 1-4, mit der Gedankenführung in der promakkabäischen Tiervisionsapokalypse des Henochbuches übereinstimmt und damit mit der makkabäischen Theologie, die auch in der Kriegführung

----

453   Wichtig ist hier: C.C. TORREY, Alexander Jannaeus and the Archangel Michael. Vetus Testamentum 4 (1954), pag. 208-211. Ältere Literatur bei O. GEBHARDT, Die 70 Hirten des Buches Henoch und ihre Deutungen..., Halle 1871.

454   "Kriegsrolle" 1 QM I,4 - LOHSE, (Anmerkung 4), pag. 180-181.

der Makkabäer-Hasmonäer durchaus spürbar ist (455).

Man darf hier vermuten, daß diese "Kriegsrolle" 1 QM auf einer makkabäischen oder promakkabäischen Grundschrift beruht, die von den Schriftrollenmönchen als so gefährlich für den inneren Zusammenhalt und Bestand der Gemeinde empfunden wurde, daß man sich zu einer Überarbeitung und Umarbeitung entschloß. Dadurch wollte man offenbar ihre Gefährlichkeit entschärfen. Doch es hat den Anschein, daß von der ursprünglichen Grundschrift noch soviel bewahrt wurde, daß man die alte makkabäische militante Einstellung noch erkennen kann. So sind in dieser "Kriegsrolle" zwei Passagen enthalten, welche die Freude an der blinkenden Waffe und am schnellfüßigen Pferd so eindrucksvoll schildern, daß man fast glauben könnte, ein deutscher Ritter habe hier im Mittelalter die Feder geführt ... (456).

Das ist sicherlich nicht Geist vom Geiste der Schriftrollenmönche, es war ein anderer Geist, mit dem sie sich allerdings auseinandersetzen mußten.

----

455 Nur unter dem theologisch-eschatologischen Gesichtspunkt, daß der Hochheilige dem militanten Einsatz der Makkabäer-Hasmonäer durch sein persönliches Eingreifen zum endgültigen Sieg verhelfen würde, sind diese Aktionen der Makkabäer-Hasmonäer zu verstehen: Dazu gehören die letzte sinnlose Schlacht des Makkabäers Juda und diese andauernden kriegerischen Auseinandersetzungen dieser Kriegsgurgel Alexander Jannai. Es muß allerdings hinzugefügt werden, daß die politischen und militärischen Unternehmungen der makkabäischen Hochpriester Jonathan (152-143) und Simon (143-134) zur Verdoppelung des Tempelstaates führten und daß es dem Hochpriester-König Alexander Jannai (103-76) beinahe gelang, das Territorium des Tempelstaates auf die Größe auszuweiten, die das Großisraelische Reich des Königs David einmal erreicht hatte. Die Makkabäer-Hasmonäer hatten den Ehrgeiz, dem Hochheiligen den Weg dadurch zu bereiten, daß sie möglichst viele Gebiet den Heiden abzwangen und dem Tempelstaat hinzufügten.

456 "Kriegsrolle", 1 QM V,4-11 und 1 QM VI,11-13. LOHSE (Anmerkung 4), pag. 190-195.

6. Es ist der Mönchsgemeinschaft nicht gelungen, alle Gemeindeglieder im Kloster zu halten, in dieser mönchischen Abgeschlossenheit vor dem Ansturm von außen zu bewahren. Die Vorwirren und die Wirren des Großen Jüdischen Krieges gegen die Römer waren zu ungünstig für ein friedfertiges quietistisches Verhalten. Genau der entgegengesetzte Pol, die Militanz der Zeloten erwies sich als eine starke Magnetkraft, vor allem für die junge Mannschaft der Klostergemeinde. Es gab viele, die den Quietismus ablehnten und glaubten, an der Seite der kämpfenden Volksbrüder stehen zu müssen. Sie wandten sich den Zeloten zu. Josephus berichtet von einem Essener, namens Johannes, der sogar Heerführer war, Befehlshaber in der Toparchie Thamna, der dann bei Askalon fiel (457).

Daß es Essener gab, die Zeloten wurden, darf man nicht überbewerten. Die essenische Bewegung war weitverzweigt, die zelotischen Essener bildeten nur einen Zweig an dem breitästigen Baum. Essener waren ja nicht nur die Klostermönche von Qumrân, die man wohl als Ausgangspunkt und als harten Kern dieser frommen Bewegung ansehen muß, sondern auch die nach Norden emigrierte Gemeinde des Neuen Bundes im Lande Damaskus, ferner die "Tertiarier" (MILIK) in den Dörfern und Städten, es gab den Märtyrer des Friedens, den Kreiszieher Choni-Onia, es gab Eremiten wie Bannus, Täufer wie Johannes, es gab die Therapeuten in Ägypten und die pharisäerfeindlichen, auf ihre Rechte bedachten Leviten, die ihre eigenwilligen Auffassungen über den Tempel, seine Gestaltung und die Heiligung dieses Bereichs in einer eigenen Schrift, der Tempelrolle, niederlegten. Es gab christliche Essener. Und in großer Zahl gab es damals Romkämpfer und zelotische Essener. Es ist möglich, daß einige von diesen das Vernichtungsjahr der Qumrângemeinde (68 post) um einige Jahre überlebt haben, in der Nachfolge des Eleasar ben Yair in Masada, und hier im Jahre 73/74 post den Tod fanden. Diese Zeloten waren Außenseiter, und es ist nicht statthaft, diesen verspäteten einzelnen Zweig an dem vielästigen Baum mit der Stammgemeinde, den Klostermönchen, in eins zu setzen. Die Stammgemeinde von Qumrân bestand seit der Mitte des 2. vorchristlichen Jahrhunderts, und wenn sie in der Mitte des ersten Jahrhunderts der christlichen Ära durch solche militante Bewegungen in Bedrängnis geriet und von ihrer ursprünglichen quietistischen Haltung abgedrängt zu werden drohte, dann hatte sie immerhin zweihundert Jahre eines friedlichen, dem Studium der Tora und der Propheten gewidmeten

---

457 Josephus, Bellum, II.XX,4 = § 567 und Bellum, III.II,1-2 = § 11-21.

Klosterlebens hinter sich. Bei dem seelisch-geistigen Beharrungs-
vermögen einer solchen Gemeinschaft erscheint es völlig ausgeschlossen, daß alle Glieder dieser Gemeinschaft aus der quietistischen Tradition ausbrachen und militant wurden, Zeloten
wurden. Es wird auch bis in die späteste Zeit der Schriftrollengemeinde einen harten Kern gegeben haben, der quietistisch
blieb und quietistisch bleiben wollte! Ich halte es für eine
Irrlehre, die Qumrângemeinde, die seit 150 ante etwa bestand,
von den Essenern, die bei den antiken Schriftstellern genannt
wurden, abzutrennen und den geschichtlichen Zusammenhang zu
leugnen. Die Qumrânmönche waren die Proto-Essener, und die
in der Antike auftauchenden Essener waren die Nachfolger der
Qumrânmönche! Es gab ein ungebrochenes historisches Kontinuum: Friedensliebe, Quietismus, Entsagung von der Welt und
willenlose und widerstandslose Hingabe an den Willen Gottes
waren ihnen allen gemeinsam! (458)

---

458 Dieses Kapitel war ursprünglich konzipiert als ein Aufsatz
     mit dem Titel "Militanz und/oder Quietismus bei den Schrift-
     rollenmönchen" (1981). Die Anregung dazu kam von Herrn
     Professor David FLUSSER, der die Forderung erhob, daß
     man die inneressenisch-qumrânischen Zeugnisse mit den
     außeressenisch-antiken Berichten des Philo, Plinius major,
     Josephus in einen engen Zusammenhang bringen müsse, um
     dieser üblichen Mißdeutung entgegenzutreten. Diesem Ver-
     langen FLUSSERs bemühte ich mich nachzukommen, auf
     einem sehr begrenzten Felde ...

14. Kapitel

CHRISTEN KOMMEN NACH QUMRAN ...
CHRISTEN VERARBEITEN QUMRANTEXTE ...

Das von Mauern umschlossene Kloster Qumrân hatte sich in der Frühzeit gegen alle Einflüsse der äußeren Welt abgeschirmt und sich abgesondert von allen, die im "Los der Finsternis" standen. Doch das war längst Vergangenheit. Schon in der Bauphase Ib hatte man die Tore weit aufgemacht, einen gewaltigen Zuzug von Asylanten der verschiedensten Richtungen in die Mauern von Qumrân zulassen und die Siedlung stark erweitern müssen. Man hatte Pharisäer aufgenommen, sicherlich in großer Zahl, auch sadduzäische Leviten, sicherlich auch Zuwanderer von der essenischen Nordgemeinde "im Lande Damaskus", vielleicht auch Zuwanderer aus Ägypten, aus den Kreisen der Therapeuten. Auch von den Essenern in den Dörfern und Städten werden sicherlich einige sich entschlossen haben, der Kerngemeinde von Qumrân anzugehören. Diese Aufnahme der verschiedensten Gruppen wurde sicherlich erleichtert durch die eigene Unsicherheit der Qumrân-Essener, deren Hoffnung auf das nahe Kommen Gottes sich immer noch nicht erfüllt hatte. Diese Selbstbezeichnung – fast könnte man sagen: Selbstbezichtigung – der Essener als die "Armen an Gnade" ist ein wichtiges Zeugnis für das Selbstverständnis der Gemeinde in dieser Zeit.

Die Katastrophe, die zum Verlassen der Siedlung führte, war ein schwerer Schock für die Gemeinde. Die "Stern"-Erscheinung am südlichen Himmel bedeutete aber Hoffnung, neue Sicherheit und die feste Überzeugung von der Zuwendung Gottes seiner Gemeinde der Auserwählten gegenüber. Als dann nach der Rückkehr der Essener, nach der Vereinigung der Qumrângemeinde mit der Damaskusgemeinde, die zerstörte Siedlung wieder aufgebaut wurde, wird ein neuer starker und konservativer Einfluß dazugekommen sein: Die traditionell eingestellten Essener der Damaskusgemeinde werden ihr Gewicht geltend gemacht haben. Wir haben darüber keine Zeugnisse. Wir können das nur vermuten.

In dieser Zeit der Bauphase II gab es für die Qumrângemeinde zwei wichtige Zeugnisse und außerdem eine die Gemeinde gefährdende Zeitströmung: die militante, hochpolitische, romfeindliche Patriotenbewegung der Zeloten. Das eine der beiden Ereignisse war das Verschwinden eines Gemeindemitglieds, das die Botschaft vom nahen Gottesreich und der notwendigen Umkehr jedes Menschen nach außen trug und sich nicht damit abfinden konnte, daß diese fromme Qumrângemeinde das ewige Heil nur für sich selbst beanspruchte. Das andere Ereignis war das Auftreten eines Mannes, der kein Essener war, aber viele Gedanken der Essener in das Volk hineintrug und mahnte, ein einziges Ziel im Auge zu haben, beim Kommen Gottes vor ihm zu bestehen. Er war kein Essener, doch er kannte die Essener, und er war sich der Nähe bewußt. Die Essener kannten ihn auch, auch sie waren sich der Nähe bewußt ...

Die Essener in Qumrân nahmen Asylanten auf. Wenn diese Schriftrollen mitbrachten, dann scheint es hier Brauch gewesen zu sein, diesen Asylanten zur Deponie ihrer Schriftwerke eine ganz besondere Höhle zuzuweisen. Es gibt zwei Höhlen in Qumrân, die eine Vielzahl von Rollen enthalten, die erste und die letzte Fundhöhle, die Höhlen 1 und 11. Nun enthält die Höhle 1 die für die Kerngemeinde von Qumrân wichtigsten Rollen, organisatorischer, hymnischer und historischer Art, dazu noch Texte ihres Lieblingspropheten Jesaja! In der Höhle 11 findet sich kein derartiges Schriftstück, das mit Sicherheit der Gemeinde zugehört. Die berühmt gewordene Tempelrolle, die längste aller Rollen, ist mit Sicherheit nicht von Qumrân-Essenern, sondern von sadduzäisch eingestellten Tempel-Leviten geschrieben. Auch die andern Rollen sind keine spezifischen Qumrânrollen. In der Höhle 4 war die Bibliothek. Hier hat man alles gesammelt, was einigermaßen mit der eigenen Linie noch vereinbar war. Es wäre interessant festzustellen, wieviel Qumrântexte und wieviel fremde Texte hier aufbewahrt wurden. Leider sind viele der Fragmente aus 4 Q noch nicht veröffentlicht.

Die Höhle 7 ist zu einer Sonderhöhle geworden. Auch hier hat man einer bestimmten Gruppe den Aufbewahrungsort für ihre Schriftwerke zugewiesen. Diese Schriften der Höhle Q 7 sind aber ganz besonderer Art. Sie sind außergewöhnlich in Material: Papyrus! Sie sind außergewöhnlich in der Schriftart: Griechisch. Sie sind sogar außergewöhnlich in der Art der Beschriftung. Während man gewöhnlich solche Papyri zweiseitig beschrieben vorfindet, sind diese Papyri einseitig beschrieben. Man hat also dafür die Rollenform gewählt und nicht die buchartige Kodexform. Das spricht für die frühe Abfassung dieser Texte. Es sind insgesamt 18 Papyrusfragmente (7 Q 1 - 7 Q 18). Dazu kommt noch ein Papyrusabdruck, der am Boden der Höhle verhärtet seitenverkehrt lesbar ist: 7 Q 19. Diese Papyri sind in den Monaten Februar bis März 1955 gefunden, aber erst 1962 veröffentlicht worden. Zwei der größten Fragmente sind als

biblisch-"alttestamentlich" und als apokryph festgestellt worden
(459). Für eine Sensation sorgte allerdings zehn Jahre später
die Feststellung von J.O' CALLAGHAN, daß das Fragment 7 Q 5
einen Evangelientext enthält: Markus 6,52-53. (460) Neuerdings
hat C.P. THIEDE mit großem Nachdruck diese Feststellung von
O'CALLAGHAN verteidigt (461). Seine Beweisführung, daß in den
zwei Versen Mark. 6,52-53 nicht weniger als 20 Buchstaben –
mehr oder weniger deutlich erkennbar – des Fragments 7 Q 5
übereinstimmen, wirkt überzeugend. Daß O'CALLAGHAN noch
weitergeht und auch bei den übrigen Fragmenten der Höhle 7
Zusammenhänge mit dem Neuen Testament festgestellt hat, gibt
THIEDE mit Vorbehalt wieder (462).

----

459 7 Q1 = 2. Mose 28,4-7 – 7 Q 2 = Baruch 6,43-44 (Brief
des Jeremia) nach den Übersetzern BENDIT und BOISMARD.
(C.P. THIEDE, S.12-14).

460 Der Spanier José O'CALLAGHAN, Jesuit und Papyrologe, war
damals Dekan des Pontifico Instituto Biblico in Rom.

461 Carsten Peter THIEDE ist Literaturwissenschaftler und Historiker. In seiner Arbeit, Die älteste Evangelienhandschrift,
1986, S.35, bestätigt er die These von O'CALLAGHAN und
stellt fest, daß in den 5 Zeilen des Fragments 7 Q 5 20
Buchstaben mit dem Evangelientext von Markus übereinstimmen, von denen allerdings 10 wahrscheinlich, aber
nicht deutlich genug erkennbar sind. Diese unklaren Buchstaben werden hier mit einem Punkt darunter gekennzeichnet:

Mark. 6,52	1. Zeile: (synêkan) ẹ(pi tois artois)	: 1
	2. Zeile: (allên a)ytôṇ ệ (kardia petôrô-)	: 5
	3. Zeile: (-men)ệ	: 6
6,53	̣kai tị (aperasantes)	
	4. Zeile: (êlthon eis e)ṇnêṣ(aret kai)	: 4
	5. Zeile: (prosôrmis)ṭhêsạ(n ...)	: 4
	Anzahl der Buchstaben:	20

In der Luther-Übersetzung:
1. Zeile: ... verständiger geworden angesichts der Brote
2. Zeile: sondern ihr Herz war verhärtet.
3. Zeile: Und als sie hinuntergefahren waren (ans Land)
4. Zeile: kamen sie nach Genezaret und
5. Zeile: legten an.

462 Möglicherweise ist auch O'CALLAGHAN im Recht, das Fragment 7 Q 4 mit 1. Tim. 3,16-4,3 in Verbindung zu brin-

431

Diese Weiterungen haben es den Gegnern von O'CALLAGHAN leicht gemacht, das Feststellbare und das Vermutete über einen Kamm zu scheren und seine These abzulehnen. Daß Gegner gegen ihn auftreten würden, war von vornherein zu erwarten ...

Die Geschichte der Qumrânforschung und der Qumrânpublizistik ist streckenweise stark überlagert von der christlich-kirchlichen Berührungsangst dem Judentum im allgemeinen gegenüber, im besondern aber gegenüber der Schriftrollensekte von Qumrân. Schon in den 50er Jahren hat man es gewagt, dem Kirchenvolk Theorien über Qumrân vorzusetzen, die einem in der Erinnerung noch heute die Haare zum Sträuben bringen. Diese Geschichte einer mittelalterlich anmutenden Apologetik mitten im 20. Jahrhundert müßte einmal geschrieben werden ...

Als dann die Sensation keine Sensation mehr war, wurden diese Bemühungen der Abwehr verfeinert, doch sie blieben spürbar. Beunruhigend war für diese Kreise vor allem die Nähe zwischen der Gemeinde von Qumrân und der Gemeinde des Jesus. Manchem Theologen wurde es unheimlich bei dem Gedanken, daß durch Qumrân die Einzigartigkeit der christlichen Lehre und des christlichen Glaubens in Frage gestellt und so die christliche Gemeinde verunsichert wurde.

Man wird schließlich froh gewesen sein, daß hier Nachbarschafts- und Schützenhilfe von ganz unerwarteter Seite kam. In der Volksaufklärung des Staates Israel wurde – völlig unbeabsichtigt – ein tiefer Graben zwischen dem friedfertigen Jesus aus Galiläa und den Frommen von Qumrân aufgerissen. Diese wurden nämlich zu militanten Heroen im blutigen Kampfe gegen die römische Vorherrschaft hochstilisiert. Der junge Staat Israel – nach glaubhaften Experten – die drittstärkste Militärmacht der Welt, hat sicherlich ein berechtigtes Interesse, diese moderne militärische Aktivität aus der Tradition der jüdischen Geschichte abzuleiten und damit historisch zu begründen. Die

----

gen. Er hat aber auch von 7 weiteren Fragmenten behauptet, daß sie neutestamentliche Texte enthalten:

7 Q 6   = Mark. 4,28 und Apg. 27,38
7 Q 7   = Mark. 12,17
7 Q 8   = Jak. 1,23-24
7 Q 9   = Rom. 5,11-12
7 Q 10 = Petr. 1,15
7 Q 15 = Mark. 6,48
(THIEDE, S.57-61).

in Qumrân gefundene Schriftrolle über den "Krieg der Söhne des Lichts gegen die Söhne der Finsternis" (1 Q Milchama) ist bei dieser Traditionssuche zum vorzeigbaren Paradestück geworden und wurde in Oratorien, Theateraufführungen und Dichtungen als das großartige Finale der Qumrânbewegung gefeiert. An den Informationstafeln der Ausgrabungsstelle von Qumrân kann man auf Iwrith, Englisch und Arabisch nachlesen, daß das Ende der Qumrângemeinde in der Bergfestung Masada 73/74 post stattgefunden hat, im heldenhaften Kampf und Untergang gegen die Römer. Mit diesen militanten patriotischen Qumrânleuten kann aber doch Jesus, der Friedensbringer und Verkünder der Menschenliebe, nichts gemeinsam haben!

Man hat auch noch eine andere Kluft aufgerissen, gleichfalls in Israel: die Kluft zwischen der Schriftrollensekte von Qumrân und den Essenern. Von den Essenern haben uns vor allem drei antike Schriftsteller berichtet, Philo von Alexandrien, Plinius major und Josephus, zwei Juden und ein Römer. Die beiden Juden, Philo und Josephus, berichten übereinstimmend, daß die Essener friedliebend waren und den Krieg und das Kriegshandwerk verabscheuten. Nach dem militanten Paradestück 1 Q Milchama, das hier natürlich wieder ins Feld geführt wird, sind aber die Qumrânleute ganz anders, sie sind kämpferisch und militant. Demnach haben die Qumrânleute mit den Essenern nichts gemein, nichts miteinander zu tun. Die historische Wirklichkeit ist aber anders: Die Qumrânleute waren Proto-Essener, die Essener sind die Nachfolgegemeinde von Qumrân. Der Römer Plinius hat uns eine wertvolle Information hinterlassen: Er hat die Siedlung der Essener lokalisiert, nämlich nördlich von En Gedi. Nördlich von En Gedi ist Qumrân. Außerdem gibt es überzeugende Übereinstimmungen zwischen den antiken Berichten über die Essener und den Vorschriften über die Gemeindeorganisation in Qumrân und Damaskus.

Mit diesem Bemühen, einen Gegensatz aufzubauen und aufzubauschen zwischen den Qumrânleuten und den Essenern, ist die Notwendigkeit, die Nötigung verbunden, die Historie abzubauen und allen Versuchen entgegenzutreten, welche die Geschichte der Qumrângemeinde erhellen und darstellen wollen. Denn bei diesem Unternehmen könnte sich doch ergeben, daß die Qumrânleute die früheren und die Essener die späteren Glieder derselben Gemeinde sind und das "Kriegs"-Buch Milchama keineswegs repräsentativ ist für diese friedfertige Gemeinde, sondern in einer verständlichen geschichtlichen Notsituation geschrieben wurde. Dabei darf nicht übersehen werden, daß dieses "Kriegs"-Buch ja nicht mit dem patriotischen Aufstand gegen die Römer in Zusammenhang zu bringen ist, sondern nur den "Krieg" nachher behandelt, den Krieg, nachdem Gott endlich gekommen ist, dem eschatologischen Krieg!

433

Diese antihistorische Tendenz hat Früchte getragen, seltsame Früchte allerdings. Denn auf einem historisch unbeackerten Boden können die üppigsten Pflanzen wachsen und die tollsten Theorien gedeien! So hat man den Stifter des Christentums, Jesus, zum "Frevelpriester" gemacht und den taufenden Johannes zum "Lehrer der Gerechtigkeit"! (463) Das ist natürlich die ausgefallenste Pflanze. Doch es gibt noch eine ganze Reihe von wissenschaftlichen und pseudowissenschaftlichen Werken, die aus Mangel an Verständnis oder aus nachlässiger Ober-flächlichkeit oder gar in tendenziöser Absicht geschrieben und der Öffentlichkeit zugänglich gemacht werden, die man nur als Verwirrspiele auf dem Felde von Qumrân bezeichnen kann. Nicht ganz in diese Reihe gehören die Versuche – allerdings in breiter Front und geschlossener Formation – das eindeutig erkenn- und faßbare Erscheinungsbild des "Frevelpriesters" in den Qumrântexten – es kann doch nur der Hochpriester Jonatan (152-143 ante) gewesen sein!! – kaleidoskopartig auf eine Viel-zahl von Hochpriestern aufzuteilen. Diese "Lösung" hat ihren Grund in dem ahistorischen Trend der modernen evangelischen Theologie oder in einer hochsensibilisierten Skepsis gegenüber jeglicher Festlegung, von Professoren, die das Ignorasmus, Ignorabismus auf ihre Fahne geschrieben haben. Das Ergebnis ist jedenfalls – ob gewollt oder ungewollt – die Zerstörung der qumrânisch-essenischen Geschichtsdarstellung! (464)

---

463 H. BURGMANN, Rezension über B.E. THIERING, Redating the Teacher of Righteousness, 1979, Revue de Qumran, No. 38, 1980, S.314-317.

464 Wenn der "Frevelpriester" nicht der Hochpriester Jonatan (152-143) sein darf, dann darf der "Lügenmann" auch nicht der Makkabäer Simon (+ 134) sein! In diese Richtung zielt das eiserne Festhalten an der unsinnigen These, 4 Q test 21-30 sei Teil eines apokryphen Josuapsalms aus dem 4./3. Jahrh. Doch dieser Text ist ein Sektentext und bezieht sich eindeutig auf den Tod des "Lügenmannes" Simon! Da "Fre-velpriester" und "Lügenmann" Zeitgenossen des "Lehrers der Gerechtigkeit" waren, muß dieser ab 150 ante gewirkt haben. Wenn aber diese Zeitbestimmung durch diese Manipu-lationen verunmöglicht wird, wird alles möglich: Der "Leh-rer der Gerechtigkeit" "erschien" 26 nach Christus (B.E. THIERING, Manchester-Symp. XII/87) oder wurde als Jakobus justus 62 nach Christus gesteinigt (R. EISENMAN, Krakôw-Symp. VI/87). Bei etwaigen Ähnlichkeiten kann demnach das Christentum die zeitliche Priorität vor Qumrân bean-spruchen. Das ist aber Apologetik!

Es muß aber rühmend hervorgehoben werden, daß die Franziskaner in Jerusalem – seit den Kreuzzügen hier ansässig – allen
voran Bargil PIXTER – an Ort und Stelle gespürt haben, wie
nahe sich die Essener in Jerusalem und die Jesusgemeinde gekommen waren. So wurde von PIXTER das Essenertor ausgegraben; auch das essenische Viertel in Jerusalem wurde ausfindig
gemacht und räumlich festgelegt. Die Franziskaner sind stolz
darauf, daß an dieser Stelle die Geschichte lebendig gemacht
werden kann ... Es gehört zu meiner Dankespflicht, auch die
beiden Padres zu erwähnen, die aus dem slawischen Umfeld
gekommen waren, der eine aus Ungarn, der andere aus Polen,
beide hervorragende Philologen, die gerade auf dem historischen Felde von Qumrân eine wegweisende Arbeit geleistet haben. Auch O'CALLAGHAN kommt aus dem römisch-katholischen
Bereich, der offenkundig viel offener und aufgeschlossener zu
sein scheint als die evangelisch-protestantische Theologenheit
...

Daß Gegner gegen O'CALLAGHAN auftreten würden, war von vornherein zu erwarten. Die Nähe schreckte. Die Gleichsetzungen
hie Papyri 7 Q – hie Neues Testament wurden abgelehnt, wobei
man manchmal das Gefühl hat, daß nicht sein kann, was nicht
sein darf! Dazu kam noch ein Hammerschlag von oben, welcher
die Gelehrten und Theologen weithin kalmierte: "In den deutsch-
sprachigen Ländern wurde es um die Identifizierungen still,
nachdem Kurt ALAND, der Leiter des Instituts für neutestamentliche Textforschung in Münster, Mitherausgeber der 'NESTLE-
ALAND'-Edition des Novum Testamentum Graece und des Greek
New Testament, zuerst in verschiedenen Pressemitteilungen und
Interviews und schließlich in zwei größeren Aufsätzen entschieden dagegen Stellung genommen hatte. ALANDs unbestrittene
internationale Autorität setzte sich durch." (465) Zwischen
Aristoteles und Virchow gibt es eine lange Latte von Leuten,
die kraft ihrer Autorität eine fortschrittlich denkende Opposition niedergehalten und damit die Wahrheitsfindung verzögert
oder gar zunichte gemacht haben. So scheint es auch hier ge-
laufen zu sein.

Die Nähe schreckte. Dabei hat niemand behauptet, daß die
Qumrânleute das Markusfragment geschrieben haben. Selbstverständlich waren es Christen, die 7 Q 5 beschriftet haben.
Schließlich wäre es töricht, diesen frühen Christen das Recht
zu bestreiten, das Markusevangelium zu schreiben oder abzu-

----

465   THIEDE, S.16.

435

schreiben! Zwei Probleme gibt es allerdings trotzdem.

1. Ist es wahrscheinlich, daß in dieser frühen Zeit, also zwischen dem Kreuzestod und dem Auferstehungserleben zu Beginn der 30er Jahre einerseits und der endgültigen Zerstörung der Qumrânsiedlung durch die Römer im Jahre 68 das Markusevangelium geschrieben werden konnte? Diese 35 Jahre sind eine kurze Zeitspanne, vielleicht eine zu kurze Zeit. Doch die Worte und das Wirken Jesu, das Erlebnis der Kreuzigung und der Auferstehung werden doch starke Impulse ausgelöst haben, all dies festzuhalten und möglichst bald diese Erfahrungen schriftlich zu fixieren für die Gemeinde und die Zukunft. Sicherlich ist dieser Wunsch nicht gleich zu Beginn der 35 Jahre entstanden, doch gegen Ende dieser Zeit, in den 60er Jahren, könnte das Markusevangelium geschrieben worden sein, und somit wäre wirklich das Papyrusfragment 7 Q 5 "die älteste Evangelienhandschrift" – so der Titel der Abhandlung von C.P. THIEDE.

2. Ist es wahrscheinlich, daß in diesen frühen Jahren der Christusgemeinde Christen nach Qumrân gekommen sind und ihre Schrift(en) mitgebracht haben? THIEDE sagt dazu, daß diese Leute, "entweder zum Christentum konvertierte Essener oder ... nicht-essenische Judenchristen, (ihren) Glauben zu einer Gruppe tragen wollten, mit der sie entweder aufgrund ihrer Vergangenheit oder aufgrund persönlicher Kontakte in Jerusalem vertraut waren und zu der sie gewisse Affinitäten verspürten." An anderer Stelle: "Es liegt auf der Hand, daß jene Urgemeinde, die in Jerusalem fast Haus an Haus mit den dortigen Essenern wohnte und einige von ihnen zum Glauben an den Auferstandenen gebracht haben dürfte, ihrerseits auch die Hauptsiedlung in Qumrân aufgesucht haben kann". (466) Bargil PIXTER, "der Erforscher der Topographie Qumrâns ... und Wiederentdecker des Essener-Viertels beim Zionsberg", geht wesentlich weiter mit seiner Behauptung, daß die Höhle 7 Q "von zum Christentum konvertierten Essenern im Auftrag der Jerusalemer Gemeinde (sic!) auch als Sicherungsversteck für die wertvollsten Handschriften benutzt worden sein könnte, als die Jerusalemer im Jahre 66 noch vor Beginn des Krieges gegen die römischen Truppen nach Pella auswichen." (467) Hinter diese Sätze muß man ein

---

466 THIEDE, S.17 und 62.

467 Nach THIEDE, S.79, Anmerkung 71.

Fragezeichen setzen und ein Ausrufezeichen. Es ist fraglich, ob die Jerusalemer Gemeinde bei dieser Bergung der Schriften initiativ war; denn normalerweise hätte sie hinterher sicherlich Sorge getragen, diese Schriften wieder in ihren Besitz zu bringen. Das von PIXTER erwähnte Jahr 66 ist aber wirklich ein wichtiges Datum. Zu dieser Zeit konnte das Markusevangelium geschrieben sein. Zu dieser Zeit hat es sicher in Jerusalem Christen gegeben, die nicht nach Pella ins Ostjordanland auswandern wollten, weil sie Freunde und Bekannte in Qumrân hatten und im Lande bleiben wollten. Daß sie zu diesem Zeitpunkt nach Qumrân kamen, erscheint durchaus natürlich.

Wenn man die Geschichte der Qumrângemeinde in den letzten zwei Jahrhunderten betrachtet und weiß, daß als gemeindefremde Gruppen Pharisäer, Sadduzäer, Zeloten in dieser Siedlung als Asylanten aufgenommen wurden, dann wäre es eigentlich sehr verwunderlich, wenn nicht auch Christen nach Qumrân gekommen wären ... Sie sind gekommen!

Die Christen waren hier die Aktiven. Die Qumrânleute waren die Gewährenden. Sie nahmen sie auf, für ihre Schriften wiesen sie ihnen eine besondere Höhle zu, "die siebte Höhle, etwas abseits von den großen Höhlen gelegen ... so etwas wie eine christliche Bibliothek" (468).

Auch in einer andern Sache waren die Christen die Aktiven, und die Qumrânleute wurden notgedrungen zu den Gewährenden. Sie mußten es sich nämlich gefallen lassen, daß ihre essenischen Schriften von christlichen Bearbeitern benutzt, umgemünzt und zu Texten des Neuen Testaments umgearbeitet wurden..

Das war aber nicht so einfach durchzuführen. Der essenische Text war ein Eigengewächs, ließ sich nicht so ohne weiteres fremdartig aufpropfen. So ergaben sich Spannungen, Ecken und Kanten, die stehen blieben und nicht zu beseitigen waren. Doch gerade diese Unstimmigkeiten müssen als wichtiger Beweis gewertet werden für die Übernahme essenischen Textgutes für das Neue Testament.

Meist ist der verwendete und umgearbeitete essenische Text für uns nicht mehr faßbar, er ist verloren. Nur der christliche Bearbeiter hat ihn noch gekannt, und nur durch seine Bearbei-

----

468   THIEDE, S.17, ähnlich auch S.61 und 62.

tung ist er für uns noch eruierbar.

In einem Fall haben wir aber das Glück, einen essenischen Text zu besitzen, der vermutlich so wichtig war für die Qumrân-Gemeinde, daß sie diese Vorlage ausgestaltet hat. Die Vorlage war der "Lehrer"-Psalm 1 QH III,1-18. Wegen der bilderreichen Sprache muß der Autor dieses Psalms – ganz abgesehen von der Ich-Form – der "Lehrer der Gerechtigkeit", der sprachmächtige Begründer und Präger der essenischen Mönchsgemeinde von Qumrân, gewesen sein! Seine Gemeinde hat diesen "Lehrer"-Psalm für sehr wichtig gehalten und ihn in mehreren Varianten ausgestaltet. Es scheint, daß es drei Varianten gegeben hat, eine mythisch-kosmische und zwei irdisch-phantastische ... Diese drei Varianten sind in den literarischen Untergrund geraten und uns nicht bekannt. Doch der Apokalyptiker des Neuen Testaments hat diese Texte gekannt und hat sie bearbeitet, natürlich christianisiert!

Die essenischen Texte, die der Apokalypse 12 zugrunde liegen, kennen wir nicht. Das link ist missing. Doch das missing link ist rekonstruierbar. Das missing link zwischen dem essenischen "Lehrer"-Psalm 1 QH III,1-18 und der christlichen Apokalypse 12 ist trotz der Christianisierung klar erkennbar, faßbar und sogar wichtig für die Erhellung der Gemeindegeschichte von Qumrân!

Im "Lehrer"-Psalm 1 QH III,1-18 beschäftigt sich der Gründer der essenischen Qumrângemeinde mit seinem stärksten Widersacher, dem "Lügenmann", dem Gründer der pharisäischen Genossenschaft (469). In der Ich-Form berichtet der Psalmist von den Schwierigkeiten, die ihm bei der Gründung und Bildung seiner Gemeinde widerfahren sind. In seiner gewohnten bilderreichen Sprache sieht sich der "Lehrer" als ein gebärendes Weib, und das Kind, das er unter schweren schmerzenden Wehen

----

469 1 QH III,1-18 ausführlich besprochen in H. BURGMANN, Vorgeschichte ..., S.183-185, 472-474, im Zusammenhang mit Apok. 12: S.490-495. Außerdem in: Zwei ... Qumrân-probleme, Antichrist – Antimessias – der Makkabäer Simon (Wiederabdruck von Judaica, 36. Jahrg. Heft 4, 1980, S. 152-154), S.205-227.

zur Welt bringt, "ein Männliches", ist seine Gemeinde (470). Diesem Gründer der essenischen Gemeinde steht gegenüber sein Widerpart – gemeint ist ganz eindeutig der "Lügenmann" (= Makkabäer Simon). Beide sind Stifter einer religiösen Gemeinde; denn auch sein Gegner hat eine Gemeinde gegründet: die pharisäische Genossenschaft. Beide sind gebärende Frauenspersonen, beide gebären ihre Gemeinde. Der böse Widerpart wird als "Unheilschwangere" bezeichnet, als eine, die "schwanger ist mit Wahn". In kühnen Bildern wird nun der Gegensatz herausgearbeitet zwischen diesen beiden Gemeinden, wobei das Kind des "Lehrers", also seine Gemeinde, mit messianischen Prädikaten ausgezeichnet wird als ein "Wunder von einem Ratgeber mit seiner Heldenkraft". Der Angriff des "Lehrers" richtet sich direkt gegen seinen Gegner. Dessen Gemeinde erscheint nur einmal am Rande als "Geister des Wahns". Dieser Psalm ist ein Unikum; er ist der einzige, in dem sich der "Lehrer" persönlich mit seinem Gegner befaßt; er ist auch der einzige, der dualistisch angelegt ist. Hier essenische Heilsgewißheit, dort Vernichtung der Pharisäer am Ende aller Tage. Hier essenischer Kosmos, dort pharisäisches Chaos, für den jüdischen Binnenländer anschaulich gemacht durch die Sturmgewalten und Schrecknisse des unberechenbaren zerstörerischen Meeres. Am Schluß des Psalms geht der Stifter der pharisäischen Genossenschaft in der Hölle unter:

"... es öffnen sich die Tore der Unterwelt für alle Werke des Wahns, und es werden verschlossen die Tore der Grube hinter der "Unheilschwangeren" und die ewigen Riegel hinter allen Geistern des Wahns."

In diesem Psalm geht es eigentlich nur um die drei, um den "Lehrer" als gebärendes Weib seiner Gemeinde, um seine Gemeinde, das "männliche Kind" mit messianischer Bedeutung, und um den Stifter der pharisäischen Genossenschaft, die andere Gebärende voll Unheil und Wahn, die dem teuflischen Abgrund der Hölle in der Endzeit überantwortet wird. Es sind also drei Personen(-Gruppen) genannt in diesem Psalm.

----

470 O. BETZ hat als erster diese Deutung nachgewiesen in seinem Aufsatz "Die Geburt der Gemeinde durch den Lehrer", Neutestamentliche Studien, 1957, S.314-324, und hat auch den Zusammenhang mit Apok. 12 erkannt.

Dieser "Lehrer"-Psalm schien der essenischen Gemeinde so wichtig zu sein, daß er später mehrfach bearbeitet worden ist. Dabei wurden die Worte des "Lehrers" in Aktion verwandelt, und die Handlung ergab in ihrem Ablauf ein Stück essenischer Gemeindegeschichte. Vermutlich hat es drei Bearbeitungen gegeben, zwei irdisch-phantastische und eine mythisch-kosmische. Nach der "Lehrer"-Zeit – und der "Lehrer" hat in diesem Psalm schon die Richtung gewiesen – hat man den Pharisäerchef, den "Lügenmann" Simon, in ganz enge Beziehungen zu Belial, der teuflischen Macht, gebracht. Das bezeugen viele Belial-Stellen in Verbindung mit der "Lügenmann"-Gemeinde. Dieser Trend ist zudem deutlich erkennbar in 4 Q Testimonia, wo Simon als ein "Verfluchter" bezeichnet wird und in der Festung Dok als Kreatur Belials umgebracht wurde. Im Martyrium Jesajae wird der Ankläger des Gottesmannes (= "Lehrer"), der Samaritaner Bechira – ganz eindeutig wieder der "Lügenmann" Simon – so eng mit Belial verbunden, daß man manchmal nicht weiß, ob Belial spricht oder Bechira ...

In den späteren Bearbeitungen dieses "Lehrer"-Psalms hat die "Wahnschwangere" als Kreatur des Belial die stärkste Veränderung erfahren. Menschliches Wesen wurde ihr aberkannt. Sie wurde dämonisiert und in einen Drachen verwandelt, der teuflische Aktivitäten entfaltet.

Diese drei essenischen Texte hat der Apokalyptiker im Neuen Testament in zwei Varianten (Apok. 12,1-6 und 12,13-17) zusammengefaßt. Da wir die essenischen Urtexte nicht besitzen, müssen wir notgedrungen die Texte der Apok. 12 im Wortlaut wiedergeben.

In der irdisch-phantastischen Erzählung haben wir es gleich mit den drei bekannten Personen zu tun:

"Und der Drache steht vor der Frau, die gebären soll, um gleich nach der Geburt ihr Kind zu verschlingen..." (12,4).

Das ist aus der essenischen Gemeindegeschichte heraus zu verstehen. Der "Lügenmann" Simon, der Stifter der pharisäischen Rivalensekte, hatte die Absicht, den "Lehrer gefangen fortzuführen", um damit seine Gemeinde zu vernichten (471).

"Und sie gebar einen Sohn, ein männliches Kind" (12,5). Der Bezug zum "Lehrer"-Psalm 1 QH III,9-10 ist hier unverkennbar:

> "... unter todbringenden Krampfwellen gebiert sie ein Männliches (sic!) ... und ein Mann entrinnt aus ihren Krampfwellen ..."

Nun wird es dramatisch:

> "Und der Drache ... verfolgte ... die Frau, die den Knaben geboren hatte." (12,15)

In der essenischen Gemeindegeschichte hatte der "Lügenmann" Simon den "Lehrer" und seine Gemeinde in große Not gebracht. Er hatte nämlich eine Zeitlang dieser Gemeinde angehört, und in einer Versammlung ergriff er das Wort und klagte den "Lehrer" an, daß er das von einem syrischen Heer bedrohte Jerusalem im Stich lasse, und mit seiner bekannten Eloquenz erreichte er, daß ein großer Teil der Gemeinde den "Lehrer" verließ und sich dem "Lügenmann" anschloß, der mit diesem Anhang, den Protopharisäern, den makkabäischen Partisanenkampf neu entfachte. Diese Zeit der Zerrüttung der Gemeinde wird irgendwie mit der Zerrüttung des Tempels (167-164 ante) in Parallele gesetzt.

Nach dem Abzug der Unzuverlässigen erstarkte die Gemeinde wieder, und der "Lehrer" und seine Getreuen "entfernten" sich oder wurden "entfernt" - wegen der staatsgefährdenden Unheilspredigt des "Lehrers" - an den äußersten Rand des jüdischen Herrschaftsgebietes, in die Wüste von Qumrân. In der christianisierten Fassung der Apok. 12 ist der Knabe nicht mehr bei der Mutter, die sich mit Gottes Hilfe in die Wüste rettet.

----

471 Pescher zu Psalm 37 = 4 Q p Ps37, IV,14: "Seine Deutung bezieht sich auf ... danach trachtete, gefangen zu führen den..." (LOHSE, 1. Aufl. S.275). Anders LOHSE 2. Aufl.: "Seine Deutung bezieht sich auf den Mann der Lüge, der gegen die Erwählten Gottes, und er suchte zu vernichten ..."

"Da wurden der Frau die zwei Flügel des großen Adlers gegeben, damit sie in die Wüste flöge an einen Ort, wo sie eine Zeit und (zwei) Zeiten und eine halbe Zeit erhalten wird vor der Schlange." (12,14)

In dem Parallelbericht heißt es entsprechend:

"Die Frau aber floh in die Wüste, wo sie eine von Gott bereitete Stätte hat, damit man sie dort erhalte 1260 Tage lang" (12,6).

Der flügeltragende Adler ist bei den Juden ein altes und über alle Zeiten hinwegdauerndes Symbol für die Rettung des Gottesvolkes (472). Qumrân in der Wüste wird nicht als Ort des Exils angesehen, sondern als "eine von Gott bereitete Stätte". Das entspricht auch der essenischen Eigenbezeichnung für Qumrân: "Pflanzung der Treue", "Pflanzung der Ewigkeit". An diesem Ort sahen sie ihre Aufgabe, nach dem bekannten Jesajawort. Die Endzeit war da. Sie mußten überzeugt gewesen sein, daß Gott – wie damals dreieinhalb Jahre nach dem Höhepunkt der Verfolgung nach der Danielweissagung – am Ende von dreieinhalb Jahren zu ihnen nach Qumrân kommen würde (473).

----

472 Man findet gleichartige jüdische Symbole in den Katakomben in Rom und in den Holzsynagogen in Polen. Dazu gehört auch der den Hasen tragende Adler. Es wäre aber ein Mißverständnis, in ihm dessen Räuber zu sehen, er ist vielmehr dessen Retter aus der Not der Verfolgung (H. KÜNZL). Wegen eines ähnlichen Mißverständnisses wurde der goldene Adler, den Herodes – sicherlich gutgemeint – an dem neu erbauten Tempel hatte anbringen lassen, von fanatischen Pharisäern als Symbol der römischen Herrschaft angesehen, heruntergerissen und zerstört.

473 Dreieinhalb Jahre = 1260 Tage, das Jahr zu 360 Tagen gerechnet, mitteninne zwischen dem jüdischen Mondjahr von 354 Tagen und dem essenischen Sonnenjahr von 364 Tagen, diesem allerdings etwas näher. Nach der Berechnung aus Mart. Jes. fand die Ansiedlung in Qumrân um 146 ante statt. Dreieinhalb Jahre danach wäre der Tag Gottes etwa um 142 ante zu erwarten gewesen. Dreieinhalb Jahre nach dem Höhepunkt der Verfolgung der Gemeinde – analog der Danielweissagung – wäre der Tag Gottes um 140 ante anzusetzen. Beide Festsetzungen erwiesen sich als vergebliche Hoffnungen wie so viele Terminierungen früher und später ...

Die Festlegung auf diese dreieinhalb Jahre Daniels hat offenkundig die Weiterführung der essenischen Gemeindegeschichte verhindert. Das Erdenwesen Drache mußte auf der Erde zurückbleiben, als die Frau himmelwärts entschwand. Der Ort des Drachen war noch nicht der Himmel, doch so schnell gab er sich nicht geschlagen:

> "Und die Schlange spie aus ihrem Maul hinter der Frau her Wasser gleich einem Strom, damit sie von dem Strom fortgerissen werde" (12,15).

Hier bedarf es keines besonderen Beweises, daß es sich um den "Lügenmann" Simon handelt; denn bei ihm wird mehrfach seine überschäumende Eloquenz mit dem Wasser in Beziehung gesetzt. Der "Lügenmann" ist ja der,

> "der Israel predigte Wasser der Lüge"

So steht es in der Damaskusschrift CD I,14-15, und im 1. Makkabäerbuch (2,3) wird Simon, der zweitälteste Sohn des Mattathia, mit dem Beinamen "thassis" ausgezeichnet, was am besten mit "Sprudler" zu übersetzen ist.

An dieser Stelle reißt die essenische Gemeindegeschichte ab – vermutlich wegen der dreieinhalb Jahre der Sicherheit in der Wüste. Diese Sicherheit in der Wüste von Qumrân war aber trügerisch, denn eines Tages – genau am Yom-Kippur-Tag des Jahres 144 ante – erschien der "Frevelpriester", der damals in Jerusalem amtierende Hochpriester Jonatan in Qumrân und strengte ein Gerichtsverfahren gegen den "Lehrer der Gerechtigkeit" an, bei dem sein Bruder Simon, der "Lügenmann" und Stifter der Pharisäergenossenschaft, als Generalankläger seine Eloquenz entfalten konnte. Doch der "Lehrer" widerstand allen diesen Tiraden seines teuflischen Gegners. Vielleicht ist dieser geistliche Prozeß und die vergebliche Eloquenz des Generalanklägers Simon andeutungsweise in dem nächsten Satz der Apok. 12 zu erkennen, wo eben der Strom der Beredsamkeit in der Erde versickert und versandet, weil Gott es so will; denn die Öffnung der Erde ist immer eine Kraftbegegnung Gottes ...

> "Aber die Erde kam der Frau zu Hilfe, und die Erde öffnete ihren Mund und verschlang den Strom, den der Drache aus seinem Maul ausgespien hatte" (12,16).

Nach dem Prozeß wurde die Gemeinde des "Lehrers" verfolgt und zerstreut. Auf dieses historische Geschehen geht die Apok. 12 wieder ein:

"Und der Drache ergrimmte wider die Frau und ging hin,
um Krieg zu führen mit der übrigen Nachkommenschaft,
mit denen, welche die Gebote Gottes beobachteten ..."
(12,17).

Die Frau hatte also außer dem Kind, das sie geboren hatte
und dem der Drache nachstellte, noch andere Kinder. Das ist
erstaunlich. Hier spürt man die Schwäche des Apokalyptikers,
der sich von seiner essenischen Vorlage nur sehr schwer trennen kann. Allerdings beim Kinde, da hat er sich von dem essenischen Text gelöst und hat die einzige Passage geschaffen,
die eindeutig christlich ist. Es ist

"ein Kind, das alle Völker mit eisernem Stabe weiden
soll; und ihr Kind wurde entrückt zu Gott und seinem
Thron" (12,5).

Das Kind, ursprünglich die personifizierte "Lehrer"-Gemeinde
ist nicht mehr auf der Erde, das widerspricht allerdings dem
Weiterbestehen der "Lehrer"-Gemeinde und vor allem dem essenischen Text. Deswegen wird hier die "übrige Nachkommenschaft" der Frau eingeführt, um die essenische Vorlage auszu-
schöpfen.

Nach diesen Erläuterungen ist es kaum abzustreiten, daß dem
Apokalyptiker ein phantasievoll aufgemachter Bericht über die
Geschichte der Essener vorgelegen haben muß, bei dem er große Schwierigkeiten hatte, ihn ins Christliche einzufärben. Dieser zugrundeliegende essenische Text ist aber für uns wichtig,
weil er einmal etwas Neues bringt, die Terminierung des Tages
Gottes um 140 ante und zum zweiten die uns vorliegenden histo-
richen Berichte ergänzt, den im Vorspann und Nachspann der
Damaskusschrift CD, den in der BWGDYM-Passage im Habakukpescher II und den im Martyrium Jesajae.

Die Apok. 12 bietet aber neben diesen beiden phantastisch-
irdischen Varianten noch eine dritte, ganz andersartige Fassung, die sich darauf beschränkt, die beiden Widerparte, die
Frau und den Drachen, ins Bild zu bringen – fast ohne Aktion
– und als Zeichen an den Himmel zu setzen, also mythisch-kos-
misch zu erhöhen.

"Und es erschien am Himmel ein großes Zeichen: eine
Frau, umkleidet mit der Sonne, der Mond unter ihren
Füßen und auf ihrem Haupt ein Kranz von zwölf Sternen."
(Apok. 12,1)

Bei diesem Text werden sofort die Bilder lebendig einer groß-
artigen künstlerischen Gestaltung in der christ-katholischen
Kirche. Diese Bilder dürfen uns aber hier nicht stören. Der
Widerpart erscheint, gleichfalls am Himmel:

> "Und ein anderes Zeichen erschien am Himmel und siehe:
> ein großer, feuerroter Drache mit sieben Köpfen und zehn
> Hörnern und auf seinen Köpfen sieben Kronen" (12,3).

Es ist nur eine ganz kurze Aktion, mit welcher der Drache auf-
wartet:

> "... und sein Schwanz fegte ein Drittel der Sterne des
> Himmels hinweg und warf sie auf die Erde." (12,)

Es folgt dann dieses ganz andere Stück, die Bedrohung der
Frau, die den Knaben gebären soll, durch den Drachen. Hier
ist dann die Himmelssphäre verlassen, und etwas ganz anderes
beginnt, die essenische Gemeindegeschichte...

Die kosmisch-mythische Frau-Drachen-Geschichte ist ganz anderer Art. Zunächst ist festzustellen, daß sie sehr komplex zusammengesetzt ist. Da ist das bekannte Bild der ägyptischen
Gottesmutter Isis, mit dem Kind Horus auf dem Arm und der
Sonnenscheibe hinter dem Haupt, hereingenommen. Hereingenommen ist auch der frevlerische Syrerkönig Antiochos IV. Epiphanes mit seinen Plänen, die Glaubensordnungen der Juden zu
vernichten. Diese Überlieferung stammt aus Daniel (474). Hier
sind fremde, nicht-essenische Überlieferungen eingeflossen. Die
Identifizierung des "Lehrers der Gerechtigkeit" mit diesem Sonnenweib scheint hier aufgegeben zu sein. Dann wäre ja diese
Passage des Apokalyptikers nicht-essenisch. Doch das ist ein
Trugschluß.

Es handelt sich bei diesem Text um die Schöpfungsordnung Gottes und um den Anspruch der "Lehrer"-Gemeinde, Gott auf ihrer
Seite zu haben. Bevor Gott die Welt geschaffen hatte, hat er

----

474 Dan. 7,19-20: "Alsdann wünschte ich noch Gewißheit über
das vierte Tier ... und weiter über die zehn Hörner an
seinem Kopfe und über das andere, das erst hervorwuchs
und vor dem drei Hörner ausfielen..." - 7,25: "... er
wird die 'Heiligen des Höchsten' hart bedrücken und darauf sinnen, Festzeiten und Gesetze zu ändern."

die Zeit geschaffen. Er hat die Kalendermacher Sonne und Mond an den Himmel gesetzt. Erst danach hat er die Welt geschaffen. Und erst danach wurde es notwendig, zwischen dem Erschaffer und der Schöpfung, zwischen Gott und seiner Welt, Mittelwesen einzusetzen: Engel. Der Kampf zwischen dem Erzengel Michael, dem Repräsentanten des Gottesvolkes Juda, und seinen Engeln auf der einen Seite und dem Drachen und dessen Engeln auf der andern Seite (Apok. 12,7-12) könnte essenische Elemente enthalten, wenn man an die Zwei-Geister-Lehre in der Ordensregel 1 QS III,13 – V,2, an den Dualismus zwischen dem Lichterfürsten und dem Finsternisengel denkt. Auch der Engelfall in der Damaskusschrift CD II,16-20, der sich an Gen. 6 anlehnt, könnte hier herangezogen werden.

Doch kehren wir zum "Sonnenweib" der Apok. 12 zurück. Hier haben wir festen Boden unter den Füßen.

In diesem mythisch-kosmischen Text, der ägyptische Isismotive und Textfolgen aus dem Buch Daniel aufgenommen hat, scheint die Frau als "Lehrer der Gerechtigkeit" völlig verschwunden zu sein. Doch das ist ein Trugschluß. Der "Lehrer" als Frau, "umkleidet mit der Sonne", ist hier der Schöpfer des einzig richtigen Kalendersystems, des essenischen Sonnenkalenders! In dieser kurzen Textfolge geht es nur um den Kalender und um nichts anderes! Daß die Frau, "umkleidet mit der Sonne", den "Mond unter ihren Füßen" hat, bedeutet eine ganz klare Parteinahme für den essenischen Sonnenkalender gegen den traditionellen jüdischen Mondkalender! Es geht also hier um innerjüdische Auseinandersetzungen. Doch es ist ein alter Trick der essenischen Qumrânleute, ihre jüdischen Gegner mit gängigen Feindbildern in ganz enge Verbindung zu bringen, so auch hier! Das Wesen, das mit diesem Sonnenkalender nicht einverstanden ist, ist der Drache, die widergöttliche Macht. Wer gegen den neuen essenischen Kalender ist, der ist im Bunde mit dem Drachen, der widergöttlichen Macht! Der Drache ist feuerrot, das ist die heidnische Feindmacht Edom – Rom. Die andern Merkmale kennzeichnen ihn als die heidnische Feindmacht Syrien, die unter dem verhaßten König Antiochos IV. Epiphanes den jüdischen Glauben im Tempelstaat ausrotten wollte. Mit diesen allseits bekannten Feindbildern hofft man die Gegner des essenischen Sonnenkalenders im eigenen Volke zum Schweigen zu bringen. Ein furchtbares Geschehen ist der Abschluß dieser Szene: Der Drache zerstört die göttliche kosmische Ordnung, mit seinen Schwanz fegt er ein Drittel der Himmelssterne auf die Erde. Wer also das essenische Sonnenjahr mit seinen 364 Tagen nicht anerkennt und bei den 354 Tagen des jüdischen Mondkalenders bleiben will, der ist ein Parteigänger des Drachen, der ja auch einen Teil des Jahres vernichten will. Die

Sterne, die er vom Himmel fegt, sind ja Zodiak-Sterne, Sterne des essenischen Sonnensystems. Der teuflische Drache will also dieses essenische Kalendersystem zerstören. Darum geht es hier und darum allein! Die Gemeinde des Lehrers kann sich bei dieser Darstellung darauf berufen, daß der verhaßte, gottwidrige Frevlerkönig Antiochos IV. Epiphanes – natürlich im Bunde mit den jüdischen Griechenfreunden – die althergebrachte Kalenderordnung stürzen wollte.

> "Selbst gegen den Höchsten wird er vermessene Reden führen; er wird die 'Heiligen des Höchsten' hart bedrücken und darauf sinnen, Festzeiten und Gesetze zu ändern. Und die 'Heiligen' werden in seine Hand gegeben werden für eine Zeit und zwei Zeiten und eine halbe Zeit." (Daniel 7,25)

Dieser Frevlerkönig wurde in der Tradition zum Antimessias/ Antichrist.

Das sternenumkränzte Sonnenweib am Himmel und der feuerrote Drache am Himmel kann natürlich in einer christlichen Deutung gut bestehen: die Gottesmutter im Widerstreit mit dem Antichrist. Das Wegfegen der Sterne stört natürlich etwas.

Doch da nun die Szene auf die Erde verlegt wird und die Frau einen Knaben gebiert, wird eine christliche Deutung nahezu unmöglich. Die christ-katholische Kunst hat zwar in großartigen Gestaltungen diese Frau, mit der strahlenden Sonne hinter sich, von zwölf Sternen umgeben, mit dem Kind auf dem Arm, auf der Mondsichel stehend, über den besiegten Drachen zu ihren Füßen triumphierend, als die Gottesmutter Maria verherrlicht.

Doch die Deuter sind sich darüber einig, daß das Sonnenweib nicht die Maria sein kann. Denn bevor diese Frau in die rettende Wüste flieht, wird ihr Kind, dieser Knabe, zu Gott entrückt. Als präexistenter Christus weilt er im Himmel. Das ist die Deutung der Deuter. Durch das Menschenweib Maria wird er dann ein zweites Mal geboren. Das Sonnenweib ist also nicht die Gottesmutter Maria!

Das Sonnenweib ist also nicht christlich deutbar. Deshalb versucht man es mit Deutungen der vorchristlichen Zeit, der jüdischen Zeit. Mit dem Sonnenweib sei das jüdische Gottesvolk gemeint, aus dessen Mitte der Jude Jesus hervorgegangen ist. Doch die Flucht des Gottesvolkes in die Wüste kann dabei nicht erklärt werden. Die Geschichte des jüdischen Volkes verlief ja in entgegengesetzter Richtung: aus der Wüste ins Kulturland! Die dreieinhalb Jahre sind bei dieser Deutung auch nicht zu erklären. Sie sind ein Bestandteil der essenischen Gemeindege-

schichte! Andere Deuter meinen, das Sonnenweib sei als Reprä-
sentantin des jüdischen Volkes die Urmutter Eva. Auch diese
Deutung ist abwegig. Die Beziehungen der Eva zu diesem Dra-
chen-Schlangen-Wesen sind ja durchaus freundlich gewesen,
fast könnte man sagen: intim.

Alle diese Erklärungsversuche gehen fehl und müssen ja fehl-
gehen. Dieser Text ist kein christlicher Text, sondern ein
essenischer Text. Bei dem Versuch einer Transformierung werden
Ecken und Kanten, Risse und Sprünge sichtbar. Diese Unstimmigkeiten sind aber der Beweis, daß es sich hier um Übernahmen
essenischer Texte handelt. Sicherlich hat der Apokalyptiker
auch andere essenische Texte eingesehen und benutzen können.
Doch nirgends ist die Abhängigkeit von einem essenischen Text
so klar und nachweisbar wie bei diesem Text der Apokalypse
12, in dem wichtige Probleme der essenischen Gemeinschaft zur
Sprache gebracht werden: Der Nachweis, daß der essenische
Sonnenkalender von Gott ist und nicht vom Teufel, das Vertrau-
en auf die sichtbare Hilfe Gottes in der Notzeit ihrer Geschichte.

Dieses Vertrauen auf Gott, dieses Vertrauen, in der Gnade Gottes zu stehen, von seinem Heiligen Geist ständig berührt zu
werden, dieses Vertrauen war auf die Dauer schwer durchzuhalten. Immer wieder schoben sich Widerstände und Widrigkeiten
dazwischen. Dadurch war die essenische Gemeinde in hohem
Maße verunsichert. Offenkundig hatte Belial seine Herrschaft
angetreten.
Gott war nicht gekommen. Alle Terminierungen waren falsch
gewesen. "Daniel" hatte die letzte Jahrwoche des irdischen Da-
seins an einen Fixpunkt gehängt, an das Jahr 170 ante, das
Jahr, in dem der letzte legitime zadoqidische Hochpriester
Onia III. ermordet wurde. Um 162 ante wäre die Zeit erfüllt
gewesen ... Daraufhin modifizierten die Essener die 490 Jahre
Daniels, hängten an denselben Fixpunkt um 170 ante noch hundert Jahre des göttlichen Erbarmens, zentriert auf das Leben
und Wirken ihres Gemeindegründers. Doch auch um 70 ante ereignete sich nichts. Auch die dreieinhalb Jahre in Qumrân mit
der Aufgabe, Gott den Weg zu bereiten in der Wüste, endeten
142 ante ergebnislos.

Sicherlich gab es immer wieder Ereignisse, die von dem Handeln
Gottes für diese Gemeinde zeugten: Die Berufung des "Lehrers"
durch Gott in der heidnischen Fremde von Antiochia um 170
ante, die Rettung des "Lehrers" anno 144 ante aus dem Gerichtsverfahren, das die hohe Obrigkeit in Jerusalem, der makkabäische "Frevelpriester" Jonatan, angestrengt hatte. Gott hatte
auch die Feinde der Gemeinde, die Staatsführung und die

448

Rivalensekte, schwer gezüchtigt. Jonatans Foltermarsch und sein Tod in Baskama 143 ante war die genaue Vergeltung für das, was er dem "Lehrer" angetan hatte. Gott schlug auch mit harter Hand die gottwidrige Genossenschaft in den sechs Jahren des selbstmörderischen Pharisäerkrieges (94 – 88) bis beinahe zur Selbstauflösung. Wie der "Lehrer" es vorausgesagt hatte in seiner Unheilspredigt, waren endlich 63 ante die Kittiim erschienen und hatten der makkabäisch-hasmonäischen Herrschaft ein Ende gemacht. Und dann, ganz spät in der Geschichte dieser Gemeinde, ließ Gott ein Zeichen am Himmel erscheinen, den Stern, die Ankündigung seiner nahen Herrschaft ...

Doch die Kraftbegegnung Gottes war nicht immer gütig. Zuweilen verfuhr er hart und streng mit dieser seiner Gemeinde. So wurden die Essener immer erneut verunsichert. Schon um 157 ante gab es den Abfall eines Großteils dieser Gemeinschaft, aufgehetzt durch eine wirkungsvolle Rede des "Lügenmanns" Simon. Um 144 ante wurde der "Lehrer" in einem obrigkeitlichen Gerichtsverfahren gefoltert und danach eingekerkert, seine Gemeinde verfolgt und zerstreut. Als böse Widrigkeit nach dem Tode des "Lehrers" (um 110 ante geschätzt) empfand man auch das Wiedererstarken der pharisäischen Genossenschaft nach der Selbstzerfleischung des Bürgerkriegs und die Übernahme der politischen Macht um 176 ante. Unerhört schlimm und als zorniger Kraftakt Gottes gegen seine Gemeinde galt die Zerstörung des Qumrânklosters, für die Essener die "Pflanzung der Treue", die "Pflanzung der Ewigkeit". Falls die Kriegsscharen des Antigonos oder der Parther das Kloster in Flammen aufgehen ließen (40 – 37), folgte hinterher das untrügliche Zeichen der zornigen Gegenwart Gottes: Die Erde tat sich auf und zerstörte die Siedlung vollends anno 31 ante. Alle diese Geschehnisse mußten die essenische Gemeinde in hohem Maße verunsichern ...

Dazu kamen noch die inneren Spannungen. Es gab die Mönche in Qumrân, es gab die Verheirateten der Damaskusgemeinde, es gab die Essener in den Dörfern und Städten, es gab den Eremiten Bannus, es gab den taufenden Johannes, der Qumrân verlassen hatte, es gab sadduzäische Leviten, es gab essenische Zeloten, es gab Pharisäer in Qumrân, es gab Christen in Qumrân, beide in gleicher Weise erfüllt – wie die Essener – von der Hoffnung auf das nahe Gottesreich. Dazu kam noch, daß die einen ein Kultmahl feierten mit Brot und Tirosch und die andern am blutigen Opferbrauch festhielten. Wo war rechter Glaube? Jede Gruppe beanspruchte die alleinige Gottverbundenheit. Doch welche Menschen, welche Gruppe standen wirklich in der Gnade Gottes? Wer waren die und wo waren die, die vom Heiligen Geist Gottes umfaßt waren?!

So bestimmten drei Verunsicherungen das essenische Gemeindeleben in der Spätzeit: das Versagen aller Terminierungen, die
zornigen Kraftbegegnungen Gottes – Prüfungen zur Läuterung?
– und die Aufspaltung der essenischen Bewegung in verschiedene Gruppen – jede mit dem Anspruch auf Gottesnähe.

Das war die Lage, und dies konnte manchen Essener zur Verzweiflung bringen. Damit war aber auch der Bestand und das
Weiterbestehen der Gemeinde gefährdet. Die Essener hatten in
ihrer Geschichte viele Notzeiten erlebt. Doch immer hatte es
eine Lösung gegeben, die das Selbstverständnis und das Selbst-
vertrauen der Gemeinde erhalten hat. Meist waren es Worte
der Heiligen Schrift, die man als Prophezeiung deuten und auf
die notvolle Gegenwart beziehen konnte. Doch dieses Verfahren
schien hier versagt zu haben. Bei der jetzigen Lösung entschloß man sich zu einem gewagten Schritt. Man entschloß sich,
die Unsicherheit, die Verunsicherung zu erkennen, sie offen
zuzugeben und – sich in einer besonderen Formulierung dazu
zu bekennen. Eine neue Fahne wurde der Gemeinde vorangetra-
gen, doch auf der standen nicht Worte des Triumphes, sondern
Worte der Niederlage. Die Hoffnung auf den späteren Sieg blieb
aber erhalten. Man hatte die Zeit geteilt, in die irdische Zeit
der Gottesverlassenheit und die andere Zeit nach dem Tag Gottes, die Zeit der Geborgenheit in Gott. Doch zunächst mußte
in der irdischen Zeit gelebt, ausgehalten und durchgehalten
werden. Auf der neuen Fahne der Gottverlassenheit standen
die Worte: "Arme am (Heiligen) Geist" und "Arme an der Gnade
(Gottes)". In späten essenischen Schriften finden sich diese
beiden Eigenbezeichnungen – fast könnte man sagen: Selbstbe-
zichtigungen – der Essener ... Ihre trostlose Lage war die Folge
der Herrschaft Belials.
Die Wertschätzung der "Armen" durch die Propheten steht hier
im Hintergrund, sie erkannten in den "Armen" die Frommen
und sprachen ihnen Trost zu in ihrer mißlichen Lage. Die
"Armen", allerdings ohne nähere Kennzeichnung, wurde dann
zu einer Eigenbezeichnung der essenischen Gemeinde (475). Die

----

475   " ᵓäBYONYM" – Die "Armen" – ist die bekannte Selbstbezeich-
      nung der Essener (Habakukpescher 1 Q pHab XII,3.6.10!).
      Schon der "Lehrer" hat diesen Terminus in seinen Psalmen
      auf sich angewandt (1 QH II,32), vor allem aber im
      "Löwenpsalm" V,16.18 – hier auch in V,13 und 14 in Ver-
      bindung mit "ᶜaNY". So ist auch "ᶜaNaW" als Eigenbezeich-
      nung für die Essener erkennbar: Sektenpsalm 1 QH V,21;
      XIV,3; XVIII,14. Bemerkenswert ist auch hier wieder die
      Sonderstellung der "Gemeinde des Neuen Bundes im Lande

essenischen Mönche in Qumrân waren materiell arm; sie besaßen kein persönliches Eigentum, kein Geld. So standen sie in krassem und bewußten Gegensatz zu den frevelhaften Hochpriestern in Jerusalem, zu den Reichen, die eigentlich keinen Reichtum anhäufen durften, weil ihr einziger Eigenbesitz ihr Gottesverhältnis war. Doch die makkabäischen Hochpriester hatten durch Konfiskationen und durch Kriegsbeute und durch Subsidien viele Geldmittel angesammelt, die natürlich auch nötig waren, um die Kriege zu führen. Doch der "Reichtum" war ein stehender Vorwurf in den essenischen Schriften.

Der Terminus ^canîye rûaḥ = "Arme am Geist" kommt in der Kriegsrolle = 1 QM XIV,7 vor: in einer sehr militanten Passage, in der Gott den Seinen höchste Widerstandskraft im Kampf mit dem Feind verleiht. Er gibt stabilen Stand auf dem Erdboden denen, deren Knie wanken, und denen, deren Nacken zerschlagen ist, Kraft und Festigkeit des Körpers. Der Sieg ist ihnen sicher gegen die Feinde, die ihnen von innen und außen entgegentreten (476). In diesem eschatologischen Krieg vernichten sie die jüdischen Frevler, die "verstockten Herzens" sind und die heidnischen Frevler-Völker. Die Sieger, die trotz wankender Knie und zerschlagenem Nacken Gott die Treue bewahrt haben, werden mit zwei Ausdrücken gekennzeichnet: als die "Armen am (Heiligen) Geist" und als die, welche "vollkommenen Wandels" sind. Genau dies ist das Problem der essenischen Gemeinde, deren Wandel vor Gott vollkommen ist, die aber trotzdem Nackenschläge von Gott hinnehmen mußte, so daß sie verunsichert mit wankenden Knien vor Gott steht. Es ist die Zeit der Herrschaft Belials, die vorüber gehen wird. Doch der endgültige Sieg ist ihr sicher ...

Damaskus", sie kennt nicht die "Armen" als Eigenbezeichnung für die eigene Gemeinde. Dieser Terminus wird verwendet für die Sozialfälle innerhalb der Gemeinde, also für Menschen, die der Hilfe bedürfen, so Damaskusschrift CD VI,21 und XNV,14. Wieder ein Beweis für die Eigenständigkeit, den Konservatismus und den Gegensatz zur Qumrângemeinde bei dieser Nordgemeinde in Syrien!

476 Kriegsrolle 1 QM XIV,6-8: "Und ER verleiht denen, deren Knie wanken, festen Standort und Festigkeit der Lenden dem zerschlagenen Nacken. Und durch die, die 'armen Geistes' (sic!) sind ... das verstockte Herz. Und durch die, welche 'vollkommenen Wandels' sind, werden alle Völker des Frevels vertilgt."

Noch an einer zweiten essenischen Textstelle kommt dieser Ausdruck vor: in den Sektenpsalmen Hodayot 1 QH XIV,3. Hier werden die Gemeindeglieder bezeichnet als "Männer der Treue" und die 'Armen im Geist' (sic!). Auch hier wieder der gleiche Gegensatz: Trotz ihrer Treue zu Gott fühlen sie sich von ihm verlassen als "Arme am (Heiligen) Geist". Hier werden sie aufgefordert, auszuhalten und durchzuhalten bis zum Tage des Heils, das ihnen sicher ist. Diese Durchhalteforderung ist nur verständlich in der trostlosen Lage der Gemeinde während der Herrschaft Belias (477).

Bei dieser Wortfügung "Arme im Geist" wurde der "Geist" theozentrisch aufgefaßt und nicht anthropozentrisch: Es war der Heilige Geist Gottes und nicht der des Menschen. Die Berechtigung zu dieser Auffassung gibt uns eine ganz ähnliche Wortfügung: "Arme an Gnade". Der Sinn ist der gleiche: Die Essener fühlten sich als Verlassene von Gott. Doch hier ist die anthropozentrische Deutung unmöglich. Es muß sich um die Gnade Gottes handeln, die ausgesetzt ist in der Zeit der Herrschaft Belias.

Auch hier ist die zugrunde liegende Situation die Unsicherheit der Gemeindeglieder. Diese "Armen an Gnade" fühlen sich von Gott verlassen. Sie sind körperlich schwer angeschlagen, sie können nicht mehr gehen: "Ihre Füße versinken". Schlimmer noch: In gewissem Sinne sind sie auch "Arme am Heiligen Geist Gottes". Denn ihre stetige Bemühung um den rechten Wandel, ihr Streben nach Rechtschaffenheit und Reinheit vor Gott – der traditionelle theologische Terminus: "Gerechtigkeit" – hat ihnen das Gefühl der Sicherheit nicht geben können; deswegen "sind sie bestürzt der Gerechtigkeit halber". Sie fühlen sich als "Elende". Zu ihrer inneren Unsicherheit kommen noch Angriffe von außen, die sie verwirren. In diesem "Getümmel" fühlen sie sich von Gott verlassen als die "Armen an Gnade"! Doch sie hoffen und harren auf den Tag des Herrn, an dem er sie "emporführen" wird zum Heil, zur Seligkeit (478).

----

477 Sektenpsalm Hodayot 1 QH XIV,3: "... in Deinem Volk ... die Männer der Treue ... des Erbarmens und die 'Armen am Geist' (sic!), Geläuterte der ... sich zusammennehmen bis zum Tage des Gerichts." – "die Armen am Geist" = ᶜaNWE RUaCH

478 Sektenpsalm Hodayot 1 QH V,20-22: "Mit den Elenden bist DU, wenn ihre Füße versinken, mit denen, die bestürzt sind der 'Gerechtigkeit' halber, um emporzuführen aus dem Getümmel alle die 'Armen der Gnade'" (ᵓäBYONE CHâSäD).

Eine der beiden Bezeichnungen ist in das Neue Testament geraten, in das Evangelium Matthäus. Wie es dazu kam, wissen
wir nicht, wir können nur vermuten. Wir wissen auch nicht,
welcher essenische Text dem Matthäus-Autor - nennen wir ihn
in der Folge kurz: Matthäus - vorgelegen hat. Jedenfalls kam
ein essenischer Terminus, der nur aus der essenischen Geschichte und aus dem gefährdeten Selbstverständnis dieser Gemeinde
erklärbar ist, in das Evangelium. Ein Fremdkörper also, mit
all den Eigenschaften behaftet, die so ein Fremdkörper hat.
Die konsequente Folge: "a difficult phrase" (479). Eine schwierige Wortfügung also, diese "Armen im Geist"! Die Schwierigkeit dieser "difficult phrase" kann man sehr gut daran erkennen, mit welchen Verrenkungen sich die Übersetzer gewunden
haben. Eine Vielfalt von Übersetzungen liegt hier vor bei diesen wenigen Wörtern "makarioi hoi ptôchoi tô pneumati" (Matth.
5,3). In der Luther-Übersetzung heißt es: "Selig sind, die da
'geistlich arm' sind, denn ihrer ist das Himmelreich!" Ähnlich
behelfen sich auch andere und auch außerdeutsche Übersetzungen (480).

Doch das Wort "Geist" ist ein Stolperstein, und manche, welche
diesen Terminus "pneuma" zu hinterfragen wagen, weil er so
gar nicht in ihr christliches Selbstverständnis hineinpaßt, verfallen bei ihrer Übersetzung seltsamen Überlegungen und geraten auf Auswege, um nicht zu sagen Abwege ... Die Kommentatoren tun sich schwer bei dieser "difficult phrase". Der "Geist"

---

479 F.W. BEARE, The Gospels according to Matthew, 1981, S.
128.

480 Luther-Bibel und Bibel der Genfer Bibelgesellschaft, 1956,
(S.8): "Selig sind, die da 'geistlich arm' sind ...". Ähnliche konservative Übersetzungen: Zürcher Bibel (S.9) und
Menge-Bibel (S.10): "Selig sind die 'geistlich Armen' ..."
In katholischen Bibeln oft: "Selig sind die 'Armen im
Geiste' ..." (F. TILLMANN, Tetrapla, 1964, S.22-23, ebenso
Herder-Bibel, 1968, 3. Aufl., S.1373). - In fremdsprachi-
gen Bibelausgaben: "Heureux les pauvres en esprit" (S.8)
und "Blessed are the poor in spirit" (S.735), in Bibel
der Genfer Bibelgesellschaft. Auch manche Kommentatoren
schließen sich dieser konservativen Übersetzung an: "Heil
den Armen im Geist, ..." (G. EICHHOLZ, Auslegung der
Bergpredigt, 1970, S.26) und "Fortunate are the humble
in spirit..." (F.W. ALBRIGHT and C.S. MANN, Matthew,
1971, S.45).

wird natürlich nicht theozentrisch, als "Geist Gottes" aufgefaßt,
wie bei den Essenern, sondern anthropozentrisch. Es ist der
Herren eigener Geist, dessen Armut das Himmelreich verbürgt.
Für einen frommen Christen kann es sich ja nicht um den
"Geist Gottes" handeln, also um den "heiligen Geist", an dem
er arm ist. Das würde dem Selbstverständnis des Christen –
ich kann hier nur für den evangelischen Christen sprechen –
widersprechen. Denn seine Frömmigkeit, seine Gottesbeziehung,
sein Gebet ist ja nur möglich, wenn die vorauslaufende Gnade
Gottes ihm vor seinem Bemühen entgegengekommen ist, wenn er
also schon im vorhinein vom Geist Gottes begnadet wurde. Als
frommer Mensch vertraut er darauf, daß dieser Kraftquell von
oben ihm jederzeit zur Verfügung steht, daß er also niemals
"arm" sein kann an der "Gnade Gottes", an dem "Geist Gottes"
... Das war bei den Essenern anders, sie fühlten sich von
Gott verlassen während der Zeit der Herrschaft Belials, sie
lebten in der Leere, in einem Vakuum, das sich aber explosions-
artig füllen würde mit der Gnade und dem Geist Gottes am Ende
aller Tage: "Und ihnen gehört das Himmelreich"!

Was in der essenischen Geschichtsauffassung völlig verständlich
war, diese Wortfügung "Armen am Geist" wird im christlichen
Kontext des Neuen Testaments zur "difficult phrase". Man ist
genötigt, von der theozentrischen Auffassung abzurücken und
den "Geist" anthropozentrisch zu verstehen. G.B. GINZEL erklärt:

> "Wörtlich: 'in (ihrem) Geist arm', also nicht: 'geistig
> minderbemittelt' auch nicht: 'ohne den Geist Gottes zu
> besitzen' – 'Geist' bezeichnet hier vielmehr das Innere
> des Menschen, das 'Ich-selbst'..."

Dementsprechend enthält auch seine Übersetzung das Wort
"Geist" nicht mehr: "Selig, die arm sind in sich selbst" (481).
Es gibt eine ganze Reihe von Übersetzungen, die das Wort
"Geist" vermeiden, um aus der Schwierigkeit herauszukommen.
So kommt von katholischer Seite der Vorschlag: "Selig die arm
sind vor Gott, ..." (482). Die Gute Nachricht übersetzt sehr
frei: "Freuen dürfen sich alle, die nur noch von Gott etwas

----

481 G.B. GINZEL, Die Bergpredigt, jüdisches und christliches
     Glaubensdokument, 1985, S.41.

482 SCHOTT-Meßbuch (Herder), Band A. S.457.

erwarten und nichts von sich selbst, ..." (483). C.F. v. WEIZ-
SÄCKER übersetzt: "Selig sind die Bettelmönche, ..." (484).
Auch im englischen Bereich haben wir diese Ausweichbemühun-
gen: "How blest are those who know that they are poor, ..."
(485). Alle diese Abschweifungen und Ausschweifungen in der
Übersetzung sind doch ein deutlicher Beweis, daß dieses Wort
"Geist" zu einem Stolperstein geworden ist, der hemmend und
verwirrend wirkte. Dabei hätte Matthäus dieses Wort gut weg-
lassen können. Die einzige Erklärung: Es lag ihm eine essenische Schrift vor mit dieser Formulierung, und er hat diese
Formulierung übernommen, nicht ahnend, welche Kümmernisse
er den Theologen in den zweitausend Jahren Kirchengeschichte
damit bereitete. Dabei war in der jüdischen Tradition seit den
Propheten der Terminus "die Armen" ein religiöser Terminus:
demütige und fromme Juden. "Die Armen leiden unter dem Druck
der Reichen, doch sie setzen ihre Hoffnung auf Gott." (486)
Nach G. BORNKAMM hat Matthäus hier mit dem "Geist" eine über-
flüssige Ergänzung hinzugesetzt; denn "die Armen sind auch
ohne diesen Zusatz bereits ein religiöser Begriff" (487). Diese
historische Verbindung zwischen dem "Alten Testament" und dem
Jesuswort in Matth. 5,3 wird allerdings von A. SCHLATTER
scharf durchschnitten, der – bei seiner bekannten antijudaisti-
schen Schlagseite – nicht umhin kann, an dieser Stelle dem
Rabbinat eins auszuwischen (488).

----

483   Die Gute Nachricht: Die Bibel im heutigen Deutsch, 1982,
      2. Aufl., S.6.

484   P. LAPIDE / C.F. v. WEIZSÄCKER, Die Seligpreisung, 1980,
      S.8.

485   New English Bible, Tetrapla, 1964, S.22-23.

486   F.W. BEARE, S.129.

487   G. BORNKAMM, G. BARTH, H.J. HELD, Überlieferung und
      Auslegung im Matthäus-Evangelium, 1970, 6. Aufl., S.115.

488   Nach A. SCHLATTER, Der Evangelist MATTHÄUS, 1957, 4.
      Aufl., S.135, handelt es sich hier um einen "Unterschied
      Jesus vom Rabbinat in der Tiefe (sic!). Wenn dieses von
      der Armut sagte, auch sie könne für den Armen zum Segen
      werden, dachte es an den Reichtum des großen Verdien-
      stes, den sich der Arme durch geduldige Ergebung erwer-
      ben kann, mit der er trotz seiner Armut Gott treu und
      gehorsam bleibt. Damit war der Makarismus Jesus, der den
      Armen, weil er arm ist, selig nennt, abgelehnt."

Während die deutschen Kommentatoren sich meist damit begnügen, vergriffene Auflagen nachdrucken zu lassen, haben angel-
sächsische Autoren inzwischen die Möglichkeit nicht ausgeschlossen, daß die historische Verbindungslinie zu dieser "difficult
phrase" bei den Essenern zu suchen ist. So hat F.W. BEARE
mit großem Nachdruck darauf hingewiesen, daß es an keinem
Ort und zu keiner Zeit einen jüdischen Text mit dieser außergewöhnlichen Formulierung gegeben habe, mit einer einzigen
Ausnahme: in Qumrân. Dabei schließt F.W. BEARE keineswegs
aus, daß die Erweiterung "im Geiste" eine eigenständige Wortfügung des Matthäus sein könne (489). Sein angelsächsischer
Kollege F.W. ALBRIGHT bedauert, daß in der damaligen Zeit
die Buchstaben waw und yod kaum zu unterscheiden waren.
Er meint aber, daß die Wörter ᶜanîyîm und ᶜanavîm synonym
seien, also die gleiche Bedeutung "Arme" haben. Der Evangelist
habe das Gefühl gehabt, daß der Ausdruck "Arme" allein mißverstanden und materiell gedeutet werden könnte, und hatte
deshalb den Qumrân-Terminus "Arme im Geiste" eingefügt (490).
Die modernen Deutungen dieser "difficult phrase" sind so modern geworden, daß sie die Matthäus-Zeit völlig außer acht
lassen und zeitgenössische theologische Entwicklungen einbringen. Bei der Deutung verlegt man den Schwerpunkt vom Intellektuellen auf das Psychische und spricht vom "inneren Leben"
und vom "inwendigen Leben". Immer aber bleibt die Schwierigkeit bestehen, diese "difficult phrase", deren Formulierung in
der essenischen Geschichte verständlich und auch notwendig
war, für die christliche Gemeinschaft zu deuten.

Einige Moderne berufen sich auf alte Kapazitäten. So G. BORN-
KAMM und Mitarbeiter: auf E. KLOSTERMANN und Th. ZAHN.

----

489 F.W. BEARE, S.129: "The Semitic phrase that stands be-
     hind the Greek ptôchoi tô pneumati has never been found
     in any Jewish writing of any period until quite recently;
     it has turned up in one of the Qumran scrolls in the form
     ᶜanawe ruach. This does not lessen the probability that
     Matthew's phrase is his own (sic!) interpretative modifica-
     tion of the basic 'poor' (ᶜanawim alone)."

490 F.W. ALBRIGHT, S.46: "It is likely that the original
     editor felt that the Gr. ptôchoi (poor) alone would be
     misunderstood if left without qualifications, and so re-
     produced the Qumran saying (sic!) rather than the tradi-
     tion as is in Luke (Luke VI,20 - "the poor").

Nach ihnen ist der Zusatz "im Geiste" überflüssig. Den Matthäus

> "kann man nur so verstehen, daß er daran interessiert
> ist, zu betonen, daß es nicht materiell Arme sind, son-
> dern solche, die rücksichtslos ihres inneren Lebens
> (sic!), also vor Gott, im Gefühl ihrer Unfähigkeit, sich
> selbst zu helfen, als Bettler dastehen." (491)

Zu den Hilflosen und Bettlern gesellen sich noch die in ihrem
inwendigen Leben Geschädigten:

> "pneuma erinnert an die Kraft, die den inwendigen Be-
> stand des Lebens (sic!) hervorbringt. hoi ptôchoi tô
> pneumati sind somit die, die durch das arm sind, was
> ihr Geist hat und in sie hineinlegt ... Jesus spricht von
> der inneren Not der Darbenden, derer, die im Ringen um
> die Lebensmittel auch in ihrem inwendigen Leben (sic!)
> verarmen und leiden" (492).

Dieser defektionierte Christenmensch ist völlig auf die hilfrei-
chen Gaben des gnädigen Gottes angewiesen, der dieses hilflose
Wesen kennt und sich in völliger Freiheit ihm zuwendet:

> "Der Makarismus Jesus ... ist die Verkündigung der frei-
> en göttlichen Gnade, das Wort des gebenden Gottes, der
> deshalb hilft, weil der Mensch seiner Gabe bedarf." (493)

Ähnlich äußert sich auch J. SCHNIEWIND, der die materielle
Armut nicht ganz ausschließt, doch auf den psychischen Zustand derer den Nachdruck setzt, die darauf angewiesen sind,
alles von Gott zu erwarten:

> "Menschen sind gemeint, deren äußere Lage (sic!) sie da-
> hin treibt, daß sie alles von Gottes Hilfe erwarten müs-
> sen, und deren 'innere Haltung' (sic!) so ist, daß sie
> wirklich alles allein von Gott erwarten" (494).

----

491 G. BORNKAMM, S.115.

492 A. SCHLATTER, S.133.

493 A. SCHLATTER, S.133.

494 Zitiert bei G. EICHHOLZ, S.34.

"Die beschriebene Armut ist die eines Menschen, der sich
der Armseligkeit jeglicher menschlicher Hilfe voll bewußt
ist, seine eigene Not erkennt und weiß, wie sehr er nach
Gott verlangt." (495)

Wenn man diese von sehr verschiedenen Seiten dargebotenen
Deutungen zusammenfaßt, ergibt sich ein einheitliches Bild. Nur
das katholische Schott-Meßbuch bringt den "Geist" in die Nähe
Gottes, sonst ist es der Menschen eigener armer Geist. Diese
Menschen werden charakterisiert als "Hilflose", als "Bettler",
als "Darbende", als psychisch Geknickte, "inwendig Leidende",
als "Bedürftige", als "Wartende" und "Erwartende", als "Notleidende", als "Auf-Gott-Angewiesene". In all diesen Deutungen
wird der Christenmensch defektioniert und defektioniert gesehen.
Das aber ist nicht die "Theologie" des Matthäus und seiner
Zeit! Das ist die Theologie des 20. Jahrhunderts! Wir Christen
sind nach 20 Jahrhunderten in eine ähnliche Lage geraten wie
die Essener damals nach 20 Jahrzehnten. Sie fühlten sich als
Verlassene von Gott. Für uns ist Gott weit in die Ferne gerückt. Der verbindende Faden zwischen Gott und Menschenwelt
ist im Laufe der Zeit immer dünner geworden, und der Gegensatz immer stärker. Gott ist die Fülle, der Mensch ist die
Leere. Gott ist alles, du bist nichts. Die Theologie hat dieses
Problem aufgenommen. Die theologische Seilschaft, hinter der
Koryphäe Karl Barth, gehorsam und gefügig dreintretend, hat
den inzwischen sehr dünn gewordenen Faden zwischen Gott und
Welt vollends – dialektisch – zum Zerriß und den guten Gott
und die böse Welt in einen diametralen Gegensatz gebracht.
Für mich haben diese Theologen den Boden unter den Füßen
verloren, völlig vergessend, daß auch dieser Boden der Welt
Schöpfungsboden Gottes ist – jedenfalls einmal gewesen ist.
Das ist Theologie des 20. Jahrhunderts. In diesen Zusammenhang paßt natürlich trefflich die theologische Entwicklung und
die Deutung von Matth. 5,3, den Christenmenschen zu deformie-
ren, ihn als Hilflosen, als Bettler, als Darbenden, als psychisch angekränkelten, als innerlich Leidenden, als Bedürfti-
gen, mit einem Wort: als Defektionierten zu charakterisieren!

Doch das ist theologische Anthropologie des zwanzigsten Jahrhunderts, aber nicht des ersten, als Matthäus schrieb, Zeitgenosse der Essener. Die Essener waren verzweifelt, daß Gott
nicht gekommen war, sie waren defektioniert, sie fühlten sich
als die "Armen an der Gnade" Gottes, die "Armen am heiligen

---

495   F.W. ALBRIGHT, S.46.

Geist" Gottes. Ihre Lage war so trostlos, daß sie dieses erste Jahrhundert post nicht überlebt haben. Vermutlich sind sie in Scharen zu der urchristlichen Gemeinde übergelaufen. Diese ersten Christen waren Starke, sie waren nicht defektioniert. Sie waren keine "Armen", nicht einmal im materiellen Sinne. Diese äußere Not wurde behoben durch den Liebesdienst, durch die Tischgemeinschaft der Urkirche. Sie gingen nicht gedrückt durch die Welt, sondern aufrecht. Sie waren voll der Heilsgewißheit. Sie besaßen den Christus, den "Heiland". Einige von ihnen hatten den Auferstandenen gesehen. Das gab ihnen unverrückbare Sicherheit für ihren Glauben. Sie waren froh und freudig, gerettet zu sein, das Heil errungen zu haben. Einige von ihnen hatten erlebt, daß der Geist Gottes die Gemeinde erfüllte, die am Pfingsttag verzückt in vielen Zungen redete. Diese Christen des ersten Jahrhunderts waren nicht "arm am heiligen Geist Gottes", sondern Reiche, Begnadete, Aufgerichtete, manchmal sogar Übermütige, Überschäumende, die in Schranken zu weisen waren, nicht psychisch Gebrochene, Bedürftige, Darbende, Notleidende, wie die Theologen des 20 Jahrhunderts meinen. Wären sie wirklich die "Armen am Geiste" gewesen, so wie sie heutzutage gedeutet werden, das Christentum hätte keine Chance gehabt, das erste Jahrhundert post zu überleben.

Solche Fehldeutungen müssen ja entstehen, wenn man einen essenischen Terminus, der nur aus der Geschichte dieser Gemeinde verständlich und erklärbar ist, in eine Passage des christlichen Neuen Testaments einschiebt!

G. EICHHOLZ meint, daß der Evangelist Matthäus "den Begriff der Armen, wie er ihn in der Spruchquelle vorfand, korrigiert" hat (496). Doch hier ist ernstlich zu fragen, ob diese 1. Seligpreisung überhaupt aus der Spruchquelle, also aus der Jesustradition stammt. Ein Stückchen davon ist eindeutig essenisch! Vielleicht ist der ganze Makarismus essenisch? Man könnte diesen Satz als programmatischen Satz der späten Essener auffassen: In diesem irdischen Äon sind sie gottverlassen, "Arme am Heiligen Geist Gottes", doch im kommenden Äon werden sie das Himmelreich besitzen!!

Wenn aber dieser ganze Makarismus essenisch gewesen ist, dann ist die Frage erlaubt, wie es mit den andern Makarismen steht – und auch, wie es mit der Bergpredigt steht ...

----

496 G. EICHHOLZ, S.33.

Die zweite Makarisme schließt sich eng an die erste an, gehört also zum Trostprogramm der späten Essener:

"Selig sind die da Leid tragen; denn sie sollen getröstet werden." (Matth. 5,4)

In der Gott-Verlassenheit zu sein und deshalb Leid zu tragen, das ist die Situation der Essener in der Spätzeit. Doch ihnen ist trotzdem das Himmelreich gewiß, und das Himmelreich wird ihre Tröstung sein.

Nach diesen zwei tröstenden Programmpunkten folgen die Anweisungen, wie ein gottgehorsames und gottwohlgefälliges Leben zu führen ist. Die folgenden Makarismen enthalten eine Tugendlehre. Zu diesen Tugenden gehören "Sanftmut" (5,4), "Hungern und Dürsten nach Gerechtigkeit" (5,6), "Barmherzigkeit" (5,7), "reines Herz" (5,8), "Friedfertigkeit" (5,9) und noch einmal "Gerechtigkeit", deretwegen sie verfolgt werden (5,10). Die 9. und letzte der Makarismen verheißt den Preis im Himmel für die Mühsale der Verfolgung und nimmt das Thema des Trostprogramms der 2. Makarisme wieder auf, daß die da Leid tragen, getröstet werden.

Für den Christen ist die Bergpredigt Jesu ein steil herausragender Felsblock im Sedimentgestein der Evangelien, und die Makarismen, die Seligpreisungen, sind das granitene Kernstück! Sind diese Sätze aber wirklich Jesusworte, vox ipsissima Jesu?! Der Apokalyptiker hat für sein 12. Kapitel einen essenischen Text benutzt. Der Evangelist Matthäus hat eine essenische Formulierung in die Makarismen übernommen und hat auch einen essenischen Bericht über die Südwanderung der Essener, nachdem sie den Stern gesehen haben, in das Evangelium übernommen.

Wir haben keinen Beweis, daß die Makarismen essenisch sind. Doch ist die Abfolge so konstruiert, daß die letzte wieder an die zwei ersten anschließt und das Ganze abrundet. Diese beiden ersten Makarismen geben genau das gefährdete Selbstverständnis der Qumrângemeinde wieder. Dazwischen ist die Tugendlehre eingebettet. Sind diese Tugenden essenische Tugenden? Sind diese Tugenden geeignet, das mönchische Leben in Qumrân zu stützen und zu erhalten?

Die erste dieser geforderten Tugenden ist die "Sanftmut". In einem mönchischen "Konvent", in dem die Köpfe zuweilen sehr heftig aufeinanderprallen, ist keine Tugend so notwendig wie gerade die Sanftmut. Josephus bezeugt das in andern Worten. Er hat in dem Großen Jüdischen Krieg den Haß und den Hader seiner Landsleute am eigenen Leib erlebt, und er ist recht verwundert über diese Essener, die brüderlich zusammenleben, "obwohl sie Juden sind"! Ohne brüderliche Liebe und "Sanftmut" ist ein solch enges Zusammenleben nicht möglich! Auf die Tugend des Menschenverhältnisses folgt die Tugend des Gottesverhältnisses: "Hungern und Dürsten nach der Gerechtigkeit". Der gr. Ausdruck dikaiosynê ist in der deutschen Übersetzung mißverständlich, es müßte eigentlich heißen "Rechtschaffenheit", "Reinheit" vor Gott. Die essenische Mönchsgemeinschaft hatte die Siedlung Qumrân als "Pflanzung der Treue", als "Pflanzung der Ewigkeit" bezeichnet und die eigene Gemeinde als die "Auserwählten Gottes" verstanden. Diese hohe Stellung konnten sie aber nur erringen und erhalten durch ein Leben in völliger Hingabe an die Tugend "Rechtschaffenheit/Reinheit"! Lukas hat dafür kein Verständnis, er muß den Text des Matthäus übernommen haben. Dabei läßt er das Wichtigste, die dikaiosynê, weg. Für ihn gibt es hier nur animalische Triebe, Appetit auf Brot und Fleisch und Durst nach Wasser und Wein und psychische Zustände: Lachen und Weinen. Es war ihm versagt, in die Tiefe zu sehen ... (497).

Die nächste Tugend ist die "Barmherzigkeit". Barmherzigkeit setzt die Fähigkeit voraus, daß man darüber hinwegsehen, vergeben und verzeihen kann, wenn man Übles von einem andern Menschen erlitten hat. Auch die "Barmherzigkeit" ist eine Tugend, die in der Enge einer Mönchsgemeinschaft bitter nötig war für die Erhaltung der inneren Einheit und den Zusammenhalt aller Glieder.

Das "reine Herz" ist die nächste Tugend! Ein Gegensatz dazu ist das "verstockte Herz". In der Qumrân-Kriegsrolle 1 QM XIV,7 kämpfen siegreich die Guten gegen die Bösen und vernichten sie. Es (vertilgen) die 'Armen am Geiste' (diejenigen, die) das 'verstockte Herz' (haben). Ein anderer Gegensatz könnte das falsche, das trügerische, das heuchlerische Herz sein. Das war ein brennendes Problem für die essenische Gemeinde. Es hatten sich einmal Heuchler der Gemeinde angeschlossen, die nicht mit reinem Herzen kamen, sondern eigensüchtige, egoistische Ziele dabei verfolgten. Das wurde als das schwerste Vergehen gegen die Gemeinde geahndet. Ein ewiger Ausschluß

----

497 Luk. 6,21: "Selig seid ihr, die ihr hier hungert; denn ihr sollt satt werden. Selig seid ihr, die ihr hier weinet; denn ihr werdet lachen."

genügte nicht. Die Strafe Gottes war diesen heuchlerischen Frevlern gewiß! (498)

Es gibt keine Gruppe in der damaligen antiken Welt, in der die Tugend der "Friedfertigkeit" in so hohem Ansehen stand wie bei den Essenern. Philo von Alexandrien rühmt ihre Friedensliebe. Sie haben nicht nur das blutige Handwerk des Kriegs verabscheut, sondern auch das unblutige Handlangerwesen des Krieges. Niemand durfte Geräte herstellen, die im Krieg Verwendung finden konnten. Damals gab es noch keine Kriegsspielzeuge, doch sicherlich wird Philo das in seiner Formulierung voraus- und mitgedacht haben. (499)

Josephus äußert sich kürzer. Er lebte später als Philo, also in der essenischen Spätzeit, als die an ihrer Sendung zweifelnden und verzweifelten Essener sich vor die Wahl gestellt sahen, entweder zu den Christen überzulaufen oder zu den Zeloten. Ein Kampfgefährte des Josephus, ein Heerführer, der im Großen Jüdischen Krieg sein Leben verlor, war ein Essener, er hieß Johannes der Essener. Trotz dieses militanten Mannes hebt Josephus kurz, aber deutlich, die Friedensliebe der Essener

----

498 Gemeinderegel = 1 QS II,11-19: "Und die Priester und Leviten sollen ... sagen: 'Verflucht sei der, der mit den Götzen seines Herzens übertritt, wenn er in diesen Bund eintritt und den Anstoß seiner Sünde vor sich hinstellt, um dadurch abtrünnig zu werden... Der Zorn Gottes und der Grimm seiner Gerichte mögen aufflammen gegen ihn zu ewiger Vernichtung. Es mögen ihm anhaften alle Flüche des Bundes, und Gott möge ihn absondern zum Unheil, daß er ausgetilgt werde aus der Mitte aller 'Söhne des Lichtes', weil er abtrünnig geworden ist von Gott durch seine Götzen und den Anstoß seiner Sünde. Er möge sein Los in die Mitte der ewig Verfluchten setzen! Und alle, die in den Bund eintreten, sollen antworten und nach ihnen sprechen: Amen, Amen. So sollen sie Jahr um Jahr tun, solange die Herrschaft Belials währt."

499 Philo QOPLS § 78: "Man findet unter ihnen keinen, der Pfeile, Speere, Schwerter, Helme, Panzer oder Schilde herstellt, vollends keinen Waffenschmied. Kriegsmaschinenbauer oder jemand, der sich mit Kriegsmitteln, ja überhaupt mit solchen Mitteln, die im Frieden zum Frevel führen, befaßt."

hervor (500). Wie stark diese Tugendlehre jüdisch bestimmt ist, anti-paulinisch ausgerichtet ist, erkennt man daraus, daß die dikaiosynê, die Rechtschaffenheit/Reinheit vor Gott, in der 8. Makarisme noch einmal besonders hervorgehoben wird. Dies ist der einzige Weg, daß Gott kommen und sein Reich errichten wird; hê basileia tôn ouranôn (Matth. 5,10). Allerdings wird hier schon betont, daß die Frommen wegen der dikaiosynê verfolgt werden. Die Essener wurden auch verfolgt, doch das lag lange zurück. An dieser Stelle haben wir den einzigen eindeutig christlichen Einschlag bei diesen Makarismen. In dieser Zeit wurden nicht die Essener verfolgt, sondern die Christen. Gefangennahme, Folterung, Kerkerhaft, Steinigung, Kreuzestod, Arenatod, Martyrium, das war das Los der ersten Christen. Trotz dieser Parteinahme des Matthäus für die ersten Christen in der vorletzten 8. Makarisme und der Verherrlichung des Preises im Himmel für die erlittenen Mühsale der Verfolgung in der allerletzten, der 9. Makarisme, kann nicht ausgeschlossen werden, daß diese Seligpreisungen, diese Makarismen, essenisch sind. Der Evangelist Matthäus hat sich ja nicht sklavisch an die essenische Vorlage gebunden gefühlt. Er hat zuweilen sehr frei darüber verfügt; denn er war ja schließlich Christ. Trotz dieser christlichen Eigenwilligkeit am Schluß der Makarismen ist festzuhalten, daß diese Makarismen ausgezeichnet in das "Glaubensbekenntnis" der essenischen Qumrângemeinde hineinpassen und deswegen als essenisches Glaubensgut angesprochen werden können. Beweisen läßt sich hier allerdings nichts!

Die Seligpreisungen sind das Herzstück der Bergpredigt, und die Bergpredigt ist das Herzstück des Matthäus-Evangeliums! Die Bergpredigt erscheint als ein selbständiges, eigenes Gewächs, wie auf fremdem Boden gewachsen. Bei den Makarismen ist nicht auszuschließen, daß sie essenisch sind. Wie steht es aber damit bei der Bergpredigt?

Es ist als feststehend anzunehmen, daß dem Matthäus genauso wie dem Apokalyptiker essenische Texte vorgelegen haben. Wenn er sie benutzt hat, dann stehen diese Textübernahmen außerhalb der Jesus-Tradition. Matthäus hat diese Textfolgen allein, die andern Synoptiker haben sie nicht, sie sind "Sondergut"

---

500 Josephus, Bellum II.VIII,6 = § 135, nennt hier die Essener: "Des Zornes gerechte Verwalter, der Aufwallung Bezwinger, der Treue Vorkämpfer, des Friedens Diener" (= eirênês hypoyrgoi, sic!).

bei Matthäus. Wenn wir nun dieses "Sondergut" herauslösen und untersuchen, wenn wir also gewissermaßen unser Netz über dieses Sondergut werfen, dann hoffen wir, daß sich einige essenische Fischlein darin finden und fangen lassen.

Es wäre sehr einfach und einfältig, wenn man ein Gleichheitszeichen setzen würde. Sondergut = essenisch. Gegen dieses Verfahren gibt es verschiedene Einwände:

1. Es gibt essenische Formulierungen, die nicht als Sondergut erkennbar sind. So hat Lukas, der ja viel später schrieb als Matthäus, essenische Formulierungen von Matthäus übernommen, wie zum Beispiel den essenischen Terminus "Armen im Geiste", aber eigenwillig verändert. Beim "Hungern und Dürsten nach dikaiosynê" steht es ähnlich.

2. Manches Sondergut entsteht bei Matthäus dadurch, daß er ausführlicher und anschaulicher, konkreter formuliert als zum Beispiel Lukas. Das ist Stilistik und hat mit Essenismus selbstverständlich nichts zu tun.

3. Bei Matthäus gehört manches Sondergut zur Jesustradition. Er spricht ja zu Judenchristen. Lukas hat manche dieser Passagen, die für Heidenchristen nicht ganz verständlich waren oder zu "jüdisch" wirkten, abgelehnt und nicht übernommen. Wenn Lukas kürzt, was Matthäus in der Überlieferung bewahrt hat, dann ist der sonst sehr bewährte philologische Grundsatz, daß die kürzere Lesart die ältere und damit die bessere sei – lectio brevior est potior – in diesem Zusammenhang immer zu überprüfen. Daß Markus manche Passagen nicht hat, hängt sicherlich mit der knappen und gedrängten Federführung zusammen.

Matthäus spricht zu Judenchristen, greift oft auf das TeNaCH, die Heilige Schrift der Juden, zurück und erklärt von daher. Hier kürzt Lukas auch, der zu Heidenchristen spricht. Doch die Rückbeziehung auf die Heilige Schrift ist bei den Essenern ein durchgängig geübter Brauch, die gerade in dem prophetischen Wort von Nahum und Habakuk wichtige Hinweise auf ihre notvolle Gegenwart zu erkennen suchen. Hier steht die judenchristliche Gemeinde des Herrenbruders Jakobus, für die Matthäus wohl der richtungsweisende Evangelist ist, in unmittelbarer Nähe der Gemeinde von Qumrân!

Im folgenden werden alle Perikopen der Bergpredigt, nach der Luther-Bibel benannt, nacheinander gebracht, allerdings nur das "Sondergut" herausgehoben, zitiert und auf die Möglichkeiten hin überprüft, ob essenischer Einfluß spürbar sei.

Diese Beschränkung auf das "Sondergut" bei Matthäus mag man als kleinliche, engstirnige Kleinarbeit empfinden, doch für mich ist kein anderer methodischer "Weg" gangbar, um in dem weitverzweigten Verswerk der Bergpredigt und des Evangeliums nach essenischen Überresten zu suchen. So wird hier nur das "Sondergut" untersucht, also die Texte, die Matthäus allein hat. Es wird also hier ein weitgespanntes "Sonderguts"-Netz ausgeworfen, in der Hoffnung, neben manchem unbedeutendem Gut auch einige essenische Fischlein zu bergen.

In der Bergpredigt folgt nach den SELIGPREISUNGEN (5,3-12): DIE JÜNGER DAS SALZ DER ERDE UND DAS LICHT DER WELT (5,13-16):

SG: "Ihr seid das Licht der Welt" (5,14)

Das erinnert stark an die Eigenbezeichnung der Essener: "Söhne des Lichts" (501).

SG: "So soll euer Licht leuchten vor den Leuten, daß sie eure guten Werke sehen und euren Vater im Himmel preisen" (5,16).

Wieder wird das Licht erwähnt, das an die essenische Eigenbezeichnung "Söhne des Lichts" anklingt. Der Terminus "euer Vater im Himmel" ist charakteristisch für die Bergpredigt. Im Evangelium heißt es dafür "mein Vater im Himmel", ist also auf den Gottessohn Jesus beschränkt. Diese terminologische Unterscheidung wird neben andern Argumenten zum Kriterium, um die Bergpredigt aus dem Evangelium herauszulösen. - Die glanzvolle Heraustellung der guten Werke ist typisch jüdisch - natürlich auch essenisch - der Satz preist die Werkgerechtigkeit in höchsten Tönen. Ob diese Einstellung noch judenchristlich vereinnahmt werden kann, ist doch sehr fraglich.

SG: "Es kann die Stadt, die auf dem Berge liegt, nicht verborgen sein" (5,14).

----

501 Gehäuft in der für die Gemeinde von Qumrân bestimmten Ordensregel 1 QS: I,9; II,16; III,13. 24. 25; aber auch in der Kriegsrolle 1 QM: I,1. 3. 9. 11. 13; und auch in dem Florilegium 4 Q Fl I,9.
Bemerkenswert ist auch hier wieder die Sonderstellung der Damaskusschrift. Hier ist nur von der Musterung für das "Los des Lichts" an einer Stelle die Rede (CD XIII,12).

Aus dem Zusammenhang ergibt sich, daß hier wieder die guten Werke gemeint sind, die öffentlich sichtbar werden und sein sollen. Die "Stadt auf dem Berge" ist natürlich die Heilige Stadt Jerusalem, verehrungswürdig für Judenchristen und Essener der Spätzeit. An Qumrân auf einer Mergelterrasse am Toten Meer ist hier sicherlich nicht gedacht ...

JESU STELLUNG ZUM GESETZ (5,17-20)

> SG: "Ihr sollt nicht wähnen, daß ich gekommen bin, die Tora oder die Propheten aufzulösen. Ich bin nicht gekommen, aufzulösen, sondern zu erfüllen" (5,17).

Die strenge Erfüllung der Tora und ihrer Gebote ist spezifisch jüdisch, in besonderer Strenge geübt von der Essenergemeinde. Die Ordensregel 1 QS "verpflichtet die Angehörigen der Gemeinschaft unermüdlich das ganze Gesetz zu tun ... das Halten des ganzen Gesetzes (bezeichnet man) als vollkommenen Wandel" (502).

Im folgenden wird es aber minutiös. Der Text enthält eine Spitze gegen die Pharisäer, die beim Halten der Gebote nicht so streng sind und auch ihre Anhänger in dieser Weise beeinflussen. Das ist bestimmt kein christliches Thema. Das ist ein alter Vorwurf der Essener, welche die Pharisäer wegen deren Laxheit in der Befolgung der Gebote als die bezeichnen, welche "nach glatten Dingen suchen" (503).

----

502 U. LUCK, die Vollkommenheitsforderung der Bergpredigt, Theol. Existenz heute 150, 1968, S.31. Der Verfasser nennt viele Stellen der Ordensregel 1 QS als Beleg, so 1 QS 1,8; 8,1; 9,13; 1,13 f.; 2,2; 3,10; 4,12; 3,8; 5,7; 6,15; 9,3.9 u.a. Dazu: "Dieses Tun des ganzen Gesetzes wird 1 QS 1,5 näher beschrieben". Stellen für die Gleichsetzung "Halten des ganzen Gesetzes = vollkommener Wandel": 1 QS 5,24; 4,22; 8,18; 10,21; 9,2.5.6.8.9.19; 11,17 u.a. - 1 QS I,5: "... anzuhangen allen guten Werken; und Treue, Gerechtigkeit und Recht zu tun im Lande ..."

503 "Dorsche Chalaqot" - vermutlich auch ein beabsichtigtes Wortspiel mit Halacha. Belegstellen: Sektenpsalm 1 QH: II,15. 32. Nahumpescher 4 Q pNah I,2. 7; II,2. 4; III,3. 7. (DORŠE HaH.a.LâQOT)

SG: "Wer eines von diesen kleinsten Geboten (sic!) auflöst und lehrt die Leute so, der wird der Kleinste heißen
im Himmelreich; wer es aber tut und lehrt, der wird groß
heißen im Himmelreich." (5,19)

Die dikaiosynê, die Rechtschaffenheit/Reinheit des Menschen ist
nur zu erreichen durch die Befolgung auch der kleinsten dieser
Gebote, dieser mizwot, welche die Pharisäer mißachten.

SG: "... denn ich sage euch: Es sei denn eure 'Gerechtigkeit' besser als die der Schriftgelehrten und Pharisäer, so werdet ihr nicht in das Himmelreich kommen."
(5,20)

Wie stark gerade die dikaiosynê, die 'Gerechtigkeit/Rechtschaf-
fenheit/Reinheit, bei den Essenern hochgeschätzt wurde, kann
man daraus erkennen, daß der Gründer und Präger dieser Gemeinde den Titel trug: "Lehrer der 'Gerechtigkeit'/Rechtschaffen-
heit/Reinheit"! Belegstellen für die Hochschätzung der Recht-
schaffenheit/Reinheit bei den Essenern hier zu zitieren, würde
zu weit führen (504). Hier taucht zum ersten Mal bei Matthäus
das Wort "Pharisäer" auf, dabei ist die Kritik der Bergpredigt
an dieser Stelle noch gelinde. Trotzdem soll hier schon auf
dieses Problem eingegangen werden. Wenn in der Öffentlichkeit
– auch in politischen Gremien – das Wort "Pharisäer" fällt –
übrigens entsprechend dem deutschen Sprachgebrauch, und das
heißt: in diskriminierender Bedeutung, so ist dies für viele
Juden ein Anlaß zur Empörung. Diese Reaktion ist verständlich,
wenn man die vielen Jahrhunderte und die von Christen in
christlicher Verantwortung durchgeführten Diskriminierungen
und Verfolgungen und die Schrecknisse der Schoa in diesem
Jahrhundert bedenkt. Trotzdem sollte man eine übersteigerte
Sensibilität vermeiden, um nicht schlafende alte antisemitische
Hunde zu wecken, und neue Ängste in der eigenen Gemeinde zu
erregen. Bleiben wir also auf dem sachlichen Felde und greifen
nach einem Wörterbuch der deutschen Sprache. Unter dem Stichwort "Pharisäer" steht folgendes: "Angehöriger der führenden
altjüd. religiös-polit. Partei seit dem 2. Jh.v.Chr., die sich
streng an das Mosaische Gesetz hielt, Gegner der Sadduzäer."
Hinzugefügt wird hier eine Bedeutung "im übertragenen Sinne":
"selbstgerechter, engstirniger Mensch ... selbstzufrieden". In

----

504 In der Kuhn-Kordanz umfassen die Wörter ṢDWQ (s), ṢDWQ
(n pr), ṢDYQ (adj), ṢDQ (v), ṢDWQ /ṢDQ (s), ṢDQH (s)
nicht weniger als fünf Spalten, S.184-186.

dem "für alle Zweifelsfälle maßgebenden" Wörterbuch der deutschen Sprache steht sogar an dieser Stelle: "dünkelhafter, selbstgerechter Heuchler" (505). Es erscheint mir recht zweifelhaft, ob man diesen deutschen Sprachgebrauch eliminieren kann. Das Wort "Pharisäer" teilt hier das gleiche Schicksal mit andern historisch nicht berechtigten Gruppenbezeichnungen, wie "Vandalen", denen ihr Vandalismus vorgeworfen wird, oder den "Hunnen", die im 1. Weltkrieg in England zur Bezeichnung für die Deutschen wurden, oder den Teutonen mit ihrem übersteigerten Überlegenheitswahn. Diese Beispiele lassen sich verlängern. Man kann mit dem historisch gewordenen Sprachgebrauch leben, aber es wäre natürlich immer gut zu wissen, wie es um die historische Realität steht.

Es ist übrigens historisch falsch, den Christen diese herabsetzende Bedeutung in die Schuhe zu schieben. Vor den Christen gab es schon diese Feindschaft gegenüber den Pharisäern und natürlich auch schon diese herabsetzenden Bezeichnungen. Die Essener bezeichneten ihre Intim-Feinde, die Pharisäer, als Dorsche Chalaqot, als Leute, die nach bequemen Lösungen für ihr Leben suchen, oder als "Ephraim", als Leute, die von Gott und dem Tempel abgefallen sind wie weiland die Stämme des Nordreichs Ephraim und Manasse. Es findet sich auch der Vorwurf der Heuchelei: "Verflucht sei der, der mit den Götzen seines Herzens übertritt, wenn er in diesen Bund eintritt ... und ... sich in seinem Herzen segnet und spricht: 'Friede sei mit mir, wenn ich auch in der Verstocktheit meines Herzens wandle – so werde sein Geist vernichtet... Es mögen ihm anhaften alle Flüche dieses Bundes, und Gott möge ihn absondern zum Unheil, daß er ausgetilgt werde ..." (506). Hier wurden die Pharisäer nicht genannt, doch bezieht sich diese Vorschrift sicherlich auf ein Vorkommnis, das mit den Pharisäern in Verbindung gebracht werden kann. Auf besser fundiertem Boden bewegen wir uns bei einem andern Terminus, der uns auch instand setzt, die Verbindungslinie zwischen dem Pharisäerhaß der Essener und der Pharisäerdiskriminierung durch die Christen zu finden. Der Mittelsmann ist der ausgeflippte Essener Johannes der Täufer. Er spricht von dem "Otterngezücht" der Pharisäer, diese Vorstellung ist typisch essenisch, und Mat-

---

505 WAHRIG, Deutsches Wörterbuch, 1968, Spalte 2715-2716 – Der große Duden, Rechtschreibung, 1973, S.525 (Auch noch in der Ausgabe 1986).

506 Ordensregel 1 QS II,11-16.

468

thäus nimmt diesen Terminus in seiner weitschweifigen Auseinandersetzung mit den Pharisäern wieder auf. - Es ist überdies bemerkenswert, daß die Rabbinen ihrer pharisäischen Vergangenheit nicht so recht froh waren, vermutlich haben die politischmilitanten Aktionen der Pharisäer später sehr gestört. So war die Pharisäer-Frage schon in der alten Zeit ein Problem. Dabei soll aber nicht vergessen werden, daß diese "heuchlerischen, engstirnigen, selbstgerechten, dünkelhaften" Pharisäer in einer Schicksalsstunde des jüdischen Volkes, nämlich nach der Zerstörung des zweiten Tempels, eine Klarsicht und einen Weitblick besaßen, der noch heute faszinierend auf uns wirkt. Den Pharisäern, und vor allem ihrem berühmten Oberhaupt Jochanan ben Sakkai, ist es nämlich zu verdanken, daß das religiöse Judentum diese furchtbare Katastrophe des Jahres 70 post - auch ohne Tempel und ohne Tempeldienst - überlebte.

TÖTEN (5,21-26)

> SG: "Ihr habt gehört, daß zu den Alten gesagt ist: 'Du sollst nicht töten'! Wer aber tötet, der soll des Gerichts schuldig sein" (5,21). (507)

----

507 In der neueren Zeit ist es üblich geworden, zu übersetzen: "Du sollst nicht 'morden'"! Ich halte diese Übersetzung für falsch, aus philologischen, aus psychologischen und aus politischen Gründen. Philologisch, und das kann man aus dem Tenach belegen, handelt es sich bei diesem Verb im Kal um eine Auflistung von verschiedenen Vergehen leichter und schwerer Art, vor allem aber um fahrlässige Tötung, also nicht um Mord! Außerdem um Verletzung mit Todesfolge, also nicht um Mord! - Den jungen Christen, der seinen Musterungsbescheid erhält, hat dieses Wort: "Du sollst nicht töten!" in der Seele getroffen, und folgerichtig verweigert er den Waffendienst. - Bis zu den ersten Jahrzehnten unseres Jahrhunderts gab es den Bund zwischen Thron und Altar. Heute kann man etwas Ähnliches beobachten: Die Kollaboration zwischen Parlament und philologisch-theologischen Expertenteams. So kommt diese veränderte Lesart zustande. Die Kirche verbeugt sich vor dem Staat wie eh und je. Sie ist bemüht, dem Staat die für seine Existenz notwendigen Vaterlandsverteidiger zu kalmieren und zu rekrutieren. Der Bombenflieger, der über einer Stadt seine Bombenlast ausklinkt, "mordet" ja nicht, er "tötet" nur. Nach der neuen, sehr modern gewordenen Übersetzung ist ja nur das "Morden" gegen Gottes Geheiß, nicht das "Töten"!

Dieses TeNaCH-Wort wird in der Bergpredigt rigoros verschärft:

SG: "Ich aber sage euch: 'Wer mit seinem Bruder zürnt, der ist des Gerichts schuldig; wer aber zu seinem Bruder sagt: Du Nichtsnutz, der ist des Hohen Rats schuldig; wer aber sagt: Du gottloser Narr, der ist des höllischen Feuers schuldig!'" (5,22)

Hier haben wir eine deutliche Klimax: Seelisch-geistige Verfassung und Stimmung – Wortbeleidigung, die sich auf untätiges und gemeinschaftsschädigendes Verhalten bezieht – Wortbeleidigung, die sich auf das Verhältnis zu Gott bezieht. Die Klimax haben wir auch in der Bestrafung. Die erste Strafe wird von dem Gericht verhängt – vergleichsweise dem Amtsgericht – die zweite von dem Hohen Rat – vergleichsweise dem Obersten Bundesgericht – die dritte Strafe von dem Hochheiligen selbst! Das wichtigste Wort ist hier das Wort adelphos, "Bruder". Der Text stammt aus einer Bruderschaft, für die das Tötungsverbot irrelevant ist, die aber darunter leidet, daß persönlicher Haß zornige Worte, Beleidigungen auslöst, die nicht nur dem andern den tätigen, engagierten Einsatz für die Gemeinschaft, sondern auch die Zugehörigkeit zu den "Auserwählten Gottes", zur Heilsgemeinde absprechen! Dieser Text kann sehr gut als essenischer Text verstanden werden. Man braucht nicht die "Bruderliebe" zu bemühen, auf die Josephus hinweist, die Liebe zum adelphos war ein notwendiges und konstitutives Element in dieser Gemeinde.

SG: "Darum: Wenn Du deine Gabe auf dem Altar opferst und wirst allda eingedenk, daß dein 'Bruder' etwas wider dich habe, so laß allda vor dem Altar deine Gabe und gehe zuvor hin und versöhne dich mit deinem 'Bruder' und alsdann komm und opfere deine Gabe" (5,23-24).

Die Essener in Qumrân hatten das Blutopfer abgelehnt und dafür ein Kultmahl mit Brot und Tirosch veranstaltet. Die Essener in der Damaskusgemeinde haben teilweise am Blutopfer festgehalten. Wenn hier die Opfergabe auf dem Altar erwähnt ist, dann kann man nicht von vornherein sagen, daß der Text unmöglich essenisch sein könne. Bei der christlichen Urgemeinde liegt übriges das Problem ähnlich. Sie hat Opfergaben für den Tempel sicher abgelehnt, doch einige werden daran festgehalten haben. Wichtig ist hier nur der Vergleich. Wichtiger als die Opfergabe ist die Versöhnung mit dem Bruder. Das Verhältnis zum Bruder hat Vorrang vor dem Verhältnis zu Gott!

EHEBRUCH (5,22-33)

SG: "Ihr habt gehört, daß gesagt ist: 'Du sollst nicht ehebrechen!'
Ich aber sage euch: 'Wer eine Frau ansieht, ihrer zu begehren, der hat schon mit ihr die Ehe gebrochen in seinem Herzen.'" (5,27-28)

Auch hier wieder die Verschärfung der Tora, ausgesprochen rigoristisch. Die Mönche in Qumrân lebten ehelos, deshalb war ein Ehebruch unter ihnen nicht möglich. Doch später gab es auch essenische Familien der Damaskusgemeinde in Qumrân, außerdem verheiratete Pharisäer und andere Asylanten, so daß das Begehrverbot in Qumrân durchaus angebracht war: Mögen die Mönche ihre Blicke abwenden von den Frauen der andern!

EHESCHEIDUNG (5,31-32)

SG: "Es ist auch gesagt: 'Wer sich von seiner Frau scheidet, der soll ihr geben einen Scheidebrief.'" (5,31) (508)

Das Seltsame an dieser Perikope: "Sondergut" ist einzig und allein die Rückbeziehung auf den Tenachtext. Die Bestimmung, daß Scheidung dem Ehebruch gleichzusetzen ist, bringen alle drei Synoptiker in gleicher Weise.

In Qumrân gab es das Problem der Ehescheidung nicht, weil die Mönche ehelos lebten. Es kann also auch keine Bestimmung über die Ehescheidung in einem Qumrântext gestanden haben. Ein essenischer Text dieses Inhalts kann dem Matthäus daher auch nicht vorgelegen haben. Das könnte eine Erklärung sein, daß das erwartete "Sondergut" an dieser Stelle fehlt. Sollte diese Vermutung richtig sein, dann hat dem Matthäus ein essenischer Text der Qumrângemeinde vorgelegen und nicht etwa ein Text aus dem Kreise der Damaskusleute. Dafür sprechen auch andere Besonderheiten, wie zum Beispiel die Betonung des Bruderverhältnisses.

----

508 Deut. 24,1: "Wenn jemand ein Weib nimmt und ehelicht sie, und sie nicht Gnade findet vor seinen Augen, weil er etwas Schändliches an ihr gefunden hat, so soll er einen Scheidebrief schreiben und ihr in die Hand geben und sie aus seinem Hause entlassen."

SG: "Ihr habt weiter gehört, daß zu den Alten gesagt ist:
"Du sollst keinen falschen Eid tun und sollst Gott deinen
Eid halten!' (509)
Ich aber sage euch, daß ihr überhaupt nicht schwören
sollt weder bei dem Himmel, denn er ist Gottes Thron,
noch bei der Erde, denn sie ist seiner Füße Schemel,
(510) noch bei Jerusalem, denn sie ist des großen Königs
Stadt. (511)
Auch sollst du nicht bei deinem Haupte schwören; denn
du vermagst nicht ein einziges Haar weiß oder schwarz
zu machen.
Eure Rede aber sei: Ja, ja, nein, nein. Was darüber
ist, das ist vom Übel." (5,33-37)

Bei den Essenern muß man unterscheiden zwischen der Eidesleistung nach außen, nach oben, die vermutlich nicht erlaubt
war und der Eidesleistung nach innen, dem Bunde Gottes getreu zu sein, verbunden mit Selbstverfluchungen. Doch die Verweigerung des Eides nach außen, nach oben, war nicht auf die
Essener beschränkt.

In der herodianischen Zeit muß es chasidische, strenggläubige
Strömungen gegeben haben, welche die Eidesleistung ablehnten.
Herodes pflegte die Verweigerung des Eides – offenbar war es

----

509 Ein falscher Eid bedeutet Mißbrauch des Gottesnamens, ver-
stößt gegen die Tora:
"Du sollst den Namen des Herrn, deines Gottes, nicht miß-
brauchen" (Ex. 20,7)
"Ihr sollt nicht falsch schwören bei meinem Namen und
entheiligen den Namen Gottes!" (Lev. 19,12)
Genaue Befolgung der Eidesworte wird gefordert:
"Wenn jemand dem Herrn ein Gelübde tut oder einen Eid
schwört, daß er seine Seele verbindet, der soll sein Wort
nicht aufheben, sondern alles tun, wie es zu seinem Munde ist ausgegangen." (Num. 30,3)

510 "Der Himmel ist mein Stuhl und die Erde meine Fußbank."
(Jes. 66,1)

511 "Schön ragt empor der Berg Zion, des sich das ganze
Land tröstet, an der Seite gegen Mitternacht liegt die
'Stadt des großen Königs'" (Ps. 48,3).

ein Gehorsamseid gegenüber dem Staat – mit dem Tode zu bestrafen, doch machte er Ausnahmen. Die Pharisäer Pollio und Sameas sowie ihre Anhänger waren von der Eidesleistung befreit. Befreit waren auch die Essener.

"Als er aber auch den Pharisäer Pollio und den Sameas sowie mehrere von deren Anhängern zum Eidschwur zwingen wollte, weigerten sie sich dessen entschieden; gleichwohl schritt er mit Rücksicht auf Pollio nicht gegen sie ein wie gegen die andern, die den Eid nicht leisten wollten. Auch waren von dieser Verpflichtung die sogenannten Essener befreit, die eine ähnliche Klasse von Menschen bilden, wie bei den Griechen die Pythagoräer." (512)

In den Qumrânschriften haben wir kein Zeugnis über die totale Verweigerung des Eides. In Qumrân lebten die Mönche fern der Welt und kamen so mit den Forderungen der Außenwelt nicht in Berührung. Innerhalb der Gemeinde gab es die Selbstverfluchungen für die, welche der Gemeinde untreu wurden. Anders waren die Verhältnisse in der Nordgemeinde von Damaskus. Diese Gemeinde stand in starker Berührung mit der Außenwelt. Hier finden sich auch Bestimmungen über die Eidesleistung. Diese konservativ eingestellte Gemeinde hielt natürlich an der Tora fest und auch an der hier bezeugten Erlaubnis zu schwören. So heißt es in der Damaskusschrift CD XVI,6-8:

"... 'Das, was über deine Lippen kommt, sollst du halten' (Deut. 23,24), es einzuhalten: Jeden bindenden Eid, den jemand auf sich genommen hat, um etwas von der Tora zu tun, soll er selbst um den Preis des Todes nicht lösen."

Daß auch Frauen berechtigt waren, einen Eid zu leisten, geht aus der Damaskusschrift CD XVI,10-12 hervor.

Allerdings gab es in dieser Gemeinde auch bestimmte Eidverbote. Man durfte beim Eid nicht beim Gottesnamen schwören und auch nicht bei der Tora des Mose. Schwören durfte man "bei den Flüchen des Bundes", damit sind die Selbstverfluchungen gemeint, falls der Schwörende der Gemeinde untreu würde ...
In der Damaskusschrift CD XV,1-4:

----

512 Josephus, Ant., XV. X,4 = § 370-371.

"... schwören, weder bei Aleph und Lamed,
(gemeint ist "Elohim" = ᵓLOHYM)
noch bei Aleph und Dalet,
(gemeint ist "Adonaj" = ᵓDoNâY)
sondern mit dem Eid des ...
mit den Flüchen des Bundes. Und die Tora des Mose soll
man nicht erwähnen. Und wenn er schwört und übertritt,
entweiht er den Namen.
Und wenn er bei den Flüchen des Bundes schwört, so
sei es vor den Richtern...."

Während hier bei der Nordgemeinde das Schwören erlaubt ist,
allerdings nur bei Vermeidung des Namens Gottes und des Namens Mose, könnte es bei der Südgemeinde zu einer totalen
Verwerfung jeglicher Eidesleistung gekommen sein. Das Zeugnis
des Josephus betrifft den politischen Eid und kann nicht als
totales Schwörverbot ausgelegt werden.

Es folgen hier einige inneressenische Texte der Qumrângemeinde
und auch außeressenische Texte, die das Schwören betreffen
und die zeigen, daß es sich vor allem um Eide handelt, welche
den Novizen und das Gemeindeglied zur Treue und zum Verblei-
ben in der Gemeinde zwingen wollen:

1 QS V,7-11: "... Jeder, der in den Rat der Gemeinschaft
kommt, soll in den Bund Gottes eintreten in Gegenwart
aller, die sich willig erwiesen haben.
Und er soll sich durch einen 'bindenden Eid' verpflich-
ten, umzukehren zur Tora des Mose gemäß allem, was er
befohlen hat, von ganzem Herzen und ganzer Seele ....
Er soll sich durch den Bundesschluß binden, sich absondern von allen Männern des Frevels, die auf gottlosen
Wegen wandeln ..."

Philo, QOPLS § 84: Bezüglich der Liebe zu Gott bringen sie un-
endlich viel Beispiele: die das ganze Leben hindurch
ununterbrochen währende und unablässige Lauterkeit,
die Meidung des Eides (sic!), die Wahrheitsliebe und
die Überzeugung, daß das Göttliche aller guten Dinge,
aber keines einzigen Schlechten Ursprungs sei. (II,306)

1 QS V,11-13: "... sie werden nicht zu seinem Bund gerechnet; denn sie haben nicht gesucht und nicht geforscht
in seinen Geboten, um die verborgenen Dinge zu erkennen,
in denen sie in die Irre gingen zur Verschuldung. Und
die offenbaren Dinge haben sie mit erhobener Hand getan
(offensichtlich ein symbolischer Ausdruck für die gottwidrige Selbstgerechtigkeit und Überheblichkeit des Menschen),

so daß sie Zorn erwecken zum Gericht und zur Vollstrek-
kung der Rache durch die 'Flüche des Bundes' (sic!),
so daß gewaltige Gerichte an ihnen vollstreckt werden zu
ewiger Vernichtung, ohne Rest."

Josephus Bellum II. VIII,8 = § 143: "Diejenigen aber, die bei
bedeutenden Verfehlungen ergriffen werden, stoßen sie aus
dem Orden aus. Der Ausgeschlossene geht oft, von erbärm-
lichem Geschick getroffen, zugrunde; denn durch 'Eide
und Verpflichtungen' gebunden, kann er auch von Fremden keine Nahrung annehmen ... und geht zugrunde.

Josephus Bellum II. VIII,7 = § 139 über den Novizen:

"Bevor er jedoch die gemeinsame Speise anrührt, schwört
er ihnen furchtbare Eide (sic!), erstlich die Gottheit zu
verehren, dann das, was den Menschen gegenüber gerecht ist, zu bewahren ..."

II. VIII,7 = § 142: "Außerdem schwört er, niemandem die
Satzungen anders mitzuteilen als wie er sie selbst emp-
fing, keinen Raub zu begehen ((offenbar eine Beteiligung
an der zelotischen lesteia)) und die Bücher der Sekte
in gleicher Weise wie die Namen der Engel sorgfältig zu
bewahren. Mit solchen Eiden (sic!) versichern sie sich
der neu Eintretenden".

Ein abschließender Text aus der Damaskusschrift CD XV,5-10:

"Und für jeden, der in den Bund eingetreten ist, der für
ganz Israel bestimmt ist, sei es ewige Satzung: ihren
Söhnen, die das Alter erreicht haben, um zu den Gemuster-
ten hinüberzugehen, sollen sie den 'Eid des Bundes' auf-
erlegen (sic!) .....
An dem Tag, an dem er mit dem Aufseher der Vielen
spricht, soll man ihn mustern mit dem 'Schwur des Bundes', den Mose mit Israel geschlossen hat - nämlich dem
Bund, umzukehren zur Tora des Mose mit ganzem Herzen
und mit ganzer Seele zu dem, was darin gefunden wird,
daß man es tun muß während der ganzen Zeit der Gottlosigkeit ..."

In der christlichen Überlieferung haben wir eine ähnliche Ent-
gegensetzung von Schwörverbot und Schwörerlaubnis. Auf der
einen Seite steht das rigorose Wort der Bergpredigt: mê omosai
holôs, das absolute Schwörverbot, doch an einer Stelle im
Evangelium des Matthäus (23,21-22) ist das Schwören erlaubt.
Gibt es zwei Jesusgestalten, einen (essenischen?) Jesus der

Bergpredigt und einen anderen Jesus, den Jesus des Evangeliums. Über dieses Problem wird noch zu sprechen sein!

WIEDERVERGELTUNG (5,38-42)

> SG: "Ihr habt gehört, daß gesagt ist: 'Auge um Auge, Zahn um Zahn.'
> Ich aber sage euch, daß ihr nicht widerstehen sollt dem Übel." (5,38-39).

Meiner Meinung nach ist in der Bergpredigt ein Einfluß essenischer Texte nicht mehr abzuleugnen. Dabei handelt es sich einmal um Übernahme essenischer Gedanken, zum andern aber auch um eine Auseinandersetzung und eine Ablehnung bestimmter essenischer Gedanken. Ein Grundthema bleibt aber in beiden Fällen der Essenismus. Matthäus läßt in dieser und der nächsten Perikope den realen, den historischen Jesus offenbar sprechen. Jesus setzt sich ausdrücklich vom Essenismus ab.

Eine ganz allgemeine Feststellung darf hier vorausgeschickt werden. Jeder Gemeindestifter ist umringt und bedroht von andern Gemeinden. Es gibt solche, die er hart und scharf bekämpfen muß und dies auch kann. Es gibt aber auch solche, deren "theologische" und eschatologische Gedanken auch die seinen sind und deren Lebensführung er hochachten muß. Doch der Gemeindestifter muß auch zu dieser Gemeinde in seiner Nähe Distanz wahren und sich ihr gegenüber abgrenzen.

Mit diesem "mê antistênai tô ponêrô" wendet sich Jesus gegen das jüdische Vergeltungsprinzip, das allerdings schon in den Proverbia abgelehnt wurde (513). Das Vergeltungsprinzip spielte aber eine große Rolle bei den Essenern. Damit wendet sich auch Jesus gegen die Essener. Ein markantes Ereignis in der Geschichte der Essener war die Folterung und Geißelung des "Lehrers der Gerechtigkeit" durch den makkabäischen Hochpriester Jonatan im Jahre 144 ante und die Vergeltung durch die

----

513 Die Tora: Lev. 24,19-20: "Und wer seinen Nächsten verletzt, dem soll man tun, wie er getan hat Schade um Schade, Auge um Auge, Zahn um Zahn; wie er hat einen Menschen verletzt, so soll man ihm wieder tun."
Die Geltung dieses Prinzips wird bestritten in Prov. 24,29: "Sprich nicht: Wie man mir tut, so will ich wieder tun und einem jeglichen sein Werk vergelten."

strafende Hand Gottes: der Foltermarsch Jonatans als syrischer Gefangener und sein schimpflicher Tod im folgenden Jahre! Doch ist hier festzuhalten, daß Gott die Vergeltung in seine eigenen Hände genommen hat. Dieses Ereignis wird die Essener stark geprägt und ihren Quietismus mitbestimmt haben. Sie fühlten sich verpflichtet, Gott zu dienen durch das Studium der SCHRIFT, durch einen vorbildlich reinen Lebenswandel und zu hoffen und zu harren auf den Tag des Herrn. Doch diesen Tag herbeizuzwingen durch menschliche Machenschaften – wie die militanten Aktionen der Makkabäer und später der Zeloten – war ihnen nicht erlaubt, war Frevel. Das Übel der Welt – das gottlose Heidentum und die von Gott Abgefallenen im eigenen Volk – mußte hingenommen werden bis zu dem Tage, an dem Gott höchstpersönlich eingreifen würde. Ein Übel der Welt war auch die Obrigkeit. In der Ordensregel 1 QS XI,1-2 steht die Vorschrift, man solle

"in Demut antworten den Hochfahrenden und mit zerbrochenem Geist den Bedrückern, die mit dem Finger zeigen und ruchlos reden und Güter erwerben, denn meine Rechtfertigung (sie liegt) bei Gott..."

Man war also gehalten, auf den Tag Gottes zu warten (514). Dieses Warten auf den Tag Gottes, diese Zurückhaltung ist auch das Thema der Kriegsrolle 1 Q Milchama: Der aktive Kampf der Frommen gegen die Gottlosen ist erst dann erlaubt, wenn Gott schon gekommen war. Allerdings würden sich die alten Mönche der Kerngemeinde von Qumrân, die zeit ihres Lebens den Waffendienst verabscheut und die militanten Makkabäer/ Hasmonäer darob bitter gehaßt haben, in diesem eschatologischen Krieg recht seltsam vorgekommen sein, plötzlich, mit der Waffe in der Hand, kämpfen zu müssen. Doch so war 1 QM Milchama auch gar nicht gemeint. Diese Schrift war bestimmt

---

514 Diese Zurückhaltung wird auch geboten in 1 QS IX,16-17: "nicht zurechtweisen oder Auseinandersetzungen zu haben mit den Männern der Grube..."
Der Haß gegen die Männer der Grube ist erlaubt, doch Zurückhaltung ist das Gebot der Stunde:
"ewigen Haß gegen die Männer der Grube im Geiste des Verbergens (sic!), ihnen Besitz und Arbeit der Hände zu lassen, wie ein Sklave (tut) gegenüber dem, der über ihn herrscht (sic!), und Demut gegenüber dem, der Herr über ihn ist (sic!)" (1 QS IX,21-23)

für das junge stürmische Blut, das aus der Gemeinde ausrücken und zu den Zeloten überlaufen wollte. Gott ist der Herr der Vergeltung, und nicht etwa der Mensch. Das war die Grundanschauung bei den Essenern. Damit wird das jüdische Vergeltungsprinzip, das ja von Menschen befolgt und in der Bergpredigt abgelehnt wurde, auch bei den Essenern relativiert, und wir befinden uns wieder im Umfeld essenischer Gedankengänge ...

Bei den anschaulichen Beispielen zu diesem Gebot – fast könnte man sagen: Durchführungsbestimmungen – steht es übrigens ganz ähnlich. Da gibt es den – auch bei den Synoptikern überlieferten – berühmten Backenschlag, bei dem auch die andere hingehalten werden muß.

> "... wenn dir jemand einen Streich gibt auf die rechte Backe, dem biete die andre auch dar!" (5,39)

Die zweite Durchführungsbestimmung sieht bei Lukas (5,20) so aus:

> "... und wer dir den Mantel nimmt, dem wehre auch den Rock nicht!"

In Matth. 5,40 steht es umgekehrt:

> "... (wer) ... deinen Rock nehmen will, dem laß auch den Mantel!"

Weshalb ausgerechnet die dritte Verhaltensvorschrift hier bei Matthäus Sondergut ist, kann kaum erklärt werden:

> SG: "Und wenn dich jemand nötigt, eine Meile so gehe mit ihm zwei!" (5,41)

Alle diese Durchführungsbestimmungen machen es dem Menschen sehr schwer, das Gebot zu erfüllen. Wir leben in einer pluralistischen Gesellschaft, in einer Welt der politischen Gegensätze, der aufgetürmten Vernichtungsmittel. Doch sieht es mit diesen Geboten sofort ganz anders aus, wenn sie nicht für unsere pluralistische Gesellschaft, sondern für eine monistische, monachische Gemeinschaft bestimmt waren, für die essenische Mönchsgemeinde! Dort galt das Tugendgebot der "Barmherzigkeit"! Barmherzigkeit wurde gefordert, wenn einem Bruder ein anderer Bruder etwas zuleide tat. Dann mußte der Verletzte dies nicht nur erdulden, verzeihen und vergeben, er mußte den Verletzer durch eine gütige Gegenaktion entwaffnen, für sich gewinnen und auf seine Seite ziehen. Das ist die essenische

Deutung des Satzes: "Widerstehet nicht dem Übel"! Dieses Wort ist nur realisierbar in einer homogenen Gesellschaft, die auf ein gemeinsames Ziel gerichtet ist, aber nicht in unserer von zentrifugalen Kräften beherrschten, waffenstarrenden Welt. Aus dieser Betrachtung ergibt sich, daß dieses Wort antiessenisch gedeutet werden kann, als Ablehnung des jüdischen traditionellen Vergeltungsprinzips, daß es zum zweiten proessenisch gedeutet werden kann als Konstitutiv der Qumrângemeinde, daß es aber drittens auf keinen Fall mißbraucht werden darf als eine politische Verhaltensforderung in unserer gegenwärtigen Zeit.

FEINDESLIEBE (5,43-48)

SG: "Ihr habt gehört, daß gesagt ist: 'Du sollst deinen Nächsten lieben und deinen Feind hassen.'"

Es ist hier nicht "zu den Alten gesagt", hier steht das einfache "gesagt"! Das ist schon bemerkenswert! Tatsache ist jedenfalls, daß diese Forderung des Feindeshasses sich nirgendwo im TeNaCH finden läßt (515). Es gibt im jüdischen Schrifttum nur eine einzige Stelle, in der der Feindeshaß gefordert wird: In dem Qumrântext Ordensregel 1 QS I,9-10 steht, daß die "Söhne der Finsternis" zu hassen seien (516). Jesus widerspricht dieser Forderung des Feindeshasses aufs schärfste und

---

515 Im TeNaCH wird die Feindesliebe nicht gefordert, jedoch ein verständnisvolles mitmenschliches Verhalten verlangt: "Du sollst deinen Bruder nicht hassen in deinem Herzen, sondern du sollst deinen Nächsten zurechtweisen, auf daß du nicht seinethalben Schuld tragen müßtest. Du sollst nicht rachgierig sein noch Zorn halten gegen die Kinder deines Volkes. Du sollst deinen Nächsten lieben wie dich selbst; denn ich bin der Herr!" (Lev. 19,17-18)
"Hungert deinen Feind, so speise ihn mit Brot!· Dürstet ihn, so tränke ihn mit Wasser; denn du wirst feurige Kohlen auf sein Haupt häufen, und der Herr wird dir's vergelten" (Proverbia 25,21-22).

516 Ordensregel 1 QS I,9-10: Es wird hier gefordert, "... alle Söhne des Lichts zu lieben, in Gottes Gemeinde, und alle Finsternissöhne zu hassen, jeden nach seiner Verschuldung, in Gottes Rache."

fordert dagegen die Feindesliebe. Hier spricht sicherlich die vox ipsissima Jesu. Wir haben den realen, historischen Jesus vor uns und nicht einen von der Gemeinde und ihrer Theologie Gestalteten. Wenn aber Jesus dieses Wort gesprochen hat, dann kannte er die Essener, er kannte die Ordensregel 1 QS und deren 1. Kolumne. Er war sich der Nähe, sowohl theologisch wie eschatologisch, zu dieser immerhin sehr alten und ehrwürdigen Gemeinde bewußt und suchte, in der Verpflichtung seinen Anhängern gegenüber, eine Abgrenzung gegenüber dieser Gemeinde in seiner Nähe. Diese Trennungslinie fand er in dieser übersteigerten Liebesforderung, daß man auch seine Feinde lieben müsse.

Jesus kannte diese Forderung des Feindeshasses bei den Essenern. Doch der Evangelist Matthäus kannte diese Forderung auch und bringt als einziger der Synoptiker diese Forderung des Feindeshasses, die sich ja in keinem andern jüdischen Text findet, als Vortext zu der Feindesliebe-Forderung Jesu. Es muß ihm also ein essenischer Text bekannt gewesen sein oder vorgelegen haben. (517) Bei dem essenischen Feindeshaß verhält

----

517 G.B. GINZEL nimmt das Gebot der Feindesliebe zum Anlaß, den Mangel an Fairneß in den Evangelien zu rügen. Er bringt zwar Qumrântexte in seinem Buch (Die Bergpredigt, jüdisches und christliches Glaubensdokument, 1985), doch die entscheidende essenische Textstelle, die den Feindeshaß fordert und auf die sich Jesus hier bezieht, scheint ihm nicht bekannt zu sein. Er schreibt:
"... die Art, wie in den Evangelien z.B. die Pharisäer zu Gegenspielern Jesu stilisiert werden, läßt an einigen Stellen nicht nur die Liebe (geschweige denn die Feindesliebe), sondern auch das Gebot der Fairneß vermissen. Ein trauriges Beispiel finden wir in der Bergpredigt: 'Ihr habt gehört, daß geboten ist: Du sollst deinen Nächsten lieben ... und deinen Feind hassen ... die zweite Aussage ist falsch. Die Bibel kennt kein Gebot, den Feind zu hassen. Jüdische Autoren sind sich weitgehend einig (sic!). Eine solche Manipulation dürfte kaum von dem Lehrer Jesus herrühren. Wir begegnen hier einer jener Passagen im Neuen Testament, in denen ein falsches, negatives Bild des Judentums gezeichnet wird, um die christliche Botschaft um so strahlender präsentieren zu können." (S.30) So kann man es auch sehen. Ich möchte aber doch an meiner Meinung festhalten, daß es sich hier bei diesem hochwichtigen Wort um die vox ipsissima Jesu handelt!

es sich ähnlich wie bei dem essenischen Vergeltungsprinzip. Beide Anschauungen und Forderungen gelten für die Essener nur nach außen, gegen die Welt, gegen die Gottlosen, gegen die "Söhne der Finsternis"! Die Essener haben aber innerhalb ihrer Gemeinde – um des Zusammenhalts willen – die Forderung der Vergeltung durch die Forderung der Barmherzigkeit ersetzt. Ähnliches ist auch bei dem Feindeshaß zu vermuten. Im Innern der Gemeinde galt diese Forderung nicht. Vielleicht gingen die Essener sogar so weit, für den Zusammenhalt und den Bestand der Gemeinde, der unbedingt erhalten werden mußte, eine ähnliche Forderung zu erheben wie die Forderung des Matthäus-Evangeliums: "agapete tous echthrous hymôn!" Sicherlich gab es in dieser Enge der Mönchsgemeinschaft aufgestauten Haß von einem zum andern, persönliche Feindschaften. Doch diese Verhaltensweisen mußten zurückgedrängt und eingedämmt werden. So ergab sich ganz natürlich innerhalb dieser Gemeinde die Forderung der Bruderliebe anstelle der Wirklichkeit des Bruderhasses und der Bruderfeindschaft! Diese Forderung der uneingeschränkten Bruderliebe – selbst wenn sich Haßgefühle und Feindgefühle angestaut hatten – war zu realisieren in einer homogenen Gesellschaft wie in der Mönchsgemeinde von Qumrân. Sie konnten sich ja berufen auf die jüdische Tradition, daß man sich beim haßerfüllten, unmenschlichen Verhalten dem Feinde gegenüber den Zorn Gottes auf sich ziehe. Denn der Herr wird vergelten dir das Gute, das du dem Feind tust, und du selbst wirst deinen Feind verändern durch deine Guttat; denn du wirst "feurige Kohlen auf sein Haupt häufen" (Prov. 25,21–22).

Zu dem Gebot der Feindesliebe gehört auch die Bitte an Gott für die Verfolger.

> SG: ... (bittet für die), "so euch verfolgen, auf daß ihr Kinder seid eures Vaters im Himmel" (5,44–45)

Die Verfolgung der Essener lag lange zurück. Trotzdem mag dieses Problem in essenischen Texten noch bewahrt worden sein. Für die junge Christengemeinde war aber das Verhalten in der Verfolgung aktuelle Not. Auch das persönliche Beispiel Jesu vor seinem Tode mag hier prägend gewirkt haben. Essenisch scheint dieser Satz nicht zu sein! Vielleicht sogar antiessenisch!

> SG: "denn er" (euer Vater im Himmel – dessen Kinder ihr seid)
> SG: "läßt seine Sonne scheinen aufgehen über die Bösen und die Guten und läßt regnen über Gerechte und Ungerechte." (5,45)

Während die Essener sehr scharf unterschieden zwischen Bösen und Guten, Licht und Finsternis, Rein und Unrein, Frommen und Gottlosen, dikaioi und adikoi, sind in diesem Text diese Gegensätze in Gott aufgehoben, der über dieser geteilten Welt erhaben steht. Man hat hier den Eindruck einer antiessenischen Polemik.

> (Darum sollt ihr)
> SG: "vollkommen"
> (sein, gleich wie euer Vater)
> SG: "im Himmel vollkommen"
> (ist) (5,48)

Diese verwickelte Sondergutstelle ist deswegen hervorzuheben, weil Lukas im Zusammenhang mit dem vorhergehenden Gedanken die Barmherzigkeit Gottes "gegenüber den Undankbaren und Bösen" rühmt (Luk. 6,35). An den zwei Stellen, an denen Matthäus das Wort "vollkommen" hat, steht bei Lukas "barmherzig". Das ist typisch für die jüdisch-judenchristliche Einstellung des Matthäus, die er mit den Essenern an dieser Stelle gemeinsam hat. Hier spricht sich toratreues Judentum aus!

Das Wort Jesu, die Forderung der Feindesliebe, ist eindeutig als Abgrenzung gegen die Essener gerichtet und hat so die antiessenische Einstellung der ganzen Perikope geprägt. Denn für die Essener war es nicht recht möglich, für die Verfolger zu beten und den Dualismus der dikoi und adikoi in Gott aufzuheben.

Von den folgenden Perikopen gehören drei thematisch sehr eng zusammen, sie folgen aufeinander, werden allerdings von der VATER-UNSER-Perikope unterbrochen. Alle drei sind reine Sonderguts-Perikopen. Matthäus ist der einzige, der sie überliefert hat. Wegen des großen Umfangs werden sie hier nur teilweise zitiert. Es sind die Perikopen ALMOSENGEBEN, BETEN und FASTEN. Alle drei Perikopen sind gegen die gleiche Personengruppe gerichtet, gegen die Pharisäer, gegen die bestgehaßten Feinde der Essener. Es ist gut möglich, daß hier dem Matthäus essenische antipharisäische Texte vorgelegen haben.

ALMOSENGEBEN (6,1-4) - BETEN (6,5-8) - Vom FASTEN (6,16-18)
Ein programmatischer Satz steht am Anfang:

> SG: "Habt acht auf eure Frömmigkeit, daß ihr die nicht übt vor den Leuten, auf daß ihr von ihnen gesehen werdet. Ihr habt sonst keinen Lohn bei eurem Vater im Himmel." (6,1)

Sowohl beim Almosengeben als auch beim Beten und Fasten soll
man die Öffentlichkeit meiden.

SG: "... dein Vater, der ins Verborgene sieht, wird dir's
vergelten" (6,4; 6,6; 6,18)

Die Pharisäer, die hier als "Heuchler" bezeichnet werden, werden treffend charakterisiert. Sie lassen vor sich

SG: "... posaunen ... die Heuchler ... in den Synagogen
und auf den Gassen, auf daß sie von den Leuten gepriesen werden." (6,2)

SG: "... die Heuchler, die da gerne stehen und beten
in den Synagogen und an den Ecken auf den Gassen,
auf daß sie von den Leuten gesehen werden." (6,5)

SG: "... sauer sehen ... die Heuchler; denn sie verstel-
len ihr Angesicht, auf daß sie vor den Leuten etwas scheinen mit ihrem Fasten." (,16)

Wie ein Refrain wirkt der abschließende Satz:

SG: "Wahrlich, ich sage euch. Sie haben ihren Lohn
dahin!" (6,2; 6,5; 6,16)

Die verhaßten Pharisäer werden hier als "Heuchler", als
"hypokritai" bezeichnet, als Leute, die ein falsches Image vor
sich hertragen. "Heuchelei" war das schlimmste Laster in den
Augen der Essener. Daß einmal Menschen in die Gemeinde ein-
drangen, die gar nicht fromm waren, sondern eigensüchtige
Ziele dabei verfolgten, das hatten sie einmal erlebt. Das hatte
die Gemeinde damals schwer geschädigt. Ein solches Laster
wie die Heuchelei konnte nicht nur durch den Ausschluß aus
der Gemeinde für immer und ewig geahndet werden. Hier mußte
der Hochheilige selbst als strafender und rächender Gott eingreifen (518). Diese drei Perikopen sind stark essenisch gefärbt. Die Essener (und mit ihnen Jesus) verachteten die Pharisäer nicht nur wegen ihrer Heuchelei. Die Essener haßten die
Pharisäer wegen ihres Einflusses auf das Volk, welchen sie
durch ihr äußeres Gehabe erreichten. Die Essener als eine

----

518 Ordensregel 1 QS II,11-17: "Es haften an ihm alle Flüche
dieses Bundes und Gott sondere ihn zum Unheil aus..."

esoterische, in sich abgeschlossene Gemeinschaft hatten diesen
so wichtigen Zugang zum Volke nicht!

VATER-UNSER (6,9-15)

SG: "Unser" (Vater) "in dem Himmel" (6,9)

SG: "Dein Wille geschehe auf Erden wie im Himmel" (6,10)

SG: "... sondern erlöse uns von dem Übel!" (6,13)

Der Zusammenhang mit dem 18-Bitten-Gebet der Juden ist schon
mehrfach dargestellt worden. Ich beschränke mich hier nur
auf das Sondergut. Über den Terminus "Unser Vater" wird noch
zu sprechen sein. Den Willen Gottes ausführen bedeutet natürlich die Gebote der Tora ausführen. Bei Matthäus findet sich
mehrfach eine ganz besondere persönliche Angst vor dem Bösen,
hier möchte er sich der Hilfe Gottes versichern ...

WARNUNG VOR HABSUCHT (6,19-21)

SG: "Ihr solltet euch nicht Schätze sammeln auf Erden"
    (6,19)

Hier treffen zwei Antriebe zusammen: Man soll sich voll für
ein einziges Ziel einsetzen, das persönliche Heil im Himmelreich
zu gewinnen und alles andere irdische Streben gering achten.
Darin war die Jesusgemeinde eines Sinnes mit den Essenern.
Die Essener hatten aber zudem noch ein besonderes Armutsideal
in der Mönchsgemeinde von Qumrân praktiziert und den Reichtum ausdrücklich als eines der "Netze Belials" bezeichnet (519).

DAS GLEICHNIS VOM AUGE (6,22-23)

Die Bergpredigt geht sehr sparsam mit Gleichnissen um, auch
hier handelt es sich um kein richtiges Gleichnis, sondern um
einen Vergleich. Das Auge wird als "des Leibes Leuchte" be-

----

519 Damaskusschrift CD IV,14-19: "Seine Deutung bezieht sich
    auf die drei 'Netze Belials' ... als drei Arten von Recht:
    die erste ist die Unzucht, die zweite der Reichtum (sic!),
    die dritte die Befleckung des Heiligtums. Wer dem einen
    entkommt, wird vom andern gefangen, und wer daraus
    errettet wird, der wird von diesem gefangen."

zeichnet (so auch Luk. 11,34). Der Vergleich erinnert etwas entfernt an die essenischen "Söhne des Lichts". Näher liegt hier der essenische Dualismus zwischen Licht und Finsternis, zwischen dem "Lichterfürsten" und dem "Finsternis-Engel". Wehe, wenn das Licht, das in dir ist, Finsternis ist...

SG: "... wie groß wird dann die Finsternis sein!" (6,23).

Wieder die matthäische Angst vor der Vernichtung im höllischen Feuer!

VOM DOPPELDIENST (6,24)

Der Mensch muß sich entscheiden zwischen Gott und dem Mammon! Kein SG!

IRDISCHE SORGEN (6,25-34)

Irdische Sorgen braucht der Mensch nicht zu haben. Ein kühnes Wort, doch in der essenischen Gemeinschaft hatte dieses Wort seine Berechtigung; denn das soziale Netz, das in dieser Gemeinschaft ausgespannt war, deckte alle irdischen Bedürfnisse, sei es Essen, Trinken oder Kleidung. Die einzige Sorge jedes einzelnen in dieser Gemeinschaft war die dikaiosynê, die "Gerechtigkeit"/Rechtschaffenheit/Reinheit vor Gott. Das ist jüdisch gefordert, mag sein: auch judenchristlich, in ganz ausgeprägtem Maße aber essenisch!

(Trachtet am ersten nach dem Reich)
SG: "Gottes und nach seiner Gerechtigkeit"
(so wird euch solches alles zufallen) (6,33)

In der essenischen Gemeinschaft können sich alle gesichert und geborgen fühlen, die Organisation trägt alle.

SG: "Darum sorget nicht für den andern Morgen, denn der morgende Tag wird für das Seine sorgen. Es ist genug, daß ein jeglicher Tag seine eigene Plage habe." (6,34)

Diesen Satz konnte Lukas den Armen, Bedrängten, den Decamisados seiner heidenchristlichen Gemeinde nicht zumuten...

RICHTEN UND ENTWEIHUNG DES HEILIGEN (7,1-6)

Hier werden zwei ganz verschiedene Probleme in einer Perikope zusammengefaßt.

SG: "... denn mit welcherlei Gericht ihr richtet, werdet ihr gerichtet werden" (7,2)

Ganz deutlich haben wir hier das essenische Vergeltungsprinzip: Der "Frevelpriester" Jonatan, der den "Lehrer der Gerechtigkeit" anno 144 ante foltern ließ, wird 143 ante in noch grausamerer Weise gefoltert und muß sterben. Gott hat hier gerichtet, die Syrer waren nur seine Werkzeuge. Diese Erfahrung, daß Gott der einzige Richter ist, verpflichtete die Essener auf ihren Quietismus, sich von jedem persönlichen Eingreifen fern zu halten, apolitisch zu sein, jeglichen Aktivismus abzulehnen. Deshalb wurden sie auch in der späteren Zeit von der Obrigkeit völlig in Ruhe gelassen, und sie konnten sogar die Siedlung Qumrân zum Asylort für flüchtige Leute und auch für politische Flüchtlinge ausbauen ...

SG: "Ihr sollt das Heilige nicht den Hunden geben, und eure Perlen sollt ihr nicht vor die Säue werfen, auf daß sie dieselben nicht zertreten mit ihren Füßen und sich wenden und euch zerreißen" (7,6).

Das ist ausgesprochen elitär! Das, was für heilig gehalten wird, soll nicht unter die Leute getragen werden. Diese Leute sind allerdings besonders abfällig gekennzeichnet: als Hunde und Schweine. Sind damit die Heiden gemeint, denen man das Evangelium nicht bringen darf, weil es den Juden allein vorbehalten ist? Stehen üble Erfahrungen dahinter bei der Heidenmission? – Oder sind diese Sätze essenisch gemeint? Diese Mönchsgemeinde sammelte die Frommen, die sich ihr anschließen wollten. Sie trieb keine Mission nach außen. Das "Heilige", das "hagion" sollte vor Beschmutzung durch andere bewahrt werden. In dieser Richtung wirkten auch Sicherheitsbestimmungen, Geheimhaltung, strenge Aufnahmebestimmungen, und "furchtbare Eide" als Selbstverfluchungen.

ERHÖRUNG DES GEBETS (7,7-11)

In dieser Perikope sind nur zwei Punkte erwähnenswert. Bei Matthäus heißt es: "euer Vater im Himmel" – bei Lukas (11,13) dagegen: "der Vater im Himmel". Das sind Unterschiede, die nicht bedeutungslos sind. Außerdem: Bei Matthäus heißt es, daß Gott "Gutes" geben wird denen, die ihn bitten. Bei Lukas wird Gott an dieser Textstelle "den heiligen Geist geben". Hier handelt es sich um theologische innerchristliche Unterschiede, die wir beiseite lassen können ...

GOLDENE REGEL (7,12)

Dieser berühmte Satz, sehr bekannt in der Form: Was du nicht willst, das man dir tu, das füg' auch keinem andern zu, wird hier ergänzt:

> SG: "Das ist die Tora und die Propheten" (7,12)

Der Jude Matthäus beruft sich auf das TeNaCH genauso wie die Essener!

DER SCHMALE UND DER BREITE WEG (7,13-14)

> SG: "... denn die Pforte ist weit, und der Weg ist breit, der zur Verdammnis führt, und ihrer sind viele, die darauf wandeln." (7,13)

Die Angst vor der Verdammnis scheint eine besondere Eigenheit des Matthäus gewesen zu sein. Die Begründung mag in seinem Leben liegen.

RECHTE FRÖMMIGKEIT (7,15-20)

> SG: "Sehet euch vor vor den falschen Propheten, die in Schafskleidung zu euch kommen, inwendig aber sind sie reißende Wölfe." (7,15)

Man ist versucht, in den falschen Propheten in Schafskleidung die Essener zu sehen. Es gibt eine ganze Reihe von Essenern, die als Propheten und Wahrsager auftraten. Josephus hat geradezu eine Vorliebe für diese weissagenden Essener, für diese Visionäre. Die Schafskleidung würde auch auf die sanftmütigen und demütigen Essener passen. Doch selbst wenn man den Essenern übel will, die "reißenden Wölfe" passen wirklich nicht zu ihnen. Hier sind wohl die "Heuchler" gemeint, die Pharisäer, die ja ein Trugbild ihrer selbst vor sich hertragen. Die Pharisäer werden bei Jesus und den Essenern in gleicher Weise abgelehnt und verworfen.

> SG: "Ein jeglicher Baum, der nicht gute Früchte bringt, wird abgehauen und ins Feuer geworfen."

Hier haben wir bei Matthäus ein Stück jüdischer Werkgerechtigkeit, aber auch seine persönliche Angst vor dem Feuer der Verdammnis.

Ich bin kein Neutestamentler. Ich weiß nicht, was die Wissenschaft dazu zu sagen weiß, wenn ich diese beiden letzten

Perikopen nicht mehr zur Bergpredigt zähle. Sie stehen am Ende der Bergpredigt, an der Nahtstelle zwischen Bergpredigt und dem übrigen Evangelium. An dieser Stelle lassen sich leicht Stücke einschieben, die nicht zu dem vorhergehenden Textteil gehören. Zudem haben wir in beiden Perikopen Elemente, die nicht zur Bergpredigt passen. Die eine Perikope ist ein Gleichnis. Die Bergpredigt bringt keine Gleichnisse, höchstens Vergleiche, ist also gleichnisfremd. In der andern Perikope findet sich ein Terminus, der gleichfalls der Bergpredigt fremd ist: "mein Vater im Himmel". In der Bergpredigt heißt es anders: "unser Vater", "euer Vater". Man mag diese Unterscheidung für kleinlich halten, sie ist aber sehr bedeutsam!

WARNUNG VOR SELBSTTÄUSCHUNG (7,21-23)

(Es werden nicht alle, die zu mir sagen: Herr, Herr!) SG: "in das Himmelreich kommen, sondern die den Willen tun meines (sic!) Vaters im Himmel. Es werden viele zu mir sagen an jenem Tage: Herr, Herr, haben wir nicht in deinem Namen geweissagt? Haben wir nicht in deinem Namen böse Geister ausgetrieben? Haben wir nicht in deinem Namen viele Taten getan?" (7,21-22)

Bei Lukas (13,26) ist dieser Text wieder einmal ins Materiell-Animalische verschoben, bei ihm geht es um Appetit und Durst: "So werdet ihr dann anfangen zu sagen: 'Wir haben vor dir gegessen und getrunken, und auf unsern Gassen hast du gelehrt.' Und er wird zu euch sagen: 'Ich weiß nicht, wo ihr her seid; weichet alle von mir, ihr Übeltäter!'"

Bei diesem Text geht es weder um einen Angriff gegen die Pharisäer noch um einen solchen gegen die Essener. Hier scheint es sich um rein innergemeindliche Probleme zu handeln, um ein Thema also, das gleichfalls kein Thema der Bergpredigt ist. Daß der Terminus "mein Vater im Himmel" nicht zum Sprachgebrauch der Bergpredigt gehört, wohl aber im übrigen Evangelium üblich ist, wurde schon erwähnt. Diese Perikope gehört nicht mehr zur Bergpredigt!

DAS GLEICHNIS VOM HAUS AUF DEM FELSEN (7,14-27)

Kein SG! Der Sinn kann zweifach gedeutet werden. Der Fels, auf dem man das Leben aufbauen kann, sind die Worte Jesu, aber auch in gleicher Weise die Worte der Tora!

DIE WIRKUNG DER BERGPREDIGT (7,28-29)

(Nach der Bergpredigt Jesu)
SG: "... entsetzte sich das Volk über seine Lehre (sic!);
denn er lehrte mit Vollmacht und nicht wie ihre Schriftgelehrten." (7,28-29)

Diese Perikope ist natürlich auch ein Anhängsel wie die beiden
vorausgehenden. Wichtig könnte hier höchstens das Wort von
der "Lehre" sein (didachê). Manche Modernen haben sich an-
gewöhnt, nicht von der Berg-"Predigt", sondern von der Berg-
"Lehre" zu sprechen. (520)

Es sind zwei Probleme, die uns die Bergpredigt zu lösen aufgibt. Da ist einmal das Beziehungsgeflecht zum Essenismus,
das bestimmt vorhanden ist, das aber schwer zu beweisen ist,
weil die Übergänge zum traditionellen Judentum und zur juden-
christlichen Gemeinde fließend sind.

Das zweite Problem ist die Eigenart der Bergpredigt. Sie wirkt
wie ein steil aufragender Fels von Urgestein über den Ablagerungen der Jesus-Tradition in den Evangelien. Sie ist ein Eigengewächs, sie ist ein Unikum, sie ist ein Fremdkörper. Das läßt
sich beweisen:

1. Die Beziehung zum TeNaCH wird in stereotypen Formeln ein-
   geleitet, sowohl in der Bergpredigt als auch im übrigen
   Evangelium. In der Bergpredigt heißt es:

   "Ihr habt (weiter) gehört, daß (zu den Alten)
   gesagt ist, ..." oder:
   "Es ist euch gesagt, ..." (521)

Im Evangelium haben wir eine andere Beziehung zum
TeNaCH, eine christologische Begründung. Es heißt im Evangelium:

----

520 So der jüdische Neutestamentler und Schriftsteller P.
LAPIDE in seinen Vorträgen.

521 Matth. 5,21; 5,27; 5,31; 5,33; 5,38.

"... auf daß erfüllet würde, was da gesagt ist durch den Propheten (Jesaja) ..." (522)

Diesen Unterschied kann man nicht mit der Begründung vom Tische wischen, daß es sich hier eben um verschiedene literarische Formen handele. Hier steht Text gegen Text!

2. Es gibt noch einen weiteren Formunterschied zwischen Bergpredigt und Evangelium, der nicht so unbedeutend ist, wie er aussieht, und der deshalb nicht übersehen werden darf. In der Bergpredigt ist Gott der Vater aller Menschen, nicht nur der Vater Jesu, "des Sohnes Gottes". Gott in der Bergpredigt ist

"euer Vater im Himmel"

"Vater-Unser"

"dein Vater"

"unser Vater (Vater-Unser) in dem Himmel" (523)

Im Evangelium wird die Gotteskindschaft anders ausgedrückt. Da spricht Jesus nur von seiner eigenen Beziehung zu Gott-Vater:

"mein himmlischer Vater" (524)

----

522 Matth. 4,14-15; 8,17; 12,17-21; 13,35; 21,4-5 – nicht wörtlich, aber ähnlich: 11,12; 13,14-15; 21,16; 26,52-54.

523 Die Stellen bei Matth.: "euer Vater im Himmel": 5,45; 5,48; 6,1; 6,8; 6,14; 6,15 – (Vater-Unser): 5,16; 6,26; 6,32; 7,11 – "dein Vater": 6,4; 6,6; 6,18 – "unser Vater (Vater-Unser) in dem Himmel": 6,9.

524 Matth. "mein himmlischer Vater": 10,32; 10,33; 12,50; 15,13; 18,10; 18,14; 18,19; 18,35; – "mein Vater": 20,23; 26,53. – Dazu kommen im Evangelium noch die besonderen Christus-Bekenntnisse der Gemeinde, wie "Sohn Davids": 9,27; 20,23; 21,9; 21,15 – "Gottes Sohn": 14,33; 27,40; 27,43 – "Christus": 27,17; 27,21.

Bei dieser Scheidung gibt es nur drei Ausnahmen, die keineswegs verschwiegen werden sollen. In der Bergpredigt, in der zweitletzten Perikope, die aus diesem Grunde und wegen dieser besonderen Formulierung aus dem Bestand der Bergpredigt ausgeschieden werden kann, spricht Jesus in der Ich-Beziehung von "meinem (sic!) Vater im Himmel" - Die zwei Gegenbeispiele im Evangelium sind deswegen Ausnahmen, weil der Kontext diese Formulierung nahelegt. In Mark. 18,11 steht: "... der heilige Geist ist es, der durch euch redet..." Bei Matth. 10,20 nötigt dieses "durch euch" zu der Formulierung "euer Vater". Ganz ähnlich ist es auch Matth. 23,9: "Und ihr sollt niemand 'euren Vater' heißen auf Erden; denn einer ist 'euer Vater', der im Himmel ist." Hier erzwingt ganz natürlich der irdische "euer Vater" den himmlischen "euer Vater". Wir können also mit gutem Gewissen die Grenzlinie ziehen zwischen Bergpredigt und Evangelium.

So unbedeutend diese Unterscheidung zu sein scheint zwischen "euer Gott" und "mein Gott", so muß hier doch darauf verwiesen werden, daß im letzten Jahrhundert ante eine "theologische" Entwicklung stattgefunden haben muß. Gott war nicht mehr nur Gott seines Volkes, sondern auch Gott des Einzelmenschen. Die religiöse Individualisierung war schon sehr weit vorangekommen und ging mit einer politisch-gesellschaftlichen Demokratisierung Hand in Hand. Der erste, der literarisch faßbar ist und von Gott und seinen Kindern spricht, ist Choni-Onia. Bei der Regenmache sprach er Gott an und weist auf die Kinder Gottes, die um ihn herumstehen und Regen fordern. Der große Pharisäerfürst Simon ben Schetach möchte ihn gerne wegen Mißbrauchs des Gottesnamens und der Nötigung Gottes anklagen und exkommunizieren. Er vermag dies aber nicht, weil auch er schon mit diesen damals höchst modernen Gedanken der Gotteskindschaft vertraut ist und das Vater-Gott-Verhältnis des Onia anerkennt und sogar mit einem Satz aus den Proverbia begründet (525). Auch bei seinem letzten tragischen Auftritt hält Choni-Onia an dieser Überzeugung fest, daß Gott der Vater aller Menschen ist. Er kann keine Partei ergreifen, weder für die Kinder Gottes, die Priester, die belagert sind, noch für die Kinder Gottes, die Belagerer, die um ihn stehen und von ihm die Verfluchung ihrer militärischen Feinde fordern. Als er sich standhaft weigert, wird er ge-

----

525 Proverbia 23,25.

steinigt. Falls dieser Choni-Onia ein Essener war – und vieles spricht dafür – dann ist es durchaus möglich, daß diese neuen "theologischen" Gedanken von den Kindern Gottes von den Essenern stammen, wenn wir auch in den Spätschriften der Essener nichts darüber finden ...

3. Es gibt auch sachliche Unterschiede zwischen Bergpredigt und Evangelium. In der Bergpredigt ist das Schwören strikt verboten – ähnlich wie bei den Essenern. Im Evangelium ist das Schwören erlaubt. Bergpredigt:

> "Ich aber sage euch, daß ihr überhaupt nicht schwören sollt, weder bei dem Himmel ... noch bei der Erde ... noch bei Jerusalem ... nicht bei deinem Haupte ... Eure Rede aber sei: Ja, ja, nein, nein ..." (5,33-37)

Evangelium:

> "Und wer da schwört bei dem Tempel,
> der schwört bei demselben und bei dem,
> der darin wohnt.
> Und wer da schwört bei dem Himmel,
> der schwört bei dem Thron Gottes und bei dem,
> der darauf sitzt." (23,21-22)

4. Der wichtigste Unterschied zwischen Bergpredigt und Evangelium ist die Stellung zur Tora. In der Bergpredigt ist die Tora minutiös – wie bei den Essenern – zu befolgen. Der reale und historische Jesus, der uns im Evangelium entgegentritt, ist dagegen weit liberaler. In der Bergpredigt sagt der (essenische?) Jesus, er sei

> "nicht gekommen, die Tora oder die Propheten aufzulösen, sondern zu erfüllen" (5,17).

Und damit man es ganz genau wisse:

> "Wer mir eines von diesen kleinsten Geboten (sic!) auflöst, ... der wird der Kleinste heißen im Himmelreich" (5,19).

Hier muß man sich wirklich fragen, ob der reale, der historische Jesus so gesprochen haben kann. Seine Zuhörer waren schließlich keine Mönche, deren Leben in der Erfüllung der Toragebote aufging. Seine Zuhörer waren Leute, die im Leben standen, die einen Beruf ausführten, deren Tagewerk beschwerlich war. Diese Zuhörer waren gar nicht in der Lage, alle diese Gebote der Tora so peinlich genau auszuführen, wie es der Schrift nach gefordert war. Für diese Zuhörer hat er sicherlich anders gesprochen als in der Bergpredigt:

> "Kommet her zu mir alle, die ihr mühselig und beladen seid; ich will euch erquicken.
> Nehmt auf euch mein Joch und lernet von mir; denn ich bin sanftmütig und von Herzen demütig;
> so werdet ihr Ruhe finden für eure Seelen.
> Denn mein Joch ist sanft, und meine Last ist leicht" (11,29-30).

Wenn man die Situation bedenkt, in der Jesus war, und die Situation bedenkt, in der seine Zuhörer waren, dann könnte man auf diese Weise in die Nähe des realen, historischen Jesus kommen. Der Jesus der Bergpredigt war allerdings ein anderer Jesus, den man mit Berechtigung als den "essenischen" Jesus bezeichnen kann. Die Vorstellungen von Jesus, die Jesusbilder, sind nicht zur Deckung zu bringen. Hinzu kommt auch, daß es in seiner Gemeinde Leute gab, die aus verschiedenem religiösen Milieu kamen. Da gab es hillelitische Pharisäer und schammaitische Pharisäer, da gab es Essener, da gab es Zeloten. Alle sahen Jesus durch ihre eigene Brille und waren bemüht, ihr Jesusbild in die Gemeindetradition und die Evangelienüberlieferung einzubringen. So haben es die Neutestamentler schwer, den wahren, den realen, den historischen Jesus aus diesen Widersprüchen herauszuschälen. Es kommt noch hinzu, daß jüdische Neutestamentler bemüht sind, Jesus als Juden zu zeichnen, der sich an die Gebote hält, in die Synagoge geht und mit den Pharisäern diskutiert in der bei ihnen gebräuchlichen Form der Diskussion. Die christlichen Neutestamentler sehen in Jesus den freien Menschen, den Aufrührer gegen die strengen Formen der jüdischen Religion, den Rebell gegen die Bürde, gegen das Joch der Tora. Vielleicht kann dieser Streit geschlichtet werden durch eine Überlegung, die vom Historiker kommt. Jesus war ituräischer Jude oder jüdischer Ituräer. Er stammt aus Galiläa. Die Ituräer dort wurden erst hundert Jahre vor Jesu Geburt judaisiert, sie wurden unter die Tora gebeugt und mußten die Beschneidung annehmen. Die Idumäer, die sogar noch früher judaisiert wurden, galten den Juden als "Halbjuden", und auch die Ituräer in Galiläa wurden nicht so recht als Volljuden anerkannt. Es ist mir einsichtig, daß ein Jude in Ituräa, der erst eine Tradition von hundert Jahren in seinem Blut und in seinem Geist hat, ein anderer Jude ist als ein Jude in Jerusalem, der mit seinen Vorfahren auf eine jüdische Tradition von mehr als tausend Jahren zurückblicken kann. Jesus ist Jude und hält sich an die jüdische Tradition, doch als Ituräer fühlt er sich nicht so streng gebunden an die Vorschriften der Tora, er spricht seine Freiheit aus und wird so zum geistigen Beweger, in mancher Beziehung zum Aufrührer und zum Rebell: Jesus, der jüdische Ituräer – Jesus, der ituräische Jude!

Die hier angeführten Punkte – der Sprachgebrauch bezüglich Gott-Vater – die Rückbeziehung auf das TeNaCH – Schwörverbot/Schwörerlaubis – strenge oder freie Befolgung der Gebote – sollten deutlich machen, daß die Bergpredigt ein Fremdkörper ist im Evangelium des Matthäus. Nach dieser Beweisführung ist die Vermutung berechtigt, daß diese Bergpredigt nicht der Jesus-Tradition angehört, sondern Fremdgut ist. Da essenische Anklänge und auch Abgrenzungen gegenüber den Essenern nicht zu übersehen sind, gehört die Bergpredigt irgendwie in die Essener-Thematik hinein.

In der folgenden Untersuchung wird der Spieß umgedreht. Es wird nicht vom Matthäus-Text her – vom Sondergut her – nach essenischen Gedankengängen gefragt, sondern vom essenischen Leben, Denken und Glauben ausgegangen. Dabei steht die Mönchsgemeinde von Qumrân im Vordergrund, und von den drei Verpflichtungen der Mönche – ob christlich oder essenisch – soll hier ausgegangen werden:

1. Die ARMUT, die Besitzlosigkeit der Mönche von Qumrân ist archäologisch und literarisch verbürgt. Da der Hochpriester in Jerusalem nur Gott und seine Gottesbeziehung zum Eigenbesitz hat und eigentlich keinen Reichtum erwerben darf, wollten die Mönche diese Vorschrift befolgen – in der Opposition zum "Reichtum" des damaligen Hochpriesters! Die persönliche Sorge um das Heil in der Endzeit bestimmte das Leben dieser Mönche!

> SG: "Ihr sollt nicht Schätze sammeln auf Erden!" (6,19 BP)

> SG: "Darum sorget nicht für den andern Tag; denn der morgende Tag wird für das Seine sorgen. Es ist genug, daß ein jeglicher Tag seine eigene Plage habe." (BP 6,34) (BP = Bergpredigt im Gegensatz zu EV = Evangelium)

2. EHELOSIGKEIT der Essener. Hier waren keine asketischen Antriebe vorhanden. Es gehörte zu den priesterlichen Pflichten, während seines Dienstes kein Weib zu berühren. Die Mönche lebten als Priester, nicht nur in der Dienstzeit der

vierzehn Tage, sondern das ganze Jahr über, das ganze Leben über. Sie wollten rein sein am Tage Gottes. In der mönchischen Qumrânliteratur fehlen deshalb alle Bezeichnungen für Frauen, während in der Damaskusliteratur eine reiche Fülle vorliegt, verständlich bei diesen verheirateten Essenern: Nicht weniger als 12 Belegstellen (526).

> SG: "... etliche enthalten sich (der Ehe), weil sie um des Himmelreiches willen (sic!) auf die Ehe verzichten" (19,12 EV = Matthäus-Evangelium)

3. BRÜDERLICHE VERBUNDENHEIT. Das dritte Mönchsgelübde bei den Christen verlangt Gehorsam gegenüber dem Abt. Diesen Abt gab es bei den Essenern nicht, vielleicht besser: nicht mehr. Der Gründer und Präger ihrer Gemeinde, der "Lehrer der Gerechtigkeit", mag eine solche autoritäre Stellung in der Gemeinde sich bewahrt haben, doch nach seinem Tode verfuhr man demokratisch. Es gab die Vollversammlung der "Vielen", die alle Entscheidungen traf. Bei dem Fehlen einer gehorsamheischenden Autorität mußte der Zusammenhalt und die Einheit der Gemeinde bei so viel eigenständigen Menschen gewahrt werden. Deshalb wurde der Feindeshaß innerhalb der Gemeinschaft verboten und die "Bruderliebe" zur Tugend erhoben, als Konstitutivum der Gemeinschaft. Josephus, der eine Zeitlang der essenischen Gemeinschaft angehört hat, wundert sich sehr, daß Juden so brüderlich miteinander umgehen können, was so ganz und gar nicht jüdisch sei!

In der Bergpredigt hat eine harte Strafe zu erwarten,

> SG: "... wer mit seinem Bruder zürnt ... wer zu seinem Bruder sagt: Du Taugenichts ... wer ... sagt: du gottloser Narr." (5,21-24 BP)

Ähnlich auch:

> SG: "Hört er dich, so hast du deinen Bruder gewonnen. Hört er dich nicht, so nimm noch einen oder zwei zu dir ... Hört er die nicht, so sage es der Gemeinde"! (18,15-17 EV)

----

526 Damaskusschrift CD: Frauen: IV,21; V,2.10; VII,7.8; XII,1; XVI,10; XIX,3.5. - Jungfrau: XIV,15. - Witwen: VI,16. - Huren: VII,1. Ein triftiger Beweis für die Ehelosigkeit in Qumrân!

Dieses letzte Zitat paßt ausgezeichnet auf die essenische Gemeinde und macht die Möglichkeiten deutlich, Spannungen zwischen den Brüdern durch hilfreiche Gemeindepersonen auszugleichen. Doch Jesus hatte bei seiner Rede keine solche Gemeindeorganisation zur Verfügung, die solche zwischenmenschlichen Verhärtungen beseitigen konnte. Das Wort muß aus der essenischen Gemeinde stammen!

Auch im Gleichnis vom Schalksknecht wird auf das Bruder-Verhältnis verwiesen. Es droht eine harte Strafe,

> SG: "... wenn ihr nicht vergebet von Herzen, ein jeglicher seinem Bruder (sic!)" (18,35 EV)

4. DIE BRUDERSCHAFT IN DER FREMDE. Wer von den Essenern über Land ging, war nicht verloren, es gab überall in den Dörfern und Städten Essener, und er wurde überall brüderlich aufgenommen. (527) Vielleicht gehört in diesen Zusammenhang auch die kurze Mahnung,

> SG: "... wenn ihr in eine Stadt kommt oder in ein Dorf geht, so erkundigt euch, ob jemand darin sei, der es wert ist." (9,11 EV)

5. DAS ESOTERISCHE GEHEIMNIS. Die essenische Gemeinde war genötigt, ihr Leben, ihren Kult, ihre Statuten vor jedermann geheimzuhalten. Sie wurde verfolgt von der Staatsmacht, dem frevlerischen Hochpriester Jonatan, und bedrängt von der Rivalensekte der Protopharisäer unter dessen Bruder Simon. Geheimhaltung war unbedingt nötig, um Anklagen zu verhindern und die Existenz der Gemeinde zu sichern. Josephus spricht von "furchtbaren Eiden", welche die Novizen bei der Aufnahme in die Gemeinde leisten mußten. Diese Eide bestanden wohl in der Selbstverfluchung des neuen Gemeindegliedes, falls er der Gemeinde untreu würde. Damit war das innere Leben der Essener so etwas wie eine Geheim-

----

527 Josephus, Bellum II. VIII,4 = § 124: "... Den von auswärts kommenden Angehörigen der Sekte steht deren ganzer Besitz zur Verfügung gleich wie eigener, und bei Menschen, die sie nie vorher sahen, treten sie ein wie bei längst Vertrauten."

lehre ... (528) Anklänge an eine solche Geheimlehre finden sich auch bei Matthäus, allerdings nicht als reines Sondergut:

> (Euch ist's gegeben, daß ihr die Geheimnisse des Himmelreichs versteht)
> (Diesen aber ist's nicht gegeben; denn wer da hat, dem wird gegeben)
> SG: "daß er die Fülle habe,"
> (wer aber nicht hat, von dem wird auch genommen, was er hat) (13,11-12 EV)

6. DIE HEILSBESCHRÄNKUNG AUF EINE ESOTERISCHE ELITE. Die Essener fühlten sich und bezeichneten sich auch so als die "Auserwählten Gottes". Die Aufgabe der Gemeinde war es, alle Frommen im Volke Juda zu sammeln und in dieser Gemeinschaft zu vereinen, so daß alle Gemeindeglieder die Gewißheit hatten, in der Endzeit das Heil zu gewinnen. – Es ist verständlich, daß Jesus einer solchen elitären Gemeinschaft feindlich gesinnt war. Allerdings finden sich auch Stellen, und sie sind durchaus glaubwürdig, daß er das Heil im jenseitigen Leben nur den Juden zukommen lassen

----

528 Die Essener waren verpflichtet, zu "schweigen über die Wahrheit der Geheimnisse (sic!) der Erkenntnis." (Ordensregel 1 QS IV,6). Wenn ein Essener von den "Männern des Frevels" ... "gefragt wird betreffs irgendeines Gesetzes oder Gebotes" dann "(darf) keiner von den Männern der Gemeinschaft ... Antwort geben." (1 QS V,15-16). Unzuverlässige Gemeindeglieder und Novizen dürfen erst nach einer Probezeit Kenntnis erhalten von den Satzungen der Gemeinschaft. So darf er nicht "Kenntnis haben von allem ihrem Rat, bis seine Werke gereinigt sind von allem Frevel, so daß er auf dem Wege der Vollkommenheit wandelt." (1 QS VIII,18). "Und niemand darf ihn (den Novizen) wissen lassen die Rechtssatzungen, bevor er vor dem Aufseher steht, (der) ... ihn prüft." (Damaskusschrift XV,10-11). Daß die Qumrân- und Damaskus-Leute Essener waren, geht aus den gleichartigen Bestimmungen hervor, die uns Josephus über die Essener überliefert hat: Bellum II. VIII,7 = § 141-142: "Er werde ... weder vor den Anhängern der Sekte etwas verheimlichen noch andern etwas von ihnen verraten, sollte man auch bis zum Tode Gewalt anwenden... Mit solchen Eiden versichern sie sich der neu Eintretenden."

wollte. In dieser engen Beschränkung ähnelt er den Essenern:

> SG: "Ihr sollt das Heilige nicht den Hunden geben, und eure Perlen sollt ihr nicht vor die Säue werfen, auf daß sie dieselben nicht zertreten mit ihren Füßen und sich wenden und euch zerreißen." (7,6 BP)

7. SÖHNE DES LICHTS. Das war eine übliche Selbstbezeichnung der Essener. Der Dualismus, der Gegensatz von Licht und Finsternis, von "Lichterfürsten" und "Finsternisengel", spielte in ihrem Denken eine große Rolle. Anklänge an diese "Söhne des Lichts" finden sich in der Bergpredigt:

> SG: "Ihr seid das Licht der Welt ... So soll euer Licht leuchten vor den Leuten, daß sie eure guten Werke sehen und euren Vater im Himmel preisen." (5,14.16 BP)

Daß die Rechtschaffenen/Reinen/"Gerechten" am Ende der Welt mit Licht und Sonne in Verbindung gebracht werden, steht im Evangelium:

> SG: "... dann werden die 'Gerechten' leuchten wie die Sonne in ihres Vaters Reich." (13,43 EV)

8. DIE GERECHTEN. "Auserwählte Gottes" konnten die Essener nur sein, wenn sie rein/rechtschaffen/"gerecht" waren. Nur dann war ihnen das Heil "an jenem Tage" verbürgt. Ihr ganzes Leben war von diesem Ziel her bestimmt. Der Gründer und Präger der Gemeinschaft trug den Titel "Lehrer der Gerechtigkeit" (529).

----

529 Daß ich das Wort "Gerechtigkeit" statt Rechtschaffenheit für eine mißliche und irreführende Übersetzung halte, wurde hier schon mehrfach erwähnt. "Im Begriff der Gerechtigkeit liegt wesentlich, daß das Recht keines Menschen dem eines andern aufgeopfert werde" (Brockhaus, VII, 1902, S.753). Hier handelt es sich aber um ein Verhältnis des Menschen zu Gott. Sehr wichtig für die Essener! Die Ausdrücke ṢDYQ (adj.) – ṢDQ (verb) – ṢDQ/ṢDWQ (subst.) – ṢDQH (subst.) umfassen in der Kuhnkonkordanz fast fünf Spalten (S.184–186). Die Bedeutung dieses Wortes wird noch dadurch kompliziert, daß hier nicht nur eine vertikale Beziehung zu Gott hin da ist, sondern auch eine horizontale zu den Menschen hin: "Wohltätigkeit"! So sagt G.B. GINZEL (S.80): "Im jüdischen Verständnis können

Auch in der Bergpredigt spielt die "dikaiosynê", die "Gerechtigkeit", eine große Rolle, obwohl man nur durch die Werke "rechtschaffen" werden kann. Die Leute sollen

SG: "... eure guten Werke sehen und euren Vater im Himmel preisen" (5,16 BP)

Das Streben nach "Vollkommenheit", die der Gottes nahekommt, ist gleichfalls rein jüdisch zu verstehen, steht in der Bergpredigt 5,48. Das Reich Gottes ist nur durch dikaiosynê zu erlangen:

(Trachte am ersten nach dem Reich Gottes)
SG: "und nach seiner 'Gerechtigkeit'" (6,33 BP)

SG: "Es sei denn eure 'Gerechtigkeit' besser als die der Schriftgelehrten und Pharisäer, so werdet ihr nicht in das Himmelreich kommen." (5,20 BP)

9. DER HASS GEGEN DIE PHARISÄER. Für die Essener waren die Pharisäer die verhaßte Rivalensekte, eine Gemeinde voll Lug und Trug. Sie nannten sie "Lügendeuter", "Lügenpropheten", "Ephraim" – das von Gott abgefallene Nordreich – "die nach glatten Dingen suchen" – das heißt: sie legen die Tora nach ihrem Gutdünken aus, sie stehen im Bunde mit Belial, der teuflischen Macht.

In der Bergpredigt werden sie als "Heuchler" bezeichnet, die sich bei ihrem Frömmigkeitsverhalten, bei Almosengeben, beim Gebet und beim Fasten, öffentlich vor dem Volke brüsten und damit des Himmelreiches verlustig gehen (6,1-2; 6,5; 6,16).

Im Evangelium werden sie noch schärfer angegriffen. Den Anfang macht der ehemalige Essener Johannes der Täufer, der die Pharisäer und Sadduzäer als "Otterngezücht" be-

----

Wohltätigkeit und Gerechtigkeit nicht getrennt werden. Wohltun ist nichts anderes als Teil der Gerechtigkeit. Der Arme oder Bedürftige hat ein Recht, vom Bessergestellten unterstützt zu werden."

schimpft (530). Im Evangelium werden die Pharisäer als "blinde Blindenleiter" (15,12-14), als "schlechter Sauerteig" (16,11-12), als Erreger von Ärgernissen (18,17) bezeichnet. Sehr ausführlich wird Matthäus in der Perikope GEGEN DIE PHARISÄER UND SCHRIFTGELEHRTEN (23,1-36). Sie sitzen "auf des Moses Stuhl" (23,2), verlangen von den Menschen mehr, als sie selber leisten, tragen ihre Frömmigkeit vor sich her, "machen ihre Gebetsriemen breit und die Quasten an ihren Kleidern groß" (23,5). Sie sind "Heuchler, die den Himmel zuschließen vor den Menschen" (23,13). Mit ihren Bekehrungen erzeugen sie nur "Kinder der Hölle" (23,15). Sie sind "blinde Führer", "Narren", "Blinde" (23,16-19). Sie "seien Mücken und verschlucken Kamele" (23,24). Sie seien die Nachfolger derer, welche die Propheten getötet haben (23,31). Dann setzt Matthäus den wirkungsvollen Schlußpunkt:

SG: "Ihr Schlangen, ihr Otterngezücht, wie wollt ihr der höllischen Verdammnis entrinnen" (23,33) (531)

10. DIE VERDAMMNIS ALS STRAFE FÜR DIE GOTTLOSEN. Diese Drohung war bei den Essenern eine wichtige Warnung für schwankende Gemeindeglieder. Bei dem Eintritt in die Gemeinde mußten sie ja furchtbare Eide schwören, es waren

----

530 Es ist hier bemerkenswert, daß diese Szene nur bei Matthäus sinnvoll ist, bei Lukas (3,7) wird das Volk als Otterngezücht beschimpft, was völlig sinnlos ist! Matthäus ist Spezialist für das Pharisäerthema, vielleicht aus ähnlichen Gründen wie der Täufer, als ehemaliger Essener oder Essener-Sympathisant.

531 Der Ausdruck "Otterngezüchte" bei Johannes dem Täufer und bei Matthäus erinnert sehr stark an eine bestimmte qumrânische Redeweise über die Pharisäer:
"Sie aber, sie planen das Verderben ihres Herzens, mit Ränken Belials öffnen sie lügnerische Zunge wie Schlangengift (sic!), das zu bestimmten Zeiten ausbricht, und wie Staubkriecher (sic!) zielen sie mit ihrem Gift, Gift von Ottern (sic!), das man nicht bannen kann. Und es wurde zu unheilbarem Schmerz und bösartiger Plage im Innern deines Knechts, um zum Straucheln zu bringen den Geist und zu vernichten die Kraft, so daß man den Standort nicht festhalten konnte." (Sektenpsalm 1 QH V,26-29)

Tage" die Herrschaft in dieser Welt zufallen wird (532). Auch den Gliedern der Gemeinde Jesu, vor allem den Zwölfen, wird an jenem Tage die Herrschaft in dieser Welt zuteil:

> SG: "Ihr, die ihr mir seid nachgefolgt, werdet dereinst bei der Wiedergeburt, da des Menschen Sohn wird sitzen auf dem Thron seiner Herrlichkeit, auch sitzen auf zwölf Thronen und richten (sic!) die zwölf Stämme Israels." (19,28 EV)

Die Untersuchung ist beendet. Ursprünglich hatte sie nur den Nachweis als Ziel, daß der Wanderbericht über die magoi aus dem Morgenland, die den Stern gesehen hatten, mit der essenischen Rückwanderung nach Qumrân in Verbindung gebracht werden könne, daß also dem Evangelisten Matthäus ein essenischer Text vorgelegen haben müsse.

Doch die Arbeit weitete sich wie von selbst aus. Trotzdem möchte ich nicht in den Ruch kommen, ein Panessenist zu sein, einer, der alles über den essenischen Kamm schert und das ganze Evangelium Matthaei als essenisch abstempeln will. Ich bin mir sehr wohl der Schwierigkeiten bewußt, den Evangelisten Matthäus und die judenchristliche Gemeinde des Herrenbruders Jakobus auf der einen Seite abzugrenzen gegen jüdisches traditionelles Denken und Glauben und gegen die Eigenheiten und Besonderheiten der essenischen Qumrângemeinde auf der andern Seite.

----

532 Pescher zu Psalm 37 = 4 Q p Ps37 IV,11-12: "Seine Deutung bezieht sich auf (die Gemeinde der Armen), die dem Gericht über die Gottlosigkeit zusehen werden, und das Volk seiner Erwählten wird sich erfreuen am Erbteil der 'Wahrheit'" – III,1-2 (Seine Deutung bezieht sich auf) "die Umkehrenden der Wüste, die leben werden tausend Geschlechter in Rechtschaffenheit, und ihnen wird das ganze Erbteil des Menschen gehören und ihrem Samen in Ewigkeit" – Ähnlich: Ordensregel 1 QS IV,22, XI,7 und "Segenssprüche" = 1 QSb V,23-29, besonders: V,27-28: "Denn Gott hat dich erhoben zum Szepter über die Herrscher. Vor dir werden sie sich erheben und sich niederwerfen, und alle Nationen werden dir dienen, und durch seinen heiligen Namen wird er dich stark machen." – Damaskusschrift CD III,20; VII,4-6; XIX,1-2; XX,33-34.

Daß es starke Essenismen gibt in dem Matthäus-Evangelium, und vor allem in der Berg-"Lehre", ist kaum mehr zu bezweifeln. Die Neutestamentler sollten dies zur Kenntnis nehmen ...

Der Widerstreit
der beiden Gebetsrichtungen

Garten Eden

Tempel

Qumrân *bis 68 post*

QUMRAN PERIOD II   Period II, c. 4 BC – 68 AD.

Masada *um 73/74 post*

Garten Eden

Tempel

N

Synagoge

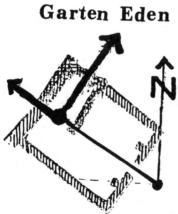

teilt war. Der eine große Hauptraum ist in der Längsachse nach Nordwesten orientiert, wo man den Tempel von Jerusalem in der Ferne vermuten konnte. Der kleinere Raum, in der Längsachse quergestellt, ist nach Nordosten orientiert, nach dem Ort hin, wo die Essener – möglicherweise auch andere Juden – den Ort Gottes vermuteten. Dieser Ort war der Garten Eden, das Paradies, der alte Ort Gottes, der nach dem Ende der Welt zum neuen Ort Gottes werden und die Wiedererweckten mit dem Hochheiligen vereinen würde. Es gab also in dieser Synagoge von Masada die beiden Möglichkeiten, sich beim Gebet Jerusalem zuzuwenden oder dem Garten Eden.

Eleasar ben Yair, der Oberbefehlshaber in Masada, war hochgeachtet bei seinen Anhängern, vor allem weil er die älteste Widerstandstradition gegen die Römer verkörperte. Er stammte von dem Galiläer Judas ab, der als erster – unter Berufung auf die Tora – den Römern die Steuern verweigert und zum Widerstand gegen die Besatzungsmacht aufgerufen hatte. Schon in den Anfängen des Großen Jüdischen Krieges hatte Eleasar ben Yair seine Kriegsschar auf die uneinnehmbare Felsenfestung Masada geführt. Inzwischen war der Tempel in Jerusalem in Flammen aufgegangen. Doch wird Jerusalem weiterhin Gebetsrichtung geblieben sein, wenn auch allmählich – unter den veränderten Verhältnissen verständlich – die andere Gebetsrichtung, die nach Norden oder Nordosten hin, an Bedeutung gewinnen konnte. Denn Gott konnte unmöglich mehr in dem ausgebrannten Tempel sein! Daß dieser nach Norden orientierte Seitenflügel der Synagoge irgendwie mit der Vorstellung von der Auferweckung der Toten in Verbindung gebracht werden kann, dafür spricht ein Fragmentenfund ausgerechnet in diesem Raum, den manche für einen Abstellraum halten. In der Heiligen Schrift der Juden gibt es streng genommen nur zwei Texte, die auf das Weiterleben nach dem Tode Bezug nehmen: Dan. 12,2 und Ez. 37,1–14. Diese Ezechielstelle wurde als Fragment in diesem Seitenflügel gefunden: Es heißt Ez. 37,4–6:

"Da sagte er zu mir: 'Weissage über diese Gebeine und sprich zu ihnen: ''Ihr dürren Gebeine, höret das Wort von YHWH. So spricht der Herr YHWH: '''Siehe, ich gebe euch Odem, daß ihr lebendig werdet. Und ich will euch mit Sehnen umgeben, euch mit Fleisch überkleiden und euch mit Haut überziehen und Odem euch geben, daß ihr lebendig werdet, und ihr sollt erkennen, daß ich YHWH bin!''''' "

Bei Ezechiel ist das ein Bild und kann nicht auf die persönliche Auferweckung des Menschen bezogen werden. Doch in der damaligen Zeit ist diese Stelle so aufgefaßt worden, und des-

auf seiner ideologisch-rhetorischen Einflußnahme (534). So ist nicht auszuschließen, daß es Essener in Masada gab, die hier das bittere Ende ihres Todes erlebten. Doch es bestehen berechtigte Zweifel, ob es sehr viele Essener gewesen sind.

Der heutige Staat Israel, rings umgeben von feindlichen Araberstaaten, siegreich in verschiedenen Kriegen, legt verständlicherweise großen Wert auf militärische Tradition, zumal man den Juden früher militärische Fähigkeiten und soldatische Tapferkeit gänzlich abgesprochen hat. So sind die Aufstandsbewegungen damals in der Antike gegen diese Unterdrücker von außen in dem heutigen Geschichtsbild der jungen ZAHAL-Soldaten eine wirksame Verpflichtung: "Ein zweites Mal darf Masada nicht fallen!" (Fahneneid der Offiziere auf der Bergfestung Masada). Die gescheiterten militärischen Unternehmungen der Juden damals gegen ihre Unterdrücker, der jüdischen Heroen Bar Koseba, Eleasar ben Yair, der Zeloten Menahem, Simon bar Giora, Johannes von Gischala wurden im Selbstverständnis des jungen Staates Israel zum Pendant, zur Spiegelung einer späteren jüdischen Geschichtsepoche. Auch später scheiterten alle Anstrengungen der Juden um Anerkennung, um Gleichberechtigung, um ein menschenwürdiges Leben gegen die damaligen Machthaber, die christlichen Staaten, ihre Institutionen und die christliche Kirche. Ausweisung, Verfolgung, Diskriminierung, Abschlachtung, wurden ihnen zuteil. Sie waren genauso hilflos gegenüber der fremden Macht wie die Freiheitskämpfer gegen Rom. Im heutigen selbstbewußten Staat Israel war die Folgerung klar: So etwas darf nie mehr geschehen! Bei der Suche nach militanten Widerstandsversuchen in der jüdischen Geschichte

---

534 "Wie bei Judas dem Galiläer lehrmäßige Züge von Josephus festgestellt werden (Bell. 2,118; ant 18,23), die zur Gründung einer eigenen Gruppe führen, so scheint Josephus ... auch für seinen Nachkommen Eleazar, den Sohn Jairs, solche lehrmäßige und rhetorische Elemente anzunehmen ... Während Josephus in 2,433 Judas den Galiläer sophistês deinotatos nennt (vgl. 2,586; 4,321) und damit auf seine lehrmäßige und rhetorische Überzeugungskraft anspielt, kennzeichnet er Eleazar in 7,253 ohne erkennbare Kritik als dynatos anêr und hebt damit seine politische und militärische Bedeutung hervor (sic!)" (O. MICHEL - O. BAUERNFEIND, Band II,2, Anmerkungen zu Buch 7, S. 265-266).

stieß man nicht nur auf Masada, sondern auch auf Qumrân, auf diese von Mauern umgrenzte und von einem Turm überragte Siedlung. Die räumliche Nähe Masada – Qumrân verlockte auch, eine geistig-militante Nähe zu vermuten. So wird in der Instruktionstafel an der Ausgrabungsstätte der Klostersiedlung von Qumrân auf diese räumliche Nähe hingewiesen, und zwar gleich im ersten Satz! Masada interessiert hier, und nicht etwa Qumrân! Dabei wird weiterhin behauptet, daß die Ausgrabungen in Masada die Geheimnisse der Schriftrollen von Qumrân lüften würden. Der Text ist etwas undurchsichtig gehalten, und er endet damit, daß die Verteidiger von Masada und die Qumrân-Gemeinde ein gemeinsames Ende gefunden haben, untergründig gemeint natürlich im Kampf gegen den römischen Feind (535).

Diese Information ist irreführend. Sie ist zu verstehen aus dem Traditionsbedürfnis eines jungen Staates, der rings von Feinden umgeben ist. Eines Staates, der nach militanten Kräften der früheren Geschichte Umschau hält. Doch im Fall Qumrân, im Falle der Schriftrollenmönche, die den Umtrieben der Welt und allen politischen Ambitionen entsagt hatten, war diese Traditionssuche vergebens. Diese Gemeinschaft war gewillt, zu warten. Seit vielen Jahrzehnten war sie eingestellt – man könnte sagen: fixiert – zu hoffen und zu harren auf den Tag des Herrn. Für sie gab es kein anderes Ziel. Sie war entschlossen,

----

535 Informationstafel am ausgegrabenen Kloster von Qumrân in englischer Sprache:
"Qumrân ... situated ... some fifty kilometers north of Masada ... The excavations at Masada provide a partial answer to the questions among the many scroll fragments found there. A sectarian scroll fragment pertaining to the Qumrân Community came to the light. It appears therefore that in the final phase of the revolt, members of the Qumrân sect joined hands with the Zealots, the defenders of Masada, in their desparate struggle against the Roman might. The discovery of the scroll at Masada provides difinite proof that the Dead Sea scrolls predate the destruction of the second temple ... (They were) founding a community based on their beliefs, in preparation for the end of the days. Fate decreed (sic!) that the defenders of Masada and the Qumrân Community find a common end. They were obliterated in the great war against the Romans."

H. BURGMANN, Wer war der 'Lehrer der Gerechtigkeit'? Revue de Qumrân, no. 40, 1981, S.553-578.
Ein Schaltmonat nach 24,5 Jahren im chasidischen Sonnenkalender? Revue de Qumrân, no. 29, 1972, S.66-73.
Die vier Endzeittermine im Danielbuch, Zeitschr. f. alttest. Wiss. (ZAW), 1974, S.543-550.
Die Interkalation in den sieben Jahrwochen des Sonnenkalenders, Revue de Qumrân, no. 37, 1979, S.67-81.
Nicht aufgenommen wurden:
Das umstrittene Intersacerdotium in Jerusalem 159 - 152 v.Chr., Journ. f. the Study of Judaism, Vol. XI, 1980, S.135-176.
Rezension über B.E. THIERING, Redating the Teacher of Righteousness, 1979, Revue de Qumrân, no. 38, 1980, S.314 f.
Als Frucht der verschiedenen Aufsätze:
Vorgeschichte und Frühgeschichte der essenischen Gemeinden von Qumrân und Damaskus, 1987.

M. BURROWS, Die Schriftrollen vom Toten Meer, 1960, 3. Aufl.
Mehr Klarheit über die Schriftrollen, 1958.

J. O'CALLAGHAN, papiros neotestamentarios en la cueva 7 de Qumran, Biblica 53, 1972, S.91-100.

J. CARMIGNAC et autres, Les Textes de Qumrân I, 1961, II, 1963.
Qui était le Docteur de Justice, Revue de Qumrân, no. 38, 1980, S.235-246.

A. CAQUOT, Le messianisme qumrânienne, in M. DELCOR, Qumrân, ... 1978, S.231-248.
RT = Le Rouleau du Temple de Qoumrân, 1978.

H. CLEMENTZ, Des Flavius Josephus Jüdische Altertümer (Neudruck).

J. DANIELOU, Qumrân und der Ursprung des Christentums, 1959.

PH.R. DAVIES, Qumrân, 1982.

M. DELCOR, Qumrân, sa piété, sa théologie et son milieu, 1978.

G.R. DRIVER, The Judaean Scrolls, 1966.

A. DUPONT-SOMMER, Die essenischen Schriften vom Toten Meer, 1959.

G. EICHHOLZ, Auslegung der Bergpredigt, 1970.

514

D. FLUSSER, The Apocryphal Book of Ascensio Jesajae and the Dead Sea Sect, Israel Exploration Journal, 1953, S.30-47.
The four Empiries in the Fourth Sibyl and in the Book of Daniel, Israel Oriental Studies II, 1972.

C. GEBHARDT, Die 70 Hirten des Buches Henoch und ihre Deutungen, 1871.

A. GEIGER, Urschrift und Übersetzungen der Bibel in ihrer Abhängigkeit von der inneren Entwicklung des Judentums, 1928, 2. Aufl.

G.B. GINZEL, Die Bergpredigt, jüdisches und christliches Glaubensdokument, 1985.

M. HENGEL, Judentum und Hellenismus, 1966.
RL = Rabbinische Legende und frühpharisäische Geschichte, Schimeon ben Schetach und die achtzig Hexen von Askalon, Abhandl. d. Heidelb. Akad. d. Wiss., 1984, S.11-60.

HERDER-BIBEL: Die Bibel ... mit den Erläuterungen der Jerusalemer Bibel, 1968, 3. Aufl.

JOSEPHUS, Antiquitates (Ant.)
Übersetzung: H. CLEMENTZ (Nachdruck)
Bellum. Übersetzung: O. MICHEL und O. BAUERNFEIND.

U. KAHRSTEDT, Geschichte des griechisch-römischen Altertums, 1948.

E. KAUTZSCH, AT = Die Heilige Schrift des Alten Testaments, 1922, 4. Aufl.
AP u. PS = Die Apokryphen und Pseudepigraphen des Alten Testaments, Neudruck 1962.

E. KORNEMANN, Weltgeschichte des Mittelmeerraumes, 1948.

K.G. KUHN, Konkordanz zu den Qumrântexten, 1960.

E.M. LAPERROUSAZ, QOUMRAN, 1976, daraus besonders:
cap. 5: "les ossements d'animaux dégagés dans les espaces libres de l'établissement de Qoumran, S.211-221.

P. LAPIDE / C.F. v. Weizsäcker, Die Seligpreisungen, 1980.

F. RIENECKER, Lexikon zur Bibel, 1960.

R. RIESNER, Essener in Urkirche in Jerusalem, in Bibel und Kirche 2, 1985, S.64-76.

J.M. ROSENSTIEHL, Le portrait de l'Antichrist, in Cahiers de la Revue d'Histoire et de Philosophie religieuses, no. 41, 1967.

H.H. ROWLEY, The History of the Qumran Sect, 1966.

A. SCHLATTER, Der Evangelist Matthäus, 1957, 4. Aufl.

E. SCHÜRER, SCHÜRER-VERMES = The History of the Jewish People in the Age of Jesus Christ. Herausgeber und Bearbeiter: G. VERMES und Mitarbeiter. I: 1973; II: 1978.

K. SCHUBERT, in J. MAIER/K. SCHUBERT, Die Qumran-Essener 1973.

S. STECKOLL, The Community of the Dead Sea Scrolls, Estrato da Atti X, Cs.S.D.I.R., 1973.
The Qumran Sect in Relation to the Temple of Leontopolis, Revue de Qumrân, no. 21, 1967.

H. STEGEMANN, Die Entstehung der Qumrangemeinde, 1971.

C.P. THIEDE, Die älteste Evangelien-Handschrift? 1986.

C.C. TORREY, Alexander Jannaeus and the Archangel Michael, Vetus Testamentum, 1954, S.208-211.

R. de VAUX, AT = Das Alte Testament und seine Lebensordnungen, I/II, 1964/1962.
Fouilles au Khirbet Qumrân, Revue Biblique 60, 1953.

G. VERMES, Les Manusrits du Desert de Juda, 1953, Discovery in the Judean Desert, 1956.
The Dead Sea Scrolls - Qumran in Perspective - 1978
SCHÜRER-VERMES, The History of the Jewish People ...
I: 1973; II: 1978.

B.Z. WACHOLDER, The Dawn of Qumran, The Sectarian Torah and the Teacher of Righteousness, 1983.

C.F. v. WEIZSÄCKER und P. LAPIDE, Die Seligpreisungen, 1980.

N. WIEDER, The Judean Scrolls and Karaism, 1962.

A.S. van der WOUDE, Wicked Priest or Wicked Priests, Reflections on the Identification of the Wicked Priest in the
Habakuk Commentary, Yigael-Yadin-Festschrift, Journal
of Jewish Studies, 1982, S.349-360.

Y. YADIN, I/II/III = The Temple Scroll, 1983,
1985 = The Temple Scroll - the Hidden Law of the Dead
Sea Sect, 1985.

ZÜRCHER BIBEL, Die Heilige Schrift des Alten und Neuen Testaments, 1985.

L. ZUNZ, Die vierundzwanzig Bücher der Heiligen Schrift.

NAMENSREGISTER

Nicht aufgenommen sind sehr häufig vorkommende Termini, wie
die Ortsnamen

Jerusalem
Qumrân

die Volks- und Gruppenbezeichnungen

Essener
Hasmonäer
Israel
Juda
Makkabäer
Pharisäer
Syrer.

AARON, Priester, Bruder Mose: 69, 78,94, 213, 214, 221, 222,
228

ABJATHAR (- IDEN), Oberpriester zur Zeit Davids: 214, 215, 219,
223

ABRAHAM, Erzvater: 26, 28, 30, 33, 34, 91, 105

ABSALOM, Chasid um 165 ante: 39, 337, 400

ACHIMELECH, Priester, von König Saul getötet: 214

ADIDA/CHADID: 185

ADORA/DURA: 63, 338

AGRIPPA I., herodianischer König 37–47: 379

AKKO, S. PTOLEMAIS

AKRA, syrische Zwingburg in Jerusalem: 49

ALAND K.: 435

ALBRIGHT W.F.: 129, 435, 456, 458

ALEXANDER DER GROSSE, König 336-323: 62, 102, 186, 223

    JANNAI, Hochpriester-König 103-76: 76, 82, 83, 85, 105, 146, 151, 169-190, 198, 199, 205, 228-232, 239-242, 255, 256, 265-267, 271, 273, 278, 288-295, 297, 299, 300, 305, 308, 309, 312, 316, 321, 327, 336, 339, 344, 378, 425

    Sohn Aristobuls II., + 49 ante: 333, 334, 351, 357, 364, 365

    Sohn der Mariamne, + 7 ante: 365

ALEXANDRA, Mutter der Mariamne, + 28 ante: 357, 359, 364

ALEXANDRA - SALOME - SCHLOMZION, Königin 76-67: 85, 91, 152, 169, 172-175, 214, 289, 291, 292, 295, 309, 313-320, 334

ALEXANDRIUM: 331

ALLEGRO J.M.: 131

ALLENBY E.: 131

ALTHEIM F.: 40

AMALEK (-ITER): 113

AMATHUS: 172, 176

AMOS, Prophet um 750 ante: 137, 140-143

ANANIAS, jüdischer Feldherr der Kleopatra: 171

ANTIGONOS I., König 40-37: 333, 351, 358-360, 362, 364, 367, 368, 372, 377, 449

    Sohn des Hyrkan I. + 103 ante: 82, 83, 151-156, 169, 175

ANTIOCHIA: 24-26, 44, 46, 59, 72, 99, 100, 157, 299, 333, 344, 349, 353, 374, 377, 448

ANTIOCHOS III., DER GROSSE, 223-187: 102

    IV. EPIPHANES, 175-164: 25, 26, 55, 71, 72, 92, 301, 323, 335, 445-447

    VII. SIDETES, 138-129: 53-60

    IX. KYZIKENOS, 117-95: 64

    XII. DIONYSOS, 89-84: 185

ANTIPATER, Vater des Herodes, + 43 ante: 321, 329, 330, 350, 351, 353-355, 361, 362, 366

ANTIPATROS, Sohn des Herodes, + 4 ante: 365

ANTONIA, Burg in Jerusalem: 363

ANTONIUS M. (= MARCUS), römischer Staatsmann 82-30: 351, 352, 359, 362, 367

APAMEA: 349

APTOWITZER V.: 58, 63, 67-69, 77, 79, 85, 94

APOKALYPSE, S. Johannes der Apokalyptiker!

APPIAN, römischer Historiker, 2. Jahrh. post: 59

ARCHELAOS, jüdischer Ethnarch 4 ante - 6 post: 155

ARETAS III., Nabatäerkönig um 85 ante: 185, 317, 321, 322, 329

ARISTOBUL I., Hochpriester-König 104-103: 82, 83, 85, 86, 91, 138, 146, 150-153, 169, 181, 316, 336

    II., Hochpriester und König 67-63: 311, 313, 316-325, 329-334, 336, 339, 346, 351, 362. 364, 378

    III. Hochpriester zur Zeit des Herodes, + 35: 359, 364, 367

    Sohn der Mariamne, + 7 ante: 365

ARTAXERXES - AHASVERUS - AHASCHWEROSCH, Achämenidenkönig 5. Jahrh. ante: 301

ASASEL, Wüstendamon: 123

ASCHDOD: 63

ASCHKELON - ASKALON: 172, 188, 297, 302, 303, 310, 426, 509

AUGUSTUS, s. Octavianus!

BAAL - SCHAMEM, syrische Gottheit: 225

BABAS, Hasmonäer zur Herodeszeit: 365

BABEL- BABYLON: 22, 60, 91, 120, 128, 132, 149, 220, 342

BACCHIDES, syrischer General und Reichsmagnat um 160 ante:
    44, 100

BAGOAS, Eunuche zur Herodeszeit: 389, 390

BANNUS, Eremit im 1. Jahrh. post: 426, 449

BAR KOSEBA (KOCHBA), Freiheitskämpfer 132-135: 510

BARAK, Heerführer um 1120 ante: 131

BARDTKE H.: 13, 272, 273, 278-280, 371

BARIS, Burg in Jerusalem: 319

BARUCH, Schreiber des Propheten Jeremia: 431

BARTH K.: 458

BASKAMA, Todesort des Hochpriesters Jonatan 143 ante: 338, 349,
    449

BAUERNFEIND O.: 52, 245, 418, 419, 510

BEARE F.W.: 453-456

BECHIRA, Ankläger Jesajas in Apokryphen: 440

BELI(A)AL, Satan(as) - Teufel: 16, 20, 21, 27, 108, 133, 193-
    195, 217, 315, 347, 395, 403, 440, 441, 448, 452, 462,
    484, 499, 500

ELISA - ELISAEUS, Prophet um 850 ante: 93, 282

ELISABETH, Mutter des Täufers: 392, 394, 395

'EN FESHKHA: 109

'EN GEDI: 433

"EPHRAIM", Stammvater, auch Bezeichnung für Pharisäer: 42,
    43, 55, 62, 215, 263, 267, 268, 499

ESRA, Reformer um 458 ante: 220

ESTHER, jüdische Heldin 5. Jahrh. ante: 416

EUSEBIUS, Hoftheologe Konstantins, + 339: 402

EVA, Mutter der Menschheit: 448

EZECHIAS, Patriot/Bandenchef in Galiläa: 355-357

EZECHIEL, Prophet um 590 ante: 125, 126, 129, 132, 137, 147,
    148, 167, 182, 208, 218, 316, 507

FAUSTUS C., römischer Offizier: 332

FÉNELON F., französischer Theologe 1651-1715: 414

FLINDERS PETRIE: 281

FLUSSER D.: 23, 34, 45, 142, 374, 427

FRENKEL S.: 77

"FREVELPRIESTER", s. Jonatan der Makkabäer!

GABINUS, römischer General des Pompejus: 332

GABRIEL, Erzengel: 392

GADARA: 172

GÄRTNER B.: 141

GALILÄA: 144–147, 151, 355–358, 493

GARIZIM, heiliger Berg der Samariter: 40, 62, 63

GASTER T.H.: 141

GAZA: 171, 172

GEBHARDT O.: 424

GEIGER A.: 67, 68, 74, 78, 79, 100

GESER: 48, 50, 57

GINZEL G.B.: 454, 480, 498

GOG, barbarisches Volk: 132–137

GSELL S.: 281

HABAKUK/Pescher: 35, 36, 65, 71, 105, 106, 126, 134, 196, 315–319, 332, 334, 335, 337–340, 344, 346, 397, 444, 450, 464

(H)-ADAD, semitischer Gott: 129

HADAD-RIMMON: 131

HAIFA: 130

HAMP V.: 107

(H-)ANANEL, Hochpriester des Herodes: 367

HARMAGEDON, mythischer eschatologischer Schlachtort: 130, 147, 166

HEBRON: 63

HEMPEL J.: 242

HENGEL M.: 41, 295–307, 310, 311

HENOCH, Urvater: 424

HERDER-BIBEL: 125, 453

HERMON: 122-128, 130-132, 137, 144-147, 149, 166, 188

HERODEION: 363

HERODES DER GROSSE, 72-4 ante, ab 37 König: 63, 155, 237, 260, 304, 305, 321, 333, 349-373, 376, 378, 386-389, 442, 472, 473

ANTIPAS, Tetrarch von Galiläa und Peräa, 4 ante = 39 post: 404

HERODIAS: 354, 355

HIERONYMUS, Kirchenvater, 347-420: 85

HILLEL, Toralehrer 30 ante - 10 post: 303, 311, 493

HIOB, Buch 4. Jahrh. ante: 34, 264

HOREB, Berg (-Gebirge) Gottes: 122, 131

HORUS, ägyptischer Sohn-Gott: 445

HOSEA, Prophet um 745-735: 124, 274

HOWLETT D.: 141

HYRKAN I., s. Johannes Hyrkanos!

HYRKAN II., Hochpriester 76-67 und 63-40, + 30 ante: 304-306, 311-313, 316, 318-325, 329-334, 336, 339, 340, 346, 350, 351, 356-358, 362, 364, 366-368, 378, 379

HYRKANIA, Festung: 365

HYRKANOS, Tobiade um 170 ante: 39-41, 121

INDATES, persischer Heerführer: 60

ISAAK, Erzvater: 252

ISIS, ägyptische Götton: 445, 446

ITHAMAR (-IDEN), Aarons Sohn: 214, 215

528

JABNE - JAMNIA: 420

JAFFA - JOPPE: 49, 57, 185

JAKOB, Erzvater: 62, 212, 249, 251-253

JAKOBUS JUSTUS, Herrenbruder, + 62 post: 464, 502

JASON - JESCHUA, Hochpriester 174-172: 25, 26, 40, 157

JAWITZ: 58

JEHOSAPHAT - JOSAPHAT, König von Juda 870-878: 228

JEHUDA BEN TABAI, Pharisäerführer 1. Jahrh. ante: 296

JEREMIA, Prophet 627-580: 215, 341-343, 431

JERICHO: 320, 349, 359-361, 380, 410

JESAJA (-Martyrium), Name für drei Propheten: 20, 33, 93, 94, 107, 110, 121, 125, 127, 128, 131, 136, 138-140, 145, 167, 196, 263, 315, 322-324, 344, 374, 376, 390, 394, 411, 430, 440, 442, 444, 490

JESUS - CHRISTUS: 89, 118, 133, 145, 146, 382, 385, 391-393, 396, 400, 406-411, 430, 434, 447, 454-460, 465, 475, 476, 479-485, 489-494, 497, 498, 502

JETHRO, Moses Schwiegervater: 78

JOASCH, König von Juda 835-796: 216, 217

JOCHANAN BEN SAKKAI, Pharisäerführer um 70 post: 420, 469

JOHANNES, Ältester der Makkabäerbrüder, + 160: 39, 41

     Apokalyptiker des N.T.: 438-448, 460, 463

     Evangelist des N.T.: 407

     DER ESSENER, Heerführer im Jüdischen Krieg: 426, 462, 509

     DER TÄUFER: 382, 385, 391, 395-411, 423, 426, 429, 434, 449, 468, 499, 500

JOHANNES HYRKANOS, Hyrkan I., Hochpriester 135-104: 39, 41-43, 46, 47, 50-87, 104, 113, 116-119, 122, 150, 151, 156, 169, 189, 225, 227, 239, 259, 260, 265, 273, 313-316, 336, 349

VON GISCHALA, Zelotenführer: 510

JOJARIB, Priesterkaste: 79, 100

JONA, Prophet im Walfisch: 242

JONATHAN, Makkabäerpartisan ab 167, 160 Ethnarch, 152 Hochpriester, + 143, "Frevelpriester": 13, 23, 28, 29, 32, 35, 39, 42-47, 49, 57, 63, 72, 80, 98, 103, 112, 138-143, 150, 170, 175-177, 210, 225, 233, 312, 317, 325, 336, 337, 343, 344, 349, 425, 434, 443, 448, 449, 477, 486, 496

Sadduzäer zur Zeit Hyrkans I.: 73-75, 78$

JOSE BEN DURMASQIL: 146

JOSE BEN JOESER, Toralehrer um 165 ante: 101, 299

JOSEPH, Gemahl der Maria: 369

Herodes-Bruder: 359-361, 365

Herodes' Schwager, + 34 ante: 365

Stammvater: 62, 63

JOSEPHUS, Josef ben Mattathia, jüdischer Historiker, 37-100: 13, 14, 36, 37, 42, 45, 46, 51-53, 55-60, 62, 64-85, 87, 98, 138, 139, 151-155, 169, 171, 175-179, 183, 185, 188, 190, 194, 228, 229, 235, 239, 241, 245, 266, 267, 271, 284, 289, 300, 303, 305, 307, 314, 317, 320, 321, 325, 327-332, 340, 352-358, 362, 365-370, 373, 385-389, 396, 297, 404, 414, 415, 418, 426, 427, 433, 460-464, 473-475, 487, 495-497, 508, 509, 510

JOSIA, König in Juda 640-609: 131, 217-219, 223, 282

JOSUA (-Fluch), Eroberer Kanaans: 49, 51, 62, 380, 416

JOTAPATA: 354

JUDA, Galiläer, Rebell, 7 post: 86, 87, 311, 507, 509, 510

Simons Sohn, + 134: 48, 49

Stammvater: 252

LYSIAS, syrischer Reichsverweser um 164 ante: 39

MAGOG, mythisches Land: 132-136, 346

MAGOI, "Weise aus dem Morgenlande": 370-372, 375, 502

MAIER, J.: 9, 14, 114, 198, 201, 202, 205, 209, 216, 226, 229, 232, 238, 242, 246, 249, 253, 340, 419

MAIMONIDES, Religionsphilosoph 1135-1204: 306

MAKKABÄER-BÜCHER: 97, 103, 350, 414

MALEACHI, letzter Prophet im 5. Jahrh. ante: 95, 391, 392, 405

MALICHOS, jüdischer Patriot: 351, 357

MANASSE, König in Juda 681-642: 121
    Stammvater: 62

MANN C.S.: 453

MARIA, Mutter Jesu: 369, 375, 392, 447

MARIAMNE, Frau des Herodes, + 29 ante: 333, 357, 358, 361, 364, 365, 367

MARISSA: 63

MARKUS, Evangelist: 407, 431

MARTINEZ F.G.: 98, 336

MASADA: 359-361, 363, 426, 433, 505-512

MATTHÄUS, Evangelist: 315, 368-375, 385, 391, 397, 400, 403, 408, 409, 453-503

MATTATHIA, Makkabäervater: 39, 41, 96, 312, 443
    Simons Sohn, + 134: 48, 49

MEDABA - MEDEBA: 61

MEGIDDO: 130, 166, 219

MENA-EM, essenischer Visionär um 65-66: 155, 352, 353, 355,'373

MENAHEM, Zelotenführer: 510

MENGE-BIBEL: 107, 453

MESA, Moabiterkönig um 840 ante: 282

MICHA, Prophet um 700 ante: 127, 270

MICHAEL, Erzengel: 17, 30, 31, 95, 96, 106, 110, 446

MICHAELIS W.: 405

MICHEL O.: 52, 245, 418, 510

MICHMAS: 317

MILGROM J.: 201-211, 255

MILIK J.T.: 129, 142, 143, 167, 259, 260, 273, 278, 283, 284,
377, 379, 380, 383, 420, 426

MIRJAM, Schwester des Mose: 213

MITHRIDATES VI., König von Pontus, 132-63: 329

MODEIN: 96

MOSE, Religionsstifter: 26, 28, 30, 33, 34, 91, 105, 133, 212,
213, 222, 237, 251, 301, 395, 400, 401, 431, 475, 500

NAAMAN, syrischer Feldhauptmann: 282

NAHUM/Pescher: 32, 36, 177, 179, 180, 267-270, 273, 300, 307,
308, 315, 316, 464-466

NEBUKADNEZAR, babylonischer König 605-562: 125

NECHO II., ägyptischer König 609-595: 131, 219

NEHEMIA, 444 ante Statthalter in Jerusalem: 220

NERO, römischer Kaiser 54-68: 379

NEUSNER J.: 293, 298, 305, 306, 310, 323, 324

NIKANOR, syrischer General um 165 ante: 99, 100

NITZAN B.: 339

NOA(CH), Vater der neuen Menschheit: 30, 33, 91, 105, 297, 305, 400

NOB, Ort der Stiftshütte: 214

NOTH R.: 141

OBEDAS I., Araberkönig um 93 ante: 176

OCTAVIANUS - AUGUSTUS, erster römischer Kaiser 63 ante - 14 post: 351, 352, 359, 364

ONIA III., bis 175 Hochpriester, + 170: 24-26, 46, 72, 157, 158, 181, 182, 225, 336, 343, 367, 448

ONIA IV., um 160 Hochpriester im Tempel zu Leontopolis: 40, 46, 402

ORIGENES, griechischer Kirchenschriftsteller 185-254: 79

PAULUS, s. Scha-ul Paulus!

PETRA: 321

PETRUS, Jünger Jesu: 145

PHALLION, Idumäer: 329, 361

PHASAEL, Bruder des Herodes: 321, 351, 355, 357, 358, 361

PHERORAS, Bruder des Herodes: 38-390

PHILO(N) VON ALEXANDRIEN, jüdisch-hellenistischer Philosoph 25 ante - 45 post: 327, 397, 414, 417, 418, 427, 433, 462, 474

PHRAATES II., Partherkönig, + 129: 59, 60

PINCHAS, Priester, Enkel Aarons: 78, 97, 301

PIXTER, B.: 435–437

PLINIUS MAJOR, römischer Naturwissenschaftler, 23–79: 109, 161,
    393, 427, 433

PLOEG, van der, J.: 180, 282

POLLIO, Pharisäer zur Zeit des Herodes: 366, 473

POMPEJUS, römischer Staatsmann 106–48: 117, 159, 186, 329–333,
    336, 340, 346, 350, 351, 362

PORPHYRIUS, griechischer Philosoph 232–304: 59

PRAUSE C.: 363

PTOLEMAIOS, Sohn des Abubus um 135 ante: 48, 49, 51–54
        LATHYRUS, 117–81: 170–172

PTOLEMAIS – AKKO: 130, 146, 170, 338, 361

PYTHAGORÄER, Philosophenschule: 239

QALLIR, jüdischer Poet: 123

QASR EL-ABD: 41

QIMRON: 249

QUIRINUS, römischer Legat um 7 ante: 86

RABINOWITZ J.: 141

RAGABA: 188, 189

REBEKKA, Frau Isaaks: 252

RGG, "Die Religion in Geschichte und Gegenwart": 194, 212, 214, 221

RIENECKER, F.: 90, 132

RIESNER R.: 225

ROSENTIEHL J.M.: 123

ROWLEY H.H.: 336, 414

RUTH, Stammutter der Davididen: 78

SACHARIA, Prophet ab 520 ante: 114

SALOME, Königin, s. Alexandra ... Schlomzion!
    Schwester des Herodes, + 10 post: 359, 365, 386, 388

SALOMO, König des Gesamtreichen 965-926: 43, 58, 62, 87, 237, 238, 363, 394

SAMARIA - SEBASTE: 62, 64, 137, 146, 361, 363

SAMEAS, Pharisäer der Herodes-Zeit: 356, 357, 366, 473

SAMEGA: 61

SAMUEL, Seher Israels um 1020 ante: 86, 213, 219

SATAN(AS), s. Belial!

SATURN (Sternbild): 370, 385, 388

SAUL, König von Israel 1020-1000: 87, 91, 214, 223

SAULCY, F. de: 163

SCAURUS, römischer General unter Pompejus: 329, 333

SCHAMMAI, jüdischer Schriftgelehrter der Herodeszeit: 493

SCHA-UL PAULUS: 135, 145, 374

SCHECHTER S.: 139

SCHEPPACH A.: 420

SCHIFFMAN L.: 234, 243-245

SCHILO, Ort der Stiftshütte: 215

SCHLATTER A.: 405, 455, 457

SCHNIEWIND J.: 457

SCHREIBER A.: 280

SCHUBERT K.: 14, 18, 20, 102, 105, 114

SCHÜRER- VERMES: 39, 54, 151, 152, 170, 172-176, 180, 186, 187, 220, 291, 316, 320, 321, 328, 331, 356, 366, 385

SEGAL H.: 180

SELLIN E.: 301

SENECA, römischer Philosoph, 1-65: 124

SERUB(B)ABEL, s. Zorobabel!

SEXTUS CAESAR, Militärbefehlshaber um 60 ante: 357

SICHEM - SIKIM(A) - SCHECHEM: 40, 62, 178, 212

SIDON: 140

SIKARIER, radikale Zeloten: 508, 509

SIMON BAR GIORA, Zelotenführer: 510

BEN SCHETACH, Pharisäerfürst um 70 ante: 172, 184, 190, 268, 289, 291-313, 319, 324, 325, 345, 356, 366, 471

DER ESSENER, Visionär um 6 post: 155

DER GERECHTE, Hochpriester 205-185: 102, 223

Makkabäer, ab 167 Partisan, 143-134 Hochpriester, "Lügenmann" 27, 29, 31, 32, 39, 41, 43-49, 51, 53, 55, 57, 65, 67, 71-73, 80, 81, 87, 98, 103, 104, 107, 116, 138, 147, 150, 157, 169, 177, 183, 199, 212, 225, 248, 263, 272, 296, 312, 335-337, 345, 349, 355, 422, 425, 438-440, 443, 449, 496

Hans Burgmann

Zwei lösbare Qumrânprobleme
Die Person des "Lügenmannes"
Die Interkalation im Kalender

Frankfurt / Main, Bern, New York, Paris, 1986. 302 S.
ISBN 3-8204-8368-3

sFr. 65,--

Aufgabe der Wissenschaft bleibt es, Dunkelstellen aufzuhellen und aufzuklären. So muß auch der Deckname "Lügenmann" in den "Schriftrollen vom Toten Meer" auf eine (historische?) Person bezogen werden. Diese Person ist der Makkabäer Simon (134 ante +).

Der Sonnenkalender der Essener von 364 Tagen bedurfte notwendig einer Interkalation. Interkalationszeit/periode lassen sich aus den 1290 Tagen in Dan. 12,11 errechnen. Les "mystères" sont déchiffrés...

Aus dem Inhalt:

Faszinierend die Wirkungsgeschichte bis heute: Der Makkabäer Simon (134 ante +) ist die historisch faßbare Urfigur für die jüdisch/christliche Vorstellung von Antimessias/Antichrist.

Peter Lang
Frankfurt am Main · Bern · New York · Paris

Hans Burgmann

Vorgeschichte und Frühgeschichte der essenischen Gemeinden von Qumrân und Damaskus

Frankfurt / Main, Bern, New York, Paris, 1987. 530 Seiten.
Reihe: Arbeiten zum Neuen Testament und Judentum, Bd. 7
ISBN 3-8204-9503-7

sFr. 78,--

Es gibt ausreichend archäologische, historische und literarische Daten, um die Geschichte der Essener zu schreiben. Dabei ist es notwendig, weit auseinander stehende Überlieferungen zusammenzuschieben und eng zu verzahnen, die nackten Fakten der Historiker mit Leben zu erfüllen, die Religionsgeschichte der Juden, insbesondere die der Essener, mit der Profangeschichte sinnvoll zu verschränken und dem "Lehrer der Gerechtigkeit", dem sprachmächtigen Begründer und Präger der essenischen Qumrângemeinde, den weiten Mantel umzuhängen, der ihm gebührt und in den kein anderer hineinpaßt.

Aus dem Inhalt:

Seinen persönlichen "Gottesbund" hielt der "Lehrer der Gerechtigkeit" für den letzten in diesem irdischen Äon. Das erklärt seine unbeugsame Härte und die Schwierigkeiten in seinem Leben.

Peter Lang

Frankfurt am Main · Bern · New York · Paris

ARBEITEN ZUM NEUEN TESTAMENT UND JUDENTUM (ANTI)

Herausgegeben von Prof. Dr. Otto Betz